陕西统计年鉴 2023

SHAANXI
STATISTICAL YEARBOOK

陕西省统计局
国家统计局陕西调查总队 编

中国统计出版社
China Statistics Press

图书在版编目（CIP）数据

陕西统计年鉴. 2023 = Shaanxi Statistical Yearbook 2023 : 汉英对照 / 陕西省统计局，国家统计局陕西调查总队编. -- 北京 : 中国统计出版社，2023.8
ISBN 978-7-5230-0163-9

Ⅰ. ①陕… Ⅱ. ①陕… ②国… Ⅲ. ①统计资料－陕西－2023－年鉴－汉、英 Ⅳ. ①C832.41-54

中国国家版本馆 CIP 数据核字（2023）第 133189 号

陕西统计年鉴—2023

作　　者 / 陕西省统计局　国家统计局陕西调查总队
责任编辑 / 荣文雅
封面设计 / 李雪燕
出版发行 / 中国统计出版社
通信地址 / 北京市丰台区西三环南路甲 6 号　邮政编码 /100073
电　　话 / 邮购（010）63376909　书店（010）68783171
网　　址 /http://www.zgtjcbs.com/
印　　刷 / 河北鑫兆源印刷有限公司
经　　销 / 新华书店
开　　本 /880mm×1230mm　1/16
字　　数 /1050 千字
印　　张 /34.25　彩页 1.125 印张
版　　别 /2023 年 8 月第 1 版
版　　次 /2023 年 8 月第 1 次印刷
定　　价 /398.00 元

本书附同版本 CD-ROM 一张，光盘内容以书面文字为准。
如有印装差错，由本社发行部调换。

陕西一日

指标	数值
一般公共预算收入（亿元）	9.07
出生（人）	797
死亡（人）	827
结婚（对）	549
离婚（对）	142
粮食产量（万吨）	3.56
住户存款（亿元）	94.84
油料产量（吨）	1543.56
进口总值（亿元）	5.00
苹果产量（万吨）	3.57
出口总值（亿元）	8.25
蔬菜产量（万吨）	5.70
客运量（万人）	38
肉类产量（吨）	3618.89
货运量（万吨）	451
原煤产量（万吨）	204.40
社会消费品零售额（亿元）	28.50
天然原油产量（万吨）	6.95
天然气（万立方米）	8413.97
发电量（亿千瓦小时）	7.47
汽车产量（辆）	3665
能源消费量（万吨标准煤）	44.11

生产总值（亿元）
89.79

第一产业
7.06

第二产业
43.65

第三产业
39.08

生产总值（亿元）

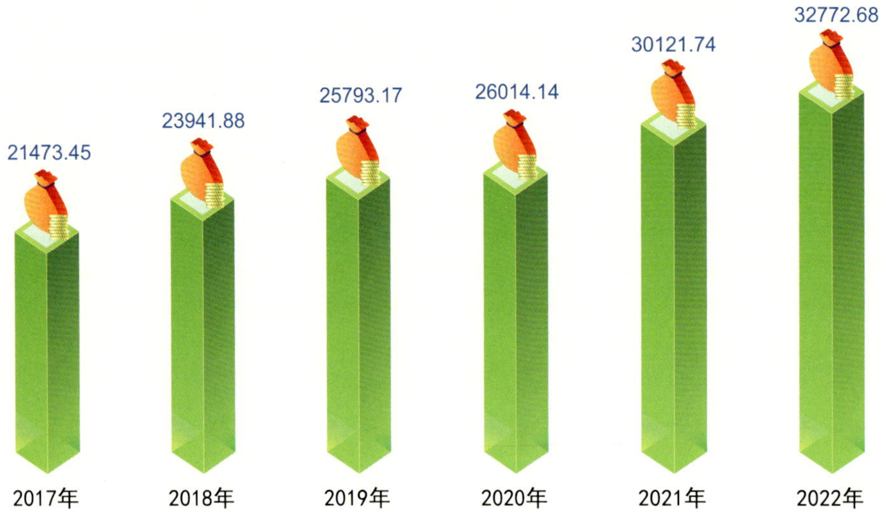

人均生产总值（元）

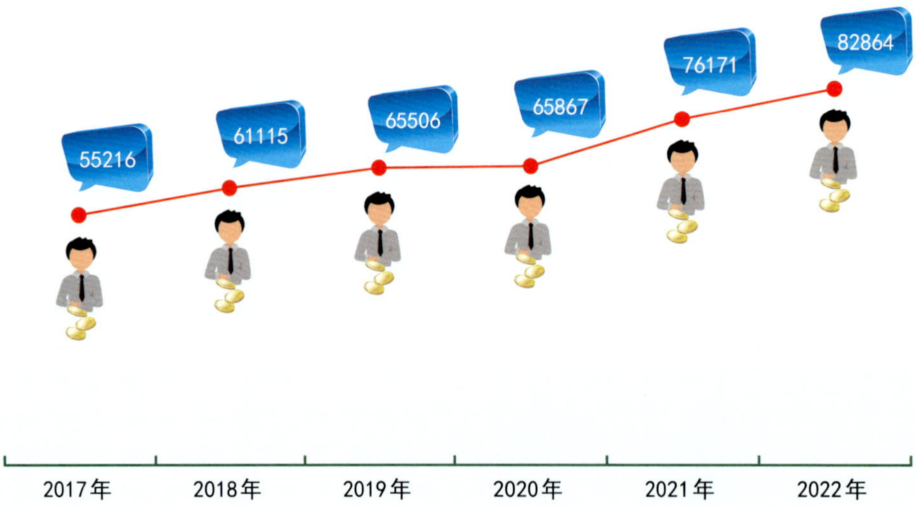

常住人口及城镇人口比重

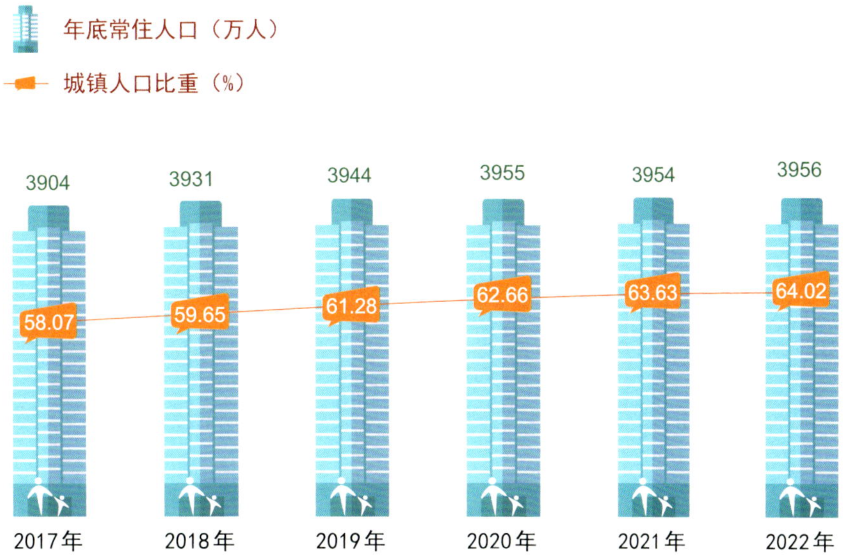

60岁及以上人口和比重

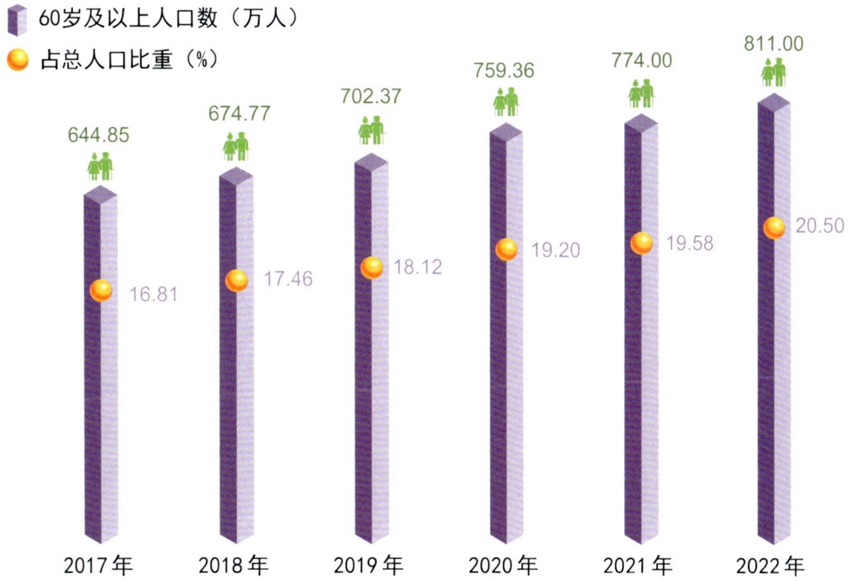

民间投资占固定资产投资(不含农户)比重 (%)

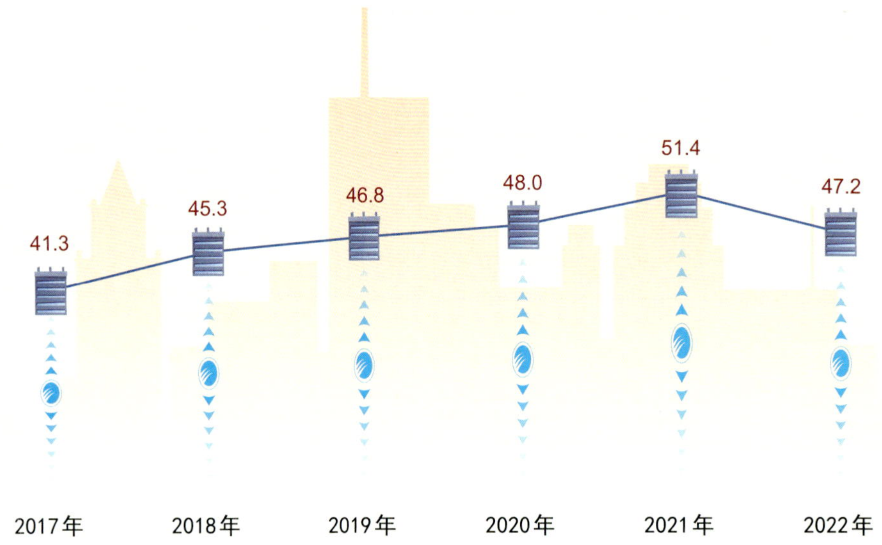

一般公共预算收入 (亿元)

一次能源生产总量（万吨标准煤）

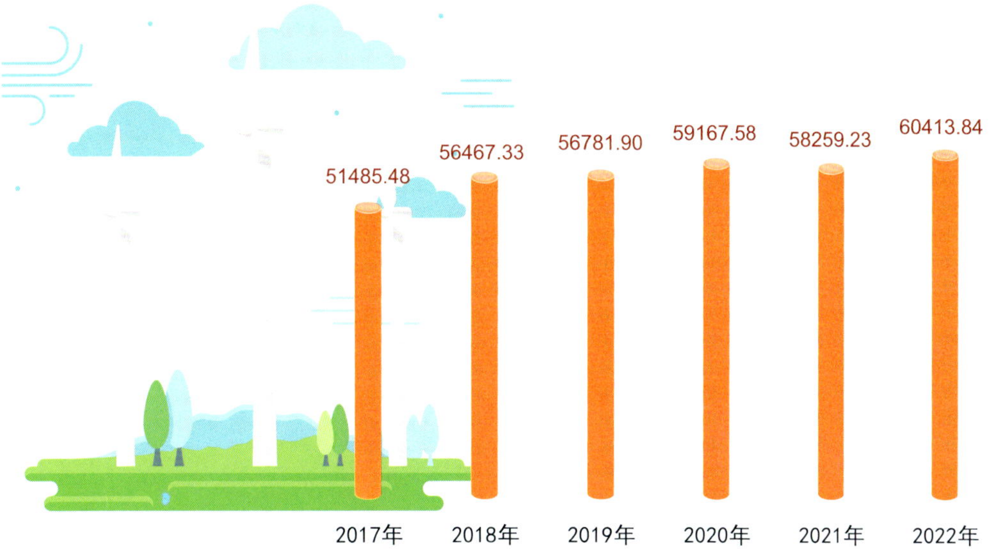

能源消费总量（万吨标准煤）

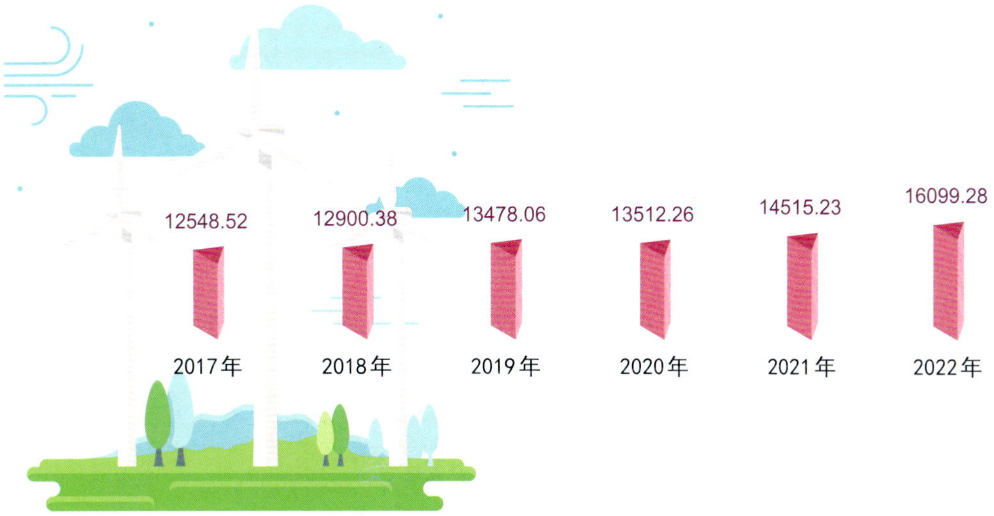

农村居民人均可支配收入（元）

城镇居民人均可支配收入（元）

城乡居民收入比（以农村居民为1）

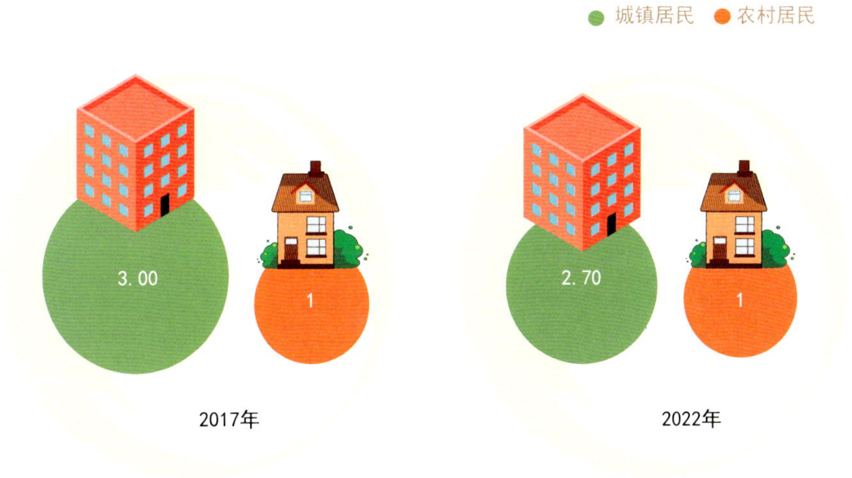

居民人均生活消费支出构成

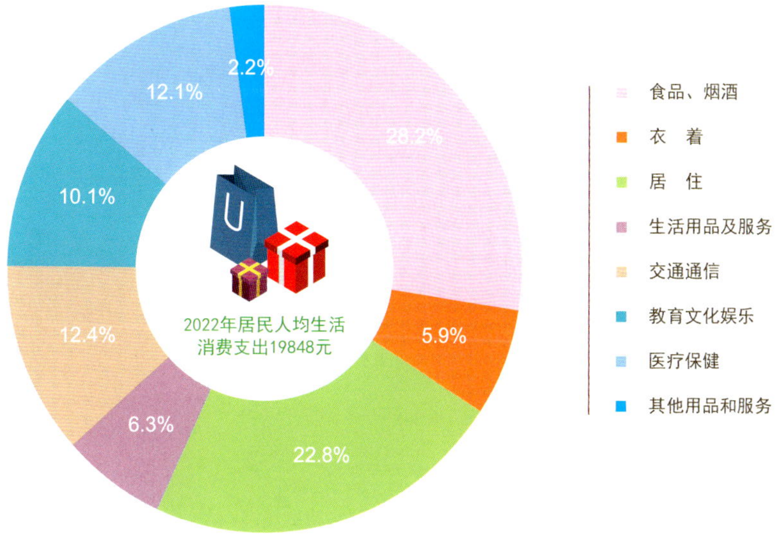

粮食产量（万吨）

苹果产量（万吨）

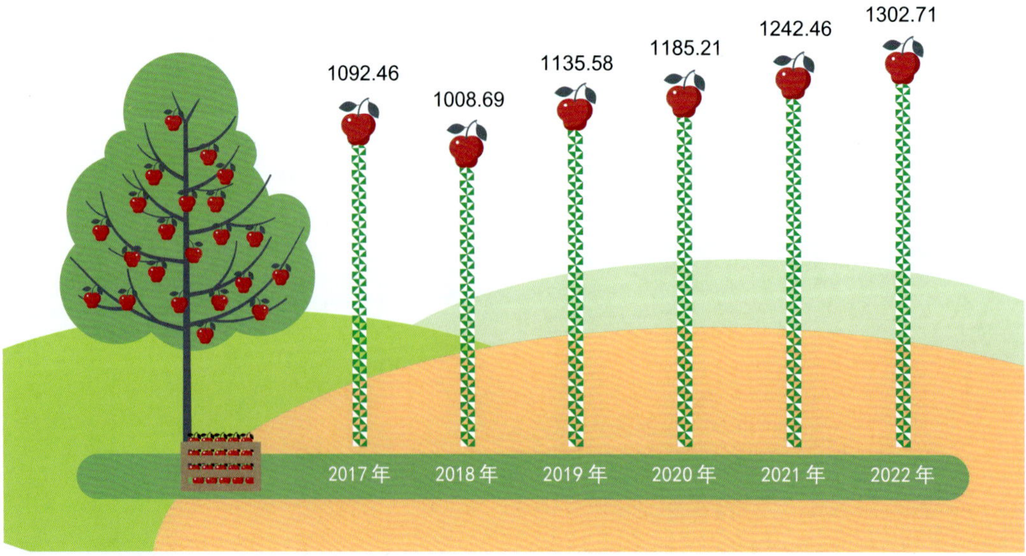

发电量（亿千瓦小时）

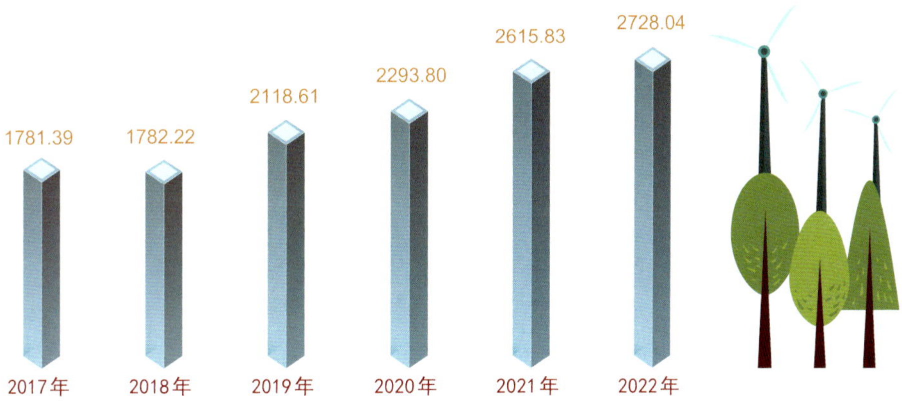

汽车产量（万辆）

高速公路里程（公里）

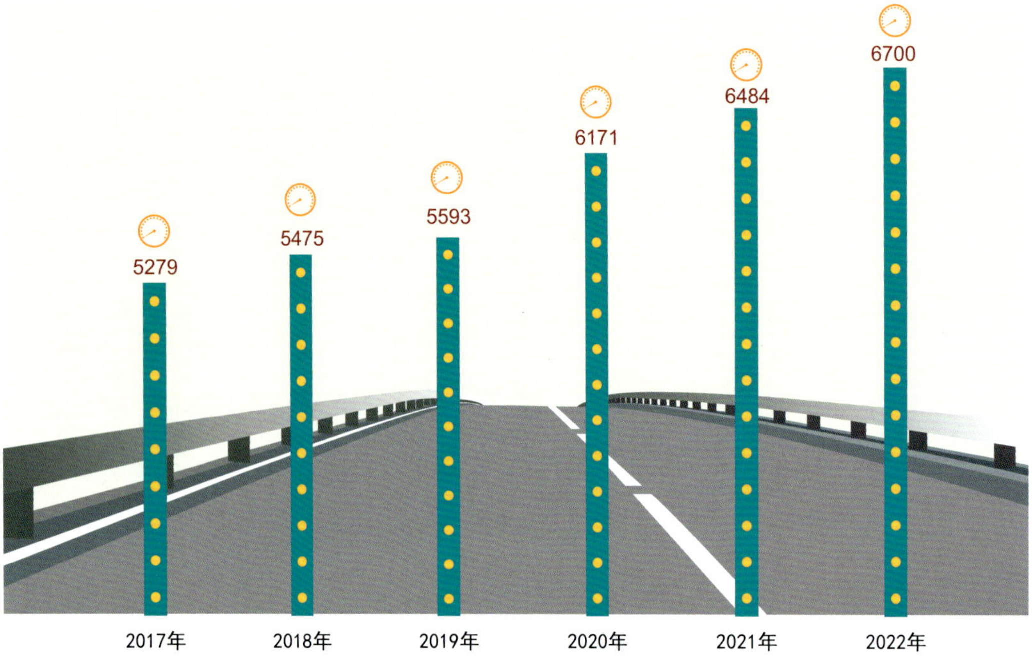

私人汽车拥有量（万辆）

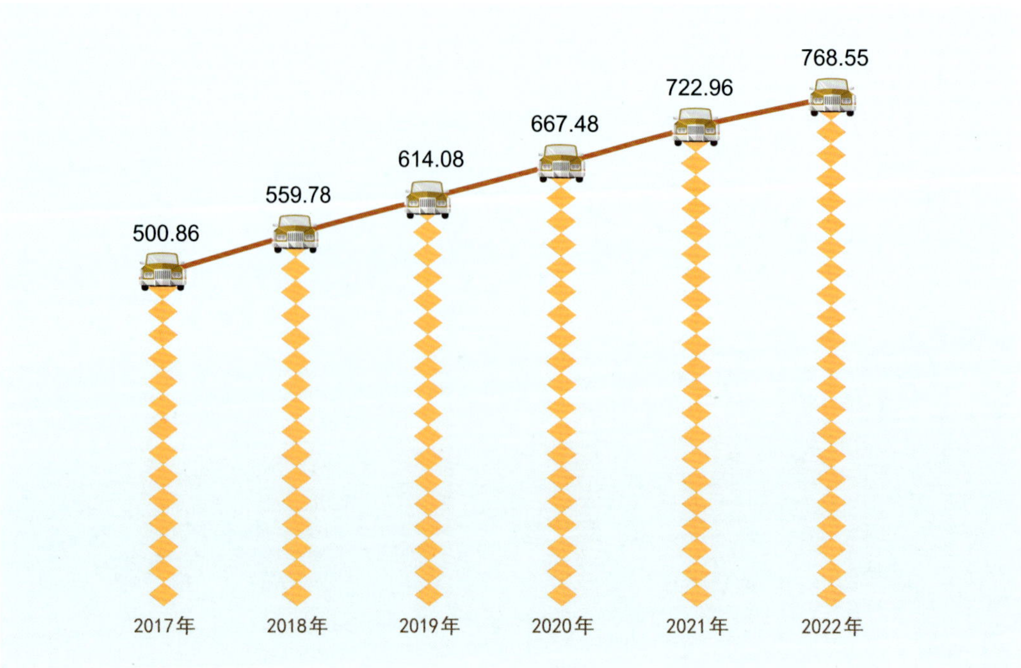

城市轨道交通客运量（万人次）

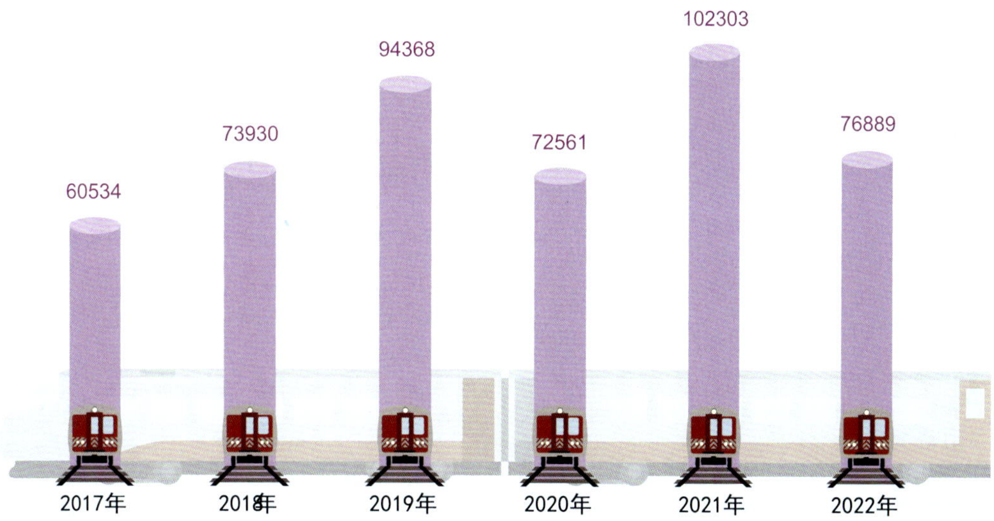

快递业务量（万件）

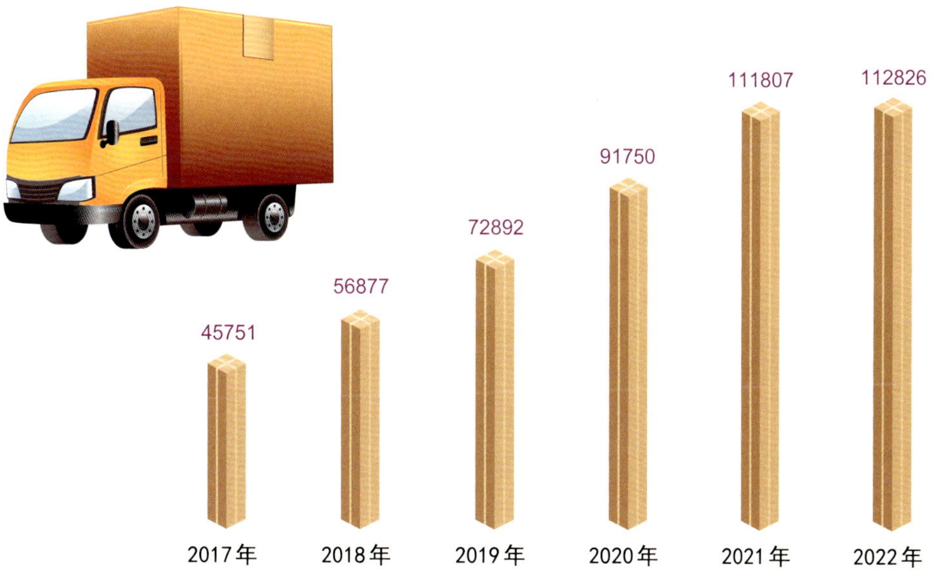

移动电话年末用户（万户）

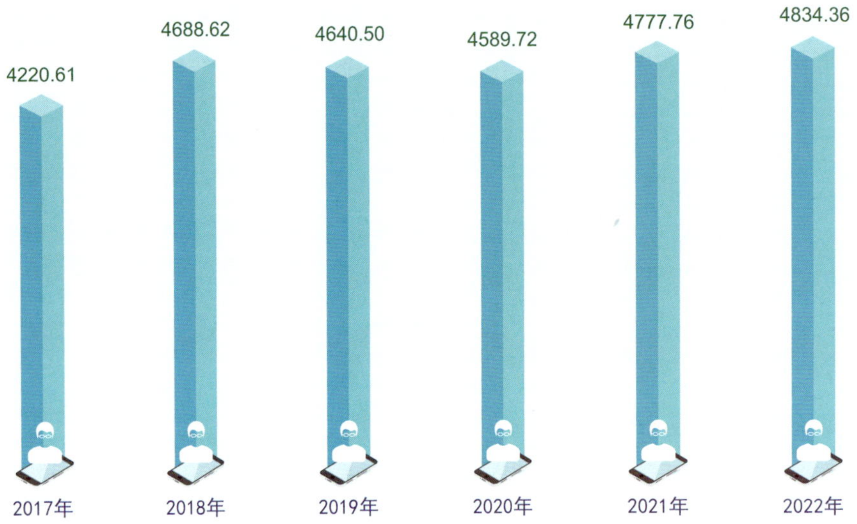

社会消费品零售总额（亿元）

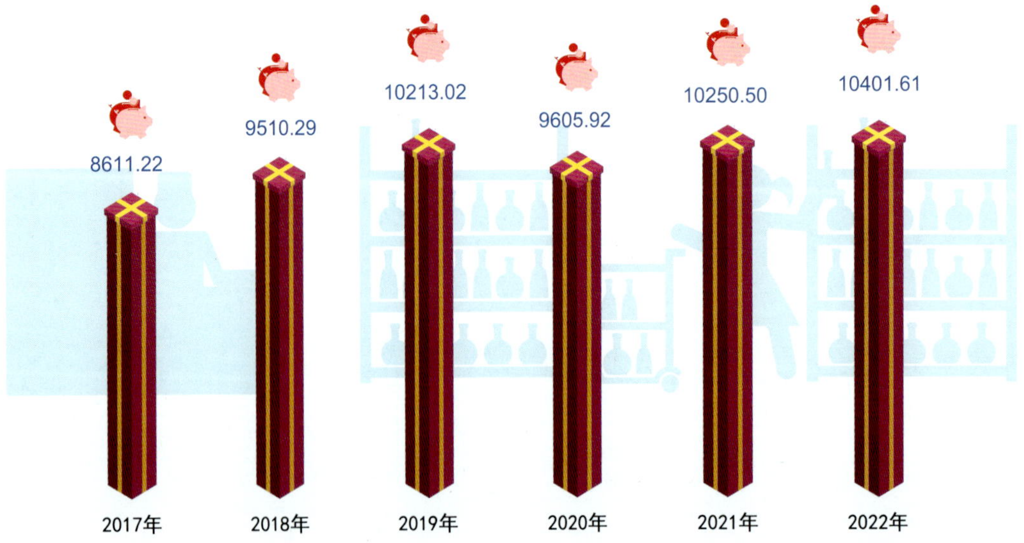

进出口总值（亿元）

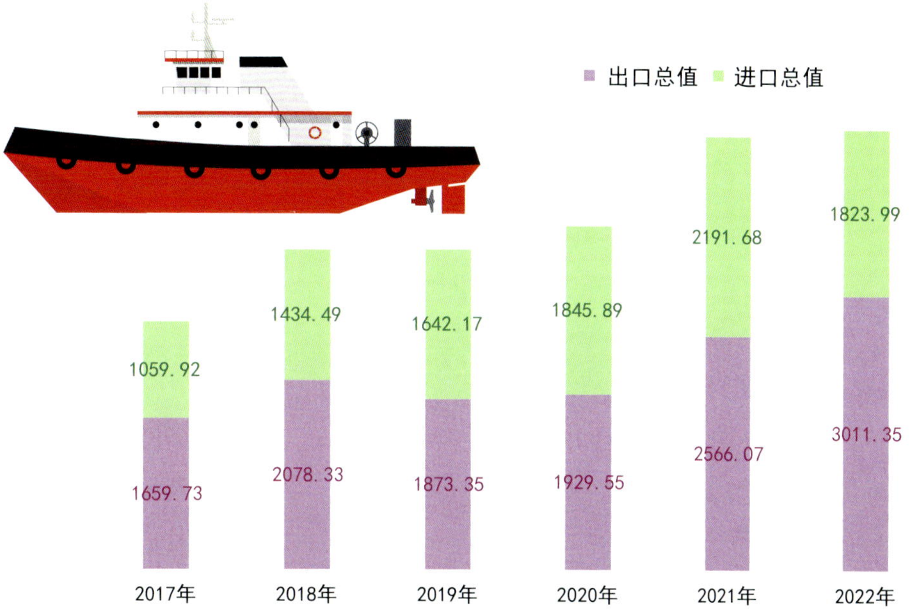

卫生技术人员数（万人）

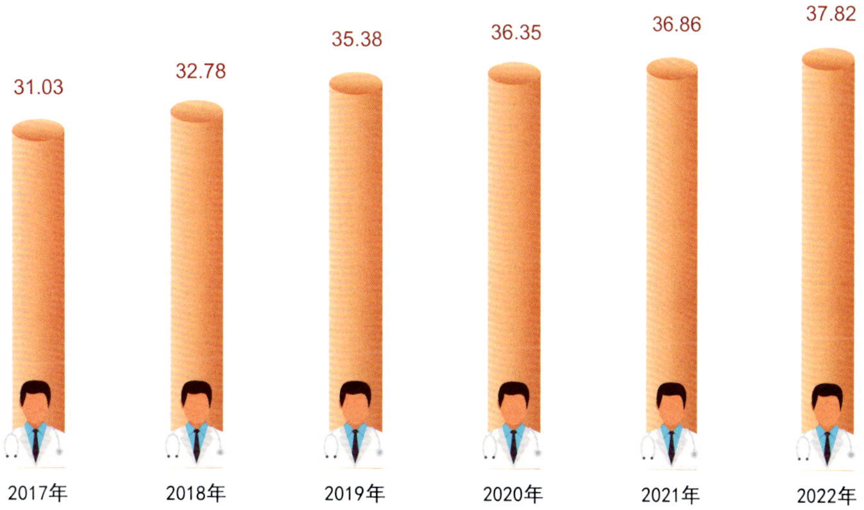

技术合同成交金额（亿元）

普通高等学校毕业生数（万人）

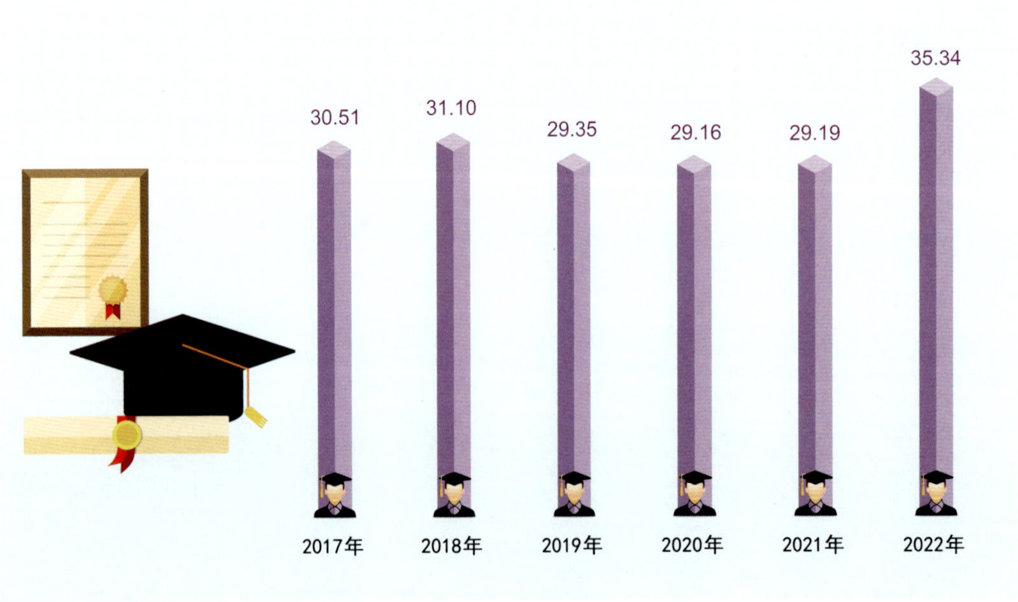

《陕西统计年鉴—2023》

编委会和编辑工作人员名单

Shaanxi Statistical Yearbook - 2023

EDITORIAL BOARD AND EDITORIAL STAFF

编 者 说 明

一、《陕西统计年鉴－2023》是一部全面系统反映陕西省经济、社会、科技发展状况的资料性年刊。书中资料根据全省各专业统计年报加工而成，并收录了各市、县及省级有关部门的统计数据。

二、全书内容分为21部分：1. 行政区划和自然资源；2. 综合；3. 国民经济核算；4. 人口；5. 就业和工资；6. 固定资产投资；7. 能源；8. 财政、金融和保险；9. 价格指数；10. 人民生活；11. 环境和城市；12. 农业；13. 工业；14. 建筑业；15. 运输、邮电和服务业；16. 批发和零售业、住宿和餐饮业；17. 对外经济贸易和旅游；18. 教育、科技和文化；19. 体育、卫生和其他；20. 水利；21. 全国各省、自治区、直辖市主要指标。附录为2022年陕西省统计局大事记、2022年陕西调查总队大事记、陕西省统计局机构一览表、陕西调查总队机构一览表。为方便读者使用，各篇章前设有简要说明，列示主要统计指标提要和统计图，后面附主要统计指标解释。

三、本年鉴数据以2022年为主，主要指标列示改革开放以来重点年份的资料。

四、本年鉴全国及各省、市、自治区主要指标资料来源于《中国统计摘要－2023》，部分数据为初步统计数，正式数据以《中国统计年鉴－2023》为准。

五、本年鉴表中的符号使用说明："..."表示数据不足本表最小单位；"空格"表示该项统计指标数据不详或无该项数据；"#"表示其中项。

EDITOR'S NOTES

Ⅰ. *Shaanxi Statistical Yearbook-2023* is an annual statistical publication, which reflects various aspects of province's economic, social science and technology development.

The major data sources of the publication are statistical annual report of different sectors. Also some other statistical data of city, county, and relevant departments are filled.

Ⅱ. The yearbook contains the following twenty-one chapters:

1. Divisions of Administrative Areas and Natural Resources;
2. General Survey;
3. National Accounts;
4. Population;
5. Employment and Wages;
6. Investment in Fixed Assets;
7. Energy;
8. Government Finance, Banking and Insurance;
9. Price Indices;
10. People's Livelihood;
11. Environment and Cities;
12. Agriculture;
13. Industry;
14. Construction;
15. Transport, Post and Telecommunication Services, and Service Industry;
16. Wholesale and Retail Trades, Hotels and Catering Services;
17. Foreign Trade and Tourism;
18. Education, Science, Technology and Culture;
19. Sports, Public Health and Others;
20. Irrigation;
21. Main Indicators of National Economy by Countrywide, Province, Autonomous Region and Municipality.

The addenda include chronicle of events of Shaanxi Provincial Bureau of Statistics in 2022, chronicle of events of NBS Survey Office in Shaanxi in 2022, list of institutions of Shaanxi Provincial Bureau of Statistics and list of institutions of NBS Survey Office in Shaanxi.

As a matter of convenience for readers, we make Brief Introduction, abstract of major indicators and statistical charts at the beginning of each chapter and explanatory notes on main statistical indicators at the end of each chapter.

Ⅲ. The yearbook is based on data of 2022. Each part includes statistical materials for historically important years, especially from 1978. Since then we have been implementing the reform and opening policy.

Ⅳ.The rough data of the nation and other provinces are taken from *China Statistical Abstract-2023*. The official data should refer to *China Statistical Yearbook-2023* later.

Ⅴ. Explanatory symbol for notations used in this yearbook:

"..." indicates that the figure is not large enough to be measured with the smallest unit in the table;

"   " (blank) indicates that the data not available;

" # " indicates that the major items of the total.

目　录

CONTENTS

一、行政区划和自然资源
Divisions of Administrative Areas and Natural Resources

二、综合

General Survey

三、国民经济核算

National Accounts

四、人口
Population

五、就业和工资
Employment and Wages

六、固定资产投资
Investment in Fixed Assets

七、能源
Energy

八、财政、金融和保险
Government Finance, Banking and Insurance

九、价格指数
Price Indices

十、人民生活
People's Livelihood

十一、环境和城市
Environment and Cities

十二、农业
Agriculture

十三、工业
Industry

十四、建筑业
Construction

十五、运输、邮电和服务业
Transport, Post and Telecommunication Services, and Service Industry

十六、批发和零售业、住宿和餐饮业

Wholesale and Retail Trades, Hotels and Catering Services

十七、对外经济贸易和旅游
Foreign Trade and Tourism

十八、教育、科技和文化
Education, Science, Technology and Culture

十九、体育、卫生和其他
Sports, Public Health and Others

二十、水利
Irrigation

二十一、全国各省、自治区、直辖市主要指标

Main Indicators of National Economy by Countrywide, Province, Autonomous Region and Municipality

一、行政区划和自然资源

Divisions of Administrative Areas and Natural Resources

资料整理：韩　彬　金文娟

简要说明

一、本篇资料反映陕西行政区划、自然资源的开发和利用等情况。自然资源包括土地、气候、水利、矿产资源情况。

二、本篇资料来源：土地资源、矿产资源、水利资源、气象资料分别由省自然资源厅、省水利厅、省气象局提供。

Brief Introduction

I.This chapter reflects the data on administrative division's areas and the exploitation and utilization of the natural resources of Shaanxi Province. Natural resources cover land, climate, water conservancy and mineral resources.

II.Data resources: the data on land resources, mineral resources, water conservancy and meteorology are provided by Department of Land and Resources of Shaanxi Province, Shaanxi Provincial Department of Water Resources and Shaanxi Provincial Bureau of Meteorology.

1.行政区划和自然资源

陕西位于东经105°29′~111°15′ 和北纬 31°42′~39°35′之间，东隔黄河与山西相望，西连甘肃、宁夏，北临内蒙古，南连四川、重庆，东南与河南、湖北接壤。2022年全省设西安、铜川、宝鸡、咸阳、渭南、延安、汉中、榆林、安康、商洛10个省辖市和杨凌农业高新技术产业示范区，有7个县级市，69个县和31个市辖区，973个镇，17个乡，328个街道办事处。

全省面积为20.56万平方公里。地势南北高、中间低，西部高、东部低，地形复杂多样，北部为陕北黄土高原，中部为号称“八百里秦川”的关中平原，南部为陕南秦巴山地。

全省以秦岭为界南北河流分属长江水系和黄河水系。主要有渭河、泾河、北洛河、无定河、延河和汉江、丹江、嘉陵江等。陕西属大陆性季风气候，2022年平均气温14摄氏度，年平均降水量633.0毫米，南北差异明显。

全省自然资源丰富，矿产多，储量大，探明矿产居全国前十位的矿种54种。

主要城市平均气温（摄氏度）
（2022年）

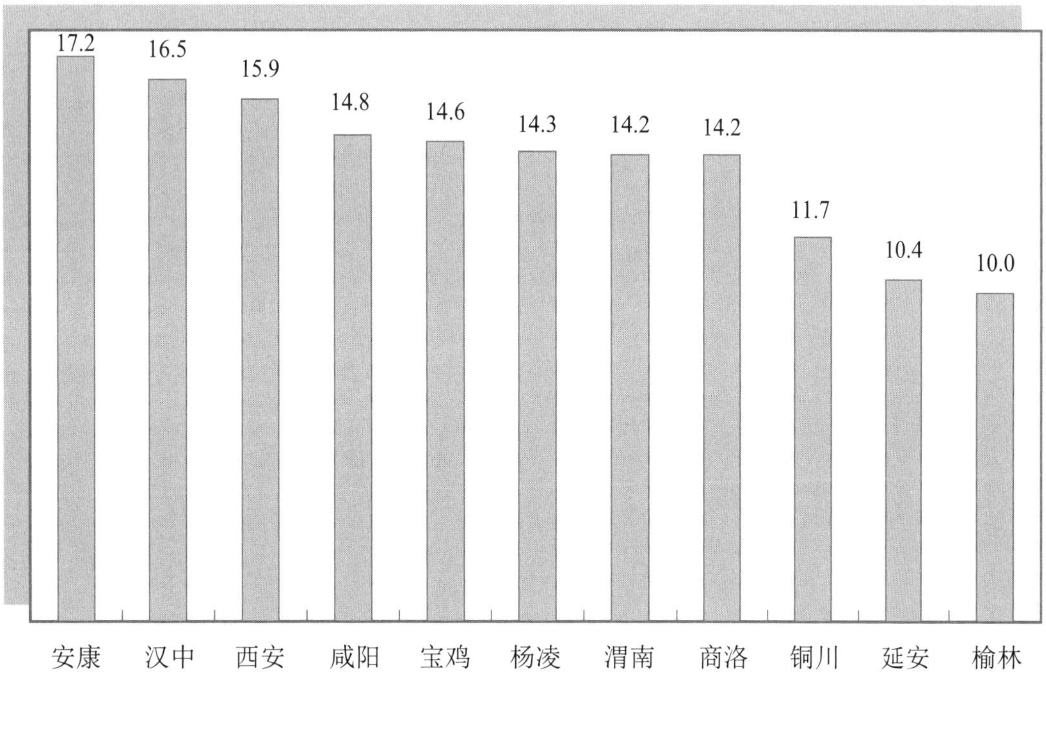

1-1 陕西省行政区划(2022年)
Divisions of Administrative Areas in Shaanxi (2022)

单位：个 (unit)

地 区	Region	地级市 Cities at Prefecture Level	县级市 Cities at County Level	县 Counties	市辖区 Districts under the Jurisdiction of Cities	镇 Towns	乡 Townships	街道办事处 Street Communities
全 省	**Shaanxi**	**11**	**7**	**69**	**31**	**973**	**17**	**328**
西 安 市	Xi'an	1	0	2	11	37	0	135
铜 川 市	Tongchuan	1	0	1	3	20	1	17
宝 鸡 市	Baoji	1	0	8	4	99	0	17
咸 阳 市	Xianyang	1	2	9	2	99	0	38
渭 南 市	Weinan	1	2	7	2	108	0	27
延 安 市	Yan'an	1	1	10	2	88	8	21
汉 中 市	Hanzhong	1	0	9	2	152	0	25
榆 林 市	Yulin	1	1	9	2	147	8	29
安 康 市	Ankang	1	1	8	1	135	0	4
商 洛 市	Shangluo	1	0	6	1	86	0	12
杨凌示范区	Yangling	1	0	0	1	2	0	3

1–2 陕西省行政区划一览(2022年)
Divisions List of Administrative Areas in Shaanxi (2022)

单位：个 (unit)

地 区	Region	镇 Towns	乡 Townships	街道办事处 Street Communities	村民委员会 Village Committees	居民委员会 Neighbourhood Committees
全 省	**Shaanxi**	**973**	**17**	**328**	**16,616**	**3,616**
西 安 市	**Xi'an**	**37**	**0**	**135**	**1775**	**1380**
新 城 区	Xincheng	0	0	9	0	108
碑 林 区	Beilin	0	0	8	0	98
莲 湖 区	Lianhu	0	0	9	0	131
灞 桥 区	Baqiao	0	0	9	104	99
未 央 区	Weiyang	0	0	12	81	295
雁 塔 区	Yanta	0	0	10	35	297
阎 良 区	Yanliang	0	0	7	73	32
临 潼 区	Lintong	0	0	23	226	45
长 安 区	Chang'an	0	0	25	321	177
高 陵 区	Gaoling	0	0	7	86	32
鄠 邑 区	Huyi	0	0	14	252	29
蓝 田 县	Lantian	18	0	1	337	14
周 至 县	Zhouzhi	19	0	1	260	23
铜 川 市	**Tongchuan**	**20**	**1**	**17**	**359**	**72**
王 益 区	Wangyi	1	0	6	26	20
印 台 区	Yintai	5	0	4	72	23
耀 州 区	Yaozhou	8	0	6	144	27
宜 君 县	Yijun	6	1	1	117	2
宝 鸡 市	**Baoji**	**99**	**0**	**17**	**1163**	**191**
渭 滨 区	Weibin	5	0	5	67	61
金 台 区	Jintai	4	0	7	68	56
陈 仓 区	Chencang	15	0	3	218	17
凤 翔 区	Fengxiang	12	0	0	160	6
岐 山 县	Qishan	9	0	0	106	15
扶 风 县	Fufeng	7	0	1	113	9
眉 县	Meixian	7	0	1	86	9
陇 县	Longxian	10	0	0	104	5
千 阳 县	Qianyang	7	0	0	65	3
麟 游 县	Linyou	7	0	0	66	4
凤 县	Fengxian	9	0	0	66	4
太 白 县	Taibai	7	0	0	44	2
咸 阳 市	**Xianyang**	**99**	**0**	**38**	**1962**	**338**
秦 都 区	Qindu	0	0	12	58	127
渭 城 区	Weicheng	0	0	10	55	90
三 原 县	Sanyuan	9	0	1	141	14
泾 阳 县	Jingyang	12	0	1	209	17
乾 县	Qianxian	15	0	1	173	8

1-2 续表 1 continued

单位：个 (unit)

地 区	Region	镇 Towns	乡 Townships	街道办事处 Street Communities	村民委员会 Village Committees	居民委员会 Neighbourhood Committees
礼 泉 县	Liquan	11	0	1	213	18
永 寿 县	Yongshou	6	0	1	157	7
长 武 县	Changwu	7	0	1	133	4
旬 邑 县	Xunyi	9	0	1	179	2
淳 化 县	Chunhua	7	0	1	128	4
武 功 县	Wugong	7	0	1	183	9
兴 平 市	Xingping	8	0	5	181	21
彬 州 市	Binxian	8	0	2	152	17
渭 南 市	**Weinan**	**108**	**0**	**27**	**1944**	**391**
临 渭 区	Linwei	14	0	13	309	90
华 州 区	Huazhou	9	0	1	121	31
潼 关 县	Tongguan	4	0	1	18	10
大 荔 县	Dali	15	0	2	272	29
合 阳 县	Heyang	11	0	1	126	98
澄 城 县	Chengcheng	9	0	1	158	17
蒲 城 县	Pucheng	15	0	2	269	25
白 水 县	Baishui	7	0	1	123	16
富 平 县	Fuping	14	0	1	268	19
韩 城 市	Hancheng	6	0	2	166	41
华 阴 市	Huayin	4	0	2	114	15
延 安 市	**Yan'an**	**88**	**8**	**21**	**1797**	**161**
宝 塔 区	Baota	12	1	6	320	54
安 塞 区	Ansai	8	0	3	117	12
延 长 县	Yanchang	7	0	1	159	9
延 川 县	Yanchuan	7	0	1	163	15
志 丹 县	Zhidan	7	0	1	109	10
吴 起 县	Wuqi	8	0	1	91	8
甘 泉 县	Ganquan	3	2	1	62	9
富 县	Fuxian	6	1	1	128	9
洛 川 县	Luochuan	8	0	1	196	7
宜 川 县	Yichuan	4	2	1	112	4
黄 龙 县	Huanglong	5	2	0	47	3
黄 陵 县	Huangling	5	0	1	105	9
子 长 市	Zichang	8	0	3	188	12
汉 中 市	**Hanzhong**	**152**	**0**	**25**	**1894**	**289**
汉 台 区	Hantai	7	0	8	147	75
南 郑 区	Nanzheng	20	0	2	286	27
城 固 县	Chenggu	15	0	2	232	36
洋 县	Yangxian	15	0	3	271	16
西 乡 县	Xixiang	15	0	2	179	36
勉 县	Mianxian	17	0	1	160	38
宁 强 县	Ningqiang	16	0	2	200	13
略 阳 县	Lueyang	15	0	2	145	20
镇 巴 县	Zhenba	19	0	1	157	24
留 坝 县	Liuba	7	0	1	73	3
佛 坪 县	Foping	6	0	1	44	1

1–2　续表 2　continued

单位：个　(unit)

地　区	Region	镇 Towns	乡 Townships	街道办事处 Street Communities	村民委员会 Village Committees	居民委员会 Neighbourhood Committees
榆 林 市	**Yulin**	**147**	**8**	**29**	**2963**	**254**
榆 阳 区	Yuyang	14	5	12	313	91
横 山 区	Hengshan	13	0	5	214	30
府 谷 县	Fugu	14	0	0	172	17
靖 边 县	Jingbian	16	0	1	184	20
定 边 县	Dingbian	16	2	1	185	19
绥 德 县	Suide	15	0	0	339	11
米 脂 县	Mizhi	8	0	1	206	6
佳 县	Jiaxian	12	0	1	324	10
吴 堡 县	Wubu	5	0	1	100	4
清 涧 县	Qingjian	9	0	0	330	6
子 洲 县	Zizhou	11	1	1	270	10
神 木 市	Shenmu	14	0	6	326	30
安 康 市	**Ankang**	**135**	**0**	**4**	**1622**	**301**
汉 滨 区	Hanbin	24	0	4	423	106
汉 阴 县	Hanyin	10	0	0	141	18
石 泉 县	Shiquan	11	0	0	140	24
宁 陕 县	Ningshan	11	0	0	68	12
紫 阳 县	Ziyang	17	0	0	175	32
岚 皋 县	Langao	12	0	0	121	15
平 利 县	Pingli	11	0	0	137	15
镇 坪 县	Zhenping	7	0	0	58	7
白 河 县	Baihe	11	0	0	106	16
旬 阳 市	Xunyang	21	0	0	253	56
商 洛 市	**Shangluo**	**86**	**0**	**12**	**1083**	**217**
商 州 区	Shangzhou	14	0	4	237	51
洛 南 县	Luonan	14	0	2	204	43
丹 凤 县	Danfeng	11	0	1	132	25
商 南 县	Shangnan	9	0	1	108	18
山 阳 县	Shanyang	16	0	2	198	46
镇 安 县	Zhen'an	14	0	1	139	17
柞 水 县	Zhashui	8	0	1	65	17
杨凌示范区	**Yangling**	**2**	**0**	**3**	**54**	**22**
杨 陵 区	Yangling	2	0	3	54	22

1—3 自然状况及资源
Natural Conditions and Resources

指　　标		Item		2022
一、自然状况		**Natural Conditions**		
1.土　地		Land		
土地总面积	(万平方公里)	Land Area	(10 000 sq.km)	20.56
2.气　候		Climate		
全省年平均降水量	(毫米)	Annual Average Precipitation in the Whole Province	(mm)	633.0
全省年平均气温	(摄氏度)	Annual Average Temperature in the Whole Province	(℃)	14.0
全省年平均日照时数	(小时)	Annual Average Sunshine Hours in the Whole Province	(hour)	2123.0
全省年平均风速	(米/秒)	Annual Average Wind Speed in the Whole Province	(m/s)	1.8
全省年平均无霜期	(天)	Annual Average Frost-free Period in the Whole Province	(day)	218.7
二、自然资源		**Natural Resources**		
1.土地资源		Land Resources		
耕地面积	(万公顷)	Area of Cultivated Land	(10 000 hectares)	298.93
园地面积	(万公顷)	Area of Plantation Land	(10 000 hectares)	114.89
林地面积	(万公顷)	Area of Forestland	(10 000 hectares)	1245.33
草地面积	(万公顷)	Area of Grassland	(10 000 hectares)	219.20
湿地面积	(万公顷)	Area of Wetland	(10 001 hectares)	4.74
城镇村及工矿用地	(万公顷)	Residential Purpose, Manufacturing and Mining Land	(10 000 hectares)	93.66
交通运输用地	(万公顷)	Transportation Land	(10 000 hectares)	31.72
水域及水利设施用地	(万公顷)	Water-conservancy Projects Land	(10 000 hectares)	28.16
2.水利资源		Water Resources		
河流流域面积	(万平方公里)	Drainage Area of Rivers	(10 000 sq.km)	20.56
黄河流域		Yellow River (Huanghe River) Drainage Area		13.29
长江流域		Yangtze River (Changjiang River)Drainage Area		7.27
水资源总量	(亿立方米)	Total Amount of Water Resources	(100 million cu. m)	365.75
地表水资源量		Surface Water		330.65
地下水资源量		Ground-Water		139.90
地表水与地下水资源重复量		Duplicated Measurement between Surface and Underground		104.80

1-4 主要山脉
Main Mountain Ranges

名称	Mountain Range	海拔高度(米) Altitude above Sea Level (m)
太白山	Taibai Mountains	3767
化龙山	Hualong Mountains	2917
首阳山	Shouyang Mountains	2719
终南山	Zhongnan Mountains	2604
华山	Huashan Mountains	2160
白于山	Baiyu Mountains	1823
巴山	Bashan Mountains	1500～2000
子午岭	Ziwuling Mountains	1400～1600

1-5 主要河流
Major Rivers

名称	River	省内流域面积(平方公里) Drainage Area in Shaanxi Province (sq.km)	省内河长(公里) The Length of Rivers in Shaanxi Province (km)
无定河	Wudinghe River	21693	379
延河	Yanhe River	7686	290
泾河	Jinghe River	9335	281
渭河	Weihe River	67219	510
北洛河	Beiluohe River	24702	711
嘉陵江	Jialingjiang Rive	9877	255
汉江	Hanjiang River	62817	703
丹江	Danjiang River	7504	256

1-6 主要矿产保有储量(2022年)
Ensured Reserves of Major Mineral (2022)

矿种		Item		保有储量 Ensured Reserves
钠盐	(亿吨)	Sodium Salt NaCl	(100 million tons)	9312.51
煤	(亿吨)	Coal	(100 million tons)	1812.30
岩金	(金属吨)	Rock Gold	(Metal,ton)	549.16
砂金	(金属吨)	Placer Gold	(Metal,ton)	14.82
伴生金	(金属吨)	Associated Gold	(Metal,ton)	5.25
钼	(金属万吨)	Molybdenum	(Metal, 10 000 tons)	145.30
铅	(金属万吨)	Lead	(Metal, 10 000 tons)	283.32
锌	(金属万吨)	Zinc	(Metal, 10 000 tons)	494.60
汞	(金属吨)	Mercury	(Metal, 10 000 tons)	3713.25
锑	(金属吨)	Antimony	(Metal, 10 000 tons)	50975.32
水泥用石灰岩	(矿石亿吨)	Cement Limestone	(Ore, 100 million tons)	88.83
玻璃用石英岩	(矿石亿吨)	Glass Quartzite	(Ore, 100 million tons)	1.98
铁	(矿石亿吨)	Iron	(Ore, 100 million tons)	11.18

1-7 陕西重要矿产保有储量在全国的位次(2022年)
Precedence of Shaanxi Major Mineral Ensured Reserves in China(2022)

矿 种	Item	位 次 Precedence	矿 种	Item	位 次 Precedence
煤	Coal	4	金 矿	Gold	9
铁 矿	Iron	16	银 矿	Silver	24
铜 矿	Copper	20	硫铁矿	Pyrite Ore	20
铅 矿	Lead	13	磷 矿	Phosphorus Ore	7
锌 矿	Zinc	14	盐 矿	Sodium Salt NaCl	1
铝土矿	Bauxite	12	水泥用灰岩	Cement Limestone	4
钼 矿	Molybdenum	7			

1-8 陕西矿产保有储量居全国前十位的矿种(2022年)
Mineral Kinds of Shaanxi Mineral Ensured Reserves Within the Top Ten Places in China (2022)

位 次 Precedence	矿 种 Item	矿种数 Types
1	盐岩、透辉石、水泥配料用黄土 Halite, Diopside, Cement batching with loess	3
2	天然气、煤层气、自然硫、毒重石、石榴子石(砂矿) Natural Gas,Coal bed gas,Native sulfur，Witherite，Garnet (mineral)	5
3	石油、锶矿(天青石)、透闪石、镁盐(固体$MgCl_2$)、蓝石棉、蛭石 Petroleum, Strontium，Tremolite，Magnesium ($MgCl_2$)，Blue asbestos	6
4	煤炭、钒、钛矿(金红石)、碲矿、镁盐(固体$MgSO_4$)、电石用灰岩、制碱用灰岩、水泥用灰岩、陶粒页岩、高岭土、海泡石粘土、饰面用板岩、片麻岩 Coal,Vanadium,Titanium ores(rutile TiO_2),Tellurium ore,Magnesium ($MgSO_4$),Calcium carbide with limestone, Soda limestone, Cement with limestone,Haydite shale, Kaolin, Sepiolite clay,Finishes with slate,Gneiss	13
5	钛矿(钛铁矿)、汞、铼矿、重晶石、石棉、矽线石、陶瓷土、陶粒用粘土 Titanium ores (ilmenite),Mercury,Rhenium ore,Barite,Asbestos,Sillimanite,Ceramic clay, Ceramsite clay	8
7	石煤、磷矿、钼、硫铁矿(伴生硫)、石墨(晶质石墨)、石墨(隐晶质石墨)、玻璃用石英岩、化肥用蛇纹岩 Stone coal,Phosphate ore,Molybdenum,Pyrite (associated sulfur),Graphite (crystalline graphite),Graphite (aphanitic graphite) Glass with quartz,Fertilizer with serpentinite	8
8	铍矿(绿柱石)、云母、饰面用大理岩 Berylliume (Beryl mineral),Mica,Finish with marble	3
9	油页岩、金矿、铌矿(氧化铌)、长石 、石榴子石(矿石)、玻璃用脉石英 Oil shale,Gold, Niobium (Niobium oxide), Feldspar, Garnet (mineral),Vein quartz for glass	6
10	镍矿、钛矿(钛铁矿砂矿) Nickel、Titanium (ilmenite placer minerals)	2

1-9 主要城市(区)气候基本情况(2022年)
Basic Statistics on Climate of Major Cities(District) (2022)

城 市	City	平均气温(摄氏度) Average Temperature (℃)	日照时数(小时) Sunshine Hours (hour)	平均风速(米/秒) Average Wind Speed (m/s)	相对湿度(%) Relative Humidity (%)	无霜期(天) Frost-free Period (day)	气 压(百帕) Pressure (hPa)	降水量(毫米) Precipitation (mm)
西安市	Xi'an	15.9	2100.5	2.2	62	220	968.4	571.7
铜川市	Tongchuan	11.7	2298.1	2.4	68	160	905.4	517.8
宝鸡市	Baoji	14.6	1759.9	1.0	66	272	945.5	644.3
咸阳市	Xianyang	14.8	1964.1	1.9	67	264	961.1	519.7
渭南市	Weinan	14.2	2668.3	1.7	67	220	942.1	638.1
延安市	Yan'an	10.4	2576.8	2.2	60	160	883.6	580.3
汉中市	Hanzhong	16.5	1339.3	1.1	76	284	956.7	986.7
榆林市	Yulin	10.0	2732.6	2.7	50	144	885.3	557.6
安康市	Ankang	17.2	1797.9	1.3	70	272	981.7	781.6
商洛市	Shangluo	14.2	2007.9	2.0	65	220	930.8	641.6
杨凌示范区	Yangling	14.3	2108.1	1.5	71	190	955.7	523.7

1-10 主要城市(区)平均气温(2022年)
Monthly Average Temperature of Major Cities(District)(2022)

单位：摄氏度 (℃)

月 份	Month	西安市 Xi'an	铜川市 Tongchuan	宝鸡市 Baoji	咸阳市 Xianyang	渭南市 Weinan	延安市 Yan'an	汉中市 Hanzhong	榆林市 Yulin	安康市 Ankang	商洛市 Shangluo	杨凌示范区 Yangling
一 月	Jan.	2.1	-1.4	1.9	1.1	0.6	-3.1	4.5	-4.7	4.8	1.6	0.9
二 月	Feb.	3.8	-0.6	2.8	2.6	2.1	-2.9	5.3	-4.9	5.8	2.4	2.1
三 月	Mar.	13.2	9.2	12.2	12.1	11.5	8.5	13.1	7.4	14.0	11.5	11.5
四 月	Apr.	17.9	13.2	15.9	16.2	16.4	12.8	17.3	12.9	17.9	15.6	15.5
五 月	May	21.4	16.6	19.9	20.3	19.8	16.7	20.9	17.8	20.9	18.7	19.4
六 月	June	28.8	23.5	25.9	27.8	26.9	22.1	26.4	24.1	27.4	25.3	26.7
七 月	July	27.8	23.9	26.6	27.6	25.9	22.1	28.4	22.6	29.5	26.0	27.0
八 月	Aug.	27.9	24.0	26.8	27.8	26.2	22.2	29.5	21.7	31.0	26.1	27.0
九 月	Sept.	21.8	17.5	20.2	20.9	20.0	16.1	21.1	17.2	22.2	19.3	20.2
十 月	Oct.	14.1	10.9	13.2	13.1	12.7	10.3	15.0	10.0	15.8	13.1	13.0
十一月	Nov.	9.7	6.3	8.7	8.5	8.2	4.9	11.8	3.5	12.5	9.6	8.2
十二月	Dec.	1.9	-2.2	1.1	0.1	0.4	-5.2	4.1	-7.4	4.7	1.5	0.3
极端最高	Highest	40.4	36.2	40.7	39.9	37.3	35.2	40.4	37.2	42.5	38.6	40.2
极端最低	Lowest	-6.1	-14.0	-8.1	-10.1	-9.3	-17.7	-4.3	-19.1	-4.5	-8.3	-8.8
年平均	Annual Average	15.9	11.7	14.6	14.8	14.2	10.4	16.5	10.0	17.2	14.2	14.3

1−11 主要城市(区)降水量(2022年)
Monthly Precipitation of Major Cities(District)(2022)

单位：毫米 (millimeters)

月 份	Month	西安市 Xi'an	铜川市 Tongchuan	宝鸡市 Baoji	咸阳市 Xianyang	渭南市 Weinan	延安市 Yan'an	汉中市 Hanzhong	榆林市 Yulin	安康市 Ankang	商洛市 Shangluo	杨凌示范区 Yangling
一 月	Jan.	15.3	17.0	21.3	15.5	17.7	11.0	13.6	2.0	9.6	19.5	16.0
二 月	Feb.	5.2	7.1	14.0	6.8	7.8	4.8	13.2	3.7	2.5	5.1	10.1
三 月	Mar.	25.0	34.8	39.8	26.4	23.6	3.7	49.1	6.2	48.8	20.5	23.0
四 月	Apr.	24.7	21.0	67.2	28.4	30.8	42.4	105.2	6.2	68.8	37.7	32.3
五 月	May	37.4	22.9	50.8	43.5	24.0	39.1	81.6	23.3	36.4	18.0	64.7
六 月	June	36.3	54.1	42.9	38.1	90.0	46.2	114.0	45.4	48.7	46.3	43.8
七 月	July	217.3	161.9	169.2	159.3	205.6	218.5	171.8	236.9	130.6	161.8	116.0
八 月	Aug.	66.8	88.0	100.4	62.5	65.5	142.3	117.6	152.7	87.6	108.7	73.4
九 月	Sept.	29.3	19.1	84.6	35.2	36.7	13.2	163.2	12.4	72.9	72.9	60.7
十 月	Oct.	92.0	65.2	39.8	87.4	110.5	36.3	139.1	29.6	241.5	131.6	65.4
十一月	Nov.	15.3	22.8	13.8	11.1	17.1	22.5	14.4	39.1	32.4	17.3	15.5
十二月	Dec.	7.1	3.9	0.5	5.5	8.8	0.3	3.9	0.1	1.8	2.2	2.8
全 年	Annual	571.7	517.8	644.3	519.7	638.1	580.3	986.7	557.6	781.6	641.6	523.7

1−12 主要城市(区)日照时数(2022年)
Monthly Sunshine Hours of Major Cities(District)(2022)

单位：小时 (hours)

月 份	Month	西安市 Xi'an	铜川市 Tongchuan	宝鸡市 Baoji	咸阳市 Xianyang	渭南市 Weinan	延安市 Yan'an	汉中市 Hanzhong	榆林市 Yulin	安康市 Ankang	商洛市 Shangluo	杨凌示范区 Yangling
一 月	Jan.	115.2	144.4	112.7	95.7	191.2	174.5	80.6	188.4	80.7	114.5	120.1
二 月	Feb.	150.9	183.7	116.2	145.6	231.5	185.3	68.2	191.9	119.1	140.2	149.5
三 月	Mar.	144.8	169.3	154.9	145.2	263.9	194.4	82.4	225.9	138.2	149.3	143.7
四 月	Apr.	202.4	203.7	183.8	204.0	304.9	235.7	165.2	249.3	188.5	201.8	191.6
五 月	May	241.6	250.0	197.7	232.0	351.3	287.3	166.2	297.4	195.1	213.8	213.1
六 月	June	291.4	293.4	211.7	285.4	331.8	305.6	162.6	289.8	217.5	255.8	253.1
七 月	July	237.5	235.2	191.2	241.6	242.1	233.3	183.0	234.8	247.3	225.6	207.9
八 月	Aug.	214.2	195.9	172.8	225.2	218.3	175.1	199.7	159.9	249.1	175.0	196.7
九 月	Sept.	155.3	166.5	115.2	139.6	165.5	229.9	63.3	260.8	116.3	162.3	126.3
十 月	Oct.	95.6	123.9	82.9	82.5	98.4	170.8	65.1	195.7	92.8	106.4	138.4
十一月	Nov.	78.7	121.3	75.9	59.2	87.0	149.6	31.9	192.5	31.3	79.9	140.5
十二月	Dec.	172.9	210.8	144.9	108.1	182.4	235.3	71.1	246.2	122.0	183.3	227.2
全 年	Annual	2100.5	2298.1	1759.9	1964.1	2668.3	2576.8	1339.3	2732.6	1797.9	2007.9	2108.1

1-13 历届陕西省人民代表大会代表人数
Number of Deputies to All the Previous Shaanxi Province People's Congresses

单位：人 (person)

届 次	Congress	年 份 Year	代表人数 Number of Deputies	# 女代表 Female Deputies 人 数 Number	# 女代表 Female Deputies 占代表总数% As Percentage to Total Deputies (%)	# 少数民族代表 Ethnic Minority Deputies 人 数 Number	# 少数民族代表 Ethnic Minority Deputies 占代表总数% As Percentage to Total Deputies (%)
第一届	First Congress	1954	386	51	13.2	9	2.3
第二届	Second Congress	1959	400	67	16.8	12	3.0
第三届	Third Congress	1964	520	84	16.0	15	2.9
第四届	Fourth Congress	1975					
第五届	Fifth Congress	1978	1186	234	19.7	26	2.2
第六届	Sixth Congress	1983	727	168	23.1	29	4.0
第七届	Seventh Congress	1988	600	117	19.3	19	3.2
第八届	Eighth Congress	1993	602	118	19.6	22	3.7
第九届	Ninth Congress	1998	566	129	22.8	19	3.4
第十届	Tenth Congress	2003	565	117	20.7	18	3.2
第十一届	Eleventh Congress	2008	574	142	24.9	19	3.3
第十二届	Twelfth Congress	2013	578	132	22.8	18	3.1
第十三届	Thirteenth Congress	2018	568	156	27.5	24	4.2
第十四届	Fourteenth Congress	2023	566	169	29.9	23	4.1

1-14 历届陕西省政治协商会议委员人数
Number of Deputies to All the Previous Shaanxi Province People's Political Consultative Conferences

单位：人 (person)

届 次	Congress	年 份 Year	委员人数 Number of Deputies	中国共产党党员代表 Deputies from the Communist Party of China 人 数 Number	中国共产党党员代表 Deputies from the Communist Party of China 占代表总数% As Percentage to Total Deputies (%)	民主党派和无党派爱国人士代表 Deputies from Democratic Parties and Non-partisan Patriot 人 数 Number	民主党派和无党派爱国人士代表 Deputies from Democratic Parties and Non-partisan Patriot 占代表总数% As Percentage to Total Deputies (%)
第一届	First Congress	1955	165	42	25.5	123	74.5
第二届	Second Congress	1958	262	85	32.4	177	67.6
第三届	Third Congress	1963	275	91	33.1	184	66.9
第四届	Fourth Congress	1977	420	205	48.8	215	51.2
第五届	Fifth Congress	1983	428	162	37.9	266	62.1
第六届	Sixth Congress	1988	502	191	38.0	311	62.0
第七届	Seventh Congress	1993	506	244	48.2	262	51.8
第八届	Eighth Congress	1998	539	216	40.1	323	59.9
第九届	Ninth Congress	2003	590	235	39.8	355	60.2
第十届	Tenth Congress	2008	627	248	39.6	379	60.4
第十一届	Eleventh Congress	2013	648	258	39.8	390	60.2
第十二届	Twelfth Congress	2018	573	226	39.4	347	60.6
第十三届	Thirteenth Congress	2023	574	227	39.5	347	60.5

主要统计指标解释

行政区划 指国家对行政区域的划分。根据有关法规规定，我国的行政区域划分如下：(1)全国分为省、自治区、直辖市；(2)省、自治区分为自治州、县、自治县、市；(3)自治州分为县、自治县、市；(4)县、自治县分为乡、民族乡、镇；(5)直辖市和较大的市分为区、县；(6)国家在必要时设立的特别行政区。

自然资源 指人类可以直接从自然界获得，并用于生产和生活的物质资源。自然资源一般可以分成可再生资源和非再生资源两大类。可再生资源指在较短时间内可以再生、可以循环利用的资源，包括土地资源、水资源、气候资源、生物资源和海洋资源等。非再生资源指在使用后不能再生的资源，包括矿产资源和地热能源。

土地资源 土地指陆地的表层部分，它主要由岩石、岩石的风化物和土壤构成。土地资源按利用类型可以分为农用地、建筑用地和未利用地。农用地包括耕地、园地、林地、牧草地和水面。建筑用地包括居民点及工矿用地、交通用地和水利设施用地。未利用地指农用地和建筑用地以外的土地，包括滩涂、荒漠、戈壁、冰川和石山等。

森林面积 指由乔木树种构成，郁闭度 0.2 以上(含 0.2)的林地或冠幅宽度 10 米以上的林带的面积，即有林地面积。森林面积包括天然起源和人工起源的针叶林面积、阔叶林面积、针阔混交林面积和竹林面积，不包括灌木林地面积和疏林地面积。

森林覆盖率 指一个国家或地区森林面积占土地总面积的百分比。森林覆盖率是反映森林资源的丰富程度和生态平衡状况的重要指标。在计算森林覆盖率时，森林面积包括郁闭度 0.2 以上的乔木林地面积和竹林地面积，国家特别规定的灌木林地面积、农田林网以及四旁(村旁、路旁、水旁、宅旁)林木的覆盖面积。计算公式为：

$$\text{森林覆盖率}(\%) = \frac{\text{森林面积}}{\text{土地总面积}} \times 100\%$$

矿产资源 矿产资源指由地质作用形成的，具有利用价值的，呈固态、液态、气态的自然资源，是社会生产发展的重要物质基础。目前我国已发现矿种有 170 多种，按其特点和用途，可分为能源矿产(如煤炭、石油、天然气、地热)、金属矿产(如铁矿、锰矿、铜矿、铅矿、铝土矿)、非金属矿产(如金刚石、石灰岩、粘土)和水气矿产(如地下水、矿泉水、二氧化碳气)四大类。其中：金属矿产按其物质成份和性质又可分为：黑色金属矿产、有色金属矿产、贵金属矿产、稀有金属矿产、稀土金属矿产、分散元素金属矿产六类。

气候 指地球与大气之间长期能量交换与质量交换所形成的一种自然环境状态，它是多种因素综合作用的结果。气候既是人类生活和生产的环境要素之一，又是供给人类生活和生产的重要资源。气温、降水、湿度等气象要素的多年平均值是用来描述一个地区气候状况的主要参数，而各种气象要素某年、某月的平均值(或总量)则可以反映出该时期天气气候状况的重要特征。

气温 指空气的温度，我国一般以摄氏度(℃)为单位表示。气象观测的温度表是放在离地面约 1.5 米处通风良好的百叶箱里测量的，因此，通常说的气温指的是离地面 1.5 米处百叶箱中的温度。其统计计算方法为：

月平均气温是将全月各日的平均气温相加，除以该月的天数而得。

年平均气温是将 12 个月的月平均气温累加后除以 12 而得。

降水量 指从天空降落到地面的液态或固态(经融化后)水，未经蒸发、渗透、流失而在地面上积聚的深度。其统计计算方法为：

月降水量是将全月各日的降水量累加而得。

年降水量是将 12 个月的月降水量累加而得。

日照时数 指太阳实际照射地面的时间。其统计方法与降水量相同。

Explanatory Notes on Main Statistical Indicators

Divisions of Administrative Areas refers to the division of administrative areas by the State. The relative laws stipulate that 1) the whole country is divided into provinces, autonomous regions and municipalities directly under the Central Government; 2) provinces and autonomous regions are further divided into autonomous prefectures, counties, autonomous counties and cities; 3) autonomous prefectures are further divided into counties, autonomous counties and cities; 4) counties and autonomous counties are further divided into townships, ethnic townships and towns; 5) municipalities directly under the Central Government and large cities are divided into districts and counties, 6) the State shall, when necessary, establish special administrative regions.

Natural Resources refers to material resources that could be obtained from the nature by human being and used for production and living. Natural resources in general can be classified as renewable resources and non-renewable resources. Renewable resources refer to resources that could be renewed and recycled during a relatively short period of time, including land resource, water resource, climate resource, biology resource and marine resource. Non-renewable resources include resources that could not be renewed, such as minerals and geothermal resource.

Land Resource Land refers to the surface of the earth, consisting of mainly rocks and its weathering and earth. Land resource can be classified, by its utilization, as land for agriculture, land for construction and unused land. Land for agriculture includes cultivated land, plantation land, forestland, grassland and waters. Land for construction includes land for residential purpose, for manufacturing and mining, for transportation and for water-conservancy projects. Unused land refers to land other than land for agriculture and construction, including beaches, deserts, Gobi, glaciers and rock mountains

Forest Area refers to the area of forest where trees and bamboo grow with canopy density above 0.2, including land of natural woods and planted woods, but excluding bush land and thin forest land. It reflects the total areas of afforestation.

Forest Coverage Rate refers to the ratio of area of afforested land to total land area. It is a very important indicator that reflects the status of abundance of forest resource and balance of the ecosystem. Forest area includes the area of trees and bamboo grow with canopy density above 0.2, the area of shrubby tree according to regulations of the government, the area of forest land inside farm land and the area of trees planted by the side of villages, farm houses and along roads and rivers. The formula for calculating forest coverage rate is as follows:

$$\text{Forestry coverage rate (\%)} = \frac{\text{Area of Afforested Land}}{\text{Area of Total Land}} \times 100\%$$

Mineral Resources refers to useful minerals, with solid state, liquid state, gaseity, due to the geological process. Minerals are important natural resources, and important material base for social development. At present, there are more than 170 types of minerals discovered in China. They can be categorized into four groups: energy producing minerals (including coal, petroleum, natural gas and terrestrial heat), metallic minerals (including iron, manganese, copper, lead and bauxite), non metallic minerals (including diamond, limestone and clay), and water/gas related minerals (including ground water, mineral water and carbon dioxide). Metallic minerals can be further classified as ferrous, non-ferrous, noble metal, rare metal, rare earth metal and dispersed metals.

Climate refers to the natural environmental status formed by the long-term exchange of energy and mass between the earth and the atmosphere, and is the result of interaction of many factors. Climate is both one of the environment factors and also the important resources for living and production activities of the human being. The average values across several years of meteorological factors such as temperature, rainfall and humidity are used as important parameters to describe the climate of a region, while the average values (or total values) of a given year or month of meteorological factors reflect the key characteristics of climate for that period of time.

Temperature refers to the air temperature. China uses centigrade as the unit. The thermometry used for weather observation is put in a breezy shutter, which is 1.5 meters high from the ground. Therefore, the commonly used temperature refers to the temperature in the breezy shutter 1.5 meters away from the ground. The calculation method is as follows:

Monthly average temperature is the summation of average daily temperature of one month divided by the actual days of that particular month.

Annual average temperature is the summation of monthly average of a year divided by 12 months.

Volume of Precipitation refers to the deepness of liquid state or solid state (thawed) water falling from the sky to the ground that has not been evaporated, infiltrated or run off. The calculation method is as follows:

Monthly precipitation is the summation of daily precipitation of a month.

Annual precipitation is the summation of 12 months precipitation of a year.

Sunshine Hours refers to the actual hours of sun irradiating the earth. The calculation method is the same as that of the precipitation.

二、综　合

General Survey

资料整理：金文娟　何国良　董　文

简 要 说 明

一、本篇资料主要反映陕西1978年以来及党的十八大以来经济、社会发展情况，并收录了基本单位统计资料。

二、国民经济和社会发展综合表集中反映陕西国民经济和社会发展的总量、速度、结构、比例和效益状况及变化。

三、本篇资料根据各专业统计年报资料以及国家统计局、省级有关部门提供的统计资料加工整理而成。

Brief Introduction

Ⅰ.This chapter mainly reflects the development of shaanxi's economy and society since 1978 and the 18th CPC National Congress, and includes basic unit statistical data.

Ⅱ. The summary data on the national economy reflect the overall situation of and changes in shaanxi's national economic and social development in terms of total size. growth, structure, ratio, and efficiency.

Ⅲ.The summary data are processed and prepared on the basis of the annual reports of various specialized fields provided by Statistics Bureau of Shaanxi Province and the statistics provided by the National Bureau of Statistics and some related departments of Shaanxi Province.

2.综　合

2022年全省		
生产总值	32772.68	亿元
一般公共预算收入	3311.57	亿元
社会消费品零售总额	10401.61	亿元
进出口总值	4835.34	亿元
城镇居民人均可支配收入	42431	元
农村居民人均可支配收入	15704	元

生产总值增长速度

（比上年增长%）

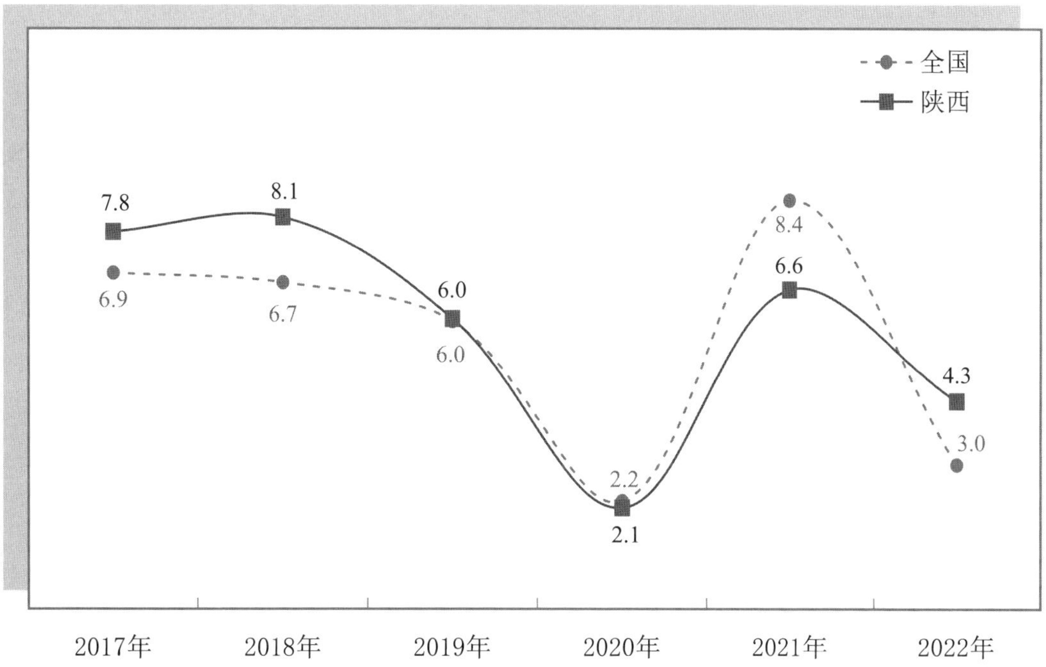

2-1 陕 西 一 日

Selected Indicators on Average Daily Social and Economic Activities

指 标		Item		2012	2017	2021	2022
每天创造的财富		**Daily Production**					
生产总值	(万元)	Gross Domestic Product	(10 000 yuan)	386405	588314	825253	897882
第一产业		Primary Industry		35925	47701	66024	70557
第二产业		Secondary Industry		207985	277098	384082	436524
第三产业		Tertiary Industry		142495	263516	375147	390801
一般公共预算收入	(万元)	General Public Budget Revenue	(10 000 yuan)	43735	54978	76039	90728
粮 食	(万吨)	Grain	(10 000 tons)	3.43	3.27	3.48	3.56
棉 花	(吨)	Cotton	(ton)	121	33	1	1
油 料	(吨)	Oil-bearing Crops	(ton)	1557	1639	1598	1544
肉 类	(吨)	Meat	(ton)	2926	3107	3506	3619
布	(万米)	Cloth	(10 000 m)	177.61	252.52	224.77	181.64
原 煤	(万吨)	Raw Coal	(10 000 tons)	130.89	156.05	191.76	204.40
原 油	(吨)	Crude Oil	(ton)	96381	95612	69939	69496
发电量	(万千瓦小时)	Electricity	(10 000 kwh)	36352	48805	71667	74741
粗 钢	(吨)	Crude Steel	(ton)	22642	32445	41666	40435
每天消费量		**Daily National Consumption**					
能源消费量	(万吨标准煤)	Energy Consumption	(10 000 tons of SCE)	27.09	34.38	39.77	44.11
社会消费品零售额	(万元)	Total Retail Sales of Consumer Goods	(10 000 yuan)	129960	235924	280836	284976
每天其他经济活动		**Other Daily Economic Activities**					
货运量	(万吨)	Freight Traffic	(10 000 tons)	373.59	446.81	440.28	451.32
客运量	(万人)	Passenger Traffic	(10 000 persons)	307.57	194.90	59.06	37.91
邮电业务总量	(万元)	Business Volume of Postal and Telecommunication Services	(10 000 yuan)	10534	26091	141398	17546
进出口总值	(万元)	Total Value of Imports and Exports	(10 000 yuan)	25523	74511	130349	132475
# 出口总值		Total Exports		14922	45472	70303	82503
国内游客	(万人次)	Domestic Vistiors	(person-times)	63	142	107	95
每天人口变动和婚姻		**Daily Population Changes and Marriages**					
出 生	(人)	Births	(person)	1038	1164	855	797
死 亡	(人)	Deaths	(person)	640	655	800	827
结 婚	(对)	Marriages	(couples)	1022	824	606	549
离 婚	(对)	Divorces	(couples)	150	235	161	142

注：1.本表价值量指标中，除邮电业务总量按不变价格计算，其余均按当年价格计算。
2.工业产品产量为规模以上企业数据。

a) Figures in value terms in this table are at current prices, except that on the business volume of postal and telecommunication services which is at constant prices.

b) Output of industrial products are obtained from above designated size enterprises.

2-2 陕西省主要国民经济指标占全国比重(2022年)

Percentage of Shaanxi Main Indicators on National Economic to National Total(2022)

指 标		Item		陕 西 Shaanxi	全 国 National Total	陕西占全国% Shaanxi as Percentage of National Total (%)
年底总人口	(万人)	Population at Year-end	(10 000 persons)	3956	141175	2.8
就业人员	(万人)	Number of Employed Persons	(10 000 persons)	2066	73351	2.8
生产总值	(亿元)	Gross Domestic Product	(100 million yuan)	32772.68	1210207.2	2.7
第一产业		Primary Industry		2575.34	88345.1	2.9
第二产业		Secondary Industry		15933.11	483164.5	3.3
第三产业		Tertiary Industry		14264.23	638697.6	2.2
一般公共预算收入	(亿元)	General Public Budget Revenue	(100 million yuan)	3311.57	203703.5	1.6
主要产品产量		Output of Major Products				
粮 食	(万吨)	Grain	(10 000 tons)	1297.89	68652.8	1.9
棉 花	(万吨)	Cotton	(10 000 tons)	0.02	598.0	0.0
油 料	(万吨)	Oil-bearing Crops	(10 000 tons)	56.34	3654.2	1.5
肉 类	(万吨)	Meat	(10 000 tons)	132.09	9328.4	1.4
原 煤	(万吨)	Raw Coal	(10 000 tons)	74604.55	455855.3	16.4
原 油	(万吨)	Crude Oil	(10 000 tons)	2536.62	20472.2	12.4
天 然 气	(亿立方米)	Natural Gas	(100 million cu.m)	307.11	2201.1	14.0
发 电 量	(亿千瓦小时)	Electricity	(100 million kwh)	2728.04	88487.1	3.1
粗 钢	(万吨)	Crude Steel	(10 000 tons)	1475.87	101795.9	1.4
水 泥	(万吨)	Cement	(10 000 tons)	6553.27	212951.3	3.1
化 肥	(万吨)	Fertilizers	(10 000 tons)	157.58	5573.3	2.8
纱	(万吨)	Yarn	(10 000 tons)	35.67	2719.1	1.3
布	(亿米)	Cloth	(100 million m)	6.63	467.5	1.4
汽 车	(万辆)	Motor Vehicles	(10 000 units)	133.79	2718.0	4.9
货物周转量	(亿吨公里)	Total Freight Ton-kilometers	(100 million ton-km)	4369.64	231782.7	1.9
		Telecommunication Services	(100 million yuan)			
社会消费品零售总额	(亿元)	Total Retail Sales of Consumer Goods	(100 million yuan)	10401.61	439732.5	2.4
进出口总值	(亿元)	Total Value of Imports and Exports	(100 million yuan)	4835.34	420678.2	1.1
#出口总值		Exports		3011.35	239654.0	1.3
大学生在校学生数	(万人)	Students Enrollment of College and University	(10 000 persons)	130.44	3659.4	3.6

2–3 国民经济和社会发展总量与速度指标

指　标		Item		1978	2012
人 口		Population			
年底总人口	(万人)	Population at Year-end	(10 000 persons)	2779	3787
城镇人口		Urban		454	1883
乡村人口		Rural		2325	1904
男性人口		Male		1444	1956
女性人口		Female		1335	1831
就 业		Employment			
就业人员	(万人)	Number of Employed Persons	(10 000 persons)	1078	2091
#职工人数		Number of Staff and Workers		257	386
城镇登记失业人数	(万人)	Registered Unemployment in Urban Areas	(10 000 persons)		19.48
国民经济核算		National Accounting			
生产总值	(亿元)	Gross Domestic Product	(100 million yuan)	81.07	14142.41
第一产业		Primary Industry		24.70	1314.84
第二产业		Secondary Industry		42.13	7612.26
第三产业		Tertiary Industry		14.24	5215.31
财 政		Government Finance			
一般公共预算收入	(亿元)	General Public Budget Revenue	(100 million yuan)		1600.69
一般公共预算支出	(亿元)	General Public Budget Expenditure	(100 million yuan)	18.30	3323.80
固定资产投资		Investment in Fixed Assets			
房地产开发投资	(亿元)	Investment in Real Estate Development	(100 million yuan)		1835.93
能 源		Production and Consumption of Energy	(Equivalent Value)		
一次能源生产总量	(万吨标准煤)	Total Primary Energy Production	(10 000 tons of SCE)		41168.40
能源消费总量	(万吨标准煤)	Total Energy Consumption	(10 000 tons of SCE)		9914.53
人民生活		People's Living Conditions			
居民人均可支配收入	(元)	Per Capita Annual Disposable Income of All Households	(yuan)		
城镇居民人均可支配收入	(元)	Per Capita Annual Disposable Income of Urban Households	(yuan)	310	20269
农村居民人均可支配收入	(元)	Per Capita Annual Disposable Income of Rural Households	(yuan)	133	6285
居民人均生活消费支出	(元)	Per Capita Living Expenditure of All Households	(yuan)		
城镇居民人均生活消费支出	(元)	Per Capita Living Expenditure of Urban Households	(yuan)		
农村居民人均生活消费支出	(元)	Per Capita Living Expenditure of Rural Households	(yuan)		

Principal Aggregate Indicators on National Economic and Social Development and Growth Rates

2017	2021	2022	2022年为下列年份% 2022 as Percentage of the Following Years(%)				平均增长速度% Average AnnualGrowth Rate(%)	
			1978	2012	2017	2021	1979-2022	2018-2022
3904	3954	3956	142.4	104.5	101.3	100.1	0.8	0.3
2267	2516	2532	557.7	134.5	111.7	100.6	4.0	2.2
1637	1438	1424	61.2	74.8	87.0	99.0	-1.1	-2.7
2016	2018	2018	139.8	103.2	100.1	100.0	0.8	0.0
1888	1936	1938	145.2	105.8	102.6	100.1	0.9	0.5
2111	2091	2066	191.7	98.8	97.9	98.8	1.5	-0.4
472	444	445	173.2	115.3	94.3	100.2	1.3	-1.2
23.44	27.69	23.83		122.3	101.7	86.1		0.3
21473.45	30121.74	32772.68	6317.8	196.7	130.1	104.3	9.9	5.4
1741.07	2409.86	2575.34	861.0	155.3	123.6	104.3	5.0	4.3
10114.06	14019.01	15933.11	7957.8	193.1	130.3	106.2	10.5	5.4
9618.32	13692.88	14264.23	13593.0	210.7	131.0	102.6	11.8	5.5
2006.69	2775.42	3311.57		206.9	165.0	119.3		10.5
4833.19	6069.22	6760.98	36940.0	203.4	139.9	111.4	14.4	6.9
3101.97	4441.00	4254.79		231.8	137.2	95.8		9.5
51485.48	58259.23	60413.84		146.7	117.3	103.7		3.3
12548.52	14515.23	16099.28		162.4	128.3	110.9		5.1
20635	28568	30116			145.9	105.4		7.9
30810	40713	42431	13687.4	209.3	137.7	104.2	11.8	6.6
10265	14745	15704	11807.5	249.9	153.0	106.5	11.5	8.9
14900	19347	19848			133.2	102.6		5.9
20388	24784	24766			121.5	99.9		4.0
9306	13158	14094			151.5	107.1		8.7

2-3 续表 1

指　标		Item		1978	2012
农 业		Agriculture			
农林牧渔业增加值	(亿元)	Value-added of Agriculture, Forestry, Animal Husbandry and Fishery	(100 million yuan)	24.70	1372.51
主要农产品产量		Output of Major Farm Products			
粮 食	(万吨)	Grain	(10 000 tons)	800.00	1255.92
棉 花	(万吨)	Cotton	(10 000 tons)	10.54	4.44
油 料	(万吨)	Oil-bearing Crops	(10 000 tons)	5.65	56.98
烤 烟	(万吨)	Flue-Cured Tobacco	(10 000 tons)	1.38	7.19
茶 叶	(吨)	Tea	(ton)	1408	34852
水 果	(万吨)	Fruits	(10 000 tons)	33.41	1362.77
蔬 菜	(万吨)	Vegetables	(10 000 tons)		1412.45
肉 类	(万吨)	Meat	(10 000 tons)	14.20	107.09
工 业		Industry			
工业增加值	(亿元)	Value-added of Industry	(100 million yuan)	36.52	6505.20
主要工业产品产量		Output of Major Industrial Products			
纱	(万吨)	Yarn	(10 000 tons)	13.85	28.86
布	(亿米)	Cloth	(100 million m)	5.81	6.50
原 煤	(万吨)	Coal	(10 000 tons)	1666.00	47904.12
原 油	(万吨)	Crude Oil	(10 000 tons)	6.03	3527.56
天然气	(亿立方米)	Natural Gas	(100 million cu.m)		309.62
发电量	(亿千瓦小时)	Electricity	(100 million kwh)	66.10	1330.50
粗 钢	(万吨)	Crude Steel	(10 000 tons)	24.29	828.69
钢 材	(万吨)	Rolled Steel	(10 000 tons)	17.38	1283.55
水 泥	(万吨)	Cement	(10 000 tons)	210.66	7552.71
化 肥	(万吨)	Fertilizers	(10 000 tons)	13.69	97.89
汽 车	(万辆)	Motor Vehicles	(10 000 units)		54.46
规模以上工业企业		Industrial Enterprises above Designated Size			
资产总计	(亿元)	Original Value of Fixed Assets	(100 million yuan)		20591.16
营业收入	(亿元)	Business Revenue	(100 million yuan)		16328.25
利润总额	(亿元)	Total Profits	(100 million yuan)		2057.22
建筑业		Construction			
建筑业增加值	(亿元)	Value-added of Construction	(100 million yuan)	5.61	1107.06
房地产业		Real Estate			
商品房销售面积	(万平方米)	Floor Space of Commercial Buildings Sold	(10 000 sq.m)		2755.59
# 住宅		Residential Buildings			2530.84
商品房销售额	(亿元)	Value of Sale of Commercial Buildings	(100 million yuan)		1420.75
# 住宅		Residential Buildings			1215.57

continued

2017	2021	2022	2022年为下列年份% 2022 as Percentage of the Following Years(%)				平均增长速度% Average AnnualGrowth Rate(%)	
			1978	2012	2017	2021	1979-2022	2018-2022
1830.62	2532.15	2710.56	864.8	156.1	123.7	104.4	5.0	4.3
1194.20	1270.43	1297.89	162.2	103.3	108.7	102.2	1.1	1.7
1.20	0.03	0.02	0.2	0.5	1.7	66.7	-13.3	-55.9
59.82	58.33	56.34	997.2	98.9	94.2	96.6	5.4	-1.2
3.82	5.09	5.37	389.1	74.7	140.6	105.5	3.1	7.0
66672	93171	100418	7132.0	288.1	150.6	107.8	10.2	8.5
1660.80	1896.46	1993.47	5966.7	146.3	120.0	105.1	9.7	3.7
1733.99	2012.82	2082.15		147.4	120.1	103.4		3.7
113.41	127.97	132.09	930.2	123.3	116.5	103.2	5.2	3.1
8232.88	11538.12	13158.30	9193.1	197.7	132.9	105.7	10.8	5.8
42.60	36.42	35.67	257.5	123.6	83.7	97.9	2.2	-3.5
9.22	8.20	6.63	111.5	99.7	70.3	79.0	0.2	-6.8
56959.93	69993.75	74604.55	4478.1	155.7	131.0	106.6	9.0	5.5
3489.82	2552.76	2536.62			72.7	99.4		
419.40	294.13	307.11				104.4		
1781.39	2615.83	2728.04	4127.1	205.0	153.1	104.3	8.8	8.9
1184.26	1520.81	1475.87	6076.0	178.1	124.6	97.0	9.8	4.5
1377.61	2097.41	2010.54	11568.1	156.6	145.9	95.9	11.4	7.9
7476.09	6698.52	6553.27	3110.8	86.8	87.7	97.8	8.1	-2.6
148.39	186.39	157.58	1151.1	161.0	106.2	84.5	5.7	1.2
61.63	80.10	133.79		245.7	217.1	167.0		16.8
30642.94	41680.72	44398.00		215.6	144.9	106.5		7.7
22090.99	30063.97	35177.15		215.4	159.2	117.0		9.8
2238.04	3650.50	4585.22		222.9	204.9	125.6		15.4
1958.95	2627.50	2893.02	3560.1	187.8	123.8	108.5	8.5	4.4
3890.40	4260.06	3308.72		120.1	85.0	77.7		-3.2
3419.84	3886.63	2954.14		116.7	86.4	76.0		-2.9
2661.08	4146.26	3270.48		230.2	122.9	78.9		4.2
2215.17	3762.14	2958.75		243.4	133.6	78.6		6.0

2–3 续表 2

指　　标		Item		1978	2012
交通运输业		Transportation			
货运量	(万吨)	Freight Traffic	(10 000 tons)	7160	136734
#铁　路		Railways		2400	31942
公　路		Highways		4733	104593
客运量	(万人)	Passenger Traffic	(10 000 persons)	5628	112570
#铁　路		Railways		2009	5757
公　路		Highways		3605	105647
民用汽车拥有量	(万辆)	Possession of Civil Motor Vehicles	(10 000 sets)		318.84
#私人汽车		Private Vehicles			261.53
邮政电信业		Postal and Telecommunication Services			
邮电业务总量	(亿元)	Business Volume of Postal and Telecommunication Services	(100 million yuan)	0.50	385.54
函　件	(万件)	Number of Letters Delivered	(10 000 pieces)	9188	6061
报刊期发数	(万份)	Number of Newspapers and Magazines Distributed	(10 000 copies)	319	337
固定电话	(万户)	Number of Fixed Telephone Subscribers	(10 000 subscribers)	4.65	772.07
移动电话	(万户)	Number of Mobile Telephone Subscribers	(10 000 subscribers)		3264.77
互联网宽带用户	(万户)	Number of Internet Subscribers	(10 000 subscribers)		439.59
批发和零售业		Domestic Trade			
社会消费品零售总额	(亿元)	Total Retail Sales of Consumer Goods	(100 million yuan)	33.37	4756.54
对外贸易和旅游		Foreign Trade and Tourism			
进出口总值	(亿元)	Total Value of Imports and Exports	(100 million yuan)		147.99亿美元
进口总值		Imports			61.47亿美元
出口总值		Exports		0.12亿美元	86.52亿美元
实际使用外商直接投资	(万美元)	Total Amount of Foreign Investment Actually Utilized	(USD 10 000)		293609
国内游客(万人次)		Domestic Vistiors			22941
国内旅游收入(亿元)		Domestic Tourism(100 million yuan)			1610
金　融		Financial Intermediation			
金融机构人民币存款余额	(亿元)	Deposits of National Banking System in RMB	(100 million yuan)		22657.74
金融机构人民币贷款余额	(亿元)	Loans of National Banking System in RMB	(100 million yuan)		13865.61
教　育		Education			
专任教师数	(万人)	Full-time Teachers	(10 000 persons)		
普通高等学校		Regular Institutions of Higher Education		1.07	6.15
中等职业学校		Vocational Secondary Schools		0.33	3.01
普通中学		Secondary Schools		9.17	16.88
小　学		Primary Schools		17.30	16.68
在校学生数	(万人)	Students Enrollment	(10 000 persons)		
普通高等学校		Regular Institutions of Higher Education		3.44	102.63
中等职业学校		Vocational Secondary Schools		2.93	73.31
普通中学		Secondary Schools		193.47	225.70
小　学		Primary Schools		450.51	234.62

continued

2017	2021	2022	2022年为下列年份% 2022 as Percentage of the Following Years(%)				平均增长速度% Average AnnualGrowth Rate(%)	
			1978	2012	2017	2021	1979-2022	2018-2022
163086	160702	164730	2300.7	120.5	101.0	102.5	7.4	0.2
39162	37894	43505	1812.7	136.2	111.1	114.8	6.8	2.1
123721	122716	121188	2560.5	115.9	98.0	98.8	7.6	-0.4
71138	21559	13835	245.8	12.3	19.4	64.2	2.1	-27.9
8908	7728	4825	240.2	83.8	54.2	62.4	2.0	-11.5
60724	12794	8496	235.7	8.0	14.0	66.4	2.0	-32.5
557.33	800.37	849.20		266.3	152.4	106.1		8.8
500.86	722.96	768.55		293.9	153.4	106.3		8.9
952.31	5161.01	640.42						
1908	995	810	8.8	13.4	42.5	81.4	-5.4	-15.7
302	284	280	87.8	83.1	92.6	98.6	-0.3	-1.5
622.79	661.03	676.21	14556.0	87.6	108.6	102.3	12.0	1.7
4220.61	4777.76	4834.36		148.1	114.5	101.2		2.8
903.22	1567.36	1760.44		400.5	194.9	112.3		14.3
8611.22	10250.50	10401.61	31170.5	218.7	120.8	101.5	13.9	3.9
2719.65	4757.75	4835.34		485.8	178.5	97.5		12.2
1059.92	2191.68	1823.99		441.2	172.8	79.8		11.6
1659.73	2566.07	3011.35	376227.8	517.5	182.1	112.6	20.6	12.7
589437	1024615	146440						
51901	39058	34654		151.1	66.8	88.7		-7.8
4630	3434	2625		163.0	56.7	76.4		-10.7
37784.01	54130.14	61575.56		271.8	163.0	113.8		10.3
26679.06	44053.75	48631.59		350.7	182.3	110.4		12.8
6.69	7.63	7.94	742.4	129.2	118.7	104.1	4.7	3.5
2.12	2.63	2.52	763.4	83.7	118.8	95.8	4.7	3.5
15.73	16.12	16.35	178.3	96.8	103.9	101.4	1.3	0.8
14.41	18.50	18.80	108.6	112.7	130.5	101.6	0.2	5.5
106.94	128.33	130.44	3791.9	127.1	122.0	101.6	8.6	4.1
41.56	48.33	47.85	1633.1	65.3	115.1	99.0	6.6	2.9
180.63	185.51	194.85	100.7	86.3	107.9	105.0	0.0	1.5
252.31	296.40	298.80	66.3	127.4	118.4	100.8	-0.9	3.4

2-3 续表 3

指　　标		Item		1978	2012
科　技					
专利授权量	(件)	Patents Application Granted	(piece)		14908
文　化		Culture			
制作电视节目	(小时)	Time for TV Programs Production	(hour)		102136
婚　姻		Marriages and Divorces			
结婚数	(对)	Number of Marriages	(couples)	136230	374046
离婚数	(对)	Number of Divorces	(couples)		55006
居　住		Housing			
居民家庭人均住房建筑面积	(平方米)	Per Capita Floor Space of All Households	(sq.m)		
城镇居民人均住房建筑面积	(平方米)	Per Capita Floor Space of Urban Residents	(sq.m)		
农村居民人均住房建筑面积	(平方米)	Per Capita Floor Space of Rural Residents	(sq.m)		
卫　生		Health Care			
医院数	(个)	Number of Hospitals	(unit)	3064	2603
执业(助理)医师	(万人)	Number of Doctors	(10 000 persons)	3.43	6.95
医院床位数	(万张)	Number of Hospital Beds	(10 000 units)	4.99	16.31
市政建设		Municipal Works			
城市全年供水总量	(万立方米)	Volume of Tap Water Supply	(10 000 cu.m)	21119	84703
城市排水管道长度	(公里)	Length of Sewer Pipelines	(km)	431	6383
城市天然气供应量	(万立方米)	Volume of Natural Gas Supply in Urban Areas	(10 000 cu.m)		221162
城市道路长度	(公里)	Length of Paved Roads	(km)	639	5422
环境、灾害		Environment and Disaster			
突发环境事件次数	(次)	Environmental Disasters	(time)		23
老工业企业污染防治投资	(万元)	Investment in the Treatment of Pollution from Old Industrial Enterprises	(10 000 yuan)		
火灾发生数	(起)	Number of Fire Disasters	(unit)		7857
火灾损失	(万元)	Loss of Fire Disasters	(10 000 yuan)		16172
交通事故发生数	(件)	Number of Traffic Accidents	(unit)	3979	5989
交通事故损失	(万元)	Loss of Traffic Accidents	(10 000 yuan)	165	4004

注：1.本表价值量指标中，除邮电业务总量按不变价格计算，其余指标均按当年价格计算。
2.1998年及以后职工人数为在岗职工人数。
3.2010年及以后工业产品产量、财务指标为规模以上企业数据。2019年以前营业收入为主营业务收入数据。
4.本表速度指标中，生产总值及三次产业增加值、农林牧渔业增加值、工业增加值、建筑业增加值按不变价格计算。

continued

2017	2021	2022	2022年为下列年份% 2022 as Percentage of the Following Years(%)				平均增长速度% Average AnnualGrowth Rate(%)	
			1978	2012	2017	2021	1979–2022	2018–2022
34554	86272	79375		532.4	229.7	92.0		18.1
127553	98147	91058		89.2	71.4	92.8		-6.5
300594	221046	200425	147.1	53.6	66.7	90.7	0.9	-7.8
85870	58906	51818		94.2	60.3	88.0		-9.6
39.3	42.5	43.2			109.9	101.7		
32.7	38.5	39.2			120.0	102.0		
46.0	47.0	47.7			103.9	101.6		
2710	2924	2954	96.4	113.5	109.0	101.0	-0.1	1.7
9.32	12.06	12.56	366.2	180.7	134.8	104.1	3.0	6.1
23.71	27.90	28.52	571.5	174.9	120.3	102.2	4.0	3.8
136305	136333	140285	664.3	165.6	102.9	102.9	4.4	0.6
9590	13946	14757	3423.9	231.2	153.9	105.8	8.4	9.0
378752	589725	617804		279.3	163.1	104.8		10.3
7631	10495	11032	1726.4	203.5	144.6	105.1	6.7	7.7
33	9	6		26.1	18.2	66.7		-28.9
	64420	18386				28.5		
9681	23831	22079		281.0	228.1	92.6		17.9
8935	22930	23537		145.5	263.4	102.6		21.4
5820	4886	4399	110.6	73.5	75.6	90.0	0.2	-5.4
4222	3131	2416	1464.2	60.3	57.2	77.2	6.3	-10.6

a) Figures in value terms in this table are at current prices, except that on the business volume of postal and telecommunication services which is at constant prices.

b) Figures on number of staff and workers ,total wage bill and average wage refer to fully employed staff and workers since 1998 .

c) Since 2010, Output of industrial products and financial indicators are obtained from above designated size enterprises.
The Business Revenue before 2019 is the Revenue from Principal Business.

d) The indices and growth rates of the follow indicators are calculated at constant prices: gross domestic product, value-added of the three strata of industry,price indices,value-added of agriculture, forestry, animal husbandry and fishery ,value-added of industry, per capita annual disposable income of households average wage of staff and workers.

2-4 国民经济主要结构指标
Main Composition Indicators on National Economy

单位：% (%)

指　　标	Item	2012	2017	2021	2022
人　口	Population				
城乡结构	Urban and Rural Composition				
城　镇	Urban	49.7	58.1	63.6	64.0
乡　村	Rural	50.3	41.9	36.4	36.0
性别结构	Sexual Composition				
男	Male	51.7	51.6	51.0	51.0
女	Female	48.4	48.4	49.0	49.0
年龄结构	Age				
0-14岁	Aged 0-14	14.4	14.3	17.1	16.8
15-64岁	Aged 15-64	76.6	74.9	68.9	68.5
65岁及以上	Aged 65 and Over	9.0	10.8	14.0	14.7
国民经济核算	National Accounting				
生产总值产业结构	Industrial Composition				
第一产业	Primary Industry	9.3	8.1	8.0	7.9
第二产业	Secondary Industry	53.8	47.1	46.5	48.6
第三产业	Tertiary Industry	36.9	44.8	45.5	43.5
生产总值地区结构	By Region				
关　中	Guanzhong	60.6	63.8	61.9	60.8
陕　南	Southern Shaanxi	11.6	14.0	12.7	12.4
陕　北	Northern Shaanxi	27.8	22.2	25.4	26.8
财 政	Government Finance				
一般公共预算收入	General Public Budget Revenue				
税收收入	Tax Revenue	70.7	74.0	80.6	81.0
非税收入	Non-tax Revenue	29.3	26.0	19.4	19.0
能　源	Energy				
一次能源生产总量结构	Composition of Total Primary Energy Production				
原　煤	Coal	77.4	78.4	85.3	85.5
原　油	Crude Oil	12.2	9.7	6.3	6.0
天然气	Natural Gas	9.7	10.5	6.0	6.1
一次电力及其他能源	Primary Electricity and Other Energy	0.7	1.4	2.5	2.4
能源消费总量结构	Composition of Total Energy Consumption				
煤　品	Coal	73.7	74.7	73.7	74.9
油　品	Petroleum	15.9	8.6	6.0	4.4
天然气	Natural Gas	8.1	10.7	10.4	11.7
一次电力及其他能源	Primary Electricity and Other Energy	2.9	6.1	9.9	9.0
农　业	Agriculture				
农林牧渔业产值结构	Composition of Gross Output Value of Agriculture, Forestry,Animal Husbandry and Fishery				
农　　业	Farming	65.5	68.1	70.4	71.9
林　　业	Forestry	2.5	3.1	2.3	1.9
牧　　业	Animal Husbandry	26.8	22.6	21.3	20.1
渔　　业	Fishery	0.6	0.9	0.8	0.8
农林牧渔服务业	Services in Support of Agriculture,Forestry,Animal Husbandry and Fishery	4.6	5.3	5.2	5.3
工业(规模以上)	Industry (above designated size)				
工业企业资产	Assets of Industrial Enterprises				
采矿业	Mining	34.3	32.2	27.3	27.3
制造业	Manufacturing	53.9	56.5	58.9	58.9

2-4　续表　continued

单位：%　　(%)

指　标	Item	2012	2017	2021	2022
电力、热力、燃气及水生产和供应业	Production and Supply of Electricity, Heat Gas and Water	11.8	11.3	13.8	13.8
工业企业资产	Assets of Industrial Enterprises				
大型企业	Large Enterprises	66.2	58.6	56.5	49.0
中型企业	Medium-sized Enterprises	19.5	18.7	17.3	21.6
小型企业	Small Enterprises	14.3	22.7	26.2	29.4
交通运输业	Transportation				
客运量结构	Composition of Passenger Traffic				
铁　路	Railways	5.1	12.5	35.8	34.9
公　路	Highways	93.9	85.4	59.3	61.4
水　运	Waterways	0.3	0.6	0.3	0.4
民用航空	Civil Aviation	0.7	1.6	4.5	3.4
货运量结构	Composition of Freight Traffic				
铁　路	Railways	23.4	24.0	23.6	26.4
公　路	Highways	76.5	75.9	76.4	73.6
水　运	Waterways	0.1	0.1	0.1	…
民用航空	Civil Aviation	…	…	…	…
国内贸易	Domestic Trade				
社会消费品零售总额构成	Composition of Total Retail Sales of Consumer Goods				
城　镇	Urban	87.9	89.0	87.8	87.2
乡　村	Rural	12.1	11.0	12.2	12.8
生　活	People's Living Conditions				
居民可支配收入结构	Annual Per Capita Disposable Income				
工资性收入	Wages Income		54.5	53.3	53.3
经营净收入	Net Income from Business		12.7	13.0	12.9
财产净收入	Property Income		5.7	6.4	6.4
转移净收入	Transfer Income		27.0	27.3	27.4
居民消费支出结构	Annual Per Capita Consumption Expenditure				
食品、烟酒	Food,Tobacco and Alcohol		27.7	27.6	28.2
衣　着	Clothing		7.3	6.5	5.9
居　住	Residence		20.0	22.8	22.8
生活用品及服务	Living Articles and Services		7.0	6.5	6.3
交通通信	Transportation and Communications		11.8	11.8	12.4
教育文化娱乐	Recreation, Education and Culture Services		12.5	10.9	10.1
医疗保健	Medicine and Medical Services		11.4	11.7	12.1
其他用品和服务	Others		2.4	2.2	2.2
环　境	Environment				
老工业企业污染防治投资结构	Consumption of Investment in the Treatment of Pollution from Old Industrial Enterprises				
治理废水	Waste Water Treatment			8.4	26.2
治理废气	Waste Gas Treatment			41.1	62.2
治理固体废物	Solid Wastes Treatment			0.1	5.4
治理噪音	Noise Abatement			0.0	0.0
治理其他	Treatment of Other Pollution			50.4	6.1

2-5 国民经济和社会发展比例与效益指标
Indicators on Proportions and Efficiency in National Economic and Social Development

指　　标	Item	2012	2017	2021	2022
人　口	Population				
出生率 (‰)	Birth Rate (‰)	10.12	11.11	7.89	7.36
死亡率 (‰)	Death Rate (‰)	6.24	6.24	7.38	7.64
自然增长率 (‰)	Natural Growth Rate (‰)	3.88	4.87	0.51	-0.28
总抚养比 (%)	Gross Dependency Ratio (%)	30.53	33.58	45.23	45.92
少儿抚养比 (%)	Children Dependency Ratio (%)	18.82	19.16	24.91	24.49
老年抚养比 (%)	Elderly Dependency Ratio (%)	11.71	14.43	20.32	21.43
就　业	Employment				
城镇登记失业率 (%)	Registered Unemployment Rate in Urban Areas (%)	3.22	3.28	3.46	
国民经济核算	National Accounting				
人均生产总值 (元)	Per Capita GDP (yuan)	37453	55216	76171	82864
人民生活	People's Livelihoods				
城乡收入比(农村居民收入为1)	Urban and Rural Income Ratio(Rural Income as 1)	3.22	3.00	2.76	2.70
财　政	Government Finance				
一般公共预算收入与生产总值之比 (%)	Proportion of General Public Budget Revenue to GDP	11.3	9.3	9.2	10.1
一般公共预算支出与生产总值之 (%)	Proportion of General Public Budget Expenditure to GDI	23.5	22.5	20.1	20.6
对外贸易	Foreign Trade				
进出口总值与生产总值之比 (%)	Proportion of Total Value of Imports and Exports to GDP (%)	6.6	12.7	15.8	14.8
能　源	Energy				
能源生产弹性系数	Elasticity Ratio of Energy Production	0.99	1.20	-0.23	0.86
能源消费弹性系数	Elasticity Ratio of Energy Consumption	0.69	0.42	1.12	2.54
农　业	Agriculture				
每公顷播种面积农产品产量	Output of Farm Crops per Hectare of Sown Area				
粮　食 (公斤)	Grain (kg)	3990	3955	4229	4301
棉　花 (公斤)	Cotton (kg)	1396	1417	1130	1550
油　料 (公斤)	Oil-bearing Crops (kg)	1995	2144	2211	2242
工　业	Industry				
总资产贡献率 (%)	Ratio of Total Assets to Industrial Output Value(%)	18.0	13.5	14.7	17.0
资产负债率 (%)	Assets-Liability Ratio (%)	56.9	54.1	54.9	54.1
流动资产周转次数 (次/年)	Number of Times of Annual of Turnover Circulating Funds (times/year)	1.9	2.0	1.7	1.7
成本费用利润率 (%)	Ratio of Profits to Industrial Cost (%)	15.0	11.5	14.4	15.7

注：能源生产和能源消费用等价值折算，GDP按不变价格计算。
a) Energy production and Energy consumption are converted on the basis of equal value.GDP are calculated at constant prices.

2–5 续表 continued

指　　标	Item	2012	2017	2021	2022
交通运输业	Transport				
铁路网密度 (公里/平方公里)	Railway Density (km/sq.km)	0.020	0.025	0.031	0.031
公路网密度 (公里/平方公里)	Highway Density (km/sq.km)	0.785	0.848	0.892	0.903
邮电通信业	Postal and Telecommunication Services				
固定电话普及率 (部/百人)	Access to Fixed Telephones (set/100 persons)	20.57	16.24	16.71	17.09
移动电话普及率 (部/百人)	Access to Mobile Telephones (set/100 persons)	86.99	110.04	120.80	122.23
金融业	Financial Intermediation				
金融机构存款与生产总值之比 (%)	Proportion of Deposits of Financial Institutions to GDP (%)	160.2	176.0	179.7	187.9
金融机构贷款与生产总值之比 (%)	Proportion of Loans of Financial Institutions to GDP (%)	98.0	124.2	146.3	148.4
教　育	Education				
每万人大学生数 (人)	Number of College and University Students per 10 000 Population (person)	271	274	325	330
文　化	Culture				
每万人有艺术表演团体 (个)	Number of Troupesper 10 000 Population (unit)	0.02	0.02	0.02	0.02
每万人有公共图书馆 (个)	Number of Public Libraries per 10 000 Population (unit)	0.03	0.03	0.03	0.03
每万人有博物馆 (个)	Number of Museums per 10 000 Population (unit)	0.06	0.07	0.08	0.08
广播电视	Radio and Television				
广播人口覆盖率 (%)	Radio Coverage of Population (%)	97.2	98.6	99.4	99.4
电视人口覆盖率 (%)	TV Coverage of Population (%)	98.1	99.0	99.7	99.7
卫　生	Health Care				
每万人医院数 (个)	Number of Hospitals per 10 000 Population (unit)	0.7	0.7	0.7	0.7
每万人执业(助理)医师 (人)	Number of Doctors per 10 000 Population (person)	18	24	31	32
每万人医院床位数 (张)	Number of Hospital Beds per 10 000 Population (bed)	43	61	71	72
城市市政建设	Municipal Works				
供水普及率 (%)	Coverage Rate of Urban Population with Access to Tap Water (%)	96.15	97.90	98.16	98.25
燃气普及率 (%)	Coverage Rate of Urban Population with Access to Gas (%)	94.11	93.60	98.77	99.03
人均公园绿地面积 (平方米)	Per Capita Public Green Area (sq.m)	11.58	12.66	12.90	13.15

2-6 人均工农业主要产品产量
Per Capita Output of Major Industrial and Agricultural Products

年份 Year	粮食 (公斤) Grain (kg)	棉花 (公斤) Cotton (kg)	油料 (公斤) Oil-bearing Crops (kg)	蔬菜 (公斤) Vegetables (kg)	水果 (公斤) Fruits (kg)	肉类 (公斤) Meat (kg)	禽蛋 (公斤) Poultry Eggs (kg)	水产品 (公斤) Aquatic Products (kg)
1978	289.3	3.8	2.0		12.1	5.1	0.9	0.1
1980	268.5	2.9	3.9		9.9	8.2	1.1	0.1
1985	319.0	1.4	10.0	99.6	11.2	10.1	3.8	0.2
1990	328.7	2.4	10.3	112.8	19.0	14.4	5.7	0.6
1995	261.2	1.1	10.9	103.8	81.2	22.7	11.5	1.1
2000	299.9	0.8	10.7	153.3	136.0	25.4	11.7	1.7
2005	309.2	2.1	12.3	236.0	207.8	36.4	13.2	2.0
2010	317.9	1.4	14.4	347.0	320.3	28.8	12.6	1.6
2011	322.0	1.3	14.9	358.1	339.9	26.9	13.4	2.2
2012	332.6	1.2	15.1	374.1	360.9	30.7	13.7	2.8
2013	318.9	0.9	14.5	391.4	368.1	32.6	14.6	3.3
2014	310.2	0.6	14.7	407.9	378.9	34.1	14.3	3.7
2015	314.0	0.5	14.8	420.6	392.2	34.3	15.1	4.6
2016	327.5	0.4	14.8	431.8	406.1	33.3	18.5	4.8
2017	307.1	0.3	15.4	445.9	427.0	29.2	15.4	4.8
2018	313.0	0.3	15.6	461.6	399.7	29.2	15.7	4.7
2019	312.7	0.2	15.3	481.9	440.2	27.8	16.3	4.8
2020	322.8	0.02	15.0	495.7	457.8	27.1	16.3	4.8
2021	321.3	0.01	14.8	509.0	479.6	32.4	16.0	4.3
2022	328.2	0.01	14.2	526.5	504.0	33.4	16.1	4.4

2–6 续表 continued

年 份 Year	纱 (公斤) Yarn (kg)	布 (米) Cloth (m)	原 煤 (公斤) Coal (kg)	原 油 (公斤) Crude Oil (kg)	天然气 (立方米) Natural Gas (cu.m)	发电量 (千瓦小时) Electricity (kwh)	粗 钢 (公斤) Crude Steel (kg)	水 泥 (公斤) Cement (kg)
1978	5.0	21.0	602.4	2.2		239.1	8.8	76.2
1980	5.3	23.4	635.7	3.0		280.7	8.7	81.4
1985	5.3	21.5	902.5	7.4		364.5	11.6	128.6
1990	4.6	22.4	1021.5	21.5		459.7	15.0	162.7
1995	4.0	22.6	1214.8	47.8	0.6	677.1	15.4	243.6
2000	4.3	19.8	962.0	205.6	58.1	749.9	14.8	272.5
2005	5.3	21.5	2933.3	482.5	218.7	1370.1	83.4	535.1
2010	7.3	20.2	9679.8	808.7	599.0	2953.4	162.1	1464.4
2011	7.3	16.4	10969.4	860.1	725.9	3223.5	200.4	1714.8
2012	7.6	17.2	12686.5	934.2	820.0	3523.6	219.5	2000.2
2013	9.4	15.1	13208.9	971.7	979.2	3935.3	258.2	2251.5
2014	10.5	16.0	13630.8	987.5	1074.9	4195.7	272.1	2380.7
2015	12.9	17.7	13612.4	974.0	1084.1	4155.1	267.8	2236.4
2016	10.2	20.8	13251.7	907.4	1067.1	4494.3	239.6	1957.5
2017	11.0	23.7	14646.4	897.4	1078.4	4580.6	304.5	1922.4
2018	10.1	19.6	15909.3	898.4	1134.6	4549.4	334.6	1600.7
2019	8.1	17.6	16104.7	899.9	1202.3	5380.6	363.4	1681.6
2020	8.9	20.9	17202.8	682.0	1335.3	5807.8	385.2	1724.2
2021	9.2	20.7	17699.8	645.5	743.8	6614.8	384.6	1693.9
2022	9.0	16.8	18863.4	641.4	776.5	6897.7	373.2	1657.0

2-7 各市(区)国民经济主要指标(2022年)

指标	Item	关中 Guanzhong	西安市 Xi'an
年底常住人口 (万人)	Number of Usual Residents in the Households Surveyed at Year-end (10 000 persons)	2601	1300
城镇非私营单位就业人员年末人数 (万人)	Number of Fully Employed Staff and Workers in Urban Non-private Units at Year-end (10 000 persons)	310.25	176.26
生产总值 (亿元)	Gross Domestic Product (100 million yuan)	19920.44	11486.51
第一产业	Primary Industry	1443.97	323.58
第二产业	Secondary Industry	8130.27	4071.56
第三产业	Tertiary Industry	10346.20	7091.37
房地产开发投资 (亿元)	Investment in Real Estate Development (100 million yuan)	3614.89	2585.39
一般公共预算收入 (亿元)	Local General Bugetary Revenue (100 million yuan)	1165.04	834.08
一般公共预算支出 (亿元)	General Bugetary Expenditure (100 million yuan)	3156.19	1569.81
城镇非私营单位就业人员平均工资 (元)	Average Wage of Fully Employed Staff and Workers in Urban Non-private Units (yuan)		117932
城镇居民人均可支配收入 (元)	Per Capita Annual Disposable Income of Urban Households (yuan)		48418
农村居民人均可支配收入 (元)	Per Capita Annual Disposable Income of Rural Residents (yuan)		18285
农林牧渔业总产值 (亿元)	Gross Output Value of Agriculture, Forestry, Animal Husbandry and Fishery (100 million yuan)	2589.41	588.87
粮食产量 (万吨)	Grain (10 000 tons)	753.34	140.41
棉花产量 (吨)	Cotton (ton)	49	49
油料产量 (万吨)	Oil-bearing Crops (10 000 tons)	12.21	0.82
邮电业务总量 (亿元)	Business Volume of Postal and Telecommunication Services (100 million yuan)	440.06	277.37
固定电话 (万户)	Number of Fixed Telephone Subscribers (10 000 subscribers)	448.64	275.40
移动电话 (万户)	Number of Mobile Telephone Subscribers (10 000 subscribers)	3295.80	1785.97
社会消费品零售总额 (亿元)	Total Retail Sales of Consumer Goods (100 million yuan)	7830.41	4642.11
进出口总值 (亿元)	Total Value of Imports and Exports (100 million yuan)	4713.08	4379.52
#出口总值	Exports	2927.49	2747.51
实际使用外商直接投资 (万美元)	Total Amount of Foreign Investment Actually Utilized (USD 10 000)	72294	65079
卫生机构数 (个)	Health Care Institutions (unit)	19627	7412
卫生机构床位数 (张)	Number of Beds (unit)	187486	81126
卫生技术人员 (人)	Medical Technical Personnel (person)	262057	130391

注：本表价值量指标中，除邮电业务总量按不变价格计算，其余均按当年价格计算。

Main Indicators on National Economic by City(District)(2022)

铜川市 Tongchuan	宝鸡市 Baoji	咸阳市 Xianyang	渭南市 Weinan	杨凌示范区 Yangling	陕南 Southern Shaanxi	汉中市 Hanzhong	安康市 Ankang	商洛市 Shangluo	陕北 Northern Shaanxi	延安市 Yan'an	榆林市 Yulin
71	326	417	462	25	767	318	247	202	589	227	362
10.68	36.46	44.63	38.94	3.29	61.95	26.12	18.58	17.25	81.87	34.25	47.62
505.55	2743.10	2817.55	2201.13	166.61	4076.65	1905.45	1268.65	902.56	8775.58	2231.92	6543.65
35.90	234.38	408.05	430.73	11.33	592.62	292.30	174.56	125.77	538.74	226.49	312.25
224.45	1576.21	1336.67	847.93	73.46	1728.01	828.38	540.07	359.56	6074.83	1401.35	4673.49
245.19	932.52	1072.83	922.47	81.83	1756.02	784.77	554.02	417.24	2162.00	604.09	1557.91
47.64	296.21	377.45	264.62	43.58	390.98	188.57	157.03	45.38	248.92	85.69	163.23
22.24	92.65	115.58	93.19	7.30	104.88	49.08	31.37	24.43	1107.26	180.45	926.81
133.71	402.41	492.76	532.04	25.47	1072.45	401.30	369.49	301.66	1548.10	477.37	1070.73
77761	79326	80648	72260	95324		75469	71879	67207		86876	108985
38327	40388	42542	39529	44277		38776	31976	29931		40938	40355
13112	16785	15239	16183	17161		14224	13368	12781		15237	16956
64.84	421.85	725.31	769.63	18.91	1060.16	514.97	310.46	234.73	952.41	401.20	551.22
32.50	146.73	181.93	250.71	1.06	233.07	109.70	73.40	49.97	324.89	72.42	252.47
					125		125		43	34	9
0.27	1.82	3.21	6.07	0.01	33.83	16.92	15.01	1.90	10.30	1.01	9.29
8.99	39.91	61.51	52.28		87.53	38.34	29.36	19.83	78.83	30.59	48.24
7.94	57.08	41.85	66.38		117.05	57.18	43.05	16.81	110.53	46.09	64.43
82.28	379.54	512.43	535.59		820.01	352.39	276.09	191.53	718.54	281.89	436.65
162.61	982.98	1253.35	739.03	50.32	1391.02	643.88	541.11	206.04	1180.18	445.63	734.55
13.18	114.37	174.88	22.68	8.45	71.64	35.83	15.94	19.87	50.62	17.38	33.24
4.97	61.48	89.25	18.23	6.03	56.45	30.67	15.63	10.15	27.41	0.93	26.48
174	776	1551	2199	2515	2905	1754	1151		6522	832	5690
808	2824	4452	3928	203	9083	3577	2788	2718	6069	2356	3713
7072	29995	32546	34961	1786	63725	28185	19389	16151	38345	15616	22729
8330	34044	45899	40948	2445	65619	27470	21059	17090	50546	19744	30802

a) Figures in value terms in this table are at current prices, except that on the business volume of postal and telecommunication services which is at constant prices.

2–8 按国民经济行业分的法人单位数(2022年)

Number of Legal Entites by Sector(2022)

单位：个 (unit)

行业	Sector	法人单位数 Number of Legal Entites	#企业法人 Business Entity
全省总计	**Total**	**963293**	**821096**
农、林、牧、渔业	Agriculture, Forestry, Animal Husbandry and Fishery	76581	30187
农业	Farming	38900	14286
林业	Forestry	4707	2317
畜牧业	Animal Husbandry	22363	8087
渔业	Fishery	1392	733
农、林、牧、渔专业及辅助性活动	Agriculture, Forestry, Animal Husbandry and Fishery Professional and Supporting Activities	9219	4764
采矿业	Mining	6008	6008
煤炭开采和洗选业	Mining and Washing of Coal	1270	1270
石油和天然气开采业	Extraction of Petroleum and Natural Gas	138	138
黑色金属矿采选业	Mining and Processing of Ferrous Metal Ores	248	248
有色金属矿采选业	Mining and Processing of Non-Ferrous Metal Ores	307	307
非金属矿采选业	Mining and Processing of Non-metal Ores	1157	1157
开采专业及辅助性活动	Professional and Support Activities for Mining	2710	2710
其他采矿业	Mining of Other Ores	178	178
制造业	Manufacturing	65174	63977
农副食品加工业	Processing of Food from Agricultural Products	3991	3460
食品制造业	Manufacture of Foods	2405	2187
酒、饮料和精制茶制造业	Manufacture of Liquor, Beverages and Refined Tea	2185	2007
烟草制品业	Manufacture of Tobacco	11	11
纺织业	Manufacture of Textile	694	667
纺织服装、服饰业	Manufacture of Textile, Wearing Apparel and Accessories	936	933
皮革、毛皮、羽毛及其制品和制鞋业	Manufacture of Leather, Fur, Feather and Related Products and Footwear	203	200
木材加工和木、竹、藤、棕、草制品业	Processing of Timber, Manufacture of Wood, Bamboo, Rattan, Palm and Straw Products	4012	3951
家具制造业	Manufacture of Furniture	1393	1391
造纸和纸制品业	Manufacture of Paper and Paper Products	947	942
印刷和记录媒介复制业	Printing and Reproduction of Recording Media	1588	1588
文教、工美、体育和娱乐用品制造业	Manufacture of Articles for Culture,Education,Arts and Crafts, Sport and Entertainment Activities	1356	1262
石油、煤炭及其他燃料加工业	Processing of Petroleum, Coal and Other Fuel	543	543
化学原料和化学制品制造业	Manufacture of Raw Chemical Materials and Chemical Products	2727	2714
医药制造业	Manufacture of Medicines	1074	1050
化学纤维制造业	Manufacture of Chemical Fibres	75	75
橡胶和塑料制品业	Manufacture of Rubber and Plastics Products	1833	1830
非金属矿物制品业	Manufacture of Non-metallic Mineral Products	7637	7633
黑色金属冶炼和压延加工业	Smelting and Pressing of Ferrous Metals	420	420
有色金属冶炼和压延加工业	Smelting and Pressing of Non-ferrous Metals	1943	1943

2-8 续表 1 continued

单位：个 (unit)

行业	Sector	法人单位数 Number of Legal Entites	#企业法人 Business Entity
金属制品业	Manufacture of Metal Products	5247	5243
通用设备制造业	Manufacture of General Purpose Machinery	6615	6615
专用设备制造业	Manufacture of Special Purpose Machinery	5596	5585
汽车制造业	Manufacture of Automobiles	965	965
铁路、船舶、航空航天和其他运输设备制造业	Manufacture of Railway, Ship, Aerospace and Other Transport Equipments	801	801
电气机械和器材制造业	Manufacture of Electrical Machinery and Apparatus	2896	2896
计算机、通信和其他电子设备制造业	Manufacture of Computers, Communication and Other Electronic Equipment	2190	2190
仪器仪表制造业	Manufacture of Measuring Instruments and Machinery	1167	1167
其他制造业	Other Manufacture	828	825
废弃资源综合利用业	Utilization of Waste Resources	895	893
金属制品、机械和设备修理业	Repair Service of Metal Products, Machinery and Equipment	2001	1990
电力、热力、燃气及水生产和供应业	Production and Supply of Electricity, Heat, Gas and Water	4585	4522
电力、热力生产和供应业	Production and Supply of Electric Power and Heat Power	3148	3103
燃气生产和供应业	Production and Supply of Gas	561	559
水的生产和供应业	Production and Supply of Water	876	860
建筑业	Construction	144572	144572
房屋建筑业	Construction of Buildings	30446	30446
土木工程建筑业	Civil Engineering	49603	49603
建筑安装业	Building Installation	12265	12265
建筑装饰、装修和其他建筑业	Building Decoration and Other Constructions	52258	52258
批发和零售业	Wholesale and Retail Trades	253299	243108
批发业	Wholesale Trade	113383	105478
零售业	Retail Trade	139916	137630
交通运输、仓储和邮政业	Transport, Storage and Post	20065	19028
铁路运输业	Railway Transport	153	152
道路运输业	Road Transport	13084	12826
水上运输业	Water Transport	55	52
航空运输业	Air Transport	150	146
管道运输业	Transport Via Pipelines	21	21
多式联运和运输代理业	Multimodal Transport and Forwarding Agency	2311	2310
装卸搬运和仓储业	Loading, Unloading and Storage	3400	2637
邮政业	Post	891	884
住宿和餐饮业	Hotels and Catering Services	18906	18868
住宿业	Hotels	5785	5772
餐饮业	Catering Services	13121	13096
信息传输、软件和信息技术服务业	Information Transmission, Software and Information Technology	48243	48067
电信、广播电视和卫星传输服务	Telecommunication, Radio and Television and Satellite Transmission Service	1686	1637
互联网和相关服务	Internet and Related Service	8148	8108
软件和信息技术服务业	Software and Information Technology	38409	38322

2-8 续表 2 continued

单位：个 (unit)

行 业	Sector	法 人 单位数 Number of Legal Entites	#企业法人 Business Entity
金融业	Financial Intermediation	3203	3159
货币金融服务	Monetary and Financial Service	1235	1197
资本市场服务	Capital Market Service	877	875
保险业	Insurance	603	603
其他金融业	Other Financial Activities	488	484
房地产业	Real Estate	30574	30517
房地产业	Real Estate	30574	30517
租赁和商务服务业	Leasing and Business Services	108074	102232
租赁业	Leasing	13831	13683
商务服务业	Business Services	94243	88549
科学研究和技术服务业	Scientific Research and Technical Services	46541	43071
研究和试验发展	Research and Experimental Development	4125	3864
专业技术服务业	Professional Technical Services	26948	25746
科技推广和应用服务业	Science and Technology Popularization and Application Services	15468	13461
水利、环境和公共设施管理业	Management of Water Conservancy, Environment and Public Facilities	11036	9758
水利管理业	Management of Water Conservancy	969	386
生态保护和环境治理业	Ecological Protection and Environmental Treatment	1736	1565
公共设施管理业	Management of Public Facilities	6471	6042
土地管理业	Management of Land	1860	1765
居民服务、修理和其他服务业	Service to Households, Repair and Other Services	23395	22972
居民服务业	Service to Households	9678	9409
机动车、电子产品和日用产品修理业	Repair of Motor Vehicle, Electronics and Household Products	8624	8612
其他服务业	Other Services	5093	4951
教 育	Education	23694	8788
教 育	Education	23694	8788
卫生和社会工作	Health and Social Services	8514	3488
卫 生	Health	6723	2979
社会工作	Social Service	1791	509
文化、体育和娱乐业	Culture, Sports and Entertainment	20640	18774
新闻和出版业	Journalism and Publishing Activities	355	288
广播、电视、电影和录音制作业	Radio, Television, Movies and Recordings Production Services	3722	3611
文化艺术业	Cultural and Art Activities	7002	5853
体 育	Sports Activities	2516	2203
娱乐业	Entertainment	7045	6819
公共管理、社会保障和社会组织	Public Management, Social Security and Social Organization	50189	
中国共产党机关	Organs of Communist Party of China	1309	
国家机构	Government Agencies	13310	
人民政协、民主党派	People's Political Consultative Conference and Democratic Parties	187	
社会保障	Social Security	479	
群众团体、社会团体和其他成员组织	Non-Governmental Organizations, Social Organizations and Membership Organizations	16109	
基层群众自治组织及其他组织	Grass Roots Self-Governing Organizations	18795	

2-9 各市、县(市、区)法人单位数(2022年)
Number of Legal Entites by City and County (City and District)(2022)

单位：个 (unit)

地 区	Region	法人单位数 Number of Legal Entities	地 区	Region	法人单位数 Number of Legal Entities
全 省	**Shaanxi**	**963293**	千阳县	Qianyang	1861
西安市	**Xi'an**	**457108**	麟游县	Linyou	2083
新城区	Xincheng	13079	凤 县	Fengxian	1771
碑林区	Beilin	41160	太白县	Taibai	1460
莲湖区	Lianhu	33648	**咸阳市**	**Xianyang**	**57656**
灞桥区	Baqiao	27964	秦都区	Qindu	8578
未央区	Weiyang	94816	渭城区	Weicheng	2648
雁塔区	Yanta	115986	三原县	Sanyuan	6469
阎良区	Yanliang	6617	泾阳县	Jingyang	5706
临潼区	Lintong	9042	乾 县	Qianxian	4532
长安区	Chang'an	29087	礼泉县	Liquan	5883
高陵区	Gaoling	8615	永寿县	Yongshou	2235
鄠邑区	Huyi	10605	长武县	Changwu	2312
蓝田县	Lantian	6610	旬邑县	Xunyi	2719
周至县	Zhouzhi	10375	淳化县	Chunhua	2296
西咸新区	Xixian	49504	武功县	Wugong	4372
铜川市	**Tongchuan**	**18780**	兴平市	Xingping	5963
王益区	Wangyi	2395	彬州市	Binzhou	3943
印台区	Yintai	2518	**渭南市**	**Weinan**	**68184**
耀州区	Yaozhou	11883	临渭区	Linwei	21707
宜君县	Yijun	1984	华州区	Huazhou	3274
宝鸡市	**Baoji**	**71356**	潼关县	Tongguan	1781
渭滨区	Weibin	17578	大荔县	Dali	5237
金台区	Jintai	14390	合阳县	Heyang	4418
陈仓区	Chencang	7978	澄城县	Chengcheng	4490
凤翔区	Fengxiang	5793	蒲城县	Pucheng	9227
岐山县	Qishan	4757	白水县	Baishui	2692
扶风县	Fufeng	4769	富平县	Fuping	6192
眉 县	Meixian	6267	韩城市	Hancheng	5379
陇 县	Longxian	2649	华阴市	Huayin	3787

2–9 续表 continued

单位：个 (unit)

地　区	Region	法人单位数 Number of Legal Entities	地　区	Region	法人单位数 Number of Legal Entities
延安市	**Yan'an**	**57521**	靖边县	Jingbian	8679
宝塔区	Baota	25475	定边县	Dingbian	5820
安塞区	Ansai	3011	绥德县	Suide	4836
延长县	Yanchang	2112	米脂县	Mizhi	3008
延川县	Yanchuan	2972	佳　县	Jiaxian	3834
志丹县	Zhidan	2626	吴堡县	Wubu	1463
吴起县	Wuqi	3462	清涧县	Qingjian	2607
甘泉县	Ganquan	1645	子洲县	Zizhou	3125
富　县	Fuxian	2755	神木市	Shenmu	10228
洛川县	Luochuan	3984	**安康市**	**Ankang**	**53828**
宜川县	Yichuan	1736	汉滨区	Hanbin	22350
黄龙县	Huanglong	1292	汉阴县	Hanyin	4411
黄陵县	Huangling	2219	石泉县	Shiquan	3776
子长市	Zichang	4232	宁陕县	Ningshan	1727
汉中市	**Hanzhong**	**57030**	紫阳县	Ziyang	3590
汉台区	Hantai	19250	岚皋县	Langao	2838
南郑区	Nanzheng	5688	平利县	Pingli	3481
城固县	Chenggu	5503	镇坪县	Zhenping	2120
洋　县	Yangxian	4966	白河县	Baihe	3109
西乡县	Xixiang	4573	旬阳市	Xunyang	6426
勉　县	Mianxian	4748	**商洛市**	**Shangluo**	**28616**
宁强县	Ningqiang	3913	商州区	Shangzhou	6745
略阳县	Lueyang	2890	洛南县	Luonan	4443
镇巴县	Zhenba	3165	丹凤县	Danfeng	3284
留坝县	Liuba	1150	商南县	Shangnan	2271
佛坪县	Foping	1184	山阳县	Shanyang	5259
榆林市	**Yulin**	**88149**	镇安县	Zhen'an	5169
榆阳区	Yuyang	35924	柞水县	Zhashui	1445
横山区	Hengshan	2524	**杨凌示范区**	**Yangling**	**5065**
府谷县	Fugu	6101			

主要统计指标解释

平均增长速度　平均增长速度表明社会经济现象在一个较长的时期内逐期平均增长变化的程度，它不能根据各个环比增长速度直接求得，但与平均发展速度之间存在着一定的数量关系：平均增长速度＝平均发展速度－1。

平均发展速度是一种根据环比发展速度计算的序时平均数,由于各时期对比的基础不同，所以计算平均发展速度不能采用一般的序时平均数的计算方法，计算方法分为水平法和累计法。水平法，又称几何平均法，即将环比发展速度按连乘法用几何平均数公式计算。累计法，也称方程法，根据一段时期内各年发展水平总和与基期水平的关系，列出方程式计算平均发展速度。水平法着重考虑最后一年所达到的发展水平；累计法着重考虑整个时期累计发展水平的总量。

本《年鉴》内所列的平均增长速度，除固定资产投资用“累计法”计算外，其余均用“水平法”计算。从某年到某年平均增长速度的年份，均不包括基期年在内。如建国六十年以来的平均增长速度是以 1949 年为基期计算的，则写为 1950-2009 年平均增长速度，其余类推。

国民经济行业分类　自 2017 年年报和 2018 年定期报表开始使用新的《国民经济行业分类》(GB/T4754-2017)。该分类是由国家统计局组织修订，原国家质量监督检验检疫总局和中国国家标准化管理委员会于 2017 年 6 月 30 日发布。这次修订是在 2011 年分类标准的基础上，结合我国经济活动特点，参照联合国《全部经济活动的国际标准产业分类》(ISIC/Rev.4）进行的。修订后的《国民经济行业分类》(GB/T4754-2017）共有门类 20 个，大类 97 个，中类 473 个，小类 1382 个。

企业登记注册类型　是以在市场监管部门登记注册的各类企业为划分对象，以市场监管部门对企业登记注册的类型为依据，将企业登记注册类型分为内资企业、港澳台商投资企业和外商投资企业三大类。内资企业包括国有企业、集体企业、股份合作企业、联营企业、有限责任公司、股份有限公司、私营企业和其他企业；港澳台商投资企业和外商投资企业分别包括合资经营企业、合作经营企业、独资经营企业和股份有限公司等。

国有企业　指企业全部资产归国家所有，并按《中华人民共和国企业法人登记管理条例》规定登记注册的非公司制的经济组织。不包括有限责任公司中的国有独资公司。

集体企业　指企业资产归集体所有，并按《中华人民共和国企业法人登记管理条例》规定登记注册的经济组织。

股份合作企业　指以合作制为基础，由企业职工共同出资入股，吸收一定比例的社会资产投资组建，实行自主经营，自负盈亏，共同劳动，民主管理，按劳分配与按股分红相结合的一种集体经济组织。

联营企业　指两个及两个以上相同或不同所有制性质的企业法人或事业单位法人，按自愿、平等、互利的原则，共同投资组成的经济组织。联营企业包括国有联营企业、集体联营企业、国有与集体联营企业和其他联营企业。

有限责任公司　指根据《中华人民共和国公司登记管理条例》规定登记注册，由两个以上、五十个以下的股东共同出资，每个股东以其所认缴的出资额对公司承担有限责任，公司以其全部资产对其债务承担责任的经济组织。有限责任公司包括国有独资公司以及其他有限责任公司。

股份有限公司　指根据《中华人民共和国公司登记管理条例》规定登记注册，其全部注册资本由等额股份构成并通过发行股票筹集资本，股东以其认购的股份对公司承担有限责任，公司以其全部资产对其债务承担责任的经济组织。

私营企业　指由自然人投资设立或由自然人控股，以雇佣劳动为基础的营利性经济组织。包括按照《公司法》、《合伙企业法》以及《个人独资企业法》规定登记注册的私营独资企业、私营合伙企业、私营有限责任公司、私营股份有限公司和个人独资企业。

其他企业　指上述企业之外的其他内资经济组织。

与港澳台商合资经营企业　指港澳台地区投资者与内地企业依照《中华人民共和国中外合资经营企业法》及有关法律的规定，按合同规定的比例投资设立、分享利润和分担风险的企业。

与港澳台商合作经营企业　指港澳台地区投资者与内地企业依照《中华人民共和国中外合作经营企业法》及有关法律的规定，依照合作合同的约定进行投资或提供条件设立、分配利润和分担风险的企业。

港澳台商独资经营企业　指依照《中华人民共和国外资企业法》及有关法律的规定，在内地由港澳台地区投资者全额投资设立的企业。

港澳台商投资股份有限公司　指根据国家有关规定，经原外经贸部依法批准设立，其中港、澳、台商的股本占公司注册资本的比例达 25% 以上的股份有限公司。凡其中港、澳、台商的股本占公司注册资本的比例小于 25%的，属于内资企业中的股份有限公司。

中外合资经营企业　指外国企业或外国人与中国内地企业依照《中华人民共和国中外合资经营企业法》及有关法律的规定，按合同规定的比例投资设立、分享利润和分担风险的企业。

中外合作经营企业　指外国企业或外国人与中国内地企业依照《中华人民共和国中外合作经营企业法》及有关法律的规定，依照合作合同的约定进行投资或提供条件设立、分配利润和分担风险的企业。

外资企业　指依照《中华人民共和国外资企业法》及有关法律的规定，在中国内地由外国投资者全额投资设立的企业。

外商投资股份有限公司　指根据国家有关规定，经原外经贸部依法批准设立，其中外资的股本占公司注册资本的比例达 25% 以上的股份有限公司。凡其中外资股本占公司注册资本的比例小于 25%的，属于内资企业中的股份有限公司。

法人单位 指有权拥有资产、承担负债，并独立从事社会经济活动（或与其他单位进行交易）的组织。法人单位应同时具备以下条件：(1) 依法成立，有自己的名称、组织机构和场所，能够独立承担民事责任；(2) 独立拥有（或授权使用）资产或者经费，承担负债，有权与其他单位签订合同；(3) 具有包括资产负债表在内的账户，或者能够根据需要编制账户。

Explanatory Notes on Main Statistical Indicators

Average Annual Growth Rate shows the average growth rate of social and economic development during a longer period. It can not be directly calculated by chain based growth rate. The relation is:

Average Annual Growth Rate = Average Speed of Development – 1

Average speed of development is the time series average of speed which calculated by chain based. Because the reference bases during the different periods are not same, average speed of development can not be calculated by the general method. Level approach and accumulative approach for calculating average speed of development rate are applied. The "level approach", or the method of calculating the geometric average, is derived by the formula of geometric average of the chain-based speeds of development, or comparing the level of the last year of the interval with that of the beginning year; the other is called the "accumulative approach" or the "algebraic average", "equation" method, which is derived by the summation of the actual figure of each year in the interval divided by the figure in the base year. The level approach focuses on the level of the last year, while the accumulative approach emphasizes the aggregate development in the duration.

The average annual growth rates listed in the Yearbook are calculated by the level approach except for the growth rate of investment in fixed assets. The base year is not listed in the duration for which average annual growth rates are computed. For instance, the average annual growth rate of the 60 years since 1949 is shown as the average annual growth rate of 1950-2009 without showing the base year 1949.

Industrial Classification of the National Economy The new Industrial Classification of the National Economy(GB/T 4754-2017) is introduced starting from the compilation of 2017 annual statistics and 2018 monthly or quarterly statistics. The revision, based on the 2011 classification, was organized by the National Bureau of Statistics taking into consideration of the characteristics of economic activities in China and the International Standards of the Industrial Classification of All Economic Activities (ISIC/Rev.4) of the United Nations. The new Classification was promulgated by the former National Administration of Quality Supervision, Inspection and Quarantine and the Standardization Administration of the People's Republic of China on June 30, 2017. The revised version of the Industrial Classification of the National Economy (GB/T 4754-2017) is composed of 20 sections, 97 divisions, 473 groups and 1382 classes.

Registration Status of Enterprises (units) Enterprises are classified into 3 categories, namely enterprises with domestic investment, enterprises with investment from Hong Kong, Macao and Taiwan, and enterprises with foreign investment, according to the registration status of an enterprise in market supervision administration. Domestic-invested enterprises include state-owned enterprises, collective-owned enterprises, cooperative enterprises, joint ownership enterprises, limited liability corporations, share-holding corporations Ltd., private enterprises and other enterprises. Included in the enterprises with investment from Hong Kong, Macao and Taiwan and enterprises with foreign investment are joint-venture enterprises, cooperative enterprises, soleproprietorship enterprises and share-holding corporations Ltd.

State-owned Enterprises refer to non-corporation economic units where the entire assets are owned by the State and which have been registered in accordance with the *Regulation of the People's Republic of China on the Management of Registration of Corporate Enterprises*. Not included from this category are solely State-funded corporations in the limited liability corporations.

Collective-owned Enterprises refer to economic units where the assets are owned collectively and which have been registered in accordance with the *Regulation of the People's Republic of China on the Management of Registration of Corporate Enterprises*.

Cooperative Enterprises refer to a form of collective economic units (enterprises) where capitals come mainly from employees as their shares, with certain proportion of capital from the outside, where production is organized on the basis of independent operation, independent accounting for profits and losses, joint work, democratic management, and a distribution system that integrates remuneration according to work with dividend according to capital share.

Joint Ownership Enterprises refer to economic units established by two or more corporate enterprises or corporate institutions of the same or different ownership, through joint investment on the basis of voluntary participation, equality, and mutual benefits. They include State joint ownership enterprises; collective joint ownership enterprises; joint State-collective enterprises; and other joint ownership enterprises.

Limited Liability Corporations refer to economic units established with investment from 2-50 investors and registered in accordance with the *Regulation of the People's Republic of China on the Management of Registration of Corporations*, each investor bearing limited liability to the corporation depending on its share of investment, and the corporation bearing liability to its debt to the maximum of its total assets. Limited liability corporations include solely State-funded limited liability corporations and other limited liability corporations.

Share-holding Corporations Ltd. refer to economic units registered in accordance with the *Regulation of the People's Republic of China on the Management of Registration of Corporations*, with total registered capital divided into equal shares and raised through issuing stocks. Each investor bears limited liability to the corporation depending on the holding of shares, and the corporation bears liability to its debt to the maximum of its total assets.

Private Enterprises refer to profit-making economic units invested and established by natural persons, or controlled by natural persons, using employed labour. Included in this category are private sole-proprietorship enterprise, private partnership enterprise, private limited liability companies, private limited-liability company by shares and individual sole-proprietorship enterprise registered in accordance with the Company Law, the Law on Partnership Business and the Law on Individual Proprietorship Enterprises.

Other Domestic-funded Enterprises refer to domestic-funded economic units other than those mentioned above.

Joint Venture Enterprises with Funds from Hong Kong, Macau and Taiwan are enterprises established by investors from Hong Kong, Macau and Taiwan with enterprises in the mainland of China in accordance with the *Law of the People's Republic of China on Sino-foreign Equity Joint Ventures* and other relevant laws, where the establishment of the investment and the sharing of profits and risks are stipulated under joint venture contracts.

Cooperative Enterprises with Funds from Hong Kong, Macau and Taiwan established by investors from Hong Kong, Macau and Taiwan with enterprises in the mainland of China in accordance with the *Law of the People's Republic of China on Sino-foreign Contractual Joint Venture* and other relevant laws, where the investment or provision of facilities and the sharing of profits and risks are stipulated under cooperative contracts.

Enterprises with Sole (exclusive) Investment from Hong Kong, Macau and Taiwan refer to enterprises established in the mainland of China with exclusive investment from investors from Hong Kong, Macau and Taiwan in accordance with the *Law of the People's Republic of China on Wholly Foreign-owned Enterprises* and other relevant laws.

Share-holding Corporations Ltd. with Investment from Hong Kong, Macau and Taiwan refer to share-holding corporations Ltd. established with the approval from the former Ministry of Foreign Trade and Economic Relations in line with relevant State regulations, where the share of investment from Hong Kong, Macau or Taiwan businessmen exceeds 25% of the total registered capital of the corporation. In case the share of investment from Hong Kong, Macau or Taiwan is less than 25% of the total registered capital, the enterprise is to be classified as domestic-funded share-holding corporation Ltd.

Joint Venture Enterprises with Foreign Investment refer to enterprises jointly established by foreign enterprises or foreigners with enterprises in the mainland of China in accordance with the *Law of the People's Republic of China on Sino-foreign Equity Joint Ventures* and other relevant laws, where the sharing of investment, profits and risks is stipulated under contract.

Cooperative Enterprises with Foreign Investment refer to enterprises jointly established by foreign enterprises or foreigners with enterprises in the mainland of China in accordance with the *Law of the People's Republic of China on Sino-foreign Contractual Joint Venture* and other relevant laws, where the investment or provision of facilities and the sharing of profits and risks are stipulated under cooperative contracts.

Enterprises with Sole (exclusive) Foreign Investment refer to enterprises established in the mainland of China with exclusive investment from foreign investors in accordance with the *Law of the People's Republic of China on Wholly Foreign-owned Enterprises* and other relevant laws.

Share-holding Corporations Ltd. with Foreign Investment refer to share-holding corporations Ltd. established with the approval from the former Ministry of Foreign Trade and Economic Relations in line with relevant State regulations, where the share of investment from foreign investors exceeds 25% of the total registered capital of the corporation. In case the share of foreign investment is less than 25% of the total registered capital, the enterprise is to be classified as domestic-funded share-holding corporation Ltd.

Industrial Activity Unit refer to any organization of part of an organization located at one site and conducting one or mainly conducting one social and economic activity. An industrial activity unit shall meet all of such conditions as: (1) conducting one or mainly conducting one economic activity at one site; (2) organizing production, operation or business activities in a relatively independent manner; (3) capable of providing relevant data such as income and payment.

三、国民经济核算

National Accounts

资料整理：李雯佳　王阿耕　李　阳　杨利强　李　洋

简 要 说 明

一、本篇资料反映陕西国民经济核算情况。

二、国民经济核算资料主要包括生产总值及其有关资料。生产总值是根据不同产业部门、不同支出构成的特点和资料来源情况而采用不同方法计算的。

三、本年鉴公布的生产总值以及与之有关的指标数据，如果遇到普查或者重大核算方法改革，在能够获得更详细的基础资料的情况下，生产总值的历史数据还会发生变动。2018年第四次经济普查后对历史数据进行了修订，本年鉴中的数据是修订后的数据。

四、2012年，根据国家质检总局和国家标准委颁布的《国民经济行业分类》（GB/T 4754—2011），国家统计局对《三次产业划分规定》进行了修订，将“农、林、牧、渔业”中的“农、林、牧、渔服务业”，“采矿业”中的“开采辅助活动”，“制造业”中的“金属制品、机械和设备修理业”等三个大类一并调入第三产业。

五、国民经济核算数据绝对数按当年价格计算，速度按可比价格计算。

Brief Introduction

I. This chapter reflects the national accounts of Shaanxi Province.

II. The data on national accounts mainly include gross domestic product (GDP) and related data. Data on GDP are calculated with various approaches in accordance with the features of various industrial sectors, various expenditure structures and the data resources.

III. Data on GDP and related indicators published in the Yearbook. Where a census has been conducted, or method of siganificant accounting methods is reformed, historical data of GDP of the previous years may also undergo change. Historical data were revised after the fourth economic Census in 2018, and the data in this yearbook are revised.

IV. “Classification Rules of Three Strata of Industry” was adjusted by National Bureau of Statistics of China in accordance with “Industrial Classification for National Economic Activities” (GB/T 4754—2011) in 2012, which was promulgated by AQSIQ and SAC. Services in support of agriculture, forestry, animal husbandry and fishery, support activities for mining, repair service of metal products, machinery and equipment are categorized into tertiary industry.

V. The data on national accounts are calculated at current prices, and the growth rates are calculated at constant prices.

3.国民经济核算

2022年全省				
生产总值	32772.68	亿元	比上年增长	4.3%
第一产业	2575.34	亿元	比上年增长	4.3%
第二产业	15933.11	亿元	比上年增长	6.2%
第三产业	14264.23	亿元	比上年增长	2.6%
人均生产总值	82864	元	比上年增长	4.3%

生产总值构成

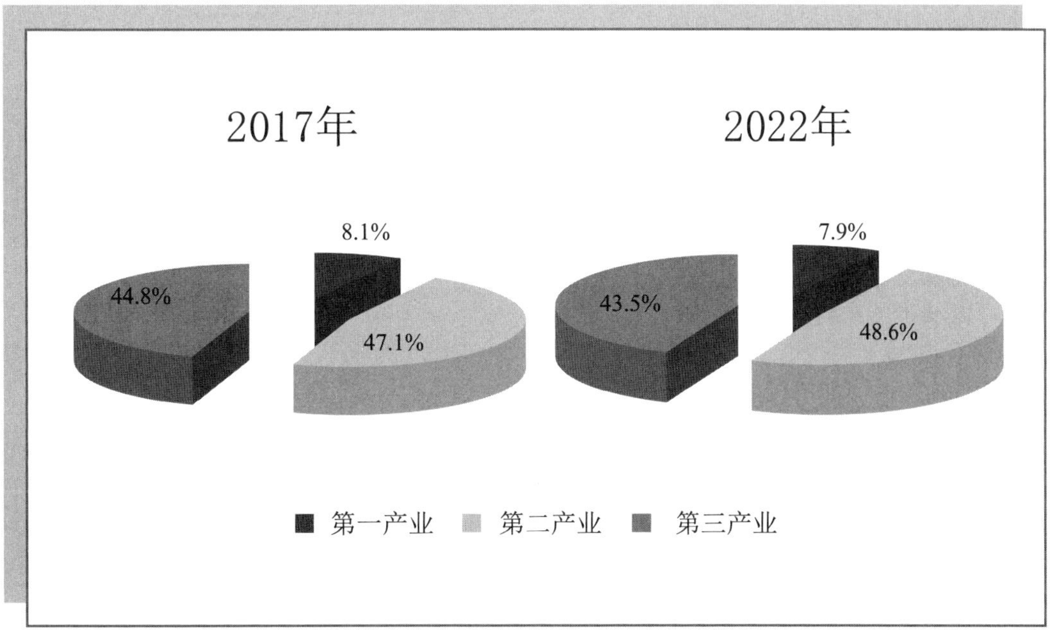

3-1 生产总值
Gross Domestic Product

年 份 Year	生产总值 (亿元) Gross Domestic Product (100 million yuan)	第一产业 Primary Industry	第二产业 Secondary Industry	第三产业 Tertiary Industry	人均生产总值 (元) Per Capita GDP (yuan)
1978	81.07	24.70	42.13	14.24	291
1979	94.52	32.52	44.67	17.33	336
1980	94.91	28.47	47.74	18.70	334
1981	102.09	35.40	46.25	20.44	356
1982	111.95	37.02	50.36	24.57	385
1983	123.39	40.00	55.15	28.24	420
1984	149.35	51.05	63.12	35.18	504
1985	180.87	53.39	81.96	45.52	604
1986	208.31	58.00	93.48	56.83	688
1987	244.96	67.84	108.20	68.92	794
1988	314.48	82.69	138.58	93.21	1004
1989	358.37	91.28	158.50	108.59	1124
1990	404.30	105.56	166.95	131.79	1241
1991	468.37	116.88	197.54	153.95	1402
1992	531.63	116.71	232.07	182.85	1571
1993	678.20	148.24	297.49	232.47	1981
1994	839.03	171.81	364.40	302.82	2424
1995	1036.85	217.27	441.67	377.91	2965
1996	1215.84	250.58	514.27	450.99	3446
1997	1363.60	255.42	567.25	540.93	3834
1998	1458.40	266.92	607.82	583.66	4070
1999	1592.64	254.57	681.43	656.64	4415
2000	1804.00	258.22	782.58	763.20	4968
2001	2010.62	263.63	878.82	868.17	5511
2002	2253.39	282.21	1007.56	963.62	6161
2003	2587.72	302.66	1221.17	1063.89	7057
2004	3141.56	356.71	1506.05	1278.80	8545
2005	3817.15	418.60	1807.76	1590.79	10357
2006	4595.64	466.21	2271.02	1858.41	12439
2007	5681.78	560.68	2865.89	2255.21	15342
2008	7177.78	717.48	3666.09	2794.21	19331
2009	7997.83	751.57	4017.46	3228.80	21485
2010	9845.19	946.74	5071.49	3826.96	26388
2011	12175.06	1187.39	6484.32	4503.35	32467
2012	14142.41	1314.84	7612.26	5215.31	37453
2013	15905.35	1463.49	8417.95	6023.91	41906
2014	17402.50	1566.85	9045.03	6790.62	45610
2015	17898.80	1599.74	8664.60	7634.46	46654
2016	19045.75	1696.10	8906.51	8443.14	49341
2017	21473.45	1741.07	10114.06	9618.32	55216
2018	23941.88	1830.19	11215.27	10896.42	61115
2019	25793.17	1991.11	11779.49	12022.57	65506
2020	26014.14	2267.73	11222.03	12524.38	65867
2021	30121.74	2409.86	14019.01	13692.88	76171
2022	32772.68	2575.34	15933.11	14264.23	82864

注：本表按当年价格计算。
a) Data in this table are calculated at current prices.

3-2 生产总值指数
Indices of Gross Domestic Product

(上年=100) (preceding year=100)

年 份 Year	生产总值 Gross Domestic Product	第一产业 Primary Industry	第二产业 Secondary Industry	第三产业 Tertiary Industry	人 均 生产总值 Per Capita GDP
1978	111.0	98.4	114.6	122.2	115.5
1979	107.5	108.0	101.7	122.3	110.0
1980	107.3	108.8	106.2	107.8	98.0
1981	104.5	114.4	96.9	108.8	103.5
1982	109.1	106.4	108.4	115.1	107.6
1983	107.3	101.2	109.2	112.3	106.3
1984	117.8	112.2	119.6	121.5	116.9
1985	116.5	98.4	120.8	129.8	115.1
1986	108.7	104.5	105.8	118.1	107.7
1987	110.0	101.5	110.5	116.2	107.8
1988	121.0	104.8	124.4	127.2	119.2
1989	103.3	106.7	103.0	101.8	101.4
1990	103.4	105.4	101.9	104.6	101.3
1991	107.2	106.8	105.2	110.2	105.7
1992	108.3	103.0	110.4	109.9	106.9
1993	112.1	108.1	115.0	111.5	110.8
1994	108.6	97.0	116.4	106.9	107.4
1995	110.4	104.0	115.2	108.0	109.3
1996	110.9	109.6	112.8	108.9	109.9
1997	110.7	99.7	112.6	114.8	109.8
1998	111.6	107.3	113.8	110.7	110.8
1999	110.3	97.7	112.4	113.7	109.6
2000	110.4	104.0	111.1	112.1	109.6
2001	109.8	101.9	111.2	111.2	109.3
2002	111.1	103.5	113.4	110.9	110.8
2003	111.8	104.1	115.8	109.8	111.5
2004	113.0	108.6	115.4	111.5	112.7
2005	112.1	107.8	112.6	112.5	111.8
2006	112.3	107.5	111.1	115.0	112.0
2007	114.3	105.0	114.1	116.8	114.0
2008	114.7	107.7	115.1	115.8	114.4
2009	112.2	104.9	110.3	115.7	111.9
2010	113.9	105.8	117.1	112.2	113.6
2011	113.1	105.8	115.0	112.4	112.5
2012	112.2	105.9	113.4	112.0	111.4
2013	110.5	104.6	110.9	111.3	109.9
2014	109.6	105.1	110.5	109.3	109.0
2015	107.7	105.1	105.9	110.7	107.1
2016	107.5	104.0	106.6	109.3	106.9
2017	107.8	104.6	107.1	109.3	107.0
2018	108.1	103.3	108.0	109.0	107.3
2019	106.0	104.4	105.0	107.2	105.4
2020	102.1	103.3	101.3	102.6	101.7
2021	106.6	106.3	106.8	106.5	106.5
2022	104.3	104.3	106.2	102.6	104.3

注：本表按不变价格计算。
a) Data in this table are calculated at constant prices.

3-3 生产总值指数
Indices of Gross Domestic Product

(1978年=100) (year of 1978=100)

年 份 Year	生产总值 Gross Domestic Product	第一产业 Primary Industry	第二产业 Secondary Industry	第三产业 Tertiary Industry	人 均 生产总值 Per Capita GDP
1979	107.5	108.0	101.7	122.3	110.0
1980	115.3	117.5	108.0	131.8	107.8
1981	120.5	134.4	104.7	143.4	111.6
1982	131.5	143.0	113.5	165.1	120.1
1983	141.1	144.7	123.9	185.4	127.7
1984	166.2	162.4	148.2	225.3	149.3
1985	193.6	159.8	179.0	292.4	171.8
1986	210.4	167.0	189.4	345.3	185.0
1987	231.4	169.5	209.3	401.2	199.4
1988	280.0	177.6	260.4	510.3	237.7
1989	289.2	189.5	268.2	519.5	241.0
1990	299.0	199.7	273.3	543.4	244.1
1991	320.5	213.3	287.5	598.8	258.0
1992	347.1	219.7	317.4	658.1	275.8
1993	389.1	237.5	365.0	733.8	305.6
1994	422.6	230.4	424.9	784.4	328.2
1995	466.6	239.6	489.5	847.2	358.7
1996	517.5	262.6	552.2	922.6	394.2
1997	572.9	261.8	621.8	1059.1	432.8
1998	639.4	280.9	707.6	1172.4	479.5
1999	705.3	274.4	795.3	1333.0	525.5
2000	778.7	285.4	883.6	1494.3	575.9
2001	855.0	290.8	982.6	1661.7	629.5
2002	949.9	301.0	1114.3	1842.8	697.5
2003	1062.0	313.3	1290.4	2023.4	777.7
2004	1200.1	340.2	1489.1	2256.1	876.5
2005	1345.3	366.7	1676.7	2538.1	979.9
2006	1510.8	394.2	1862.8	2918.8	1097.5
2007	1726.8	413.9	2125.5	3409.2	1251.2
2008	1980.6	445.8	2446.5	3947.9	1431.4
2009	2222.2	467.6	2698.5	4567.7	1601.7
2010	2531.1	494.7	3159.9	5125.0	1819.5
2011	2862.7	523.4	3633.9	5760.5	2046.9
2012	3211.9	554.3	4120.8	6451.8	2280.2
2013	3549.1	579.8	4570.0	7180.9	2505.9
2014	3889.8	609.4	5049.9	7848.7	2731.4
2015	4189.3	640.5	5347.8	8688.5	2925.3
2016	4503.5	666.1	5700.8	9496.5	3127.1
2017	4854.8	696.7	6105.6	10379.7	3346.0
2018	5248.0	719.7	6594.0	11313.9	3590.3
2019	5562.9	751.4	6923.7	12128.5	3784.2
2020	5679.7	776.2	7013.7	12443.8	3848.5
2021	6056.9	825.1	7490.6	13252.6	4098.7
2022	6317.8	861.0	7957.8	13593.0	4274.7

注：本表按不变价格计算。
a) Data in this table are calculated at constant prices.

3-4 分行业增加值
Value-added of the Tertiary Industry

单位：亿元 (100 million yuan)

年 份 Year	生产总值 Gross Domestic Product	农、林、牧、渔业 Agriculture, Forestry, Animal Husbandry and Fishery	工 业 Industry	建筑业 Construction	批发和零售业 Wholesale and Retail Trades	交通运输仓储和邮政业 Transport, Storage and Post	住宿和餐饮业 Hotels and Catering Services	金融业 Financial Intermediation	房地产业 Real Estate	其他服务业 Other
1978	81.07	24.70	36.52	5.61	5.46	3.15		1.72	0.99	2.92
1979	94.52	32.52	39.38	5.29	6.00	3.83		2.01	1.21	4.28
1980	94.91	28.47	42.22	5.52	6.52	3.91		2.31	1.22	4.74
1981	102.09	35.40	40.08	6.17	7.02	3.65		2.67	1.37	5.73
1982	111.95	37.02	43.31	7.05	7.91	4.69		4.13	1.47	6.37
1983	123.39	40.00	47.48	7.67	8.53	5.48		4.45	1.62	8.16
1984	149.35	51.05	53.82	9.30	9.33	7.79		4.87	1.72	11.47
1985	180.87	53.39	68.81	13.15	10.58	9.95		5.63	2.28	17.08
1986	208.31	58.00	78.81	14.67	13.26	11.57		6.52	3.15	22.33
1987	244.96	67.84	90.47	17.73	15.03	15.60		7.54	4.11	26.64
1988	314.48	82.69	117.77	20.81	17.46	21.17		8.73	5.99	39.86
1989	358.37	91.28	136.40	22.10	21.83	25.45		10.10	5.86	45.35
1990	404.30	105.56	143.28	23.67	25.50	33.79		11.69	6.78	54.03
1991	468.37	116.88	168.28	29.26	35.70	35.36		13.52	6.81	62.56
1992	531.63	116.71	198.93	33.14	34.48	37.66	7.31	15.65	8.22	79.53
1993	678.20	148.24	250.07	47.42	39.75	52.44	8.55	18.10	11.30	102.33
1994	839.03	171.81	307.46	56.94	49.18	67.26	10.72	20.95	16.87	137.84
1995	1036.85	217.27	377.91	63.76	71.02	77.92	15.69	24.24	19.06	169.98
1996	1215.84	250.58	439.66	74.61	91.43	84.63	20.48	28.04	22.56	203.85
1997	1363.60	255.42	477.35	89.90	106.47	93.84	24.17	32.45	33.62	250.38
1998	1458.40	266.92	500.26	107.56	112.23	95.72	25.82	37.55	41.36	270.98
1999	1592.64	254.57	549.01	132.42	123.50	104.16	28.78	43.44	47.18	309.58
2000	1804.00	258.22	629.88	152.70	142.08	122.92	33.54	50.27	59.42	354.97
2001	2010.62	263.63	706.62	172.20	163.15	146.37	39.02	58.16	68.11	393.36
2002	2253.39	282.21	819.51	188.05	183.82	160.49	44.53	67.30	77.68	429.80
2003	2587.72	302.66	1006.92	214.25	205.70	169.65	50.46	77.87	83.90	476.31
2004	3141.56	372.28	1269.90	236.15	264.80	204.88	64.60	90.10	95.90	542.95
2005	3817.15	435.77	1532.17	275.59	319.85	249.18	86.20	128.56	109.96	679.87
2006	4595.64	484.81	1943.99	327.03	386.15	298.18	102.17	154.60	128.31	770.40
2007	5681.78	592.63	2449.83	416.06	439.91	337.84	123.72	236.39	159.75	925.65
2008	7177.78	753.72	3122.04	544.05	552.74	395.47	150.67	296.08	202.99	1160.02
2009	7997.83	790.77	3339.81	677.64	675.69	442.34	154.22	345.73	252.49	1319.14
2010	9845.19	989.54	4271.78	799.71	820.88	506.62	189.76	402.81	340.09	1524.00
2011	12175.06	1237.49	5513.91	970.41	986.04	596.27	226.83	455.86	433.73	1754.52
2012	14142.41	1372.51	6505.20	1107.06	1102.38	673.54	259.28	585.96	496.55	2039.93
2013	15905.35	1528.57	7156.94	1308.11	1209.67	673.99	274.60	791.12	579.15	2383.20
2014	17402.50	1637.76	7632.39	1473.69	1316.18	753.33	289.96	1024.32	655.08	2619.79
2015	17898.80	1675.61	7103.30	1603.22	1390.90	803.68	334.54	1177.32	796.04	3014.19
2016	19045.75	1778.87	7226.93	1732.75	1473.19	879.42	346.23	1295.06	865.70	3447.60
2017	21473.45	1830.62	8232.88	1958.95	1606.74	959.14	367.83	1435.94	1010.52	4070.83
2018	23941.88	1927.77	9088.10	2233.02	1734.50	1033.59	392.96	1580.26	1178.62	4773.06
2019	25793.17	2098.21	9459.86	2432.27	1872.44	1106.26	426.55	1673.66	1422.00	5301.92
2020	26181.86	2381.64	8860.11	2599.80	1834.26	1135.82	376.25	1820.90	1538.72	5634.36
2021	30121.74	2532.54	11538.12	2627.50	2040.03	1247.17	404.88	1962.54	1668.75	6100.20
2022	32772.68	2710.56	13158.30	2893.02	2103.34	1293.84	400.75	2109.71	1617.94	6485.21

注：本表按当年价格计算。
a) Data in this table are calculated at current prices.

3-5 分行业增加值指数

Indices of Value-added of the Tertiary Industry

(上年＝100) (preceding year=100)

年 份 Year	生产总值 Gross Domestic Product	农、林、牧、渔业 Agriculture, Forestry, Animal Husbandry and Fishery	工 业 Industry	建筑业 Construction	批发和零售业 Wholesale and Retail Trades	交通运输仓储和邮政业 Transport, Storage and Post	住宿和餐饮业 Hotels and Catering Services	金融业 Financial Intermediation	房地产业 Real Estate	其他服务业 Other
1978	111.0	98.4	114.7	114.6	122.3	121.9				
1979	107.5	108.0	101.7	101.7	123.1	123.0		122.5	123.9	120.3
1980	107.3	108.8	106.2	106.3	77.4	101.5		155.1	100.0	122.6
1981	104.5	114.4	96.9	96.9	114.6	93.6		116.0	113.1	108.9
1982	109.1	106.4	108.4	108.4	96.4	127.9		157.8	105.8	113.6
1983	107.3	101.2	109.2	109.1	104.9	120.1		111.3	113.7	115.7
1984	117.8	112.2	119.6	119.6	128.2	142.3		108.9	106.6	109.3
1985	116.5	98.4	120.8	121.0	154.6	111.5		119.3	135.0	123.2
1986	108.7	104.5	105.9	104.9	117.2	135.5		107.2	128.9	107.1
1987	110.0	101.5	110.5	110.0	106.7	132.8		109.8	122.1	115.4
1988	121.0	104.8	124.8	120.8	139.3	133.4		97.9	133.8	115.0
1989	103.3	106.7	103.9	95.4	76.8	115.9		110.1	104.8	123.2
1990	103.4	105.4	102.5	96.4	110.2	105.8		107.7	99.2	95.9
1991	107.2	106.8	105.3	104.6	119.8	102.5		109.1	112.4	110.4
1992	108.3	103.0	111.2	105.7	116.1	105.9		105.6	116.3	109.1
1993	112.1	108.1	116.1	107.8	115.6	115.9	117.2	103.4	115.6	108.3
1994	108.6	97.0	118.1	104.9	101.7	113.9	103.2	100.9	113.4	106.2
1995	110.4	104.0	116.4	106.2	106.8	109.1	108.1	105.2	110.3	108.0
1996	110.9	109.6	113.8	104.5	107.3	108.2	108.9	106.3	111.2	109.9
1997	110.7	99.7	112.7	111.5	116.8	111.2	118.3	110.2	112.6	116.7
1998	111.6	107.3	113.6	115.4	109.8	109.9	111.3	115.8	118.1	109.6
1999	110.3	97.7	111.6	119.7	110.5	110.2	112.0	116.4	113.9	116.4
2000	110.4	104.0	111.3	109.3	113.1	111.1	114.6	114.1	116.6	111.0
2001	109.8	101.9	111.8	108.6	113.3	113.5	114.8	113.8	114.2	108.3
2002	111.1	103.5	115.2	106.0	111.1	112.5	112.5	115.6	114.0	108.9
2003	111.8	104.1	116.8	111.2	111.7	109.2	113.1	113.8	107.1	108.6
2004	113.0	108.6	117.4	105.7	114.1	110.0	114.6	110.2	102.0	112.4
2005	112.1	107.7	112.4	113.6	110.7	111.8	114.2	110.8	109.5	114.4
2006	112.3	107.4	111.0	111.2	115.8	111.9	116.9	118.5	113.8	115.2
2007	114.3	105.0	114.8	110.3	113.6	112.4	114.6	120.5	118.4	119.4
2008	114.7	107.6	115.4	113.3	115.0	110.5	109.2	113.4	111.7	120.1
2009	112.2	104.9	108.4	122.0	121.1	110.5	106.5	118.2	121.8	114.8
2010	113.9	105.8	117.8	113.3	112.7	109.7	113.2	111.1	122.8	111.3
2011	113.1	105.9	115.8	110.7	114.6	111.4	111.3	106.9	120.4	111.4
2012	112.2	106.0	114.4	108.1	109.2	109.0	108.7	123.9	111.3	112.2
2013	110.5	104.7	111.6	111.2	107.8	102.1	101.3	129.9	113.1	109.5
2014	109.6	105.2	110.5	110.7	108.0	108.6	101.7	117.8	109.2	108.2
2015	107.7	105.1	105.3	108.1	106.6	103.6	111.7	115.1	110.8	114.2
2016	107.5	104.1	106.4	108.3	105.6	108.0	101.9	112.2	107.3	111.3
2017	107.8	104.7	107.7	105.2	107.7	108.1	105.2	107.1	107.8	111.8
2018	108.1	103.3	108.5	106.4	105.7	107.0	103.8	106.1	106.4	113.1
2019	106.0	104.5	104.6	106.6	107.1	106.8	104.9	106.3	106.7	108.2
2020	102.1	103.3	100.7	104.5	99.2	102.7	85.0	106.2	101.9	104.1
2021	106.6	106.2	109.9	96.3	105.0	107.2	108.3	105.6	103.0	108.1
2022	104.3	104.4	105.7	108.5	100.3	103.0	100.1	107.5	96.3	103.2

注：本表按不变价计算。

a) Data in this table are calculated at constant prices.

3-6 分行业增加值指数

Indices of Value-added of the Tertiary Industry

(1978年＝100) (year of 1978=100)

年份 Year	生产总值 Gross Domestic Product	农、林、牧、渔业 Agriculture, Forestry, Animal Husbandry and Fishery	工业 Industry	建筑业 Construction	批发和零售业 Wholesale and Retail Trades	交通运输仓储和邮政业 Transport, Storage and Post	住宿和餐饮业 Hotels and Catering Services	金融业 Financial Intermediation	房地产业 Real Estate	其他服务业
1978	100.0	100.0	100.0	100.0	100.0	100.0		100.0	100.0	100.0
1979	107.5	108.0	101.7	101.7	123.1	123.0		122.5	123.9	120.3
1980	115.3	117.5	108.0	108.1	95.3	124.8		190.0	123.9	147.5
1981	120.5	134.4	104.7	104.7	109.2	116.8		220.4	140.1	160.6
1982	131.5	143.0	113.5	113.5	105.3	149.4		347.8	148.2	182.4
1983	141.1	144.7	123.9	123.8	110.5	179.4		387.1	168.5	211.0
1984	166.2	162.4	148.2	148.1	141.7	255.3		421.6	179.6	230.6
1985	193.6	159.8	179.0	179.2	219.1	284.7		503.0	242.5	284.1
1986	210.4	167.0	189.6	188.0	256.8	385.8		539.2	312.6	304.3
1987	231.4	169.5	209.5	206.8	274.0	512.3		592.0	381.7	351.2
1988	280.0	177.6	261.5	249.8	381.7	683.4		579.6	510.7	403.9
1989	289.2	189.5	271.7	238.3	293.1	792.1		638.1	535.2	497.6
1990	299.0	199.7	278.5	229.7	323.0	838.0		687.2	530.9	477.2
1991	320.5	213.3	293.3	240.3	387.0	859.0		749.7	596.7	526.8
1992	347.1	219.7	326.1	254.0	449.3	909.7	100.0	791.7	694.0	574.7
1993	389.1	237.5	378.6	273.8	519.4	1054.3	117.2	818.6	802.3	622.4
1994	422.6	230.4	447.1	287.2	528.2	1200.8	121.0	826.0	909.8	661.0
1995	466.6	239.6	520.4	305.0	564.1	1310.1	130.8	869.0	1003.5	713.9
1996	517.5	262.6	592.2	318.7	605.3	1417.5	142.4	923.7	1115.9	784.6
1997	572.9	261.8	667.4	355.4	707.0	1576.3	168.5	1017.9	1256.5	915.6
1998	639.4	280.9	758.2	410.1	776.3	1732.4	187.5	1178.7	1483.9	1003.5
1999	705.3	274.4	846.2	490.9	857.8	1909.1	210.0	1372.0	1690.2	1168.1
2000	778.7	285.4	941.8	536.6	970.2	2121.0	240.7	1565.5	1970.8	1296.6
2001	855.0	290.8	1052.9	582.7	1099.2	2407.3	276.3	1781.5	2250.7	1404.2
2002	949.9	301.0	1212.9	617.7	1221.2	2708.2	310.8	2059.4	2565.8	1529.2
2003	1062.0	313.3	1416.7	686.9	1364.1	2957.4	351.5	2343.6	2748.0	1660.7
2004	1200.1	340.2	1663.2	726.1	1556.4	3253.1	402.8	2582.6	2803.0	1866.6
2005	1345.3	366.4	1869.4	824.8	1722.9	3637.0	460.0	2861.5	3069.3	2135.4
2006	1510.8	393.5	2075.0	917.2	1995.1	4069.8	537.7	3390.9	3492.9	2460.0
2007	1726.8	413.2	2382.1	1011.7	2266.4	4574.5	616.2	4086.0	4135.6	2937.2
2008	1980.6	444.6	2748.9	1146.3	2606.4	5054.8	672.9	4633.5	4619.5	3527.6
2009	2222.2	466.4	2979.8	1398.5	3156.4	5585.6	716.6	5476.8	5626.6	4049.7
2010	2531.1	493.5	3510.2	1584.5	3557.3	6127.4	811.2	6084.7	6909.5	4507.3
2011	2862.7	522.6	4064.8	1754.0	4076.7	6825.9	902.9	6504.5	8319.0	5021.1
2012	3211.9	554.0	4650.1	1896.1	4451.8	7440.2	981.5	8059.1	9259.0	5633.7
2013	3549.1	580.0	5189.5	2108.5	4799.0	7596.4	994.3	10468.8	10471.9	6168.9
2014	3889.8	610.2	5734.4	2334.1	5182.9	8249.7	1011.2	12332.2	11435.3	6674.7
2015	4189.3	641.3	6038.3	2523.2	5525.0	8546.7	1129.5	14194.4	12670.3	7622.5
2016	4503.5	667.6	6424.8	2732.6	5834.4	9230.4	1151.0	15926.1	13595.2	8483.8
2017	4854.8	699.0	6919.5	2874.7	6283.6	9978.1	1210.9	17056.9	14655.6	9484.9
2018	5248.0	722.1	7507.7	3058.7	6641.8	10676.6	1256.9	18097.4	15593.6	10727.4
2019	5562.9	754.6	7853.1	3260.6	7113.4	11402.6	1318.5	19237.5	16638.4	11607.0
2020	5679.7	779.5	7908.0	3407.3	7056.5	11710.5	1120.7	20430.3	16954.5	12082.9
2021	6056.9	828.0	8693.9	3281.2	7411.9	12558.2	1214.2	21580.4	17458.3	12466.0
2022	6317.8	864.8	9193.1	3560.1	7431.1	12935.9	1215.8	23209.6	16808.6	12861.2

注：本表按不变价计算。

a) Data in this table are calculated at constant prices.

3-7 三次产业贡献率

Share of the Contributions of the Three Strata of Industry to the Increase of the GDP

单位：%　　　　(%)

年 份 Year	生产总值 Gross Domestic Product	第一产业 Primary Industry	第二产业 Secondary Industry	第三产业 Tertiary Industry
2000	100.0	5.9	54.5	39.6
2001	100.0	2.8	49.1	48.1
2002	100.0	4.2	53.4	42.4
2003	100.0	4.3	60.1	35.6
2004	100.0	7.6	55.2	37.2
2005	100.0	6.9	49.6	43.5
2006	100.0	6.7	42.6	50.7
2007	100.0	3.6	46.3	50.1
2008	100.0	5.0	48.1	46.9
2009	100.0	3.6	39.8	56.6
2010	100.0	3.5	56.6	39.9
2011	100.0	4.3	59.0	36.7
2012	100.0	4.4	57.7	37.9
2013	100.0	3.7	55.0	41.3
2014	100.0	4.2	58.4	37.4
2015	100.0	5.1	41.0	53.9
2016	100.0	4.7	42.6	52.7
2017	100.0	5.1	43.5	51.4
2018	100.0	3.4	47.4	49.2
2019	100.0	6.0	40.1	53.9
2020	100.0	12.7	29.8	57.5
2021	100.0	8.3	44.3	47.5
2022	100.0	8.8	62.6	28.7

注：三次产业贡献率指各产业增加值增量与GDP增量之比。

a) Share of the contributions of the three strata of industry to the increase of the GDP refers to the proportion of the increment of the value-added of each industry to the increment of GDP.

3–8 三次产业对生产总值增长的拉动
Contribution of the Three Strata of Industry to GDP Growth

单位：百分点 (Percentage points)

年 份 Year	生产总值 Gross Domestic Product	第一产业 Primary Industry	第二产业 Secondary Industry	第三产业 Tertiary Industry
2000	10.4	0.6	5.7	4.1
2001	9.8	0.3	4.8	4.7
2002	11.1	0.5	5.9	4.7
2003	11.8	0.5	7.1	4.2
2004	13.0	1.0	7.2	4.8
2005	12.1	0.8	6.0	5.3
2006	12.3	0.9	5.2	6.2
2007	14.3	0.5	6.6	7.2
2008	14.7	0.7	7.1	6.9
2009	12.2	0.5	4.8	6.9
2010	13.9	0.5	7.9	5.5
2011	13.1	0.6	7.7	4.8
2012	12.2	0.5	7.0	4.7
2013	10.5	0.4	5.8	4.3
2014	9.6	0.4	5.6	3.6
2015	7.7	0.4	3.2	4.1
2016	7.5	0.4	3.2	3.9
2017	7.8	0.4	3.4	4.0
2018	8.1	0.3	3.8	4.0
2019	6.0	0.4	2.4	3.2
2020	2.1	0.3	0.6	1.2
2021	6.6	0.5	2.9	3.1
2022	4.3	0.4	2.7	1.2

注：三次产业拉动指GDP增长速度与各产业贡献率之乘积。

a) Contribution of the three strata of industry to GDP growth refers to the growth rate of GDP multiplied by the contribution share of every industry.

3−9 分行业增加值构成(2022年)
Value-added by Sector(2022)

行　　业	Sector	增加值(亿元) Value Added (100 million yuan)	构　成(%) Composition (%)	2022年比2021年增长% Growth Rate in 2022 over 2021(%)
总　　计	**Total**	**32772.68**	**100.0**	**4.3**
农、林、牧、渔业	Agriculture, Forestry, Animal Husbandry and Fishery	2710.56	8.3	4.4
工　业	Industry	13158.30	40.2	5.7
建筑业	Construction	2893.02	8.8	8.5
批发和零售业	Wholesale and Retail Trades	2103.34	6.4	0.3
交通运输、仓储和邮政业	Traffic, Transport, Storage and Post	1293.84	3.9	3.0
住宿和餐饮业	Hotels and Catering Services	400.75	1.2	0.1
金融业	Financial Intermediation	2109.71	6.4	7.5
房地产业	Real Estate	1617.94	4.9	-3.7
其他服务业	Others	6485.21	19.8	3.2
第一产业	Primary Industry	2575.34	7.9	4.3
第二产业	Secondary Industry	15933.11	48.6	6.2
第三产业	Tertiary Industry	14264.23	43.5	2.6

注：本表增加值及构成按当年价格计算，增长速度按不变价格计算。
a) Value added and Compositionin in this table are calculated at current prices.The growth rates are calculated at constant prices.

3-10 非公有制经济增加值
Value-added of Non-public Economy

年 份 Year	非公有制经济增加值(亿元) Value-added of Non-public Economy (100 million yuan)	第一产业 Primary Industry	第二产业 Secondary Industry	第三产业 Tertiary Industry	非公有制经济增加值占生产总值比重(%) Value-added of Non-public Economy as Percentage of GDP(%)	第一产业 Primary Industry	第二产业 Secondary Industry	第三产业 Tertiary Industry
2005	1654.35	124.41	680.08	849.87	43.3	29.7	37.6	53.4
2006	2040.46	139.07	928.62	972.77	44.4	29.8	40.9	52.3
2007	2588.62	167.92	1269.02	1151.68	45.6	30.0	44.3	51.1
2008	3397.24	233.97	1725.26	1438.01	47.3	32.6	47.1	51.5
2009	3888.54	236.74	1895.44	1756.36	48.6	31.5	47.2	54.4
2010	4873.37	282.13	2403.89	2187.35	49.5	29.8	47.4	57.2
2011	6147.91	349.92	3137.62	2660.37	50.5	29.5	48.4	59.1
2012	7240.91	469.40	3730.01	3041.51	51.2	35.7	49.0	58.3
2013	8302.59	477.10	4301.57	3523.92	52.2	32.6	51.1	58.5
2014	9171.12	471.62	4721.51	3977.99	52.7	30.1	52.2	58.6
2015	9564.40	491.12	4558.90	4514.38	53.4	30.7	52.6	59.1
2016	10239.40	480.49	4773.89	4985.02	53.8	28.3	53.6	59.0
2017	11614.99	460.00	5479.70	5675.29	54.1	26.4	54.2	59.0
2018	12976.50	457.55	6145.97	6372.98	54.2	25.0	54.8	58.5
2019	14083.06	469.90	6596.51	7016.64	54.6	23.6	56.0	58.4
2020	13304.00	554.09	5991.70	6758.21	51.1	24.4	53.4	54.0
2021	15491.83	572.80	7637.28	7281.75	51.4	23.8	54.5	53.2
2022	16898.36	578.61	9137.43	7182.32	51.6	22.5	57.3	50.4

注：本表按当年价格计算。
a) Data in this table are calculated at current prices.

3-11 各市(区)生产总值

Gross Domestic Product by City(District)

地 区 年 份 Region Year	生产总值 (亿元) Gross Domestic Product (100 million yuan)	第一产业 Primary Industry	第二产业 Secondary Industry	第三产业 Tertiary Industry	# 工 业 Industry	人均生产总值 (元) Per Capita GDP (yuan)
西安市 Xi'an						
2005	1294.05	66.01	511.19	716.86	393.51	16158
2006	1512.56	70.44	612.69	829.42	465.70	18567
2007	1857.75	82.42	763.07	1012.26	569.08	22476
2008	2313.26	102.46	940.42	1270.38	672.60	27736
2009	2689.06	106.09	1105.01	1477.96	763.81	31994
2010	3195.05	133.22	1290.93	1770.89	875.97	37792
2011	3791.71	165.43	1516.30	2109.98	1009.29	43723
2012	4370.16	181.12	1726.70	2462.35	1140.83	48530
2013	4960.23	182.60	1946.58	2831.05	1268.22	53624
2014	5576.98	191.58	2152.43	3232.97	1387.03	58829
2015	5932.86	191.91	2070.47	3670.48	1242.18	60912
2016	6396.36	196.66	2139.49	4060.21	1252.91	63393
2017	7418.04	245.26	2452.92	4719.86	1436.72	66649
2018	8499.41	258.98	2861.86	5378.56	1707.90	73113
2019	9399.98	279.13	3130.80	5990.06	1816.23	77494
2020	10023.73	312.75	3340.97	6370.01	1854.35	79208
2021	10751.31	308.83	3580.81	6861.67	2139.87	84182
2022	11486.51	323.58	4071.56	7091.37	2439.07	88806
铜川市 Tongchuan						
2005	68.08	5.87	34.04	28.17	29.83	8070
2006	80.06	6.33	42.45	31.28	37.85	9635
2007	95.38	7.45	50.90	37.03	45.40	11440
2008	118.57	9.67	64.74	44.16	57.82	14158
2009	137.50	10.45	76.26	50.79	68.31	16443
2010	165.09	14.22	91.49	59.38	82.83	19697
2011	201.90	17.85	113.63	70.42	103.24	24252
2012	236.14	19.63	134.51	82.00	123.22	28623
2013	278.10	20.89	156.92	100.29	144.13	34123
2014	278.95	22.29	149.39	107.27	136.07	34652
2015	266.41	22.12	115.77	128.52	102.26	33722
2016	270.34	22.85	104.24	143.25	90.27	34882
2017	300.95	23.47	113.61	163.87	98.46	39339
2018	331.92	24.75	123.48	183.69	106.80	43963
2019	369.15	26.77	139.98	202.40	120.15	49885
2020	376.14	30.77	133.47	211.90	112.79	52242
2021	466.38	33.38	197.47	235.52	175.22	65919
2022	505.55	35.90	224.45	245.19	199.76	71709

注：1.本表按当年价格计算。
2.人均生产总值2004年以前按户籍人口计算，2005年及以后按常住人口计算。
3.2017年起西咸新区GDP数据计入西安市。

a) Data in this table are calculated at current prices.
b) Per Capita GDP are calculated at usual residents since 2005, while were taken from the statistics of household registration before 2004.
c) Since 2017,the GDP data of Xixian New District has been put into Xi'an city.

3-11 续表 1 continued

地 区 年 份 Region Year	生产总值 (亿元) Gross Domestic Product (100 million yuan)	第一产业 Primary Industry	第二产业 Secondary Industry	第三产业 Tertiary Industry	# 工 业 Industry	人均生产总值 (元) Per Capita GDP (yuan)
宝鸡市 Baoji						
2005	390.81	44.30	219.47	127.04	178.93	10521
2006	462.65	49.70	266.37	146.58	220.46	12345
2007	548.10	56.35	319.17	172.58	261.52	14586
2008	658.64	64.05	389.42	205.17	317.66	17518
2009	738.20	71.20	436.07	230.93	352.01	19701
2010	877.83	81.03	533.08	263.72	437.84	23564
2011	1043.98	92.91	646.12	304.95	534.59	28104
2012	1225.96	102.55	772.04	351.36	645.90	33089
2013	1374.51	110.16	860.18	404.17	714.03	37199
2014	1468.38	122.56	894.06	451.76	732.44	39848
2015	1585.02	135.92	935.18	513.93	753.12	43248
2016	1702.94	151.08	987.44	564.42	784.83	47042
2017	1914.92	156.29	1121.91	636.72	890.70	53790
2018	2110.94	163.59	1236.22	711.14	980.03	60227
2019	2212.76	178.75	1248.84	785.18	1027.04	64231
2020	2281.71	205.14	1261.57	815.00	1026.43	67807
2021	2588.15	217.12	1470.50	900.53	1218.81	78405
2022	2743.10	234.38	1576.21	932.52	1299.65	83801
咸阳市 Xianyang						
2005	409.31	89.10	170.65	149.56	141.08	8319
2006	457.26	98.34	192.63	166.29	159.62	9186
2007	560.68	120.64	239.42	200.62	199.54	11246
2008	717.33	148.44	326.46	242.43	278.23	14341
2009	804.40	153.18	363.61	287.62	304.25	16270
2010	997.82	196.04	466.93	334.85	399.94	20140
2011	1224.08	246.70	595.67	381.71	513.84	25062
2012	1407.59	269.53	699.62	438.44	609.13	28963
2013	1648.03	278.90	846.99	522.14	746.54	34050
2014	1810.29	293.23	935.00	582.06	817.42	37597
2015	1925.77	292.68	975.40	657.69	849.17	40288
2016	2025.64	299.23	1002.15	724.26	868.65	42735
2017	1916.60	267.90	923.69	725.01	783.97	43510
2018	2135.45	285.03	1034.61	815.81	881.73	52339
2019	2210.48	304.17	1026.84	879.47	843.80	54580
2020	2176.33	339.51	967.71	869.11	789.29	54476
2021	2605.42	383.60	1202.10	1019.72	1005.22	61572
2022	2817.55	408.05	1336.67	1072.83	1118.95	67229
渭南市 Weinan						
2005	314.96	58.66	135.33	120.98	120.38	5866
2006	361.32	63.13	155.06	143.12	138.30	6613
2007	443.18	81.70	188.29	173.20	167.37	8149
2008	544.81	100.81	226.65	217.34	199.63	10042
2009	606.89	106.17	257.22	243.50	221.59	11322
2010	763.40	141.99	337.07	284.35	296.47	14240
2011	977.06	184.17	463.67	329.22	414.14	18540
2012	1104.63	207.09	517.36	380.18	463.39	21081
2013	1260.71	226.91	595.74	438.06	535.41	24152
2014	1353.45	246.23	621.81	485.41	557.26	26028
2015	1364.42	257.04	554.15	553.23	483.37	26340
2016	1410.40	272.47	530.00	607.93	452.82	27360
2017	1547.01	279.12	585.78	682.12	498.80	30156
2018	1724.33	296.87	657.94	769.52	561.62	34418
2019	1836.53	325.05	684.15	827.34	588.78	37750
2020	1856.42	373.69	644.28	838.45	554.79	39000
2021	2075.28	400.02	787.78	887.48	704.56	44529
2022	2201.13	430.73	847.93	922.47	760.70	47592

3-11 续表 2 continued

地 区 年 份 Region Year	生产总值 (亿元) Gross Domestic Product (100 million yuan)	第一产业 Primary Industry	第二产业 Secondary Industry	第三产业 Tertiary Industry	# 工 业 Industry	人均生产总值 (元) Per Capita GDP (yuan)
延安市 Yan'an						
2005	379.28	29.47	274.02	75.79	265.29	18082
2006	524.64	34.52	401.39	88.73	390.68	24755
2007	640.17	41.92	493.93	104.33	479.94	30090
2008	745.23	53.93	564.00	127.30	548.66	34826
2009	711.39	56.74	506.90	147.75	489.13	32968
2010	863.19	74.90	620.37	167.92	600.83	39601
2011	1090.57	94.33	801.72	194.51	777.49	49699
2012	1261.85	105.55	933.86	222.43	905.73	57097
2013	1354.20	114.28	967.50	272.42	950.77	60591
2014	1402.46	124.26	979.56	298.64	960.02	62056
2015	1195.85	120.71	734.51	340.63	711.13	52450
2016	1081.20	127.87	586.02	367.31	557.29	47009
2017	1308.11	130.99	761.86	415.26	730.37	56506
2018	1555.33	138.13	944.99	472.21	911.87	67040
2019	1672.27	149.33	1005.35	517.60	967.32	72393
2020	1592.62	190.41	882.05	520.16	839.16	69547
2021	2027.68	209.25	1244.77	573.66	1210.70	89143
2022	2231.92	226.49	1401.35	604.09	1362.83	98390
汉中市 Hanzhong						
2005	210.46	48.07	79.74	82.66	60.94	5608
2006	243.12	55.64	92.36	95.12	71.74	6965
2007	295.56	66.15	110.44	118.97	84.98	8443
2008	361.75	87.59	126.19	147.97	94.04	10309
2009	404.48	90.09	142.20	172.19	103.20	11666
2010	495.95	109.06	183.11	203.78	137.41	14298
2011	628.98	142.24	246.51	240.23	191.50	18425
2012	733.24	155.26	297.11	280.86	233.97	21566
2013	875.04	165.41	363.06	346.57	288.56	25850
2014	984.40	174.99	424.29	385.12	341.30	29168
2015	1034.89	179.21	416.61	439.07	322.66	30754
2016	1121.14	189.97	444.98	486.19	339.54	33467
2017	1286.63	193.96	551.79	540.87	428.67	38637
2018	1429.47	205.67	620.51	603.29	478.41	43121
2019	1560.45	227.63	663.36	669.47	522.33	47430
2020	1593.09	261.36	648.70	683.04	491.87	49170
2021	1770.21	273.60	746.56	750.05	572.38	55325
2022	1905.45	292.30	828.38	784.77	631.05	59832
榆林市 Yulin						
2005	426.38	28.34	248.14	149.90	237.41	12630
2006	570.53	35.33	345.03	190.17	332.21	17282
2007	778.29	49.93	498.14	230.22	481.89	23473
2008	1137.77	71.67	773.79	292.31	752.28	34127
2009	1261.28	78.03	843.11	340.14	815.05	37730
2010	1686.81	103.03	1169.52	414.26	1136.36	50342
2011	2209.31	134.05	1590.47	484.79	1550.69	65713
2012	2601.93	154.38	1907.80	539.75	1860.48	76753
2013	2746.31	170.76	1902.44	673.11	1852.81	80184
2014	2917.42	187.44	1993.74	736.24	1939.46	84197
2015	2461.20	192.54	1509.24	759.41	1443.53	70120
2016	2725.24	218.26	1667.59	839.39	1592.12	77093
2017	3284.95	221.60	2111.77	951.58	2019.31	92404
2018	3818.28	231.24	2479.68	1107.35	2371.99	106507
2019	4149.12	250.72	2677.20	1221.20	2559.77	115094
2020	4143.93	272.48	2584.45	1287.00	2453.06	114473
2021	5621.25	290.30	3875.14	1455.80	3753.41	155030
2022	6543.65	312.25	4673.49	1557.91	4536.68	180816

3-11 续表 3 continued

地 区 年 份 Region Year	生产总值 (亿元) Gross Domestic Product (100 million yuan)	第一产业 Primary Industry	第二产业 Secondary Industry	第三产业 Tertiary Industry	#工 业 Industry	人均生产总值 (元) Per Capita GDP (yuan)
安康市 Ankang						
2005	138.16	36.71	38.63	62.82	26.10	4684
2006	158.13	42.44	43.55	72.14	29.83	5969
2007	188.37	50.12	54.91	83.35	37.57	7105
2008	239.57	67.97	69.38	102.22	46.09	9024
2009	268.72	70.52	83.48	114.72	55.03	10161
2010	319.61	74.61	110.41	134.59	77.22	12145
2011	395.80	83.15	154.32	158.33	113.83	15076
2012	483.61	93.60	206.55	183.46	162.01	18494
2013	603.04	104.29	272.80	225.95	222.49	23149
2014	680.14	110.83	313.54	255.78	255.06	26159
2015	744.04	115.67	329.23	299.14	268.98	28672
2016	825.08	122.18	362.34	340.55	299.07	31918
2017	948.88	125.17	420.00	403.71	351.07	36850
2018	1065.17	123.35	490.88	450.93	414.71	41608
2019	1182.06	137.52	552.10	492.44	457.61	46538
2020	1090.77	157.20	439.88	493.69	344.54	43457
2021	1214.92	164.41	517.26	533.25	420.66	48906
2022	1268.65	174.56	540.07	554.02	443.13	51261
商洛市 Shangluo						
2005	109.01	25.43	32.35	51.23	16.47	4518
2006	130.97	28.31	39.12	63.54	19.32	5507
2007	153.54	33.64	46.98	72.92	24.92	6449
2008	187.74	44.27	58.18	85.29	32.35	7865
2009	207.88	45.28	66.50	96.10	36.26	8779
2010	264.07	57.69	91.80	114.58	57.35	11264
2011	332.11	71.08	126.85	134.18	85.54	14275
2012	387.21	77.77	150.81	158.62	105.89	16835
2013	468.48	82.89	200.28	185.32	151.69	20593
2014	525.90	86.68	230.00	209.22	176.39	23322
2015	561.00	85.32	235.24	240.44	180.00	25045
2016	621.07	88.64	265.59	266.84	208.96	27913
2017	677.53	90.29	282.43	304.81	221.83	30727
2018	775.33	94.73	346.32	334.28	284.78	35484
2019	832.01	103.40	370.41	358.20	306.72	38608
2020	741.29	114.50	264.42	362.37	224.35	35468
2021	850.01	118.67	333.89	397.45	290.49	41700
2022	902.56	125.77	359.56	417.24	310.33	44599
杨凌示范区 Yangling						
2005	16.90	1.42	7.52	7.97	5.25	11665
2006	20.18	1.83	8.77	9.58	6.35	12939
2007	25.00	2.32	10.69	11.99	7.32	15772
2008	30.16	2.85	12.29	15.02	7.79	18772
2009	34.93	3.02	14.53	17.37	8.25	19302
2010	46.16	3.74	21.41	21.02	13.81	22959
2011	59.29	5.59	28.60	25.10	18.92	28830
2012	67.21	6.03	31.37	29.81	19.78	32004
2013	84.39	6.41	42.32	35.66	28.66	40183
2014	95.79	6.78	48.68	40.33	32.92	44554
2015	108.29	6.87	48.89	52.53	30.83	49224
2016	120.97	7.25	55.62	58.10	35.47	53764
2017	136.46	7.37	64.66	64.43	40.19	59329
2018	154.03	7.85	75.91	70.27	46.05	65545
2019	169.04	8.47	81.39	79.18	53.24	68998
2020	151.89	9.76	63.78	78.36	48.23	60757
2021	151.12	10.67	62.73	77.72	46.80	59932
2022	166.61	11.33	73.46	81.83	56.14	65492

3-12 各市(区)生产总值指数
Indices of Gross Domestic Product by City(District)

(上年=100) (preceding year=100)

地区 年份 Region Year	生产总值 Gross Domestic Product	第一产业 Primary Industry	第二产业 Secondary Industry	第三产业 Tertiary Industry	#工业 Industry	人均生产总值 Per Capita GDP
西安市 Xi'an						
2005	112.3	107.5	109.8	115.1	106.7	110.5
2006	112.9	106.8	110.5	115.2	108.5	111.0
2007	115.1	104.5	113.0	117.4	111.7	113.4
2008	114.8	107.6	113.2	116.4	111.8	113.8
2009	113.0	104.9	110.7	115.1	106.7	112.2
2010	113.6	105.7	115.0	113.2	114.0	112.9
2011	112.6	105.4	111.7	113.9	111.9	109.8
2012	111.9	106.0	110.4	113.4	110.8	107.7
2013	111.2	104.4	112.6	110.7	112.4	108.3
2014	109.7	105.0	109.4	110.2	108.3	107.0
2015	108.9	104.4	104.6	112.1	103.7	106.0
2016	108.8	103.3	107.2	110.0	108.2	105.1
2017	107.7	105.0	105.1	109.4	105.0	103.6
2018	108.2	103.3	107.1	109.1	108.3	103.6
2019	107.0	104.3	106.2	107.6	103.9	102.5
2020	105.2	103.0	107.4	104.1	105.9	100.8
2021	104.0	106.1	101.2	105.3	107.2	100.8
2022	104.4	103.7	110.7	101.3	111.0	103.1
铜川市 Tongchuan						
2005	110.2	106.9	108.0	113.0	106.7	109.9
2006	112.5	107.7	113.8	111.9	114.4	113.3
2007	113.1	104.9	113.0	114.9	114.5	112.7
2008	113.7	107.8	105.8	124.3	106.2	113.2
2009	112.9	104.9	108.4	118.6	107.7	113.0
2010	114.5	106.5	115.4	114.9	116.7	114.8
2011	114.1	106.0	114.7	115.1	115.3	114.9
2012	114.0	106.3	115.4	113.5	116.7	115.0
2013	111.5	104.9	113.5	109.6	114.4	112.8
2014	109.3	104.8	108.7	111.0	109.1	110.6
2015	108.0	105.0	104.4	114.2	104.7	110.1
2016	107.2	104.2	105.2	109.5	105.4	109.2
2017	107.8	104.6	105.6	110.3	106.3	109.2
2018	106.0	103.1	103.2	108.7	103.2	107.4
2019	106.8	104.5	107.4	106.6	106.7	109.0
2020	104.6	104.1	102.3	106.3	102.4	107.5
2021	107.4	106.7	109.8	106.1	111.4	109.3
2022	104.3	104.6	107.9	102.0	108.0	104.7

注：本表按不变价格计算。
a) Data in this table are calculated at constant prices.

3-12 续表 1 continued

(上年=100) (preceding year=100)

地 区 年 份 Region Year	生产总值 Gross Domestic Product	第一产业 Primary Industry	第二产业 Secondary Industry	第三产业 Tertiary Industry	# 工 业 Industry	人均生产总值 Per Capita GDP
宝鸡市 Baoji						
2005	110.9	110.2	112.4	108.6	113.2	109.9
2006	110.8	107.7	112.1	109.6	113.0	109.8
2007	112.9	104.4	114.1	113.8	115.0	112.6
2008	112.7	107.4	113.9	112.3	114.9	112.6
2009	112.4	104.8	113.0	113.7	112.2	112.8
2010	112.8	105.7	115.9	109.1	117.4	113.4
2011	113.1	104.8	115.8	110.1	117.7	113.4
2012	113.6	105.7	116.1	110.5	117.7	113.9
2013	111.3	104.3	113.1	109.1	113.7	111.6
2014	110.0	104.9	111.1	108.8	111.3	110.3
2015	109.5	105.4	109.5	110.4	109.1	110.1
2016	108.7	103.7	109.2	109.1	108.7	110.1
2017	107.8	104.3	108.2	108.1	108.7	109.6
2018	106.7	103.1	106.1	108.6	106.5	108.3
2019	103.5	104.7	101.3	107.0	103.3	105.3
2020	103.3	103.4	104.3	101.6	104.5	105.8
2021	106.1	106.7	105.2	107.5	106.3	108.2
2022	102.8	104.6	102.4	102.8	101.3	103.6
咸阳市 Xianyang						
2005	110.3	108.1	108.7	113.5	109.2	109.1
2006	109.3	106.7	109.4	110.8	109.6	109.4
2007	110.7	104.5	110.7	114.3	111.1	110.5
2008	113.5	107.5	114.0	116.1	116.2	113.1
2009	111.8	104.9	110.2	116.8	107.5	113.1
2010	112.3	106.6	116.6	110.6	118.4	113.6
2011	112.0	105.9	117.0	108.7	118.1	113.6
2012	112.9	106.1	116.5	111.4	118.4	113.5
2013	111.6	104.2	113.5	112.2	114.7	112.0
2014	110.0	104.9	111.8	109.6	112.5	110.6
2015	107.7	104.9	106.6	110.7	106.6	108.5
2016	106.9	103.8	106.7	108.5	106.8	107.8
2017	107.0	106.0	106.3	108.6	106.6	108.1
2018	106.4	103.1	106.0	108.5	106.0	106.8
2019	101.9	104.2	97.5	106.3	95.9	102.7
2020	99.9	103.1	98.8	99.9	99.5	101.3
2021	108.7	106.5	109.0	109.1	110.9	105.3
2022	104.4	104.0	105.2	103.8	104.4	105.4
渭南市 Weinan						
2005	110.5	105.5	113.5	109.7	114.9	110.2
2006	111.1	107.0	110.2	114.2	110.6	110.9
2007	113.0	104.9	111.5	118.3	111.8	113.5
2008	114.2	107.6	112.7	118.4	112.6	114.4
2009	111.9	105.1	112.1	114.2	109.8	113.3
2010	113.2	106.1	119.4	109.5	120.9	114.6
2011	113.2	105.7	118.8	110.4	119.9	115.2
2012	112.9	106.0	117.0	111.0	118.7	113.5
2013	110.5	104.9	112.8	109.9	113.4	111.0
2014	109.6	105.1	111.2	109.3	111.6	110.0
2015	108.1	105.5	107.0	110.7	106.9	108.5
2016	106.2	104.1	106.5	106.9	106.0	106.7
2017	107.6	104.8	108.5	108.0	109.1	108.2
2018	106.9	103.2	106.2	109.2	106.6	109.5
2019	104.2	104.7	102.9	105.1	102.6	107.3
2020	100.1	103.7	98.7	99.8	99.9	102.3
2021	108.2	106.6	112.0	106.1	115.0	110.6
2022	104.0	104.6	104.8	102.9	105.4	104.7

3-12 续表 2 continued

(上年=100) (preceding year=100)

地 区 年 份 Region Year	生产总值 Gross Domestic Product	第一产业 Primary Industry	第二产业 Secondary Industry	第三产业 Tertiary Industry	# 工 业 Industry	人均生产总值 Per Capita GDP
延安市 Yan'an						
2005	114.5	110.2	116.7	109.1	117.4	113.1
2006	114.6	110.2	115.9	111.6	116.1	113.4
2007	113.5	104.5	113.3	117.9	113.4	113.1
2008	114.1	107.1	114.4	115.5	114.6	113.4
2009	110.1	104.9	108.3	118.3	108.1	109.7
2010	113.3	105.8	115.4	108.4	115.7	112.2
2011	110.6	106.1	111.0	110.9	111.0	109.8
2012	109.9	106.1	109.5	112.9	109.4	109.1
2013	106.0	104.3	103.5	115.6	104.9	104.8
2014	106.5	105.6	106.0	108.3	105.9	105.3
2015	102.5	104.6	99.8	110.1	100.0	101.6
2016	101.1	104.7	97.3	108.0	97.0	100.2
2017	107.4	104.9	107.5	108.2	107.3	106.7
2018	108.9	103.0	110.0	108.7	110.4	108.7
2019	106.7	105.2	106.5	107.6	106.4	107.2
2020	99.0	104.2	96.9	100.9	96.3	99.9
2021	109.0	107.1	110.3	107.7	111.2	109.8
2022	104.6	104.8	104.0	105.5	104.8	104.9
汉中市 Hanzhong						
2005	110.6	109.2	109.3	112.3	111.0	110.0
2006	111.0	107.8	112.2	111.6	114.8	110.7
2007	113.2	104.9	112.0	119.0	113.6	112.9
2008	112.2	106.8	110.3	116.5	110.5	111.9
2009	112.9	104.1	110.8	118.7	108.2	114.3
2010	113.7	104.3	119.1	113.1	120.9	115.3
2011	114.0	104.1	121.4	112.7	123.9	115.8
2012	114.3	104.8	120.0	113.4	123.4	114.7
2013	112.1	103.0	117.4	110.7	119.7	112.6
2014	111.2	104.6	115.8	109.0	117.0	111.5
2015	109.5	104.5	109.0	111.8	108.3	109.8
2016	108.6	103.9	109.8	109.3	108.8	109.0
2017	109.2	105.1	112.2	107.9	113.2	109.8
2018	109.1	103.9	111.9	108.2	113.2	109.6
2019	106.1	104.6	105.3	107.6	106.3	106.9
2020	100.9	104.2	99.8	100.7	99.1	102.5
2021	108.2	106.4	108.5	108.5	110.1	109.5
2022	104.3	104.2	105.8	102.9	104.0	104.8
榆林市 Yulin						
2005	122.2	103.2	132.4	112.3	133.1	121.3
2006	118.0	108.4	124.4	109.2	125.0	123.8
2007	120.1	106.6	125.5	112.3	126.2	119.5
2008	121.5	108.4	125.8	114.9	126.0	120.9
2009	111.8	105.7	110.2	116.5	109.6	111.5
2010	117.8	107.0	120.8	113.0	121.1	117.6
2011	114.7	110.1	116.5	110.9	116.8	114.4
2012	111.5	110.2	112.7	108.1	112.7	110.6
2013	108.5	107.8	109.0	107.2	109.0	107.4
2014	109.6	108.4	110.8	106.2	110.9	108.3
2015	104.8	107.5	104.1	106.3	104.2	103.5
2016	106.3	103.4	105.0	109.5	104.5	105.5
2017	107.6	104.8	106.6	110.2	106.1	107.0
2018	109.0	102.9	108.2	112.0	108.0	108.1
2019	107.1	104.0	107.8	106.6	108.0	106.5
2020	104.8	102.3	105.8	103.5	106.1	104.4
2021	109.3	105.6	110.2	108.3	111.1	109.1
2022	105.6	104.6	105.7	105.8	105.9	105.8

3-12 续表 3 continued

(上年=100) (preceding year=100)

地 区 年 份 Region Year	生产总值 Gross Domestic Product	第一产业 Primary Industry	第二产业 Secondary Industry	第三产业 Tertiary Industry	# 工 业 Industry	人均生产总值 Per Capita GDP
安康市 Ankang						
2005	108.8	110.4	105.3	110.1	104.3	108.7
2006	109.5	107.7	107.7	111.7	107.2	109.5
2007	112.5	106.3	112.3	116.2	114.6	112.4
2008	114.1	107.7	116.6	115.9	115.3	113.9
2009	113.3	104.8	116.1	115.8	112.8	113.7
2010	113.6	105.2	119.6	113.8	122.8	114.1
2011	113.8	105.3	120.9	112.6	125.0	114.0
2012	115.2	105.6	121.5	114.5	128.2	115.6
2013	112.6	105.3	117.8	111.1	121.0	113.0
2014	111.0	105.5	115.0	109.4	116.9	111.2
2015	112.1	104.8	112.9	114.2	114.2	112.3
2016	110.4	104.1	112.8	110.3	114.6	110.9
2017	109.8	104.8	112.1	108.9	114.4	110.2
2018	109.7	103.9	111.7	109.5	113.5	110.3
2019	107.9	104.3	109.8	107.0	108.9	108.7
2020	90.8	103.4	81.3	98.3	78.2	91.9
2021	107.6	106.0	108.5	107.2	111.7	108.7
2022	102.0	104.2	100.2	102.9	100.2	102.3
商洛市 Shangluo						
2005	108.1	107.7	105.5	110.3	106.4	107.1
2006	109.2	106.1	103.9	113.3	108.6	108.6
2007	111.9	106.3	109.0	116.1	112.7	111.7
2008	113.8	107.2	113.6	116.6	114.5	113.5
2009	111.9	105.0	109.9	115.6	103.9	112.8
2010	112.7	105.3	116.1	113.6	122.0	112.8
2011	112.8	105.2	117.6	112.3	123.2	113.7
2012	113.6	105.9	118.1	113.5	126.0	114.9
2013	111.6	104.9	115.8	110.8	121.2	112.8
2014	109.9	100.4	114.1	109.8	117.4	110.8
2015	111.0	104.4	111.5	112.9	114.6	111.7
2016	109.2	103.7	111.6	108.8	114.2	110.0
2017	108.7	104.1	110.6	108.5	113.4	109.7
2018	107.9	103.5	109.5	107.7	111.8	108.9
2019	105.3	104.7	106.6	104.1	107.5	106.8
2020	88.7	102.9	75.4	99.0	78.1	91.5
2021	109.5	106.2	113.8	107.5	115.8	112.3
2022	103.3	103.8	102.4	103.7	100.9	104.0
杨凌示范区 Yangling						
2005	116.3	114.2	111.6	121.1	110.7	113.7
2006	112.8	114.8	106.0	118.9	107.4	111.0
2007	114.8	106.7	105.5	124.1	98.6	113.0
2008	113.1	106.9	105.0	119.8	98.6	111.6
2009	112.9	105.4	114.5	112.9	98.7	100.3
2010	114.4	106.6	118.1	113.0	120.2	102.9
2011	115.3	107.0	118.8	113.2	120.3	112.7
2012	114.4	107.0	117.2	112.6	119.3	112.0
2013	113.5	104.9	115.1	113.1	116.3	113.5
2014	112.1	104.9	114.1	110.9	113.7	109.5
2015	111.9	104.6	111.0	113.8	110.1	109.3
2016	110.2	104.2	112.5	108.8	112.9	107.7
2017	109.1	104.2	113.7	105.2	113.5	106.7
2018	109.0	103.4	112.5	106.0	110.9	106.7
2019	106.2	104.3	103.4	109.4	107.1	101.9
2020	89.1	104.1	78.5	98.6	91.9	87.3
2021	102.1	106.3	96.6	106.1	97.3	101.3
2022	106.2	103.3	111.9	102.3	113.8	105.3

3−13 各市(区)非公有制经济增加值
Value-added of Non-public Economy by City(District)

地 区	Region	非公有制经济增加值(亿元) Value-added of Non-public Economy (100 million yuan)					
		2017	2018	2019	2020	2021	2022
西 安 市	Xi'an	3931.72	4539.52	5109.00	5319.19	5754.77	6101.66
铜 川 市	Tongchuan	156.74	166.20	186.60	192.90	237.66	257.27
宝 鸡 市	Baoji	970.52	1077.22	1150.83	1143.98	1333.19	1394.77
咸 阳 市	Xianyang	1009.70	1142.69	1175.02	1133.02	1392.08	1480.69
渭 南 市	Weinan	778.43	855.66	916.80	885.51	1005.69	1072.55
延 安 市	Yan'an	377.06	455.77	500.89	461.39	601.94	670.47
汉 中 市	Hanzhong	670.44	758.06	847.23	828.83	950.44	1033.46
榆 林 市	Yulin	1391.32	1634.56	1773.51	1695.80	2281.79	2626.18
安 康 市	Ankang	551.56	632.09	715.90	649.78	729.28	762.63
商 洛 市	Shangluo	373.69	435.86	475.92	393.15	479.20	509.81
杨凌示范区	Yangling	78.65	89.12	94.14	78.34	78.90	86.48

3−13 续表 continued

地 区	Region	非公有制经济增加值占生产总值比重(%) Value-added of Non-public Economy as Percentage of GDP (%)					
		2017	2018	2019	2020	2021	2022
西 安 市	Xi'an	53.0	53.4	54.4	53.1	53.5	53.1
铜 川 市	Tongchuan	52.1	50.1	50.5	51.3	51.0	50.9
宝 鸡 市	Baoji	50.7	51.0	52.0	50.1	51.5	50.8
咸 阳 市	Xianyang	52.7	53.5	53.2	52.1	53.4	52.6
渭 南 市	Weinan	50.3	49.6	49.9	47.7	48.5	48.7
延 安 市	Yan'an	28.8	29.3	30.0	29.0	29.7	30.0
汉 中 市	Hanzhong	52.1	53.0	54.3	52.0	53.7	54.2
榆 林 市	Yulin	42.4	42.8	42.7	40.9	40.6	40.1
安 康 市	Ankang	58.1	59.3	60.6	59.6	60.0	60.1
商 洛 市	Shangluo	55.2	56.2	57.2	53.0	56.4	56.5
杨凌示范区	Yangling	57.6	57.9	55.7	51.6	52.2	51.9

注：本表按当年价格计算。
a) Data in this table are calculated at current prices.

3-14 各县(市、区)生产总值(2022年)
Gross Domestic Product by County (City and District)(2022)

地 区	Region	生产总值(亿元) Gross Domestic Product (100 million yuan)	生产总值比上年增长(%) Growth Rate of GDP over Preceding Year(%)
西安市	**Xi'an**		
新城区	Xincheng	672.83	4.3
碑林区	Beilin	1112.56	0.1
莲湖区	Lianhu	820.29	0.2
灞桥区	Baqiao	663.18	4.5
未央区	Weiyang	1563.53	6.5
雁塔区	Yanta	3005.56	4.5
阎良区	Yanliang	288.53	4.6
临潼区	Lintong	267.08	0.4
长安区	Chang'an	1418.28	7.5
高陵区	Gaoling	388.82	0.3
鄠邑区	Huyi	341.27	20.8
蓝田县	Lantian	157.01	1.2
周至县	Zhouzhi	160.70	4.4
铜川市	**Tongchuan**		
王益区	Wangyi	116.96	4.4
印台区	Yintai	97.34	4.1
耀州区	Yaozhou	240.23	4.3
宜君县	Yijun	51.02	4.9
宝鸡市	**Baoji**		
渭滨区	Weibin	632.05	4.7
金台区	Jintai	433.64	4.0
陈仓区	Chencang	256.98	3.7
凤翔区	Fengxiang	285.29	4.8
岐山县	Qishan	170.59	-7.3
扶风县	Fufeng	189.06	5.3
眉 县	Meixian	192.69	-6.2
陇 县	Longxian	114.94	3.4
千阳县	Qianyang	87.58	3.8
麟游县	Linyou	225.39	6.7
凤 县	Fengxian	104.18	2.5
太白县	Taibai	50.70	4.3
咸阳市	**Xianyang**		
秦都区	Qindu	463.06	3.6
渭城区	Weicheng	327.97	4.8
三原县	Sanyuan	248.87	2.6
泾阳县	Jingyang	124.29	2.9
乾 县	Qianxian	188.82	5.0
礼泉县	Liquan	183.87	4.8
永寿县	Yongshou	102.66	4.2
长武县	Changwu	141.04	6.1
旬邑县	Xunyi	124.19	6.5
淳化县	Chunhua	100.18	3.4
武功县	Wugong	184.52	4.5
兴平市	Xingping	301.81	4.2
彬州市	bingzhou	326.26	6.8
渭南市	**Weinan**		
临渭区	Linwei	514.96	2.2
华州区	Huazhou	115.76	4.5
潼关县	Tongguan	48.65	3.4
大荔县	Dali	205.07	6.2
合阳县	Heyang	136.29	6.4
澄城县	Chengcheng	125.13	6.0
蒲城县	Pucheng	251.03	6.1
白水县	Baishui	101.26	5.0
富平县	Fuping	222.70	2.6
韩城市	Hancheng	400.94	3.1
华阴市	Huayin	79.34	2.8

3-14 续表 continued

地 区	Region	生产总值(亿元) Gross Domestic Product (100 million yuan)	生产总值比上年增长(%) Growth Rate of GDP over Preceding Year(%)	地 区	Region	生产总值(亿元) Gross Domestic Product (100 million yuan)	生产总值比上年增长(%) Growth Rate of GDP over Preceding Year(%)
延安市	**Yan'an**			靖边县	Jingbian	518.23	4.0
宝塔区	Baota	453.48	4.5	定边县	Dingbian	399.16	2.4
安塞区	Ansai	165.61	6.1	绥德县	Suide	120.18	3.5
延长县	Yanchang	76.08	6.1	米脂县	Mizhi	81.67	5.3
延川县	Yanchuan	129.89	5.2	佳 县	Jiaxian	86.53	9.4
志丹县	Zhidan	220.29	3.4	吴堡县	Wubu	33.79	4.0
吴起县	Wuqi	239.85	4.1	清涧县	Qingjian	77.49	5.5
甘泉县	Ganquan	36.81	8.2	子洲县	Zizhou	89.12	5.7
富 县	Fuxian	92.58	5.8	神木市	Shenmu	2231.47	4.0
洛川县	Luochuan	296.73	1.1	**安康市**	**Ankang**		
宜川县	Yichuan	49.18	5.6	汉滨区	Hanbin	405.89	-1.4
黄龙县	Huanglong	23.05	3.7	汉阴县	Hanyin	119.56	5.3
黄陵县	Huangling	282.52	4.6	石泉县	Shiquan	98.85	2.0
子长市	Zichang	165.84	10.3	宁陕县	Ningshan	26.55	6.0
汉中市	**Hanzhong**			紫阳县	Ziyang	108.78	-1.1
汉台区	Hantai	426.51	1.0	岚皋县	Langao	60.29	6.3
南郑区	Nanzheng	247.57	0.3	平利县	Pingli	113.68	3.4
城固县	Chenggu	310.42	6.2	镇坪县	Zhenping	28.02	5.4
洋 县	Yangxian	212.61	6.4	白河县	Baihe	86.48	5.3
西乡县	Xixiang	147.21	5.6	旬阳市	Xunyang	220.53	4.6
勉 县	Mianxian	200.54	5.0	**商洛市**	**Shangluo**		
宁强县	Ningqiang	139.13	7.4	商州区	Shangzhou	161.68	4.5
略阳县	Lueyang	77.41	7.9	洛南县	Luonan	144.62	2.2
镇巴县	Zhenba	105.36	8.2	丹凤县	Danfeng	106.44	4.0
留坝县	Liuba	24.41	6.5	商南县	Shangnan	100.43	4.2
佛坪县	Foping	14.28	6.0	山阳县	Shanyang	179.77	2.7
榆林市	**Yulin**			镇安县	Zhen'an	108.32	4.7
榆阳区	Yuyang	1673.51	8.0	柞水县	Zhashui	101.31	0.5
横山区	Hengshan	331.50	14.0	**杨凌示范区**	**Yangling**		
府谷县	Fugu	901.00	5.0	杨陵区	Yangling	166.61	6.2

注：1.本表数据为快报数。
2.本表生产总值按当年价格计算，增长速度按不变价格计算。
a) Data in this table are from annual statistical reporting forms.
b) Gross domestic product in this table are calculated at current prices.The growth rates are calculated at constant prices.

主要统计指标解释

三次产业　三次产业的划分是世界上较为常用的产业结构分类，但各国的划分不尽一致。根据《国民经济行业分类》（GB/T 4754—2017）和《三次产业划分规定》，我国的三次产业划分是：

第一产业是指农、林、牧、渔业（不含农、林、牧、渔专业及辅助性活动）。

第二产业是指采矿业（不含开采专业及辅助性活动），制造业（不含金属制品、机械和设备修理业），电力、热力、燃气及水生产和供应业，建筑业。

第三产业即服务业，是指除第一产业、第二产业以外的其他行业。

国内生产总值(GDP)　指按市场价格计算的一个国家(或地区)所有常住单位在一定时期内生产活动的最终成果。国内生产总值有三种表现形态，即价值形态、收入形态和产品形态。从价值形态看，它是所有常住单位在一定时期内生产的全部货物和服务价值超过同期投入的全部非固定资产货物和服务价值的差额，即所有常住单位的增加值之和；从收入形态看，它是所有常住单位在一定时期内创造并分配给常住单位和非常住单位的初次收入之和；从产品形态看，它是所有常住单位在一定时期内最终使用的货物和服务价值与货物和服务净出口价值之和。在实际核算中，国内生产总值有三种计算方法，即生产法、收入法和支出法。三种方法分别从不同的方面反映国内生产总值及其构成。对于一个地区来说，称为地区生产总值或地区 GDP。

劳动者报酬　指劳动者从事生产活动应获得的全部报酬，既包括货币形式的报酬，也包括实物形式的报酬。主要包括工资、奖金、津贴和补贴，单位为其员工交纳的社会保险费、补充社会保险费和住房公积金、行政事业单位职工的离退休金、单位为其员工提供的其他各种形式的福利和报酬等。

生产税净额　指生产税减生产补贴后的差额。其中，生产税指政府对生产单位从事生产、销售和经营活动，以及因从事生产活动使用某些生产要素（如固定资产和土地等）所征收的各种税收、附加费和其他规费。生产税分为产品税和其他生产税，产品税主要有：增值税、消费税、进口关税、出口税等；其他生产税主要有：房产税、车船使用税、城镇土地使用税等。生产补贴则相反，它是政府为影响生产单位的生产、销售及定价等生产活动而对其提供的无偿支付，包括农业生产补贴、政策亏损补贴、进口补贴等。生产补贴作为负生产税处理。

固定资产折旧　指由于自然退化、正常淘汰或损耗而导致的固定资产价值下降，用以代表固定资产通过生产过程被转移到其产出中的价值。原则上，固定资产折旧应按照固定资产的重置价值计算。

营业盈余　指常住单位创造的增加值扣除劳动者报酬、生产税净额和固定资产折旧后的余额。

Explanatory Notes on Main Statistical Indicators

Three Strata of Industry Three Strata of Industry Classification of economic activities into three strata of industries is a common practice in the world, although the grouping varies to some extent from country to country. In China, according to Industrial Classification for National Economic Activities (GB/T4754—2017) and Rules on Division of Three Strata of Industries, economic activities are categorized into the following three strata of industries:

Primary industry refers to agriculture, forestry, animal husbandry and fishery industries (not including services in support of agriculture, forestry, animal husbandry and fishery industries).

Secondary industry refers to mining and quarrying (not including support activities for mining), manufacturing (not including repair service of metal products, machinery and equipment), production and supply of electricity, heat, gas and water, and construction.

Tertiary industry refers to all other economic activities not included in the primary or secondary industries.

Gross Domestic Product (GDP) refers to the final products at market prices produced by all resident units in a country (or a region) during a certain period of time. Gross domestic product is expressed in three different perspectives, namely value, income, and products respectively. GDP in its value perspective refers to the total value of all goods and services produced by all resident units during a certain period of time, minus the total value of input of goods and services of the nature of non-fixed assets; in other words, it is the sum of the value-added of all resident units. GDP from the perspective of income includes the primary income created by all resident units and distributed to resident and non-resident units. GDP from the perspective of products refers to the value of all goods and services for final demand by all resident units plus the net exports of goods and services during a given period of time. In the practice of national accounting, gross domestic product is calculated from three approaches, namely production approach, income approach and expenditure approach, which reflect gross domestic product and its composition from different angles. For a region, it is called as Gross Regional Product(GRP) or regional GDP.

Compensation of Employees refers to the total payment of various forms to employees for the productive activities they are engaged in. It includes the employees earn in cash or in kind. It mainly include: wages, bonuses and allowances, subsidies, social insurance paid by company or unit for its staff, supplementary social insurance, housing fund, the pension for the employees of the administrative institution, other forms of welfare and remuneration provide by the units for its employees.

Net Taxes on Production refers to taxes on production less subsidies on production. The taxes on production refers to the various taxes, extra charges and fees levied on the production units on their production, sale and business activities as well as on the use of some factors of production, such as fixed assets, land etc. in the production activities they are engaged in. Taxes on production are divided into product tax and other kinds of taxes on production, product tax mainly includes: value-added tax, consumption tax, import duty, export duty; other taxes on production mainly include: House Property Tax, Tax on Vehicles and Boat Operation, Urban Land Use Tax, etc. In contrast to taxes on production, subsidies on production refer to the payment by the government for free to the production units to influence production activities of production units such as production, sales and pricing, which include agricultural production subsidies, subsidies for policy losses, import subsidies, etc. Subsidies on production are therefore regarded as negative taxes on production.

Depreciation of Fixed Assets Refers to the decline of the value of fixed assets due to natural deterioration, normal elimination or loss, it reflects the value of transfer of the fixed assets in the production of the current period. In principle, the depreciation of fixed assets should be calculated on the basis of the re-purchased value of the fixed assets.

Operating Surplus refers to the balance of the value added created by the resident units after deducting the labourers remuneration, net taxes on production and the depreciation of fixed assets.

四、人　口

Population

资料整理：李　艳

简 要 说 明

一、本篇资料反映陕西人口发展变化基本情况，主要内容和数据来源：

1．年末常住人口、性别比例、年龄比例、城镇人口比例以及人口出生率、人口死亡率和人口自然增长率等，数据根据人口普查、1%人口抽样调查或年度人口变动情况抽样调查推算所得，2001—2009年年末常住人口根据2010年第六次全国人口普查数据进行了调整，2011—2019年年末常住人口根据2020年第七次全国人口普查数据进行了调整。

2．户籍人口资料数据来源于省公安厅人口统计年报。

二、人口统计调查方法

目前人口统计调查有：在逢“0”的年份进行全国人口普查；在逢“5”的年份进行全国1%人口抽样调查；其余年份进行人口变动情况抽样调查。

Brief Introduction

I. This chapter reflects the basic conditions of development and changes of population in Shaanxi, including mainly:

1. Permanent population at the year-end, proportion of population by sex, proportion of population by age, proportion of urban population, birth rate, death rate and natural growth rate of population. The data are estimated by Shaanxi Provincial Bureau of Statistics on the basis of population censuses, the one percent sample survey on population, or annual sample surveys on population changes. The permanent population at the end of 2001-2009 has been adjusted according to the data of the sixth National Census in 2010,The permanent population at the end of 2011-2019 has been adjusted based on the data from the seventh national census in 2020.

2. The total population with residence registration are obtained from the annual reports of population of Shaanxi Provincial Department of Public Security.

II. Sampling Methodology

The statistical surveys on population are as follows:

The national population census is conducted in the year ending with 0; the national 1 percent population sample survey is conducted in the year ending with 5; sample surveys on population changes are conducted in the rest of the years.

4. 人 口

2022 年全省

年底常住人口	3956	万人	
# 城镇人口	2532	万人	占总人口比重为 64.02%
# 65岁及以上人口	581	万人	占总人口比重为 14.69%
男女性别比（以女性为100）	104.13		
人口密度	192	人/平方公里	

人口年龄构成

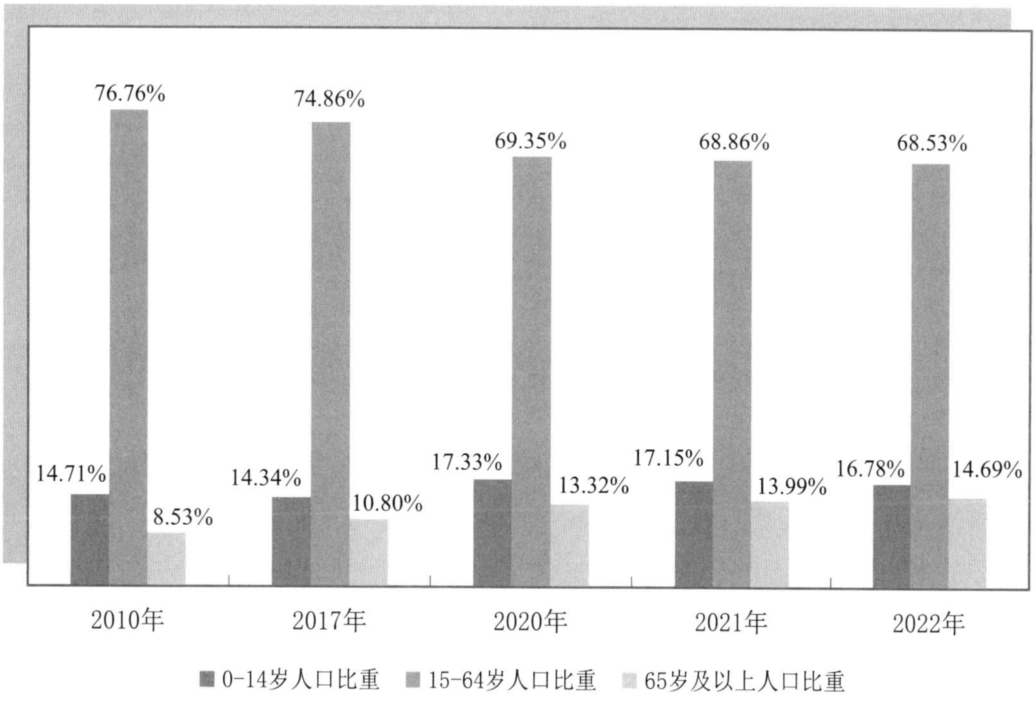

4-1 人口数和构成
Population and Its Composition

单位：万人 (10 000 persons)

年份 Year	年底总人口 Total Population at Year-end	按性别分 By Sex 男 Male 人口数 Population	比重(%) Proportion	女 Female 人口数 Female	比重(%) Proportion	按城乡分 By Residence 城镇 Urban 人口数 Female	比重(%) Proportion	乡村 Rural 人口数 Female	比重(%) Proportion
1978	2779	1444	51.96	1335	48.04	454		2325	
1979	2807	1456	51.87	1351	48.13	469		2339	
1980	2831	1468	51.85	1363	48.15	522		2309	
1981	2865	1486	51.87	1379	48.13	535		2329	
1982	2904	1507	51.89	1397	48.11	548		2356	
1983	2931	1525	52.03	1406	47.97	577		2354	
1984	2966	1546	52.12	1420	47.88	1111		1865	
1985	3002	1566	52.17	1436	47.83	1167		1834	
1986	3042	1588	52.20	1454	47.80	1203		1839	
1987	3088	1613	52.23	1476	47.80	1244		1844	
1988	3140	1640	52.23	1500	47.77	1405		1735	
1989	3198	1671	52.25	1527	47.75	1438		1759	
1990	3316	1727	52.08	1589	47.92	1501		1815	
1991	3363	1754	52.16	1609	47.84	1539		1824	
1992	3405	1777	52.19	1628	47.81	1576		1829	
1993	3443	1799	52.25	1644	47.75	1654		1789	
1994	3481	1819	52.26	1662	47.74	1668		1813	
1995	3513	1836	52.26	1677	47.74	1738		1775	
1996	3543	1842	51.99	1701	48.01	1939		1604	
1997	3570	1866	52.27	1704	47.73	2279		1291	
1998	3596	1879	52.25	1717	47.75	2547		1049	
1999	3618	1892	52.29	1726	47.71	2593		1025	
2000	3644	1896	52.03	1748	47.97	1176	32.27	2468	67.73
2001	3653	1879	51.44	1774	48.56	1228	33.62	2425	66.38
2002	3662	1882	51.39	1780	48.61	1268	34.63	2394	65.37
2003	3672	1883	51.28	1789	48.72	1305	35.54	2367	64.46
2004	3681	1893	51.43	1788	48.57	1338	36.35	2343	63.65
2005	3690	1899	51.46	1791	48.54	1374	37.24	2316	62.76
2006	3699	1902	51.42	1797	48.58	1447	39.12	2252	60.88
2007	3708	1906	51.40	1802	48.60	1506	40.62	2202	59.38
2008	3718	1911	51.40	1807	48.60	1565	42.10	2153	57.90
2009	3727	1916	51.41	1811	48.59	1621	43.50	2106	56.50
2010	3735	1930	51.67	1805	48.33	1707	45.70	2028	54.30
2011	3765	1942	51.58	1823	48.42	1783	47.35	1982	52.65
2012	3787	1956	51.65	1831	48.35	1883	49.71	1904	50.29
2013	3804	1964	51.64	1840	48.36	1962	51.57	1842	48.43
2014	3827	1975	51.62	1852	48.38	2029	53.01	1798	46.99
2015	3846	1986	51.63	1860	48.37	2105	54.74	1741	45.26
2016	3874	2001	51.65	1873	48.35	2185	56.39	1689	43.61
2017	3904	2016	51.63	1888	48.37	2267	58.07	1637	41.93
2018	3931	2028	51.60	1903	48.40	2345	59.65	1586	40.35
2019	3944	2035	51.60	1909	48.40	2417	61.28	1527	38.72
2020	3955	2024	51.17	1931	48.83	2478	62.66	1477	37.34
2021	3954	2018	51.04	1936	48.96	2516	63.63	1438	36.37
2022	3956	2018	51.01	1938	48.99	2532	64.02	1424	35.98

注：1.1990年以前为公安年报数，1990年及以后为人口普查及人口变动情况抽样调查推算的常住人口数。
2.2011—2019年数据根据第七次全国人口普查数据修订。
3.城乡人口，2000年以前按乡(镇、街办)级行政区域统计，2000年及以后是以《国家统计局统计上划分城乡的规定》为标准的人口普查和人口变动抽样调查推算数。

a) Data before 1990 were taken from the statistics of household registration.Since 1990, data have been estimated on the basis of the national population census or usual residents of the annual national sample surveys on population changes.

b) Data of population from 2011 to 2019 were adjusted according to the seventh national census.

c) Data by residence before 2000 were from the divisions of administrative areas. Since 2000, data have been estimated on the national population census and the basis of the annual national sample surveys on population changes,which regard "The provisions on the division of urban and rural areas" as standard.

4-2 人口自然变动情况
Population Natural Changes

年　份 Year	出生人口 (万人) Births (10 000 persons)	死亡人口 (万人) Deaths (10 000 persons)	出生率 (‰) Birth Rate (‰)	死亡率 (‰) Death Rate (‰)	自然增长率 (‰) Natural Growth Rate (‰)
1953	53.4	18.0	34.00	11.46	22.54
1964	83.1	33.3	40.00	16.00	24.00
1982	54.9	19.3	19.02	6.70	12.30
1990	77.2	21.4	23.48	6.52	16.96
1991	66.2	21.7	19.82	6.51	13.31
1992	63.8	22.2	18.85	6.57	12.28
1993	60.4	22.4	17.63	6.55	11.08
1994	60.9	22.9	17.59	6.60	10.99
1995	55.7	23.0	15.93	6.57	9.36
1996	52.9	23.0	14.99	6.51	8.48
1997	49.5	22.4	13.91	6.29	7.62
1998	48.6	23.0	13.56	6.43	7.13
1999	45.1	23.0	12.51	6.38	6.13
2000	45.4	23.1	12.50	6.36	6.14
2001	38.4	23.2	10.50	6.34	4.16
2002	38.4	23.3	10.48	6.36	4.12
2003	39.2	23.4	10.67	6.38	4.29
2004	39.0	23.3	10.59	6.33	4.26
2005	37.0	22.2	10.02	6.01	4.01
2006	37.7	22.8	10.19	6.15	4.04
2007	37.9	22.8	10.21	6.16	4.05
2008	38.3	23.1	10.29	6.21	4.08
2009	38.2	23.3	10.24	6.24	4.00
2010	36.3	22.4	9.73	6.01	3.72
2011	36.5	22.7	9.75	6.06	3.69
2012	38.0	23.4	10.12	6.24	3.88
2013	37.6	23.1	10.01	6.15	3.86
2014	38.2	23.6	10.13	6.26	3.87
2015	38.2	23.8	10.10	6.28	3.82
2016	40.5	23.7	10.64	6.23	4.41
2017	42.5	23.9	11.11	6.24	4.87
2018	41.1	24.0	10.67	6.24	4.43
2019	40.8	24.3	10.55	6.28	4.27
2020	35.3	28.1	8.95	7.11	1.84
2021	31.2	29.2	7.89	7.38	0.51
2022	29.1	30.2	7.36	7.64	-0.28

注：本表为人口普查、人口变动情况抽样调查数。
a) Data in this table are obtained from the national population census and the annual national sample surveys on population changes.

4-3 人口年龄结构和抚养比
Age Composition and Dependency Ration of Population

单位：% (%)

年 份 Year	各年龄段人口比重 Percentage to Tatal Population By Age			总抚养比 Gross Dependency Ratio	少年儿童 Children Dependency Ratio	老年人口 Old Dependency Ratio
	0-14岁 Aged 0-14	15-64岁 Aged 15-64	65岁及以上 Aged 65 and Over			
1953	36.71	59.25	4.04	68.78	61.96	6.82
1964	41.26	55.23	3.51	81.06	74.71	6.35
1982	33.06	62.40	4.57	60.30	52.98	7.32
1990	28.88	65.98	5.15	51.57	43.77	7.80
1991	30.21	64.07	5.72	56.08	47.15	8.93
1992	30.15	64.19	5.66	55.78	46.96	8.82
1993	29.30	65.09	5.61	53.64	45.02	8.62
1994	28.31	66.43	5.26	50.53	42.62	7.91
1995	28.88	65.40	5.72	52.90	44.16	8.74
1996	28.90	65.11	6.00	53.59	44.38	9.21
1997	27.63	66.52	5.85	50.33	41.54	8.79
1998	27.15	66.15	6.70	51.16	41.04	10.12
1999	26.28	66.58	7.14	50.21	39.48	10.73
2000	25.02	69.04	5.94	44.84	36.24	8.60
2001	24.49	68.78	6.73	45.39	35.61	9.78
2002	22.35	69.64	8.01	43.60	32.09	11.51
2003	20.90	71.35	7.75	40.15	29.29	10.86
2004	19.81	72.54	7.65	37.86	27.31	10.55
2005	19.76	71.66	8.58	39.55	27.57	11.97
2006	18.70	72.70	8.60	37.55	25.72	11.83
2007	18.13	72.91	8.96	37.16	24.87	12.29
2008	17.75	73.28	8.97	36.46	24.22	12.24
2009	17.05	73.84	9.11	35.43	23.09	12.34
2010	14.71	76.76	8.53	30.27	19.16	11.11
2011	14.55	76.74	8.71	30.31	18.96	11.35
2012	14.42	76.61	8.97	30.53	18.82	11.71
2013	14.30	76.27	9.43	31.11	18.75	12.36
2014	14.10	75.93	9.97	31.70	18.57	13.13
2015	14.11	75.78	10.11	31.96	18.62	13.34
2016	14.13	75.51	10.36	32.43	18.71	13.72
2017	14.34	74.86	10.80	33.58	19.16	14.43
2018	14.50	74.12	11.38	34.92	19.56	15.35
2019	14.65	73.51	11.84	36.04	19.93	16.11
2020	17.33	69.35	13.32	44.20	24.99	19.21
2021	17.15	68.86	13.99	45.23	24.91	20.32
2022	16.78	68.53	14.69	45.92	24.49	21.43

注：本表为人口普查、人口变动情况抽样调查数。抚养比指0–14岁、65岁及以上人口占15–64岁人口的比重。

a) Data in this table are obtained from the national population census and the annual national sample surveys on population changes.Dependency ratio refers to the population aged 0-14,65 and over as percentage of the population aged 15-64.

4-4　60岁及以上人口和比重
Population and Percentage of People Aged 60 and Over

年　份 Year	60岁及以上人口 Population Aged 60 and Over		65岁及以上人口 Population Aged 65 and Over	
	人口数(万人) Population (10 000 persons)	占总人口比重(%) Percentage to Tatal Population(%)	人口数(万人) Population (10 000 persons)	占总人口比重(%) Percentage to Tatal Population(%)
1953	101.50	6.74	60.74	4.04
1964	125.21	6.03	72.88	3.51
1982	215.17	7.44	131.99	4.57
1990	251.50	7.65	169.40	5.15
2000	341.23	9.47	216.45	5.94
2010	479.66	12.85	318.41	8.53
2011	495.78	13.25	325.98	8.71
2012	520.10	13.86	336.65	8.97
2013	551.39	14.65	354.92	9.43
2014	584.28	15.48	376.38	9.97
2015	601.10	15.85	383.46	10.11
2016	619.17	16.24	394.99	10.36
2017	644.85	16.81	414.23	10.80
2018	674.77	17.46	439.72	11.38
2019	702.37	18.12	458.94	11.84
2020	759.36	19.20	526.81	13.32
2021	774.00	19.58	553.00	13.99
2022	811.00	20.50	581.00	14.69

注：本表为人口普查、人口变动情况抽样调查数。
a) Data in this table are obtained from the national population census and the annual national sample surveys on population changes.

4–5 各市(区)常住人口和城镇人口比重

Usual Residents and Proportion of Urban Population by City(District)

地 区	Region	常住人口(万人) Usual Residents (10 000 persons)												
		2010	2011	2012	2013	2014	2015	2016	2017	2018	2019	2020	2021	2022
全 省	**Shaanxi**	**3735**	**3765**	**3787**	**3804**	**3827**	**3846**	**3874**	**3904**	**3931**	**3944**	**3955**	**3954**	**3956**
西安市	Xi'an	847	887	914	936	960	988	1030	1134	1191	1235	1296	1287	1300
铜川市	Tongchuan	84	83	82	81	80	78	77	76	75	73	71	71	71
宝鸡市	Baoji	372	371	370	369	368	365	359	353	348	341	332	328	326
咸阳市	Xianyang	490	487	485	483	480	476	472	409	407	403	396	421	417
渭南市	Weinan	529	525	523	521	519	517	514	512	490	483	469	463	462
延安市	Yan'an	219	220	222	225	227	229	231	232	232	230	228	227	227
汉中市	Hanzhong	342	341	339	338	337	336	334	332	331	327	321	319	318
榆林市	Yulin	335	337	341	344	349	353	354	357	360	361	363	362	362
安康市	Ankang	263	262	261	260	260	259	258	257	255	253	249	248	247
商洛市	Shangluo	234	231	229	226	225	223	222	219	218	213	205	203	202
杨凌示范区	Yangling	20	21	21	21	22	22	23	23	24	25	25	25	25

4–5 续表 continued

地 区	Region	城镇人口比重(%) Proportion of Urban Population(%)												
		2010	2011	2012	2013	2014	2015	2016	2017	2018	2019	2020	2021	2022
全 省	**Shaanxi**	**45.70**	**47.35**	**49.71**	**51.57**	**53.01**	**54.74**	**56.39**	**58.07**	**59.65**	**61.28**	**62.66**	**63.63**	**64.02**
西安市	Xi'an	69.00	69.90	72.13	73.61	74.47	75.68	76.65	77.12	77.85	78.78	79.20	79.49	79.59
铜川市	Tongchuan	57.89	58.28	59.80	60.71	61.12	61.84	62.38	62.54	62.93	63.49	63.67	64.20	64.41
宝鸡市	Baoji	41.39	42.78	45.03	46.86	48.32	50.02	51.59	52.83	54.25	55.82	57.04	58.74	59.42
咸阳市	Xianyang	41.02	42.29	44.40	46.10	47.43	49.00	50.44	51.56	52.87	54.32	55.44	57.25	57.61
渭南市	Weinan	31.58	33.10	35.32	37.24	38.91	40.79	42.60	44.15	45.87	47.73	49.31	51.07	51.34
延安市	Yan'an	48.34	49.49	51.61	53.23	54.41	55.86	57.15	58.07	59.19	60.47	61.37	61.80	61.97
汉中市	Hanzhong	37.08	38.28	40.26	41.86	43.13	44.64	46.03	47.14	48.43	49.85	50.96	52.26	52.78
榆林市	Yulin	47.41	48.68	50.91	52.64	53.95	55.51	56.92	57.96	59.20	60.59	61.60	62.10	62.30
安康市	Ankang	34.60	35.92	37.98	39.71	41.13	42.77	44.32	45.60	47.05	48.63	49.92	51.60	52.27
商洛市	Shangluo	27.30	29.03	31.40	33.56	35.51	37.69	39.83	41.74	43.83	46.07	48.03	49.42	49.98
杨凌示范区	Yangling	52.17	53.50	55.87	57.68	59.01	60.63	62.06	63.08	64.32	65.70	66.67	67.90	68.39

注：本表2011—2019年数据根据第七次全国人口普查数据修订。
b) Data of population from 2011 to 2019 were adjusted according to the seventh national census.

4-6　各市、县(市、区)常住人口
Usual Residents by City and County (City and District)

单位：万人　　(10 000 persons)

地　区	Region	2021	2022	地　区	Region	2021	2022
西安市	**Xi'an**	**1287**	**1300**	千阳县	Qianyang	9.80	9.72
新城区	Xincheng	62.25	62.49	麟游县	Linyou	7.10	7.04
碑林区	Beilin	76.96	77.55	凤　县	Fengxian	7.70	7.75
莲湖区	Lianhu	102.93	103.41	太白县	Taibai	3.90	3.87
灞桥区	Baqiao	102.96	105.23	**咸阳市**	**Xianyang**	**421**	**417**
未央区	Weiyang	158.83	160.78	秦都区	Qindu	64.68	64.05
雁塔区	Yanta	208.66	210.93	渭城区	Weicheng	30.26	30.05
阎良区	Yanliang	30.73	31.04	三原县	Sanyuan	35.50	34.74
临潼区	Lintong	68.13	68.45	泾阳县	Jingyang	32.17	31.66
长安区	Chang'an	162.24	163.59	乾　县	Qianxian	45.27	44.72
高陵区	Gaoling	45.75	46.52	礼泉县	Liquan	36.42	35.57
鄠邑区	Huyi	58.69	59.40	永寿县	Yongshou	16.00	15.89
蓝田县	Lantian	49.54	49.48	长武县	Changwu	14.82	14.71
周至县	Zhouzhi	55.99	55.96	旬邑县	Xunyi	21.16	21.06
西咸新区	Xixian	103.64	104.76	淳化县	Chunhua	14.15	14.05
铜川市	**Tongchuan**	**71**	**71**	武功县	Wugong	31.72	31.61
王益区	Wangyi	13.31	13.24	兴平市	Xingping	49.15	48.91
印台区	Yintai	13.15	13.06	彬州市	Binzhou	30.00	29.88
耀州区	Yaozhou	18.18	18.05	**渭南市**	**Weinan**	**463**	**462**
新　区	Xinqu	18.80	19.12	临渭区	Linwei	90.97	90.73
宜君县	Yijun	7.06	7.03	华州区	Huazhou	26.52	26.45
宝鸡市	**Baoji**	**328**	**326**	潼关县	Tongguan	12.37	12.34
渭滨区	Weibin	53.80	54.06	大荔县	Dali	58.54	58.39
金台区	Jintai	46.20	46.54	合阳县	Heyang	35.61	35.52
陈仓区	Chencang	47.10	46.57	澄城县	Chengcheng	30.03	29.95
凤翔区	Fengxiang	37.90	37.43	蒲城县	Pucheng	65.43	65.26
岐山县	Qishan	35.80	35.38	白水县	Baishui	22.10	22.04
扶风县	Fufeng	30.70	30.31	富平县	Fuping	63.44	63.28
眉　县	Meixian	27.90	27.63	韩城市	Hancheng	37.83	37.73
陇　县	Longxian	20.40	20.17	华阴市	Huayin	20.25	20.20

4-6 续表 continued

单位：万人 (10 000 persons)

地 区	Region	2021	2022	地 区	Region	2021	2022
延安市	**Yan'an**	**227**	**227**	靖边县	Jingbian	39.01	39.18
宝塔区	Baota	64.30	64.45	定边县	Dingbian	33.98	34.02
安塞区	Ansai	16.24	16.22	绥德县	Suide	25.43	25.29
延长县	Yanchang	11.65	11.62	米脂县	Mizhi	13.85	13.56
延川县	Yanchuan	13.70	13.68	佳 县	Jiaxian	10.43	10.25
志丹县	Zhidan	15.37	15.35	吴堡县	Wubu	5.22	4.98
吴起县	Wuqi	14.53	14.49	清涧县	Qingjian	11.37	11.26
甘泉县	Ganquan	7.62	7.60	子洲县	Zizhou	13.53	13.34
富 县	Fuxian	14.19	14.17	神木市	Shenmu	57.64	57.88
洛川县	Luochuan	20.01	19.96	**安康市**	**Ankang**	**248**	**247**
宜川县	Yichuan	11.13	11.10	汉滨区	Hanbin	89.12	89.34
黄龙县	Huanglong	4.07	4.06	汉阴县	Hanyin	23.86	23.79
黄陵县	Huangling	12.57	12.53	石泉县	Shiquan	15.22	15.15
子长市	Zichang	21.55	21.53	宁陕县	Ningshan	5.94	5.91
汉中市	**Hanzhong**	**319**	**318**	紫阳县	Ziyang	25.90	25.73
汉台区	Hantai	62.05	62.17	岚皋县	Langao	13.41	13.32
南郑区	Nanzheng	46.39	46.22	平利县	Pingli	18.01	17.90
城固县	Chenggu	43.90	43.73	镇坪县	Zhenping	4.70	4.66
洋 县	Yangxian	34.31	34.17	白河县	Baihe	16.17	16.13
西乡县	Xixiang	31.92	31.78	旬阳市	Xunyang	35.52	35.22
勉 县	Mianxian	34.22	34.07	**商洛市**	**Shangluo**	**203**	**202**
宁强县	Ningqiang	25.25	25.14	商州区	Shangzhou	46.96	46.82
略阳县	Lueyang	14.06	14.00	洛南县	Luonan	36.31	36.20
镇巴县	Zhenba	20.73	20.66	丹凤县	Danfeng	24.54	24.47
留坝县	Liuba	3.48	3.47	商南县	Shangnan	20.24	20.17
佛坪县	Foping	2.62	2.61	山阳县	Shanyang	35.75	35.64
榆林市	**Yulin**	**362**	**362**	镇安县	Zhen'an	25.20	25.12
榆阳区	Yuyang	97.61	98.05	柞水县	Zhashui	13.68	13.63
横山区	Hengshan	28.49	28.20	**杨凌示范区**	**Yangling**	**25**	**25**
府谷县	Fugu	25.62	25.60				

4-7　各市、县(市、区)总户数和户籍人口数(2022年)

Total Households and Population by City and County (City and District)(2022)

地　区	Region	总户数(户) Total Households (household)	户籍总人口(人) Total Population (person)	男 Male	女 Female
全　省	**Shaanxi**	**13684264**	**40917991**	**21018537**	**19899454**
西安市	**Xi'an**	**3281583**	**10145921**	**5030056**	**5115865**
新城区	Xincheng	187161	532640	261688	270952
碑林区	Beilin	236758	735090	361312	373778
莲湖区	Lianhu	285413	783412	380880	402532
灞桥区	Baqiao	244699	725684	351378	374306
未央区	Weiyang	379157	1137451	547271	590180
雁塔区	Yanta	478069	1490046	723615	766431
阎良区	Yanliang	91171	277886	139025	138861
临潼区	Lintong	242799	731672	370224	361448
长安区	Chang'an	427386	1347796	667247	680549
高陵区	Gaoling	119932	382741	188002	194739
鄠邑区	Huyi	192110	646197	329691	316506
蓝田县	Lantian	202536	656918	341488	315430
周至县	Zhouzhi	194392	698388	368235	330153
铜川市	**Tongchuan**	**275942**	**776201**	**400440**	**375761**
王益区	Wangyi	63197	156199	79295	76904
印台区	Yintai	63407	170414	89283	81131
耀州区	Yaozhou	118869	361871	185006	176865
宜君县	Yijun	30469	87717	46856	40861
宝鸡市	**Baoji**	**1165364**	**3728583**	**1927288**	**1801295**
渭滨区	Weibin	155910	436422	216040	220382
金台区	Jintai	131232	362544	180300	182244
陈仓区	Chencang	169245	595860	310401	285459
凤翔区	Fengxiang	155929	510482	264655	245827
岐山县	Qishan	140789	453278	235547	217731
扶风县	Fufeng	122180	428246	226209	202037
眉　县	Meixian	93691	320806	167159	153647
陇　县	Longxian	79944	268860	141397	127463
千阳县	Qianyang	41291	130671	68858	61813
麟游县	Linyou	26890	84601	45008	39593
凤　县	Fengxian	32038	90330	47137	43193
太白县	Taibai	16225	46483	24577	21906
咸阳市	**Xianyang**	**1589299**	**5234465**	**2708411**	**2526054**
秦都区	Qindu	194181	574584	284591	289993
渭城区	Weicheng	127937	419019	207725	211294
三原县	Sanyuan	133146	402477	204108	198369
泾阳县	Jingyang	150015	538078	275480	262598
乾　县	Qianxian	167023	579692	306723	272969
礼泉县	Liquan	149383	466990	244012	222978

注：本表为公安部门统计数。
a) Data in this table are obtained from the annual reports of the bureau of public security.

4-7 续表 1 continued

地 区	Region	总户数 (户) Total Households (household)	户籍总人口 (人) Total Population (person)	男 Male	女 Female
永寿县	Yongshou	58087	202677	107214	95463
长武县	Changwu	60863	185405	97367	88038
旬邑县	Xunyi	91845	286991	153569	133422
淳化县	Chunhua	62524	188643	99264	89379
武功县	Wugong	127760	431444	226328	205116
兴平市	Xingping	165001	597049	310729	286320
彬州市	Binzhou	101534	361416	191301	170115
渭南市	**Weinan**	**1730707**	**5361300**	**2733508**	**2627792**
临渭区	Linwei	323773	952113	480538	471575
华州区	Huazhou	107880	315118	160829	154289
潼关县	Tongguan	52652	146533	75464	71069
大荔县	Dali	211521	702358	355890	346468
合阳县	Heyang	137288	435545	221685	213860
澄城县	Chengcheng	126384	364951	186901	178050
蒲城县	Pucheng	224474	761776	388490	373286
白水县	Baishui	95218	269649	141403	128246
富平县	Fuping	240875	785321	400965	384356
韩城市	Hancheng	128012	390946	200369	190577
华阴市	Huayin	82630	236990	120974	116016
延安市	**Yan'an**	**877330**	**2330073**	**1212066**	**1118007**
宝塔区	Baota	192626	496954	249997	246957
安塞区	Ansai	67549	193568	101469	92099
延长县	Yanchang	61647	150965	79736	71229
延川县	Yanchuan	73163	182570	96175	86395
志丹县	Zhidan	55928	157280	82203	75077
吴起县	Wuqi	52746	144976	75660	69316
甘泉县	Ganquan	33653	86691	45248	41443
富 县	Fuxian	52877	154259	81209	73050
洛川县	Luochuan	77188	214407	113730	100677
宜川县	Yichuan	49730	121894	63256	58638
黄龙县	Huanglong	18157	47128	24874	22254
黄陵县	Huangling	45345	117444	61062	56382
子长市	Zichang	96721	261937	137447	124490
汉中市	**Hanzhong**	**1390006**	**3789764**	**1964373**	**1825391**
汉台区	Hantai	221292	568843	283229	285614
南郑区	Nanzheng	210499	578951	296912	282039
城固县	Chenggu	208175	539055	277068	261987
洋 县	Yangxian	162702	442144	233471	208673
西乡县	Xixiang	155590	411664	217501	194163
勉 县	Mianxian	143258	407327	208955	198372
宁强县	Ningqiang	112830	320253	167686	152567

4-7 续表 2 continued

地 区	Region	总户数 (户) Total Households (household)	户籍总人口 (人) Total Population (person)	男 Male	女 Female
略阳县	Lueyang	61447	173303	92345	80958
镇巴县	Zhenba	87333	274742	148081	126661
留坝县	Liuba	15236	41251	21881	19370
佛坪县	Foping	11644	32231	17244	14987
榆林市	**Yulin**	**1410843**	**3859167**	**2021797**	**1837370**
榆阳区	Yuyang	241865	634914	321150	313764
横山区	Hengshan	115354	384431	202688	181743
府谷县	Fugu	100384	249950	131798	118152
靖边县	Jingbian	107277	364003	189068	174935
定边县	Dingbian	106239	360984	185680	175304
绥德县	Suide	140475	345335	182124	163211
米脂县	Mizhi	83981	217661	114880	102781
佳 县	Jiaxian	108044	260800	140581	120219
吴堡县	Wubu	34432	79592	41851	37741
清涧县	Qingjian	73038	208706	113645	95061
子洲县	Zizhou	113944	288367	156313	132054
神木市	Shenmu	185810	464424	242019	222405
安康市	**Ankang**	**1045484**	**3017962**	**1608825**	**1409137**
汉滨区	Hanbin	352020	1030819	541839	488980
汉阴县	Hanyin	102806	310054	166852	143202
石泉县	Shiquan	70576	180515	96584	83931
宁陕县	Ningshan	26654	69313	37349	31964
紫阳县	Ziyang	107460	328321	176985	151336
岚皋县	Langao	54384	163249	88074	75175
平利县	Pingli	95175	225668	120775	104893
镇坪县	Zhenping	21763	57868	30576	27292
白河县	Baihe	66978	212022	113753	98269
旬阳市	Xunyang	147668	440133	236038	204095
商洛市	**Shangluo**	**862557**	**2479702**	**1313530**	**1166172**
商州区	Shangzhou	200084	556014	293305	262709
洛南县	Luonan	152005	449422	236032	213390
丹凤县	Danfeng	101093	310657	164094	146563
商南县	Shangnan	93483	247601	129746	117855
山阳县	Shanyang	154727	462368	246964	215404
镇安县	Zhen'an	100994	294123	157995	136128
柞水县	Zhashui	60171	159517	85394	74123
杨凌示范区	**Yangling**	**55149**	**194853**	**98243**	**96610**

主要统计指标解释

人口数　指一定时点、一定地区范围内有生命的个人总和。

年度统计的年末人口数指每年 12 月 31 日 24 时的人口数。年度统计的全国人口总数内未包括香港、澳门特别行政区和台湾省以及海外华侨人数。

城镇人口和乡村人口　城镇人口是指居住在城镇范围内的全部常住人口；乡村人口是除上述人口以外的全部人口。

出生率(又称粗出生率)　指在一定时期内(通常为一年)一定地区的出生人数与同期内平均人数(或期中人数)之比，用千分率表示。本资料中的出生率指年出生率，其计算公式为：

$$出生率=\frac{年出生人数}{年平均人数}\times 1000‰$$

式中：出生人数指活产婴儿，即胎儿脱离母体时(不管怀孕月数)，有过呼吸或其他生命现象。年平均人数指年初、年底人口数的平均数，也可用年中人口数代替。

死亡率(又称粗死亡率)　指在一定时期内(通常为一年)一定地区的死亡人数与同期内平均人数(或期中人数)之比，用千分率表示。本资料中的死亡率指年死亡率，其计算公式为：

$$死亡率=\frac{年死亡人数}{年平均人数}\times 1000‰$$

人口自然增长率　指在一定时期内(通常为一年)人口自然增加数(出生人数减死亡人数)与该时期内平均人数(或期中人数)之比，用千分率表示。计算公式为：

$$人口自然增长率=\frac{本年出生人数-本年死亡人数}{年平均人数}\times 1000‰$$
$$=人口出生率-人口死亡率$$

总抚养比　也称总负担系数。指人口总体中非劳动年龄人口数与劳动年龄人口数之比。通常用百分比表示。说明每 100 名劳动年龄人口大致要负担多少名非劳动年龄人口。用于从人口角度反映人口与经济发展的基本关系。计算公式为：

$$GDR=\frac{P_{0\sim14}+P_{65^+}}{P_{15\sim64}}\times 100\%$$

其中：GDR 为总抚养比；

$P_{0\sim14}$ 为 0～14 岁少年儿童人口数；

P_{65^+} 为 65 岁及 65 岁以上的老年人口数；

$P_{15\sim64}$ 为 15～64 岁劳动年龄人口数。

老年人口抚养比　也称老年人口抚养系数。指某一人口中老年人口数与劳动年龄人口数之比。通常用百分比表示。用以表明每 100 名劳动年龄人口要负担多少名老年人。老年人口抚养比是从经济角度反映人口老化社会后果的指标之一。计算公式为：

$$ODR=\frac{P_{65^+}}{P_{15\sim64}}\times 100\%$$

其中：ODR 为老年人口抚养比；

P_{65^+} 为 65 岁及 65 岁以上的老年人口数；

$P_{15\sim64}$ 为 15～64 岁的劳动年龄人口数。

少年儿童抚养比　也称少年儿童抚养系数。指某一人口中少年儿童人口数与劳动年龄人口数之比。通常用百分比表示。以反映每 100 名劳动年龄人口要负担多少名少年儿童。计算公式为：

$$CDR=\frac{P_{0\sim14}}{P_{15\sim64}}\times 100\%$$

其中：CDR 为少年儿童抚养比；

$P_{0\sim14}$ 为 0～14 岁少年儿童人口数；

$P_{15\sim64}$ 为 15～64 岁劳动年龄人口数。

Explanatory Notes on Main Statistical Indicators

Total Population refers to the total number of people alive at a certain point of time within a given area.

The annual statistics on total population is taken at midnight, the 31st of December, not including residents in Taiwan province, Hong Kong SAR and Macao SAR and Chinese national residing abroad.

Urban Population and Rural Population Urban population refers to all people residing in cities and towns, while rural population refers to population other than urban population.

Birth Rate (or Crude Birth Rate) refers to the ratio of the number of births to the average population (or mid-period population) during a certain period of time (usually a year), expressed in ‰. Birth rate in the chapter refers to annual birth rate. The following formula is used:

$$\text{Birth Rate} = \frac{\text{Number of Births}}{\text{Annual Average Population}} \times 1000‰$$

Number of births in the formula refers to live births, i.e. when a baby has breathed or showed any vital phenomena regardless of the length of pregnancy.

Annual average population is the average of the number of population at the beginning of the year and that at the end of the year. Sometimes it is substituted by the mid-year population.

Death Rate (or Crude Death Rate) refers to the ratio of the number of deaths to the average population (or mid-period population) during a certain period of time (usually a year), expressed in ‰. Death rate in the chapter refers to annual death rate. The following formula is used:

$$\text{Death Rate} = \frac{\text{Number of Deaths}}{\text{Annual Average Population}} \times 1000‰$$

Natural Growth Rate of Population refers to the ratio of natural increase in population (number of births minus number of deaths) in a certain period of time (usually a year) to the average population (or mid-period population) of the same period, expressed in ‰. The following formula is applied:

$$\text{Natural Growth Rate of Population} = \frac{\text{Number of Births - Number of Deaths}}{\text{Annual Average Population}} \times 1000‰$$

Natural Growth Rate of Population = Birth Rate-Death Rate

Gross Dependency Ratio also called gross dependency coefficient, refers to the ratio of non-working-age population to the working-age population, express in %. Describing in general the number of non-working-age population that every 100 people at working ages will take care of, this indicator reflects the basic relation between population and economic development from the demographic perspective. The gross dependency ratio is calculated with the following formula:

$$GDR = \frac{P_{0\sim14} + P_{65^+}}{P_{15\sim64}} \times 100\%$$

Where: GDR is the gross dependency ratio,

P_{0-14} is the population of children aged 0-14,

P_{65+} is the elderly population aged 65 and over, and

P_{15-64} is the working-age population aged 15-64.

Old Dependency Ratio also called old dependency coefficient, refers to the ratio of the elderly population to the working-age population, express in %. It describes the number of the elderly population that every 100 people at working ages will take care of. Old dependency ratio is one of the indicators reflecting the social implication of population aging from the economic perspective. The old dependency ratio is calculated with the following formula:

$$ODR = \frac{P_{65^+}}{P_{15\sim64}} \times 100\%$$

Where: ODR is the old dependency ratio,

P_{65+} is the elderly population aged 65 and over, and

P_{15-64} is the working-age population aged 15-64.

Children Dependency Ratio also called children dependency coefficient, refers to the ratio of the children population to the working-age population, express in %. It describes the number of children population that every 100 people at working ages will take care of. The children dependency ratio is calculated with the following formula:

$$CDR = \frac{P_{0\sim14}}{P_{15\sim64}} \times 100\%$$

Where: CDR is the children dependency ratio,

P_{0-14} is the children population aged 0-14, and

P_{15-64} is the working-age population aged 15-64.

五、就业和工资

Employment and Wages

资料整理：杨　竞　张　峰

简 要 说 明

一、本篇资料反映陕西劳动就业与工资的基本情况。主要内容包括全社会就业人员数、城镇非私营单位就业人员数、城镇私营企业和个体工商业就业人数、城镇非私营单位就业人员工资、城镇私营单位就业人员工资、城镇登记失业率、社会保障情况等。

二、本篇资料中，城镇登记失业人数及失业率、社会保障情况、城镇私营及个体就业人员资料由省人力资源和社会保障厅、省民政厅、省医疗保障局、省市场监督管理局等部门提供并加工整理。

三、统计范围和调查方法

1．城镇非私营单位：指城镇地区全部非私营法人单位，具体包括国有单位、城镇集体单位、联营经济、股份制经济、外商投资经济、港澳台投资经济等单位。工资统计是统计单位的就业人员，个体就业人员、自由职业者等非单位就业人员不在工资统计范围内。

2．城镇私营单位：主要是指在内资法人单位中由自然人投资设立或由自然人控股，以雇佣劳动为基础的营利性经济组织，包括按照《公司法》《合伙企业法》《私营企业暂行条例》规定登记注册的私营有限责任公司、私营股份有限公司、私营合伙企业和私营独资企业。

根据统计调查制度，对一套表法人单位采用全面调查的方法，对非一套表法人单位采用抽样调查的方法。2020、2021年、2022年非一套表法人单位不含5人以下的单位。

Brief Introduction

I. This chapter reflects the basic conditions of labour employment and wages of Shaanxi Province, mainly including the number of all employed persons, number of urban non-private units, number of urban private enterprise and private industry and commerce, wages of urban non-private units employed persons, wages of urban private enterprise employed persons, registered urban unemployment rate, the social security situation and etc.

II. The data on registered urban unemployment and unemployment rate, social security, number of the persons employed in urban private enterprises and self-employed persons in industry and commerce are processed and prepared from figures provided by Shaanxi Provincial Department of Labour and Social Security, Shaanxi Provincial Department of Civil Affairs, Shaanxi Provincial Healthcare Security Bureau and Shaanxi Provincial Administration for Market Regulation and etc.

III. The Statistical Coverage and Investigation Methods

a) The urban non-private units: are all non-private legal units in urban area, including state-owned units, urban collective-owned units, joint ownership units, cooperative units, foreign funded units and units with funds from Hong Kong, Macao & Taiwan etc. Wage of employed persons in urban non-private units are the persons employed in those units, except self-employed and freelancers.

b) The Urban private units: are established by natural person or controlled by natural person in legal units invested by domestic, are for-profit units based on wage-labor, including private limited liability corporations, private share holding corporations Ltd., partnership corporations and private sole proprietorship corporations registered in accordance with the "company law", "partnership enterprise law" and "Provisional Regulations".

According to the statistical survey system, the comprehensive survey method is adopted for a set of listed legal entities, and the sampling survey method is adopted for non-listed legal entities. 2020、2021、2022 Non-one set of table legal entity does not include units with less than 5 persons.

5.就业和工资

2022 年全省			
年底就业人员	2066	万人	
# 城镇非私营单位在岗职工	445	万人	
城镇非私营单位就业人员平均工资	98843	元	比上年增长 8.6%
城镇私营单位就业人员平均工资	54557	元	比上年增长 4.3%

城镇非私营单位就业人员平均工资（元）

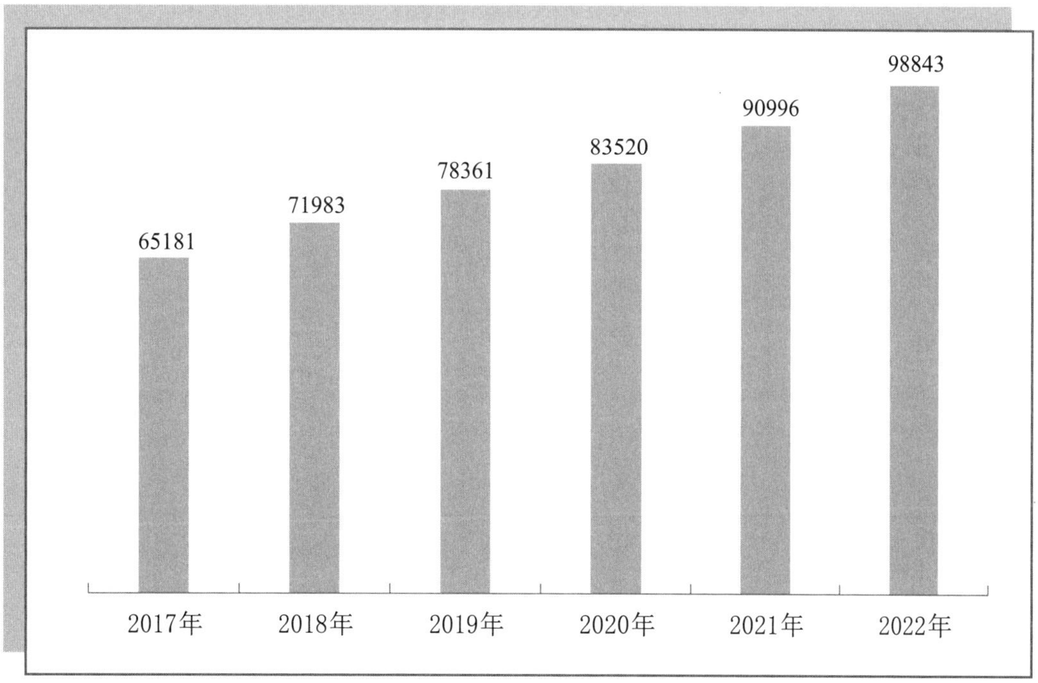

5-1 就业人员人数
Number of Employed Persons

单位：万人 (10 000 persons)

年 份 Year	就业人员 人数 Number of Employed Persons	第一产业 Primary Industry	第二产业 Secondary Industry	第三产业 Tertiary Industry	年末职工 人数 Number of Staff & Workers at Year-end	#国有单位 State-owned Units	#城镇集体单位 Urban Collective-owned Units	其他就业人员 Others	城镇私营及个体就业人员 Employed Persons in Private Enterprises, Self-employed Individuals in Urban Areas	乡村就业人员 Rural Employed Persons
1978	1078	766	193	119	257	222	35		…	821
1979	1105	794	191	120	264	225	40			840
1980	1158	831	199	128	282	239	43		1	875
1981	1202	874	188	140	297	250	47		2	903
1982	1250	904	198	148	309	258	50		3	939
1983	1285	925	199	161	312	261	51		4	969
1984	1337	936	217	184	324	260	63		7	1007
1985	1375	888	287	200	337	271	65		9	1029
1986	1409	874	303	232	350	282	67		10	1049
1987	1449	905	311	233	358	289	68		14	1077
1988	1494	950	299	245	366	298	68		15	1112
1989	1529	973	298	258	374	304	68		17	1138
1990	1576	1010	302	264	379	311	67		17	1180
1991	1640	1054	314	272	390	321	68		18	1232
1992	1672	1069	321	283	395	326	67		19	1258
1993	1708	1061	335	312	398	326	66	14	24	1272
1994	1720	1055	333	332	392	327	60	13	32	1283
1995	1748	1056	341	351	395	333	56	13	42	1298
1996	1776	1053	341	382	398	336	54	11	59	1308
1997	1792	1053	339	400	396	335	52	11	63	1322
1998	1788	1055	300	433	335	270	36	12	99	1342
1999	1808	1052	304	452	335	271	32	11	109	1353
2000	1813	1010	299	504	328	265	29	9	133	1343
2001	1785	994	297	494	324	258	27	9	118	1333
2002	1874	1003	308	563	322	253	25	10	179	1363
2003	1912	997	364	551	319	246	23	11	185	1397
2004	1941	965	361	615	319	243	22	13	184	1425
2005	1976	957	368	651	323	242	21	11	205	1437
2006	1986	956	375	655	324	247	21	11	227	1425
2007	2013	933	401	679	331	240	19	11	257	1414
2008	2039	909	420	710	332	240	19	12	275	1420
2009	2060	876	493	691	335	233	16	17	282	1425
2010	2083	860	563	660	343	239	14	22	333	1385
2011	2087	835	593	659	371	251	14	22	359	1335
2012	2091	809	302	465	386	272	15	25	351	1329
2013	2090	791	327	482	471	223	18	35	297	1287
2014	2101	795	341	537	479	229	17	37	355	1230
2015	2107	803	341	626	474	224	15	38	449	1146
2016	2111	805	344	666	474	224	16	37	494	1106
2017	2111	805	354	711	472	217	15	39	550	1050
2018	2112	804	337	802	453	194	13	40	645	974
2019	2114	803	337	968	455	173	12	46	803	810
2020	2105	632	443	1030	451	176	10	39	911	870
2021	2091	611	444	1036	444	177	8	32	1012	838
2022	2066	649	431	986	445	179	7	27	1014	830

注：1.本表职工人数1998年及以后为在岗职工(含劳务派遣人员)数。
2.由于统计制度变化，2012—2019年二、三产业中未含乡村就业人员。
3.2010—2019年就业人员数据是根据第七次全国人口普查修订数。

a) Data in this table refer to number of staff and workers including labor dispatch personnel since 1998.
b) Number of employed persons in secondary industry and tertiary industry does not include rural employed persons because of the statistical system since from 2012 to 2019.
c)Employment statistics is revised according to the seventh national census since from 2010 to 2019.

5–2 分行业就业人员人数(2022年)
Number of Employed Persons by Sector (2022)

单位：万人

行　业		合 计 Total	国有单位 State-owned Units	城镇集体单位 Urban Collective-owned Units	其他单位 Units of Other Types of Ownership	私营企业 Private Enterprises	城镇个体 Urban Self-employed Individuals
总　计	**Total**	**2066.0**	**187.7**	**8.0**	**275.8**	**228.1**	**785.5**
第一产业	Primary Industry	649.0					30.3
农、林、牧、渔业	Agriculture, Forestry, Animal Husbandry and Fishery	36.0	1.0	…	0.6	4.0	30.3
第二产业	Secondary Industry	431.0	16.1	3.0	150.3	95.8	107.9
采矿业	Mining	34.0	2.6	0.2	25.7	5.2	0.3
制造业	Manufacturing	147.0	3.8	0.4	74.9	45.9	22.0
电力、热力、燃气及水生产和供应业	Production and Supply of Electricity, Heat,Gas and Water	16.3	7.0	0.0	7.4	1.7	0.2
建筑业	Construction	175.8	2.7	2.5	42.3	43.0	85.4
第三产业	Tertiary Industry	986.0	170.6	5.0	124.9	128.3	647.2
批发和零售业	Wholesale and Retail Trades	417.9	2.3	0.3	18.7	33.3	363.4
交通运输、仓储和邮政业	Traffic, Transport, Storage and Post	50.1	6.5	0.1	19.3	7.6	16.7
住宿和餐饮业	Hotels and Catering Services	161.0	0.6	0.1	7.6	10.8	142.0
信息传输、软件和信息技术服务业	Information Transmission, Software and Information Services	34.6	0.8	…	13.4	8.1	12.2
金融业	Financial Intermediation	21.1	3.1	0.7	16.1	1.2	…
房地产业	Real Estate	29.4	0.9	0.1	12.0	15.3	1.1
租赁和商务服务业	Leasing and Business Services	49.5	2.4	0.5	8.4	21.2	17.1
科学研究和技术服务业	Scientific Research, Technology Services	23.1	5.4	0.2	7.8	8.6	1.1
水利、环境和公共设施管理业	Management of Water Conservancy, Environment and Public Facilities	12.2	5.5	0.1	3.4	2.8	0.5
居民服务、修理和其他服务业	Residents Service, Repair and other Services	89.8	0.4	0.1	1.4	5.1	82.8
教　育	Education	70.3	50.0	1.8	10.1	7.3	1.1
卫生和社会工作	Health, Social Work	41.3	29.7	0.9	4.4	4.5	1.8
文化、体育和娱乐业	Culture, Sports and Entertainment	15.2	3.3	0.0	2.0	2.6	7.2
公共管理、社会保障和社会组织	Public Management, Social Security and Social Organization	60.1	59.8	0.1	0.2	0.0	0.0

5-3 城镇非私营单位就业人员年末人数和工资
Total Persons and Wages of Employed Staff and Workers in Urban Non-private Units

指标	Item	年末人数(人) Number of Staff and Workers (person)		工资总额(万元) Total Wages Bill (10 000 yuan)		平均工资(元) Average Wage (yuan)	
		2021	2022	2021	2022	2021	2022
总　计	**Total**	**4759974**	**4715651**	**42873415**	**46249920**	**90996**	**98843**
国有单位	State-owned Units	1873877	1877432	16480521	18284612	88225	97737
集体单位	Urban Collective-owned Units	90779	79860	561986	532894	65110	69105
其他单位	Units of Other Types of Ownership	2795318	2758358	25830908	27432414	93683	100440
(一)内　资	Domestic Funds	2597243	2531364	23935007	25081058	93220	99621
1.股份合作制	Cooperative	17071	15429	124683	122859	73538	81157
2.联　营	Joint Ownership	6044	8175	49415	70451	83318	89456
3.有限责任公司	Limited Liability Corporations	2019364	1983419	18486911	19476030	93571	98968
4.股份有限公司	Share-holding Corporations Ltd.	419211	395864	4503434	4646444	103760	116341
5.其　它	Others	135554	128478	770564	765274	57087	60094
(二)港、澳、台投资	Funds from Hong Kong, Macao & Taiwan	55318	51238	455325	467273	82142	88693
(三)外商投资	Foreign Funded	142757	175756	1440576	1884083	107321	117098

5-4 城镇非私营单位企业、事业、机关人数和工资(2022年)
Persons and Wages of Urban Non-private Enterprises, Institutions and State Organs (2022)

指标	Item	合计 Total	企业 Enterprises	政府 Government	民间非盈利性组织 Civil Non-profit Organization	其他 Others
一、就业人员年末人数(人)	Employed Persons in Urban Units at Year-end (person)	4715651	3076943	1548139	87285	3284
# 女性	Female	1872559	1010461	794461	65756	1882
# 在岗职工及劳务派遣人员人数	Number of Staff and Workers including Labor Dispatch Personnel	4445203	2877421	1479806	84797	3179
1.国有单位	State-owned Units	1790004	335176	1446541	6208	2079
2.集体单位	Urban Collective-owned Units	74695	49644	22035	2969	47
3.其他单位	Units of Other Types of Ownership	2580504	2492602	11230	75620	1053
二、就业人员工资总额(万元)	Earning of Employed Persons in Urban Units (10 000 yuan)	46249920	31079876	14645149	492967	31928
# 在岗职工及劳务派遣人员工资总额	Number of Staff and Workers including Labor Dispatch Personnel	45032201	30132994	14385559	481992	31656
三、就业人员平均工资(元)	Average Earning of Employed Persons in Urban Units (yuan)	98843	101943	95061	57149	90519
四、在岗职工及劳务派遣人员平均工资(元)	Average Wage of Staff and Workers (yuan)	102041	105603	97687	57615	92292
1.国有单位	State-owned Units	100608	112512	97908	79449	113200
2.集体单位	Urban Collective-owned Units	71165	67449	84039	34408	126660
3.其他单位	Units of Other Types of Ownership	103910	105393	95864	56686	48428

5-5 城镇非私营单位分行业就业人员年末人数(2022年)
Number of Fully Employed Staff and Workers in Urban Non-private Units at Year-end by Sector (2022)

单位：人 (person)

行业	Sector	年末人数 Number at Year-end	国有单位 State-owned Units	城镇集体单位 Urban Collective-owned Units	其他单位 Units of Other Types of Ownership
总计	**Total**	**4715651**	**1877432**	**79860**	**2758358**
农、林、牧、渔业	Agriculture, Forestry, Animal Husbandry and Fishery	16605	10192	130	6284
采矿业	Mining	284711	26496	1505	256710
制造业	Manufacturing	790934	37812	3939	749183
电力、热力、燃气及水生产和供应业	Production and Supply of Electricity, Heat, Gas and Water	144520	70423	79	74018
建筑业	Construction	474182	26621	24636	422925
批发和零售业	Wholesale and Retail Trades	212783	22625	3180	186977
交通运输、仓储和邮政业	Traffic, Transport, Storage and Post	258378	64701	1007	192670
住宿和餐饮业	Hotels and Catering Services	82443	5607	545	76291
信息传输、软件和信息技术服务业	Information Transmission, Software and Information Services	142635	8153	56	134426
金融业	Financial Intermediation	198388	30641	7066	160680
房地产业	Real Estate	129937	8861	1311	119764
租赁和商务服务业	Leasing and Business Services	112712	23947	4978	83787
科学研究和技术服务业	Scientific Research, Technology Services	133517	53667	1564	78287
水利、环境和公共设施管理业	Management of Water Conservancy, Environment and Public Facilities	89626	54722	578	34326
居民服务、修理和其他服务业	Residents Service, Repair and other Services	19253	4013	893	14347
教育	Education	619601	500283	17892	101426
卫生和社会工作	Health, Social Work	350144	296819	9367	43958
文化、体育和娱乐业	Culture, Sports and Entertainment	53903	33409	366	20127
公共管理、社会保障和社会组织	Public Management, Social Security and Social Organization	601379	598439	768	2171

5-6 职工平均工资和指数
Average Wage of Staff and Workers and Related Indices

年 份 Year	平均工资(元) Average Wage (yuan)	# 国有单位 State-owned Units	# 城镇集体单位 Urban Collective-owned Units	指数(1978年=100) Indices (1978 year=100) 平均货币工资 Average Wage	# 国有单位 State-owned Units	# 城镇集体单位 Urban Collective-owned Units	平均实际工资 Average Real Wage	# 国有单位 State-owned Units	# 城镇集体单位 Urban Collective-owned Units
1978	654	669	558	100.0	100.0	100.0	100.0	100.0	100.0
1979	705	728	570	107.8	108.8	102.2	106.3	107.3	100.7
1980	785	811	636	120.0	121.2	114.0	112.3	113.4	106.6
1981	780	812	609	119.3	121.4	109.1	107.7	109.6	98.6
1982	797	831	619	121.9	124.2	110.9	109.1	111.2	99.3
1983	824	857	652	126.0	128.1	116.8	111.0	112.9	102.9
1984	973	1024	757	148.8	153.1	135.7	126.7	130.4	115.6
1985	1122	1182	869	171.6	176.7	155.7	135.8	139.9	123.3
1986	1291	1363	987	197.4	203.7	176.9	146.7	151.4	131.4
1987	1409	1493	1054	215.4	223.2	188.9	146.6	151.8	128.5
1988	1680	1788	1206	256.9	267.3	216.2	145.5	151.4	122.5
1989	1856	1975	1319	283.8	295.2	236.4	136.7	142.2	113.9
1990	2042	2174	1425	312.2	325.0	255.4	146.6	152.6	119.9
1991	2198	2332	1554	336.1	348.6	278.5	147.1	152.6	121.9
1992	2434	2594	1634	372.2	387.7	292.8	146.5	152.6	115.2
1993	2890	3077	1918	441.9	459.9	343.7	152.5	158.8	118.6
1994	3803	4050	2299	581.5	605.4	412.0	156.6	163.0	110.9
1995	4396	4639	2795	672.2	693.4	500.9	153.4	158.2	114.3
1996	4882	5142	3082	746.5	768.6	552.3	154.4	159.0	114.3
1997	5184	5452	3177	792.7	814.9	569.4	155.9	160.2	111.9
1998	6029	6257	3823	921.9	935.3	685.1	185.5	188.2	137.9
1999	6931	7162	4318	1059.8	1070.6	773.8	219.4	221.6	160.2
2000	7804	8043	4920	1193.3	1202.2	881.7	246.3	248.2	182.0
2001	9120	9440	5293	1394.5	1411.1	948.6	287.6	291.0	195.6
2002	10351	10700	6080	1582.7	1599.4	1089.6	332.4	335.9	228.8
2003	11461	11833	6858	1752.4	1768.8	1229.0	365.1	368.5	256.0
2004	13024	13333	7373	1991.4	1992.9	1321.3	402.8	403.1	267.2
2005	14796	15223	7926	2262.3	2275.5	1420.4	453.5	456.1	284.7
2006	16918	17139	9086	2586.8	2561.9	1628.3	507.9	502.5	319.4
2007	21296	21653	11289	3256.3	3236.6	2023.1	607.7	603.5	377.2
2008	25942	26516	13523	3966.7	3963.5	2423.5	697.1	695.9	425.5
2009	30185	31537	16415	4615.4	4710.1	2941.8	810.3	827.6	516.5
2010	34299	35495	20650	5244.5	5305.7	3700.7	887.9	898.2	626.5
2011	39043	41291	27336	5969.9	6172.0	4898.9	956.2	988.6	784.7
2012	44330	46810	33142	6778.3	6997.0	5939.4	1058.2	1092.3	927.2
2013	48853	49815	39141	7469.9	7446.1	7014.6	1134.4	1130.8	1065.2
2014	52119	51919	43562	7969.3	7760.7	7806.8	1191.2	1160.0	1166.8
2015	56896	57592	46528	8699.7	8608.7	8338.4	1288.8	1275.3	1235.2
2016	61626	62689	49239	9422.9	9370.6	8824.2	1378.0	1370.3	1290.4
2017	67433	69281	54549	10310.9	10355.9	9775.8	1484.1	1490.6	1407.0
2018	74993	75602	57616	11466.8	11300.7	10325.4	1616.5	1593.1	1455.5
2019	82114	83109	61511	12555.7	12422.9	11023.5	1720.1	1702.0	1510.1
2020	87054	87693	60741	13311.0	13108.1	10885.5	1822.6	1794.4	1483.6
2021	94435	91147	67085	14439.6	13624.4	12022.4	1947.9	1837.5	1614.3
2022	102041	100608	71165	15602.6	15038.6	12753.6	2061.5	1986.5	1677.2

注：本表不含城镇私营单位和个体，1998年及以后数据为在岗职工平均工资，指数据此推算。

a) Data in this table do not include urban private enterprises and self-employed individuals. The data refer to average wage of fully employed staff and workers since 1998 and the indices was calculated on it.

5-7 城镇非私营单位就业人员分行业工资总额(2022年)

Earnings of Employed Persons by Sector in Urban Non-private Units (2022)

单位：万元 (10 000 yuan)

行 业	Sector	工资总额 Total Wages Bill	国有单位 State-owned Units	城镇集体单位 Urban Collective-owned Units	其他单位 Others
总 计	**Total**	**46249920**	**18284612**	**532894**	**27432414**
农、林、牧、渔业	Agriculture, Forestry, Animal Husbandry and Fishery	114339	83663	862	29813
采矿业	Mining	3954473	373280	15545	3565648
制造业	Manufacturing	7225677	357956	19163	6848559
电力、热力、燃气及水生产和供应业	Production and Supply of Electricity, Heat, Gas and Water	1864070	990875	356	872839
建筑业	Construction	3752488	192860	118427	3441202
批发和零售业	Wholesale and Retail Trades	1611762	274804	12677	1324281
交通运输、仓储和邮政业	Traffic, Transport, Storage and Post	2721606	521894	7460	2192252
住宿和餐饮业	Hotels and Catering Services	383581	26123	2258	355200
信息传输、软件和信息技术服务业	Information Transmission, Software and Information Services	2843389	105419	229	2737741
金融业	Financial Intermediation	2520334	379495	89635	2051205
房地产业	Real Estate	968868	69973	7674	891222
租赁和商务服务业	Leasing and Business Services	790866	185367	21330	584170
科学研究和技术服务业	Scientific Research, Technology Services	1857900	648663	12691	1196546
水利、环境和公共设施管理业	Management of Water Conservancy, Environment and Public Facilities	535558	344693	2113	188752
居民服务、修理和其他服务业	Residents Service, Repair and other Services	87926	24209	4263	59454
教 育	Education	6057427	5339819	130749	586858
卫生和社会工作	Health, Social Work	3307971	2879146	78216	350609
文化、体育和娱乐业	Culture, Sports and Entertainment	419320	281207	3030	135083
公共管理、社会保障和社会组织	Public Management, Social Security and Social Organization	5232364	5205166	6216	20981

5-8 城镇非私营单位就业人员分行业平均工资(2022年)
Average Earnings of Employed Persons by Sector in Urban Non-private Units (2022)

单位：元 (yuan)

行业	Sector	平均工资 Average Wage	国有单位 State-owned Units	城镇集体单位 Urban Collective-owned Units	其他单位 Others
总计	**Total**	**98843**	**97737**	**69105**	**100440**
农、林、牧、渔业	Agriculture, Forestry, Animal Husbandry and Fishery	69034	81526	66069	48320
采矿业	Mining	138459	138936	98140	138657
制造业	Manufacturing	93189	94471	48143	93367
电力、热力、燃气及水生产和供应业	Production and Supply of Electricity, Heat, Gas and Water	128922	140050	44776	118339
建筑业	Construction	83258	72099	53916	85604
批发和零售业	Wholesale and Retail Trades	74905	119611	40158	70052
交通运输、仓储和邮政业	Traffic, Transport, Storage and Post	104730	80622	74037	112928
住宿和餐饮业	Hotels and Catering Services	45403	46037	37588	45417
信息传输、软件和信息技术服务业	Information Transmission, Software and Information Services	196038	129913	43189	200017
金融业	Financial Intermediation	124797	122557	127186	125118
房地产业	Real Estate	74177	78131	58954	74047
租赁和商务服务业	Leasing and Business Services	70449	78678	41726	69887
科学研究和技术服务业	Scientific Research, Technology Services	139832	121463	81803	153579
水利、环境和公共设施管理业	Management of Water Conservancy, Environment and Public Facilities	60284	63256	35941	55912
居民服务、修理和其他服务业	Residents Service, Repair and other Services	45300	61378	47448	40814
教育	Education	98300	107404	73580	57945
卫生和社会工作	Health, Social Work	95732	98033	85374	82128
文化、体育和娱乐业	Culture, Sports and Entertainment	77824	84267	82342	67067
公共管理、社会保障和社会组织	Public Management, Social Security and Social Organization	87186	87157	81959	97088

5-9 城镇非私营单位在岗职工(含劳务派遣)分行业平均工资(2022年) Average Wage of Employed Staff and Workers in Urban Non-private Units by Sector (2022)

单位：元 (yuan)

行业	Sector	平均工资 Average Wage	国有单位 State-owned Units	城镇集体单位 Urban Collective-owned Units	其他单位 Others
总计	**Total**	**102041**	**100608**	**71165**	**103910**
农、林、牧、渔业	Agriculture, Forestry, Animal Husbandry and Fishery	70509	82923	68081	49404
采矿业	Mining	141000	139004	98483	141484
制造业	Manufacturing	93930	95939	48410	94065
电力、热力、燃气及水生产和供应业	Production and Supply of Electricity, Heat, Gas and Water	129677	140700	44776	119139
建筑业	Construction	87029	74903	55394	89475
批发和零售业	Wholesale and Retail Trades	75715	120933	40784	70743
交通运输、仓储和邮政业	Traffic, Transport, Storage and Post	105542	81057	81450	113796
住宿和餐饮业	Hotels and Catering Services	47092	47137	35866	47161
信息传输、软件和信息技术服务业	Information Transmission, Software and Information Services	196664	131371	43189	200563
金融业	Financial Intermediation	170014	151221	128046	177524
房地产业	Real Estate	75534	82046	61840	75209
租赁和商务服务业	Leasing and Business Services	73401	82820	41863	72919
科学研究和技术服务业	Scientific Research, Technology Services	141708	123182	82723	155537
水利、环境和公共设施管理业	Management of Water Conservancy, Environment and Public Facilities	62604	67135	35997	56380
居民服务、修理和其他服务业	Residents Service, Repair and other Services	45388	63706	48662	40734
教育	Education	100440	109894	75181	58586
卫生和社会工作	Health, Social Work	98292	101059	87600	82363
文化、体育和娱乐业	Culture, Sports and Entertainment	79899	86863	83027	68367
公共管理、社会保障和社会组织	Public Management, Social Security and Social Organization	89451	89409	85061	103325

5-10 城镇私营单位分行业就业人员平均工资
Average Wage of Employed Persons in Urban Private Units by Sector

单位：元 (yuan)

行　业	Sector	2018	2019	2020	2021	2022
总　计	**Total**	**40783**	**43477**	**47724**	**52331**	**54557**
农、林、牧、渔业	Agriculture, Forestry, Animal Husbandry and Fishery	29498	31325	33099	36864	40596
采矿业	Mining	47174	49282	54289	63971	79974
制造业	Manufacturing	40982	43942	49956	55981	58078
电力、热力、燃气及水生产和供应业	Production and Supply of Electricity, Heat, Gas and Water	43750	45771	50584	60758	63945
建筑业	Construction	41532	44675	48847	51848	51570
批发和零售业	Wholesale and Retail Trades	37880	40745	41448	46055	49994
交通运输、仓储和邮政业	Traffic, Transport, Storage and Post	41870	44229	53709	59338	62603
住宿和餐饮业	Hotels and Catering Services	32302	35100	35599	39982	40180
信息传输、软件和信息技术服务业	Information Transmission, Software and Information Services	60233	60252	68577	82255	90905
金融业	Financial Intermediation	46532	52442	48085	43035	47855
房地产业	Real Estate	43642	47405	50040	52014	51809
租赁和商务服务业	Leasing and Business Services	48042	48099	49080	51084	50920
科学研究和技术服务业	Scientific Research, Technology Services	48100	50086	55172	64031	66567
水利、环境和公共设施管理业	Management of Water Conservancy, Environment and Public Facilities	42017	42789	41750	38888	41409
居民服务、修理和其他服务业	Residents Service, Repair and Other Services	34199	37522	38785	39139	39774
教　育	Education	38915	41040	42280	47711	47844
卫生和社会工作	Health, Social Work	39565	41634	48456	57778	61865
文化、体育和娱乐业	Culture, Sports and Entertainment	34424	37815	40147	44631	44681

5-11 各市(区)城镇非私营单位就业人员年末人数和工资
Total Persons and Wages of Employed Staff and Workers in Urban Non-private Units by City(District)

单位：人

地　区	Region	年末人数（人） Number of Staffand Workers (person)		工资总额（万元） Total Wages Bill (10 000 yuan)		平均工资（元） Average Wage (yuan)	
		2021	2022	2021	2022	2021	2022
全　省	**Shaanxi**	**4759974**	**4715651**	**42873415**	**46249920**	**90996**	**98843**
西安市	Xi'an	1736180	1762564	19045523	20633385	111078	117932
铜川市	Tongchuan	107880	106776	772451	827528	71496	77761
宝鸡市	Baoji	371916	364641	2804507	2890077	75525	79326
咸阳市	Xianyang	452104	446267	3258420	3574850	73385	80648
渭南市	Weinan	417629	389355	2832478	2815653	67899	72260
延安市	Yan'an	343498	342508	2709680	2933172	79724	86876
汉中市	Hanzhong	268775	261242	1901276	1968710	70867	75469
榆林市	Yulin	488738	476231	4485304	5149976	92466	108985
安康市	Ankang	195483	185822	1262444	1296835	66457	71879
商洛市	Shangluo	172923	172476	1050387	1111634	62578	67207
杨凌示范区	Yangling	34582	32935	299922	310545	85694	95324

注：全省数据含省级直报单位。
a) The data of Shaanxi is include the direct reporting organization.

5-12 城镇登记失业人数
Registered Urban Unemployment Persons

年 份 Year	年末城镇登记实有失业人数(万人) Registered Unemployed Persons in Urban Areas (10000 persons)	年 份 Year	年末城镇登记实有失业人数(万人) Registered Unemployed Persons in Urban Areas (10000 persons)
1980	21.62	2006	21.54
1985	6.70	2007	20.95
1990	11.23	2008	20.83
1991	10.08	2009	21.48
1992	9.08	2010	21.42
1993	10.83	2011	20.91
1994	9.98	2012	19.48
1995	8.57	2013	21.06
1996	12.57	2014	22.35
1997	15.16	2015	22.35
1998	12.21	2016	22.74
1999	10.70	2017	23.44
2000	11.39	2018	24.12
2001	14.01	2019	23.79
2002	13.51	2020	24.54
2003	13.95	2021	27.69
2004	18.46	2022	23.83
2005	21.54		

5-13 社会保障基本情况
Basic Statistics on Social Security

指 标	Item	2021	2022
城镇居民最低生活保障户数 (万户)	Number of Families Receiving Minimum Living Allowance in Urban Areas (10 000 households)	10.38	9.40
城镇居民最低生活保障人数 (万人)	Number of Persons Receiving Minimum Living Allowance in Urban Areas (10 000 persons)	18.59	16.50
参加失业保险职工人数 (万人)	Unemployment Insurance Contributors (10 000 persons)	468.90	492.51
参加养老保险职工人数 (万人)	Pension Insurance Contributors (10 000 persons)	1225.09	1280.84
参加医疗保险职工人数 (万人)	Medical Care Insurancce Contributors (10 000 persons)	783.80	720.21
参加工伤保险职工人数 (万人)	Work Injury Insurance Contributors (10 000 persons)	629.61	652.45
参加生育保险职工人数 (万人)	Maternity Insurance Contributors (10 000 persons)	560.24	496.11

5-14 参加基本养老保险的职工及离退休人员
Staff and Workers, Retired and VCSR Joined Basic Pension Insurance

单位：人 (person)

指 标	Item	职工人数 Number of Employees		离退休职工 Number of Retirees	
		2021	2022	2021	2022
总 计	**Total**	**9429065**	**9875966**	**2821913**	**2932482**
一、执行企业基本养老保险制度	Enterprises(including others)	8121929	8573349	2169870	2254996
1、企 业	Enterprises	6386984	6175039	1592484	1620825
2、其 他	Others	1734945	2398310	577386	634171
二、执行机关事业单位养老保险制度	Agencies and Institutions	1307136	1302617	652043	677486

5-15 失业保险基本情况
Basic Statistics on Unemployment Insurance

单位：人 (person)

指 标	Item	2021	2022
参加失业保险人数	Unemployment Insurance Contributors	4688978	4925142
一、企 业	Enterprises	3862876	4028406
(一)内资企业	Domestic Units	3686259	3872377
1.国有企业	State-owned Units	1541195	1296807
2.集体企业	Collective-owned Units	97233	245065
3.其 他	Others	2047831	2330505
(二)港澳台及外资企业	Funds from Hong Kong,Macao,Taiwan and Foreign	176617	156029
二、事业单位	Institutions	707492	752438
三、其他单位	Others	118610	144298
领取失业保险金人数	Beneficiaries of Unemployment Insurance Fund	86636	91735

主要统计指标解释

就业人员 指在一定年龄以上，有劳动能力，为取得劳动报酬或经营收入而从事一定社会劳动的人员。具体指年满16周岁，为取得报酬或经营利润，在调查周内从事了1小时（含1小时）以上的劳动或由于学习、休假等原因在调查周内暂时处于未工作状态，但有工作单位或场所的人口。

单位就业人员 指报告期末最后一日在本单位中工作，并取得工资或其他形式劳动报酬的人员数。该指标为时点指标，不包括最后一日当天及以前已经与单位解除劳动合同关系的人员，是在岗职工、劳务派遣人员及其他就业人员之和。就业人员不包括：

(1)离开本单位仍保留劳动关系，并定期领取生活费的人员；

(2)利用课余时间打工的学生及在本单位实习的各类在校学生；

(3)本单位因劳务外包而使用的人员。

城镇私营和个体就业人员 城镇私营就业人员指在工商管理部门注册登记，其经营地址设在县城关镇(含县城关镇)以上的私营企业就业人员，包括私营企业投资者和雇工。城镇个体就业人员指在工商管理部门注册登记，并持有城镇户口或在城镇长期居住，经批准从事个体工商经营的就业人员，包括个体经营者和在个体工商户劳动的家庭帮工和雇工。

国有单位 指资产归国家所有的经济组织。包括按《中华人民共和国企业法人登记管理条例》规定登记注册的非公司制的经济组织，以及中央、地方各级国家机关、事业单位和社会团体。

集体单位 指生产资料归集体所有，并按《中华人民共和国企业法人登记管理条例》规定登记注册的经济组织。

其他单位 包括股份合作单位、联营单位、有限责任公司、股份有限公司、港澳台商投资单位以及外商投资单位等其他登记注册类型单位。

在岗职工 指在本单位工作且与本单位签订劳动合同，并由单位支付各项工资和社会保险、住房公积金的人员，以及上述人员中由于学习、病伤、产假等原因暂未工作仍由单位支付工资的人员。在岗职工还包括：

(1)应订立劳动合同而未订立劳动合同人员(如使用的农村户籍人员)；

(2)处于试用期人员；

(3)编制外招用的人员；

(4)派往外单位工作，但工资仍由本单位发放的人员(如挂职锻炼、外派工作等情况)。

工资总额 指根据《关于工资总额组成的规定》(1990年1月1日国家统计局发布的一号令)进行修订，在报告期内(季度或年度)直接支付给本单位全部就业人员的劳动报酬总额。包括计时工资、计件工资、奖金、津贴和补贴、加班加点工资、特殊情况下支付的工资，是在岗职工工资总额、劳务派遣人员工资总额和其他就业人员工资总额之和。

工资总额是税前工资，包括单位从个人工资中直接为其代扣或代缴的房费、水费、电费、住房公积金和社会保险基金个人缴纳部分等。

工资总额不论是计入成本的还是不计入成本的，不论是以货币形式支付的还是以实物形式支付的，均应列入工资总额的计算范围。

平均工资 指单位就业人员在一定时期内平均每人所得的工资额。它表明一定时期工资收入的高低程度，是反映就业人员工资水平的主要指标。计算公式为：

$$平均工资=\frac{报告期就业人员工资总额}{报告期就业人员平均人数}$$

平均工资指数 指报告期就业人员平均工资与基期就业人员平均工资的比率，是反映不同时期就业人员货币工资水平变动情况的相对数。计算公式为：

$$平均工资指数=\frac{报告期就业人员平均工资}{基期就业人员平均工资}\times 100\%$$

平均实际工资指数 就业人员平均实际工资指扣除物价变动因素后的就业人员平均工资。就业人员平均实际工资指数是反映实际工资变动情况的相对数，表明就业人员实际工资水平提高或降低的程度。计算公式为:

$$平均实际工资指数=\frac{报告期就业人员平均工资指数}{报告期城镇居民消费价格指数}\times 100\%$$

城镇登记失业人员 指有非农业户口，在一定的劳动年龄内(16周岁至退休年龄)，有劳动能力，无业而要求就业，并在当地劳动保障部门进行失业登记的人员。

城镇登记失业率 城镇登记失业人员与城镇单位就业人员(扣除使用的农村劳动力、聘用的离退休人员、港澳台及外方人员)、城镇单位中的不在岗职工、城镇私营业主、个体户主、城镇私营企业和个体就业人员、城镇登记失业人员之和的比。

Explanatory Notes on Main Statistical Indicators

Employed Persons refers to persons above a specified age who had labour capacity and performed some social work for compensation or business gains. Specifically, it refers to all persons, aged 16 and over, who performed some work for compensation or business gains for one hour or more during the reference period; or who had work units or sites but were temporarily not at work during the reference period,

Persons Employed in Various Units refer to the total number of employees who work at his unit and obtain wages or other forms of payment at the end of the reporting period. This indicator is a kind of time point index and it equals to the sum of the number of employed staff and workers, labor dispatch personnel and other employed persons. Employed persons do not include:

1)persons who have left their working units while keeping their labour contract (employment relation) unchanged and receiving regular alimony;

2)students who do part-time jobs in spare time and all kinds of enrolled students who do internship in various units;

3)persons employed due to labor outsourcing;

4)persons who dissolve labor contracts with their units on the last day of reporting period or before.

Persons Employed in Private Enterprises and Self-Employed Individuals in Urban Areas Persons employed in private enterprises refer to the persons employed in the private enterprises which have been registered at the departments of industrial and commercial administration for which the business operation are situated at a county town (i.e. a town where the county government is located), or at urban areas with administrative hierarchy higher than a county town. The self-employed individuals in urban areas refer to persons who hold the certificates of residence in urban areas or have resided in the urban areas for a long time and have been registered at the departments of industrial and commercial administration and approved to be engaged in individual industrial or commercial business, including self-employed persons as well as helpers and hired laborers who work in individual households.

State-owned Units refer to economic units whose assets are owned by the state, including non-corporation units registered according to *Regulation of the People's Republic of China on the Registration of Enterprises and Corporations*, state organs, institutions and social organizations at the central-level and local levels.

Collective-owned Units refer to economic units registered according to *Regulation of the People's Republic of China on the Registration of Enterprises and Corporations* where the means of production are collectively owned.

Units of Other Types of Ownership refer to units registered with other types of ownership, including cooperative units, joint ownership units, limited liability corporations, share holding corporations, units funded by entrepreneurs from Hong Kong, Macao, and Taiwan, and foreign- funded units.

Employed Staff and Workers refer to persons who signed labor contracts with working units and working units would pay wages, social insurance and housing funds for them. Persons who have their work posts but are temporarily absent from work for reasons of study or on sick, injury or maternal leave and still receive wages from their working units are also included. Employed staff and workers also include:

1)Persons who should have signed the labor contracts but not (like people with rural household registration);

2)Employees on probation;

3)Employees beyond the staffing quota;

4)Employees who are sent to other working units but still obtain wages from their original units (situations like on-the-job placement, expatriated assignment, etc.)

Total Wage Bill It is revised according to the "Provision of Composition of Total Wages" (Order No.1 by National Bureau of Statistics on January, 1st, ,1990), total wage bill refers to the total remuneration payment to all employed persons in various units during the reporting period (by quarter or by year), including hourly-paid wages, piece-rate wages, bonuses, allowance and subsidies, overtime wages and wages paid under special circumstances. It equals to the sum of total wages of employed staff and workers, dispatch labors and other employed persons.

Total wage bill is pre-tax wages, including the room charges, utility bills, housing funds and social insurance paid or withheld by employee's units.

Total wage bill, whether or not included in cost, whether or not paid in money or in kind, shall be included in the calculation of total wage.

Average Wage refers to the average per capita wage during a certain period of time for employed persons. It shows the general level of wage income during a certain period of time, one major indicator to reflect the wage level. It is calculated as follows:

$$\text{Average Wage} = \frac{\begin{array}{c}\text{Total Wage Bill of Employed}\\ \text{Persons at Reference Time}\end{array}}{\begin{array}{c}\text{Average Number of Persons}\\ \text{Employed at Reference Time}\end{array}}$$

Average Wage Indices refers to the ratio of average wage of employed persons the reporting period to that at the base period, which reflects the change of wage of employed persons at the different period. It is calculated as follows:

$$\begin{array}{c}\text{Average}\\ \text{Wage Indices}\end{array} = \frac{\begin{array}{c}\text{Average Wage of Employed}\\ \text{Persons at Reference Time}\end{array}}{\begin{array}{c}\text{Average Wage of Persons}\\ \text{Employeds at Base Period}\end{array}} \times 100\%$$

Average Real Wage Indices average real wage of employed persons refers to the average wage of employed persons after removing the effects of the price changes and average real wage indices of employed persons refers to the change of real wage, which reflects the relative increasing or decreasing level of real wage of employed persons ,which is calculated as follows:

$$\text{Average Real Wage Indices} = \frac{\text{Average Wage Indices of Employed Persons at the Reference Time}}{\text{Urban Consumer Price Indices at Reference Time}} \times 100\%$$

Registered Unemployed Persons in Urban Areas refer to the persons with non-agricultural household registration at certain working ages (16 years old to retirement age), who are capable of working, unemployed and willing to work, and have been registered at the local employment service agencies to apply for a job.

Registered Unemployment Rate in Urban Areas refers to the ratio of the number of the registered unemployed persons to the sum of the number of persons employed in various units (minus the employed rural labour force, re-employed retirees, and Hong Kong, Macao, Taiwan or foreign employees), laid-off staff and workers in urban units, owners of private enterprises in urban areas, owners of self-employed individuals in urban areas, employees of private enterprises in urban areas, employee of self-employed individuals in urban areas, and the registered unemployed persons in urban areas.

六、固定资产投资

Investment in Fixed Assets

资料整理：穆　丹　刘海燕

简 要 说 明

一、本篇资料反映陕西固定资产投资的基本情况，主要包括：全社会固定资产投资，房地产开发投资，商品房销售情况。

二、固定资产投资统计的范围包括：城乡建设项目投资，房地产开发投资及农户投资。

三、固定资产投资统计资料来自统计局的统计调查，除农户固定资产投资统计采用抽样调查方法外，其他均为全面调查。

四、统计口径的变化

自1997年起，除房地产开发投资、非农户投资、农户投资及城镇和工矿区私人建房投资外，固定资产投资的统计起点由5万元提高到50万元。

自2006年起，非农户固定资产投资统计改为按项目统计，调查方法由抽样调查改为全面统计报表，起点提高到50万元。城镇和工矿区私人建房投资改为按项目统计，起点为50万元。

自2011年起，除房地产开发投资、农户投资外，固定资产投资项目统计起点由计划总投资50万元提高到500万元。投资统计的范围从城镇扩大到农村企事业组织，并将这一统计范围定义为“固定资产投资（不含农户）”。

Brief Introduction

Ⅰ.This chapter reflects the basic conditions of investment in fixed assets of Shaanxi Province, mainly including total investment in fixed assets in the whole province, real estate development, Sales of Commercial Buildings.

Ⅱ.Statistics on the investment in fixed assets cover investments in capital construction projects in urban and rural areas, investments in real estate development, as well as rural household investment.

Ⅲ.The data sources for the statistics of investment in fixed assets mainly come from statistical survey. Investment in fixed assets by farm households are calculated with sample survey, and the others come from complete statistical report forms.

Ⅳ. Changes in Statistical Scope

Since 1997, the cut-off point of projects covered by statistics of investment in fixed assets are raised from an investment of 50,000 yuan to 500,000 yuan, except investment in real estate development, farm household investment, non-farm household investment and private investment in housing construction in urban areas and industrial and mining areas.

Since 2006, statistics on investments in fixed assets of rural non-farm households are changed to project-based. Survey method is changed from sample survey to the system of reporting form with complete enumeration. The cut-off point has been raised to 500,000 yuan. Statistics on private investment in housing construction in urban areas and industrial and mining areas have become project-based. The cut-off point has been raised to 500,000 yuan.

Since 2011, the cut-off size of project investment in fixed assets rose from a total planned investment above 500,000 yuan to 5 million yuan, except for real estate investment and investment by rural households. The scope of investment statistics expends from urban to rural enterprises, and this scope of statistics is defined “investments in fixed assets(non-farm)”.

6.固定资产投资

2022年全省				
全社会固定资产投资			比上年增长	7.9%
# 房地产开发投资	4254.79	亿元	比上年下降	4.2%
商品房销售面积	3308.72	万平方米	比上年下降	22.3%

房地产开发投资（亿元）

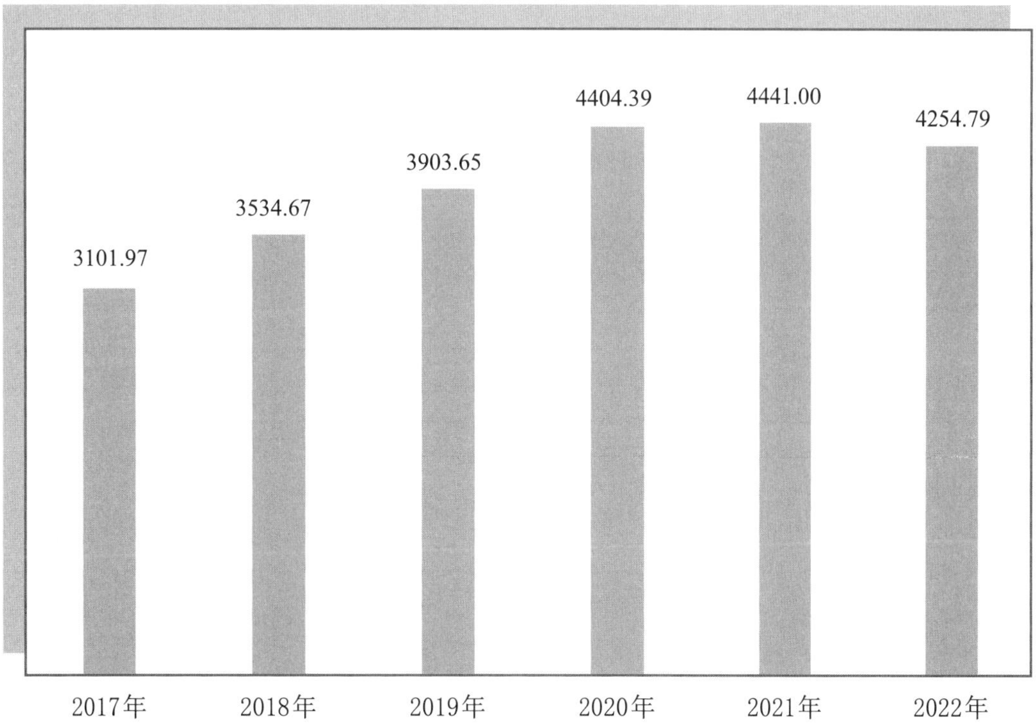

6-1 全社会固定资产投资增长速度

Growth Rate of the Total Investment in Fixed Assets of the Whole Province

单位：%　　　　(%)

年　份 Year	全社会固定资产投资 Total Investment	固定资产投资 Investment in Fixed Assets	# 房地产开发 Real Estate Development	农户固定资产投资 Rural Investment in Fixed Assets
1979	4.0	1.9		35.5
1980	31.4	31.0		36.3
1981	-17.5	-22.3		36.0
1982	28.6	31.9		7.9
1983	4.6	-0.1		41.1
1984	31.0	20.0		91.4
1985	43.6	40.8		53.2
1986	9.6	16.8		-13.4
1987	27.3	27.2		27.7
1988	17.1	14.9		26.6
1989	0.5	-2.7		12.9
1990	9.0	10.4		4.2
1991	20.5	17.2		31.8
1992	14.0	22.7		-13.2
1993	60.2	69.8		17.3
1994	24.1	19.2		55.6
1995	14.5	14.1	55.5	16.1
1996	14.7	13.5	6.5	20.3
1997	14.0	15.8	-2.0	5.8
1998	28.5	34.1	73.9	0.5
1999	13.7	13.3	33.1	16.1
2000	20.4	25.9	15.5	-14.8
2001	14.1	14.6	26.5	8.8
2002	14.6	14.7	23.8	12.9
2003	31.2	32.9	52.6	14.2
2004	20.8	22.2	22.6	3.2
2005	28.4	29.8	29.3	7.9
2006	31.7	33.0	32.1	8.6
2007	39.5	40.8	35.6	13.0
2008	33.2	33.1	42.4	35.8
2009	35.1	36.1	23.8	9.1
2010	30.6	31.3	22.9	10.2
2011	30.1	29.7	22.5	46.2
2012	28.1	28.9	30.1	5.2
2013	24.1	24.7	22.0	3.5
2014	17.4	17.8	8.3	0.3
2015	7.8	8.0	2.8	-0.1
2016	12.1	12.3	9.7	-0.2
2017	14.4	14.6	13.3	0.2
2018	10.2	10.4	13.9	2.0
2019	2.4	2.5	10.4	-0.9
2020	3.6	4.1	12.8	-24.8
2021	-3.1	-3.0	0.8	-10.9
2022	7.9	8.1	-4.2	-2.0

注：1.2011年起，城镇固定资产投资数据发布口径改为固定资产投资(不含农户)。固定资产投资(不含农户)等于原口径的城镇固定资产投资加上非农户投资(以下相关表同)。
2.2016年起，全社会固定资产投资不包含跨省项目(以下相关表同)。

a) Urban Investment in Fixed Assets has changed to Investment in fixed assets (excluding rural households) since 2011. Investment in fixed assets (excluding rural households) is the Urban Investment in Fixed Assets and Non-farm Households(The related tables is the same).
b)Total investment in Fixed Assets in 2016 do not include inter provincial project.The same applies to the relevant tables following.

6-2 全社会固定资产投资主要指标增长速度(2022年)

Growth Rate of the Main Indicators and Composition of Total Investment in Fixed Asset of the Whole Province (2022)

单位：% (%)

指 标	Item	合 计 Total	内 资 Domestic	国 有 State-owned	集 体 Collective-owned	其 他 Others
一、投资总额	Total Investment	7.9	9.5	28.1	47.4	-0.3
1.按隶属关系分	By Jurisdiction of Management					
中 央	Central Investment	18.8	18.6	28.5	324.2	10.5
地 方	Local Investment	7.3	8.9	28.1	47.2	-0.8
2.按构成分	By Use of Funds					
建筑安装工程	Construction and Installation	13.2	13.6	29.7	38.4	4.6
设备工器具购置	Purchase of Equipment and Instruments	-8.6	3.3	12.1	17.6	0.4
其他费用	Others	-10.0	-10.0	24.6	514.3	-24.9
# 建设用地费	Construction Land Fee	-6.2	-6.0	53.1	-28.1	-22.9
3.按建设性质分	By Type of Construction					
# 新 建	New Construction	15.5	15.1	27.7	55.1	5.3
扩 建	Expansion	-19.0	4.5	7.7	-11.6	3.4
改建和技改	Reconstruction and Technical Transformation	1.7	5.2	8.0	49.6	2.7
4.按产业构成分	By Type of Industry					
第一产业	Primary Industry	2.1	3.2	13.6	6.5	-0.2
第二产业	Secondary Industry	8.3	13.3	27.1	102.1	9.3
第三产业	Tertiary Industry	8.4	8.6	29.1	74.5	-4.9
二、本年新增固定资产	Newly Increased Fixed Assets This Year	18.9	18.8	32.1	29.9	11.4

6-2 续表 continued

单位：% (%)

指 标	Item	港澳台商投资 Funds from Hong Kong, Macao & Taiwan	外商投资 Foreign Funded	个体经营 Self-employed Individual
一、投资总额	Total Investment	23.8	-41.1	-9.6
1.按隶属关系分	By Jurisdiction of Management			
中 央	Central Investment		54.7	
地 方	Local Investment	24.8	-42.4	-9.6
2.按构成分	By Use of Funds			
建筑安装工程	Construction and Installation	60.1	-11.2	-10.1
设备工器具购置	Purchase of Equipment and Instruments	-29.2	-56.0	-7.6
其他费用	Others	-59.5	52.7	15.2
# 建设用地费	Construction Land Fee	-64.7	159.9	-57.9
3.按建设性质分	By Type of Construction			
# 新 建	New Construction	54.8	89.0	-41.7
扩 建	Expansion	20.4	-79.3	-72.5
改建和技改	Reconstruction and Technical Transformation	29.0	-47.1	-90.0
4.按产业构成分	By Type of Industry			
第一产业	Primary Industry			-4.8
第二产业	Secondary Industry	87.5	-51.3	-37.1
第三产业	Tertiary Industry	-15.2	11.6	-10.9
二、本年新增固定资产	Newly Increased Fixed Assets This Year	190.5	71.1	-8.4

6-3 各市(区)固定资产投资增长速度

Growth Rate of the Investment in Fixed Assets of the Whole Province by City(District)

单位：% (%)

地　区	Region	2017	2018	2019	2020	2021	2022
全　省	**Shaanxi**	**14.6**	**10.4**	**2.5**	**4.1**	**-3.0**	**8.1**
西 安 市	Xi'an	13.3	7.8	1.5	12.8	-11.6	10.5
铜 川 市	Tongchuan	15.0	11.0	8.6	4.6	7.9	10.5
宝 鸡 市	Baoji	20.2	11.3	5.3	3.3	3.5	9.3
咸 阳 市	Xianyang	11.4	8.2	-1.2	6.0	10.4	10.8
渭 南 市	Weinan	20.1	13.8	-3.3	-5.5	-8.2	-7.8
延 安 市	Yan'an	-1.8	1.9	0.1	3.8	-23.1	-2.9
汉 中 市	Hanzhong	23.0	19.5	-2.6	-2.4	19.5	13.3
榆 林 市	Yulin	11.4	7.4	14.3	8.6	-13.5	5.3
安 康 市	Ankang	23.5	16.5	9.8	-2.9	6.4	3.5
商 洛 市	Shangluo	22.0	12.6	-1.0	-2.9	14.0	19.0
杨凌示范区	Yangling	15.4	13.1	12.9	4.5	-14.8	-2.2

6–4 各行业按构成分的固定资产投资增长速度(2022年)
Growth Rate of the Investment by Sector and Use of Funds in the Whole Province (2022)

单位：% (%)

行　业	Sector	投资额 Investment	建筑安装工程 Construction and Installation	设备工器具购置 Purchase of Equipment and Instruments	其他费用 Other Expenses
全省总计	**Total**	**8.1**	**13.4**	**-8.7**	**-10**
农、林、牧、渔业	Agriculture, Forestry, Animal Husbandry and Fishery	5.7	10.0	-19.3	-31.9
农业	Farming	7.4	11.2	-12.5	-28.8
林业	Forestry	-11.0	-1.7	-43.7	-45.2
畜牧业	Animal Husbandry	-4.7	-0.8	-29.0	-40.8
渔业	Fishery	55.6	64.2	-20.7	44.8
农、林、牧、渔专业及辅助性活动	Agriculture, Forestry, Animal Husbandry and Fishery Professional and Supporting Activities	30.9	33.4	-6.5	33.1
采矿业	Mining	12.3	17.7	4.6	1.7
煤炭开采和洗选业	Mining and Washing of Coal	16.6	23.2	20.4	0.2
石油和天然气开采业	Extraction of Petroleum and Natural Gas	1.4	16.2	-45.9	-81.8
黑色金属矿采选业	Mining and Processing of Ferrous Metal Ores	-51.0	-49.4	-87.1	30.5
有色金属矿采选业	Mining and Processing of Non-Ferrous Metal Ores	22.6	49.8	-34.9	-45.0
非金属矿采选业	Mining and Processing of Non-metal Ores		-9.8	82.7	-18.7
开采专业及辅助性活动	Professional and Support Activities for Mining				
其他采矿业	Mining of Other Ores				
制造业	Manufacturing	6.6	16.9	-19.5	24.3
农副食品加工业	Processing of Food from Agricultural Products	23.9	24.6	30.5	-8.3
食品制造业	Manufacture of Foods	19.0	26.6	-29.6	114.9
酒、饮料和精制茶制造业	Manufacture of Liquor, Beverages and Refined Tea	9.3	15.0	-29.2	25.6
烟草制品业	Manufacture of Tobacco	39.9	-3.8	444.4	-35.7
纺织业	Manufacture of Textile	-18.8	-26.0	-0.2	25.3
纺织服装、服饰业	Manufacture of Textile, Wearing Apparel and Accessories	30.1	45.4	-32.4	177.9
皮革、毛皮、羽毛及其制品和制鞋业	Manufacture of Leather, Fur, Feather and Related Products and Footwear	50.0	48.4	55.5	38.3
木材加工和木、竹、藤、棕、草制品业	Processing of Timber, Manufacture of Wood, Bamboo, Rattan,Palm and Straw Products	-16.3	-14.1	-25.1	-39.0
家具制造业	Manufacture of Furniture	-19.2	-8.5	-61.7	-95.3
造纸和纸制品业	Manufacture of Paper and Paper Products	1.5	17.1	-60.9	123.0
印刷和记录媒介复制业	Printing and Reproduction of Recording Media	51.5	58.7	-9.4	355.9
文教、工美、体育和娱乐用品制造业	Manufacture of Articles for Culture,Education,Arts and Crafts, Sport and Entertainment Activities	9.7	2.0	89.8	-46.1
石油、煤炭及其他燃料加工业	Processing of Petroleum, Coal and Other Fuel	5.3	-15.9	38.2	93.7
化学原料和化学制品制造业	Manufacture of Raw Chemical Materials and Chemical Products	-28.3	-17.6	-44.8	-21.6
医药制造业	Manufacture of Medicines	27.8	30.5	-0.5	32.8
化学纤维制造业	Manufacture of Chemical Fibres	166.9	210.7	-96.3	
橡胶和塑料制品业	Manufacture of Rubber and Plastics Products	-6.9	-7.1	13.2	-44.9
非金属矿物制品业	Manufacture of Non-metallic Mineral Products	-3.2	2.2	-24.6	-19.4
黑色金属冶炼和压延加工业	Smelting and Pressing of Ferrous Metals	82.2	88.0	-6.4	312.2
有色金属冶炼和压延加工业	Smelting and Pressing of Non-ferrous Metals	17.6	26.9	4.6	-13.6
金属制品业	Manufacture of Metal Products	30.7	22.6	61.2	146.6
通用设备制造业	Manufacture of General Purpose Machinery	29.2	27.9	28.2	52.8
专用设备制造业	Manufacture of Special Purpose Machinery	39.5	39.7	36.2	59.7

6-4 续表 1 continued

单位：% (%)

行业	Sector	投资额 Investment	建筑安装工程 Construction and Installation	设备工器具购置 Purchase of Equipment and Instruments	其他费用 Other Expenses
汽车制造业	Manufacture of Automobiles	48.3	11.3	155.2	123.1
铁路、船舶、航空航天和其他运输设备制造业	Manufacture of Railway, Ship, Aerospace and Other Transport Equipments	57.6	61.0	39.9	113.4
电气机械和器材制造业	Manufacture of Electrical Machinery and Apparatus	77.2	105.6	35.2	75.2
计算机、通信和其他电子设备制造业	Manufacture of Computers, Communication and Other Electronic Equipment	-40.3	19.7	-67.9	95.8
仪器仪表制造业	Manufacture of Measuring Instruments and Machinery	76.3	81.4	58.2	107.1
其他制造业	Other Manufacture	-51.3	-57.6		45.2
废弃资源综合利用业	Utilization of Waste Resources	2.5	19.9	-54.6	-6.7
金属制品、机械和设备修理业	Repair Service of Metal Products, Machinery and Equipment	-74.6	-79.8	0.2	
电力、热力、燃气及水生产和供应业	Production and Supply of Electricity, Heat, Gas and Water	12.1	4.3	34.7	17.4
电力、热力生产和供应业	Production and Supply of Electric Power and Heat Power	18.3	9.5	38.1	20.0
燃气生产和供应业	Production and Supply of Gas	-18.4	-14.6	-42.3	0.4
水的生产和供应业	Production and Supply of Water	3.1	-1.9	104.9	9.8
建筑业	Construction	-27.2	-26.4	-93.2	320.6
房屋建筑业	Construction of Buildings	-68.1	-73.0		94.3
土木工程建筑业	Civil Engineering	591.1	538.4	121.2	
建筑安装业	Building Installation				
建筑装饰、装修和其他建筑业	Building Decoration and Other Constructions	-93.6	-71.8		
批发和零售业	Wholesale and Retail Trades	4.8	7.0	-45.8	38.8
批发业	Wholesale Trade	20.6	25.1	-58.2	52.7
零售业	Retail Trade	-6.8	-6.3	-36.0	30.0
交通运输、仓储和邮政业	Transport, Storage and Post	20.5	28.2	-38.8	-12.3
铁路运输业	Railway Transport	64.0	109.0	-81.6	-6.1
道路运输业	Road Transport	12.8	17.2	-30.2	-10.1
水上运输业	Water Transport				
航空运输业	Air Transport	22.2	43.0	-77.5	-16.4
管道运输业	Transport Via Pipelines	-97.3	-97.8	-95.0	
多式联运和运输代理业	Multimodal Transport and Forwarding Agency	-1.3	13.8	13.1	-88.8
装卸搬运和仓储业	Loading, Unloading and Storage	27.5	33.3	3.5	-27.4
邮政业	Post	70.0	113.9	-29.4	9.1
住宿和餐饮业	Hotels and Catering Services	-12.4	-9.6	-18.4	-53.6
住宿业	Hotels	-16.8	-14.1	-18.4	-54.6
餐饮业	Catering Services	16.0	19.8	-18.4	-39.1
信息传输、软件和信息技术服务业	Information Transmission, Software and Information Technology	-3.7	4.2	-8.5	-22.9
电信、广播电视和卫星传输服务	Telecommunication, Radio and Television and Satellite Transmission Service	2.6	-3.2	8.9	-8.5
互联网和相关服务	Internet and Related Service	5.2	-1.6	12.4	40.6
软件和信息技术服务业	Software and Information Technology	-16.6	18.3	-44.0	-53.3
金融业	Financial Intermediation	112.8	138.4	5.1	-95.1
货币金融服务	Monetary and Financial Service	124.4	154.4	5.1	-88.7

6-4 续表 2 continued

单位：% (%)

行业	Sector	投资额 Investment	建筑安装工程 Construction and Installation	设备工器具购置 Purchase of Equipment and Instruments	其他费用 Other Expenses
资本市场服务	Capital Market Service	209.8	213.5		
保险业	Insurance	-48.5	-0.4		
其他金融业	Other Financial Activities	-93.9	-93.9		
房地产业	Real Estate	3.9	12.7	-17.4	-16.9
房地产业	Real Estate	3.9	12.7	-17.4	-16.9
租赁和商务服务业	Leasing and Business Services	23.5	27.3	24.8	-0.9
租赁业	Leasing	23.7	17.0	70.7	-41.1
商务服务业	Business Services	23.5	27.5	14.7	-0.8
科学研究和技术服务业	Scientific Research and Technical Services	31.8	41.5	-3.0	-11.1
研究和试验发展	Research and Experimental Development	19.3	25.4	0.9	-32.1
专业技术服务业	Professional Technical Services	58.6	76.3	1.1	47.3
科技推广和应用服务业	Science and Technology Popularization and Application Services	22.4	33.5	-15.9	-37.1
水利、环境和公共设施管理业	Management of Water Conservancy, Environment and Public Facilities	11.2	13.1	-6.9	-4.4
水利管理业	Management of Water Conservancy	25.6	35.0	61.5	-20.0
生态保护和环境治理业	Ecological Protection and Environmental Treatment	-5.7	-3.9	9.3	-43.1
公共设施管理业	Management of Public Facilities	10.6	12.0	-13.1	0.2
土地管理业	Management of Land	29.1	29.1	-66.1	65.8
居民服务、修理和其他服务业	Service to Households, Repair and Other Services	-19.3	-12.8	-50.9	-67.6
居民服务业	Service to Households	-5.3	2.8	-27.4	-83.4
机动车、电子产品和日用产品修理业	Repair of Motor Vehicle, Electronics and Household Products	-28.5	-26.9	-61.8	37.7
其他服务业	Other Services	-63.2	-57.8	-98.1	-91.6
教育	Education	3.1	3.1	-15.5	16.8
教育	Education	3.1	3.1	-15.5	16.8
卫生和社会工作	Health and Social Services	41.5	39.3	28.6	103.4
卫生	Health	40.8	36.9	30.2	143.5
社会工作	Social Service	44.4	50.4	10.0	-11.4
文化、体育和娱乐业	Culture, Sports and Entertainment	-26.0	-24.2	-8.3	-49.4
新闻和出版业	Journalism and Publishing Activities	-95.8	-96.6	-98.9	
广播、电视、电影和录音制作业	Radio, Television, Movies and Recordings Production Services	7.6	-15.4	105.8	225.2
文化艺术业	Cultural and Art Activities	-10.9	-6.1	-21.7	-49.3
体育	Sports Activities	-44.1	-46.8	-73.9	21.2
娱乐业	Entertainment	-26.8	-23.2	9.0	-72.6
公共管理、社会保障和社会组织	Public Management, Social Security and Social Organization	-9.8	-14.0	111.9	-62.5
中国共产党机关	Organs of Communist Party of China	241.4	241.4		
国家机构	Government Agencies	-25.9	-31.7	102.1	-63.6
人民政协、民主党派	People's Political Consultative Conference and Democratic Parties				
社会保障	Social Security	3.9	3.9		
群众团体、社会团体和其他成员组织	Non-Governmental Organizations, Social Organizations and Membership Organizations	-13.6	-14.3		
基层群众自治组织	Grass Roots Self-Governing Organizations	253.0	253.6		-37.2

6-5 分行业固定资产投资施工、投产项目个数及新增固定资产增长速度(2022年)

Number of Investment Projects under Construction and Put into Use and Growth Rate of the Newly Increased Fixed Assets by Sector in the Whole Province(2022)

单位：% (%)

行　业	Sector	施工项目 Number of Projects under Construction	全部建成投产项目 Number of Projects Completed and Put into Use	施工项目计划总投资 Total Planned Investment of Projects under Construction	本年完成投资额 Investment Completed This Year	本年新增固定资产 Newly Increased Fixed Assets This Year
全省总计	**Total**	**6.9**	**11.1**	**5.6**	**8.1**	**19.4**
农、林、牧、渔业	Agriculture,Forestry,Animal Husbandry and Fishery	0.5	2.5	1.3	5.7	10.5
农业	Farming	1.8	3.5	0.8	7.4	13.7
林业	Forestry	-9.4	-4.0	-11.8	-11.0	29.5
畜牧业	Animal Husbandry	-12.0	-11.1	-4.6	-4.7	-3.4
渔业	Fishery	24.2	27.3	45.9	55.6	58.3
农、林、牧、渔专业及辅助性活动	Agriculture, Forestry, Animal Husbandry and Fishery Professional and Supporting Activities	34.3	43.8	23.0	30.9	21.1
采矿业	Mining	25.8	25.7	17.7	12.3	-1.9
煤炭开采和洗选业	Mining and Washing of Coal	34.8	39.3	15.9	16.6	-11.6
石油和天然气开采业	Extraction of Petroleum and Natural Gas	-24.3	-53.2	8.3	1.4	1.4
黑色金属矿采选业	Mining and Processing of Ferrous Metal Ores	-44.4	-50.0	-41.1	-51.0	-49.7
有色金属矿采选业	Mining and Processing of Non-Ferrous Metal Ores	48.3	50.0	39.0	22.6	43.0
非金属矿采选业	Mining and Processing of Non-metal Ores	1.6	9.7	30.6		49.7
开采专业及辅助性活动	Professional and Support Activities for Mining					
其他采矿业	Mining of Other Ores					
制造业	Manufacturing	-0.1	-3.3	11.6	6.6	26.4
农副食品加工业	Processing of Food from Agricultural Products	17.6	14.2	11.7	23.9	24.8
食品制造业	Manufacture of Foods	3.6	1.0	13.6	19.0	1.0
酒、饮料和精制茶制造业	Manufacture of Liquor, Beverages and Refined Tea	9.7	19.9	11.4	9.3	21.0
烟草制品业	Manufacture of Tobacco	121.4	166.7	-27.4	39.9	-48.7
纺织业	Manufacture of Textile	-16.8	-14.9	-12.4	-18.8	10.5
纺织服装、服饰业	Manufacture of Textile, Wearing Apparel and Accessories	37.0	16.1	37.6	30.1	-33.9
皮革、毛皮、羽毛及其制品和制鞋业	Manufacture of Leather, Fur, Feather and Related Products and Footware	3.8	28.6	21.5	50.0	111.8
木材加工和木、竹、藤、棕、草制品业	Processing of Timber, Manufacture of Wood, Bamboo, Rattan, Palm and Straw Products	-19.3	-23.2	-8.1	-16.3	-25.9
家具制造业	Manufacture of Furniture	-20.0	-30.0	38.8	-19.2	16.6
造纸和纸制品业	Manufacture of Paper and Paper Products	-16.5	-31.9	-13.5	1.5	-18.0
印刷和记录媒介复制业	Printing and Reproduction of Recording Media		-8.1	60.3	51.5	57.0
文教、工美、体育和娱乐用品制造业	Manufacture of Articles for Culture,Education,Arts and Crafts, Sport and Entertainment Activities	-7.3	-10.0	6.0	9.7	4.7
石油、煤炭及其他燃料加工业	Processing of Petroleum, Coal and Other Fuel	-6.4	-2.4	-5.7	5.3	313.0
化学原料和化学制品制造业	Manufacture of Raw Chemical Materials and Chemical Products	-6.5	-9.5	0.1	-28.3	61.2
医药制造业	Manufacture of Medicines	-0.6	25.9	-6.4	27.8	115.0
化学纤维制造业	Manufacture of Chemical Fibres	20.0	25.0	154.8	166.9	885.6
橡胶和塑料制品业	Manufacture of Rubber and Plastics Products	-21.6	-21.2	0.2	-6.9	51.6
非金属矿物制品业	Manufacture of Non-metallic Mineral Products	-11.2	-12.6	18.7	-3.2	-7.4
黑色金属冶炼和压延加工业	Smelting and Pressing of Ferrous Metals	9.5	41.0	73.1	82.2	26.7

6-5 续表 1 continued

单位：% (%)

行　业	Sector	施工项目 Number of Projects under Construction	全部建成投产项目 Number of Projects Completed and Put into Use	施工项目计划总投资 Total Planned Investment of Projects under Construction	本年完成投资额 Investment Completed This Year	本年新增固定资产 Newly Increased Fixed Assets This Year
有色金属冶炼和压延加工业	Smelting and Pressing of Non-ferrous Metals		-7.1	25.8	17.6	41.7
金属制品业	Manufacture of Metal Products	-4.3	-20.3	37.0	30.7	1.7
通用设备制造业	Manufacture of General Purpose Machinery	-9.6	-24.8	29.6	29.2	62.0
专用设备制造业	Manufacture of Special Purpose Machinery	2.3	2.3	41.6	39.5	43.5
汽车制造业	Manufacture of Automobiles	2.8	-11.0	-11.8	48.3	20.8
铁路、船舶、航空航天和其他运输设备制造业	Manufacture of Railway, Ship, Aerospace and Other Transport Equipments	26.8	45.7	25.2	57.6	43.4
电气机械和器材制造业	Manufacture of Electrical Machinery and Apparatus	6.8	-9.2	50.3	77.2	75.6
计算机、通信和其他电子设备制造业	Manufacture of Computers, Communication and Other Electronic Equipment	9.9	-1.0	7.4	-40.3	30.9
仪器仪表制造业	Manufacture of Measuring Instruments and Machinery	13.2	-30.0	26.0	76.3	43.2
其他制造业	Other Manufacture	57.1	50.0	-72.4	-51.3	-78.7
废弃资源综合利用业	Utilization of Waste Resources	-20.3	-15.3	7.8	2.5	12.2
金属制品、机械和设备修理业	Repair Service of Metal Products, Machinery and Equipment	-30.8	-42.9	-18.3	-74.6	-76.9
电力、热力、燃气及水生产和供应业	Production and Supply of Electricity, Heat, Gas and Water	-5.6	-8.0	15.1	12.1	18.4
电力、热力生产和供应业	Production and Supply of Electric Power and Heat Power	-6.4	-17.0	19.1	18.3	16.7
燃气生产和供应业	Production and Supply of Gas	-7.4	-1.8	-0.9	-18.4	38.8
水的生产和供应业	Production and Supply of Water	-3.5	1.7	7.6	3.1	16.3
建筑业	Construction	-8.3		5.6	-27.2	-18.3
房屋建筑业	Construction of Buildings	-50.0	-50.0	-66.8	-68.1	-54.2
土木工程建筑业	Civil Engineering	200.0	300.0	995.4	591.1	543.2
建筑安装业	Building Installation					
建筑装饰、装修和其他建筑业	Building Decoration and Other Constructions	-50.0		-95.3	-93.6	-87.3
批发和零售业	Wholesale and Retail Trades	-14.2	-25.9	4.1	4.8	2.8
批发业	Wholesale Trade	-13.3	-22.7	-0.9	20.6	19.9
零售业	Retail Trade	-14.7	-27.6	10.0	-6.8	-8.1
交通运输、仓储和邮政业	Transport, Storage and Post	26.4	38.5	-3.5	20.5	8.0
铁路运输业	Railway Transport	16.7	-25.0	9.1	64.0	78.2
道路运输业	Road Transport	31.2	48.9	-9.2	12.8	-1.9
水上运输业	Water Transport					
航空运输业	Air Transport	-10.5	-20.0	-3.8	22.2	50.5
管道运输业	Transport Via Pipelines	-71.4	-80.0	-56.1	-97.3	-98.6
多式联运和运输代理业	Multimodal Transport and Forwarding Agency	-7.7	-62.5	19.2	-1.3	-34.9
装卸搬运和仓储业	Loading, Unloading and Storage	19.7	27.3	7.7	27.5	35.7
邮政业	Post	27.8	-18.2	25.8	70.0	0.7
住宿和餐饮业	Hotels and Catering Services	1.9	3.1	-7.5	-12.4	2.3
住宿业	Hotels	10.5	22.6	-7.8	-16.8	5.0
餐饮业	Catering Services	-19.3	-28.6	-3.0	16.0	-10.2
信息传输、软件和信息技术服务业	Information Transmission, Software and Information Technology	-4.9	-9.2	1.9	-3.7	-21.5
电信、广播电视和卫星传输服务	Telecommunication, Radio and Television and Satellite Transmission Service	-7.8	-13.0	-12.1	2.6	-42.2
互联网和相关服务	Internet and Related Service	-2.9	1.7	8.1	5.2	31.1
软件和信息技术服务业	Software and Information Technology	-3.1	-14.0	12.5	-16.6	23.0

6-5 续表 2 continued

单位：% (%)

行　业	Sector	施工项目 Number of Projects under Construction	全部建成投产项目 Number of Projects Completed and Put into Use	施工项目计划总投资 Total Planned Investment of Projects under Construction	本年完成投资额 Investment Completed This Year	本年新增固定资产 Newly Increased Fixed Assets This Year
金融业	Financial Intermediation	-31.8	-18.2	21.1	112.8	199.9
货币金融服务	Monetary and Financial Service	-37.5	-36.4	142.4	124.4	158.7
资本市场服务	Capital Market Service	-33.3		-3.0	209.8	
保险业	Insurance				-48.5	-10.7
其他金融业	Other Financial Activities				-93.9	
房地产业	Real Estate	-1.3	-2.7	5.7	3.9	19.6
房地产业	Real Estate	-1.3	-2.7	5.7	3.9	19.6
租赁和商务服务业	Leasing and Business Services	16.3	24.7	24.9	23.5	58.7
租赁业	Leasing	-21.4	-19.2	12.0	23.7	42.7
商务服务业	Business Services	18.6	29.9	25.0	23.5	59.4
科学研究和技术服务业	Scientific Research and Technical Services	13.8	16.5	13.4	31.8	34.7
研究和试验发展	Research and Experimental Development	-6.9	15.0	-1.7	19.3	143.0
专业技术服务业	Professional Technical Services	18.7	10.5	31.4	58.6	16.7
科技推广和应用服务业	Science and Technology Popularization and Application Services	21.5	27.9	26.4	22.4	1.3
水利、环境和公共设施管理业	Management of Water Conservancy, Environment and Public Facilities	21.3	32.7	-2.0	11.2	31.3
水利管理业	Management of Water Conservancy	45.7	49.9	4.1	25.6	42.0
生态保护和环境治理业	Ecological Protection and Environmental Treatment	10.2	25.6	-23.6	-5.7	12.6
公共设施管理业	Management of Public Facilities	19.8	32.6	-1.6	10.6	32.1
土地管理业	Management of Land	-3.8	-19.2	28.3	29.1	4.4
居民服务、修理和其他服务业	Service to Households, Repair and Other Services	-20.3	-26.4	-0.9	-19.3	-32.5
居民服务业	Services to Households	-10.7	-20.2	10.0	-5.3	-26.0
机动车、电子产品和日用产品修理业	Repair of Motor Vehicle, Electronics and Household Products	-30.0	-24.1	-25.6	-28.5	-20.8
其他服务业	Other Services	-52	-57.1	-20.6	-63.2	-63.0
教育	Education	-1.5	10.4	-0.6	3.1	24.0
教育	Education	-1.5	10.4	-0.6	3.1	24.0
卫生和社会工作	Health and Social Service	8.2	8.1	26.0	41.5	36.5
卫生	Health	12.9	17.0	23.9	40.8	45.1
社会工作	Social Service	-2.3	-8.8	38.3	44.4	14.6
文化、体育和娱乐业	Culture, Sports and Entertainment	0.1	4.3	-8.0	-26.0	4.5
新闻和出版业	Journalism and Publishing Activities	-33.3	-50.0	-23.0	-95.8	-97.7
广播、电视、电影和录音制作业	Radio, Television, Movies and Recordings Production Services	-30.4	-14.3	17.3	7.6	-48.4
文化艺术业	Cultural and Art Activities	1.2	9.6	-0.8	-10.9	47.0
体育	Sports Activities	-24.3	-27.8	-8.9	-44.1	-47.1
娱乐业	Entertainment	7.9	11.3	-15.9	-26.8	6.9
公共管理、社会保障和社会组织	Public Management, Social Security and Social Organization	11.4	40.2	-24.6	-9.8	35.6
中国共产党机关	Organs of Communist Party of China	33.3		115.6	241.4	587.7
国家机构	Government Agencies	-7.2	12.8	-31.0	-25.9	18.3
人民政协、民主党派	People's Political Consultative Conference and Democratic Parties					
社会保障	Social Security		100.0	16.3	3.9	
群众团体、社会团体和其他成员组织	Mass Organizations, Social Organizations and Other Membership Organizations	-50.0	-50.0	-71.4	-13.6	-70.6
基层群众自治组织	Grass Roots Self-Governing Organizations	165.0	207.7	156.4	253.0	208.1

6–6 固定资产投资新增生产能力或效益(2022年)
Newly Increased Production Capacity or Project Efficiency through Investment(2022)

名　称		Item		能力或效益 Capacity or Efficiency
原煤开采	(万吨／年)	Coal Mining	(10 000 tons/year)	1981.6
焦　炭	(万吨／年)	Coke	(10 000 tons/year)	90.0
天然原油开采	(万吨／年)	Petroleum Extraction	(10 000 tons/year)	295.4
天然气开采	(亿立方米／年)	Extraction of Petroleum and Natural Gas	(100 million cu.m/year)	11.4
石油加工：蒸馏设备能力	(处理万吨/年)	Petroleum Processing: Distillation Equipment Capacity	(Processing 10 000 tons/year)	1053.0
裂化设备能力	(处理万吨/年)	Cracking Equipment Capacity	(Processing 10 000 tons/year)	370.0
铁矿开采(原矿)	(万吨／年)	Iron-Ore Mining	(10 000 tons/year)	26.3
锌冶炼	(吨/年)	Zinc Smelting	(ton/year)	492.0
水　泥	(万吨／年)	Cement	(10 000 tons/year)	20.5
平板玻璃	(万重量箱／年)	Plate Glass	(10 000 Weight-boxs/year)	60.0
城市自来水供水能力	(万吨／日)	Tap Water Supply Capacity in City	(10 000 tons/day)	204.4
城市污水处理能力	(万吨／日)	Waste Water Treated Capacity in City	(10 000 tons/day)	14.4

6-7 分行业工业投资增长速度(2022年)
Growth Rate of the Investment of Industrial by Sector(2022)

单位：%　　(%)

行　业	Sector	投资额 Investment	# 改建和技术改造 Reconstruction and Technical Transformation
工业投资合计	**Total of Industrial Investment**	**8.7**	**-13.8**
采矿业	Mining	12.3	58.3
煤炭开采和洗选业	Mining and Washing of Coal	16.6	111.2
石油和天然气开采业	Extraction of Petroleum and Natural Gas	1.4	-62.9
黑色金属矿采选业	Mining and Processing of Ferrous Metal Ores	-51.0	-63.3
有色金属矿采选业	Mining and Processing of Non-Ferrous Metal Ores	22.6	-34.1
非金属矿采选业	Mining and Processing of Non-metal Ores		33.4
开采专业及辅助性活动	Professional and Support Activities for Mining		
其他采矿业	Mining of Other Ores		
制造业	Manufacturing	6.6	-30.9
农副食品加工业	Processing of Food from Agricultural Products	23.9	10.2
食品制造业	Manufacture of Foods	19.0	-26.5
酒、饮料和精制茶制造业	Manufacture of Liquor, Beverages and Refined Tea	9.3	13.0
烟草制品业	Manufacture of Tobacco	39.9	-89.7
纺织业	Manufacture of Textile	-18.8	-27.4
纺织服装、服饰业	Manufacture of Textile, Wearing Apparel and Accessories	30.1	-5.6
皮革、毛皮、羽毛及其制品和制鞋业	Manufacture of Leather, Fur, Feather and Related Products and Footware	50.0	-30.4
木材加工和木、竹、藤、棕、草制品业	Processing of Timber, Manufacture of Wood, Bamboo, Rattan, Palm and Straw Products	-16.3	-59.1
家具制造业	Manufacture of Furniture	-19.2	-16.4
造纸和纸制品业	Manufacture of Paper and Paper Products	1.5	-56.2
印刷和记录媒介复制业	Printing and Reproduction of Recording Media	51.5	126.9
文教、工美、体育和娱乐用品制造业	Manufacture of Articles for Culture,Education,Arts and Crafts, Sport and Entertainment Activities	9.7	33.8
石油、煤炭及其他燃料加工业	Processing of Petroleum, Coal and Other Fuel	5.3	-12.5
化学原料和化学制品制造业	Manufacture of Raw Chemical Materials and Chemical Products	-28.3	15.5
医药制造业	Manufacture of Medicines	27.8	1.9
化学纤维制造业	Manufacture of Chemical Fibres	166.9	532.2
橡胶和塑料制品业	Manufacture of Rubber and Plastics Products	-6.9	14.9
非金属矿物制品业	Manufacture of Non-metallic Mineral Products	-3.2	-39.2
黑色金属冶炼和压延加工业	Smelting and Pressing of Ferrous Metals	82.2	181.8
有色金属冶炼和压延加工业	Smelting and Pressing of Non-ferrous Metals	17.6	-13.6
金属制品业	Manufacture of Metal Products	30.7	-4.3
通用设备制造业	Manufacture of General Purpose Machinery	29.2	4.5
专用设备制造业	Manufacture of Special Purpose Machinery	39.5	30.1
汽车制造业	Manufacture of Automobiles	48.3	18.5
铁路、船舶、航空航天和其他运输设备制造业	Manufacture of Railway, Ship, Aerospace and Other Transport Equipments	57.6	49.6
电气机械和器材制造业	Manufacture of Electrical Machinery and Apparatus	77.2	15.1
计算机、通信和其他电子设备制造业	Manufacture of Computers, Communication and Other Electronic Equipment	-40.3	-71.0
仪器仪表制造业	Manufacture of Measuring Instruments and Machinery	76.3	78.7
其他制造业	Other Manufacture	-51.3	-53.1
废弃资源综合利用业	Utilization of Waste Resources	2.5	-81.2
金属制品、机械和设备修理业	Repair Service of Metal Products, Machinery and Equipment	-74.6	65.4
电力、热力、燃气及水生产和供应业	Production and Supply of Electricity, Heat, Gas and Water	12.1	29.3
电力、热力生产和供应业	Production and Supply of Electric Power and Heat Power	18.3	37.8
燃气生产和供应业	Production and Supply of Gas	-18.4	91.5
水的生产和供应业	Production and Supply of Water	3.1	-4.9

6-8 民间投资(2022年)
Private Investment(2022)

行　业	Sector	比上年增长(%) Investment (%)	占民间投资比重(%) Rate (%)
民间投资合计	**Total of Private Investment**	**-0.6**	**100.0**
农、林、牧、渔业	Agriculture, Forestry, Animal Husbandry and Fishery	4.5	11.0
采矿业	Mining	32.5	3.4
制造业	Manufacturing	16.3	25.4
电力、热力、燃气及水生产和供应业	Production and Supply of Electricity, Heat, Gas and Water	-2.7	3.6
建筑业	Construction	-11.9	
批发和零售业	Wholesale and Retail Trades	6.4	1.7
交通运输、仓储和邮政业	Transport, Storage and Post	18.1	3.7
住宿和餐饮业	Hotels and Catering Services	-10.5	1.2
信息传输、软件和信息技术服务业	Information Transmission, Software and Information Technology	2.9	0.3
金融业	Financial Intermediation	-69.2	
房地产业	Real Estate	-13.3	33.9
租赁和商务服务业	Leasing and Business Services	8.1	2.1
科学研究和技术服务业	Scientific Research and Technical Services	45.2	0.6
水利、环境和公共设施管理业	Management of Water Conservancy, Environment and Public Facilities	-6.5	8.9
居民服务、修理和其他服务业	Service to Households, Repair and Other Services	-20.5	0.2
教　育	Education	-20.5	0.8
卫生和社会工作	Health and Social Service	34.7	1.2
文化、体育和娱乐业	Culture, Sports and Entertainment	-21.0	1.9
公共管理、社会保障和社会组织	Public Management, Social Security and Social Organization	30.5	0.1

6-9 基础设施投资(2022年)

Investment for Basic Infrastructure(2022)

行 业	Sector	比上年增长(%) Investment (%)	占基础设施投资比重(%) Rate (%)
基础设施投资合计	**Total Investment of Infrastructure**	**12.7**	**100.0**
一、电力、热力、燃气及水生产和供应业	Production and Supply of Electricity,Heat,Gas and Water	12.1	17.6
电力、热力的生产和供应业	Production and Supply of Electric Power and Heat Power	18.3	13.4
燃气的生产和供应业	Production and Supply of Gas	-18.4	1.2
水的生产和供应业	Production and Supply of Water	3.1	3.0
二、交通运输和邮政业	Transport and Post	19.1	21.7
铁路运输业	Railway Transport	64.0	3.4
道路运输业	Road Transport	12.8	16.3
水上运输业	Water Transport		
航空运输业	Air Transport	22.2	1.6
管道运输业	Transport Via Pipelines	-97.3	
多式联运和运输代理业	Multimodal Transport and Forwarding Agency	-1.3	0.1
装卸搬运	Loading, Unloading	-54.5	
邮政业	Post	70.0	0.2
三、信息传输业	Information Transmission	3.1	1.9
电信、广播电视和卫星传输服务	Telecommunication, Radio and Television and Satellite Transmission Service	2.6	1.5
互联网和相关服务	Internet and Related Service	5.2	0.4
四、水利、环境和公共设施管理业	Management of Water Conservancy, Environment and Public Facilities	11.0	58.8
水利管理业	Management of Water Conservancy	25.6	5.8
生态保护和环境治理业	Ecological Protection and Environmental Treatment	-5.7	2.7
公共设施管理业	Management of Public Facilities	10.6	50.2

6-10　文化产业投资(2022年)
Culture Industry Investment(2022)

行　业	Sector	比上年增长(%) Investment (%)	占文化产业投资比重(%) Rate (%)
文化产业投资合计	**Total Investment of Culture Industry**	**-12.5**	**100.0**
新闻信息服务	News Information Service	66.3	1.0
内容创作生产	Cultural Works Production	-20.7	10.1
创意设计服务	Creative Design Service	-37.8	0.5
文化传播渠道	Culture Transmitting Channel	18.9	2.5
文化投资运营	Cultural Investment and Operation	42.1	25.0
文化娱乐休闲服务	Cultural Leisure and Entertainment Service	-22.5	46.1
文化辅助生产和中介服务	Cultural Production Supporting and Intermediary Service	-32.2	8.5
文化装备生产	Cultural Equipment Production	-54.4	2.1
文化消费终端生产	Cultural Consumption Terminal Production	12.5	4.1

6-11　全社会固定资产投资到位资金增长速度(2022年)
Growth Rate of the Source of Funds of Investment in Fixed Assets for Finance Allocation in the Whole Province(2022)

单位：%　　(%)

指　标	Item	合　计 Total	固定资产投资 Investment in Fixed Assets	# 房地产开发 Real Estate Development	农户投资 Farm Households
上年末结余资金	Funds of Last Year-end	22.0	22.0	19.6	
本年实际到位资金	Funds of This Year	9.5	9.6	-18.7	-2.0
国家预算内资金	State Budget	45.8	45.8		
国内贷款	Domestic Loans	-10.6	-10.8	-28.3	5.3
债　券	Bond	-39.7	-39.7		
利用外资	Foreign Investment	-68.1	-68.1		
自筹资金	Self-raising Fund	13.5	13.8	-12.6	-1.7
其他资金来源	Others	0.4	0.5	-24.0	
本年各项应付款合计	Total Payment of this year	-57.4	-57.4	6.1	
# 工程款	Project Payment	-50.1	-50.1	16.2	

6−12 各市(区)按国民经济行业分的固定资产投资增长速度(2022年)
Growth Rate of the Investment by Sector and City(District)(2022)

单位：% (%)

地 区 Region	总 计 Total	农、林、牧、渔业 Agriculture, Forestry, Animal Husbandry & Fishery Industry	采矿业 Mining	制造业 Manufacturing	电力、热力、燃气及水生产和供应业 Production and Supply of Electricity, Heat,Gas and Water	建筑业 Construction	批发和零售业 Wholesale and Retail Trades	交通运输仓储和邮政业 Transport, Storage and Post	住宿和餐饮业 Hotels and Catering Services	信息传输、软件和信息技术服务业 Information Transmission, Software and Information
全 省 Shaanxi	**8.1**	**5.7**	**12.3**	**6.6**	**12.1**	**-27.2**	**4.8**	**20.5**	**-12.4**	**-3.7**
西 安 市 Xi'an	10.5	-23.3	-15.5	17.9	73.9	298.6	84.8	18.4	-37.0	-4.5
铜 川 市 Tongchuan	10.5	13.7	40.6	-10.6	18.8		72.2	0.2	-10.9	97.0
宝 鸡 市 Baoji	9.3	-9.8	25.2	34.3	-16.4	50.4	-8.7	23.8	8.6	5.5
咸 阳 市 Xianyang	10.8	35.6	25.3	-12.3	-21.0	-37.1	26.9	60.9	-27.6	8.5
渭 南 市 Weinan	-7.8	-21.9	-21.3	-7.0	17.3		-15.8	20.5	-53.5	-70.4
#韩城市 Hancheng	-3.6	-45.4	57.8	43.6	-24.4		43.1	-32.5	-83.3	-94.2
延 安 市 Yan'an	-2.9	-13.6	12.0	44.4	14.2		-22.9	-5.5	-31.2	-32.6
汉 中 市 Hanzhong	13.3	8.4	50.8	17.1	-37.7	-2.2	4.9	55.4	-17.6	5.6
榆 林 市 Yulin	5.3	13.0	23.7	-25.0	-2.0		-39.1	-10.6	-24.4	22.4
安 康 市 Ankang	3.5	8.5	-15.8	2.5	18.8		0.1	-13.8	76.0	-11.9
商 洛 市 Shangluo	19.0	24.5	-16.0	3.0	18.0		69.2	86.0	-31.4	-26.1
杨凌示范区 Yangling	-2.2	-66.7		46.8	-18.5		266.2	-33.8	-71.7	33.4
不分地区 Not Classified by Region	0.4		-0.1		25.8			-1.8		

6−12 续表 continued

单位：% (%)

地 区 Region	金融业 Financial Intermediation	房地产业 Real Estate	租赁和商务服务业 Leasing and Business Services	科学研究和技术服务业 Scientific Research and Technical Services	水利环境和公共设施管理业 Management of Water Conservancy, Environment and Public Facilities	居民服务、修理和其他服务业 Services to Households, Repair and Other Services	教 育 Education	卫生和社会工作 Health and Social Services	文化体育和娱乐业 Culture, Sports and Entertainment	公共管理、社会保障和社会组织 Public Management, Social Security and Social Organization
全 省 Shaanxi	**112.8**	**3.9**	**23.5**	**31.8**	**11.2**	**-19.3**	**3.1**	**41.5**	**-26.0**	**-9.8**
西 安 市 Xi'an	2096.8	18.7	6.4	25.4	-14.6		-6.9	49.2	-42.2	-67.0
铜 川 市 Tongchuan		7.4	58.8	339.9	27.2	-19.0	31.2	16.0	111.5	52.9
宝 鸡 市 Baoji	-94.0	-23.3	14.6	-15.3	31.6	-2.1	-33.1	30.7	25.0	-21.8
咸 阳 市 Xianyang		-3.6	52.1	54.5	18.6	-9.5	81.2	10.8	-21.6	3.7
渭 南 市 Weinan	-79.6	-29.4	-49.5	139.6	36.5	-29.6	6.1	100.6	-47.4	-60.6
#韩城市 Hancheng		-30.1	422.8	284.9	14.5		-50.2	186.1	200.0	
延 安 市 Yan'an	-3.7	-29.8	-25.6	163.7	-11.4	-60.4	-11.9	-10.9	-63.4	-27.2
汉 中 市 Hanzhong	-75.1	-3.5	101.2	51.6	17.0	-23.2	-4.2	78.5	-21.1	62.8
榆 林 市 Yulin	-98.3	9.3	-7.8	4.0	55.2	25.6	15.3	76.5	-51.4	61.5
安 康 市 Ankang	41.9	-20.3	46.8	-51.7	31.4	-5.1	-6.8	-9.0	12.7	83.8
商 洛 市 Shangluo		-28.8	70.6	33.2	47.7	-58.5	80.0	43.7	-21.5	-22.5
杨凌示范区 Yangling		13.9	-31.2	158.6	-43.9		-34.4	-65.5	76.3	-99.1
不分地区 Not Classified by Region					-55.9					

6-13 各市(区)工业投资增长速度(2022年)
Growth Rate of the Investment of Industry by City(District) (2022)

单位：% (%)

地 区	Region	投资额 Investment	# 改建和技术改造 Reconstruction and Technical Transformation
全 省	**Shaanxi**	**8.7**	**-13.8**
西 安 市	Xi'an	25.5	-41.4
铜 川 市	Tongchuan	-3.1	36.4
宝 鸡 市	Baoji	28.3	9.2
咸 阳 市	Xianyang	-9.4	31.7
渭 南 市	Weinan	-2.9	-12.4
# 韩城市	Hancheng	15.7	107.9
延 安 市	Yan'an	19.0	-40.9
汉 中 市	Hanzhong	9.7	-9.4
榆 林 市	Yulin	-1.4	50.5
安 康 市	Ankang	3.2	-13.4
商 洛 市	Shangluo	1.5	-30.6
杨凌示范区	Yangling	35.5	202.6
不分地区	Not Classified by Region	8.1	60.7

6-14 各市(区)能源工业投资增长速度(2022年)
Growth Rate of the Investment in Energy Industry by City(District)(2022)

单位：% (%)

地 区	Region	能源工业投资 Energy Industry	煤炭开采和洗选业 Mining and Washing of Coal	石油和天然气开采业 Extraction of Petroleum and Natural Gas	石油、煤炭及其他燃料加工业 Processing of Petroleum,Coal and Other Fuel	电力、热力生产和供应业 Production and Distribution of Electricity and Heat
全 省	**Shaanxi**	**13.4**	**16.6**	**1.4**	**5.3**	**18.3**
西 安 市	Xi'an	129.5	249.0	-28.6	-23.7	149.9
铜 川 市	Tongchuan	58.3	100.0	217.4	-58.7	23.0
宝 鸡 市	Baoji	5.8	12.6		262.8	-18.2
咸 阳 市	Xianyang	2.3	24.1		-65.6	-22.4
渭 南 市	Weinan	15.6	-19.9		47.1	39.9
# 韩城市	Hancheng	10.5	80.4		0.6	-12.9
延 安 市	Yan'an	20.1	38.1	-1.8	44.6	17.7
汉 中 市	Hanzhong	-22.2			129.9	-33.3
榆 林 市	Yulin	1.9	15.9	21.9	-21.8	-12.1
安 康 市	Ankang	20.6	-8.7		59.8	15.6
商 洛 市	Shangluo	-15.3			-39.9	-10.5
杨凌示范区	Yangling	-37.7				-37.7
不分地区	Not Classified by Region	8.9		-0.1		29.1

6-15 各市(区)按构成分的固定资产投资增长速度（2022年）
Growth Rate of the Investment by Use of Funds and City(District)(2022)

单位：%　　　　(%)

地　区	Region	总　计 Total	建筑安装工程 Construction and Installation	设备工具器具购置 Purchase of Equipment and Instruments	其他费用 Others	# 建设用地费 Construction Land Fee
全　省	**Shaanxi**	**11.7**	**15.2**	**-8.1**	**7.8**	**17.5**
西 安 市	Xi'an	12.7	15.8	-15.3	25.8	34.2
铜 川 市	Tongchuan	11.8	18.5	-23.6	-12.0	-35.6
宝 鸡 市	Baoji	16.1	21.6	-8.0	-33.4	-30.9
咸 阳 市	Xianyang	14.1	16.9	-14.6	-1.9	-19.5
渭 南 市	Weinan	1.8	1.8	19.2	-22.1	4.5
# 韩城市	Hancheng	7.1	-10.2	125.8	107.7	223.4
延 安 市	Yan'an	2.7	4.1	8.6	-16.0	-24.0
汉 中 市	Hanzhong	18.2	26.1	-29.9	-16.1	14.4
榆 林 市	Yulin	5.9	8.1	-3.1	9.9	46.1
安 康 市	Ankang	8.9	6.2	34.8	23.8	46.1
商 洛 市	Shangluo	21.6	26.3	-9.3	-16.7	15.6
杨凌示范区	Yangling	-9.0	-12.9	32.1	-10.2	-6.6
不分地区	Not Classified by Region	0.4	8.1	-14.0	-27.4	-66.5

注：本表不含房地产开发投资。下表同。
Data in this table do not include those of real estate development. The same applies to the table following.

6-16 各市(区)按建设性质分的固定资产投资增长速度(2022年)
Growth Rate of the Investment by Type of Construction and City(District)(2022)

单位：%　　　　(%)

地　区	Region	总　计 Total	新　建 New Construction	扩　建 Expansion	改建和技改 Reconstruction and Technological Transformation	单纯建造生活设施 Construction of Living Facilities	迁　建 Removal Construction	恢　复 Reestablishment	单纯购置 Purchase of Equipment
全　省	**Shaanxi**	**11.7**	**15.5**	**-19.0**	**1.7**	**60.8**	**-3.0**	**72.7**	**-12.0**
西 安 市	Xi'an	12.7	23.8	-33.2	-19.2	-71.6	-16.2		-43.3
铜 川 市	Tongchuan	11.8	9.9	24.6	47.4		-32.6	-5.6	-71.3
宝 鸡 市	Baoji	16.1	21.0	-19.7	-9.1	139.5	37.4	207.2	67.8
咸 阳 市	Xianyang	14.1	15.6	-27.5	66.3	-27.1	-42.4	439.1	-18.6
渭 南 市	Weinan	1.8	4.3	-20.5	-8.0	-79.8	9.8	46.9	-21.0
# 韩城市	Hancheng	7.1	-0.8	117.7	51.3				-6.1
延 安 市	Yan'an	2.7	3.6	47.7	-40.1	359.6	1.8	46.1	
汉 中 市	Hanzhong	18.2	23.0	-28.1	-4.2	64.1	62.2	82.2	-24.4
榆 林 市	Yulin	5.9	1.5	24.7	27.8	-7.4	21.8	-54.4	121.3
安 康 市	Ankang	8.9	9.5	-22.0	17.3	75.4	-73.9	152.1	-0.5
商 洛 市	Shangluo	21.6	24.0	3.8	5.3		-25.2	38.0	
杨凌示范区	Yangling	-9.0	-17.5	-4.4	108.1		20.9		
不分地区	Not Classified by Region	0.4	-4.6	52.5	23.6				

6-17 各市(区)固定资产投资施工、投产项目个数及新增固定资产增长速度(2022年)

Number of Investment Projects under Construction and Put into Use and Growth Rate of the Newly Increased Fixed Assets by City(District)(2022)

单位：%　　　　(%)

地　区	Region	施工项目 Number of Project under Construction	全部建成投产项目 Number of Project Completed and Put into Use	施工项目计划总投资 Total Investment Planned under Construction	本年完成投资额 Investment Completed This Year	本年新增固定资产 Newly Increased Fixed Assets of This Year
全　省	**Shaanxi**	**7.9**	**11.5**	**7.7**	**11.7**	**19.3**
西安市	Xi'an	4.8	25.6	15.8	12.7	42.4
铜川市	Tongchuan	29.4	51.7	-6.9	11.8	-46.0
宝鸡市	Baoji	2.4	-5.9	12.8	16.1	36.4
咸阳市	Xianyang	5.2	9.0	10.7	14.1	27.7
渭南市	Weinan	5.8	5.1	-2.7	1.8	1.0
# 韩城市	Hancheng	-4.5	16.1	-7.0	7.1	8.0
延安市	Yan'an	-6.1	-4.6	-14.6	2.7	5.0
汉中市	Hanzhong	12.2	18.6	6.9	18.2	43.6
榆林市	Yulin	8.3	14.5	5.7	5.9	-12.8
安康市	Ankang	14.6	22.4	6.3	8.9	2.2
商洛市	Shangluo	20.3	35.1	8.5	21.6	47.8
杨凌示范区	Yangling	-8.3	-19.1	3.7	-9.0	15.7
不分地区	Not Classified by Region	-25.5	-42.9	-23.0	0.4	-19.7

注：本表不含房地产开发投资。
Data in this table do not include those of real estate development.

6-18 房地产开发投资主要指标及构成(2022年)
Main Indicators and Composition of Investment for Real Estate Development(2022)

指标	Item	房地产开发 Real Estate Development	# 地方 Local Governments
一、企业(单位)个数 (个)	Number of Enterprises (unit)	2966	37
二、本年完成投资 (万元)	Investment Completed This Year (10 000 yuan)	42547892	10847761
1.按隶属关系分	Group by Jurisdiction of Management		
中央	Central	1307905	
地方	Local	10847761	10847761
其他	Others	30392226	
2.按构成分	By Composition of Funds		
建筑工程	Construction	30900151	7677289
安装工程	Installation	2496524	427180
设备工器具购置	Purchase of Equipment and Instruments	502743	53326
其他费用	Others	8648474	2689966
# 旧建筑物购置费	Purchase of Used Buildings	67448	5720
土地购置费	Total Value of Land Purchased	6781326	2186774
3.按工程用途分	By Use of Projects		
住宅	Residential Buildings	32497456	8343730
办公楼	Office Buildings	2081823	661344
商业营业用房	Houses for Business Use	3260757	426782
其他	Others	4707856	1415905
三、本年新增固定资产(万元)	Newly Increased Fixed Assets of This Year (10 000 yuan)	8915991	1994611
四、房屋建筑面积及竣工价值	Floor Space of Buildings Completed and Value of Buildings Completed		
施工面积 (万平方米)	Floor Space of Buildings under Construction (10 000 sq.m)	28711.61	4738.89
# 住宅	Residential Buildings	20656.45	3331.26
竣工面积 (万平方米)	Floor Space of Buildings Completed (10 000 sq.m)	1976.20	418.42
# 住宅	Residential Buildings	1545.82	301.46
竣工价值 (亿元)	Value of Buildings Completed (100 million yuan)	729.36	178.32
# 住宅	Residential Buildings	576.76	129.03

6-18 续表 continued

指标	Item	按登记注册类型分 By Status of Registration					
		内资 Domestic Funded	国有 State-owned	集体 Collective-owned	其它 Others	港澳台投资 Funds from Hong Kong, Macao and Taiwan	外商投资 Foreign Funded
一、企业(单位)个数 (个)	Number of Enterprises (unit)	2929	167	9	2753	12	25
二、本年完成投资 (万元)	Investment Completed This Year (10 000 yuan)	41620655	5633541	32818	35954296	293116	634121
1.按隶属关系分	Group by Jurisdiction of Management						
中央	Central	1307905	486951		820954		
地方	Local	10835934	4249919	19912	6566103		11827
其他	Others	29476816	896671	12906	28567239	293116	622294
2.按构成分	By Composition of Funds						
建筑工程	Construction	30184855	3543595	24920	26616340	221610	493686
安装工程	Installation	2406496	268904	6908	2130684	25672	64356
设备工器具购置	Purchase of Equipment and Instruments	485779	26095	801	458883	11523	5441
其他费用	Others	8543525	1794947	189	6748389	34311	70638
# 旧建筑物购置费	Purchase of Used Buildings	67448			67448		
土地购置费	Total Value of Land Purchased	6706525	1464200		5242325	29000	45801
3.按工程用途分	By Use of Projects						
住宅	Residential Buildings	31816136	4453491	30366	27332279	196611	484709
办公楼	Office Buildings	2017666	97558	1225	1918883	44541	19616
商业营业用房	Houses for Business Use	3143810	218374	409	2925027	48781	68166
其他	Others	4643043	864118	818	3778107	3183	61630
三、本年新增固定资产(万元)	Newly Increased Fixed Assets of This Year (10 000 yuan)	8391212	286190	17330	8087692	228405	296374
四、房屋建筑面积及竣工价值	Floor Space of Buildings Completed and Value of Buildings Completed						
施工面积 (万平方米)	Floor Space of Buildings under Construction (10 000 sq.m)	27961.40	2035.77	16.81	25908.82	203.30	546.90
# 住宅	Residential Buildings	20199.16	1564.86	16.02	18618.27	74.52	382.77
竣工面积 (万平方米)	Floor Space of Buildings Completed (10 000 sq.m)	1908.49	85.15	3.48	1819.85	23.29	44.42
# 住宅	Residential Buildings	1492.68	53.86	3.48	1435.34	22.41	30.73
竣工价值 (亿元)	Value of Buildings Completed (100 million yuan)	683.89	30.97	0.53	652.39	15.84	29.64
# 住宅	Residential Buildings	535.85	15.19	0.53	520.13	14.19	26.72

6−19 房地产开发投资资金来源(2022年)

Sources of Funds of Investment for Real Estate Development (2022)

单位：万元 (10 000 yuan)

指　　标	Item	总　计 Total	内　资 Domestic	国有 State-owned	集体 Collective-owned	其他 Others	港澳台投资 Funds from Hong Kong, Macao and Taiwan	外商投资 Foreign Investment
一、本年资金来源合计	Total of Sources of Funds This Year	63155101	58732358	7159736	50764	51521858	969195	3453548
1.上年末结余资金	Funds of Last Year-end	19224795	15990713	1607001	36133	14347579	729100	2504982
2.本年资金来源小计	Subtotal of Sources of Funds This Year	43930306	42741645	5552735	14631	37174279	240095	948566
国内贷款	Domestic Loans	2420848	2400848	324266		2076582	20000	
# 银行贷款	Loans from Bank	2170395	2170395	324266		1846129		
非银行金融机构贷款	Loans from Non-bank	250453	230453			230453	20000	
利用外资	Foreign Investment							
自筹资金	Self-raising Funds	23004467	22658833	3281634		19377199	145516	200118
定金及预收款	Booked and Prepayed Money	11062406	10492693	862338	10823	9619532	61093	508620
个人按揭贷款	Individual Credit	4772410	4555033	418038	3808	4133187	10936	206441
其他资金来源	Others	2670175	2634238	666459		1967779	2550	33387
二、本年各项应付款合计	Total Payment of this year	15347262	14776108	1961812	8814	12805482	182615	388539
# 工程款	Project Payment	9682511	9491445	1080586	6003	8404856	112546	78520

6−20 各市(区)房地产开发投资和新增固定资产(2022年)

Investment for Real Estate Development and Newly Increased Fixed Assets by City(District)(2022)

单位：万元 (10 000 yuan)

地　区	Region	计　划 总投资 Total Investment Planed	自开始建设至本年底累计完成投资 Accumulative Investment Actually Completed Since Start of Construction up to the end of This Year	本年完成 投　资 Investment Completed This Year	本年新增 固定资产 Newly Increased Fixed Assets of This Year
全　省	**Shaanxi**	**311347240**	**195481684**	**42547892**	**8915991**
西 安 市	Xi'an	211304806	128119496	25853851	4032759
铜 川 市	Tongchuan	3938906	2343847	476360	4030
宝 鸡 市	Baoji	16174585	10082644	2962117	713058
咸 阳 市	Xianyang	17969098	11562354	3774512	719059
渭 南 市	Weinan	19535122	13036384	2646226	1194592
# 韩城市	Hancheng	2261561	1576167	260441	83128
延 安 市	Yan'an	6780814	4875849	856923	97283
汉 中 市	Hanzhong	12405768	9402784	1885663	583543
榆 林 市	Yulin	9482125	6679040	1632321	853978
安 康 市	Ankang	9004505	6374556	1570320	650743
商 洛 市	Shangluo	2410731	1356756	453776	49708
杨凌示范区	Yangling	2340780	1647974	435823	17238

6–21 各市(区)按构成和工程用途分的房地产开发投资(2022年)

Investment for Real Estate Development by Use of Funds and Projects by City(District)(2022)

单位：万元 (10 000 yuan)

地区	Region	按构成分 by Use of Founds 建筑安装工程 Construction and Installation Projects	设备工器具购置 Purchase of Equipment and Instruments	其他费用 Others	# 土地购置费 Total Value of Land Purchased	按工程用途分 by Use of Projects 住宅 Residential Buildings	办公楼 Office Buildings	商业营业用房 Houses for Business Use	其他 Others
全　省	**Shaanxi**	**33396675**	**502743**	**8648474**	**6781326**	**32497456**	**2081823**	**3260757**	**4707856**
西安市	Xi'an	18954098	167590	6732163	5223517	18226463	1926681	2100301	3600406
铜川市	Tongchuan	435761	3033	37566	29291	402071	3984	28554	41751
宝鸡市	Baoji	2706017	99720	156380	82129	2573494	55405	216802	116416
咸阳市	Xianyang	3098941	31719	643852	581673	3447873	24330	174389	127920
渭南市	Weinan	2442479	33258	170489	123376	2310491	9020	175406	151309
# 韩城市	Hancheng	240492	4073	15876	9476	229175	1498	15523	14245
延安市	Yan'an	760706	4625	91592	85116	634198	24873	74181	123671
汉中市	Hanzhong	1641204	62427	182032	123752	1560154	8962	176840	139707
榆林市	Yulin	1257494	19002	355825	320692	1247735	8764	106898	268924
安康市	Ankang	1316160	69264	184896	129569	1342149	11990	128794	87387
商洛市	Shangluo	376892	8028	68856	58343	378518	4857	30398	40003
杨凌示范区	Yangling	406923	4077	24823	23868	374310	2957	48194	10362

6–22 房地产开发面积及造价(2022年)

Floor Space and Cost of Buildings in Real Estate Development(2022)

地区	Region	施工房屋面积(万平方米) Floor Space of Buildings Construction (10 000 sq.m)	# 住宅 Residential Buildings	竣工房屋面积(万平方米) Floor Space of Buildings Completed (10 000 sq.m)	# 住宅 Residential Buildings	竣工房屋价值(亿元) Value of Buildings Completed (100 million yuan)	# 住宅 Residential Buildings	竣工房屋造价(元/平方米) Cost of Buildings Completed (yuan/sq.m)	# 住宅 Residential Buildings
全　省	**Shaanxi**	**28711.61**	**20656.45**	**1976.20**	**1545.82**	**729.36**	**576.76**	**3691**	**3731**
西安市	Xi'an	16320.01	10878.79	690.57	511.15	326.12	246.00	4722	4813
铜川市	Tongchuan	445.74	312.85	1.45	0.86	0.40	0.24	2781	2780
宝鸡市	Baoji	1579.57	1410.67	167.55	144.44	38.84	31.64	2318	2191
咸阳市	Xianyang	1981.94	1720.64	195.38	156.95	62.73	52.36	3211	3336
渭南市	Weinan	2557.91	2017.70	274.06	226.98	93.96	80.62	3429	3552
# 韩城市	Hancheng	338.41	255.19	21.93	21.57	8.31	8.20	3791	3802
延安市	Yan'an	811.21	501.31	14.25	13.18	9.54	9.53	6695	7229
汉中市	Hanzhong	1624.85	1243.94	153.59	129.21	54.71	47.52	3562	3678
榆林市	Yulin	1753.53	1248.69	263.87	183.53	80.49	58.31	3050	3177
安康市	Ankang	1048.59	820.27	199.56	167.56	57.98	47.10	2905	2811
商洛市	Shangluo	351.81	307.61	13.05	9.08	3.73	2.58	2855	2837
杨凌示范区	Yangling	236.45	193.99	2.87	2.87	0.86	0.86	3000	3000

6-23 商品房屋销售情况(2022年)
Seal of Commercialized Buildings(2022)

地区	Region	商品房销售面积(平方米) Floor Space of Commercialized Buildings Sold (sq.m)	住宅 Residential Buildings	办公楼 Office Buildings	商业营业用房 Houses for Business Use	其他 Others
全省	**Shaanxi**	**33087206**	**29541377**	**785398**	**1303859**	**1456572**
西安市	Xi'an	16668690	13856984	758721	898153	1154832
铜川市	Tongchuan	563276	557129		6147	
宝鸡市	Baoji	2526621	2449409	5279	60764	11169
咸阳市	Xianyang	2168690	2128466	4516	32026	3682
渭南市	Weinan	3633009	3559445	511	56333	16720
#韩城市	Hancheng	393723	391572	122	1917	112
延安市	Yan'an	661586	585072	2265	69121	5128
汉中市	Hanzhong	2028819	1921660	2866	72864	31429
榆林市	Yulin	2350020	2152201	11240	30871	155708
安康市	Ankang	1213352	1090144		70956	52252
商洛市	Shangluo	938372	932695		5677	
杨凌示范区	Yangling	334771	308172		947	25652

6-23 续表 continued

地区	Region	商品房销售额(万元) Total Sale of Commercialized Buildings (10 000 yuan)	住宅 Residential Buildings	办公楼 Office Buildings	商业营业用房 Houses for Business Use	其他 Others
全省	**Shaanxi**	**32704762**	**29587511**	**1115466**	**1307300**	**694485**
西安市	Xi'an	23181426	20462704	1099211	1004810	614701
铜川市	Tongchuan	318800	315657		3143	
宝鸡市	Baoji	1402078	1362945	1683	35778	1672
咸阳市	Xianyang	1447133	1408622	3357	32041	3113
渭南市	Weinan	1813573	1777790	213	30089	5481
#韩城市	Hancheng	166143	164034	38	2023	48
延安市	Yan'an	444843	392263	1122	49453	2005
汉中市	Hanzhong	997247	936336	1152	48612	11147
榆林市	Yulin	1752149	1665577	8728	37387	40457
安康市	Ankang	661203	592637		61289	7277
商洛市	Shangluo	490562	486766		3796	
杨凌示范区	Yangling	195748	186214		902	8632

6-24 房地产开发经营情况(2022年)
Operating Statistics on Enterprises for Real Estate Development(2022)

单位：万元 (10 000 yuan)

地 区	Region	主营业务收入 Revenue from Principal Business	土地转让收入 Land Transferred	商品房屋销售收入 Commercialized Building Sold	房屋出租收入 House Leased	其它收入 Others	主营业务成本 Operating Costs of Main Business	税金及附加 Operating Tax and Extra Charge on Main Business
全 省	**Shaanxi**	**26020296**	**14526**	**23951032**	**136844**	**1899671**	**21498757**	**1042970**
西安市	Xi'an	17538604		15737482	85531	1703447	13908545	824606
铜川市	Tongchuan	180732	21	176519	1028	3102	165877	4981
宝鸡市	Baoji	1240031	675	1216391	9858	12272	1120669	24587
咸阳市	Xianyang	882791		867066	5777	9909	854624	31461
渭南市	Weinan	1144071		1104138	682	37838	1032387	34769
# 韩城市	Hancheng	155559		155102		457	142822	2556
延安市	Yan'an	1096457	4317	976860	10422	104241	954227	18829
汉中市	Hanzhong	916471	8535	895243	6543	6025	836955	20466
榆林市	Yulin	1701196	749	1683058	5763	10916	1431295	51281
安康市	Ankang	800904	229	793442	2323	3734	702561	19271
商洛市	Shangluo	323949		307403	7655	7791	284344	5752
杨凌示范区	Yangling	195090		193431	1263	396	207274	6968

6-25 房地产开发企业基本情况(2022年)
Basic Statistics on Real Estate Development Enterprises (2022)

地 区	Region	开发公司个数(个) Number of Enterprises for Real Estate Development (unit)	实收资本金总计(万元) Total Capital Held (10 000 yuan)	资产总计(万元) Total Assets (10 000 yuan)	本年折旧(万元) Depreciation This Year (10 000 yuan)	负债合计(万元) Total Liabilities (10 000 yuan)	所有者权益合计(万元) Owners' Equity (10 000 yuan)	全部从业人员年平均人数(人) Average Number of Employed Persons (persons)	本年应付职工薪酬(万元) Total Wages This Year (10 000 yuan)
全 省	**Shaanxi**	**2966**	**26427061**	**279322060**	**153096**	**237562132**	**41759928**	**66219**	**811364**
西安市	Xi'an	1044	20066083	201126903	86166	170008174	31118730	28715	514854
铜川市	Tongchuan	101	391891	3331262	1061	2820443	510820	1701	12737
宝鸡市	Baoji	308	691772	13192262	17096	11455288	1736975	5135	41513
咸阳市	Xianyang	224	997107	10477003	8577	9204341	1272663	5525	45197
渭南市	Weinan	325	780553	10692481	8008	8949626	1742856	6710	45853
# 韩城市	Hancheng	39	75958	1250187	734	1092146	158041	683	4500
延安市	Yan'an	147	977969	9919910	3651	8269540	1650370	3040	31526
汉中市	Hanzhong	282	684014	8505232	7356	7428133	1077099	5279	35729
榆林市	Yulin	255	740799	8667852	10068	7667335	1000516	3430	29910
安康市	Ankang	171	807503	9656806	8403	8481896	1174910	4129	31168
商洛市	Shangluo	82	153993	2388871	2005	2160975	227897	1915	16710
杨凌示范区	Yangling	27	135377	1363477	703	1116383	247094	640	6167

主要统计指标解释

全社会固定资产投资 是以货币形式表现的在一定时期内全社会建造和购置固定资产的工作量以及与此有关费用的总称。该指标是反映固定资产投资规模、结构和发展速度的综合性指标。全社会固定资产投资按登记注册类型可分为国有、集体、联营、股份制、私营和个体、港澳台商、外商、其他等。

固定资产投资（不含农户） 指城镇和农村各种登记注册类型的企业、事业、行政单位及城镇个体户进行的计划总投资500万元及500万元以上的建设项目投资和房地产开发投资，包含原口径的城镇固定资产投资加上农村企事业组织项目投资，该口径自2011年起开始使用。

民间固定资产投资 指具有集体、私营、个人性质的内资企事业单位以及由其控股（包括绝对控股和相对控股）的企业单位在中华人民共和国境内建造或购置固定资产的投资。

基础设施投资 指为社会生产和生活提供基础性、大众性服务的工程和设施，是社会赖以生存和发展的基本条件。包括以下行业投资：铁路运输业、道路运输业、水上运输业、航空运输业、管道运输业、多式联运和运输代理业、装卸搬运业、邮政业、电信广播电视和卫星传输服务业、互联网和相关服务业、水利管理业、生态保护和环境治理业、公共设施管理业。

实际到位资金 指用于固定资产投资的各种货币资金。包括国家预算资金、国内贷款、利用外资、自筹资金和其他资金。

国家预算资金 国家预算包括一般预算、政府性基金预算、国有资本经营预算和社保基金预算。各类预算中用于固定资产投资的资金全部作为国家预算资金填报，其中一般预算中用于固定资产投资的部分包括基建投资、车购税、灾后恢复重建基金和其他财政投资。各级政府债券也应归入国家预算资金。

国内贷款 指报告期固定资产投资项目单位向银行及非银行金融机构借入用于固定资产投资的各种国内借款，包括银行利用自有资金及吸收存款发放的贷款、上级拨入的国内贷款、国家专项贷款（包括煤代油贷款、劳改煤矿专项贷款等），地方财政专项资金安排的贷款、国内储备贷款、周转贷款等。

利用外资 指报告期收到的境外（包括外国及港澳台地区）资金(包括设备、材料、技术在内)。包括对外借款(外国政府贷款、国际金融组织贷款、出口信贷、外国银行商业贷款、对外发行债券和股票)、外商直接投资、外商其他投资(包括利用外商投资收益在国内进行固定资产再投资活动的资金)。不包括我国自有外汇资金(国家外汇、地方外汇、留成外汇、调济外汇和国内银行自有资金发放的外汇贷款等)。各类外资按报告期的外汇牌价（中间价）折成人民币计算。

自筹资金 指固定资产投资单位在报告期收到的，由各企、事业单位筹集用于固定资产投资的资金，包括各类企事业单位的自有资金和从其他单位筹集的用于固定资产投资的资金，但不包括各类财政性资金、从各类金融机构借入资金和国外资金。

其他资金来源 指在报告期收到的除以上各种资金之外的用于固定资产投资的资金。包括社会集资、个人资金、无偿捐赠的资金及其他单位拨入的资金等。

固定资产投资按国民经济行业分 指根据其从事的社会经济活动性质对各类单位进行的分类。应根据建设项目建成投产后的主要产品种类或主要用途及社会经济活动种类来划分，不能根据项目单位本身的行业类别来划分。如果项目投产后有几种产品，应根据主要产品来确定行业类别。一般情况下，一个建设项目只能属于一种国民经济行业。

固定资产投资按隶属关系分 是按建设单位或企业、事业、行政单位的主管上级机关确定的。

（1）中央 是指中共中央、人大常委会和国务院各部、委、局、总公司以及直属机构直接领导的建设项目和企业、事业、行政单位。这些单位的固定资产投资计划由国务院各部门直接编制和下达，统一组织或委托下级实施。包括有中央垂直管理的部门（如国家统计局各级调查队）和中央直属企业、事业单位（如工商银行、中国电信、中国石油）等。

（2）地方 是由省（自治区、直辖市）、地（区、市、州、盟）、县（区、市、旗）三级政府及业务主管部门直接领导和管理的建设项目、企业、事业、行政单位。地方项目还包括不隶属以上各级政府及主管部门的建设项目和企业、事业单位，如外商投资企业和无主管部门的企业等。

固定资产投资按建设性质分 按整个建设项目情况来确定。建设项目的性质一般分为新建、扩建、改建和技术改造、单纯建造生活设施、迁建、恢复、单纯购置。农户投资不划分建设性质。

（1）新建 指从无到有“平地起家”开始建设的项目。现有企业、事业、行政单位投资的项目一般不属于新建。但如有的单位原有基础很小，经过建设后新增的固定资产价值超过该企业、事业、行政单位原有固定资产价值（原值）三倍以上的，也应作为新建。

（2）扩建 指在厂内或其他地点，为扩大原有产品的生产能力（或效益）或增加新的产品生产能力，而增建的生产车间（或主要工程）、分厂、独立的生产线等项目。行政、事业单位在原单位增建业务性用房（如学校增建教学用房、医院增建门诊部、病房等）也作为扩建。

现有企、事业单位为扩大原有主要产品生产能力或增加新的产品生产能力，增建一个或几个主要生产车间（或主要工程）、分厂，同时进行一些更新改造工程的，也应作为扩建。

（3）改建和技术改造 指现有企业、事业单位对原有设施进行技术改造或更新（包括相应配套的辅助性生产、生活福利设施）的建设项目。改建项目包括企业、事业单位为适应市场变化的需要，而改变企业的主要产品种类（如军工企业转民用产品等）的建设项目；原有产品生产作业线由于各工序（车间）之间能力不平衡，为填平补齐充分发挥原有生产能力而增建但不增加主要产品生产能力的建设项目。技术改造是指企业、事业单位在现有基础上用先进的技术代替落后的技术，用先进的工艺和装备代替落后的工艺和装备，以改变企业落后的技术经济面貌，实现以内涵为主的扩大再生产，达到提高产品质量、促进产品更新换代、节约能源、降低消耗、扩大生产规模、全面提高社会经效益的目的。技术改造具体包括以下内容：机器设备和工具的更新改造；生产工艺改革、节约能源和原材料的改造；厂房建筑和公共设施的改造；保护环境进行的“三废”治理改造；劳动条件和生产环境的改造等。

固定资产投资按构成分

（1）建筑工程 指各种房屋、建筑物的建造工程。这部分投资额必须兴工动料，通过施工活动才能实现，是固定资产投资额的重要组成部分。

（2）安装工程 指各种设备、装置的安装工程。

在安装工程中，不包括被安装设备本身价值。

（3）设备工器具购置 指报告期内购置或自制的，达到固定资产标准的设备、工具、器具的价值。新建单位及扩建单位的新建车间，按照设计或计划要求购置或自制的全部设备、工具、器具，不论是否达到固定资产标准均计入“设备工器具购置”中。

（4）其他费用 指在固定资产建造和购置过程中发生的，除建筑安装工程和设备、工器具购置投资完成额以外的应当分摊计入固定资产投资的费用，不指经营中财务上的其他费用。

施工项目　指报告期内进行过建筑或安装施工活动的项目。凡是报告期内施过工的建设项目，不论施工时间长短，均作为施工项目统计。施工项目个数可以反映一定时期固定资产投资的实际规模，与同期全部建成投产项目个数相比，可以从建设速度的角度反映固定资产投资的效果。根据建设项目施工活动的不同性质，施工项目又分为：本年正式施工项目、本年收尾项目和以前年度全部停缓建项目。

全部建成投产项目　工业项目指设计文件规定形成生产能力的主体工程及其相应配套的辅助设施全部建成，经负荷试运转，证明具备生产设计规定合格产品的条件，并经过验收鉴定合格或达到竣工验收标准，与生产性工程配套的生活福利设施可以满足近期正常生产的需要，正式移交生产的建设项目。非工业项目指设计文件规定的主体工程和相应的配套工程全部建成，能够发挥设计规定的全部效益，经验收鉴定合格或达到竣工验收标准，正式移交使用的建设项目。

本年新增生产能力（或工程效益） 指在本年度内按照新增生产能力（或工程效益）的计算条件和标准，实际建成投入生产或交付使用的生产能力（或工程效益）。

新增固定资产　指报告期内已经完成建造和购置过程，并已交付生产或使用单位的固定资产价值。该指标是表示固定资产投资成果的价值指标，也是反映建设进度，计算固定资产投资效果的重要指标。

房地产开发投资　指各种登记注册类型的房地产开发法人单位统一开发的包括统代建、拆迁还建的住宅、厂房、仓库、饭店、宾馆、度假村、写字楼、办公楼等房屋建筑物和配套的服务设施，土地开发工程（如道路、给水、排水、供电、供热、通讯、平整场地等基础设施工程）的投资；不包括单纯的土地交易活动。

计划总投资 指房地产开发企业在建的建设工程按照总体设计（或按设计概算或预算）规定的内容全部建成计划需要的总投资。

自开始建设累计完成投资 指房地产开发企业在建的房屋建设工程或正在开发的土地开发工程从开始建设到本年末止累计完成的全部投资。

商品房销售面积　指报告期内出售商品房屋的合同总面积(即双方签署的正式买卖合同中所确定的建筑面积)。由现房销售建筑面积和期房销售建筑面积两部分组成。

商品房销售额　指报告期内出售商品房屋的合同总价款(即双方签署的正式买卖合同中所确定的合同总价)。该指标与商品房销售面积同口径，由现房销售额和期房销售额两部分组成。

Explanatory Notes on Main Statistical Indicators

Total Investment in Fixed Assets in the Whole Country refers to the volume of activities in construction and purchases of fixed assets of the whole country and related fees, expressed in monetary terms during the reference period. It is a comprehensive indicator which shows the size, structure and growth of the investment in fixed assets, providing a basis for observing the progress of construction projects and evaluating results of investment. Total investment in fixed assets in the whole country includes, by type of ownership, the investment by State-owned units, collective-owned units, joint ownership units, share-holding units, private units, individuals as well as investments by entrepreneurs from Hong Kong, Macao and Taiwan, foreign investors and others.

Investment in Fixed Assets (Excluding Rural Households) refers to the investment in construction projects with a total planned investment of 5 million yuan and over by enterprises of various ownerships, institutions, administrative units and urban self-employed individuals, and the investment in real estate development in both urban and rural areas. Since 2011, it covers the urban investment in fixed assets under the previous statistical coverage plus project investments by rural enterprises and institutions.

Non-governmental Investment in Fixed Assets refers to the investment in the construction or purchase of fixed assets in the territory of the People's Republic of China by domestic-funded enterprises and institutions with collective, private and personal nature and by enterprises and institutions controlled by them (including absolute and relative holding).

Infrastructure Investment refers to projects and facilities that provide basic and popular services for social production and life. It is the basic condition for the survival and development of society. It includes: railway transport, road transport, water transport, air transport, pipeline transport, multimodal transport and transport agent Intermodality and Forwarding Agency, loading and unloading, posts, telecommunications, radio and television and satellite transmission services, Internet and related services, water management industry, ecological protection and environmental governance, public facilities management.

Actual Funds for Investment refer to all kinds of monetary funds used for fixed assets investment. It includes state budget funds, domestic loans, foreign capital utilization, self-raising funds and other funds.

Fund from the State Budget State budget consists of general budget, government fund budget, operation budget of state-owned assets and social security fund budget. Funds for investment in fixed assets from various budgets are reported as fund from the state budget, of which, the general budget utilized on fixed assets investment includes investment on infrastructure construction, vehicle purchase tax, post-disaster restoration and reconstruction funds and other financial investment. Government bonds at all levels should also be included.

Domestic Loans refer to loans of various forms borrowed by investing units from banks and non-bank financial institutions during the reference period for the purpose of investment in fixed assets, including loans issued by banks from their self-owned funds and deposit, loans appropriated by higher responsible authorities, special loans by government (including loan for substituting petroleum with coal, special loans for reform-through-labour coal mines), loans arranged by local government from special funds, domestic reserve loan, and revolving loan, etc.

Foreign Investment refers to overseas (including foreign countries, Hongkong, Macao and Taiwan) funds received during the reference period (covering equipment, materials and technology), including foreign borrowings (loans from foreign governments and international financial institutions, export credit, commercial loans from foreign banks, issue of bonds and stocks overseas), foreign direct investment and other foreign investments (including funds from foreign direct investment income that are reinvested in fixed assets domestically). Excluded from this category is capital in foreign exchanges owned by China (foreign exchanges owned by the central and local governments, foreign exchanges retained by enterprises, foreign exchanges by enterprises through the regulating mechanism, loans in foreign exchanges issued by the Bank of China with its own fund, etc.). In calculating the utilization of foreign capital, foreign currencies are converted into Chinese Renminbi applying the exchange rate (central parity rate) at the end of the reference period.

Self-raised Funds refer to funds for investment in fixed assets received during the reference period by investing units, including investment in fixed assets using own funds of various enterprises and institutions or funds raised from other units other than financial funds, funds borrowed from financial institutions and overseas funds.

Other Funds refer to funds for investment in fixed assets received from sources other than those listed above, including funds raised from individuals and through donations, and funds transferred from other units.

Investment in Fixed Assets by Sector refers to the classification of investment by the nature of social economic activities the investing units are engaged in. The classification of construction projects by sector is determined by the major products or the purpose of the projects when they are put into production or use, and by the nature of their social economic activities, instead of being determined by industrial classification of the project enterprises. The project will be classified according to major product if there are several kinds of products yielded. In general, one project can only be classified into one sector.

Investment in Fixed Assets by Jurisdiction of Management refers to the classification of investment by the competent authorities under which investment is made by construction units, enterprises, institutions or administrative units.

(1) Central investment refers to the investment in projects or by enterprises, institutions or administrative units which are

under the direct leadership and management of the State Council and of the national commissions, ministries, agencies and State-owned large corporations. Various ministries and departments of the State Council prepare and implement plans through unified organization or lower-level commissions, which include departments direct under central government (i.e. survey offices at all level of the National Bureau of Statistics) and enterprises and institutions directly under central government (like the Industrial and Commercial Bank of China, China Telecom and China National Petroleum Corporation).

(2) Local investment refers to the investment in projects or by enterprises, institutions or administrative units which are under the direct leadership and management of competent departments and governments at the level of province (autonomous regions and municipalities directly under the Central Government), prefecture (prefectures, cities and leagues) and county (districts, cities and banners). Also included are projects by foreign-invested enterprises and enterprises without competent managing authorities.

Investment in Fixed Assets by Type of Construction Construction projects in general can be classified, by the type of construction, into new construction, expansion, reconstruction and technical transformation, purely construction of living facilities, moving, restoration and purely purchasing. However, investment by type of construction is not applied to investment by real-estate development units and investment by rural households.

(1) New construction in general refers to construction projects, which start from scratch. The existing projects invested by enterprises, institutions and administrative agencies cannot be classified as new construction. In case the size of the existing unit is quite small, and the value of newly added fixed assets is more than three times of the original value, the expansion will be considered as new construction.

(2) Expansion refers to projects of construction of new production workshop, branch factory or independent production line within a factory or in other locations, for the purpose of increasing the production capacity (or improving efficiency) or adding new production capacity. Newly constructed accommodation for the operation of institutions and administrative organizations (such as newly constructed buildings for teaching in schools, buildings for clinics or wards in hospitals, etc.) are also classified as expansion.

Also included in expansion are investments by existing enterprises or institutions in building major production line(s) or branch factory (ies) along with some work on innovation, for the purpose of expanding the production capacity of original products or producing new products.

(3) Reconstruction and technical transformation refers to construction projects by existing enterprises or institutions in innovation or technical transformation of the old facilities (including auxiliary production equipment and welfare facilities). Also considered as reconstruction is the construction of new workshops by the existing enterprises or institutions to change the variety of products to meet the market demand (such as the production of civil products by defence industries), or to bring the designed production capacity into full play through a more balanced production process on production lines. Technical transformation refers to replacement of old technology or equipment by new technology or equipment, in order to expand the reproduction through improvement of technology contents in production, to improve product quality, to promote new products, to save energy, to reduce consumption, to expand the production scale and to improve overall social-economic efficiency. Contents of technical transformation include: updating of machinery, equipment and tools; reforming production process by using energy or materials saving technology; construction of factory workshops and transformation of public facilities; treatment transformation of "three wastes" (waste gas, waste water and industrial residue) aiming at environmental protection; improvement of working conditions and environment, etc.

Investment in Fixed Assets by Structure

(1) Construction refers to the construction of houses and buildings, also known as work volume of construction. This part of investment can only be achieved through construction activities, it is the major component of the total investment in fixed assets.

(2) Installation refers to the installation of various kinds of equipment and instruments, also known as work volume of installation.

The value of equipment installed itself is not included in the value of installation projects.

(3) Purchase of equipment and instruments refers to the total value of equipment, tools, and instruments purchased or self-produced which come up to the cut-off point for fixed assets during the reference period. Equipment, tools and instruments purchased or self-produced for new workshops by newly established or expanded units are categorized as "purchase of equipment and instruments" no matter whether they come up to the cut-off point for fixed assets.

(4) Other expenses refer to expenses arising during the construction or purchase of fixed assets other than those expenses on construction, installation and purchase of equipment and instruments. Other financial expenses arising in operation are not included.

Projects under Construction refer to projects with construction and installation activities undertaken in the reference period. All projects that have construction activities undertaken during the reference period are reported as projects under construction irrespective of the length of construction work. The number of projects under construction can reflect the actual size of investment in fixed assets during a given period, and when compared with the number of projects completed and put into use during the same period, it demonstrates the results of investment in fixed assets from the angle of the speed of the construction. Depending on the nature of construction activities, projects under construction can also be classified into projects beginning construction in current year, winding-up projects in current year and stopped or suspended projects in previous years (with resumption of work in current year).

Projects Completed and Put into Use Industrial projects refer to the major projects and anxilliary facilities having been completed in accordance with the design documents, resulting in forming production capacity and having checked and accepted after relevant tests, while the living and welfare facilities having been completed and being capable of ensuring normal production. Non-industrial projects refer to the major projects and anxilliary facilities which have been completed in accordance with the design documents; have been checked, accepted after relevant examination; and have been formally delivered for use.

The Newly Increased Production Capacity (project efficiency) of Current Year refers to the production capacity (project efficiency) that has been completed and put into operation in current year according to the calculation conditions and standards on newly increased production capacity (project efficiency).

Newly Increased Fixed Assets refer to the newly increased value of fixed assets, constructed or purchased, that have been transferred to the investors. This is an indicator that demonstrates the results of investment in fixed assets in monetary terms, and an important indicator to reflect the speed of construction and to calculate the efficiency of investment.

Investment in Real Estate Development refers to investment by real estate development companies, commercialized buildings construction companies and other real estate development units of various types of ownership in the construction of buildings, such as residential buildings, factory buildings, warehouses, hotels, guesthouses, holiday villages, office buildings, the complementary service facilities and land development projects, such as roads, water supply, water drainage, power supply, heating supply, telecommunications, land leveling and other infrastructural projects. It does not include activities in pure land transactions.

Total Investment Planned refers to the total amount required for the completion of the activities according to the planned design or budget for the project under construction by real estate development companies.

Accumulative Investment Actually Completed Since Starting of Construction refers to all the investment accomplished by real estate development companies in the construction of building or the development of land from the beginning to the end of the year.

Area of Commercialized Housing Sold refers to total contracted area of commercialized housing (i.e. area of floor space as designated in the formal contracts signed by both sides) during the reference time. It constitutes floor space of completed housing and floor space of future housing.

Value of Commercialized Housing Sold refers to the total contracted value (i.e. value of sales/purchase for selling/purchase of commercialized housing as designated in the contract signed by both sides) during the reference time. This indicator has the same coverage as the area of commercialized housing sold, which constitutes floor space of completed housing and floor space of housing yet to be completed.

七、能　源

Energy

资料整理：宋天航　顾　钊

简　要　说　明

一、本篇资料反映陕西能源生产、消费和能耗水平等情况。主要内容有能源生产、消费及品种构成，能源生产和消费弹性系数，分行业、分主要能源品种的消费量，能源加工转换效率及生活用能源消费量、单位生产总值能耗等指标。

二、关于数据口径与计算的说明：

1．能源生产与消费弹性系数分别以能源生产、消费增长速度与地区生产总值增长速度相比求得。

2．能源平衡表中，进口量和出口量采用海关统计数据，电力折算标准煤系数按平均发电煤耗计算。

3．能源加工转换效率表中的电力折算标准煤系数采用当量值计算，每千瓦小时折0.1229千克标准煤。

4．GDP按不变价格计算。

三、根据第四次全国经济普查结果对2015—2018年数据进行了调整。

Brief Introduction

I. This chapter reflects the energy production, consumption and efficiency of Shaanxi Province, mainly including energy production, consumption and composition, elasticity ratio of energy production and consumption, consumption of energy by sector and by types of energy, efficiency of energy processing and conversion and the consumption of energy for non-production uses, energy consumption of unit gross domestic product.

II. Data coverage and calculation:

1. The elasticity ratio of energy production is calculated as the quotient of the growth rate of energy production divided by the growth rate of GDP; and the elasticity ratio of energy consumption is calculated as the quotient of the growth rate of energy consumption divided by the growth rate of GDP.

2. In the energy balance sheet, the data on the imports and exports are data from the customs statistics. The ratio for converting electric power into the standard coal equivalent is calculated according to the average consumption of coal for generating electricity.

3. In the table on the efficiency of energy conversion, the ratio for converting electric power into the standard coal equivalent is calculated on the basis of heat value equivalent. One kilowatt is equal to 0.1229 kg SCE.

4. Gross domestic product are calculated at constant price.

III. Data from 2015 to 2018 were adjusted according to the results of the fourth national Economic census.

7.能　源

2022 年全省				
一次能源生产总量	60413.84	万吨标准煤	比上年增长	3.7%
能源消费总量	16099.28	万吨标准煤	比上年增长	10.9%
平均每天消费能源	44.11	万吨标准煤		
# 原　煤	79.64	万　吨		
原　油	5.28	万　吨		
天然气	4054	万立方米		
电　力	65093	万千瓦小时		

能源生产构成
（2022年）

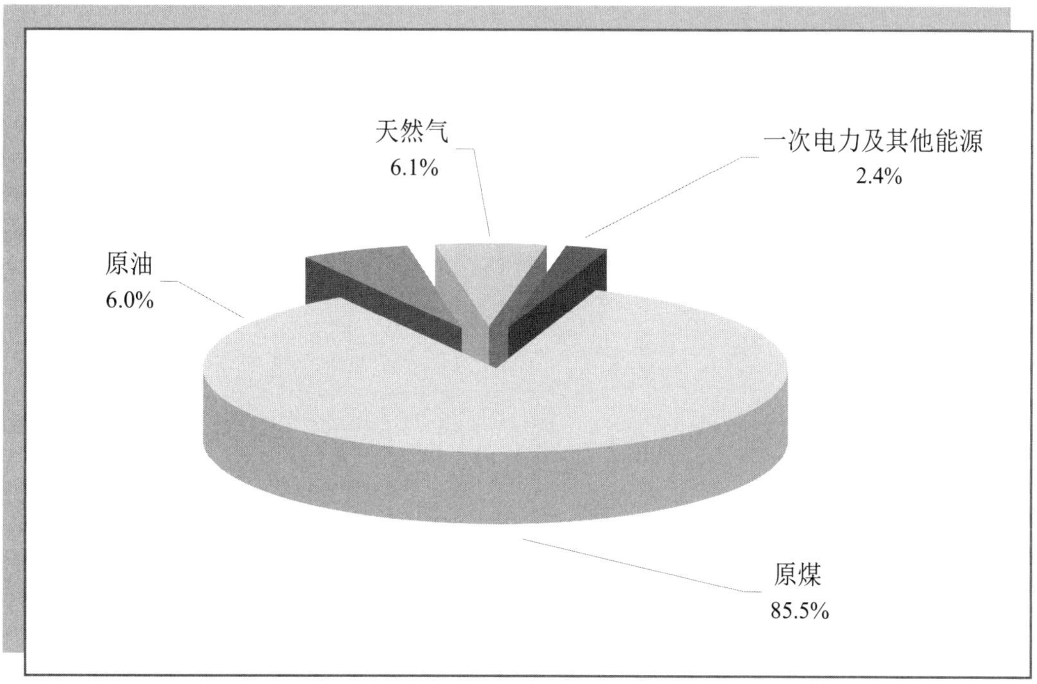

7-1 能源生产、消费总量及构成
Total Production and Consumption of Energy and Its Composition

指　标	Item	2017	2018	2019	2020	2021	2022
一次能源生产总量（万吨标准煤）	**Total Primary Energy Production (10 000 tce)**	**51485.48**	**56467.33**	**56781.90**	**59167.58**	**58259.23**	**60413.84**
原　煤	Raw Coal	40347.64	44788.77	44675.88	47703.74	49688.19	51652.80
原　油	Crude Oil	4985.56	5031.53	5061.86	3848.25	3646.87	3623.81
天然气	Natural Gas	5429.29	5713.23	5948.14	6543.74	3487.19	3687.37
一次电力及其他能源	Primary Electricity and Other Energy	723.00	933.80	1096.03	1071.85	1436.99	1449.86
一次能源生产构成 (%)	**Proportion to Total Primary Energy Production (%)**	**100.00**	**100.00**	**100.00**	**100.00**	**100.00**	**100.00**
原　煤	Raw Coal	78.37	79.32	78.68	80.62	85.29	85.50
原　油	Crude Oil	9.68	8.91	8.91	6.50	6.26	6.00
天然气	Natural Gas	10.55	10.12	10.48	11.06	5.99	6.10
一次电力及其他能源	Primary Electricity and Other Energy	1.40	1.65	1.93	1.81	2.47	2.40
能源消费总量（万吨标准煤）	**Total Energy Consumption (10 000 tce)**	**12548.52**	**12900.38**	**13478.06**	**13512.26**	**14515.23**	**16099.28**
煤　品	Coal Products	9368.33	9518.02	9802.13	10168.92	10696.15	12057.32
油　品	Oil Products	1078.97	1083.73	1039.89	860.36	871.57	716.33
天然气	Natural Gas	1337.92	1364.83	1540.01	1413.60	1509.47	1875.78
一次电力及其他能源	Primary Electricity and Other Energy	763.29	933.80	1096.03	1069.38	1438.05	1449.86
能源消费构成 (%)	**Energy Consumption Composition (%)**	**100.00**	**100.00**	**100.00**	**100.00**	**100.00**	**100.00**
煤　品	Coal Products	74.66	73.78	72.73	75.26	73.69	74.89
油　品	Oil Products	8.60	8.40	7.72	6.37	6.00	4.45
天然气	Natural Gas	10.66	10.58	11.43	10.46	10.40	11.65
一次电力及其他能源	Primary Electricity and Other Energy	6.08	7.24	8.13	7.91	9.91	9.01

注：1.能源消费总量用等价值计算，等价值指电力按当年平均火力发电煤耗换算成标准煤。
2.能源消费总量未扣除原料用能等数据。

a) The equivalent weight refers to the value that electric power converts to standard coal by its heat equivalent, equivalent value refers to the value of average standard coal consumption by thermal power in the current year.

b) Total energy consumption does not deduct raw material energy and other data.

7-2　主要能源平衡情况(2022年)
Main Energy Balance Sheet(2022)

指　标	Item	综合能源(万吨标准煤) Overall Energy (10 000 tce)	煤　炭(万吨) Coal (10 000 tons)	石　油(万吨) Petroleum (10 000 tons)	天然气(亿立方米) Natural Gas (100 million cu.m)	电　力(亿千瓦小时) Electricity (100 million kwh)
一、可供本地区消费能源	**Volume of total Energy Available for Consumption**	**16106.41**	**24334.07**	**528.38**	**192.98**	**-19.98**
年初库存	Stock at the Beginning of the Year	1553.58	1400.49	226.39		
一次能源生产量	Primary Energy Output	60413.84	74876.33	2536.62	307.11	456.21
外省(区、市)调入量	Inflow from Other Provinces (Regions, Cities)	5536.30	4093.34	954.25		124.80
本省(区、市)调出量(-)	Outflow from this Provinces (Regions, Cities)	-49889.58	-54655.32	-3003.27	-114.14	-600.99
出口量(-)	Exports	-27.57	-40.00			
年末库存(-)	Stock at Year-end	-1480.16	-1340.77	-185.61		
二、加工转换投入(-)产出(+)量	**Input (-) or Output (+) of Processing and Transformation**	**-695.73**	**-19991.98**	**409.30**	**-90.89**	**2395.88**
火力发电	Thermal Power	0.00	-9336.19	-0.57	-0.30	2395.88
供　热	Heating	-201.41	-1269.18	-2.04	-13.45	
煤炭洗选	Separation Coal	-171.92	-1653.65			
炼　焦	Coke Making	-513.99	-7161.75			
炼油及煤制油	Petroleum Refining and Coal-to-liquids	-314.77	-518.75	463.76	-24.02	
#油品再投入量(-)	Oil reinputs (-)	-71.53		-51.84		
制　气	Gas Production	60.40	-40.44		3.73	
#再投入量(-)	Reinput volume (-)	-87.28			-2.14	
天然气液化	Natural Gas Liquefying	-45.11			-54.71	
煤制品加工	Processing of Coal Products	-1.92	-12.02			
回收能	Recovery of Energy	651.80				
三、损失量	**Loss Volume**	**269.06**				**89.11**
四、终端消费	**Final Consumption**	**15134.49**	**4334.69**	**937.25**	**102.09**	**2286.79**
第一产业	Primary Industry	218.06	14.58	52.91		43.29
农、林、牧、渔业	Agriculture, Forestry, Animal Husbandry and Fishery	218.06	14.58	52.91		43.29
第二产业	Secondary Industry	10658.53	4100.81	352.39	66.31	1489.67
工　业	Industry	10427.60	4095.75	282.48	66.10	1449.38
建筑业	Construction	230.93	5.06	69.91	0.22	40.28
第三产业	Tertiary Industry	2299.23	76.03	381.08	11.18	412.09
交通运输、仓储和邮政业	Transportation, Storage and Post Services	989.99	5.76	314.86	4.38	96.57
批发、零售业和住宿、餐饮业	Wholesale and Retail Trades, Hotels and Catering Services	567.47	26.00	47.34	6.02	121.61
其　他	Others	741.77	44.27	18.89	0.79	193.90
生活消费	Household Consumption	1958.68	143.27	150.86	24.59	341.75
城　镇	Urban Areas	1346.72	20.46	88.92	22.71	205.61
乡　村	Rural Area	611.96	122.81	61.94	1.88	136.14
五、平衡差额(+、-)	Balance	7.12	7.39	0.43		

注：综合能源消费电力按等价值折算。
a) Comprehensive energy consumption Electric power and heat are converted on the basis of equal value.

7−3 能源生产弹性系数
Elasticity Ratio of Energy Production

指　　标	Item	2017	2018	2019	2020	2021	2022
能源生产增长速度(%)	Growth Rate of Energy Production over Preceding Year (%)	9.4	9.7	0.6	4.2	-1.5	3.7
电力生产增长速度(%)	Growth Rate of Electricity Production over Preceding Year (%)	6.6	5.9	14.2	8.5	15.1	4.1
生产总值增长速度(%)	Rate of Gross Domestic Product (GDP) over Preceding Year (%)	7.8	8.1	6.0	2.1	6.6	4.3
能源生产弹性系数	Elasticity Ratio of Energy Production	1.20	1.20	0.09	2.00	-0.23	0.86
电力生产弹性系数	Elasticity Ratio of Electricity Production	0.85	0.72	2.39	4.04	2.29	0.95

注：生产总值增长速度按不变价计算，能源生产用等价值折算。
a) The growth rates of GDP are calculated at constant prices. Energy production are converted on the basis of equal value.

7−4 平均每万人能源生产量
Energy Production Per 10 000 Population

品　种	Item	2017	2018	2019	2020	2021	2022
生产总量(吨标准煤)	**Total Production (ton of SCE)**	**132387.45**	**144141.23**	**144208.00**	**149810.31**	**147324.08**	**152753.07**
原　煤(吨)	Raw Coal(ton)	146830.75	160709.84	161600.10	172105.46	177498.67	189320.68
原　油(吨)	Crude Oil(ton)	8973.57	8990.43	8998.68	6820.41	6455.33	6413.70
天然气(万立方米)	Natural Gas(10 000 cu. m)	1078.44	1130.54	1202.33	1335.31	743.80	776.52
电　力(万千瓦小时)	Electricity(10 000 kwh)	4664.52	4901.63	5570.10	6024.58	6928.19	7211.35

注：能源生产总量用等价值折算。
a) Total energy production are converted on the basis of equal value.

7−5 能源加工转换效率
Efficiency of Energy Conversion

指　　标	Item	2017	2018	2019	2020	2021	2022
总效率(%)	**Total Efficiency (%)**	**82.18**	**81.06**	**80.61**	**80.11**	**77.96**	**77.33**
火力发电	Thermal Power	39.97	40.16	40.69	40.76	41.33	40.70
供　热	Heating	77.52	77.60	79.81	80.00	80.91	82.42
炼　焦	Coke Making	90.60	90.23	90.74	92.12	93.30	91.38
炼油及煤制油	Petroleum Refining and Coal-to-liquids	89.09	92.03	90.47	89.78	87.68	89.88

7–6 能源消费弹性系数
Elasticity Ratio of Energy Consumption

指 标	Item	2017	2018	2019	2020	2021	2022
能源消费增长速度(%)	Growth Rate of Energy Consumption over Preceding Year (%)	3.3	2.8	4.5	0.3	7.4	10.9
电力消费增长速度(%)	Growth Rate of Electricity Consumption over Preceding Year (%)	9.5	6.7	5.6	3.5	13.0	6.2
生产总值增长速度(%)	Growth Rate of Gross Domestic Product (GDP) over Preceding Year (%)	7.8	8.1	6.0	2.1	6.6	4.3
能源消费弹性系数	Elasticity Ratio of Energy Consumption	0.42	0.35	0.75	0.12	1.12	2.54
电力消费弹性系数	Elasticity Ratio of Electricity Consumption	1.22	0.82	0.93	1.64	1.96	1.44

注：生产总值增长速度按不变价计算，能源消费用等价值折算。
a) The growth rates of GDP are calculated at constant prices. Energy consumption are converted on the basis of equal value.

7–7 平均每天各种能源消费量
Average Daily Energy Consumption by Variety

品 种	Item	2017	2018	2019	2020	2021	2022
消费总量(万吨标煤)	**Total Consumption (10 000 tons of SCE)**	**34.38**	**35.34**	**36.93**	**36.92**	**39.77**	**44.11**
原 煤 (万吨)	Raw Coal (10 000 tons)	83.80	74.97	79.86	81.55	75.28	79.64
焦 炭 (吨)	Coke (ton)	22729	21072	20569	21767	20999	23732
原 油 (吨)	Crude Oil (ton)	50783	51073	50349	50374	50854	52765
汽 油 (吨)	Gasoline (ton)	7601	8174	8380	7889	8144	7907
煤 油 (吨)	Kerosene (ton)	1370	2136	2497	2273	2271	1187
柴 油 (吨)	Diesel Oil (ton)	10241	10974	10332	8428	8716	8926
天然气 (万立方米)	Natural Gas (10 000 cu.m)	2298	2526	2984	2776	3271	4054
电 力(万千瓦小时)	Electricity (10 000 kwh)	43839	47787	52341	54136	61214	65093

注：能源消费总量用等价值折算。
a) Total energy consumption are converted on the basis of equal value.

7-8 全省用电总量(2022年)
Total Electricity Consumption in the Whole Province (2022)

单位：亿千瓦时 (100 million kwh)

指　　标	Item	2022
全省用电量总计	**Total Electricity Consumption in the Whole Province**	**2375.90**
农、林、牧、渔业用电	Electricity Consumption for Agriculture,Forestry,Animal Husbandry, and Fishery	43.29
# 排灌用电	Electricity Consumption for drainage and irrigation	16.73
工业用电	Electricity Consumption for Industry	1538.49
轻工业	Light Industry	57.81
重工业	Heavy Industry	1480.68
# 电力、热力生产和供应业	Production and Supply of Electric Power and Heat Power	381.63
建筑业用电	Construction electricity	40.28
交通运输、仓储和邮政业用电	Electricity Consumption for Transport, Storage and Post Transport	96.57
信息传输、软件和信息技术服务业用电	Electricity Consumption for Information Transmission, Software and Information Technology	32.18
批发和零售业用电	Electricity Consumption for Wholesale and Retail Trades	95.15
住宿和餐饮业用电	Electricity Consumption for Hotels and Catering Services	26.46
金融业用电	Electricity Consumption for Financial Intermediation	3.81
房地产业用电	Electricity Consumption for Real Estate	37.91
租赁和商务服务业用电	Electricity Consumption for Leasing and Business Services	8.63
公共服务及管理组织用电	Electricity Consumption for Public Services and Management	111.38
城乡居民生活用电	Electricity Consumption for Cities and Rural Areas Residential	341.75
城镇居民用电	Electricity Consumption for Urban Residents	205.61
乡村居民用电	Electricity Consumption for Rural Residents	136.14

注：本表采用中电联数据。
a) The data in this table are from China Electricity Council.

主要统计指标解释

一次能源生产总量　指一定时期内，一次能源生产量的总和。该指标是观察能源生产水平、规模、构成和发展速度的总量指标。一次能源生产量包括原煤、原油、天然气、水电、核能及其他动力能(如风能、地热能等)发电量，不包括低热值燃料生产量、生物质能、太阳能等的利用和由一次能源加工转换而成的二次能源产量。

能源消费总量　是指一定地域内，国民经济各行业和居民家庭在一定时间消费的各种能源的总和。包括：原煤、原油、天然气、水能、核能、风能、太阳能、地热能、生物质能等一次能源；一次能源通过加工转换产生的洗煤、焦炭、煤气、电力、热力、成品油等二次能源和同时产生的其他产品；其他化石能源、可再生能源和新能源。其中水能、风能、太阳能、地热能、生物质能等可再生能源，是指人们通过一定技术手段获得的，并作为商品能源使用的部分。在核算过程中，一次能源、二次能源消费不能重复计算。能源消费总量分为终端能源消费量、能源加工转换损失量和能源损失量三部分。

(1)终端能源消费量：指一定时期内，全国生产和生活消费的各种能源在扣除了用于加工转换二次能源消费量和损失量以后的数量。

(2)能源加工转换损失量：指一定时期内，全国投入加工转换的各种能源数量之和与产出各种能源产品之和的差额。该指标是观察能源在加工转换过程中损失量变化的指标。

(3)能源损失量：指一定时期内，能源在输送、分配、储存过程中发生的损失和由客观原因造成的各种损失量，不包括各种气体能源放空、放散量。

能源生产弹性系数　是研究能源生产增长速度与国民经济增长速度之间关系的指标。计算公式：

$$\text{能源生产弹性系数}=\frac{\text{能源生产总量年平均增长速度}}{\text{国民经济年平均增长速度}}$$

国民经济年平均增长速度，可根据不同的目的或需要，用国民生产总值、国内生产总值等指标来计算，本年鉴是采用国内生产总值指标计算的。

电力生产弹性系数　是研究电力生产增长速度与国民经济增长速度之间关系的指标。一般来说，电力的发展应当快于国民经济的发展，也就是说电力应超前发展。计算公式为：

$$\text{电力生产弹性系数}=\frac{\text{电力生产量年平均增长速度}}{\text{国民经济年平均增长速度}}$$

能源消费弹性系数　反映能源消费增长速度与国民经济增长速度之间比例关系的指标。计算公式为：

$$\text{能源消费弹性系数}=\frac{\text{能源消费量年平均增长速度}}{\text{国民经济年平均增长速度}}$$

电力消费弹性系数　反映电力消费增长速度与国民经济增长速度之间比例关系的指标。计算公式为：

$$\text{电力消费弹性系数}=\frac{\text{电力消费量年平均增长速度}}{\text{国民经济年平均增长速度}}$$

能源加工转换效率　指一定时期内，能源经过加工、转换后，产出的各种能源产品的数量与同期内投入加工转换的各种能源数量的比率。该指标是观察能源加工转换装置和生产工艺先进与落后、管理水平高低等的重要指标。计算公式为：

$$\text{能源加工转换效率}=\frac{\text{能源加工转换产出量}}{\text{能源加工转换投入量}}\times 100\%$$

单位生产总值能耗　指一定时期内，一个国家或地区每生产一个单位的生产总值所消耗的能源。计算公式为：

$$\text{单位生产总值能耗}=\frac{\text{能源消费总量}}{\text{生产总值}}$$

Explanatory Notes on Main Statistical Indicators

Total Primary Energy Production refers to the total production of primary energy by all energy producing enterprises in the country in a given period of time. It is a comprehensive indicator to show the level, scale, composition and pace of development of energy production of the country. The production of primary energy includes that of coal, crude oil, natural gas, hydro-power and electricity generated by nuclear energy and other means such as wind power and geothermal power. However, it does not include the production of fuels of low calorific value, bio-energy, solar energy and secondary energy converted from primary energy.

Total Energy Consumption refers to the total consumption of energy of various kinds by the production sectors of the economy and the households in a given period of time. It includes the primary kinds of energy such as coal, crude oil, natural gas, hydro-power, nuclear power, wind power, solar power, geothermal power and bio-energy; the secondary kinds of energy and their products which are transformed from the primary energy such as washed coal, coke, coal gas, electricity, heating, and petroleum products; and other kinds of fossil energy, renewable energy and new energy. The renewable energy, including hydro-power, wind power, solar power, geothermal power and bio-energy, refers to the part attained with some given technical means and used for commercial purposes. Total energy consumption can be divided into three parts: end-use energy consumption; loss during the process of energy conversion; and energy loss.

(1) End-use Energy Consumption: It refers to the total energy consumption by the production sectors and the households in the country (region) in a given period of time. It does not include the consumption during the conversion of primary energy into secondary energy and the loss in the process of energy conversion.

(2) Loss During the Process of Energy Conversion: It refers to the total input of various kinds of energy for conversion, minus the total output of various kinds of energy in the country in a given period of time. It is an indicator to show the loss that occurs during the process of energy conversion.

(3) Energy Loss: It refers to the total of the loss of energy during the course of energy transport, distribution and storage and the loss caused by any objective reason in a given period of time. The loss of various kinds of gas due to gas discharges and stocktaking is not included.

Elasticity Ratio of Energy Production is an indicator to show the relationship between the growth rate of energy production and the growth rate of the national economy. The formula is:

$$\text{Elasticity Ratio of Energy Production} = \frac{\text{Average Annual Growth Rate of Energy Production}}{\text{Average Annual Growth Rate of National Economy}}$$

The average annual growth rate of the national economy can be measured by indicators such as the Gross National Product and the Gross Domestic Product, depending on the purposes or needs. The Gross Domestic Product has been used in the calculation of the ratio in this Yearbook.

Elasticity Ratio of Electricity Production is an indicator to show the relationship between the growth rate of electricity production and the growth rate of the national economy. Generally speaking, the growth rate of electricity production should be higher than that of the national economy.

Its formula is:

$$\text{Elasticity Ratio of Electricity Production} = \frac{\text{Average Annual Growth Rate of Electricity Production}}{\text{Average Annual Growth Rate of National Economy}}$$

Elasticity Ratio of Energy Consumption is an indicator to show the relationship between the growth rate of energy consumption and the growth rate of the national economy. The formula is:

$$\text{Elasticity Ratio of Energy Consumption} = \frac{\text{Average Annual Growth Rate of Energy Consumption}}{\text{Average Annual Growth Rate of National Economy}}$$

Elasticity Ratio of Electricity Consumption is an indicator to show the relationship between the growth rate of electricity consumption and the growth rate of the national economy. The formula is:

$$\text{Elasticity Ratio of Electricity Consumption} = \frac{\text{Average Annual Growth Rate of Electricity Consumption}}{\text{Average Annual Growth Rate of National Economy}}$$

Efficiency of Energy Processing and Conversion refers to the ratio of the total output of energy products of various kinds after processing and conversion to the total input of energy of various kinds for processing and conversion in the same reference period. It is an important indicator to show the current conditions of energy processing and conversion equipment, production technique and management. The formula is:

$$\text{Efficiency of Energy Processing \& Conversion} = \frac{\text{Output of Energy After Processing \& Conversion}}{\text{Input of Energy for Processing \& Conversion}} \times 100\%$$

Energy Consumption per Unit of GDP refers to the energy consumption per unit of Gross Domestic Product in a country or the Gross Regional Product in a region in the same reference period. The formula is:

$$\text{Energy Consumption per Unit of GDP} = \frac{\text{Total Energy Consumption}}{\text{Gross Domestic Product}}$$

八、财政、金融和保险

Government Finance, Banking and Insurance

资料整理：甘　露　刘　浴

简 要 说 明

一、本篇资料反映陕西财政收支情况及金融、证券、保险业务发展情况，内容包括地方一般预算分项目收入，地方财政分项目支出；金融机构存贷款余额，上市公司、证券公司情况，期货交易情况，保险业保费收入。

二、本篇资料财政收支由省财政厅提供，金融、证券、保险资料分别由中国人民银行陕西省分行、中国证券监督管理委员会陕西监管局、国家金融监督管理总局陕西监管局。

Brief Introduction

I. This chapter reflects the basic situation of budgetary revenue and expenditure and the development of banking, bond and insurance of Shaanxi Province, mainly including local general bugetary revenue by item, local bugetary expenditure by item, balance of deposit and loan of financial institutions,general situation of listed companies and securities companies, general situation of futures trading and premium of insurance transactions.

II. The data on financial revenue and expenditure are provided by Finance Department of Shaanxi Provincial.The data on banking,bond and insurance are provided by Shaanxi Branch of the People's Bank of China, Shaanxi Bureau of China Securities Regulatory Commission and State financial supervision and Administration Bureau of Shaanxi Province.

8.财政、金融和保险

2022年全省		
一般公共预算收入	3311.57	亿元
一般公共预算支出	6760.98	亿元
金融机构人民币存款年底余额	61575.56	亿元
金融机构人民币贷款年底余额	48631.59	亿元

金融机构人民币存贷款年底余额

（亿元）

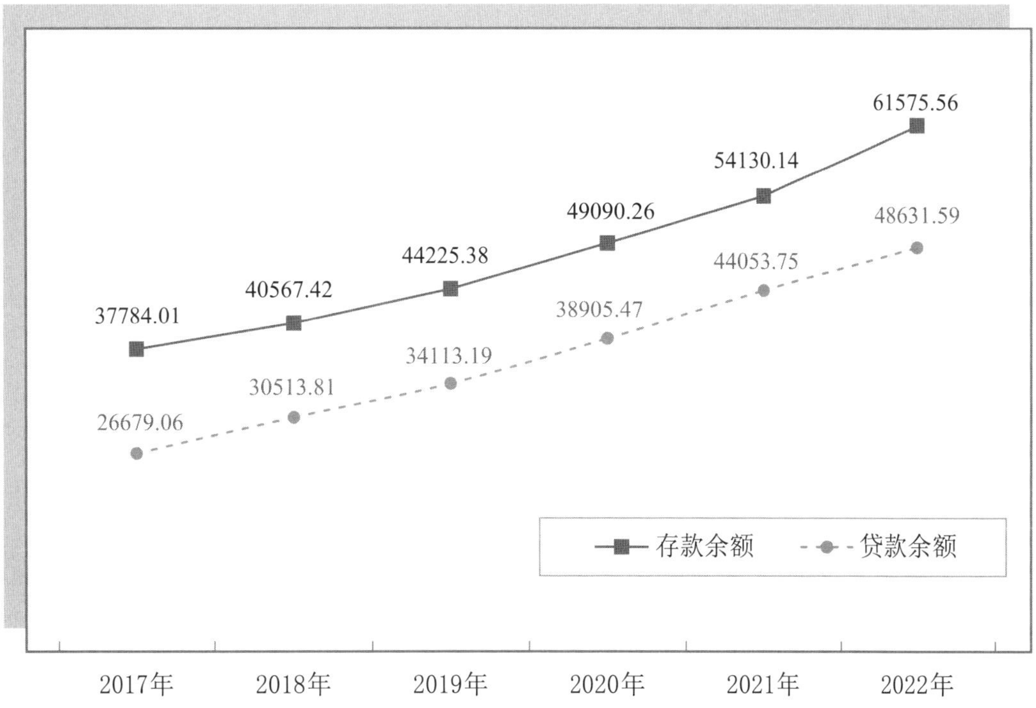

8-1 财政分项目收入
Government Revenue by Item

单位：亿元 (100 million yuan)

项　　目	Item	2017	2018	2019	2020	2021	2022
一般公共预算收入	**General Public Budget Revenue**	**2006.69**	**2243.14**	**2287.90**	**2257.31**	**2775.42**	**3311.57**
税收收入	**Total Tax Revenue**	**1485.58**	**1774.29**	**1846.11**	**1752.14**	**2237.04**	**2682.85**
增值税	Value-added Tax	690.85	776.91	782.64	677.45	824.94	838.44
营业税	Business Tax						
企业所得税	Corporate Income Tax	176.54	228.28	250.52	244.14	339.53	445.98
个人所得税	Individual Income Tax	79.05	102.58	74.44	84.24	105.14	138.88
资源税	Resource Tax	144.66	181.31	230.42	235.37	373.06	669.57
城市维护建设税	City Maintenance and Construction Tax	100.36	118.07	112.42	110.00	130.36	142.93
房产税	House Property Tax	44.72	59.57	65.80	64.97	81.29	84.85
印花税	Stamp Tax	23.91	27.55	29.61	32.36	42.07	43.78
城镇土地使用税	Urban Land Use Tax	36.71	40.79	45.12	46.58	56.16	52.26
土地增值税	Land Appreciation Tax	44.82	87.82	80.50	70.76	80.64	83.27
车船税	Tax on Vehicles and Boat Operation	19.01	21.52	25.41	27.24	29.33	31.26
耕地占用税	Farm Land Occupation Tax	51.15	34.19	45.04	39.28	25.41	36.22
契　税	Deed Tax	72.56	90.67	97.32	113.55	143.33	110.71
烟叶税	Tobacco Leaf Tax	1.24	1.76	1.65	1.73	1.80	1.88
环境保护税	Environment Protection Tax				4.14	3.85	2.79
其他税收收入	Other Tax Revenue		3.29	5.22	0.33	0.12	0.02
非税收入	**Total Non-tax Revenue**	**521.11**	**468.85**	**441.79**	**505.17**	**538.39**	**628.72**
专项收入	Special Program Receipts	159.59	175.94	167.81	162.00	179.69	227.30
行政事业性收费收入	Charge of Administrative and Institutional Units	103.17	78.11	78.15	99.11	97.04	81.84
罚没收入	Penalty Receipts	41.60	43.07	47.21	56.77	67.93	68.96
国有资本经营收入	Operation Income of State-owned Capital	32.57	0.99	0.85	5.93	4.29	1.36
国有资源(资产)有偿使用收入	Income from Use of State-owned Resources (Assets)	136.18	133.86	111.95	110.14	146.53	174.82
其他收入	Other Non-tax Revenue	48.00	36.88	35.83	71.22	42.91	74.43

8-2　财政分项目支出(2022年)
Government Expenditure by Item(2022)

单位：亿元　　(100 million yuan)

项　　目	Item	2022
一般公共预算支出	**General Pubilc Budget Expenditure**	**6760.98**
一般公共服务支出	Expenditure for General Public Services	607.89
外交支出	Expenditure for Foreign Affairs	
国防支出	Expenditure for National Defense	4.67
公共安全支出	Expenditure for Public Security	330.37
教育支出	Expenditure for Education	1060.38
科学技术支出	Expenditure for Science and Technology	109.78
文化旅游体育与传媒支出	Expenditure for Culture,Tourism, Sport and Media	137.13
社会保障和就业支出	Expenditure for Social Security and Employment	1071.27
卫生健康支出	Expenditure for Health Care	664.04
节能环保支出	Expenditure for Energy Conservation and Environment Protection	232.01
城乡社区支出	Expenditure for Urban and Rural Community Affairs	554.63
农林水支出	Expenditure for Agriculture, Forestry and Water Conservancy	733.21
交通运输支出	Expenditure for Transportation	309.00
资源勘探工业信息等支出	Expenditures for Resource Exploration and Information	192.74
商业服务业等支出	Expenditure of Commerce and Services	59.57
金融支出	Expenditure for Financial Affairs	59.36
自然资源海洋气象等支出	Expenditure for Nature Resources,Ocean and Weather	90.97
住房保障支出	Expenditure for Housing Security	245.36
粮油物资储备支出	Expenditure for Reserve of Grain,Oil and Other Materials	19.98
援助其他地区支出	Expenditure for Assistance to Other Regions	0.20
灾害防治及应急管理支出	Expenditure for Prevention of Disasters and Emergency Management	63.43
债务付息支出	Expenditure for Interest Payments on Debts	154.25
债务发行费用支出	Expenditure for Issuing Debts	0.72
其他支出	Other Expenditure	60.02

8-3 各市、县(市、区)财政收支(2022年)

Government Revenue and Expenditure by City and County (City and District) (2022)

单位：万元 (10 000 yuan)

地区	Region	一般公共预算收入 General Public Budget Revenue	一般公共预算支出 General Pubilc Budget Expenditure
全省	**Shaanxi**	**33115697**	**67609759**
省本级	Provincial Level	9343932	9842319
西安市	**Xi'an**	**8340794**	**15698087**
市本级	City Level	5611415	10349297
新城区	Xincheng	165208	329804
碑林区	Beilin	389749	310161
莲湖区	Lianhu	336446	392845
灞桥区	Baqiao	193708	338905
未央区	Weiyang	311777	383410
雁塔区	Yanta	411339	443647
阎良区	Yanliang	300825	372963
临潼区	Lintong	102174	450439
长安区	Chang'an	209760	610194
高陵区	Gaoling	135491	310946
鄠邑区	Huyi	90441	400967
蓝田县	Lantian	53562	495715
周至县	Zhouzhi	28899	508794
铜川市	**Tongchuan**	**222364**	**1337091**
市本级	City Level	103376	453129
王益区	Wangyi	19124	164431
印台区	Yintai	17774	181057
耀州区	Yaozhou	65968	371876
宜君县	Yijun	16122	166598
宝鸡市	**Baoji**	**926486**	**4024081**
市本级	City Level	501504	1199484
渭滨区	Weibin	50787	256653
金台区	Jintai	36665	228155
陈仓区	Chencang	33814	325041
凤翔区	Fengxiang	48323	282296
岐山县	Qishan	34419	299192
扶风县	Fufeng	24475	264080
眉县	Meixian	36975	250377
陇县	Longxian	16879	251288
千阳县	Qianyang	10189	147689
麟游县	Linyou	102569	214010
凤县	Fengxian	23236	182004
太白县	Taibai	6651	123812
咸阳市	**Xianyang**	**1155765**	**4927587**
市本级	City Level	448643	1093367
秦都区	Qindu	101211	285934
渭城区	Weicheng	47707	160233
三原县	Sanyuan	37345	333666
泾阳县	Jingyang	27637	277861
乾县	Qianxian	20081	361981
礼泉县	Liquan	29552	374228
永寿县	Yongshou	6465	203753
长武县	Changwu	106952	279603
旬邑县	Xunyi	44281	283516
淳化县	Chunhua	5216	229473
武功县	Wugong	16714	293745
兴平市	Xingping	52639	380000
彬州市	Binzhou	211322	370227
渭南市	**Weinan**	**931949**	**5320427**
市本级	City Level	180037	944567
临渭区	Linwei	83766	535025
华州区	Huazhou	62359	287338
潼关县	Tongguan	12582	172288
大荔县	Dali	23740	473018
合阳县	Heyang	36050	376472
澄城县	Chengcheng	32109	333968
蒲城县	Pucheng	60394	529158
白水县	Baishui	14751	261326
富平县	Fuping	64496	538365
韩城市	Hancheng	336122	648671

8–3 续表 continued

单位：万元 (10 000 yuan)

地　区	Region	一般公共预算收入 General Public Budget Revenue	一般公共预算支出 General Pubilc Budget Expenditure
华阴市	Huayin	25543	220231
延安市	**Yan'an**	**1804484**	**4773718**
市本级	City Level	591857	1250174
宝塔区	Baota	129960	370156
安塞区	Ansai	92151	274217
延长县	Yanchang	22862	217590
延川县	Yanchuan	30844	306548
子长市	Zichang	171093	356467
志丹县	Zhidan	134701	313478
吴起县	Wuqi	149328	335910
甘泉县	Ganquan	12531	139199
富　县	Fuxian	13593	201267
洛川县	Luochuan	8966	218521
宜川县	Yichuan	10799	178560
黄龙县	Huanglong	8061	181603
黄陵县	Huangling	427738	430028
汉中市	**Hanzhong**	**490800**	**4012973**
市本级	City Level	137975	765620
汉台区	Hantai	107405	332461
南郑区	Nanzheng	91565	418706
城固县	Chenggu	34624	386970
洋　县	Yangxian	30211	361955
西乡县	Xixiang	20090	319336
勉　县	Mianxian	27119	330596
宁强县	Ningqiang	9180	296349
略阳县	Lueyang	16255	287361
镇巴县	Zhenba	9768	294222
留坝县	Liuba	4126	113853
佛坪县	Foping	2482	105544
榆林市	**Yulin**	**9268110**	**10707300**
市本级	City Level	4287678	3147862
榆阳区	Yuyang	1443002	1199194
横山区	Hengshan	146066	483139
府谷县	Fugu	628322	734464
靖边县	Jingbian	175598	518252
定边县	Dingbian	155276	539584
绥德县	Suide	18005	415537
米脂县	Mizhi	12350	306113
佳　县	Jiaxian	5160	331562
吴堡县	Wubu	4938	195526
清涧县	Qingjian	9954	300465
子洲县	Zizhou	11464	321882
神木市	Shenmu	2370297	2213720
安康市	**Ankang**	**313724**	**3694947**
市本级	City Level	152966	650959
汉滨区	Hanbin	52912	687600
汉阴县	Hanyin	14846	275000
石泉县	Shiquan	10803	228052
宁陕县	Ningshan	6406	170766
紫阳县	Ziyang	11625	344316
岚皋县	Langao	9520	232981
平利县	Pingli	9106	260472
镇坪县	Zhenping	3815	147513
旬阳市	Xunyang	32982	442189
白河县	Baihe	8743	255099
商洛市	**Shangluo**	**244255**	**3016560**
市本级	City Level	54292	609083
商州区	Shangzhou	34883	395095
洛南县	Luonan	36341	398711
丹凤县	Danfeng	17622	295839
商南县	Shangnan	19323	313117
山阳县	Shanyang	35428	404663
镇安县	Zhen'an	25026	356558
柞水县	Zhashui	21340	243494
杨凌示范区	**Yangling**	**73034**	**254669**
区本级	District Level	51077	134311
杨陵区	Yangling	21957	120358

8-4 金融机构人民币信贷收支(年底余额)
Summary of Sources & Uses of Funds of Financial Institutions in RMB at Year-end

单位：亿元 (100 million yuan)

项　　目	Item	2021	2022
资金来源总计	**Total Funds Sources**	**54707.35**	**63235.19**
一、各项存款合计	Total Deposits	54130.14	61575.56
(一)境内存款	Domestic Deposits	54105.15	61551.44
1、住户存款	Household Deposits	29177.26	34616.87
2、非金融企业存款	Non Financial Enterprise Deposits	15641.62	17335.45
3、机关团体存款	Broad Government Deposits	6728.34	6979.97
4、财政性存款	Fiscal Deposits	959.84	1220.78
5、非银行金融机构存款	Non-bank Financial Institution Deposits	1598.08	1398.39
(二)境外存款	Overseas Deposits	24.99	24.11
二、金融债券	Financial Bond	226.86	345.66
三、卖出回购资产	Sell Buy Back Assets		4.95
四、借款及非银行业金融机构拆入	Loan and Non-bank Financial Institution Borrowing	0.54	0.54
五、联行往来(净)	Interbank Transactions(net)		
六、应付及暂收款	Accounts Payable and Suspense Credits	1259.35	1468.08
七、各项准备	All Provisions	1183.43	1344.61
八、所有者权益	Owner's Equity	2220.95	2420.71
九、其他	Others	-4313.92	-3924.92
资金运用总计	**Total Use of Funds**	**54707.36**	**63235.19**
一、各项贷款合计	Total Loans	44053.75	48631.59
(一)境内贷款	Domestic Loans	44053.03	48624.93
1、住户贷款	Household Loans	13794.42	14711.24
2、企(事)业单位贷款	Non Financial Enterprise and Organizations and Communities Loans	30254.44	33913.51
3、非银行业金融机构贷款	Non-bank Financial Institution Loans	4.17	0.17
(二)境外贷款	Overseas Loans	0.72	6.66
二、债券投资	Investment in Bonds	3904.64	5790.25
三、股权及其他资产	Equity and Other Assets	937.97	1105.79
四、买入返售资产	Buying Back the Sale of Assets	33.55	57.04
五、存放非银行业金融机构款项	Deposit of Non-bank Financial Institution	29.61	17.28
六、联行往来(净)	Interbank Transactions(net)	5061.38	6934.25
七、金银占款	Position for Bullion and Silver Purchase		
八、外汇买卖	Foreign Exchange Trading		
九、应收及预付款	Accounts receivable and Advance Payment	338.84	370.35
十、投资性房地产	Investment Real Estates	0.44	0.42
十一、固定资产	Fixed Assets	347.18	328.22

8-5 证券业主要情况
General Statistics on Securities Markets

指　　标		Item		2021	2022
上市公司情况		**Listed Companies**			
上市公司	(户)	Number of Listed Companies	(accounts)	66	75
# A 股	(只)	A Shares	(number)	66	75
上市公司总股本	(亿股)	Total Issued Capital of Listed Companies	(100 million shares)	1039.06	1102.05
# 流通股本		Negotiable Shares		870.85	946.08
上市公司股票市价总值	(亿元)	Total Market Capitalization of Listed Companies	(100 million yuan)	15929.67	13827.7
# 股票流通市值		Negotiable Market Capitalization		13773.43	12147.47
证券公司及交易情况		**Securities Companies and Trading**			
证券公司	(个)	Number of Securities Companies	(number)	3	3
证券营业部	(个)	Security Exchange	(number)	248	240
(含外地公司在陕营业部)		(include Nonlocal Exchange in Shaanxi)			
证券交易开户数	(万户)	Total Stock Investors	(10 000 accounts)	685.24	777.96
证券交易额	(亿元)	Trading Volume	(100 million yuan)	87745.76	110578.26
# 股票、基金		Stocks and Funds		56851.24	51426.43
期货交易情况		**Futures Trading**			
期货代理交易额	(亿元)	Agent's Turnover of Futures	(100 million yuan)	120459.84	104315.05

8-6 保险业保费收入(2022年)
Premium of Insurance Transactions (2022)

单位：亿元　　(100 million yuan)

地　区	Region	保费收入 Premium		赔款与给付 Payment	
		人身险 Life Insurance	财产险 Property Insurance	人身险 Life Insurance	财产险 Property Insurance
全　省	**Shaanxi**	**829.23**	**272.79**	**192.40**	**167.96**
省本级	The Same Level	0.02	0.24	0.11	1.15
西安市	Xi'an	442.35	130.40	98.43	79.58
铜川市	Tongchuan	9.09	4.81	2.37	2.91
宝鸡市	Baoji	58.11	16.84	17.31	10.13
咸阳市	Xianyang	67.90	24.71	17.95	15.01
渭南市	Weinan	66.14	23.04	14.49	14.46
延安市	Yan'an	33.29	14.12	8.46	8.95
汉中市	Hanzhong	50.05	14.39	10.44	8.71
榆林市	Yulin	50.88	28.93	7.71	16.68
安康市	Ankang	32.01	9.37	8.35	6.74
商洛市	Shangluo	19.39	5.94	6.79	3.63

主要统计指标解释

一般公共预算收入 指国家财政参与社会产品分配所取得的收入，是实现国家职能的财力保证。主要包括：

（1）各项税收：包括国内增值税、国内消费税、进口货物增值税、进口消费品消费税、出口货物退增值税、出口消费品退消费税、企业所得税、个人所得税、资源税、城市维护建设税、房产税、印花税、城镇土地使用税、土地增值税、车船税、船舶吨税、车辆购置税、关税、耕地占用税、契税、烟叶税、环境保护税等。

（2）非税收入：包括专项收入、行政事业性收费收入、罚没收入、国有资本经营收入、国有资源（资产）有偿使用收入和其他收入。

一般公共预算支出 指国家财政将筹集起来的资金进行分配使用，以满足经济建设和各项事业的需要。主要包括：一般公共服务、外交、国防、公共安全、教育、科学技术、文化旅游体育与传媒、社会保障和就业、卫生健康、节能环保、城乡社区、农林水、交通运输、资源勘探工业信息等、商业服务业等、金融、援助其他地区、自然资源海洋气象等、住房保障、粮油物资储备、灾害防治及应急管理、债务付息、债务发行费用等方面的支出。

财政支出根据政府在经济和社会活动中的不同职权，划分为中央财政支出和地方财政支出。

信贷资金 指金融机构以信用方式积聚和分配的货币资金。金融机构信贷资金的来源有各项存款、金融债券、对国际金融机构负债、流通中现金、其他项目等；信贷资金的运用有各项贷款、有价证券及投资、金银占款、外汇占款、财政借款及在国际金融机构中的资产等。

存款 指企业、机关、团体或居民根据资金必须收回的原则，把货币资金存入银行或其他信贷机构保管并取得一定利息的一种信用活动形式。根据存款对象或性质的不同可划分为单位存款、个人存款、财政性存款、临时性存款、委托存款、其他存款等科目。它是银行信贷资金的主要来源。

贷款 指银行或其他信贷机构根据资金必须归还的原则，按一定利率，为企业、个人等提供资金的一种信用活动形式。银行贷款分为境内贷款和境外贷款，境内贷款有短期贷款、中长期贷款、融资租赁、票据融资等。

保险公司 在中国境内的、经过保险监督管理部门批准设立，并依法登记注册的各类商业保险公司。

保险金额 指保险人承担赔偿或者给付保险金责任的最高限额。

保费 指投保人为取得保险人在约定范围内所承担赔偿责任而支付给保险人的费用。

赔款 指保险人根据保险合同的规定，向被保险人支付的赔偿保险责任损失的金额。

给付 包括死伤医疗给付和满期给付。死伤医疗给付是指保险人根据人寿保险及长期健康保险合同的规定，因被保险人在保险期内发生保险责任范围内的保险事故支付给被保险人(或受益人)的金额。满期给付是指被保险人生存期满，保险人按人寿保险合同规定支付给被保险人的满期保险金额。

Explanatory Notes on Main Statistical Indicators

General Public Budget Revenue refers to income for the government finance through participating in the distribution of social products. It is the financial guarantee to ensure government functioning. The government revenue includes the following main items:

(1) Various tax revenues including domestic value added tax (VAT), domestic consumption tax, VAT from imports, consumption tax from imports, VAT rebate for exports, consumption tax rebate for exports, corporate income tax, individual income tax, resource tax, city maintenance and construction tax, house property tax, stamp tax, urban land use tax, land appreciation tax, tax on vehicles and boat operation, ship tonnage tax, vehicle purchase tax, tariffs, farm land occupation tax, deed tax, and tobacco tax, environment protection tax, etc.

(2) Non-tax revenue, includingspecial program receipts, charge income of administrative andinstitutional units, penalty receipts, operating income fromgovernment capital, income from use of state-owned resources (assets) and others non-tax receipts.

General Public Budget Expenditure refers to the distribution and use of the funds which the government finance has raised, so as to meet the needs of economic construction and various undertakings. It includes the following main items: expenditure for general public services, expenditure for foreign affairs, expenditure for national defence expenditure for public security, expenditure for education, expenditure for science and technology, expenditure for culture, tourism, sport and media, expenditure for social safety net and employment effort, expenditure for health care, expenditure for energy conservation and environment protection, expenditure for urban and rural community affairs, expenditure for agriculture, forestry and water conservancy, expenditure for transportation, expenditure for resource exploration and industrial information,expenditure for affairs of commerce and services, expenditure for finance, aid to other regions, expenditure for nature resources, ocean and weather, expenditure for housing security, expenditure for grain & oil reserves, expenditure for preventionof disasters and emergency management, interest payment for public debts, expenditure for issuing debts.

General public budget expenditure is divided into general public budget expenditure of central government and general public budget expenditure of local government according to the different functions of the governments played in economic and social activities.

Credit Funds refer to the monetary funds accumulated and distributed in the means of credit by the financial institutions. The sources of credit funds include various deposits, financial bonds, liabilities to international financial institutions, currency in circulation, other items. The uses of credit funds include loans, securities and investment, position for bullion and silver purchase, position for foreign exchange purchase, advances to treasury, and assets with international financial institutions.

Deposit is a form of credit by which enterprises, institutions, organizations or households can put money into banks and other credit institutions for safekeeping and interest earning under the principle of free withdrawal. According to different depositors, deposits are divided into corporate deposits, personal deposits, fiscal deposits, temporary deposits, entrusted deposits, other deposits and etc. Deposits are major sources of the credit funds of banks.

Loan is a form of credit by which banks and other credit institutions provide funds at certain interest rate to enterprises and individuals in the light of the principle of unconditional repayment. Loans from Chinese banks include short-term loan, medium- term and long-term loans, entrusted loans, and other loans.The bank loans are divided into domestic loans and overseas loans. The domestic loans include short-term loans, medium & long-term loans, financial lease, bill financing and etc.

Insurance Companies refer to commercial insurance companies of various forms registered by law and established in China with the approval of insurance regulatory agencies.

Amount Insured refers to the maximum that the insurant will get for the claim of the case insured.

Premium is the fee paid by the insurant to the insurer to obtain the obligation of compensation from the insurance within the agreed terms.

Settled Claim is the compensation paid by the insurer to the insurant in accordance with the insurance contract.

Payment includes payment for death, injury or medical treatment and payment at maturity. Payment for death, injury or medical treatment refers to the money paid to the insurant (or the beneficiary) in accordance with the life or health insurance contract when the insurant encounters accidents within the insured period covered in the contract. Payment at maturity refers to the payment to the insurant in accordance with the life insurance contract at the end of the insured period.

九、价格指数

Price Indices

资料整理：孙　纲　董春梅　沈小梅
姚小清　康　敏　武德朋

简 要 说 明

一、本篇资料反映生产、流通、消费与投资等环节的价格变动情况。主要包括居民消费价格指数、商品零售价格指数、工业生产者价格指数、农产品生产价格指数、住宅销售价格指数。

二、本篇资料由国家统计局陕西调查总队提供。

三、居民消费价格指数、商品零售价格指数采用抽样调查和重点调查相结合的方法编制，即选择不同经济区域的市、县以及有代表性的商品和服务项目作为样本，对其市场价格进行定期调查，以样本推断总体。

四、工业生产者价格指数采用重点调查与典型调查相结合的方法统计。重点调查对象为年主营业务收入2000万元及以上的工业法人企业，典型调查对象为年主营业务收入2000万元以下的工业法人企业。

五、农产品生产价格指数采用抽样调查和重点调查相结合的调查方法进行统计。

Brief Introduction

I. This chapter reflects price changes in production, circulation, consumption and investment, mainly including consumer price indices, retail price indices, industrial producers' price indices, producers' price indices for farm products, home sales price index.

II. The data are provided by NBS Survey Office in Shaanxi.

III. The data for the calculation of consumer price indices and retail price indices in the province are collected through stratified random sampling. Cities and counties distributed in different economic regions of the province are selected as sample areas, and representative commodities and services are selected as sample commodities and services. Regular surveys are conducted to collect data on market prices. The data on the population are estimated on the basis of the sample.

IV. The industrial producers price indices are collected through key-point survey combined with typical survey. The key investigation objects are the industrial enterprises above designated size. The typical investigation objects are the industrial enterprises below designated size.

V. The data for the calculation of producers' price indices of farm products are collected through sampling survey combined with key-point survey.

9.价格指数

2022年全省	
居民消费价格指数(上年=100)	102.1
# 城 市	102.1
工业生产者出厂价格指数(上年=100)	107.3
工业生产者购进价格指数(上年=100)	106.2

居民消费价格指数
(上年=100)

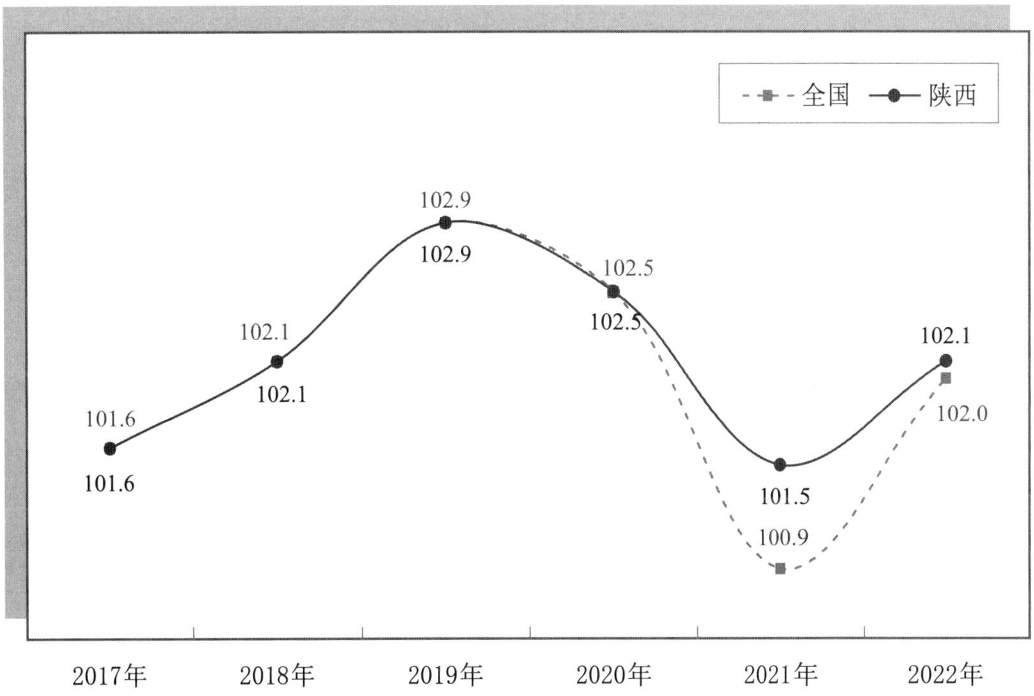

9-1 商品零售价格和居民消费价格指数
Retail Price Indices and Consumer Price Indices

年 份 Year	上年价格=100 preceding year=100			1978年价格=100 1978=100		
	商品零售价格指数 Retail Price Index	居民消费价格指数 Consumer Price Index	# 城市居民 Urban Household	商品零售价格指数 Retail Price Index	居民消费价格指数 Consumer Price Index	# 城市居民 Urban Household
1979	101.6	101.7	101.4	101.6	101.7	101.4
1980	104.7	105.3	105.4	106.4	107.1	106.9
1981	103.0	103.6	103.6	109.6	111.0	110.7
1982	101.0	101.4	100.4	110.7	112.6	111.7
1983	101.5	101.5	102.2	112.4	114.3	113.5
1984	103.9	103.0	103.4	116.8	117.7	117.4
1985	106.5	107.0	107.6	124.4	125.9	126.3
1986	105.2	106.0	106.6	130.9	133.5	134.6
1987	108.6	108.6	109.2	142.2	145.0	147.0
1988	119.0	119.1	120.1	169.2	172.7	176.5
1989	118.8	118.3	117.6	201.0	204.3	207.6
1990	101.6	101.3	102.6	204.2	207.0	213.0
1991	105.8	106.0	107.3	216.0	219.4	228.5
1992	109.5	109.7	111.2	236.5	240.7	254.1
1993	111.8	111.8	114.0	264.4	269.1	289.7
1994	125.9	126.7	128.2	332.9	340.9	371.4
1995	117.0	119.0	118.0	389.5	405.7	438.3
1996	108.1	109.7	110.3	421.0	445.1	483.4
1997	101.6	104.8	105.2	427.7	466.5	508.6
1998	96.2	98.4	97.7	411.4	459.0	496.9
1999	97.5	97.8	97.2	401.1	448.9	483.0
2000	98.3	99.5	100.3	394.3	446.7	484.4
2001	99.1	101.0	100.1	390.8	451.2	484.9
2002	98.6	98.9	98.2	385.3	446.2	476.2
2003	100.5	101.7	100.8	387.2	453.8	480.0
2004	102.5	103.1	103.0	396.9	467.9	494.4
2005	100.1	101.2	100.9	397.3	473.5	498.8
2006	101.8	101.5	102.1	404.5	480.6	509.3
2007	105.0	105.1	105.2	424.7	505.1	535.8
2008	106.9	106.4	106.2	454.0	537.4	569.0
2009	99.9	100.5	100.0	453.5	540.1	569.0
2010	103.6	104.0	103.7	469.8	561.7	590.1
2011	104.8	105.7	105.7	492.4	593.7	623.7
2012	102.3	102.8	102.6	503.7	610.3	639.9
2013	101.8	103.0	102.8	512.8	628.6	657.8
2014	100.7	101.6	101.6	516.4	638.7	668.3
2015	99.8	101.0	100.9	515.4	645.1	674.3
2016	100.3	101.3	101.3	516.9	653.5	683.1
2017	101.3	101.6	101.8	523.6	664.0	695.4
2018	102.1	102.1	102.0	534.6	677.9	709.3
2019	102.4	102.9	102.9	547.3	697.4	729.8
2020	101.9	102.5	102.5	557.4	714.9	748.0
2021	101.6	101.5	101.5	566.4	725.6	759.2
2022	103.1	102.1	102.1	583.9	740.9	775.2

9-2 商品零售价格分类指数(2022年)
Retail Price Indices by Category (2022)

(上年价格=100) (preceding year=100)

项 目	Item	全 省 Provincial Indices	城 市 Urban Indices	农 村 Rural Indices
商品零售价格指数	**Retail Price Index**	**103.1**	**103.2**	**102.5**
一、食品	**Food**	**103.0**	**103.0**	**102.7**
1.粮食	Grain	104.4	104.2	105.2
2.薯类	Potato	113.8	113.8	113.6
3.豆类	Beans	105.1	105.0	105.5
4.食用油	Edible Oil	106.0	105.5	108.2
5.菜及食用菌	Vegetables and Edible Fungi	100.7	100.5	101.7
6.畜肉类	Livestock Meat	96.6	96.7	96.3
7.禽肉类	Poultry	101.2	100.8	103.4
8.水产品	Aquatic Products	97.4	97.1	100.5
9.蛋类	Eggs	109.2	109.4	107.6
10.奶类	Milk	100.0	99.9	101.0
11.干鲜瓜果类	Dried and Fresh Melons and Fruits	113.1	114.0	104.7
12.糖果糕点类	Candy and Cake	104.9	105.3	101.5
13.调味品	Flavoring	102.7	102.7	102.4
14.其他食品类	Other Foods	103.4	103.5	102.9
15.餐饮业零售	Catering Retail	101.4	101.4	101.4
二、饮料、烟酒	**Beverages, Tobacco and Liquor**	**102.4**	**102.5**	**101.3**
1.茶及饮料	Tea and Beverages	101.8	101.8	101.7
茶叶	Tea	100.4	100.4	100.8
2.卷烟	Cigarette	101.7	101.9	100.2
3.酒类	Liquor	104.2	104.3	103.1
三、服装、鞋帽	**Garments, Shoes and Hats**	**101.0**	**101.4**	**97.6**
1.服装	Garments	100.7	101.2	96.8
(1)男士服装	Man's Garments	101.3	102.1	95.0
(2)女士服装	Woman's Garments	100.7	101.0	97.6
(3)儿童服装	Children's Garments	99.8	100.1	97.6
2.鞋帽袜	Footgear and Hats	101.3	101.5	100.0
(1)鞋	Shoes	101.3	101.4	100.1
(2)袜子	Socks and Stockings	99.9	100.1	98.9
(3)帽子	Hats	104.8	105.4	99.3
3.其他衣着配件	Other Clothing Accessories	102.9	103.1	100.5
四、纺织品	**Textiles**	**100.4**	**100.0**	**103.0**
1.服装材料	Clothing Material	101.3	101.3	101.3
2.床上用品	Bedding	100.1	99.6	103.5

9-2 续表 continued

(上年价格=100) (preceding year=100)

项 目	Item	全 省 Provincial Indices	城 市 Urban Indices	农 村 Rural Indices
五、家用电器及音像器材	**Household Appliances, Music and Video Equipment**	**101.9**	**102.2**	**99.4**
1.家庭设备	Household Facilities	101.9	102.0	100.8
2.文娱用耐用消费品	Durable Consumer Goods for Recreation	101.0	101.5	97.2
3.专业音像器材	Professional Audiovisual Equipment	106.6	106.6	106.3
六、文化办公用品	**Cultural and Office Appliances**	**101.3**	**101.3**	**100.9**
七、日用品	**Articles for Daily Use**	**100.9**	**100.7**	**102.1**
1.日用百货	General Merchandise for Daily Use	101.6	101.2	104.0
2.厨具餐具茶具	Kitchenware, Tableware and Tea set	102.1	102.1	102.2
3.清洗用品	Washing Products	98.2	98.2	98.5
4.其他日用品	Others	100.6	100.4	101.6
八、体育娱乐用品	**Sports and Recreation Articles**	**103.4**	**103.6**	**101.7**
1.体育户外用品	Outdoor Sporting Goods	109.8	110.0	107.3
2.娱乐用品	Recreational Articles	100.2	100.2	100.1
九、交通、通信用品	**Transportation and Communication Appliances**	**99.6**	**99.6**	**98.9**
1.交通运输机械	Means of Transportation	100.1	100.1	99.6
2.通信器材	Communication Appliances	98.4	98.5	97.7
十、家具	**Furniture**	**100.9**	**101.0**	**100.7**
十一、化妆品	**Cosmetics**	**102.9**	**103.0**	**102.3**
十二、金银饰品	**Gold and Silver Jewellery**	**101.6**	**101.4**	**103.4**
十三、中西药品及医疗保健用品	**Traditional Chinese and Western Medicines and Health Care Articles Care Articles**	**100.4**	**100.4**	**100.9**
1.医疗卫生器具	Medical Instruments	95.9	95.9	96.5
2.中药	Traditional Chinese Medicine	104.1	104.4	102.6
3.西药	Western Medicines	99.2	99.1	100.6
4.保健器具及用品	Health Care Appliances and Articles	100.6	100.7	100.4
十四、书报杂志及电子出版物	**Books, Newspapers, Magazines and Electronic Publications**	**101.9**	**102.0**	**101.0**
1.教材及参考书	Teaching Materials and Reference Books	102.7	102.9	101.0
2.书报杂志	Newspapers and Magazines	101.4	101.4	101.1
3.计算机办公软件	Computer Office Software	100.0	100.0	100.3
十五、燃料	**Fuels**	**116.5**	**116.5**	**115.9**
1.煤炭及制品	Coal and Coal Products	125.8	127.6	117.0
2.石油及制品	Petroleum and its Products	114.1	114.0	115.4
十六、建筑材料及五金电料	**Building Materials and Hardware**	**100.5**	**100.4**	**101.3**
1.建筑装璜材料	Building Decoration Materials	101.2	101.1	101.8
2.五金水暖	Hardware and Plumbing	98.7	98.5	100.2

9-3 居民消费价格分类指数(2022年)
Consumer Price Indices by Category (2022)

(上年价格=100) (preceding year=100)

项 目	Item	全 省 Provincial Indices	城 市 Urban Indices	农 村 Rural Indices
居民消费价格总指数	**Consumer Price Index**	**102.1**	**102.1**	**102.0**
非食品烟酒价格指数	Non-food Alcohol and Tobacco Price Index	101.9	101.8	101.9
非食品价格指数	Non-food Price Index	101.8	101.8	101.8
服务价格指数	Services Price Index	101.3	101.1	101.8
消费品价格指数	Consumer Price Index	102.6	102.7	102.1
一、食品烟酒	**Food,Alcohol and Tobacco**	**102.6**	**102.7**	**102.2**
1.食品	Food	103.2	103.4	102.8
(1)粮食	Grain	104.6	104.2	105.3
(2)薯类	Potato	113.6	113.4	113.9
(3)豆类	Beans	105.1	105.1	105.0
(4)食用油	Edible Oil	106.3	105.5	107.8
(5)菜及食用菌	Vegetables and Edible Fungi	100.7	100.3	101.8
(6)畜肉类	Livestock Meat	96.6	96.7	96.2
(7)禽肉类	Poultry	101.9	100.9	104.9
(8)水产品	Aquatic Products	98.0	97.2	100.8
(9)蛋类	Eggs	109.2	109.4	108.6
(10)奶类	Milk	100.2	100.0	100.7
(11)干鲜瓜果类	Dried and Fresh Melons and Fruits	111.7	113.7	104.2
(12)糖果糕点类	Candy and Cake	104.3	105.2	101.3
(13)调味品	Flavoring	102.8	103.0	102.3
(14)其他食品类	Other Foods	103.3	103.5	102.9
2.茶及饮料	Tea and Beverages	101.8	101.9	101.4
茶叶	Tea	100.7	100.6	101.2
3.烟酒	Tobacco and Liquor	102.0	102.4	101.0
(1)卷烟	Cigarette	101.2	101.6	100.3
(2)酒类	Liquor	103.6	104.1	102.7
4.在外餐饮	Dining Out	101.3	101.4	100.9
二、衣着	**Clothing**	**100.5**	**101.3**	**97.3**
1.服装	Garments	100.4	101.3	96.6
(1)男式服装	Man's Garments	100.7	102.1	94.5
(2)女式服装	Woman's Garments	100.2	100.9	97.3
(3)儿童服装	Children's Garments	99.5	100.0	97.0

9-3 续表 1 continued

(上年价格=100) (preceding year=100)

项 目	Item	全 省 Provincial Indices	城 市 Urban Indices	农 村 Rural Indices
(4)衣着材料及配件	Clothing Materials and Accessories	101.7	102.6	98.7
袜子	Socks	99.2	99.8	97.4
帽子	Hats	104.1	105.3	99.5
(5)衣着服务费	Dress service fee	102.1	102.4	100.8
2.鞋类	Footwear	101.2	101.7	99.7
(1)鞋	Shoes	101.3	101.7	99.6
(2)鞋类服务	Footwear Services	100.4	100.1	101.3
三、居住	**Residence**	**101.1**	**101.0**	**101.6**
1.租赁房房租	Rent	100.2	100.0	101.1
2.住房保养维修及管理	Housing Maintenance and Management	101.0	100.7	101.9
3.水电燃料	Water, Electricity and Fuels	104.5	104.8	103.6
4.自有住房	Private Housing	100.0	99.7	100.7
四、生活用品及服务	**Articles and Services for Daily Use**	**101.0**	**101.0**	**100.8**
1.家具及室内装饰品	Furniture and Interior Decorations	100.4	100.5	100.1
(1)家具	Furniture	100.8	100.9	100.4
(2)室内装饰品	Interior Decorations	97.1	96.9	97.7
2.家用器具	Household Appliances	101.6	102.0	100.3
3.家用纺织品	Home Textiles	100.7	100.0	103.3
(1)床上用品	Bed Articles	100.6	99.8	104.1
(2)窗帘门帘	The curtains and curtain	101.3	100.9	102.2
4.家庭日用杂品	Daily Use Household Articles	100.1	100.0	100.3
5.个人护理用品	Personal Care Products	102.4	102.4	102.4
化妆品	Cosmetics	102.5	102.6	102.2
6.家庭服务	Household Services	100.7	100.7	101.1
五、交通通信	**Traffic Communication**	**103.8**	**103.7**	**104.1**
1.交通	Transportation	105.5	105.4	106.1
(1)交通工具	Transportation Facility	101.0	100.9	101.5
(2)交通工具用燃料	fuels for vehicles	120.6	120.7	120.5
(3)交通工具使用和维修	Vehicles Use and Maintenance	100.4	100.4	100.5
(4)交通费	Traffic Fare	102.0	102.2	101.4
市内公共交通	Incity Traffic Fare	100.3	100.3	100.0
2.通信	Communication	99.5	99.4	99.7
(1)通信工具	Communication Facility	98.5	98.3	99.0
(2)通信服务	Communication Service	100.0	100.0	100.0
(3)邮递服务	Mail Service	100.0	100.0	100.0

9-3 续表 2 continued

(上年价格=100) (preceding year=100)

项 目	Item	全 省 Provincial Indices	城 市 Urban Indices	农 村 Rural Indices
六、教育文化娱乐	**Education , Culture ,Recreation**	**103.4**	**103.5**	**103.0**
1.教育	Education	104.1	104.2	103.6
(1)教育用品	Educationsupplies	102.3	102.8	100.8
(2)教育服务	Education Services	104.3	104.4	104.0
2.文化娱乐	Cultural and Recreational Articles	101.7	101.8	101.2
(1)文娱耐用消费品	Durable Consumer Goods for Cultural and Recreational Use	101.0	101.5	99.0
(2)其他文娱用品	Other Cultural and Recreational Articles	101.1	101.1	101.0
书报杂志及音像制品	Newspapers and Magazines, Audio and Video Products	100.5	100.5	100.6
(3)文化娱乐服务	Cultural and Recreational services	100.1	99.6	102.2
(4)旅游	Touring and Outing	103.8	103.9	102.9
七、医疗保健	**Health Care**	**100.8**	**100.4**	**101.8**
1.药品及医疗器具	Medicines and Medical Instruments	100.7	100.7	100.8
(1)中药	Traditional Chinese Medicine	103.6	104.5	101.6
(2)西药	Western Medicine	99.8	99.4	100.8
(3)滋补保健品	Dietary Supplements	100.7	100.9	100.4
(4)医疗卫生器具	Medical Instruments	96.3	95.7	98.5
(5)保健器具	Health Care Appliances	100.0	100.0	99.8
2.医疗服务	Medical Services	100.8	100.2	102.2
(1)综合医疗类	ComprehensiveMedical	103.2	100.4	109.6
(2)诊断类	Diagnosis	99.9	100.1	99.2
(3)治疗类	Treatments	100.1	100.0	100.4
(4)康复类	Rehabilitations	99.0	100.1	95.2
(5)中医医疗服务类	ChineseMedicalservices	101.3	100.9	102.0
(6)其他医疗保健服务	Other Health Care Services	100.1	99.9	100.4
八、其他用品及服务	**Other Supplies and Services**	**101.9**	**101.5**	**103.5**
1.其他用品	Other Articles	102.1	101.7	103.5
(1)首饰手表	Jewelry andWatches	101.9	101.3	103.7
(2)母婴用品	Mother and Baby Products	106.2	106.4	105.7
(3)其他杂项用品	Other Miscellaneous Articles	99.3	99.0	100.7
箱包	Bags	100.4	100.5	100.2
2.其他服务	Other Services	101.7	101.3	103.4
(1)在外住宿	Hotel Accommodations	98.0	96.4	105.7
(2)美容美发洗浴	Beauty Salons and Baths	102.3	101.9	105.0
(3)养老服务	Pension Services	103.2	103.8	100.2
(4)金融及保险服务	Financial and Insurance Services	103.4	103.4	103.3
(5)中介法律及其他服务	Intermediary Legal and Other Services	100.1	100.0	100.3
中介服务	Intermediary services	100.1	100.1	100.2

9-4 十六个市、县商品零售价格分类指数(2022年)
Retail Price Indices by Category of 16 Cities and Counties(2022)

(上年价格=100) (preceding year=100)

地 区	Region	总指数 General Index	一、食品 Food	二、饮料烟酒 Beverages, Tobacco and Liquor	三、服装鞋帽 Garments, Shoes and Hats	四、纺织品 Textiles	五、家用电器及音像器材 Household Appliances, Music and Video Equipment	六、文化办公用品 Cultural and Office Appliances	七、日用品 Articles for Daily Use	八、体育娱乐用品 Sports and Recreation Articles
全 省	**Shaanxi**	**103.1**	**103.0**	**102.4**	**101.0**	**100.4**	**101.9**	**101.3**	**100.9**	**103.4**
西安市	Xi'an	103.1	103.1	103.2	102.3	99.1	102.5	101.4	100.0	103.8
鄠邑区	Huyi	102.3	102.9	101.4	96.6	110.3	97.7	99.8	100.3	100.6
铜川市	Tongchuan	102.4	100.8	98.8	102.5	99.6	97.2	98.7	101.4	105.0
宝鸡市	Baoji	103.1	103.0	101.9	99.4	104.6	102.5	101.5	101.1	104.3
咸阳市	Xianyang	103.8	102.3	104.6	99.1	101.8	102.2	102.1	101.1	104.5
三原县	Sanyuan	102.7	103.7	103.4	98.8	100.5	98.6	99.1	101.1	102.6
临渭区	Linwei	102.5	102.5	101.5	99.3	99.5	101.2	102.4	100.8	102.7
蒲城县	Pucheng	102.4	101.4	99.1	97.2	104.7	102.2	103.6	101.8	100.2
宝塔区	Baota	104.2	103.0	99.3	100.5	101.2	102.9	104.9	99.8	102.0
汉台区	Hantai	102.7	103.0	102.0	99.7	101.1	101.2	101.9	99.6	100.1
略阳县	Lueyang	102.7	102.3	102.2	98.5	100.7	102.4	102.3	100.8	101.9
榆阳区	Yuyang	101.2	101.7	100.0	99.8	100.1	101.3	100.5	102.3	100.5
绥德县	Suide	103.2	103.1	102.4	100.4	103.0	101.1	100.3	101.7	103.8
汉滨区	Hanbin	104.3	102.3	102.9	102.4	100.8	108.2	103.7	100.7	104.8
商州区	Shangzhou	103.0	99.5	100.0	97.5	101.2	101.2	101.4	100.4	101.8
洛南县	Luonan	103.1	103.0	101.0	95.9	100.0	101.3	100.2	104.7	101.9

9-4 续表 continued

(上年价格=100) (preceding year=100)

地 区	Region	九、交通通信用品 Transportation and Communication Appliances	十、家具 Furniture	十一、化妆品 Cosmetics	十二、金银饰品 Gold and Silver Jewellery	十三、中西药品及医疗保健用品 Traditional Chinese and Western Medicines and Health	十四、书报杂志及电子出版物 Books, Newspapers, Magazines and Electronic Publications	十五、燃料 Fuels	十六、建筑材料及五金电料 Building Materials and Hardware
全 省	**Shaanxi**	**99.6**	**100.9**	**102.9**	**101.6**	**100.4**	**101.9**	**116.5**	**100.5**
西安市	Xi'an	99.8	100.4	103.1	101.6	100.0	102.3	115.2	100.1
鄠邑区	Huyi	101.1	100.1	102.7	103.2	100.5	99.4	112.9	102.1
铜川市	Tongchuan	100.8	99.9	98.7	103.4	102.1	99.2	116.0	100.0
宝鸡市	Baoji	99.4	101.7	103.6	102.4	101.1	100.3	118.5	101.5
咸阳市	Xianyang	100.9	102.9	102.4	102.8	100.5	100.9	119.0	101.0
三原县	Sanyuan	97.4	100.0	102.1	105.3	101.9	100.0	116.8	101.7
临渭区	Linwei	100.1	100.2	102.6	101.2	101.9	100.2	112.5	99.5
蒲城县	Pucheng	99.3	99.7	102.4	100.5	99.8	101.8	118.0	101.0
宝塔区	Baota	100.0	100.4	102.5	98.1	104.0	104.1	122.0	100.8
汉台区	Hantai	98.0	103.0	102.0	100.3	98.4	106.2	115.4	101.6
略阳县	Lueyang	97.6	100.0	101.9	99.9	104.2	100.2	117.5	101.9
榆阳区	Yuyang	100.0	100.0	102.8	103.2	99.3	102.9	104.1	101.5
绥德县	Suide	98.2	108.3	102.4	103.3	101.2	104.7	114.9	100.5
汉滨区	Hanbin	102.0	100.6	105.1	102.7	101.5	102.1	113.0	106.3
商州区	Shangzhou	99.1	100.0	102.6	104.2	100.8	100.0	121.8	100.2
洛南县	Luonan	99.1	100.1	102.1	106.8	100.0	100.3	119.3	101.2

9−5 十六个市、县居民消费价格分类指数(2022年)

Consumer Price Indices by Category and Region of 16 Cities and Counties(2022)

(上年价格=100) (preceding year=100)

地区	Region	总指数 General Index	一、食品烟酒 Food, Alcohol and Tobacco	二、衣着 Clothing	三、居住 Residence	四、生活用品及服务 Articles and Services for Daily Use	五、交通通信 Traffic Communication	六、教育文化娱乐 Education Culture Entertainment	七、医疗保健 Health Care	八、其他用品及服务 Other Articles and Services
全省	**Shaanxi**	**102.1**	**102.6**	**100.5**	**101.1**	**101.0**	**103.8**	**103.4**	**100.8**	**101.9**
西安市	Xi'an	102.2	103.2	102.3	100.7	100.8	103.3	104.2	100.0	101.4
鄠邑区	Huyi	102.1	102.4	97.4	101.3	100.2	104.6	103.3	101.6	104.4
铜川市	Tongchuan	102.0	101.1	102.8	102.7	99.4	105.5	101.5	100.6	100.9
宝鸡市	Baoji	101.9	103.0	99.6	101.7	101.8	104.2	100.2	100.6	101.8
咸阳市	Xianyang	101.9	102.4	99.1	101.1	102.4	103.9	102.4	100.6	103.5
三原县	Sanyuan	102.7	103.5	98.6	101.5	100.3	104.5	103.9	103.3	103.2
临渭区	Linwei	101.6	102.2	99.2	100.3	100.8	103.0	103.0	101.1	101.2
蒲城县	Pucheng	101.8	101.4	96.3	101.8	101.0	104.2	102.3	102.5	101.8
宝塔区	Baota	101.9	102.0	100.6	101.0	100.9	103.3	103.8	101.6	99.6
汉台区	Hantai	102.1	102.5	99.2	102.6	101.4	102.3	105.0	99.7	101.4
略阳县	Lueyang	102.4	102.1	99.1	102.0	101.4	102.8	103.5	105.2	100.8
榆阳区	Yuyang	102.1	101.6	99.8	100.7	101.7	104.6	106.5	99.8	102.3
绥德县	Suide	101.8	102.7	100.5	101.8	103.2	103.3	100.9	98.6	102.6
汉滨区	Hanbin	102.2	102.3	102.2	101.4	103.2	105.1	101.0	100.5	101.6
商州区	Shangzhou	101.7	99.6	97.7	102.7	100.9	105.5	102.3	103.2	102.5
洛南县	Luonan	101.7	102.0	95.9	101.5	100.6	104.5	102.3	100.0	105.0

9−6 农产品生产价格指数

Producers' Price Indices for Farm Products

(上年价格=100) (preceding year=100)

类别	Item	2021	2022
总指数	**General Index**	**99.3**	**104.4**
一、农业产品	Planting Products	103.8	109.3
#小麦	Wheat	108.7	114.2
玉米	Corn	113.6	111.2
油料	Oil-bearing Crops	111.0	103.6
水果	Fruit	93.1	113.4
二、林业产品	Forestry Products	90.4	64.8
三、饲养动物及其产品	Animal Feeding and Products	90.9	94.1
#活猪	Live pigs	68.2	88.9
鸡蛋	Eggs	106.8	103.8
四、渔业产品	Fishery Products	113.4	98.4

9-7 工业生产者出厂价格指数
Producer Price Index for Industrial Products

(上年价格=100) (preceding year=100)

类　别	Item	2021	2022
总指数	**General Index**	**116.9**	**107.3**
按轻重工业分	Grouped by Light & Heavy Industries		
轻工业	Light Industry	102.3	102.9
以农产品为原料	Agricultural Products as Raw Materials	102.6	103.0
以非农产品为原料	Non-agricultural Products as Raw Materials	101.7	102.8
重工业	Heavy Industry	120.7	108.2
采掘工业	Mining & Quarrying Industry	149.1	115.1
原料工业	Raw Materials Industry	119.9	110.5
加工工业	Processing Industry	103.7	100.4
按用途分	Grouped by Use		
生产资料	Means of Production	120.4	108.3
采掘工业	Mining & Quarrying Industry	149.1	115.1
原料工业	Raw Materials Industry	120.1	110.5
加工工业	Processing Industry	104.2	101.2
生活资料	Consumer Goods	101.0	101.7
食　品	Food	101.2	102.4
衣　着	Clothing	99.4	101.5
一般日用品	Articles for Daily Use	101.8	101.4
耐用消费品	Durable Consumer Goods	99.5	98.5
按工业部门分	By Department of Industry		
1.冶金工业	Metallurgical Industry	116.3	102.3
2.电力工业	Power Industry	95.8	105.7
3.煤炭及炼焦工业	Coal and Coking Industry	161.7	108.8
4.石油工业	Petroleum Industry	132.5	128.0
5.化学工业	Chemical Industry	114.1	99.2
6.机械工业	Machine Industry	100.6	100.9
7.建筑材料工业	Building Materials Industry	98.9	102.6
8.森林工业	Forestry Industry	100.2	101.0
9.食品工业	Food Industry	101.8	102.9
10.纺织工业	Textile Industry	111.4	102.1
11.缝纫工业	Tailoring Industry	99.4	101.5
12.造纸工业	Paper Making Industry	100.7	99.4
13.文教艺术用品工业	Cultural, Education & Handicrafts Article	102.8	100.7
14.其它工业	Other Industry	108.1	103.8

9-8 工业生产者购进价格指数
Purchasing Price Index for Industrial Products

(上年价格=100) (preceding year=100)

类 别	Item	2021	2022
总指数	**General Index**	**116.3**	**106.2**
一、燃料、动力类	Fuels	136.7	113.1
二、黑色金属材料类	Ferrous Metal Materials	116.9	94.9
钢 材	Steel	117.1	96.6
其 它	Others	116.6	92.5
三、有色金属材料类和电线类	Non-ferrous Metals	113.2	106.4
四、化工原材料类	Chemical Raw Materials	112.1	94.9
五、木材及纸浆类	Timber and Paper Pulp	104.4	102.2
六、建筑材料类及非金属矿类	Building Materials and Non-metal Mineral	101.3	106.8
七、其它工业原材料及半成品	Other Industrial Raw Materials and Half-products	104.2	104.7
八、农副产品类	Farm Products	105.4	107.2
九、纺织原材料类	Textile Raw Materials	116.0	113.4

9-9 西安市住宅销售价格指数
Sales Price Index of Residential Buildings in Xi'an

(上年价格=100) (preceding year=100)

类 别	Item	2021	2022
新建商品住宅销售价格指数	**New Commercialized Residential Buildings**	**107.5**	**103.9**
1.90平方米以下	Less Than 90 Sq.m	108.0	104.4
2.90-144平方米	90-144 Sq.m	107.5	104.0
3.144平方米以上	144 Sq.m and more	107.2	103.7
二手住宅销售价格指数	**Sales Price Index of Second-hand House**	**106.3**	**100.1**
1.90平方米以下	Less Than 90 Sq.m	106.2	100.2
2.90-144平方米	90-144 Sq.m	106.4	100.2
3.144平方米以上	144 Sq.m and more	106.3	99.7

主要统计指标解释

居民消费价格指数 是反映一定时期内城乡居民所购买的生活消费品和服务项目价格变动趋势和程度的相对数。

商品零售价格指数 是反映一定时期内城乡商品零售价格变动趋势和程度的相对数。

农产品生产者价格指数 是反映一定时期内，农产品生产者出售农产品价格水平变动趋势及幅度的相对数。该指数可以客观反映全国农产品生产价格水平和结构变动情况，满足农业与国民经济核算需要。其中某代表品生产价格指数是通过对全部有出售该产品行为的调查单位的个体指数进行几何平均求得的，类价格指数是通过对其所属的类（或代表品）的价格指数进行加权平均求得的。季度累计价格指数的计算方法与分季指数的计算方法相同。

工业生产者出厂价格指数 是反映一定时期内全部工业产品第一次出售时的出厂价格总水平的变动趋势和变动幅度的相对数。

工业生产者购进价格指数 是反映作为中间投入的原材料、燃料、动力购进价格总水平的变动趋势和变动幅度的相对数。

固定资产投资价格指数 是反映一定时期内固定资产投资品及取费项目的价格变动趋势和变动幅度的相对数。该指数可以准确地反映固定资产投资中涉及的各类投资品和取费项目价格变动趋势和变动幅度，消除按现价计算的固定资产投资指标中的价格变动因素，真实地反映固定资产投资的规模、速度、结构和效益。

Explanatory Notes on Main Statistical Indicators

Consumer Price Indices Consumer Price Indices are relative figures reflecting the trend and degree of changes in prices of consumer goods and services purchased by urban and rural households during a given period.

Retail Price Indices are relative figures reflecting the trend and degree of changes in retail prices of commodities during a given period.

Producer Prices Indices for Farm Products are relative figures reflecting the trend and degree of changes in producers'prices received by farmers when they sell farm products during a given period. These indices depict the change in the level and structure of producer prices for farm products of the country and meet the needs of agricultural statistics and national accounts statistics. The producer price index for a given product is calculated as the geometrical mean of individual indices for all surveyed units which sell such products, and the indices for a product category is obtained as the weighted mean of price indices for all products in the category. Method for calculating accumulative quarterly indices is the same as for calculating the distinctive quarterly indices.

Producer Price Indices for Industrial Products are relative figures reflecting the trend and degree of changes in general ex-factory prices of all manufactured goods for first sale during a given period.

Purchasing Price Indices for Industrial Producers are relative figures reflecting changes in the level and degree of purchasing prices such as intermediate input such as raw materials, fuels and power.

Price Indices for Investment in Fixed Assets reflect the trend and degree of changes in prices of investment goods and projects in fixed assets during a given period. Removing the factor of price change in the aggregates of investment at current prices, this indicator shows the changes in the prices of commodities and fees involved in the investment of fixed assets, and can be used to observe the actual size, growth, structure, and efficiency of investment in fixed assets.

十、人民生活

People's Livelihood

资料整理：高　宇　李晓利　陈燮函　马　瑞

简 要 说 明

一、本篇资料反映陕西城乡居民生活状况，主要包括全省居民家庭常住人口、可支配收入、生活消费支出、主要商品购买数量、耐用消费品拥有情况、居住情况等。

二、本篇资料来源：

全省居民、城镇居民和农村居民收支和生活状况、来源于国家统计局陕西调查总队城乡一体化住户收支与生活状况抽样调查。

三、从2012年四季度起，国家统计局对分别进行的城乡住户调查实施了一体化改革，统一了城乡居民收入指标名称、分类和统计标准，建立了城乡统一的一体化住户调查《住户收支与生活状况调查》。由于2013年调查样本为全新抽取样本，且与往年城镇居民、农村居民抽选总体、方法不同，调查范围更广，统计口径发生变化，与老口径数据存在差异。本年鉴2013年起为新口径数据，2013年以前为按新口径回溯计算数据。

Brief Introduction

I. This chapter reflects the people's living conditions in Shaanxi, consisting of the resident population, disposable income, living expenditure, the main commodity purchase quantity, consumer durables situation, the inhabit situation and etc.

II. Sources of Data:

The data on the income, expenditure and livelihood of province residents, urban residents and rural residents are obtained from sample surveys on income, expenditure and living conditions by urban and rural household integration under Shaanxi Survey Office of the National Bureau of Statistics.

III. In the fourth quarter of 2012, the NBS launched its reform on the household survey programme in order to produce aggregates with the same concepts and definitions for the urban and rural population. This new survey programme is an integrated one whereas there had existed two separate household surveys for the urban and rural households. The reform took a number of measures, including the integration of concepts, classifications and standards, which provided a basis for producing data covering all households. Because of investigation samples in 2013 are brand new samples, the selected population and methods are different from urban and rural residents chosen in previous years. The field of investigation are broader, statistics range have been changed, they are different from the old range data. Since 2013, the data of this yearbook are new range data, and the data of new calibre retrospective calculation before 2013.

10.人民生活

2022 年全省			
居民人均可支配收入	30116 元	比上年增长	5.4%
农村居民人均可支配收入	15704 元	比上年增长	6.5%
城镇居民人均可支配收入	42431 元	比上年增长	4.2%

居民人均可支配收入（元）

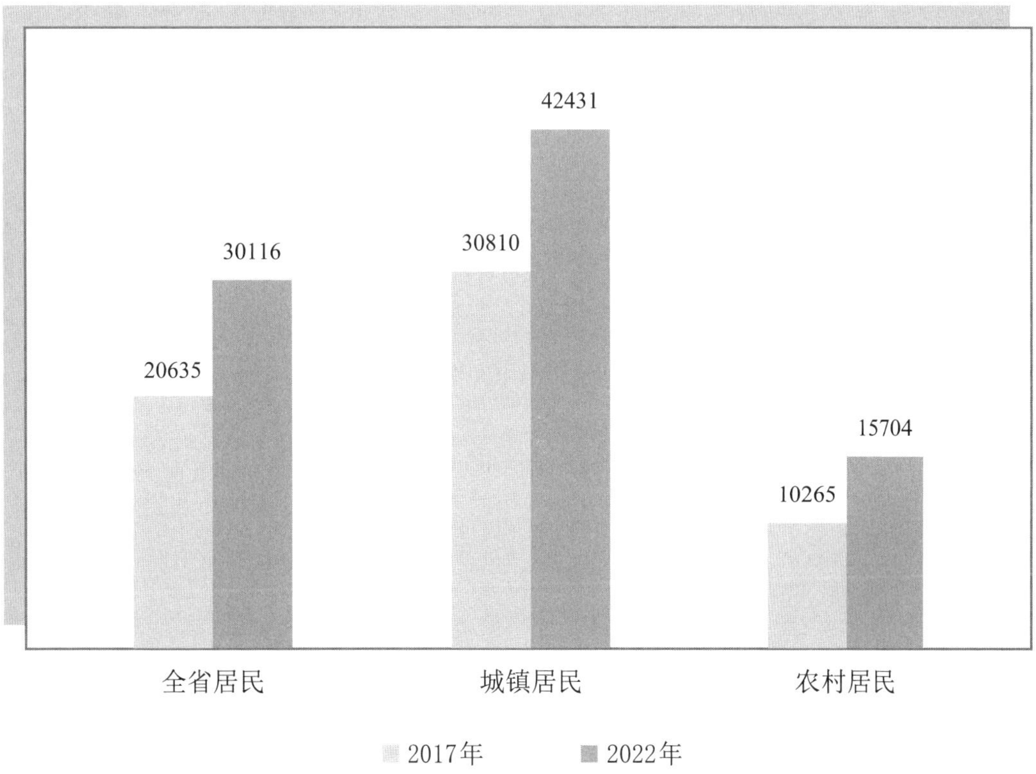

10-1 城乡居民人均可支配收入
Per Capita Disposable Income of Urban and Rural Households

年 份 Year	城镇居民人均可支配收入 Per Capita Disposable Income of Urban Households			农村居民人均可支配收入 Per Capita Disposable Income of Rural Households		
	绝对数 (元) Value (yuan)	指 数 Index (上年=100) (preceding year=100)	指 数 Index (1978年=100) (year of 1978=100)	绝对数 (元) Value (yuan)	指 数 Index (上年=100) (preceding year=100)	指 数 Index (1978年=100) (year of 1978=100)
1978	310		100.0	133		100.0
1979				150	111.0	111.0
1980	407		122.8	142	92.6	102.8
1981	427	101.3	124.4	177	122.8	126.1
1982	452	104.9	130.5	218	121.6	153.4
1983	488	106.3	138.7	236	107.4	164.8
1984	552	109.4	151.7	263	108.9	179.5
1985	650	109.5	166.0	295	106.7	191.4
1986	814	117.5	195.1	299	96.8	185.3
1987	905	101.8	198.6	329	103.8	192.5
1988	1040	95.7	190.1	404	106.6	205.3
1989	1239	101.3	192.5	434	89.7	184.1
1990	1369	107.7	207.3	530	104.2	191.9
1991	1498	102.0	211.5	534	96.3	184.7
1992	1705	102.4	216.5	559	98.2	181.4
1993	2102	108.1	234.1	653	106.2	192.6
1994	2684	99.6	233.1	805	97.3	187.4
1995	3310	104.5	243.6	963	99.4	186.2
1996	3810	104.4	254.2	1165	110.0	204.8
1997	4001	99.8	253.8	1273	102.4	209.6
1998	4213	108.0	274.0	1415	113.1	237.1
1999	4638	113.5	310.8	1475	106.6	252.7
2000	5098	109.8	341.2	1472	103.3	261.0
2001	5447	106.9	364.8	1529	101.3	264.3
2002	6277	117.6	428.9	1648	104.6	276.5
2003	6737	106.6	457.4	1741	102.2	282.6
2004	7403	106.9	488.9	1953	106.3	300.4
2005	8159	109.4	534.9	2162	106.9	321.1
2006	9125	109.7	586.9	2396	107.9	346.5
2007	10578	110.5	648.5	2824	110.0	381.1
2008	12613	112.5	729.6	3373	110.6	421.5
2009	13836	109.9	801.8	3722	109.2	460.3
2010	15343	107.1	858.7	4477	112.0	515.5
2011	17836	110.0	944.6	5484	114.3	589.3
2012	20269	110.8	1046.6	6285	111.2	655.3
2013	22346	107.2	1122.0	7092	109.4	716.8
2014	24366	107.3	1203.9	7932	109.9	787.8
2015	26420	107.5	1294.2	8689	108.3	853.2
2016	28440	106.3	1375.7	9396	106.9	912.1
2017	30810	106.4	1463.7	10265	108.1	986.0
2018	33319	106.0	1551.6	11213	106.8	1053.0
2019	36098	105.3	1633.8	12326	106.8	1124.6
2020	37868	102.3	1671.4	13316	105.4	1185.4
2021	40713	106.1	1773.3	14745	109.1	1293.2
2022	42431	102.1	1810.6	15704	104.4	1350.1

注：1.本表绝对数按当年价格计算，指数按可比价格计算。
2.本表为城乡住户调查一体化数据，2013年及以后为新口径调查数据，2013年以前为按新口径回溯计算数据。

a) Level data in this table are calculated at current prices while indices at constant prices.

b) This table is the integrated data of urban and rural household survey,the data of new caliber survey in 2013 and later,and the data of new caliber retrospective calculation before 2013.

10-2 各市(区)城乡居民人均可支配收入

Per Capita Disposable Income of Urban and Rural Households by City (District)

单位：元 (yuan)

地 区	Region	城镇居民人均可支配收入 Per Capita Disposable Income of Urban Households			农村居民人均可支配收入 Per Capita Disposable Income of Rural Households		
		2021	2022	2022年比2021年增长% Increase of 2022 over 2021 (%)	2021	2022	2022年比2021年增长% Increase of 2022 over 2021(%)
西安市	Xi'an	46931	48418	3.2	17389	18285	5.2
铜川市	Tongchuan	36588	38327	4.8	12248	13112	7.1
宝鸡市	Baoji	38741	40388	4.3	15694	16785	7.0
咸阳市	Xianyang	40846	42542	4.2	14283	15239	6.7
渭南市	Weinan	37772	39529	4.7	15184	16183	6.6
延安市	Yan'an	39306	40938	4.2	14258	15237	6.9
汉中市	Hanzhong	37123	38776	4.5	13274	14224	7.2
榆林市	Yulin	38451	40355	5.0	15852	16956	7.0
安康市	Ankang	30496	31976	4.9	12464	13368	7.3
商洛市	Shangluo	28655	29931	4.5	11969	12781	6.8
杨凌示范区	Yangling	42349	44277	4.6	16117	17161	6.5

注：本表西安市数据含西咸新区。
a)Data of Xi'an include Xixian new district in this table.

10-3 全省居民家庭基本情况
Basic Conditions of All Households

指　　标	Item	2018	2019	2020	2021	2022
调查户数　(户)	Number of Households Surveyed (household)	4800	4800	4800	4800	4800
调查户人口　(人)	Number of Residents in the Household Surveyed(person)					
1.常住人口	Permanent Residents	14752	14348	14174	14138	13986
2.平均每户常住人口	Average Household Size	3.1	3.0	3.0	2.9	2.8
3.平均每户劳动力人数	Labours Per Households	2.1	2.1	2.1	2.1	2.1
平均每户整劳动力人数	Ablebodied Labours Per Households	1.0	0.9	0.8	0.8	0.7
平均每户半劳动力人数	Semiablebodied Labours Per Households	1.2	1.2	1.3	1.3	1.3
4.平均每劳动力负担人口	Average Number of Persons Supported by a Laborer	1.4	1.4	1.4	1.4	1.4
平均每人可支配收入　(元)	Annual Per Capita Disposable Income (yuan)	22528	24666	26226	28568	30116
工资性收入	Wages Income	12161	13309	14044	15228	16053
经营净收入	Net Income from Business	3034	3256	3459	3701	3896
财产净收入	Property Income	1351	1476	1608	1840	1925
转移净收入	Transfer Income	5982	6625	7115	7798	8242
平均每人生活消费支出　(元)	Annual Per Capita Consumption Expenditure (yuan)	16160	17465	17418	19347	19848
食品、烟酒	Food,Tobacco and Alcohol	4293	4672	4820	5332	5595
衣　着	Clothing	1141	1228	1157	1265	1171
居　住	Residence	3388	3625	3858	4402	4525
生活用品及服务	Living Articles and Services	1201	1151	1179	1267	1255
交通通信	Transportation and Communications	2006	2155	2194	2284	2456
教育文化娱乐	Recreation, Education and Culture Services	2009	2243	1757	2111	2001
医疗保健	Medicine and Medical Services	1749	1978	2078	2265	2400
其他用品和服务	Others	373	413	376	422	446
平均每人年末现住房建筑面积　(平方米)	Floor Area per Capita at Year-end (sq.m)	39.8	40.3	40.6	42.5	43.2

10-4 全省居民人均可支配收入
Per Capita Disposable Income of All Households

单位：元 (yuan)

指　标	Item	2021	2022
可支配收入	**Disposable Income**	**28568.0**	**30115.8**
一、工资性收入	**Wages Income**	**15228.0**	**16053.2**
(一)工资	Wage	14409.1	15200.8
1.按月发放的工资	The wages by monthly	10461.3	10974.8
2.补发工资	Retroactive pay	275.8	301.2
3.不按月发放的奖金、津贴、过节费等	The Bonus, allowance, holiday fee etc.by no-monthly	3672.1	3924.7
(二)实物福利	Benefits in kind	56.7	62.4
1.从单位或雇主得到的实物产品折价	The Discount of Real Products from the Company or Employer	22.8	27.8
2.从单位或雇主得到的服务折价	The Discount of Services from the Company or Employer	33.9	34.6
3.单位或雇主实物福利报销所得	The Reimbursement Income in kind from the Company or Employer		
(三)其他	Others	762.2	790.1
1.住房公积金	Housing Funds	725.8	758.0
2.辞退金	Dismissal Payments	0.4	0.2
3.自由职业劳动所得(如稿费、翻译费)	Income by liberal work (Such as Remuneration, Translation Fee)	32.1	27.3
4.安家费	Settling-in Allowance	0.4	
5.股票期权	Stock Options		
6.其他劳动所得	Others	3.5	4.6
二、经营净收入	**Net Income from Business**	**3701.4**	**3895.8**
(一)第一产业经营净收入	Net Income from Primary Industry Business	1796.4	1869.2
1.农业	Agricultural	1550.4	1590.9
2.林业	Forestry	47.4	55.2
3.牧业	Animal Husbandry	199.8	222.5
4.渔业	Fishery	-1.2	0.6
(二)第二产业经营净收入	Net Income from Secondary Industry Business	182.6	194.1
(三)第三产业经营净收入	Net Income from Tertiary Industry Business	1722.4	1832.4
1.批发和零售业	Wholesale and Retail Trades	953.9	1000.9
2.交通运输、仓储和邮政业	Transport, Storage and Post	252.3	269.2
3.住宿和餐饮业	Hotels and Catering Services	290.8	270.9
4.房地产业	Real Estate	-3.8	-1.9
5.租赁和商务服务业	Leasing and Business Services	8.6	5.0
6.居民服务、修理和其他服务业	Services to Households and Other Services	157.9	204.7
7.农林牧渔服务业	Services to Agriculture, Forestry, Animal Husbandry and Fishery	33.6	47.8
8.其他	Others	29.1	35.9

10-4 续表 continued

单位：元 (yuan)

指 标	Item	2021	2022
三、财产净收入	**Net Income from Properties**	**1840.4**	**1924.8**
# 利息净收入	Net Interests	115.3	127.2
红利收入	Bonus	194.7	207.4
储蓄性保险净收益	Net Benefits of Savings Insurance	7.6	2.2
转让承包土地经营权租金净收入	The Rent Income by Transfer of Land Rights	58.0	63.5
出租房屋财产性收入	The Property Income by Renting House	487.0	517.8
出租机械、专利、版权等资产的收入	The Income by Renting Assets like Mechanical, Patents, Copyright ect.	18.9	18.2
四、转移净收入	**Net Income from Transfer**	**7798.3**	**8242.2**
(一)转移性收入	Income from Transfer	9004.6	9583.6
1.养老金或离退休金	Pension or Retired Pension	5637.9	5990.0
2.社会救济和补助	Social Relief and Aid	164.9	188.0
3.政策性生活补贴	Policy Allowance	111.6	105.9
4.报销医疗费	Reimbursement of Medical treatment	467.3	498.1
5.家庭外出从业人员寄回带回收入	Income from Family Outings Employees	1802.5	1929.8
6.赡养收入	Alimony Income	602.3	638.5
7.其他经常转移收入	Others Recurring Income from Transfer	51.1	48.5
8.从政府和组织得到的实物产品和服务折价	The Discount of Real Products and Services from the Governments and Organizations	43.8	78.1
9.现金政策性惠农补贴	The Cash Policy Subsidies for Agricultural	123.3	106.8
(二)转移性支出	Transfer Expenditure	1206.4	1341.4
1.个人所得税	Personal Income Tax	46.5	58.9
2.社会保障支出	Expenditure for Social Security	999.3	1138.9
3.外来从业人员寄给家人的支出	Expenditure for Family from Migrant Workers	4.4	7.9
4.赡养支出	Expenditure for Alimony	116.5	90.9
5.其他	Others	39.7	44.9

10-5 全省居民人均生活消费支出
Per Capita Consumption Expenditure of All Households

单位：元 (yuan)

指　标	Item	2021	2022
生活消费支出	**Total Consumption Expenditure**	**19346.5**	**19848.4**
一、食品、烟酒	**Food,Tobacco and Alcohol**	**5331.6**	**5594.6**
1.食　品	Food	3313.5	3542.4
# 谷　物	Grain	549.9	574.7
薯　类	Potato	87.0	89.6
豆　类	Beans	65.1	74.0
食用油	Edible Oil	168.8	181.8
蔬菜和食用菌	Vegetables and Edible Mushrooms	443.9	497.2
肉　类	Meat	735.6	715.0
禽　类	Poultry	90.0	93.2
水产品	Aquatic Products	82.1	100.2
蛋　类	Eggs	103.3	127.4
奶　类	Milk	298.7	307.7
干鲜瓜果类	Fresh and Dried Fruits	380.8	438.0
糖果糕点类	Candy and Pastry	119.7	138.1
2.烟　酒	Tobacco and Alcohol	589.6	643.6
# 烟　草	Tobacco	434.4	473.0
酒　类	Alcohol	155.3	170.6
3.饮　料	Beverages	127.9	152.3
4.饮食服务	Catering Services	1300.5	1256.3
二、衣　着	**Clothing**	**1264.6**	**1171.3**
# 衣　类	Garments	1006.0	922.1
鞋　类	Footwear	258.6	249.1
三、居　住	**Residence**	**4401.5**	**4524.9**
# 租赁房房租	Rental Housing Rent	143.7	147.5
住房维修及管理	Housing Repair and Management	758.0	769.7
水电燃料及其他	Water,Electric Power Fuel and Others	977.6	1002.6
四、生活用品及服务	**Living Articles and Services**	**1267.1**	**1254.9**
# 家具及室内装饰品	Furniture and External Decorations	231.9	202.4
家用器具	Household Appliances	295.3	337.8
家用纺织品	Household textile	103.0	101.4
家庭日用杂品	Household Articles of Daily Use	284.4	278.6
个人用品	Personal Items	287.7	274.8
家庭服务	Household Services	64.9	60.0
五、交通通信	**Transportation and Communications**	**2284.2**	**2455.8**
# 交　通	Transportation	1540.3	1730.4
通　信	Communications	743.9	725.4
六、教育文化娱乐	**Recreation, Education and Culture Services**	**2110.7**	**2001.1**
# 教　育	Education	1659.3	1594.2
文化娱乐	Recreation	451.3	407.0
七、医疗保健	**Medicine and Medical Services**	**2264.6**	**2400.3**
医疗器具及药品	Medical Instruments and Medicines	648.5	653.2
医疗服务	Medical Services	1616.0	1747.2
八、其他用品和服务	**Others**	**422.2**	**445.5**

10-6 全省居民家庭人均购买主要商品数量
Per Capita Purchases of Major Commodities of All Households

品　名		Item		2021	2022
小 麦	(公斤)	Wheat	(kg)	0.7	0.8
面 粉	(公斤)	Flour	(kg)	34.7	31.3
大 米	(公斤)	Rice	(kg)	20.2	18.3
薯 类	(公斤)	Potato	(kg)	18.0	17.5
豆 类	(公斤)	Beans	(kg)	11.7	12.1
食用植物油	(公斤)	Edible Vegetable Oil	(kg)	11.0	10.5
鲜 菜	(公斤)	Fresh Vegetables	(kg)	81.3	82.2
猪 肉	(公斤)	Pork	(kg)	13.8	14.8
牛 肉	(公斤)	Beef	(kg)	1.2	1.2
羊 肉	(公斤)	Mutton	(kg)	1.1	1.1
鸡	(公斤)	Chicken	(kg)	2.8	2.9
鸭	(公斤)	Duck	(kg)	0.1	0.1
鱼 类	(公斤)	Fish	(kg)	2.1	2.1
虾 类	(公斤)	Shrimp	(kg)	0.4	0.5
鲜 蛋	(公斤)	Fresh Eggs	(kg)	10.4	11.5
鲜 奶	(公斤)	Fresh Milk	(kg)	10.5	10.0
酸 奶	(公斤)	Yogurt	(kg)	3.3	2.9
奶 粉	(公斤)	Milk Powder	(kg)	0.7	0.7
鲜瓜果	(公斤)	Fresh Fruits	(kg)	49.8	52.4
鞋	(双)	Footwear	(pair)	2.5	2.3
水	(吨)	Water	(ton)	27.3	29.9
电	(度)	Electricity	(kwh)	711.8	793.6
煤 炭	(公斤)	Coal	(kg)	65.3	56.6
管道天燃气	(立方米)	Pipeline Natural Gas	(cu.m)	70.7	63.3
罐装液化石油气	(公斤)	Bottled LPG	(kg)	2.6	2.1

10−7 全省居民家庭平均每百户年末耐用消费品拥有量
Main Durable Goods Owned Per 100 All Households

指　标		Item		2021	2022
家用汽车	(辆)	Automobile	(unit)	33.1	34.3
摩托车	(辆)	Motorcycle	(unit)	31.9	30.7
助力车	(台)	Strength-aid Cycle	(unit)	50.0	51.3
洗衣机	(台)	Washing Machine	(unit)	98.2	98.4
电冰箱(柜)	(台)	Refrigerator	(unit)	96.7	97.1
微波炉	(台)	Microwave Oven	(unit)	27.3	27.8
彩色电视机	(台)	Color TV Set	(unit)	105.9	106.5
空　调	(台)	Air Conditioner	(unit)	99.9	102.3
热水器	(台)	Water Heater	(unit)	73.3	74.2
洗碗机	(台)	Dish Washer	(unit)	1.0	1.1
排油烟机	(台)	Exhauster	(unit)	50.9	52.0
固定电话	(线)	Ordinary Telephone	(unit)	6.1	5.9
移动电话	(部)	Mobile Telephone	(unit)	254.4	254.3
#接入互联网		Access to the Internet		223.9	
计算机	(台)	Computer	(unit)	34.3	35.2
#接入互联网		Access to the Internet		28.1	
照相机	(台)	Camera	(unit)	6.9	7.0
中高档乐器	(架)	High-end Instruments	(unit)	3.7	3.8
健身器材	(台)	Setting-up Apparatus	(unit)	2.9	2.9
空气净化器(含新风系统)	(台)	Air Cleaner(Including Fresh Air System)	(unit)	5.4	5.4
吸尘器	(台)	Vacuum Cleaners	(unit)	5.2	5.6

10-8 全省居民家庭年末居住情况
Housing Conditions of All Households

指标	Item	2021	2022
调查户数 (户)	Number of Households Surveyed (household)	4800	4800
平均每户居住人口 (人)	Average Number of Resident Population (person)	2.9	2.8
平均每人建筑面积 (平方米)	The Average Floor Area Per Person (sq.m)	42.5	43.2
一、按住户居住空间样式分 (%)	By Style of Living Space (%)	100.0	100.0
单栋楼房	Dependent Building	17.8	18.0
单栋平房	Single-storey House	39.3	38.8
四居室及以上单元房	Four Bedrooms	0.9	0.9
三居室单元房	Three Bedrooms	17.9	18.1
二居室单元房	Two Bedrooms	20.1	20.4
一居室单元房	One Bedroom	1.2	1.2
筒子楼或连片平房	Tube-shaped Apartment or Lace Single-storey Houses	2.2	2.2
其他	Others	0.6	0.4
二、按主要建筑材料分 (%)	By Main Building Materials (%)	100.0	100.0
钢筋混凝土	Reinforced Concrete	40.0	40.7
砖混材料	Brick-and-concrete Buildings	50.8	50.7
砖瓦砖木	Brick and Brick-wood Structure	9.1	8.6
竹草土坯	Bamboo Grass and Sun-dried Mud Brick		
其他	Others		
三、按现住房房屋来源分 (%)	By Source of Housing (%)	100.0	100.0
租赁公房	Public-rent Housing	1.4	1.4
租赁私房	Private-rent Housing	3.6	3.6
自建住房	Self-establish Housing	57.3	56.9
购买商品房	Commercial Residential Housing	24.2	24.8
购买房改住房	Private Housing through Housing Reform	6.4	6.4
购买保障性住房	Indemnificatory Housing	2.8	2.7
拆迁安置房	Resettlement Housing	2.6	2.7
继承或获赠住房	Inheriting and Donation Housing	0.7	0.7
免费借用房	Free Housing	0.6	0.6
雇主提供免费住房	Free Housing from Employer	0.1	0.1
其他	Others	0.2	0.2
四、按住宅外道路路面情况分 (%)	By Pavement Condition Outside (%)	100.0	100.0
水泥或柏油路面	Cement or Asphalt Pavement	90.0	90.3
沙石或石板等硬质路面	Hard Sand or Stone Pavement	10.0	9.7
其他	Others		
五、按住户主要饮用水来源情况分 (%)	By Source of main Drinking Water (%)	100.0	100.0
经过净化处理的自来水	Purified Tap Water	86.4	87.0
受保护的井水和泉水	Protected Wells and Springs	12.3	11.8
不受保护的井水和泉水	Unprotected Wells and Springs		
江河湖泊水	Rivers and Lakes Water		
收集雨水	Collected Rainwater	1.0	1.0
桶装水	Barrels Water	0.2	0.2
其他	Others		
六、按住户厕所类型分 (%)	By Household Lavatory Type (%)	100.0	100.0
水冲式卫生厕所	Sanitary Water Closet	70.4	72.6
水冲式非卫生厕所	Insanitary Water Closet	1.7	
卫生旱厕	Sanitary Latrine	18.4	18.3
普通旱厕	Latrine	9.5	9.1
无厕所	No Lavatory		
七、按住户主要取暖设备状况分 (%)	By Heating Facilities Condition (%)	100.0	100.0
由市政或小区集中供暖	Central Heating	23.8	24.0
自行供暖	Self Heating	73.5	73.1
无取暖设备	Without Heating Equipment	2.6	2.9
八、按主要炊用能源状况分 (%)	By Cooking Fuel Condition (%)	100.0	100.0
柴草	Firewood	19.9	19.1
煤炭	Coal	5.9	5.8
罐装液化石油气	Canned Liquified Petroleum Gas	8.4	8.3
管道液化石油气	Pipeline Liquified Petroleum Gas	0.3	0.3
管道煤气	Pipeline Gas	0.1	0.1
管道天然气	Pipeline Natural Gas	39.2	40.2
电	Electricity	26.1	26.1
其他	Others	0.0	0.0

10—9 城镇居民家庭基本情况
Basic Conditions of Urban Households

指 标	Item	2018	2019	2020	2021	2022
调查户数 (户)	Number of Households Surveyed (household)	2830	2830	2830	2830	2830
调查户人口 (人)	Number of Residents in the Household Surveyed(person)					
1.常住人口	Permanent Residents	8638	8424	8368	8408	8355
2.平均每户常住人口	Average Household Size	3.1	3.0	3.0	3.0	2.8
3.平均每户劳动力人数	Labours Per Households	2.1	2.1	2.1	2.1	2.1
平均每户整劳动力人数	Ablebodied Labours Per Households	1.1	1.0	1.0	0.9	0.8
平均每户半劳动力人数	Semiablebodied Labours Per Households	1.0	1.1	1.2	1.2	1.2
4.平均每劳动力负担人口	Average Number of Persons Supported by a Laborer	1.4	1.4	1.4	1.4	1.4
平均每人可支配收入 (元)	Annual Per Capita Disposable Income (yuan)	33319	36098	37868	40713	42431
工资性收入	Wages Income	19352	20983	21850	23245	24219
经营净收入	Net Income from Business	2582	2760	2836	3058	3207
财产净收入	Property Income	2451	2644	2851	3239	3348
转移净收入	Transfer Income	8934	9711	10330	11171	11657
平均每人生活消费支出 (元)	Annual Per Capita Consumption Expenditure (yuan)	21966	23514	22866	24784	24766
食品、烟酒	Food,Tobacco and Alcohol	5929	6376	6296	6664	6796
衣 着	Clothing	1728	1816	1650	1739	1554
居 住	Residence	4301	4641	4888	5589	5701
生活用品及服务	Living Articles and Services	1740	1611	1622	1701	1638
交通通信	Transportation and Communications	2753	2891	2855	2835	3031
教育文化娱乐	Recreation, Education and Culture Services	2730	3037	2387	2880	2566
医疗保健	Medicine and Medical Services	2233	2528	2608	2759	2832
其他用品和服务	Others	552	614	560	616	646
平均每人年末现住房建筑面积 (平方米)	Floor Area per Capita at Year-end (sq.m)	38.2	38.8	38.7	38.5	39.2

10-10 城镇居民人均可支配收入
Per Capita Disposable Income of Urban Households

单位：元 (yuan)

指　　标	Item	2021	2022
可支配收入	**Disposable Income**	**40713.1**	**42431.3**
一、工资性收入	**Wages Income**	**23244.6**	**24219.2**
(一)工资	Wage	21773.6	22700.1
1.按月发放的工资	The wages by monthly	17625.3	18251.1
2.补发工资	Retroactive pay	388.2	425.0
3.不按月发放的奖金、津贴、过节费等	The Bonus,allowance,holiday fee etc.by no-monthly	3760.1	4024.0
(二)实物福利	Benefits in kind	85.4	90.5
1.从单位或雇主得到的实物产品折价	The Discount of Real Products from the Company or Employer	35.6	43.5
2.从单位或雇主得到的服务折价	The Discount of Services from the Company or Employer	49.8	47.0
(三)其他	Others	1385.7	1428.6
1.住房公积金	Housing Funds	1333.5	1381.0
2.辞退金	Dismissal Payments	0.8	0.4
3.自由职业劳动所得(如稿费、翻译费)	Income by liberal work (Such as Remuneration, Translation Fee)	47.1	43.5
4.安家费	Settling-in Allowance	0.8	
5.股票期权	Stock Options		
6.其他劳动所得	Others	3.6	3.8
二、经营净收入	**Net Income from Business**	**3058.4**	**3206.6**
(一)第一产业经营净收入	Net Income from Primary Industry Business	443.5	444.5
(二)第二产业经营净收入	Net Income from Secondary Industry Business	293.1	309.5
(三)第三产业经营净收入	Net Income from Tertiary Industry Business	2321.8	2452.6
1.批发和零售业	Wholesale and Retail Trades	1427.2	1503.1
2.交通运输、仓储和邮政业	Transport, Storage and Post	249.8	266.8
3.住宿和餐饮业	Hotels and Catering Services	334.3	318.8
4.房地产业	Real Estate	-4.7	-2.7
5.租赁和商务服务业	Leasing and Business Services	11.3	5.3
6.居民服务、修理和其他服务业	Services to Households and Other Services	255.3	286.5
7.农林牧渔服务业	Services to Agriculture, Forestry, Animal Husbandry and Fishery	23.6	28.3
8.其他	Others	25.0	46.5

10-10 续表 continued

单位：元 (yuan)

指　标	Item	2021	2022
三、财产净收入	**Net Income from Properties**	**3239.5**	**3348.5**
# 利息净收入	Net Interests	211.6	230.4
红利收入	Bonus	299.2	311.5
储蓄性保险净收益	Net Benefits of Savings Insurance	10.2	3.9
出租房屋财产性收入	The Property Income by Renting House	879.1	920.2
出租机械、专利、版权等资产的收入	The Income by Renting Assets like Mechanical,Patents,Copyright ect.	22.6	27.3
四、转移净收入	**Net Income from Transfer**	**11170.6**	**11657.1**
(一)转移性收入	Income from Transfer	12988.1	13663.2
1.养老金或离退休金	Pension or Retired Pension	9725.7	10212.4
# 离退休金	Retired Pension	9465.4	9991.8
城乡居民社会养老保险	Urban and Rural Employee Social Pension Insurance	60.9	136.8
2.社会救济和补助	Social Relief and Aid	83.6	98.1
3.政策性生活补贴	Policy Allowance	110.9	90.6
4.报销医疗费	Reimbursement of Medical treatment	594.8	616.7
5.家庭外出从业人员寄回带回收入	Income from Family Outings Employees	1663.7	1763.9
6.赡养收入	Alimony Income	657.8	696.7
7.其他经常转移收入	Others Recurring Income from Transfer	55.1	59.2
8.从政府和组织得到的实物产品和服务折价	The Discount of Real Products and Services from the Governments and Organizations	46.2	80.9
9.现金政策性惠农补贴	The Cash Policy Subsidies for Agricultural	50.2	44.9
10.其他	Others		
(二)转移性支出	Transfer Expenditure	1817.5	1570.4
1.个人所得税	Personal Income Tax	78.1	66.1
2.社会保障支出	Expenditure for Social Security	1503.0	1305.4
(1)个人缴纳的养老保险	Pension Insurance Personal Rendered	959.9	809.6
(2)个人缴纳的医疗保险	Medical Care Insurance Personal Rendered	413.2	391.1
(3)个人缴纳的失业保险	Unemployment Insurance Personal Rendered	50.2	39.7
(4)其他社会保障支出	Others	79.6	65.0
3.外来从业人员寄给家人的支出	Expenditure for Family from Migrant Workers	5.9	7.1
4.赡养支出	Expenditure for Alimony	169.4	136.8
5.其他	Others	61.2	55.0

10-11 城镇居民人均生活消费支出
Per Capita Consumption Expenditure of Urban Households

单位：元 (yuan)

指标	Item	2021	2022
生活消费支出	**Total Consumption Expenditure**	**24783.7**	**24765.8**
一、食品、烟酒	**Food,Tobacco and Alcohol**	**6664.4**	**6796.5**
1.食　品	Food	3924.0	4174.8
# 谷　物	Grain	572.5	598.9
薯　类	Potato	73.9	79.0
豆　类	Beans	71.9	82.1
食用油	Edible Oil	157.1	162.8
蔬菜和食用菌	Vegetables and Edible Mushrooms	535.2	609.3
肉　类	Meat	900.1	849.7
禽　类	Poultry	117.9	124.4
水产品	Aquatic Products	130.3	156.7
蛋　类	Eggs	117.5	145.1
奶　类	Milk	364.8	359.5
干鲜瓜果类	Fresh and Dried Fruits	519.2	599.9
糖果糕点类	Candy and Pastry	158.6	182.8
2.烟　酒	Tobacco and Alcohol	617.3	647.6
# 烟　草	Tobacco	426.5	450.2
酒　类	Alcohol	190.7	197.4
3.饮　料	Beverages	165.3	190.7
4.饮食服务	Catering Services	1957.8	1783.4
二、衣　着	**Clothing**	**1738.9**	**1554.5**
# 衣　类	Garments	1403.8	1238.6
鞋　类	Footwear	335.1	315.9
三、居　住	**Residence**	**5589.5**	**5701.0**
# 租赁房房租	Rental Housing Rent	186.5	189.9
住房维修及管理	Housing Repair and Management	873.0	860.1
水电燃料及其他	Water,Electric Power Fuel and Others	1221.2	1275.2
四、生活用品及服务	**Living Articles and Services**	**1701.4**	**1638.4**
# 家具及室内装饰品	Furniture and External Decorations	323.4	254.1
家用器具	Household Appliances	375.0	445.3
家用纺织品	Household textile	140.0	133.9
家庭日用杂品	Household Articles of Daily Use	345.2	326.7
个人用品	Personal Items	419.7	389.4
家庭服务	Household Services	98.1	89.0
五、交通通信	**Transportation and Communications**	**2835.3**	**3031.0**
# 交　通	Transportation	1962.6	2194.8
通　信	Communications	872.7	836.1
六、教育文化娱乐	**Recreation, Education and Culture Services**	**2880.0**	**2566.0**
# 教　育	Education	2207.7	1968.4
文化娱乐	Recreation	672.3	597.6
七、医疗保健	**Medicine and Medical Services**	**2758.6**	**2832.4**
医疗器具及药品	Medical Instruments and Medicines	851.6	822.0
医疗服务	Medical Services	1907.0	2010.5
八、其他用品和服务	**Others**	**615.7**	**646.1**

10−12 城镇居民家庭人均购买主要商品数量
Per Capita Purchases of Major Commodities of Urban Households

指 标	Item	2021	2022
小 麦 (公斤)	Wheat (kg)	0.7	0.4
面 粉 (公斤)	Flour (kg)	28.1	24.4
大 米 (公斤)	Rice (kg)	19.6	16.8
薯 类 (公斤)	Potato (kg)	19.5	19.2
豆 类 (公斤)	Beans (kg)	12.6	12.8
食用植物油 (公斤)	Edible Vegetable Oil (kg)	10.1	9.1
鲜 菜 (公斤)	Fresh Vegetables (kg)	97.0	98.1
猪 肉 (公斤)	Pork (kg)	15.8	15.9
牛 肉 (公斤)	Beef (kg)	1.9	1.9
羊 肉 (公斤)	Mutton (kg)	1.4	1.3
鸡 (公斤)	Chicken (kg)	3.6	3.6
鸭 (公斤)	Duck (kg)	0.1	0.1
鱼 类 (公斤)	Fish (kg)	3.0	3.0
虾 类 (公斤)	Shrimp (kg)	0.7	0.8
鲜 蛋 (公斤)	Fresh Eggs (kg)	12.1	13.2
鲜 奶 (公斤)	Fresh Dairy Products (kg)	13.3	12.5
酸 奶 (公斤)	Yogurt (kg)	4.6	4.1
奶 粉 (公斤)	Milk Powder (kg)	0.7	0.6
鲜瓜果 (公斤)	Fresh Fruit (kg)	61.8	65.9
鞋 (双)	Footwear (pair)	2.5	2.3
水 (吨)	Water ton)	36.2	40.9
电 (度)	Electricity (kwh)	775.6	859.6
煤 炭 (公斤)	Coal (kg)	26.6	23.1
管道天燃气 (立方米)	Pipeline Natural Gas (cu.m)	117.9	103.8
罐装液化石油气 (公斤)	Bottled LPG (kg)	1.8	1.5

10-13 城镇居民家庭平均每百户年末耐用消费品拥有量
Main Durable Goods Owned Per 100 Urban Households

指 标		Item		2021	2022
家用汽车	(辆)	Automobile	(unit)	42.6	43.8
摩托车	(辆)	Motorcycle	(unit)	17.5	16.9
助力车	(台)	Strength-aid Cycle	(unit)	41.3	42.3
洗衣机	(台)	Washing Machine	(unit)	100.0	100.2
电冰箱(柜)	(台)	Refrigerator	(unit)	99.8	100.1
微波炉	(台)	Microwave Oven	(unit)	43.2	43.1
彩色电视机	(台)	Color TV Set	(unit)	105.7	105.5
空 调	(台)	Air Conditioner	(unit)	132.2	134.3
热水器	(台)	Water Heater	(unit)	84.7	85.4
洗碗机	(台)	Dish Washer	(unit)	1.7	1.7
排油烟机	(台)	Exhauster	(unit)	75.8	76.6
固定电话	(线)	Ordinary Telephone	(unit)	8.1	7.6
移动电话	(部)	Mobile Telephone	(unit)	244.2	244.7
#接入互联网		Access to the Internet		218.1	
计算机	(台)	Computer	(unit)	49.5	49.9
#接入互联网		Access to the Internet		41.5	
照相机	(台)	Camera	(unit)	11.8	11.8
中高档乐器	(架)	High-end Instruments	(unit)	6.4	6.4
健身器材	(台)	Setting-up Apparatus	(unit)	5.1	5.0
空气净化器 (含新风系统)	(台)	Air Cleaner (Including Fresh Air System)	(unit)	9.6	9.5
吸尘器	(台)	Vacuum Cleaners	(unit)	9.1	9.8

10-14 城镇居民家庭年末居住情况
Housing Conditions of Urban Households

指　标		Item		2021	2022
调查户数	(户)	Number of Households Surveyed	(household)	2830	2830
平均每户居住人口	(人)	Average Number of Resident Population	(person)	3.0	2.8
平均每人建筑面积	(平方米)	The Average Floor Area Per Person	(sq.m)	38.5	39.2
一、按住户居住空间样式分	(%)	By Style of Living Space	(%)	100.0	100.0
单栋楼房		Dependent Building		12.2	12.3
单栋平房		Single-storey House		14.1	14.1
四居室及以上单元房		Four Bedrooms		1.5	1.5
三居室单元房		Three Bedrooms		31.7	31.9
二居室单元房		Two Beedrooms		36.4	36.4
一居室单元房		One Beedroom		2.1	2.1
筒子楼或连片平房		Tube-shaped Apartment or Lace Single-storey Houses		1.7	1.7
其他		Others		0.2	
二、按主要建筑材料分	(%)	By Main Building Materials	(%)	100.0	100.0
钢筋混凝土		Reinforced Concrete		61.3	62.0
砖混材料		Brick-and-concrete Buildings		36.4	35.9
砖瓦砖木		Brick and Brick-wood Structure		2.3	2.0
竹草土坯		Bamboo Grass and Sun-dried Mud Brick			
其他		Others			
三、按现住房房屋来源分	(%)	By Source of Housing	(%)	100.0	100.0
租赁公房		Public-rent Housing		2.5	2.4
租赁私房		Private-rent Housing		4.9	4.9
自建住房		Self-establish Housing		26.6	26.6
购买商品房		Commercial Residential Housing		44.0	44.6
购买房改住房		Private Housing through Housing Reform		12.0	11.7
购买保障性住房		Indemnificatory Housing		4.5	4.3
拆迁安置房		Resettlement Housing		3.4	3.5
继承或获赠住房		Inheriting and Donation Housing		0.8	0.8
免费借用房		Free Housing		1.0	0.9
雇主提供免费住房		Free Housing from Employer			
其他		Others		0.2	0.2
四、按住宅外道路路面情况分	(%)	By Pavement Condition Outside	(%)	100.0	100.0
水泥或柏油路面		ement or Asphalt Pavement		97.4	97.5
沙石或石板等硬质路面		Hard Sand or Stone Pavement		2.6	2.5
其他		Others			
六、按住户主要饮用水来源情况分	(%)	By Source of main Drinking Water	(%)	100.0	100.0
经过净化处理的自来水		Purified Tap Water		95.6	95.8
受保护的井水和泉水		Protected Wells and Springs		3.8	3.6
不受保护的井水和泉水		Unprotected Wells and Springs			
江河湖泊水		Rivers and Lakes Water			
收集雨水		Collected Rainwater		0.2	0.2
桶装水		Barrels Water		0.4	0.4
其他		Others			
七、按住户厕所类型分	(%)	By Household Lavatory Type	(%)	100.0	100.0
水冲式卫生厕所		Sanitary Water Closet		89.3	90.1
水冲式非卫生厕所		Insanitary Water Closet		7.6	
卫生旱厕		Sanitary Latrine		1.9	6.4
普通旱厕		Latrine		3.5	3.6
无厕所		No Lavatory			
八、按住户主要取暖设备状况分	(%)	By Heating Facilities Condition	(%)	100.0	100.0
由市政或小区集中供暖		Central Heating		43.5	43.3
自行供暖		Self Heating		54.8	54.6
无取暖设备		Without Heating Equipment		1.7	2.1
九、按主要炊用能源状况分	(%)	By Cooking Fuel Condition	(%)	100.0	100.0
柴草		Firewood		3.4	3.2
煤炭		Coal		2.1	1.9
罐装液化石油气		Canned Liquified Petroleum Gas		7.0	6.9
管道液化石油气		Pipeline Liquified Petroleum Gas		0.4	0.5
管道煤气		Pipeline Gas		0.3	0.3
管道天然气		Pipeline Natural Gas		66.5	66.9
电		Electricity		20.4	20.3
其他		Others			

10-15 农村居民家庭基本情况
Basic Conditions of Rural Households

指　　标	Item	2018	2019	2020	2021	2022
调查户数 (户)	Number of Households Surveyed (household)	1970	1970	1970	1970	1970
调查户人口 (人)	Number of Residents in the Household Surveyed(person)					
1.常住人口	Permanent Residents	6114	5924	5806	5731	5632
2.平均每户常住人口	Average Household Size	3.1	3.0	2.9	2.9	2.8
3.平均每户劳动力人数	Labours Per Households	2.1	2.1	2.1	2.1	2.0
平均每户整劳动力人数	Ablebodied Labours Per Households	0.8	0.7	0.7	0.6	0.6
平均每户半劳动力人数	Semiablebodied Labours Per Households	1.3	1.4	1.4	1.4	1.5
4.平均每劳动力负担人口	Average Number of Persons Supported by a Laborer	1.5	1.4	1.4	1.4	1.4
平均每人可支配收入 (元)	Annual Per Capita Disposable Income (yuan)	11213	12326	13316	14745	15704
工资性收入	Wages Income	4621	5025	5388	6104	6497
经营净收入	Net Income from Business	3508	3792	4150	4433	4702
财产净收入	Property Income	197	214	229	248	259
转移净收入	Transfer Income	2887	3295	3550	3960	4246
平均每人生活消费支出 (元)	Annual Per Capita Consumption Expenditure (yuan)	10071	10935	11376	13158	14094
食品、烟酒	Food,Tobacco and Alcohol	2577	2832	3183	3815	4188
衣　着	Clothing	526	592	610	725	723
居　住	Residence	2431	2529	2715	3049	3149
生活用品及服务	Living Articles and Services	635	655	688	773	806
交通通信	Transportation and Communications	1223	1360	1461	1657	1783
教育文化娱乐	Recreation, Education and Culture Services	1253	1387	1057	1235	1340
医疗保健	Medicine and Medical Services	1241	1383	1491	1702	1895
其他用品和服务	Others	185	197	171	202	211
平均每人年末现住房建筑面积 (平方米)	Floor Area per Capita at Year-end (sq.m)	41.5	41.8	42.7	47.0	47.7

10–16 农村居民人均可支配收入
Per Capita Disposable Income of Rural Households

单位：元　　(yuan)

指　标	Item	2021	2022
可支配收入	**Disposable Income**	**14744.8**	**15704.3**
一、工资性收入	**Wages Income**	**6103.5**	**6497.3**
(一)工资	Wage	6027.1	6425.1
1.按月发放的工资	The wages by monthly	2307.3	2460.1
2.补发工资	Retroactive pay	147.9	156.3
3.不按月发放的奖金、津贴、过节费等	The Bonus, allowance, holiday fee etc.by no-monthly	3571.9	3808.6
(二)实物福利	Benefits in kind	24.0	29.5
1.从单位或雇主得到的实物产品折价	The Discount of Real Products from the Company or Employer	8.3	9.4
2.从单位或雇主得到的服务折价	The Discount of Services from the Company or Employer	15.8	20.1
(三)其他	Others	52.4	42.8
1.住房公积金	Housing Funds	34.1	28.9
2.辞退金	Dismissal Payments		
3.自由职业劳动所得(如稿费、翻译费)	Income by liberal work (Such as Remuneration,Translation Fee)	15.0	8.3
4.安家费	Settling-in Allowance		
5.股票期权	Stock Options		
6.其他劳动所得	Others	3.4	5.6
二、经营净收入	**Net Income from Business**	**4433.1**	**4702.2**
(一)第一产业经营净收入	Net Income from Primary Industry Business	3336.2	3536.3
1.农业	Agricultural	2920.8	3063.5
2.林业	Forestry	92.4	110.3
3.牧业	Animal Husbandry	325.7	363.0
4.渔业	Fishery	-2.7	-0.5
(二)第二产业经营净收入	Net Income from Secondary Industry Business	56.8	59.2
(三)第三产业经营净收入	Net Income from Tertiary Industry Business	1040.2	1106.8
1.批发和零售业	Wholesale and Retail Trades	415.3	413.2
2.交通运输、仓储和邮政业	Transport, Storage and Post	255.2	271.9
3.住宿和餐饮业	Hotels and Catering Services	241.4	215.0
4.房地产业	Real Estate	-2.8	-0.9
5.租赁和商务服务业	Leasing and Business Services	5.4	4.6
6.居民服务、修理和其他服务业	Services to Households and Other Services	47.0	108.9
7.农林牧渔服务业	Services to Agriculture, Forestry, Animal Husbandry and Fishery	44.9	70.5
8.其他	Others	33.8	23.6

10-16 续表 continued

单位：元 (yuan)

指标	Item	2021	2022
三、财产净收入	**Net Income from Properties**	**248.1**	**258.8**
# 利息净收入	Net Interests	5.7	6.5
红利收入	Bonus	75.7	85.7
储蓄性保险净收益	Net Benefits of Savings Insurance	4.6	0.3
转让承包土地经营权租金净收入	The Rent Income by Transfer of Land Rights	95.0	105.0
出租房屋财产性收入	The Property Income by Renting House	40.8	46.9
出租机械、专利、版权等资产的收入	The Income by Renting Assets like Mechanical,Patents,Copyright ect.	14.6	7.5
四、转移净收入	**Net Income from Transfer**	**3960.0**	**4246.0**
(一)转移性收入	Income from Transfer	4470.7	4809.7
1.养老金或离退休金	Pension or Retired Pension	985.2	1048.9
# 离退休金	Retired Pension	440.7	455.8
城乡居民基本养老保险	Urban and Rural Employee Social Pension Insurance	458.9	516.5
2.社会救济和补助	Social Relief and Aid	257.3	293.3
3.政策性生活补贴	Policy Allowance	112.4	123.9
4.报销医疗费	Reimbursement of Medical treatment	322.3	359.3
5.家庭外出从业人员寄回带回收入	Income from Family Outings Employees	1960.4	2123.9
6.赡养收入	Alimony Income	539.1	570.5
7.其他经常转移收入	Others Recurring Income from Transfer	46.6	35.9
8.从政府和组织得到的实物产品和服务折价	The Discount of Real Products and Services from the Governments and Organizations	41.0	74.7
9.现金政策性惠农补贴	The Cash Policy Subsidies for Agricultural	206.4	179.3
(二)转移性支出	Transfer Expenditure	510.8	563.6
1.个人所得税	Personal Income Tax	10.5	10.6
2.社会保障支出	Expenditure for Social Security	426.0	503.4
(1)个人缴纳的养老保险	Pension Insurance Personal Rendered	148.6	137.8
(2)个人缴纳的医疗保险	Medical Care Insurance Personal Rendered	275.4	362.2
(3)个人缴纳的失业保险	Unemployment Insurance Personal Rendered	0.7	1.1
(4)其他社会保障支出	Others	1.4	2.4
3.外来从业人员寄给家人的支出	Expenditure for Family from Migrant Workers	2.8	10.1
4.赡养支出	Expenditure for Alimony	56.3	26.0
5.其他	Others	15.1	13.4

10-17 农村居民人均生活消费支出
Per Capita Consumption Expenditure of Rual Households

单位：元 (yuan)

指　标	Item	2021	2022
生活消费支出	**Total Consumption Expenditure**	**13158.0**	**14094.2**
一、食品、烟酒	**Food,Tobacco and Alcohol**	**3814.6**	**4188.2**
1.食　品	Food	2618.6	2802.3
# 谷　物	Grain	524.1	546.4
薯　类	Potato	102.0	102.1
豆　类	Beans	57.3	64.5
食用油	Edible Oil	182.2	204.1
蔬菜和食用菌	Vegetables and Edible Mushrooms	340.0	366.1
肉　类	Meat	548.4	557.5
禽　类	Poultry	58.1	56.7
水产品	Aquatic Products	27.2	33.9
蛋　类	Eggs	87.2	106.6
奶　类	Milk	223.5	247.0
干鲜瓜果类	Fresh and Dried Fruits	223.3	248.7
糖果糕点类	Candy and Pastry	75.5	85.7
2.烟　酒	Tobacco and Alcohol	558.2	639.0
# 烟　草	Tobacco	443.3	499.7
酒　类	Alcohol	114.9	139.2
3.饮　料	Beverages	85.4	107.4
4.饮食服务	Catering Services	552.4	639.5
二、衣　着	**Clothing**	**724.8**	**722.8**
# 衣　类	Garments	553.2	551.8
鞋　类	Footwear	171.6	171.0
三、居　住	**Residence**	**3049.5**	**3148.6**
# 租赁房房租	Rental Housing Rent	95.1	97.9
住房维修及管理	Housing Repair and Management	627.1	663.9
水电燃料及其他	Water,Electric Power Fuel and Others	700.3	683.7
四、生活用品及服务	**Living Articles and Services**	**772.9**	**806.2**
# 家具及室内装饰品	Furniture and External Decorations	127.8	141.9
家用器具	Household Appliances	204.5	212.1
家用纺织品	Household textile	60.8	63.2
家庭日用杂品	Household Articles of Daily Use	215.3	222.3
个人用品	Personal Items	137.4	140.6
家庭服务	Household Services	27.1	26.0
五、交通通信	**Transportation and Communications**	**1657.0**	**1782.7**
# 交　通	Transportation	1059.7	1187.0
通　信	Communications	597.3	595.7
六、教育文化娱乐	**Recreation, Education and Culture Services**	**1235.1**	**1340.1**
# 教　育	Education	1035.2	1156.3
文化娱乐	Recreation	199.9	183.8
七、医疗保健	**Medicine and Medical Services**	**1702.3**	**1894.7**
医疗器具及药品	Medical Instruments and Medicines	417.4	455.7
医疗服务	Medical Services	1284.9	1439.0
八、其他用品和服务	**Others**	**201.9**	**210.9**

10–18 农村居民家庭人均购买主要商品数量
Per Capita Purchases of Major Commodities of Rural Households

指　标		Item		2021	2022
小 麦	(公斤)	Wheat	(kg)	0.6	1.2
面 粉	(公斤)	Flour	(kg)	42.2	39.3
大 米	(公斤)	Rice	(kg)	20.9	20.0
薯 类	(公斤)	Potato	(kg)	16.2	15.5
豆 类	(公斤)	Beans	(kg)	10.8	11.2
食用植物油	(公斤)	Edible Vegetable Oil	(kg)	12.1	12.1
鲜 菜	(公斤)	Fresh Vegetables	(kg)	63.6	63.6
猪 肉	(公斤)	Pork	(kg)	11.6	13.4
牛 肉	(公斤)	Beef	(kg)	0.4	0.5
羊 肉	(公斤)	Mutton	(kg)	0.7	0.8
鸡	(公斤)	Chicken	(kg)	1.9	2.0
鸭	(公斤)	Duck	(kg)	0.1	0.0
鱼 类	(公斤)	Fish	(kg)	1.1	1.1
虾 类	(公斤)	Shrimp	(kg)	0.1	0.1
鲜 蛋	(公斤)	Fresh Eggs	(kg)	8.5	9.6
鲜 奶	(公斤)	Fresh Dairy Products	(kg)	7.2	7.1
酸 奶	(公斤)	Yogurt	(kg)	1.8	1.6
奶 粉	(公斤)	Milk Powder	(kg)	0.7	0.8
鲜瓜果	(公斤)	Fresh Fruit	(kg)	36.1	36.7
鞋	(双)	Footwear	(pair)	2.4	2.4
水	(吨)	Water	ton)	17.0	17.1
电	(度)	Electricity	(kwh)	639.1	716.3
煤 炭	(公斤)	Coal	(kg)	109.4	95.8
管道天燃气	(立方米)	Pipeline Natural Gas	(cu.m)	16.9	15.9
罐装液化石油气	(公斤)	Bottled LPG	(kg)	3.4	2.8

10-19 农村居民家庭平均每百户年末耐用消费品拥有量
Main Durable Goods Owned Per 100 Rural Households

指 标		Item		2021	2022
家用汽车	(辆)	Automobile	(unit)	22.3	23.0
摩托车	(辆)	Motorcycle	(unit)	48.3	46.9
助力车	(台)	Strength-aid Cycle	(unit)	59.9	61.8
洗衣机	(台)	Washing Machine	(unit)	96.1	96.3
电冰箱(柜)	(台)	Refrigerator	(unit)	93.1	93.7
微波炉	(台)	Microwave Oven	(unit)	9.1	9.7
彩色电视机	(台)	Color TV Set	(unit)	106.2	107.7
空 调	(台)	Air Conditioner	(unit)	63.0	64.6
热水器	(台)	Water Heater	(unit)	60.3	61.0
洗碗机	(台)	Dish Washer	(unit)	0.3	0.3
排油烟机	(台)	Exhauster	(unit)	22.4	23.0
固定电话	(线)	Ordinary Telephone	(unit)	3.8	3.8
移动电话	(部)	Mobile Telephone	(unit)	266.1	265.6
# 接入互联网		Access to the Internet		230.5	
计算机	(台)	Computer	(unit)	16.9	17.8
# 接入互联网		Access to the Internet		12.8	
照相机	(台)	Camera	(unit)	1.3	1.3
中高档乐器	(架)	High-end Instruments	(unit)	0.6	0.7
健身器材	(台)	Setting-up Apparatus	(unit)	0.5	0.5
空气净化器(含新风系统)	(台)	Air Cleaner(Including Fresh Air System)	(unit)	0.5	0.5
吸尘器	(台)	Vacuum Cleaners	(unit)	0.6	0.7

10-20 农村居民家庭年末居住情况
Housing Conditions of Rural Households

指　标	Item	2021	2022
调查户数 (户)	Number of Households Surveyed (household)	1970	1970
平均每户居住人口 (人)	Average Number of Resident Population (person)	2.9	2.8
平均每人建筑面积 (平方米)	The Average Floor Area Per Person (sq.m)	47.0	47.7
一、按住户居住空间样式分 (%)	By Style of Living Space (%)	100.0	100.0
单栋楼房	Dependent Building	24.2	24.8
单栋平房	Single-storey House	68.1	67.9
四居室及以上单元房	Four Bedrooms	0.3	
三居室单元房	Three Bedrooms	2.0	1.9
二居室单元房	Two Beedrooms	1.4	1.5
一居室单元房	One Beedroom	0.1	0.1
筒子楼或连片平房	Tube-shaped Apartment or Lace Single-storey Houses	2.8	2.8
其他	Others	1.1	0.7
二、按主要建筑材料分 (%)	By Main Building Materials (%)	100.0	100.0
钢筋混凝土	Reinforced Concrete	15.6	15.5
砖混材料	Brick-and-concrete Buildings	67.4	68.1
砖瓦砖木	Brick and Brick-wood Structure	16.9	16.3
竹草土坯	Bamboo Grass and Sun-dried Mud Brick	0.1	0.1
其他	Others		
三、按现住房房屋来源分 (%)	By Source of Housing (%)	100.0	100.0
租赁公房	Public-rent Housing		
租赁私房	Private-rent Housing	2.2	2.1
自建住房	Self-establish Housing	92.6	92.7
购买商品房	Commercial Residential Housing	1.6	1.5
购买房改住房	Private Housing through Housing Reform		
购买保障性住房	Indemnificatory Housing	0.9	0.9
拆迁安置房	Resettlement Housing	1.7	1.8
继承或获赠住房	Inheriting and Donation Housing	0.6	0.6
免费借用房	Free Housing	0.2	0.2
雇主提供免费住房	Free Housing from Employer		0.1
其他	Others	0.1	0.1
四、按住宅外道路路面情况分 (%)	By Pavement Condition Outside (%)	100.0	100.0
水泥或柏油路面	Cement or Asphalt Pavement	81.4	81.8
沙石或石板等硬质路面	Hard Sand or Stone Pavement	18.6	18.2
其他	Others		
五、按住户主要饮用水来源情况分 (%)	By Source of main Drinking Water (%)	100.0	100.0
经过净化处理的自来水	Purified Tap Water	75.9	76.6
受保护的井水和泉水	Protected Wells and Springs	22.1	21.5
不受保护的井水和泉水	Unprotected Wells and Springs		
江河湖泊水	Rivers and Lakes Water		
收集雨水	Collected Rainwater	1.9	1.9
桶装水	Barrels Water		
其他	Others		
六、按住户厕所类型分 (%)	By Household Lavatory Type (%)	100.0	100.0
水冲式卫生厕所	Sanitary Water Closet	48.8	52.0
水冲式非卫生厕所	Insanitary Water Closet	3.2	-
卫生旱厕	Sanitary Latrine	32.5	32.4
普通旱厕	Latrine	15.6	15.6
无厕所	No Lavatory		
七、按住户主要取暖设备状况分 (%)	By Heating Facilities Condition (%)	100.0	100.0
由市政或小区集中供暖	Central Heating	1.3	1.3
自行供暖	Self Heating	95.0	94.8
无取暖设备	Without Heating Equipment	3.8	3.9
八、按主要炊用能源状况分 (%)	By Cooking Fuel Condition (%)	100.0	100.0
柴草	Firewood	38.9	37.8
煤炭	Coal	10.3	10.4
罐装液化石油气	Canned Liquified Petroleum Gas	10.1	10.0
管道液化石油气	Pipeline Liquified Petroleum Gas	0.1	0.1
管道煤气	Pipeline Gas		
管道天然气	Pipeline Natural Gas	8.0	8.7
电	Electricity	32.5	32.9
沼气	Methane		0.1
其他	Others	0.1	

主要统计指标解释

住户 指居住在一个住宅内，共同分享生活开支或收入的一群人。居住在同一房间内、不共同分享生活开支的人群，每个人都视为一个住户。住家保姆、住家家庭帮工视为单独的住户。

常住居民 指住户成员中，经常在家居住、或者调查期内居住时间超过一半的人员，以及本住户供养的学生。常住居民是住户收支的调查对象。

整、半劳动力 整劳动力是指男子 18 周岁到 50 周岁，女子 18 周岁到 45 周岁；半劳动力是指男子 16 周岁到 17 周岁，51 周岁到 60 周岁；女子 16 周岁到 17 周岁，46 周岁到 55 周岁，同时具有劳动能力的人。虽然在劳动年龄之内，但已丧失劳动能力的人，不应算为劳动力；超过劳动年龄，但能经常参加劳动，计入半劳动力数内。常住人口中的职工，若这些职工为劳动力，就包括在本户的整半劳动力中。

居民可支配收入 指居民可用于最终消费支出和储蓄的总和，即居民可用于自由支配的收入。既包括现金收入，也包括实物收入。按照收入的来源，可支配收入包含四项，分别为：工资性收入、经营净收入、财产净收入和转移净收入。

工资性收入 指就业人员通过各种途径得到的全部劳动报酬和各种福利，包括受雇于单位或个人、从事各种自由职业、兼职和零星劳动得到的全部劳动报酬和福利。

经营净收入 指住户或住户成员从事生产经营活动所获得的净收入，是全部经营收入中扣除经营费用、生产性固定资产折旧和生产税之后得到的净收入。计算公式为：

经营净收入 = 经营收入 - 经营费用 - 生产性固定资产折旧 - 生产税

财产净收入 指住户或住户成员将其所拥有的金融资产、住房等非金融资产和自然资源交由其他机构单位、住户或个人支配而获得的回报并扣除相关的费用之后得到的净收入。财产净收入包括利息净收入、红利收入、储蓄性保险净收益、转让承包土地经营权租金净收入、出租房屋净收入、出租其他资产净收入和自有住房折算净租金等。财产净收入不包括转让资产所有权的溢价所得。

转移净收入 计算公式为：转移净收入=转移性收入-转移性支出

转移性收入 指国家、单位、社会团体对住户的各种经常性转移支付和住户之间的经常性收入转移。包括养老金或退休金、社会救济和补助、政策性生产补贴、政策性生活补贴、救灾款、经常性捐赠和赔偿、报销医疗费、住户之间的赡养收入，本住户非常住成员寄回带回的收入等。转移性收入不包括住户之间的实物馈赠。

转移性支出 指调查户对国家、单位、住户或个人的经常性或义务性转移支付。包括缴纳的税款、各项社会保障支出、赡养支出、经常性捐赠和赔偿支出以及其他经常转移支出等。

居民消费支出 指居民用于满足家庭日常生活消费需要的全部支出，既包括现金消费支出，也包括实物消费支出。消费支出可划分为食品烟酒、衣着、居住、生活用品及服务、交通通信、教育文化娱乐、医疗保健以及其他用品及服务八大类。

Explanatory Notes on Main Statistical Indicators

Households refer to persons living and sharing economically together in one house. When people don't share living expenses, every single person are deemed to be one household. Live-in Nanny and family helpers are deemed to be one household.

Usual Resident Population refers to persons staying at home regularly or for over half of time in survey period and students provided by the household. Usual resident population is the respondent of household living expenses.

Full/Semi Labour Force Full labour force refers to persons capable of work, aged 18-50 for males and 18-45 for females. Semi labour force refers to persons capable of work, aged 16-17 and 51-60 for males and 16-17 and 46-55 for females. Persons at their working ages but not capable of work are not to be included as labour force. Persons not at working ages but participating regularly in work are included in semi labour force. For staff and workers who are usual residents, are included as full or semi labour force of the household if they are in the labour force.

Disposable Income of Resident refers to the income of households for purpose of final expenditure and savings. It includes income both in cash and in kind. By sources of income, disposable income includes four categories: income from wages and salaries, net business income, net income from properties and net income from transfer.

Income from Wages and Salaries refers to remuneration of labour and salaries from all kinds of sources, including those employed by other units or individuals, freelance work, part-time jobs, and sporadic labour.

Net Business Income refers to net income earned by households and their members engaged in production and business activities. It refers to the net income of operating revenue minus operating costs, depreciation of productive fixed assets, and production tax. The formula is:

Net Business Income=Operating Revenue-Operating Costs-Depreciation of Productive Fixed Assets-Production Tax

Net Income from Properties refers to the net income received as returns by households or members of financial assets, non-financial assets such as housing, to other institutions, households or individuals, and minus relevant costs. Net income from properties includes net income of interest, bonus income, net income of saving insurance, net income of rents of transferring management right of contract land, income of renting housing, income of renting other assets, net converted rents of self-owned housing. Net income from properties do not include premium of transferring ownership of assets.

Net Income from Transfer The formula is:

Net Income from Transfer=Income from Transfers-Expenditure from Transfer

Income from Transfer refers to the regular transfer from country, institutions, social communities to households and between households. It includes old-age and retirement pension, disaster relief funds, regular donation and compensation, applying for medical fees, supporting income between households, income from non-usual-residing members of households, etc. Income from transfer do not include presents in kinds between households.

Expenditure from Transfer refers to regular or deontic transfer from households to country, institutions, households or individuals. It includes taxes paid, expenditure of all kinds of social security, supporting expenditure, regular donation and compensation and other regular transfer expenditure, etc.

Consumption Expenditure of Residents refers to all expenditure of households for living expenditure to satisfy family daily living. It includes expenditure in cash and in kind. It includes eight categories: food, tobacco and liquor; clothing; residence; household facilities, articles and services; transport and communications; education, cultural and recreational activities; health care and medical services, and miscellaneous goods and services.

十一、环境和城市

Environment and Cities

资料整理：冉妮平　金文娟

简 要 说 明

一、本篇资料主要反映陕西环境保护事业发展情况和城市公用事业基本情况。

环境保护事业发展情况主要包括供水、用水情况以及工业废水和生活污水的排放及治理情况；城市空气质量，废气排放及处理情况；工业固体废物的产生、处理及利用情况；城市生活垃圾清运及处理情况；城市道路交通和区域环境噪声监测情况；造林及自然保护基本情况；地质、地震、海洋、森林灾害及突发环境事件情况；环境污染治理投资等情况。

城市公用事业基本情况主要包括城市建设、供水、供气、供热、市政设施、城市绿化、环境卫生等情况。

二、本篇资料由省自然资源厅、省生态环境厅、省住房和城乡建设厅、省水利厅、省林业局等提供。

Brief Introduction

I. This chapter reflects the development of environment protection and public utilities in Shaanxi Province.

The development of environment protection mainly include water supply and utilization, discharge and treatment of industrial and other waste water; urban air quality, emission and treatment of waste gas; production, treatment and utilization of industrial solid wastes, collection and disposal of consumption wastes in cities; national monitoring of road traffic noise and urban environmental noise in key cities; forestation, grassland construction and natural protection; incidences of geological, seismic, marine and forest disasters, environmental emergency investment in environment pollution treatment, etc.

The public utilities mainly include urban construction, water supply, gas supply, heat supply, public facilities, urban greening and environmental hygiene, etc.

II. The data resources are provided by Shaanxi Provincial Department of Natural Resources, Shaanxi Provincial Department of Ecology and Environment, Shaanxi Provincial Department of Housing and Urban-Rural Construction, Shaanxi Provincial Department of Water Resources and Shaanxi Provincial Bureau of Forestry.

11.环境和城市

2022年全省城市		
人均公园绿地面积	13.15	平方米
人均城市道路面积	18.11	平方米
人均日生活用水量	162.50	升
供水普及率	98.25	%
燃气普及率	99.03	%

人均公园绿地面积（平方米）

（2022年）

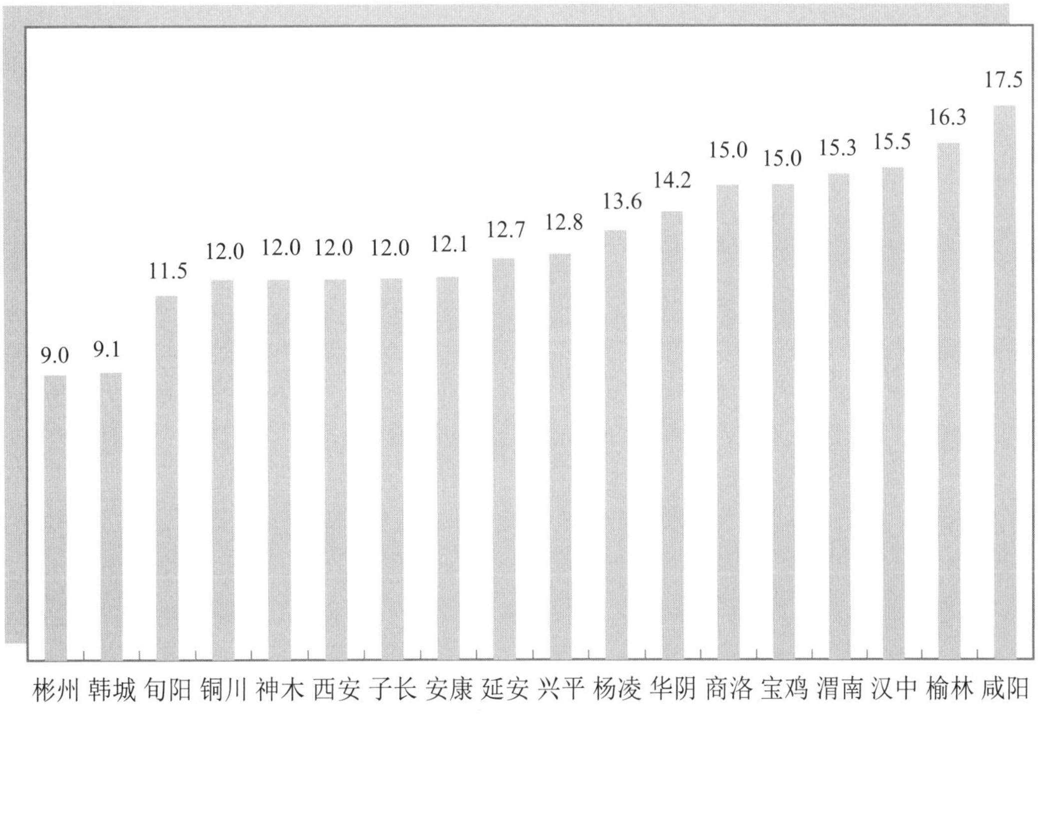

11-1 环境保护基本情况
Basic Statistics on Environmental Protection

指　　标	Item	2021	2022
水环境	**Water Environment Conditions**		
水资源总量 (亿立方米)	Total Amount of Water Resources (100 million cu. m)	852.49	365.75
地表水资源量	Surface Water	810.95	330.65
地下水资源量	Ground-Water	200.02	139.90
地表水与地下水资源重复量	Duplicated Measurement between Surface and Underground	158.48	104.80
人均水资源量 (立方米/人)	Per Capita Water Resources (cu.m/person)	2155.75	924.78
用水总量 (亿立方米)	Water Consumption (100 million cu. m)	91.76	94.88
#农业用水	Water Consumption of Agriculture	54.63	57.49
工业用水	Water Consumption of Industry	10.90	10.72
生活用水	Water Consumption of Consumption	20.30	20.22
生态环境补水	Water Consumption of Ecological Protection	5.92	6.46
废水排放总量 (万吨)	Total Volume of Waste Water Discharged (10 000 tons)	184335.86	185400.56
#工业废水排放量	Volume of Industrial Waste Water Discharged	31690.42	31607.99
城镇生活污水排放量	Volume of Consumption Waste Water Discharged	152527.17	153678.41
集中式治理设施污水排放量	Volume of Sewage Discharged from Centralized Treatment Facilities	118.27	114.15
化学需氧量(COD)排放量 (吨)	COD Discharge (ton)	507436	453307
#工业废水中COD排放量	COD Discharge by Industrial Waste Water	7121	6537
农业COD排放量	COD Discharge by Agriculture	220296	189403
城镇生活污水中COD排放量	COD Discharge by Consumption Waste Water	279747	256099
集中式治理设施COD排放量	Volume of COD Discharged by Centralized Treatment Facilities	272	1268
氨氮排放量 (吨)	Ammonia Nitrogen Discharge (ton)	27122	23784
#工业废水中氨氮排放量	Ammonia Nitrogen Discharge by Industrial Waste Water	297	281
农业氨氮排放量	Ammonia Nitrogen Discharge by Agriculture	2892	2158
生活污水中氨氮排放量	Ammonia Nitrogen Discharge by Consumption Waste Water	23884	21225
集中式治理设施氨氮排放量	Volume of Ammonia Nitrogen Discharged by Centralized Treatment Facilities	49	121
大气环境	**Atmospheric Environment Conditions**		
二氧化硫(SO_2)排放量 (吨)	Sulphur Dioxide (SO_2) Emission (ton)	81120	67900
#工业SO_2排放量	Volume of Sulphur Dioxide Emission by Industry	55788	46177
城镇生活SO_2排放量	Volume of Sulphur Dioxide Emission by Consumption	25279	21408
集中式治理设施SO_2排放量	Volume of SO_2 Discharged by Centralized Treatment Facilities	53	315
氮氧化物排放量 (吨)	Volume of Nitrogen oxides (ton)	124439	108337
#工业氮氧化物排放量	Volume of Nitrogen oxides by Industry	108646	92738
城镇生活氮氧化物排放量	Volume of Nitrogen oxides by Consumption	14990	14311
机动车氮氧化物排放量	Volume of Nitrogen oxides by Motor Vehicles	125293	
集中式治理设施氮氧化物排放量	Volume of Nitrogen oxides by Centralized Treatment Facilities	804	1288
烟(粉)尘排放量 (吨)	Volume of Soot Emission (ton)	230487	212014
#工业烟(粉)尘排放量	Volume of Industrial Soot Emission	157591	150124
城镇生活烟尘排放量	Volume of Consumption Soot Emission	72864	61852
机动车颗粒物排放量	Vehicle Particulate Matter Emission	1015	
集中式治理设施烟尘排放量	Volume of Soot Emission by Centralized Treatment Facilities	32	38

11-1 续表 1 continued

指 标	Item	2021	2022
固体废物	**Solid Wastes**		
一般工业固体废物产生量 （万吨）	Volume of Industrial Solid Wastes Produced (10 000 tons)	13065.87	13745.11
一般工业固体废物综合利用量 （万吨）	Volume of Industrial Solid Wastes Utilized (10 000 tons)	6463.46	7206.25
# 综合利用往年贮存量	The Comprehensive Utilization Stored Quantity in Early Years	33.82	55.54
一般工业固体废物综合利用率 （%）	Ratio of Industrial Solid Wastes Utilized (%)	49.40	52.22
一般工业固体废物处置量 （万吨）	Volume of Industrial Solid Wastes Treated (10 000 tons)	5009.91	5196.82
# 处置往年贮存量	Stored Quantity Treated in Early Years	156.40	91.14
一般工业固体废物处置率 （%）	Ratio of Industrial Solid Wastes Treated (%)	37.94	37.56
一般工业固体废物贮存量 （万吨）	Industrial Solid Wastes Stored Quantity (10 000 tons)	1766.45	1488.69
危险废物产生量 （吨）	Volume of Hazardous Wastes (ton)	2143159	2009242
危险废物利用处置量 （吨）	Volume of Hazardous Wastes Utilized (ton)	2259103	2364166
# 利用处置往年贮存量	The Comprehensive Utilization Stored Quantity in Early Years	193864	432357
危险废物利用处置率 （%）	Ratio of Hazardous Wastes Utilized (%)	96.67	96.83
生态环境	**Ecological Environment Conditions**		
累计水土流失治理面积 （千公顷）	Accumulative Area of Water and Soil Conservation (1 000 hectares)	8350.48	
当年造林面积 （公顷）	Total Area of Afforestation (hectare)	400347	389956
人工造林	Manual Planting	114688	43799
飞播造林	Airplane Planting	53595	50826
当年新封山(沙)育林面积	New Cloring Hillsides for Afforestation	189144	178606
退化林修复	Restoration of Degraded Forest	42920	113080
人工更新	Artificial Regeneration		3645
自然保护区数 （个）	Number of Nature Reserves (unit)	61	61
# 国家级	Nation Level	26	26
自然保护区面积 （万公顷）	Area of Nature Reserves (10 000 hectares)	114.56	114.56
自然灾害	**Natural Disasters**		
地质灾害次数 （次）	Number of Geologic Hazards (time)	22	4
地质灾害失踪及死亡人数 （人）	Number of Missing and Dead in Geological Disasters (person)	21	3
地质灾害直接经济损失 （万元）	Direct Economic Losses of Geologic Hazard (10 000 yuan)	51690	43
森林火灾次数 （次）	Number of Forest Fires (time)	17	9
森林火灾受害森林面积 （公顷）	Danaged Forest Area (hectare)	45	19

11-1 续表 2 continued

指　　标		Item		2021	2022
环境污染与治理		**Investment in the Treatment of Environmental Pollution**			
突发环境事件次数	(次)	Environmental Disasters	(time)	9	6
老工业企业污染防治投资结构		Consumption of Investment in the Treatment of Pollution from Old Industrial Enterprises		64420	18386
治理废水		Treatment of Waste Water		5380	4812
治理废气		Treatment of Waste Gas		26483	11444
治理固体废物		Treatment of Solid Waste		73	1000
治理噪声		Treatment of Noise Pollution		2	
治理其他		Treatment of Other Pollution		32483	1130
完成环保验收项目环保投资	(万元)	Investment in Completion Acceptance of Environmental Protection	(10 000 yuan)	188327	21201
本年林业投资完成额	(万元)	Investment Completed This Year for Afforestation	(10 000 yuan)	973695	961330
造林		Afforestation			287418
森林经营		Forest Management			78467
草原保护修复		Grassland Protection and Restoration			15651
湿地保护修复		Wetland Conservation and Restoration			5649
荒漠化治理		Desertification Control			102
有害生物防治		Pest Control			15388
森林防火		Forest Fire Prevention			7048
自然保护地监测		Monitoring of Protected Natural Areas			10655
生物多样性保护		Biodiversity Conservation			9629
其他		Other			531325
城市环境		**Urban Environmental**			
城市供水总量	(万立方米)	Total Water Supply	(10 000 cu.m)	136333.14	140284.77
城市供水普及率	(%)	Coverage Rate of Urban Population with Access to Tap Water	(%)	98.16	98.25
城市污水排放量	(万立方米)	Volume of City Sewage	(10 000 cu.m)	167263	172906
城市污水处理量	(万立方米)	Disposal of City Sewage	(10 000 cu.m)	162417	167964
城市污水处理厂集中处理率	(%)	Treatment Rate of City Sewage	(%)	97.10	97.14
城市生活垃圾清运量	(万吨)	Urban Consumption Wastes Collected and Transported	(10 000 tons)	669.40	654.88
城市生活垃圾无害化处理量	(万吨)	Volume of City Consumption Wastes	(10 000 tons)	669.39	654.87
城市生活垃圾无害化处理率	(%)	Treatment Rate of City Consumption Wastes	(%)	100.00	100.00
城市燃气普及率	(%)	Coverage Rate of Urban Population with Access to Gas	(%)	98.77	99.03
城市集中供热面积	(万平方米)	Area of Centralized Heating in Urban	(10 000 sq.m)	49252	52777
城市人均公园绿地面积	(平方米)	Per Capita Public Green Area	(sq.m)	12.90	13.15
建成区绿化覆盖率	(%)	Green Covered Area as % of Completed Area	(%)	41.76	42.62

注：城市环境部分，统计范围为全省设区市本级和杨凌示范区，及兴平、华阴、韩城、神木、彬州、子长、旬阳7个县级市。

a)For the urban environment,the statistical scope covers the district-municipal-level and Yangling demonstration Zone and the seven county-level cities of Xingping, Huayin, Hancheng, Shenmu, Binzhou，Zichang and Xunyang.

11−2 各市(区)工业固体废物排放及处理情况(2022年)
Production and Treatment of Industrial Solid Wastes by City(District)(2022)

单位：万吨 (10 000 tons)

地　区	Region	一般工业固体废物产生量 Volume of Industrial Solid Wastes Produced	危险废物产生量 Volume of Hazardous Wastes Produced	一般工业固体废物贮存量 Volume of Industrial Solid Wastes in Stocks	危险废物贮存量 Volume of Hazardous Wastes in Stocks	一般工业固体废物处置量 Volume of Industrial Solid Wastes Disposed	#处置往年贮存量 Storage Capacity Disposed in Former Years	危险废物利用处置量 Volume of Hazardous Wastes Disposed	一般工业固体废物综合利用量 Volume of Industrial Solid Wastes Utilized
全　省	**Shaanxi**	**13745.11**	**200.86**	**1488.69**	**320.52**	**5196.82**	**91.14**	**236.35**	**7206.25**
西安市	Xi'an	321.90	15.88	0.23	0.07	67.20	0.03	15.96	254.61
铜川市	Tongchuan	274.59	0.58	0.07	0.06	9.15	0.10	0.62	265.56
宝鸡市	Baoji	1013.08	6.49	259.36	0.41	372.90	0.12	6.46	381.78
咸阳市	Xianyang	1187.63	6.80	21.42	0.14	425.44	0.20	6.84	743.66
渭南市	Weinan	3498.18	27.97	145.42	4.32	2072.50	9.35	29.49	1293.60
#韩城市	Hancheng	1076.97	12.86	112.10	0.03	172.86	8.96	12.87	802.38
延安市	Yan'an	768.39	38.34	112.64	0.46	275.65	0.14	38.44	381.44
汉中市	Hanzhong	565.86	40.14	93.96	308.66	275.25	2.10	74.60	206.62
榆林市	Yulin	5483.01	38.90	580.68	1.48	1672.64	76.38	38.40	3343.05
安康市	Ankang	52.84	1.84	26.92	0.17	3.47		2.21	23.81
商洛市	Shangluo	532.49	23.63	247.90	4.73	21.06	2.71	23.05	266.61
杨凌示范区	Yangling	47.14	0.28	0.10	0.00	1.55	0.00	0.29	45.50

11-3 各市(区)工业废水排放及处理量(2022年)
Discharge and Treatment of Industrial Waste Water by City(District)(2022)

地　区	Region	工业用水总量(万吨) Total Water Use in Industry (10 000 tons)	工业废水排放总量(万吨) Total Volume of Industrial Waste Water Discharged (10 000 tons)	化学需氧量排放量(吨) COD Discharge (ton)	氨氮排放量(吨) Ammonia Nitrogen Discharge (ton)	工业废水处理量(万吨) Volume of Treated Industrial Waste Water (10 000 tons)	废水治理设施数(套) Number of Facilities for Treatment of Waste Water (set)	废水治理设施处理能力(万吨/日) Treatment Capacity of Facilities for Treatment of Waste Water (10 000 tons/day)
全　省	**Shaanxi**	**73819.17**	**31607.99**	**6537.34**	**281.03**	**64860.97**	**1360**	**361.68**
西安市	Xi'an	10349.57	4293.36	1206.70	45.80	4902.94	266	36.44
铜川市	Tongchuan	2419.72	755.90	136.52	1.75	925.17	39	5.06
宝鸡市	Baoji	5077.33	1329.82	506.36	37.80	2866.83	137	29.36
咸阳市	Xianyang	6236.11	10401.29	2297.32	93.95	11757.97	117	66.61
渭南市	Weinan	12012.47	3656.00	1034.28	66.65	7718.59	157	45.00
#韩城市	Hancheng	3706.29	887.64	126.38	5.30	3550.31	38	15.43
延安市	Yan'an	9702.63	2392.07	289.27	6.39	6032.46	124	23.60
汉中市	Hanzhong	1967.92	201.76	144.88	6.74	1234.13	52	19.92
榆林市	Yulin	24371.22	8221.03	795.20	17.67	27931.56	352	122.83
安康市	Ankang	145.40	50.25	59.37	2.45	100.81	42	1.98
商洛市	Shangluo	1138.68	210.03	47.94	1.43	1275.38	39	9.80
杨凌示范区	Yangling	398.12	96.50	19.52	0.41	115.13	35	1.08

11-4 各市(区)工业废气排放及处理情况(2022年)
Emission and Treatment of Industrial Waste Gas by City(District)(2022)

地　区	Region	工业废气排放总量(亿立方米) Total Volume of Industrial Waste Gas Emission (100 million cu.m)	二氧化硫排放量(吨) Volume of Industrial Sulphur Dioxide Emission (ton)	氮氧化物排放量(吨) Volume of Nitrogen Oxides Emission (ton)	颗粒物排放量(吨) Particulate matter Emission (ton)	废气治理设施数(套) Number of Facilities for Treatment of Waste Gas (set)	废气治理设施处理能力(万立方米/时) Treatment Capacity of Facilities for Treatment of Waste Gas (10 000 cu.m/hour)	全年国考城市优良天数比率(%) Annual Ratio of Good Days in the National Examination City (%)
全　省	**Shaanxi**	**23490.43**	**46177.40**	**92737.77**	**150124.17**	**6043**	**81685.65**	**76.6**
西安市	Xi'an	2295.07	1781.01	4154.71	786.85	1486	9381.60	52.1
铜川市	Tongchuan	1999.41	3414.35	8001.99	4595.97	308	4561.27	77.0
宝鸡市	Baoji	1543.10	1849.19	6139.90	2975.71	812	9658.28	72.1
咸阳市	Xianyang	1189.73	1389.83	3418.72	3976.39	695	6139.04	50.4
渭南市	Weinan	4822.20	8913.09	18848.77	106192.42	983	16172.70	52.1
#韩城市	Hancheng	2495.33	6060.49	13391.01	8488.00	213	9118.96	70.1
延安市	Yan'an	1039.18	4075.31	5375.96	6691.84	158	2013.12	90.1
汉中市	Hanzhong	1335.99	2992.13	4887.32	2804.31	227	2109.74	88.8
榆林市	Yulin	8350.46	19701.02	37503.76	17931.11	757	28043.12	87.7
安康市	Ankang	199.02	855.27	1425.17	2573.88	201	601.95	95.1
商洛市	Shangluo	515.33	1075.88	2534.39	1519.15	180	2772.35	95.6
杨凌示范区	Yangling	200.94	130.32	447.09	76.55	236	232.50	67.1

注：空气日报优良率渭南市数据未含韩城市。
a)Air daily excellent rate of Weinan city data does not include Hancheng city.

11-5 城市设施水平(2022年)
Level of Public Facilities in Cities(2022)

城　市　City	人均公园绿地面积(平方米) Per Capita Public Green Area (sq.m)	人均城市道路面积(平方米) Per Capita Area of Paved Roads (sq.m)	人均日生活用水量(升) Per Capita Daily Consumption of Tap Water for Residential Use (liter)	供水普及率(%) Coverage Rate of Population with Access to Tap Water (%)	燃气普及率(%) Coverage Rate of Population with Access to Gas (%)
全　省 Shaanxi	**13.15**	**18.11**	**162.50**	**98.25**	**99.03**
西安市 Xi'an	12.02	19.85	169.95	99.40	99.99
铜川市 Tongchuan	12.01	13.27	105.19	94.70	96.77
宝鸡市 Baoji	15.01	16.02	139.40	96.25	99.17
咸阳市 Xianyang	17.48	5.36	265.80	99.41	100.00
彬州市 Binzhou	9.02	16.75	106.95	93.44	72.62
兴平市 Xingping	12.82	15.02	118.54	97.63	100.00
渭南市 Weinan	15.34	12.40	151.01	100.00	97.67
韩城市 Hancheng	9.10	17.47	127.38	100.00	99.48
华阴市 Huayin	14.17	15.96	95.76	100.00	94.12
延安市 Yan'an	12.67	19.59	115.89	96.02	98.27
子长市 Zichang	12.04	11.36	55.81	95.76	99.85
汉中市 Hanzhong	15.54	16.95	165.69	98.86	99.60
榆林市 Yulin	16.30	25.65	124.42	88.30	93.51
神木市 Shenmu	12.02	23.49	108.44	100.00	97.74
安康市 Ankang	12.10	23.58	165.03	100.00	99.75
旬阳市 Xunyang	11.52	18.75	100.89	100.00	99.81
商洛市 Shangluo	14.99	12.81	134.99	94.67	99.88
杨凌示范区 Yangling	13.56	30.20	177.37	99.70	100.00

11-6 城市市政设施(2022年)
Municipal Infrastructure in Cities(2022)

城　市	City	道路长度 (公里) Length of Paved Roads (km)	道路面积 (万平方米) Area of Paved Roads (10 000 sq.m)	城市桥梁 (座) City Bridges (set)	# 立交桥 Flyover	城市道路照明灯盏数 (盏) Number of Street Lights (unit)	城市排水管道长度 (公里) Length of City Sewage Pipes (km)
全　省	**Shaanxi**	**11031.72**	**26027.18**	**916**	**178**	**788354**	**14756.99**
西安市	Xi'an	5857.21	15281.09	494	118	364722	7768.10
铜川市	Tongchuan	255.70	576.04	37	5	27868	530.64
宝鸡市	Baoji	765.98	1687.97	60	1	95047	904.81
咸阳市	Xianyang	343.86	547.05	17	14	43813	511.35
彬州市	Binzhou	78.23	204.35	7	1	3972	129.64
兴平市	Xingping	213.59	310.00	14	5	14067	99.59
渭南市	Weinan	416.57	686.21	12	4	36162	539.43
韩城市	Hancheng	148.16	303.54	3		4801	189.24
华阴市	Huayin	124.53	187.25	21		6898	133.32
延安市	Yan'an	412.76	984.33	78	1	39476	680.85
子长市	Zichang	89.20	147.37	10		1340	84.50
汉中市	Hanzhong	515.05	967.55	9	1	37238	587.19
榆林市	Yulin	655.21	1706.34	50	13	39246	1414.61
神木市	Shenmu	290.91	581.63	18	3	23000	144.38
安康市	Ankang	360.04	837.31	21	1	28451	401.00
旬阳市	Xunyang	122.15	196.27	8		3965	119.07
商洛市	Shangluo	214.21	319.38	32	2	11419	266.67
杨凌示范区	Yangling	168.36	503.50	25	9	6869	252.60

11–7 城市供水情况(2022年)
Basic Statistics on Tap Water Supply in Cities (2022)

城市 City		综合生产能力(万立方米/日) Production Capacity (10 000 cu.m/day)	# 地下水 Groundwater	全年供水总量(万立方米) Annual Volume of Tap Water Supply (10 000 cu.m)	# 生产运营用水 Water Consumption of Production and Operations	# 公共服务用水 Water Consumption of Public Services	# 居民家庭用水 Water Consumption of Household
全省	**Shaanxi**	**645.77**	**208.39**	**140284.77**	**36268.59**	**9576.26**	**74157.48**
西安市	Xi'an	333.11	95.81	83332.99	22371.23	1172.17	46306.78
铜川市	Tongchuan	18.14	3.76	2847.23	974.26	431.88	1146.09
宝鸡市	Baoji	42.70	14.60	7729.92	1972.45	866.98	4291.22
咸阳市	Xianyang	81.04	21.04	13327.86	3084.26	2873.92	6963.52
彬州市	Binzhou	1.80		610.10	104.30	124.60	317.40
兴平市	Xingping	11.80	11.80	3286.20	2161.34	225.92	645.88
渭南市	Weinan	33.82	16.32	6064.87	1717.29	927.51	2117.90
韩城市	Hancheng	7.00	3.20	1301.34	89.85	27.98	779.62
华阴市	Huayin	8.45	8.45	820.00	234.00	69.00	341.00
延安市	Yan'an	15.00	0.00	3422.87	960.79	84.51	1956.50
子长市	Zichang	3.00	0.00	464.00	66.00	37.50	215.50
汉中市	Hanzhong	25.66	15.66	4323.33	115.89	721.80	2677.90
榆林市	Yulin	25.75	15.75	3836.00	530.00	745.23	1922.40
神木市	Shenmu	5.00	0.00	1959.00	700.00	320.00	660.00
安康市	Ankang	14.00		3292.20	815.00	351.49	1787.50
旬阳市	Xunyang	2.50		478.96	50.20	27.60	357.66
商洛市	Shangluo	7.00	2.00	1509.90	122.73	306.17	856.61
杨凌示范区	Yangling	10.00		1678.00	199.00	262.00	814.00

11－8　城市园林绿化情况(2022年)
Basic Statistics on Parks, Gardens and Green Areas in Cities(2022)

城　市	City	园林绿化覆盖面积(公顷) Covered area of Gardening and Greening (hectare)	#建成区 Developed Areas	园林绿地面积(公顷) Areas of Green Land (hectare)	#建成区 Developed Areas	公园绿地面积(公顷) Capita Public Green Area (hectare)	公园个数(个) Number of Parks (unit)	公园面积(公顷) Area of Parks (hectare)
全　省	**Shaanxi**	**88721**	**66204**	**80269**	**59681**	**18900**	**451**	**12271**
西安市	Xi'an	46796	35485	44199	31865	9255	173	6048
铜川市	Tongchuan	2257	1966	1963	1773	521	16	150
宝鸡市	Baoji	6232	5121	5480	4787	1581	37	1164
咸阳市	Xianyang	5738	3098	5365	2727	1783	6	731
彬州市	Binzhou	448	380	368	356	110	11	139
兴平市	Xingping	998	871	796	796	265	3	155
渭南市	Weinan	3324	2830	2616	2487	849	14	782
韩城市	Hancheng	950	727	706	636	158	7	36
华阴市	Huayin	815	698	619	618	166	8	55
延安市	Yan'an	3063	2931	2732	2702	637	63	604
子长市	Zichang	513	493	434	434	156	2	147
汉中市	Hanzhong	3461	2770	2850	2448	887	17	349
榆林市	Yulin	5385	3042	4688	2791	1085	21	901
神木市	Shenmu	1528	1271	1368	1154	298	7	168
安康市	Ankang	2400	1892	1797	1711	430	37	398
旬阳市	Xunyang	2270	489	2007	452	121	3	92
商洛市	Shangluo	1402	1166	1311	1087	374	20	327
杨凌示范区	Yangling	1141	974	972	858	226	6	25

11-9 城市环境卫生情况(2022年)
Basic Statistics on Urban Sanitation in Cities(2022)

城市 City		道路清扫保洁面积(万平方米) Area of Paved Roads under Cleaning Program (10 000 sq.m)	# 机械 Machinery Cleaning	生活垃圾清运量(万吨) Consumption Wastes Collected and Transported (10 000 tons)	公厕数量(座) Number of Public Lavatories (set)	# 三类以上 Third Grade and Above	市容环卫专用车辆设备总数(辆) Number of Special Vehicles for Environmental Sanitation (unit)
全　省	**Shaanxi**	**25781.53**	**22620.60**	**654.88**	**6689**	**6459**	**5877**
西安市	Xi'an	13625.12	12094.84	381.22	3354	3354	3193
铜川市	Tongchuan	573.00	498.00	12.93	258	258	139
宝鸡市	Baoji	1971.00	1671.20	41.09	688	667	281
咸阳市	Xianyang	1075.41	998.00	33.80	185	141	310
彬州市	Binzhou	68.21	66.55	5.49	38	38	46
兴平市	Xingping	271.93	204.51	8.79	39	39	72
渭南市	Weinan	798.30	673.90	19.95	382	382	330
韩城市	Hancheng	338.00	303.00	7.55	68	68	72
华阴市	Huayin	177.22	126.00	5.75	60	45	67
延安市	Yan'an	875.20	757.00	27.72	300	297	373
子长市	Zichang	184.00	140.00	4.40	53	53	55
汉中市	Hanzhong	825.34	769.00	20.83	207	172	136
榆林市	Yulin	2286.00	1953.00	29.09	511	450	280
神木市	Shenmu	1334.00	1147.00	12.80	200	200	201
安康市	Ankang	788.80	688.60	22.93	156	156	168
旬阳市	Xunyang	91.00	70.00	5.18	65	59	24
商洛市	Shangluo	190.00	171.00	8.09	70	70	83
杨凌示范区	Yangling	309.00	289.00	7.30	55	10	47

11-10 城市燃气情况(2022年)
Basic Statistics on Supply of Gas in Cities(2022)

城市	City	天然气 Natural Gas 供气总量(万立方米) Volume of Gas Supply (10 000 cu.m)	销售气量(万立方米) Volume of Gas Sold (10 000 cu.m)	#居民家庭 Consumption for Residential Use	用气人口(万人) Population with Access to Gas (10 000 persons)	液化石油气 Liquefied Petroleum Gas 供气总量(吨) Volume of Gas Supply (ton)	销售气量(吨) Volume of Gas Sold (ton)	#居民家庭 Consumption for Residential Use	用气人口(万人) Population with Access to Gas (10 000 persons)
全　省	**Shaanxi**	**617804**	**605702**	**229683**	**1349.73**	**54851**	**54519**	**46663**	**73.61**
西安市	Xi'an	373714	363336	105484	753.65	21978	21859	21740	16.27
铜川市	Tongchuan	21095	21080	6725	42.00	533	519	152	
宝鸡市	Baoji	36894	36460	14141	103.97	1175	1170	450	0.53
咸阳市	Xianyang	35836	35812	14557	101.50	2930	2900	1176	0.50
彬州市	Binzhou	948	902	361	7.56	773	771	225	1.30
兴平市	Xingping	4048	3885	2432	15.29	2250	2250	2100	5.35
渭南市	Weinan	19455	19324	16263	50.90	1967	1950	1570	3.17
韩城市	Hancheng	11495	11264	10628	16.38	878	871	230	0.90
华阴市	Huayin	1450	1430	910	7.88	453	448	448	3.16
延安市	Yan'an	34048	33744	13049	42.28	5311	5311	3496	7.10
子长市	Zichang	3405	3369	2946	10.77	563	562	301	2.18
汉中市	Hanzhong	11578	11563	9028	51.67	3243	3199	3199	5.19
榆林市	Yulin	35212	35180	18328	60.90	2100	2098	2098	1.30
神木市	Shenmu	7680	7676	4500	22.38	590	570	430	1.82
安康市	Ankang	6193	6148	3901	23.35	5276	5260	5260	12.07
旬阳市	Xunyang	650	644	300	3.58	2895	2846	2812	6.87
商洛市	Shangluo	10216	10002	4197	19.00	1936	1936	977	5.90
杨凌示范区	Yangling	3888	3884	1933	16.67				

主要统计指标解释

水资源总量 指当地降水形成的地表和地下产水总量，即地表径流量与降水入渗补给量之和。

地表水资源量 指河流、湖泊以及冰川等地表水体中可以逐年更新的动态水量，即天然河川径流量。

地下水资源量 指地下饱和含水层逐年更新的动态水量，即降水和地表水入渗对地下水的补给量。

地表水与地下水资源重复量 指地表水和地下水相互转化的部分，即天然河川径流量中的地下水排泄量和地下水补给量中来源于地表水的入渗补给量。

用水总量 指各类河道外用水户取用的包括输水损失资源和环境在内的毛水量之和。不包括海水直接利用量以及水力发电、航运等河道内用水量。

农业用水 包括农田灌溉用水、林果地灌溉用水、草地灌溉用水、鱼塘补水和畜禽用水。

工业用水 指工矿企业在生产过程中用于制造、加工、冷却、空调、净化、洗涤等方面的用水，按新水取用量计，不包括企业内部的重复利用水量。

生活用水 包括城镇生活用水和农村生活用水。城镇生活用水由居民用水和公共用水（含第三产业及建筑业等用水）组成；农村生活用水指居民生活用水。

人工生态环境补水 仅包括人为措施供给的城镇环境用水和部分河湖、湿地补水，而不包括降水、径流自然满足的水量。

工业废水排放量 指经过企业厂区所有排放口排到企业外部的工业废水量。包括生产废水、外排的直接冷却水、超标排放的矿井地下水和与工业废水混排的厂区生活污水，不包括外排的间接冷却水(清污不分流的间接冷却水应计算在内)。

生活污水排放量 指城镇居民每年排放的生活污水。用人均系数法测算。测算公式为：

$$\frac{\text{生活污水}}{\text{排放量}}=\frac{\text{城镇生活污水}}{\text{排放系数}}\times\frac{\text{市镇非}}{\text{农业人口}}\times 365$$

化学需氧量(COD) 指用化学氧化剂氧化水中有机污染物时所需的氧量。COD 值越高，表示水中有机污染物污染越重。

工业废气排放量 指报告期内企业厂区内燃料燃烧和生产工艺过程中产生的各种排入大气的含有污染物的气体的总量，以标准状态(273K，101325Pa)计算。测算公式为：

$$\frac{\text{工业废气}}{\text{排放量}}=\frac{\text{燃料燃烧过程}}{\text{中废气排放量}}+\frac{\text{生产工艺过程}}{\text{中废气排放量}}$$

生活及其他 SO_2 排放量 以生活及其他煤炭消费量和其含硫量为基础，根据以下公式计算：

$$\frac{\text{生活及其他}}{SO_2\text{排放量}}=\frac{\text{生活及其他}}{\text{煤炭消费量}}\times\text{含硫量}\times 0.8\times 2$$

工业 SO_2 排放量 指报告期内企业在燃料燃烧和生产工艺过程中排入大气的 SO_2 总量，计算公式为：

$$\frac{\text{工业}SO_2}{\text{排放量}}=\frac{\text{燃料燃烧过程}}{\text{中}SO_2\text{排放量}}+\frac{\text{生产工艺过程}}{\text{中}SO_2\text{排放量}}$$

工业烟尘排放量 指企业厂区内燃料燃烧过程中产生的烟气中夹带的颗粒物排放量。

生活及其他烟尘排放量 指除工业生产活动以外的所有社会、经济活动及公共设施的经营活动中燃烧所排放的烟尘纯重量。以生活及其他煤炭消费量为基础进行测算。

工业粉尘排放量 指企业在生产工艺过程中排放的能在空气中悬浮一定时间的固体颗粒物排放量。如钢铁企业的耐火材料粉尘、焦化企业的筛焦系统粉尘、烧结机的粉尘、石灰窑的粉尘、建材企业的水泥粉尘等。不包括电厂排入大气的烟尘。

一般工业固体废物产生量 指未被列入《国家危险废物名录》或者根据国家规定的危险废物鉴别标准（GB5085）、固体废物浸出毒性浸出方法（GB5086）及固体废物浸出毒性测定方法（GB／T 15555）鉴别方法判定不具有危险特性的工业固体废物。计算公式是：

一般工业固体废物产生量=（一般工业固体废物综合利用量－其中：综合利用往年贮存量）+一般工业固体废物贮存量+（一般工业固体废物处置量－其中：处置往年贮存量）+一般工业固体废物倾倒丢弃量

一般工业固体废物综合利用量 指报告期内企业通过回收、加工、循环、交换等方式，从固体废物中提取或者使其转化为可以利用的资源、能源和其他原材料的固体废物量（包括当年利用的往年工业固体废物累计贮存量）。如用作农业肥料、生产建筑材料、筑路等。综合利用量由原产生固体废物的单位统计。

一般工业固体废物处置量 指报告期内企业将工业固体废物焚烧和用其他改变工业固体废物的物理、化学、生物特性的方法，达到减少或者消除其危险成分的活动，或者将工业固体废物最终置于符合环境保护规定要求的填埋场的活动中，所消纳固体废物的量。

一般工业固体废物贮存量 指报告期内企业以综合利用或处置为目的，将固体废物暂时贮存或堆存在专设的贮存设施或专设的集中堆存场所内的量。专设的固体废物贮存场所或贮存设施必须有防扩散、防流失、防渗漏、防止污染大气、水体的措施。

危险废物 指列入国家危险废物名录或根据国家规定的危险废物鉴别标准和鉴别方法认定的，具有爆炸性、易燃性、易氧化性、毒性、腐蚀性、易传染疾病等危险特性之一的废物。

自然保护区 指为了保护自然环境和自然资源，促进国民经济的持续发展，将一定面积的陆地和水体划分出来，并经各级人民政府批准而进行特殊保护和管理的区域个数。根据保护对象，自然保护区分为自然生态系统类、野生生物类、自然遗迹类。风景名胜区、文物保护区不计在内。

突发环境事件 指突然发生，造成或可能造成重大人员伤亡、重大财产损失和对全国或者某一地区的经济社会稳定、政治安定构成重大威胁和损害，有重大社会影响的涉及公共安全的环境事件。

城市桥梁 指为跨越天然或人工障碍物而修建的构筑物。包括跨河桥、立交桥、人行天桥以及人行地下通道等。按使用年限分为永久性桥和半永久性桥。

城市园林绿地面积 指报告期末用作园林和绿化的各种绿地面积。包括公园绿地、生产绿地、防护绿地、附属绿地和其他绿地的面积。

Explanatory Notes on Main Statistical Indicators

Total Water Resources refers to total volume of surface water and groundwater and is measured as run-off for surface water and replenishment of groundwater with rainfall in local area.

Surface Water Resources refers to total volume of year by year renewable dynamic resources which exist in rivers, lakes, glaciers and other surface water and are the natural run-off of rivers.

Groundwater Resources refers to total volume of year by year renewable dynamic resources which exist in saturation acquifers of groundwater and are measured as replenishment of groundwater with rainfall and surface water.

Duplicated Measurement between Surface Water and Groundwater refers to mutual exchange between surface water and groundwater, i.e. run-off of rivers includes some depletion into groundwater while groundwater includes some replenishment from surface water.

Water Use refers to gross water used by various off-stream water users, including losses during distribution,while excluding the direct use of seawater and in-stream water use such as hydroelectric generation and shipping.

Water Use by Agriculture includes uses of water by irrigation of farming fields, forestry and orchards, irrigation of grassland, replenishment of fishing farms and water used by animal husbandry.

Water Use by Industry refers to new withdrawals of water, excluding reuse of water within enterprises.

Water Use by Living Consumption includes use of water for living consumption in both urban and rural areas. Urban water use by living consumption is composed of household use and public use (including tertiary industry and construction). Rural water use by living consumption includes water used by households.

Water Use for Artificial Eco-environment includes replenishment of rivers and lakes and use for urban environment.

Waste Water Discharged by Industry refers to the volume of waste water discharged by industrial enterprises through all their outlets, including waste water from production process, directly cooled water, groundwater from mining wells which does not meet discharge standards and sewage from households mixed with waste water produced by industrial activities, but excluding indirectly cooled water discharged (It should be included if the discharge is not separated from waste water).

Urban Non-industrial Waste Water Discharge refers to annual discharge of non-industrial waste water by urban households. It is estimated by per capita coefficient using the formula:

$$\begin{matrix}\text{Urban non-industrial}\\ \text{waste water discharge}\end{matrix} = \begin{matrix}\text{urban non-industrial waste}\\ \text{water discharge coefficient}\end{matrix} \times \begin{matrix}\text{urban non-agricultural}\\ \text{population}\end{matrix} \times 365$$

Chemical Oxygen Demand (COD) refers to the amount of oxygen required when chemical oxidants are used to oxidize organic pollutants in water. A higher value of COD corresponds to more serious pollution by organic pollutants.

Industrial Waste Air Emission refers to the discharge into atmosphere of waste air containing pollutants generated from fuel burning and production processes in enterprises within a given period of time. It is calculated at standard status (273K, 101325Pa) as:

$$\begin{matrix}\text{Industrial waste}\\ \text{air emission}\end{matrix} = \begin{matrix}\text{emission through}\\ \text{fuel burning}\end{matrix} + \begin{matrix}\text{emission through}\\ \text{production process}\end{matrix}$$

SO_2 Emission through Non-industrial and Other Activities is calculated on the basis of consumption of coal by households and other activities and the sulphur content of coal with the following formula:

$$\begin{matrix}SO_2\text{ emission}\\ \text{through non-}\\ \text{industrial and}\\ \text{other activities}\end{matrix} = \begin{matrix}\text{of coal by}\\ \text{households}\\ \text{and other}\\ \text{activities}\end{matrix} \times \begin{matrix}\text{sulphur}\\ \text{content}\end{matrix} \times 0.8 \times 2$$

SO_2 Emission through Industrial Activities refers to volume of sulphur dioxide emission from fuel burning and production process by enterprises during a given period of time. It is calculated as:

$$\begin{matrix}SO_2\text{ emission}\\ \text{through industrial}\\ \text{activities}\end{matrix} = \begin{matrix}SO_2\text{ emission from}\\ \text{fuel burning}\end{matrix} + \begin{matrix}SO_2\text{ emission from}\\ \text{production process}\end{matrix}$$

Industrial Soot Emission refers to the volume of soot in smoke emitted in the process of fuel burning in the premises of enterprises.

Soot Emission by Consumption and Others refers to the net volume of soot emitted by fuel burning from all social and economic activities and operations of public facilities other than industrial activities. It is calculated on the basis of coal consumption by households and others.

Industrial Dust Emission refers to volume of dust emitted by production process of enterprises and suspended in the air for a given period of time, including dust from refractory material of iron and steel works, dust from coke-screening systems and sintering machines of coke plants, dust from lime kilns and dust from cement production in building material enterprises, but excluding soot and dust emitted from power plants.

Common Industrial Solid Wastes Produced refers to the industrial solid wastes that are not listed in the 《National Catalogue of Hazardous Wastes》, or not regarded as hazardous according to the national hazardous waste identification standards (GB5085), solid waste-Extraction procedure for leaching toxicity (GB5086) and solid waste-Extraction procedure for leaching toxicity (GB/T 15555). The calculation formula is as followed:

Common Industrial Solid Wastes Produced = (common industrial solid wastes utilized – the proportion of utilized stock of previous years) + common industrial solid waste stock + (common industrial solid wastes disposed – the proportion of disposed stock of previous years) + common industrial solid wastes discharged.

Common Industrial Solid Wastes Comprehensively Utilized refers to volume of solid wastes from which useful materials can be extracted or which can be converted into usable resources, energy or other materials by means of reclamation, processing, recycling and exchange (including utilizing in the year the stocks of industrial solid wastes of the previous year) during the report period, e.g. being used as agricultural fertilizers, building materials or as material for paving road. Examples of such utilizations include fertilizers, building materials and road materials. The information shall be collected by the producing units of the wastes.

Common Industrial Solid Wastes Disposed refers to the quantity of industrial solid wastes which are burnt or specially disposed using other methods to alter the physical, chemical and biological properties and thus to reduce or eliminate the hazard, or placed ultimately in the sites meeting the requirements for environmental protection during the report period.

Stock of Common Industrial Solid Wastes refers to the volume of solid wastes placed in special facilities or special sites by enterprises for purposes of utilization or disposal during the report period. The sites or facilities should take measures against dispersion, loss, seepage, and air and water contamination.

Hazardous Wastes refers to those included in the national hazardous wastes catalogue or specified as any one of the following properties in the national hazardous wastes identification standards: explosive, ignitable, oxidizable, toxic, corrosive or liable to cause infectious diseases or lead to other dangers.

Natural Reserves refer to certain areas of land, waters or sea demarked and approved by relevant governments at all levels to put under special protection and management in order to protect the natural environment and natural resources and to promote the sustainable development of the national economy. According to the objects be protected, the natural reserves are classified into classes of natural ecosystem, wild life and natural heritage. Scenic spots and cultural preservation zones are not included.

Abrupt Environmental Accidents refer toenvironmental emergencies that caused or likely to cause significant causalities, serious property damages and pose a major threat and damage to the economic, social or political stability of the country or a region, or have significant social impact that related to the public safety.

Urban Bridges refer to bridges built to cross over natural or man-made barriers, including bridges over rivers, overpasses for traffic and for pedestrians, underpasses for pedestrians, etc. Both permanent and semi-permanent bridges are included.

Area of Parks and Green Land refers to the total area occupied for green projects at the end of the reference period, including park green land, production green land, protection green land, green land attached to institutions, and other green areas.

十二、农 业

Agriculture

资料整理：陈 伟 姜亦武 李晓奇 马路正 畅 通
苗洪彬 史宝成 靳璐岩 邢学勤

简 要 说 明

一、本篇资料反映陕西农业生产和农村经济的基本情况，内容主要包括耕地、农林牧渔业产值、主要农产品产量、造林、畜牧业和渔业生产情况、农业机械拥有量、农业基地县等方面的统计资料。

二、农村经济统计范围包括除县城关镇以外所有乡镇的社会经济活动。

三、粮食播种面积及产量、主要畜禽产品产量全省为抽样调查数。

四、本篇资料中，渔业及农业现代化情况由省农业农村厅提供，造林情况及2010年以后林产品产量由省林业局提供，灾情由省应急管理厅提供。

五、根据第三次全国农业普查结果，对2007—2017年部分数据进行了修订。

Brief Introduction

I. This chapter reflects the basic conditions of agricultural production and rural economy of Shaanxi Province, mainly including cultivated land, output of agriculture, forestry, animal husbandry and fishery, output of major products, forestation, animal husbandry and fishery production, quantity of agricultural machinery and agricultural base county.

II. Rural social and economic statistics cover social and economic activities in all townships except county towns.

III. The sown area and output of grain and output of main animal products of Shaanxi Province are collected with sample survey.

IV. The fishery and agricultural modernization situation are provided by Shaanxi Provincial Department of Agriculture and Rural Affairs. The forestation situation and output of forest product after 2010 are provided by Shaanxi Province Forestry Department. The data on disasters are provided by Shaanxi Provincial Department of Civil Affairs.

V. According to the results of the third national agricultural census, some data from 2007 to 2017 have been revised.

12.农 业

2022年全省				
农林牧渔业总产值	4601.93	亿 元	比上年增长	4.6%
粮食作物播种面积	3017.47	千公顷	比上年增长	0.4%
粮食产量	1297.89	万 吨	比上年增长	2.2%
园林水果产量	1993.47	万 吨	比上年增长	5.1%
# 苹果产量	1302.71	万 吨	比上年增长	4.8%

果园面积和水果产量

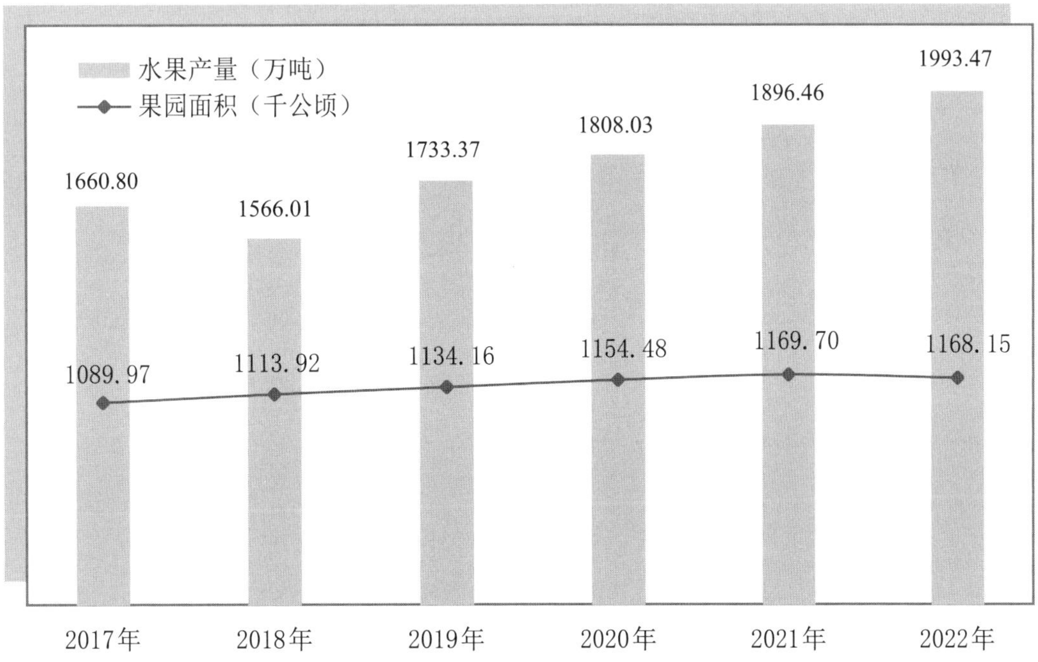

12-1 农林牧渔业总产值
Gross Output Value of Agriculture, Forestry, Animal Husbandry and Fishery

单位：万元 (10 000 yuan)

年 份 Year	农林牧渔业总产值 Total	农 业 Farming	林 业 Forestry	牧 业 Animal Husbandry	渔 业 Fishery	农林牧渔服务业 Service in Support of Agriculture
1978	362748	309084	11717	41802	145	
1980	418773	349984	16625	51996	168	
1985	795777	611883	50751	131815	1328	
1990	1699568	1243236	90170	357676	8486	
1995	3816465	2578674	168848	1046501	22442	
2000	4648889	3277761	272175	1063900	35053	
2005	7307239	4729047	250070	1989982	54879	283261
2010	16690774	11007085	351824	4445412	82909	803544
2011	20638446	13506811	423402	5686233	106000	916000
2012	23095463	15128048	584353	6185338	146109	1051615
2013	25697795	16971378	676185	6685979	177625	1186628
2014	27485936	18487935	735734	6770387	198949	1292931
2015	28215621	18854577	757926	6988090	236132	1378896
2016	29948305	19978146	855406	7347476	262453	1504824
2017	30776241	20952939	968798	6952206	274518	1627780
2018	32399874	22449583	1046155	6828276	298331	1777530
2019	35368034	24458323	1060581	7572377	313813	1962940
2020	40566076	28070708	1168942	8933500	300087	2092845
2021	43134389	30356463	999745	9177593	349904	2250684
2022	46019299	33104282	861187	9254355	362020	2437455

注：1.2002年及以前农林牧渔业总产值含农民家庭兼营工业产值，按当年市场价格计算。
2.2003年及以后不含农民家庭兼营工业产值，按生产者价格计算，2004年及以后含农林牧渔服务业产值。

a) Before 2002 Gross Output Value of Agriculture, Forestry, Animal Husbandry and Fishery included commodity industry run by Rural Household, Data in this table are calculated at current prices.

b) Since 2003 it exclude commodity industry run by Rural Household,Data in this table are calculated at producer's price. Since 2004 it include services for Agriculture, Forestry,Animal Husbandry and Fishery.

12-2 各市(区)农林牧渔业总产值(2022年)
Gross Output Value of Agriculture, Forestry, Animal Husbandry and Fishery by City(District)(2022)

单位：万元 (10 000 yuan)

地 区	Region	农林牧渔业总产值 Total	农 业 Farming	林 业 Forestry	牧 业 Animal Husbandry	渔 业 Fishery	农林牧渔服务业 Service in Support of Agriculture
全 省	**Shaanxi**	**46019299**	**33104282**	**861187**	**9254355**	**362020**	**2437455**
西 安 市	Xi'an	5888695	4204708	170992	787208	25655	700132
铜 川 市	Tongchuan	648421	510813	5845	102756	3564	25443
宝 鸡 市	Baoji	4218492	2866922	117193	1017355	16823	200199
咸 阳 市	Xianyang	7253069	5626501	65165	1080882	19512	461009
渭 南 市	Weinan	7696335	5819230	48727	1437225	81762	309391
# 韩城市	Hancheng	545738	449585	6795	43523	2008	43827
延 安 市	Yan'an	4011951	3451973	57220	413510	10319	78929
汉 中 市	Hanzhong	5149684	3517969	119491	1266026	88851	157347
榆 林 市	Yulin	5512174	3592806	72537	1596831	24435	225565
安 康 市	Ankang	3104572	1998788	78571	820756	77814	128643
商 洛 市	Shangluo	2347316	1382808	118457	698573	13277	134201
杨凌示范区	Yangling	189053	132637	6960	32918		16538

注：本表按当年价格计算。

a) Data in this table are calculated at current prices.

12-3 农林牧渔业总产值指数(1978年=100)
Indices of Gross Output Value of Agriculture, Forestry, Animal Husbandry and Fishery (year of 1978=100)

年 份 Year	农林牧渔业总产值 Total	农 业 Farming	林 业 Forestry	牧 业 Animal Husbandry	渔 业 Fishery	农林牧渔服务业 Service in Support of Agriculture
1978	100.0	100.0	100.0	100.0	100.0	
1980	97.0	92.0	123.3	107.7	113.7	
1985	148.2	152.7	189.0	159.6	303.5	
1990	191.7	204.0	176.7	231.9	992.9	
1995	250.8	250.8	251.7	364.6	1834.7	
2000	320.0	336.8	322.1	403.7	2795.2	
2005	432.2	448.9	359.7	587.1	3844.6	
2010	583.1	605.7	512.4	789.1	5540.0	
2011	615.8	645.7	562.1	788.3	6925.0	
2012	652.7	683.8	617.2	831.7	8213.1	
2013	684.0	709.8	719.0	875.8	9592.9	
2014	718.9	748.1	764.3	905.6	10772.8	
2015	754.8	793.7	864.4	911.0	12076.3	
2016	785.7	832.6	990.6	908.3	13126.9	
2017	821.8	877.6	1129.3	914.7	13573.2	
2018	848.9	905.7	1324.7	923.8	14346.9	
2019	885.4	962.8	1421.4	896.1	15021.2	
2020	916.4	1001.3	1619.0	901.5	15111.3	
2021	976.9	1039.3	1840.8	1034.9	15987.8	
2022	1021.8	1081.9	2048.8	1085.6	17043.0	

注：本表按可比价格计算。
a) Data in this table are calculated at constant prices.

12-4 农林牧渔业总产值指数(上年=100)
Indices of Gross Output Value of Agriculture, Forestry, Animal Husbandry and Fishery (preceding year=100)

年 份 Year	农林牧渔业总产值 Total	农 业 Farming	林 业 Forestry	牧 业 Animal Husbandry	渔 业 Fishery	农林牧渔服务业 Service in Support of Agriculture
1978	102.7	101.6	94.4	100.5	94.3	
1980	85.9	81.2	109.2	95.7	100.6	
1985	102.8	100.8	113.7	115.6	148.9	
1990	106.1	107.6	93.8	108.6	115.3	
1995	104.0	104.8	100.0	102.8	113.1	
2000	104.6	103.8	105.5	106.8	99.7	
2005	108.1	107.7	93.8	111.6	110.4	104.2
2010	105.8	106.5	102.7	104.5	109.0	105.2
2011	105.6	106.6	109.7	99.9	125.0	107.0
2012	106.0	105.9	109.8	105.5	118.6	107.6
2013	104.8	103.8	116.5	105.3	116.8	107.8
2014	105.1	105.4	106.3	103.4	112.3	108.2
2015	105.0	106.1	113.1	100.6	112.1	105.3
2016	104.1	104.9	114.6	99.7	108.7	106.8
2017	104.6	105.4	114.0	100.7	103.4	106.2
2018	103.3	103.2	117.3	101.0	105.7	105.8
2019	104.3	106.3	107.3	97.0	104.7	105.7
2020	103.5	104.0	113.9	100.6	100.6	103.8
2021	106.6	103.8	113.7	114.8	105.8	105.1
2022	104.6	104.1	111.3	104.9	106.6	106.4

注：本表按可比价格计算。
a) Data in this table are calculated at constant prices.

12-5 农林牧渔业分项产值

Gross Output Value of Agriculture, Forestry, Animal Husbandry and Fishery by Item

单位：万元 (10 000 yuan)

指　　标	Item	2020	2021	2022
农林牧渔业总产值	**Gross Output Value of Agriculture, Forestry, Animal Husbandry and Fishery**	**40566076**	**43134389**	**46019299**
一、农业总产值	Output Value of Farming	28070702	30356463	33104282
(一) 谷物及其他作物	Cereals and Other Crops	4862199	5039098	5268696
1.谷　物	Cereal	3006054	3183168	3533257
2.薯　类	Tubers	697446	678057	673266
3.豆　类	Beans	223989	238261	266127
4.油　料	Oil-bearing	462860	475039	510430
5.棉　花	Cotton	936	401	308
6.麻　类	Fiber Crops	731	737	330
7.糖　料	Sugar Crops	1737	1251	821
8.烟　草	Tobacco	118923	125340	134228
9.其他农作物	Others	349523	336844	149929
(二)蔬菜、园艺作物	Vegetables Gardening Crops	9070516	9965948	11037750
# 1.蔬　菜	Vegetables	8696751	9513957	9681901
2.花　卉	Flowers	245733	246941	264104
(三)水果、坚果、茶叶和香料作物	Fruits,Nuts Tea and Spices Crops	12948433	14083649	15390699
1.水　果	Fruits	11108674	12203699	13412773
2.坚　果	Nuts	646121	642193	692773
3.茶　叶	Tea	682878	729070	822455
4.香料作物	Spices Crops	510760	508687	462698
(四)中药材	Chinese Herbal Medicines	1189554	1267768	1407137
二、林业产值	Output Value of Forestry	1168942	999745	861187
(一)林木的培育和种植	Cultivation and Planting of Trees	943230	827919	692676
(二)竹木采运	Logging andTransport of Bamboo	38848	30838	33556
(三)林产品	Forestry Products	186864	140988	134955
三、牧业产值	Output Value of Animal Husbandry	8933500	9177593	9254355
(一)牲畜的饲养	Stock Breeding	3286374	3144220	3264362
1.牛的饲养	Cattle	957333	910399	940659
2.羊的饲养	Sheep	1274425	1237117	1305557
3.其他牲畜饲养	Others	52665	18967	6974
4.奶产品	Milk Products	940708	896136	956740
5.毛绒产品	Feather and Cashmere Products	61243	81601	54432
(二)猪的饲养	Pigs Breeding	4044383	4380676	4057654
(三)家　禽	Poultry Breeding	1224611	1250637	1303072
(四)狩猎和捕捉动物	Animal Hunting and Trapping	4924	5614	
(五)其它畜牧业	Other Animal Husbandry	373208	396446	629267
四、渔业产值	Output Value of Fishery	300087	349904	362020
五、农林牧渔服务业	Service in Support of Agriculture	2092845	2250684	2437455

注：本表按当年生产者价格计算。
a) Data in this table are calculated at producer's price.

12-6 农林牧渔业增加值
Value Added of Agriculture, Forestry, Animal Husbandry and Fishery

单位：万元 (10 000 yuan)

指 标	Item	2017	2018	2019	2020	2021	2022
农林牧渔业增加值	**Total**	**18306150**	**19273148**	**20980142**	**23816420**	**25321528**	**27105598**
农 业	Farming	12928562	13807718	15013455	17087067	18457493	20045428
林 业	Forestry	583763	625374	639103	701947	599343	521119
牧 业	Animal Husbandry	3747972	3701845	4080408	4703114	4824135	4966095
渔 业	Fishery	154117	166942	176321	183218	212858	220654
农林牧渔服务业	Service in Support of Agriculture	891736	971269	1070855	1141074	1227699	1352302

12-7 各市(区)农林牧渔业增加值(2022年)
Value Added of Farming, Forestry, Animal Husbandry Fishery by City(District)(2022)

单位：万元 (10 000 yuan)

地 区	Region	农林牧渔业 Total	农 业 Farming	林 业 Forestry	牧 业 Animal Husbandry	渔 业 Fishery	农林牧渔服务业 Service in Support of Agriculture	农林牧渔业增加值比上年增长% Growth Rate as Last Year (%)
全 省	**Shaanxi**	**27105598**	**20045428**	**521119**	**4966095**	**220654**	**1352302**	**4.4**
西 安 市	Xi'an	3620612	2684783	103865	432393	14769	384802	3.8
铜 川 市	Tongchuan	373257	296504	3236	57196	2093	14228	4.6
宝 鸡 市	Baoji	2454911	1710291	70012	554056	9393	111159	4.8
咸 阳 市	Xianyang	4338034	3471288	38575	558497	12168	257506	4.4
渭 南 市	Weinan	4477637	3449723	27705	783086	46766	170357	4.7
# 韩城市	Hancheng	308449	256248	3630	24090	1146	23335	4.3
延 安 市	Yan'an	2309210	2012704	33785	212193	6185	44342	4.9
汉 中 市	Hanzhong	3011601	2108103	75589	684222	55068	88619	4.2
榆 林 市	Yulin	3251370	2175233	42912	889845	14551	128830	4.6
安 康 市	Ankang	1811978	1204444	48703	440443	51969	66420	4.3
商 洛 市	Shangluo	1336263	838668	74514	336784	7694	78603	4.1
杨凌示范区	Yangling	120727	93688	2223	17380		7436	3.7

注：本表按当年价格计算，增长速度按可比价计算。
a) Data in this table are calculated at current prices. Growth rate are calculated at constant prices.

12-8 粮食作物播种面积
Sown Area of Grain Crops

单位：千公顷 (1 000 hectares)

年 份 Year	粮食作物播种面积 Sown Area of Grain Crops	夏 粮 Summer Grain	#小 麦 Wheat	秋 粮 Autumn Grain	#稻 谷 Rice	#玉 米 Corn	#大 豆 Soja
1978	4488.00	1949.33	1604.67	2493.33	160.00	1090.67	206.00
1980	4310.37	1906.67	1590.67	2404.00	162.67	1076.67	211.33
1985	3965.33	1928.00	1693.33	2037.33	156.67	950.67	202.00
1990	4134.67	1925.33	1690.67	2209.33	159.33	1024.67	288.67
1995	3807.73	1805.33	1600.23	2002.40	139.35	902.63	240.51
2000	3821.59	1716.62	1537.26	2104.97	144.81	1056.96	246.96
2005	3453.33	1389.53	1211.53	2063.77	133.79	1148.37	232.51
2010	3199.35	1282.18	1119.73	1917.18	115.29	1257.54	201.74
2011	3145.51	1236.54	1089.23	1908.97	113.14	1252.65	201.09
2012	3147.38	1227.06	1078.72	1920.32	113.86	1241.59	198.24
2013	3086.09	1163.62	1021.66	1922.47	114.30	1225.98	189.52
2014	3029.64	1139.42	1000.60	1890.22	108.68	1212.84	143.47
2015	3018.91	1140.18	1002.60	1878.72	107.45	1203.89	142.87
2016	3143.96	1118.77	980.78	2025.19	107.42	1341.75	151.18
2017	3019.40	1105.50	963.15	1913.90	105.64	1196.88	151.90
2018	3005.98	1108.29	967.31	1897.69	105.39	1179.47	151.61
2019	2998.92	1104.35	965.93	1894.57	105.32	1177.05	151.11
2020	3001.05	1103.65	964.19	1897.39	105.09	1179.44	151.34
2021	3004.34	1104.68	955.07	1899.66	106.05	1182.47	151.36
2022	3017.47	1105.10	958.01	1912.37	106.09	1188.43	174.28

注：2009年及以后为抽样调查数。
a) Data in this table are sample survey data since 2009.

12-9 各市(区)粮食作物播种面积(2022年)
Sown Area of Grain Crops by City(District)(2022)

单位：千公顷 (1 000 hectares)

地 区	Region	粮食作物播种面积 Sown Area of Grain Crops	夏 粮 Summer Grain	# 小 麦 Wheat	秋 粮 Autumn Grain	# 稻 谷 Rice	# 玉 米 Corn	# 大 豆 Soja
全 省	**Shaanxi**	**3017.47**	**1105.10**	**958.01**	**1912.37**	**106.09**	**1188.43**	**174.28**
西 安 市	Xi'an	257.38	140.19	139.19	117.19	0.17	111.64	3.01
铜 川 市	Tongchuan	67.18	21.84	21.84	45.34	0.01	43.06	1.72
宝 鸡 市	Baoji	303.46	187.04	186.14	116.42	0.09	99.02	8.76
咸 阳 市	Xianyang	345.78	196.38	196.32	149.40	0.07	137.57	5.17
渭 南 市	Weinan	516.90	283.89	283.70	233.01		221.63	5.91
#韩城市	Hancheng	14.00	7.33	7.33	6.67		5.92	0.05
延 安 市	Yan'an	147.07	2.60	0.30	144.47	1.18	76.39	18.77
汉 中 市	Hanzhong	256.39	80.60	43.85	175.79	81.32	64.02	21.50
榆 林 市	Yulin	728.64			728.64	2.88	296.16	68.08
安 康 市	Ankang	222.61	80.75	28.51	141.86	20.19	82.51	19.14
商 洛 市	Shangluo	159.15	65.85	35.62	93.30	0.19	65.71	22.21
杨凌示范区	Yangling	1.52	0.62	0.62	0.90		0.87	0.02

12–10 主要经济作物播种面积
Sown Areas of Major Cash Crops

单位：千公顷 (1 000 hectares)

年 份 Year	棉 花 Cotton	油 料 Oil-bearing	#油菜籽 Rapeseeds	#花 生 Peanuts	麻 类 Fiber Crops	糖 料 Sugar Crops	烤 烟 Flue-cured Tobacco	蔬 菜 Vegetables	瓜 类 Melon
1978	252.67	130.00	73.33	4.7	7.13	2.60	7.60	78.67	14.67
1980	242.00	160.00	89.33	8.73	3.73	3.30	3.33	79.33	20.27
1985	94.67	240.00	114.00	47.67	2.20	4.33	34.67	121.33	30.60
1990	112.67	269.33	132.00	39.56	2.88	3.53	72.13	145.33	22.87
1995	72.75	302.18	169.77	32.87	1.50	2.28	48.33	174.23	27.63
2000	30.09	303.63	163.75	33.45	0.91	1.43	47.08	228.71	33.49
2005	70.23	276.86	178.71	29.55	1.06	0.10	32.58	331.70	51.04
2010	38.51	288.23	191.90	33.03	0.41	0.07	26.51	439.77	65.99
2011	35.50	284.69	192.29	34.90	0.39	0.05	29.32	452.97	72.37
2012	31.81	285.60	187.43	36.45	0.37	0.06	31.55	443.04	68.76
2013	22.55	276.61	188.80	36.17	0.35	0.05	27.75	449.40	70.07
2014	17.79	277.41	184.19	38.86	0.33	0.07	23.83	455.35	73.52
2015	14.66	273.83	184.48	37.95	0.33	0.09	21.61	463.93	75.73
2016	12.03	272.77	179.81	39.02	0.33	0.11	20.52	465.83	71.85
2017	8.47	278.96	180.12	39.45	0.33	0.09	17.09	480.65	71.47
2018	6.92	284.64	176.70	39.86	0.90	0.09	14.66	495.06	75.36
2019	5.46	273.94	175.50	39.64	0.86	0.09	22.26	507.13	76.51
2020	0.72	266.72	175.72	37.99	0.40	0.20	22.18	522.47	76.43
2021	0.30	263.82	178.43	37.95	0.40	0.09	22.62	538.48	74.22
2022	0.14	251.35	167.08	38.21	0.19	0.09	23.34	551.27	73.91

12–11 各市(区)主要经济作物播种面积(2022年)
Sown Area of Major Cash Crops by City(District)(2022)

单位：千公顷 (1 000 hectares)

地 区	Region	棉 花 Cotton	油 料 Oil-bearing	#油菜籽 Rapeseeds	#花 生 Peanuts	麻 类 Fiber Crops	糖 料 Sugar Crops	烤 烟 Flue-cured Tobacco	蔬 菜 Vegetables
全 省	**Shaanxi**	**0.14**	**251.35**	**167.08**	**38.21**	**0.19**	**0.09**	**23.34**	**551.27**
西 安 市	Xi'an	0.03	3.88	3.81	0.04				71.87
铜 川 市	Tongchuan		1.54	1.50					2.97
宝 鸡 市	Baoji		8.62	6.47				2.50	48.33
咸 阳 市	Xianyang		14.39	14.20	0.05			0.62	81.30
渭 南 市	Weinan		22.76	12.11	6.93				93.17
#韩城市	Hancheng		0.79	0.63	0.01				3.90
延 安 市	Yan'an	0.03	5.00	0.71	0.71			1.12	26.48
汉 中 市	Hanzhong		70.03	63.53	5.73	0.01	0.01	3.93	69.47
榆 林 市	Yulin	0.01	44.56	0.98	13.95	0.05	0.03	0.06	46.72
安 康 市	Ankang	0.07	70.24	57.83	7.82	0.12	0.05	7.87	86.87
商 洛 市	Shangluo		10.29	5.92	2.96	0.01		7.23	21.91
杨凌示范区	Yangling		0.03	0.03					1.69

12-12 粮食产量
Output of Grain Products

单位：万吨 (10 000 tons)

年份 Year	粮食 Grain	夏粮 Summer Grain	# 小麦 Wheat	秋粮 Autumn Grain	# 稻谷 Rice	# 玉米 Corn	# 大豆 Soja
1978	800.00	293.50	251.00	542.00	81.50	292.00	19.95
1980	757.00	264.00	229.90	493.00	75.70	274.70	17.86
1985	951.90	459.20	423.30	492.70	88.30	291.60	18.35
1990	1070.70	501.70	463.70	569.00	100.40	333.80	30.75
1995	913.40	457.80	410.40	455.60	64.20	282.30	20.46
2000	1089.10	445.50	418.60	643.60	94.70	413.70	22.20
2005	1139.50	436.80	401.20	702.70	79.30	470.10	31.79
2010	1185.98	436.76	393.55	749.21	76.81	566.02	44.85
2011	1207.39	429.77	393.75	777.62	79.06	585.70	43.49
2012	1255.92	453.79	416.62	802.13	80.64	602.93	42.80
2013	1210.55	397.55	363.76	813.01	84.02	616.79	30.88
2014	1183.53	419.54	385.54	763.99	80.02	567.21	23.11
2015	1204.67	456.60	423.07	748.07	80.37	567.70	15.79
2016	1263.96	437.29	403.18	826.67	80.47	636.21	24.31
2017	1194.20	442.13	406.41	752.07	80.57	551.15	23.91
2018	1226.31	438.30	401.34	788.01	80.69	584.46	23.93
2019	1231.13	420.31	382.04	810.82	80.37	609.58	23.39
2020	1274.83	453.49	413.25	821.34	80.52	620.16	23.64
2021	1270.43	470.60	424.60	799.83	72.85	601.69	25.10
2022	1297.89	475.90	429.78	821.99	73.33	616.81	30.54

注：2009年及以后为抽样调查数。
a)Data in this table are sample survey data since 2009.

12-13 各市(区)粮食产量(2022年)
Output of Grain Products by City(District)(2022)

单位：万吨 (10 000 tons)

地区	Region	粮食 Grain	夏粮 Summer Grain	# 小麦 Wheat	秋粮 Autumn Grain	# 稻谷 Rice	# 玉米 Corn	# 大豆 Soja
全省	**Shaanxi**	**1297.89**	**475.90**	**429.78**	**821.99**	**73.33**	**616.81**	**30.54**
西安市	Xi'an	140.41	72.48	72.03	67.92	0.12	65.94	0.59
铜川市	Tongchuan	32.50	7.11	7.11	25.39	0.01	24.69	0.35
宝鸡市	Baoji	146.73	88.95	88.65	57.78	0.05	52.91	1.51
咸阳市	Xianyang	181.93	93.08	93.05	88.85	0.03	85.43	1.25
渭南市	Weinan	250.71	126.07	125.96	124.64		120.67	1.11
# 韩城市	Hancheng	5.53	2.85	2.85	2.69		2.32	0.01
延安市	Yan'an	72.42	1.07	0.12	71.35	0.83	52.82	4.28
汉中市	Hanzhong	109.70	29.22	16.35	80.48	56.04	18.44	3.18
榆林市	Yulin	252.47			252.47	1.84	150.90	11.51
安康市	Ankang	73.40	24.72	8.52	48.69	14.30	24.88	3.14
商洛市	Shangluo	49.97	19.84	9.94	30.13	0.11	24.64	3.62
杨凌示范区	Yangling	1.06	0.44	0.44	0.63		0.62	0.01

12-14 主要经济作物产品产量
Output of Major Cash Products

单位：万吨 (10 000 tons)

年份 Year	棉花 Cotton	油料 Oil-bearing	#油菜籽 Rapeseeds	#花生 Peanuts	麻类 Fiber Crops	糖料 Sugar Crops	烤烟 Flue-cured Tobacco	蔬菜 Vegetables
1978	10.54	5.65	4.01	0.51	0.50	1.89	1.38	
1980	8.08	10.97	7.72	1.15	0.27	3.11	0.57	
1985	4.30	29.86	16.40	10.05	0.24	7.85	6.26	297.16
1990	7.78	33.39	19.25	7.03	0.18	5.92	12.32	367.30
1995	3.99	38.15	25.45	6.02	0.11	1.03	6.34	362.86
2000	2.74	38.76	22.40	7.33	0.09	1.79	7.36	556.53
2005	7.78	45.35	30.33	7.58	0.09	0.30	5.88	869.93
2010	5.26	53.61	35.41	9.51	0.05	0.20	5.77	1294.49
2011	4.74	55.94	36.34	10.10	0.05	0.16	6.29	1342.71
2012	4.44	56.98	37.11	10.82	0.05	0.17	7.19	1412.45
2013	3.55	55.18	36.53	10.63	0.05	0.16	6.45	1485.60
2014	2.43	56.22	37.57	11.60	0.05	0.15	5.25	1556.16
2015	2.07	56.91	39.02	11.33	0.04	0.15	5.06	1613.45
2016	1.69	57.28	37.49	12.29	0.05	0.16	4.52	1666.93
2017	1.20	59.82	38.33	12.46	0.05	0.17	3.82	1733.99
2018	0.99	61.03	37.01	12.60	0.07	0.13	3.36	1808.44
2019	0.76	60.10	37.26	12.30	0.16	0.13	5.28	1897.38
2020	0.07	59.11	37.51	12.39	0.06	0.75	5.29	1957.66
2021	0.03	58.33	38.97	11.29	0.06	0.29	5.09	2012.82
2022	0.02	56.34	35.92	11.69	0.03	0.27	5.37	2082.15

12-15 各市(区)主要经济作物产量(2022年)
Output of Major Cash Products by City(District)(2022)

地区	Region	棉花(吨) Cotton (ton)	油料(吨) Oil-bearing (ton)	#油菜籽 Rapeseeds	#花生 Peanuts	麻类(吨) Fiber Crops (ton)	糖料(吨) Sugar Crops (ton)	烤烟(吨) Flue-cured Tobacco (ton)	蔬菜(万吨) Vegetables (10 000 tons)
全省	**Shaanxi**	**217**	**563416**	**359186**	**116895**	**332**	**2699**	**53726**	**2082.15**
西安市	Xi'an	49	8219	7975	205				364.82
铜川市	Tongchuan		2678	2645					8.21
宝鸡市	Baoji		18234	12580		5		5070	172.57
咸阳市	Xianyang		32134	31394	192			1437	374.95
渭南市	Weinan		60694	25775	25448				329.88
#韩城市	Hancheng		1677	1266	11				14.21
延安市	Yan'an	34	10108	1577	1979			2676	133.73
汉中市	Hanzhong		169166	148400	19234	2	132	12840	300.87
榆林市	Yulin	9	92914	1861	36682	125	545	79	128.84
安康市	Ankang	125	150145	117753	24856	192	2022	17518	186.81
商洛市	Shangluo		19033	9135	8299	8		14106	63.57
杨凌示范区	Yangling		91	91					16.82

12-16 粮食单位面积产量
Output of Grain Products Per Hectare

单位：公斤/公顷 (kg/hectare)

年 份 Year	粮 食 Grain	夏 粮 Summer Grain	#小 麦 Wheat	秋 粮 Autumn Grain	#稻 谷 Rice	#玉 米 Corn	#大 豆 Soja
1978	1785	1395	1470	2175	5130	2520	970
1980	1755	1380	1440	2055	4650	2550	844
1985	2400	2385	2550	2415	5640	3060	908
1990	2595	2610	2745	2580	6300	3255	1066
1995	2399	2536	2565	2275	4609	3128	851
2000	2850	2595	2723	3057	6540	3914	899
2005	3300	3144	3312	3405	5927	4094	1367
2010	3707	3406	3515	3908	6662	4501	2223
2011	3838	3476	3615	4074	6988	4676	2163
2012	3990	3698	3862	4177	7082	4856	2159
2013	3923	3416	3560	4229	7351	5031	1629
2014	3907	3682	3853	4042	7363	4677	1611
2015	3990	4005	4220	3982	7480	4716	1105
2016	4020	3909	4111	4082	7491	4742	1608
2017	3955	3999	4220	3930	7627	4605	1574
2018	4080	3955	4149	4152	7656	4955	1578
2019	4105	3806	3955	4280	7631	5179	1548
2020	4248	4109	4286	4329	7662	5258	1562
2021	4229	4260	4446	4210	6869	5088	1658
2022	4301	4306	4486	4298	6912	5190	1753

注：2009年及以后为抽样调查数。
a) Data in this table are sample survey data since 2009.

12-17 各市(区)粮食单位面积产量(2022年)
Output of Grain Products Per Hectare by City(District)(2022)

单位：公斤/公顷 (kg/hectare)

地 区	Region	粮 食 Grain	夏 粮 Summer Grain	#小 麦 Wheat	秋 粮 Autumn Grain	#稻 谷 Rice	#玉 米 Corn	#大 豆 Soja
全 省	**Shaanxi**	**4301**	**4306**	**4486**	**4298**	**6912**	**5190**	**1753**
西 安 市	Xi'an	5455	5170	5175	5796	6747	5907	1968
铜 川 市	Tongchuan	4838	3256	3256	5600	6667	5735	2041
宝 鸡 市	Baoji	4835	4755	4762	4963	6242	5343	1718
咸 阳 市	Xianyang	5262	4740	4740	5947	4440	6210	2416
渭 南 市	Weinan	4850	4441	4440	5349		5445	1883
#韩城市	Hancheng	3952	3883	3883	4028		3912	1954
延 安 市	Yan'an	4924	4115	3929	4938	7018	6915	2282
汉 中 市	Hanzhong	4279	3626	3728	4578	6892	2880	1478
榆 林 市	Yulin	3465			3465	6395	5095	1691
安 康 市	Ankang	3297	3061	2989	3432	7085	3015	1640
商 洛 市	Shangluo	3140	3013	2790	3229	5907	3750	1628
杨凌示范区	Yangling	7009	7020	7020	7001		7125	2976

12-18　主要经济作物单位面积产量

Output of Major Cash Products Per Hectare

单位：公斤/公顷　　(kg/hectare)

年　份 Year	棉　花 Cotton	油　料 Oil-bearing	# 油菜籽 Rapeseeds	# 花　生 Peanuts	麻　类 Fiber Crops	糖　料 Sugar Crops	烤　烟 Flue-cured Tobacco	蔬　菜 Vegetables
1978	420	435	555	1080	1065	7260	1815	
1980	330	690	855	1320	735	9600	1712	
1985	450	1245	1440	2155	1095	18210	1815	24492
1990	690	1245	1455	1770	615	16755	1710	25274
1995	548	1263	1499	1830	726	4531	1312	20827
2000	911	1277	1368	2192	985	12578	1564	24334
2005	1107	1638	1697	2563	883	29208	1805	26227
2010	1366	1860	1845	2879	1220	28571	2177	29436
2011	1335	1965	1890	2894	1282	32000	2145	29642
2012	1396	1995	1980	2968	1351	28333	2279	31881
2013	1574	1995	1935	2939	1429	32000	2325	33057
2014	1366	2027	2040	2985	1515	21429	2203	34175
2015	1412	2078	2115	2986	1212	16667	2342	34778
2016	1405	2100	2085	3150	1515	14545	2203	35784
2017	1417	2144	2128	3158	1515	18889	2235	36076
2018	1431	2144	2094	3160	778	14202	2289	36530
2019	1398	2194	2123	3102	1816	15070	2372	37414
2020	1030	2216	2135	3261	1384	37713	2384	37469
2021	1130	2211	2184	2976	1388	31667	2249	37380
2022	1552	2242	2150	3060	1772	29967	2302	37770

12-19　各市(区)主要经济作物单位面积产量(2022年)

Output of Major Cash Products Per Hectare by City(District)(2022)

单位：公斤/公顷　　(kg/hectare)

地　区	Region	棉　花 Cotton	油　料 Oil-bearing	# 油菜籽 Rapeseeds	# 花　生 Peanuts	麻　类 Fiber Crops	糖　料 Sugar Crops	烤　烟 Flue-cured Tobacco	蔬　菜 Vegetables
全　省	**Shaanxi**	**1552**	**2242**	**2150**	**3060**	**1772**	**29967**	**2302**	**37770**
西 安 市	Xi'an	1506	2119	2093	4753				50765
铜 川 市	Tongchuan		1743	1766					27604
宝 鸡 市	Baoji		2115	1944		1786		2024	35706
咸 阳 市	Xianyang		2233	2210	3632			2322	46118
渭 南 市	Weinan		2666	2128	3675				35405
# 韩城市	Hancheng		2127	2007	1833				36405
延 安 市	Yan'an	1133	2021	2233	2770			2384	50506
汉 中 市	Hanzhong		2415	2336	3355	316	12298	3265	43309
榆 林 市	Yulin	1364	2085	1908	2629	2389	18495	1421	27579
安 康 市	Ankang	1769	2137	2036	3177	1642	40548	2225	21504
商 洛 市	Shangluo		1849	1544	2802	889		1950	29009
杨凌示范区	Yangling		2987	2987					99449

12-20 茶、桑、果面积及产量
Areas and Output of Tea Plantation, Cocoon, Orchards

年　份 Year	茶园面积 (千公顷) Area of Tea Plantations (1 000 hectares)	茶叶产量 (吨) Output of Tea (ton)	桑园面积 (千公顷) Area of Mulberry Field (1 000 hectares)	果园面积 (千公顷) Area of Orchards (1 000 hectares)	水果产量 (万吨) Output of Fruits (10 000 tons)	# 苹果 Apples	# 柑桔 Citrus
1978	31.07	1408	12.00	98.60	33.41	9.92	0.12
1980	24.00	1428	17.40	104.27	28.00	8.93	0.30
1985	26.16	2822	46.75	109.93	33.53	14.09	0.52
1990	29.19	4548	37.31	304.78	62.03	34.93	0.89
1995	30.64	5252	76.83	685.35	283.96	233.76	1.12
2000	35.28	6126	58.76	664.76	493.79	388.57	3.52
2005	59.47	11382	79.83	817.45	765.74	560.12	16.76
2010	80.64	24890	48.37	1001.90	1195.06	834.57	26.91
2011	84.53	28199	41.25	1019.61	1274.51	874.75	31.66
2012	89.16	34852	33.91	1037.23	1362.77	929.06	33.45
2013	99.31	40195	28.52	1050.28	1397.29	901.89	42.67
2014	108.29	48491	20.71	1060.39	1445.68	939.14	44.35
2015	112.16	54055	17.81	1062.56	1504.78	979.76	46.05
2016	118.03	61131	14.91	1065.57	1567.63	1033.16	43.56
2017	126.57	66672	13.90	1089.97	1660.80	1092.46	45.75
2018	135.89	71038	18.91	1113.92	1566.01	1008.69	46.91
2019	145.16	79264	19.96	1134.16	1733.37	1135.58	50.36
2020	152.72	86965	20.68	1154.48	1808.03	1185.21	51.88
2021	156.53	93171	21.18	1169.70	1896.46	1242.46	54.16
2022	160.68	100418	21.40	1168.15	1993.47	1302.71	55.46

12-21 水果生产情况
Production of Fruit

品　种	Item	2020		2021		2022	
		面　积 (公顷) Area of Orchards (hectare)	产　量 (吨) Output (ton)	面　积 (公顷) Area of Orchards (hectare)	产　量 (吨) Output (ton)	面　积 (公顷) Area of Orchards (hectare)	产　量 (吨) Output (ton)
水果合计	**Total**	**1154480**	**18080292**	**1169700**	**18964635**	**1168153**	**19934713**
1.苹　果	Apples	620182	11852143	621131	12424610	616070	13027088
2.柑　桔	Citrus	23570	518775	23401	541629	23244	554609
3.梨	Pears	44495	1043042	44053	1045654	44195	1080705
4.葡　萄	Grapes	48766	806990	50588	851466	50483	890849
5.桃	Peach	36037	755531	36194	788078	36653	810209
6.红　枣	Jujube	212651	1099137	215733	1190322	214003	1270525
7.杏	Apricot	34736	133143	39220	138344	40060	146609
8.柿　子	Persimmon	23400	312845	23247	293309	24317	337303
9.猕猴桃	Kiwi	61213	1158336	65295	1294288	66604	1388459
10.石　榴	Pomegranate	4487	70634	4529	65875	4450	71728
11.其他水果	Others	44944	329716	46308	331060	48074	356629

12–22 各市(区)茶、桑、果面积及产量(2022年)
Areas and Output of Tea Plantation, Cocoon, Orchards by City(District)(2022)

地 区	Region	茶园面积(公顷) Area of Tea Plantations (Hectare)	茶叶产量(吨) Output of Tea (ton)	桑园面积(公顷) Area of Orchards (Hectare)	果园面积(公顷) Area of Orchards (Hectare)	水果产量(吨) Output of Fruits (ton)	苹果 Apples	柑桔 Citrus
全 省	**Shaanxi**	**160682**	**100418**	**21404**	**1168153**	**19934713**	**13027088**	**554609**
西安市	Xi'an			159	49095	1044574	38832	
铜川市	Tongchuan				40082	696030	669020	
宝鸡市	Baoji			136	66807	1571343	801365	
咸阳市	Xianyang				206662	5055886	4201959	
渭南市	Weinan				213168	3970719	1866896	
# 韩城市	Hancheng				4632	85728	71715	
延安市	Yan'an			34	250224	4423603	4317776	
汉中市	Hanzhong	77349	55722	2091	35593	698535	15778	458680
榆林市	Yulin			1362	271244	2146975	1105253	
安康市	Ankang	64310	40320	15108	30278	253855	5216	95459
商洛市	Shangluo	19023	4376	2512	3592	33356	3426	470
杨凌示范区	Yangling			2	1406	39837	1567	

12–22 续表 continued

地 区	Region	梨 Pears	葡萄 Grapes	桃 Peach	红枣 Jujube	杏 Apricot	柿子 Persimmon	猕猴桃 Kiwi	石榴 Pomegranate	其它水果 Others
全 省	**Shaanxi**	**1080705**	**890849**	**810209**	**1270525**	**146609**	**337303**	**1388459**	**71728**	**356629**
西安市	Xi'an	15409	179095	99603	10342	26234	5969	539785	40146	89159
铜川市	Tongchuan	1218	4460	6949	64	158	1140			13021
宝鸡市	Baoji	3253	53461	43864		2492	8524	639192	25	19167
咸阳市	Xianyang	217902	110980	324254	10578	11373	77613	49656	23958	27613
渭南市	Weinan	625497	485251	248112	424851	18890	194099	46145	7404	53574
# 韩城市	Hancheng		2645	8290	160	470	2028		120	300
延安市	Yan'an	38222	5694	7039	34734	19196	6			936
汉中市	Hanzhong	60801	13330	31609	426	2592	16740	68967	54	29558
榆林市	Yulin	111661	26373	15954	788202	63446				36086
安康市	Ankang	5872	6146	28170	1051	1685	19975	8389	141	81751
商洛市	Shangluo	870	4483	4341	277	543	13015	1106		4825
杨凌示范区	Yangling		1576	314			222	35219		939

12—23　各市(区)主要林产品面积及产量(2022年)
Areas and Output of Major Forest Products by City(District)(2022)

地　区	Region	核　桃 Walnut		板　栗 Chestnut		花　椒 Pepper	
		面　积 (公顷) Area of Orchards (hectare)	产　量 (吨) Output (ton)	面　积 (公顷) Area of Orchards (hectare)	产　量 (吨) Output (ton)	面　积 (公顷) Area of Orchards (hectare)	产　量 (吨) Output (ton)
全　省	**Shaanxi**	**371491**	**451135**	**136766**	**107146**	**85780**	**96638**
西安市	Xi'an	8859	34125	1151	7841	592	671
铜川市	Tongchuan	12816	24729			5204	8551
宝鸡市	Baoji	70317	78689	4570	6062	12198	11272
咸阳市	Xianyang	9708	34703			3551	2347
渭南市	Weinan	25566	58314	136	227	55940	67080
# 韩城市	Hancheng	2340	1500	33	75	24165	28757
延安市	Yan'an	14714	15131	159	450	3209	2653
汉中市	Hanzhong	35955	44380	18282	27928	1485	1516
榆林市	Yulin	32492	7142			346	8
安康市	Ankang	50664	33208	27102	30732	3127	2067
商洛市	Shangluo	110396	120700	85365	33906	128	473
杨凌示范区	Yangling	3	14				

12—24　各市(区)造林情况(2022年)
Area of Afforestation by City(District)(2022)

地　区	Region	营造林总面积 (公顷) Afforestation Area (hectare)	造林 Afforestation						森林抚育面积 (公顷) Area of Tending Forest (hectare)
				人工造林 Manual Planting	人工更新 Manual Renewal	飞播造林 Airplane Planting	封育 Close Up	退化林修复 Degraded Forest Restoration	
全　省	**Shaanxi**	**450940**	**381953**	**43713**	**3507**	**50113**	**174313**	**110307**	**68987**
西安市	Xi'an	320	320	187	133				
铜川市	Tongchuan	9127	8660	767	153	3320	1767	2653	467
宝鸡市	Baoji	39633	31167	787	513	5367	11327	13173	8467
咸阳市	Xianyang	28913	21047	2040		3673	6880	8453	7867
渭南市	Weinan	38887	28233	5567	367	3340	9507	9453	10653
# 韩城市	HanCheng	6407	5607	1080			2447	2080	800
延安市	Yan'an	100313	80780	17067	1207	7280	32653	22573	19533
汉中市	Hanzhong	27147	25880	607	160		18300	6813	1267
榆林市	Yulin	46440	46440	13573		8867	11473	12527	
安康市	Ankang	58340	48140	953		10347	24773	12067	10200
商洛市	Shangluo	53253	45587	1213	1000	7913	27200	8260	7667
杨凌示范区	Yangling								

12−25 畜牧业生产情况
Production of Animal Husbandry

指 标	Item	2016	2017	2018	2019	2020	2021	2022
一、牲畜年末头数	**Number of Large Animals (year-end)**							
(一)大牲畜 (万头)	Large Animals (10 000 heads)	161.09	154.51	153.12	153.55	154.88	152.84	154.53
1.牛	Cattle and Buffaloes	157.71	151.23	149.87	150.17	151.18	149.30	150.60
# 奶 牛	Muich Cows	25.85	28.42	27.89	27.40	27.55	26.40	28.10
2.马	Horses	0.22	0.22	0.23	0.23	0.25	0.28	0.45
3.驴	Donkeys	2.78	2.70	2.65	2.78	3.11	2.98	3.34
4.骡	Mules	0.38	0.35	0.36	0.36	0.34	0.28	0.15
(二)猪存栏数 (万头)	Hogs (10 000 heads)	923.75	854.42	839.04	795.70	849.78	885.30	903.50
# 母 猪	Sow	88.15	82.25	84.74	74.93	81.93	85.10	85.53
(三)羊存栏数 (万只)	Sheep and Goats (10 000 heads)	1160.45	868.52	866.76	815.05	871.67	881.10	878.30
1.山 羊	Goats	949.78	712.04	715.73	676.49	722.53	723.90	721.70
2.绵 羊	Sheep	210.67	156.48	151.03	138.56	149.14	157.20	156.60
(四)家禽存栏数 (万只)	Poultry (10 000 heads)	7995.11	7315.58	7255.05	7760.16	7738.26	7695.50	7701.20
(五)家兔存栏数 (万只)	Rabbit (10 000 heads)	100.73	90.00	116.13	118.23	117.03	115.74	98.05
二、畜产品产量	**Output of Livestock Products**							
肉类总产量 (万吨)	Output of Meat (10 000 tons)	128.71	113.41	114.46	109.53	107.09	127.97	132.09
# 猪 肉	Pork	95.84	85.83	86.57	80.94	77.70	97.60	101.56
牛 肉	Beef	8.03	8.33	8.24	8.49	8.70	8.95	8.93
羊 肉	Mutton	13.67	9.80	9.57	9.25	9.71	10.15	10.20
奶类产量 (万吨)	Milk (10 000 tons)	160.49	156.93	159.73	159.66	161.50	161.90	170.46
# 牛 奶	Cow Milk	111.56	107.28	109.75	107.77	108.70	104.60	107.85
山羊毛产量 (吨)	Goat Wool	4119.00	3236.29	3225.57	3128.05	3176.47	3328.45	4067.15
# 羊 绒	Cashmere (ton)	1887.00	1492.53	1478.26	1438.00	1475.93	1536.93	1704.02
绵羊毛产量 (吨)	Sheep Wool (ton)	5016.00	3108.00	3059.31	2962.85	3050.69	3350.78	3680.20
禽蛋产量 (万吨)	Poultry Eggs (10 000 tons)	71.57	60.08	61.58	64.11	64.21	63.40	63.62
蜂蜜产量 (吨)	Honey (ton)	4653.62	5647.21	5677.49	6921.34	8080.86	11694.19	13336.93
蚕茧产量 (吨)	Silkworm Cocoon (ton)	6414	7218	7452	6488	6539	6048	6609

注：本表主要畜禽存栏和畜禽产品产量为抽样调查数。
a) The number of main livestock and the output of livestock products are sample survey data.

12–26 各市(区)牲畜存栏情况（2022年）
Livestock by City(District)(2022)

地　区	Region	大牲畜年末头数(头) Large Animals (year-end) (head)	牛 Cattle and Buffaloes	马 Horses	驴 Donkeys	骡 Mules
全　省	**Shaanxi**	**1545335**	**1506000**	**4492**	**33374**	**1469**
西安市	Xi'an	52993	52912	81		
铜川市	Tongchuan	13432	13432			
宝鸡市	Baoji	295741	292571	2148	957	65
咸阳市	Xianyang	136061	134117	28	1444	472
渭南市	Weinan	212102	212044	33	25	
延安市	Yan'an	84896	65342	1796	17348	410
汉中市	Hanzhong	261729	261516	213		
榆林市	Yulin	211087	200060	166	10341	520
安康市	Ankang	193808	193802	6		
商洛市	Shangluo	74426	71144	21	3259	2
杨凌示范区	Yangling	9070	9070			

12–26 续表 continued

地　区	Region	猪年末头数(头) Hogs (year-end) (head)	# 母猪 Sow	羊(只) Sheep and Goats (head)	家禽(万只) Poultry (10 000 heads)	兔(万只) Rabbit (10 000 heads)
全　省	**Shaanxi**	**9035000**	**855255**	**8783000**	**7701.20**	**98.05**
西安市	Xi'an	326917	38294	81259	548.50	8.40
铜川市	Tongchuan	87613	9038	35709	253.84	15.05
宝鸡市	Baoji	725687	62573	568024	603.02	3.80
咸阳市	Xianyang	1334225	119798	415730	840.33	16.73
渭南市	Weinan	1491298	133975	580726	1651.47	9.62
延安市	Yan'an	433170	45338	621217	301.09	9.51
汉中市	Hanzhong	1694476	162024	277981	863.34	11.14
榆林市	Yulin	1031608	81667	5400213	773.90	7.26
安康市	Ankang	1307514	129300	569152	744.97	4.30
商洛市	Shangluo	576263	66946	230355	1108.01	11.75
杨凌示范区	Yangling	26217	6267	3024	12.76	0.50

注：本表全省主要畜禽存栏为抽样调查数。
a) The number of main livestock of Shaanxi in this table are sample survey data.

12−27 各市(区)主要畜产品产量(2021年)
Output of Livestock Products by City(District)(2021)

单位：吨 (ton)

地 区	Region	猪肉产量 Output of Pork	牛肉产量 Output of Beef	羊肉产量 Output of Mutton	禽肉产量 Output of Poultry
全 省	**Shaanxi**	**1015555**	**89266**	**102005**	**108217**
西安市	Xi'an	37155	3324	1114	9417
铜川市	Tongchuan	7864	1352	515	1766
宝鸡市	Baoji	74102	20209	5537	10725
咸阳市	Xianyang	129303	9564	7761	11459
渭南市	Weinan	164797	11551	8106	13031
延安市	Yan'an	45833	3939	5691	3981
汉中市	Hanzhong	205749	14782	3764	16938
榆林市	Yulin	113335	9581	56952	5472
安康市	Ankang	157717	10320	8860	15579
商洛市	Shangluo	73219	4076	3739	19742
杨凌示范区	Yangling	6493	567	13	104

12−27 续表 continued

地 区	Region	山羊毛(吨) Goat Wool (ton)	#山羊绒 Cashmere	绵羊毛(吨) Sheep Wool (ton)	禽 蛋(吨) Poultry Eggs (ton)	蜂 蜜(公斤) Honey (kg)	蚕 茧(吨) Silkworm Cocoon (ton)
全 省	**Shaanxi**	**4067**	**1704**	**3680**	**636200**	**13336934**	**6609**
西安市	Xi'an				47233	365360	1
铜川市	Tongchuan				23768	22100	
宝鸡市	Baoji	6		7	52570	2569918	
咸阳市	Xianyang	13	6	27	73117	277020	
渭南市	Weinan	3	1	50	146425	425577	
延安市	Yan'an	419	153	225	26083	4060830	180
汉中市	Hanzhong				67772	2791387	398
榆林市	Yulin	3627	1544	3371	69336	466800	27
安康市	Ankang				55237	1185012	5576
商洛市	Shangluo			1	74191	1172930	427
杨凌示范区	Yangling				644		

注：本表全省主要畜禽产品产量为抽样调查数。
a) The output of livestock products of Shaanxi in this table are sample survey data.

12-28 渔业生产情况
Fishery Production

地　区	Region	2019 水产品产量(吨) Output of Aquatic Products (ton)	2019 水产养殖面积(公顷) Cultivatable area of Aquatic Products (hectare)	2020 水产品产量(吨) Output of Aquatic Products (ton)	2020 水产养殖面积(公顷) Cultivatable area of Aquatic Products (hectare)	2021 水产品产量(吨) Output of Aquatic Products (ton)	2021 水产养殖面积(公顷) Cultivatable area of Aquatic Products (hectare)	2022 水产品产量(吨) Output of Aquatic Products (ton)	2022 水产养殖面积(公顷) Cultivatable area of Aquatic Products (hectare)
全　省	**Shaanxi**	**189264**	**51395**	**188887**	**48593**	**170700**	**49836**	**173500**	**52670**
西 安 市	Xi'an	13614	1213	11102	1029	11361	963	10962	1016
铜 川 市	Tongchuan	2090	574	2100	574	1817	569	1790	601
宝 鸡 市	Baoji	7505	3185	7011	3144	6131	3178	5917	3358
咸 阳 市	Xianyang	8220	1872	7184	1797	6298	1927	6206	2037
渭 南 市	Weinan	55184	6039	56414	5966	50979	5954	50962	6293
延 安 市	Yan'an	3197	2985	3220	3104	2810	3140	2765	3319
汉 中 市	Hanzhong	46490	7280	48665	5753	44805	5753	47262	6080
榆 林 市	Yulin	6140	14837	6005	14043	5273	14043	5094	14842
安 康 市	Ankang	41551	12223	41625	11885	35966	12488	36870	13199
商 洛 市	Shangluo	5273	1188	5561	1298	5260	1821	5672	1925
杨凌示范区	Yangling								

12-29 苹果基地县情况
Base County of Apple

县 区	Region	2020		2021		2022	
		苹果园面积(公顷) Area of Apple Orchards (hectare)	产 量(吨) Output (ton)	苹果园面积(公顷) Area of Apple Orchards (hectare)	产 量(吨) Output (ton)	苹果园面积(公顷) Area of Apple Orchards (hectare)	产 量(吨) Output (ton)
全 省	**Shaanxi**	**620182**	**11852143**	**621131**	**12424610**	**616070**	**13027088**
基地县合计	Total of Base Counties	467567	9838522	468150	10320153	465525	10792293
基地县占全省%	As Percentage of Shaanxi	75.4	83.0	75.4	83.1	75.6	82.8
印台区	Yintai	8747	130175	8757	135603	8815	145181
耀州区	Yaozhou	17708	280408	17715	307357	17715	328583
宜君县	Yijun	7624	117359	7779	125213	7939	129068
陈仓区	Chencang	3896	26902	3973	30232	3919	31714
凤翔区	Fengxiang	9892	149481	9876	156666	9986	163980
岐山县	Qishan	3404	100340	3315	106873	3244	111571
扶风县	Fufeng	8056	318800	7965	310531	7657	322686
陇 县	Longxian	3870	35379	4040	39682	4046	44708
千阳县	Qianyang	4322	51301	4182	53512	4147	60454
乾 县	Qianxian	22275	429756	24262	448813	24429	464365
礼泉县	Liquan	28598	896524	28359	901558	28179	904945
永寿县	Yongshou	19629	403318	19611	423561	19411	448577
彬州市	Binzhou	19344	378837	19696	423295	19397	437884
长武县	Changwu	16776	337900	15342	359697	14705	387502
旬邑县	Xunyi	19831	485990	20480	500963	21104	515004
淳化县	Chunhua	25333	613540	24000	665225	23333	687580
合阳县	Heyang	15057	337735	14974	331815	14699	350297
澄城县	Chengcheng	16073	321644	16076	330340	15216	346020
蒲城县	Pucheng	12010	263154	12543	266590	12540	270955
白水县	Baishui	26879	518662	26950	535891	26881	537108
富平县	Fuping	7307	128117	7307	134088	7307	146157
韩城市	Hancheng	3519	67637	3519	67610	3519	71715
宝塔区	Baota	21437	370008	21437	382496	21437	411013
安塞区	Ansai	14705	218394	14705	252898	14705	281400
延长县	Yanchang	21073	322716	21073	348112	21073	358100
延川县	Yanchuan	15159	165000	15127	183406	15127	200100
富 县	Fuxian	24937	580000	24937	600650	24937	625000
洛川县	Luochuan	35762	924445	35652	984954	35560	1058626
宜川县	Yichuan	20410	510000	20410	534339	20410	569400
黄陵县	Huangling	13933	355000	14088	378183	14088	382600

12−30 梨基地县情况
Base County of Pear

县 区	Region	2020 梨园面积(公顷) Area of Pears Orchards (hectare)	2020 产 量(吨) Output (ton)	2021 梨园面积(公顷) Area of Pears Orchards (hectare)	2021 产 量(吨) Output (ton)	2022 梨园面积(公顷) Area of Pears Orchards (hectare)	2022 产 量(吨) Output (ton)
全 省	**Shaanxi**	**44495**	**1043042**	**44053**	**1045654**	**44195**	**1080705**
基地县合计	Total of Base Counties	25324	647667	25826	673495	25823	711129
基地县占全省%	As Percentage of Shaanxi	56.9	62.1	58.6	64.4	58.4	65.8
秦都区	Qindu	237	8200	360	12709	343	12696
乾 县	Qianxian	1294	32645	1462	31088	1515	32912
礼泉县	Liquan	3269	147031	3263	140460	3261	141739
彬州市	Binzhou	1341	9833	1352	10690	1336	10894
临渭区	Linwei	2087	44327	2067	44513	1976	44362
蒲城县	Pucheng	15101	353392	15301	381120	15300	414300
富平县	Fuping	358	7876	358	8044	358	8288
子长市	Zichang	192	3382	192	3102	192	3109
宜川县	Yichuan	170	5000	170	4320	170	5000
洋 县	Yangxian	1277	35981	1301	37449	1372	37829

12−31 猕猴桃基地县情况
Base County of Kiwi

县 区	Region	2020 猕猴桃园面积(公顷) Area of Kiwi Orchards (hectare)	2020 产 量(吨) Output (ton)	2021 猕猴桃园面积(公顷) Area of Kiwi Orchards (hectare)	2021 产 量(吨) Output (ton)	2022 猕猴桃园面积(公顷) Area of Kiwi Orchards (hectare)	2022 产 量(吨) Output (ton)
全 省	**Shaanxi**	**61213**	**1158336**	**65295**	**1294288**	**66604**	**1388459**
基地县合计	Total of Base Counties	36357	892105	38703	991283	38872	1055125
基地县占全省%	As Percentage of Shaanxi	59.4	77.0	59.3	76.6	58.4	76.0
灞桥区	Baqiao	446	15266	367	12852	341	12518
长安区	Chang'an	102	2737	102	2675	102	2775
鄠邑区	Huyi	665	16288	666	16522	786	16741
周至县	Zhouzhi	17016	368328	19055	421203	19115	450275
眉 县	Meixian	15618	456756	15969	497465	15986	532638
城固县	Chenggu	2510	32730	2543	40566	2543	40178

12–32 各市(区)灾情(2022年)
Conditions in Natural Disaster by City(District)(2022)

地 区	Region	受灾人口(万人次) Disaster Population Covered (10 000 persons-times)	死亡失踪人口(人) Population of Death and Abscondence (person)	农作物受灾面积(千公顷) Disaster Areas of Farm Crops (1 000 hectares)	农作物绝收面积(千公顷) Disaster Areas of Farm Crops of No Harvest (1 000 hectares)	倒塌房屋户数(间) Broken Civil Buildings (household)	直接经济损失(亿元) Direct Economic Losses (100 million yuan)
全 省	**Shaanxi**	**427.58**	**3**	**553.29**	**89.72**	**866**	**67.03**
西安市	Xi'an	1.47		0.22	0.02		0.14
铜川市	Tongchuan	5.81		10.02		3	0.60
宝鸡市	Baoji	22.23		16.85	0.46	19	1.89
咸阳市	Xianyang	22.66		22.60	0.04		0.62
渭南市	Weinan	44.99		39.88	0.29	517	2.78
延安市	Yan'an	24.05	3	35.48	4.62	36	9.43
汉中市	Hanzhong	94.33		37.90	3.00	32	10.94
榆林市	Yulin	66.58		267.17	58.11	135	25.87
安康市	Ankang	75.01		83.94	22.42	71	11.66
商洛市	Shangluo	70.45		39.23	0.76	53	3.10
杨凌示范区	Yangling						

主要统计指标解释

农林牧渔业总产值 指以货币表现的农、林、牧、渔业全部产品和对农林牧渔业生产活动进行的各种支持性服务活动的价值总量，它反映一定时期内农林牧渔业生产总规模和总成果。1993年以前农林牧渔业总产值包括农、林、牧、副、渔五业，从1993年起取消副业，将野生动物的捕猎划入牧业，野生植物采集和农民家庭兼营商品性工业划归农业。从2003年起，执行新的国民经济行业分类标准，农林牧渔业总产值中包括了农、林、牧、渔及农林牧渔服务业产值，2018年以后农林牧渔服务业产值改称农林牧渔专业及辅助性活动产值。农业中取消了家庭兼营商品性工业产值，将野生林产品的采集划归林业。第一、二、三次农业普查以后，根据农业普查结果，对农业、牧业、渔业产值进行了修订。2010年执行《统计用产品分类目录》，对2009年的农业、林业产值做了相应调整。

农林牧渔业总产值采用“产品法”进行计算，通常是按农、林、牧、渔业产品及其副产品的产量分别乘以各自单位产品价格求得；少数生产周期较长，当年没有产品或产品产量不易统计的，则采用间接方法匡算其产值；然后将四业产品产值及农林牧渔专业及辅助性活动产值相加即为农林牧渔业总产值。

粮食作物 指一般用作人类主食，种植在耕地或非耕地上的农作物。根据我国产品目录分类标准，粮食包括谷物、豆类、薯类。

粮食作物产量 指本年度内生产的全部粮食作物数量。其中，谷物产量按脱粒后的原粮计算，豆类按去豆荚后的干豆计算，薯类按鲜薯重量统计上报，统一按5：1折算粮食产量。

粮食作物播种面积 指本年度内收获的粮食作物在全部土地（耕地或非耕地）上的播种或移植面积。凡是本年内收获的粮食作物，无论是本年还是上年播种，都算为当年播种面积，但不包括本年播种、下年收获的粮食作物面积。移植的粮食作物面积按移植后的面积计算，不计算移植前的秧田面积。如果因灾害等原因，应该收获却未能收获，也要按原播种面积计算，新补或改种，并在本年收获的，也要按复种作物计算面积。间种、混种的作物面积按比例折算各个作物的面积，如果完全混合、同步生长、收获的作物，按混合面积平均分配。复种、套种的作物，按次数计算面积，每种一次计算一次。再生稻、再生高粱等，因其没有经过播种或移植，不计入播种面积。

棉花产量 指全社会的产量。包括春播棉和夏播棉。产量按皮棉计算。不包括木棉。

油料产量 指全部油料作物的生产量。包括花生、油菜籽、芝麻、向日葵籽、胡麻籽（亚麻籽）和其他油料。不包括大豆、木本油料和野生油料。花生以带壳干花生计算。

水产品产量 指渔业（捕捞和养殖）生产活动的最终有效成果，包括全部海水和淡水鱼类、甲壳类（虾、蟹）、贝类、头足类、藻类和其他类渔业产品的最终产量。水产品产量是通过各级水产部门逐级上报取得数据。1995年及以前，贝类中牡蛎按鲜肉计算；蚶、蛤、蛙按5斤鲜品折1斤计算。1996年以后则统一按鲜品计算。

猪、牛、羊肉产量 指当年出栏并已屠宰、除去头蹄下水后带骨肉(即胴体重)的重量。包括全社会范围内的产量。1996年以前为全面统计并逐级上报数据。1996年第一次农业普查以后，根据普查结果，对畜牧业主要年报数据进行了修正。1999年以后，国家统计局在部分地区开展了猪、牛、羊、禽等主要畜禽品种的抽样调查，并用抽样数据作为国家定案数据使用。未开展抽样调查的地区和品种，仍使用各级统计部门逐级上报数据。2008年，建立了主要畜禽监测调查制度，猪、牛、羊、禽等主要畜禽数据均以抽样调查数为法定数据。

期初(末)畜禽存栏头(只)数 指报告期初(末)农村各种合作经济组织和国营农场、农民个人、机关、团体、学校、工矿企业、部队等单位以及城镇居民饲养的大牲畜、猪、羊、家禽等畜禽的存栏数。数据上报方式及数据调整情况同猪、牛、羊肉产量。

农用化肥施用量 指本年内实际用于农业生产的化肥数量，包括氮肥、磷肥、钾肥和复合肥。化肥施用量要求按折纯量计算数量。折纯量是指把氮肥、磷肥、钾肥分别按含氮、含五氧化二磷、含氧化钾的百分之百成份进行折算后的数量。复合肥按其所含主要成分折算。公式为：

折纯量=实物量×某种化肥有效成份含量的百分比

农业机械总动力 指主要用于农、林、牧、渔业的各种动力机械的动力总和。包括耕作机械、排灌机械、收获机械、农用运输机械、植物保护机械、牧业机械、林业机械、渔业机械和其他农业机械〔内燃机按引擎马力折成瓦(特)计算、电动机按功率折成瓦(特)计算〕。不包括专门用于乡、镇、村、组办工业、基本建设、非农业运输、科学试验和教学等非农业生产方面用的动力机械与作业机械。这个指标的统计数据主要来源于农机部门。

Explanatory Notes on Main Statistical Indicators

Gross Output Value of Agriculture, Forestry, Animal Husbandry and Fishery refers to the total value of products (expressed in monetary terms) of agriculture, forestry, animal husbandry and fishery, and total value of services in support of agriculture, forestry, animal husbandry and fishery activities. It reflects the total scale and results of agricultural production during a given period. Before 1993, the gross output value of agriculture, forestry, animal husbandry and fishery included agriculture, forestry, animal husbandry, sideline and fishery. Since 1993, the subdivision of sideline occupations has been cancelled, and the hunting of wild animals has been classified into animal husbandry, and the gathering of wild plants and commodity industry run by rural household have been included in farming. A new industrial classification of economic activities was introduced in 2003. Under the new classification, the gross output value of agriculture included the value of farming, forestry, animal husbandry, and fishery, and included value of services to agriculture, forestry, animal husbandry and fishery. In 2018, the output value of services to agriculture,forestry, animal husbandry and fishery was renamed the output value of professional and support activities in agriculture, forestry, animal husbandry and fishery, value of industrial output by rural households is not included in agriculture.According to the result of the first, second and third agriculture census, efforts were made to adjust the output value of agriculture, animal husbandry and fishery output. In line with the Classification of Products for Statistical Purposes implemented in 2010, relevant revisions were made on the output value of agriculture and forestry in 2009.

Gross output value of agriculture is calculated by product method, and is obtained by multiplying the output of each product or by-product by its price, resulting in the output value of each single item. For a small number of products, annual output of which is not available or difficult to get due to the long production (growing) process involved, the output value is estimated through an indirect approach. The sum of output values of all products of agriculture, forestry, animal husbandry and fishery and professional and support activities in agriculture, forestry, animal husbandry and fishery is then equal to the gross output value of agriculture.

Food crop refers to a crop grown on cultivated or non-cultivated land that is generally used as a staple food for humans. According to the classification standard of our country's product catalog, food includes cereals, beans and tubers.

Food crop production refers to the total amount of food crops produced in the current year. Among them, the grain output is calculated according to the raw grain after threshing, the beans are calculated according to the dry beans after removing the pod, the tubers are reported according to the fresh potato weight statistics, and the grain output is converted according to 5:1.

Sown Area of food crops refers to the sown or transplanted area of the total land (cultivated or non-cultivated) of the food crops harvested in the current year. All food crops harvested in the current year, whether sown in the current year or in the previous year, are counted as the sown area in the current year, but do not include the sown area in the current year and harvested in the next year. The area of transplanted grain crops is calculated according to the area after transplantation, not the area of the seedling field before transplantation. If, due to disasters and other reasons, it should be harvested but is not harvested, it should also be calculated according to the original sown area, and if it is newly replanted or replanted and harvested in the current year, it should also be calculated according to the area of multiple crops. The area of interplanting and mixed crops is converted into the area of each crop in proportion, and if the crops are completely mixed, grown simultaneously and harvested, they are evenly distributed according to the mixed area. For multiple and interplanted crops, the area is calculated according to the number of times, and each type is calculated once. Regenerated rice, regenerated sorghum, etc. are not included in the sown area because they have not been sown or transplanted.

Cotton Output refers to cotton production in the whole country including cotton planted in spring and in autumn. Output is measured as the weight of ginned cotton. Ceiba is not included.

Output of Oil-bearing Crops refers to the total production of oil-bearing crops of various kinds, including peanuts (dry, in shell), rapeseeds, sesame, sunflower seeds, flax seeds, and other oil-bearing crops. Soybeans, oil-bearing woody plants, and wild oil-bearing crops are not included.

Output of Aquatic Products refers to final output actually yielded from fishing production (fishery and breeding), including all output of marine and freshwater fish, crustaceans (shrimps, crabs), shellfish, cephalopod, seaweed and other fishery products. Data on output of aquatic products are reported by aquatic product agencies level by level. Before 1995, among the shellfish, oyster was counted as fresh meat; 5 kilograms of ark shell, clams and frogs are equivalent to 1 kilogram of fresh aquatic products; they have all been counted as fresh aquatic products since 1996.

Output of Pork, Beef, and Mutton refers to the meat of slaughtered hogs, cattle, sheep and goats with head, feet, and offal taken away. Data refers to the production of the whole country. Before 1996, it was a comprehensive reporting from the lower level to the upper one. The First Agricultural Census of China in 1996 revealed some discrepancy between the production of animal products from the annual reports and that from the census. Efforts were made to adjust the output value of animal husbandry to make the figures from the annual reports consistent with the census data. Since 1999, the NBS conducted sample surveys for the major animal husbandry products, such as hogs, cattle, sheep and goats and fowls, and the data from sample surveys are used as national finalized data. Those products, which are not covered by the sample survey, are still reported by statistical agencies level by level. In 2008, A Monitoring and Survey Program was set up on main livestock, the data on the main livestock such as hog, cattle, sheep and poultry became the official data based on the sampling survey.

Number of Livestock or Poultry in Stock at Beginning (or End) of Period refers to the total number of large animals, pigs, sheep, fowls, etc. raised by rural cooperative organizations, State farms, rural individuals, government agencies, schools, industrial and mining enterprises, army, and urban residents at the beginning (or end) of the reference period. Data reporting system and data adjustment are the same as that in the output of pork, beef and mutton.

Consumption of Chemical Fertilizers in Agriculture refers to the quantity of chemical fertilizers applied in agriculture in the year, including nitrogenous fertilizer, phosphate fertilizer, potash fertilizer, and compound fertilizer. The consumption of chemical fertilizers is calculated in terms of volume of effective components by means of converting the gross weight of the respective fertilizers into weight containing effective component (e.g. nitrogen content in nitrogenous fertilizer, phosphorous pentoxide contents in phosphate fertilizer, and potassium oxide contents in potash fertilizer). Compound fertilizer is converted in regard to its major components. The formula is:

Volume of effective component= physical quantity × effective component of certain chemical fertilizer (%)

Total Power of Agricultural Machinery refers to total mechanical power of machinery used in agriculture, forestry, animal husbandry and fishery, including machinery for ploughing, irrigation and drainage, harvesting, transport, plant protection, animal husbandry, forestry and fishery and other agricultural machineries. (For the power of internal combustion engines, it is converted from its horsepower into watts while for electric motors the output power is converted into watts.) Machinery employed for non-agricultural purposes, such as the machines used in township-run and village-run industry, construction, non-agricultural transport, scientific experiments and teaching, are not included. Data are mainly from agricultural machinery agencies.

十三、工　业

Industry

资料整理：袁星伟　党钰帅

简 要 说 明

一、本篇资料反映陕西工业经济方面的基本情况，内容包括规模以上工业企业按企业登记注册类型、轻重工业、企业规模、工业行业大类分组的主要经济指标和经济效益指标，主要工业产品产量。

二、规模以上工业企业统计范围

1998年至2006年为全部国有及年主营业务收入500万元以上的非国有工业法人单位。

2007至2010年为年主营业务收入500万元及以上的工业法人单位。

2011年起提高到年主营业务收入2000万元及以上的工业法人单位。

三、按照2011年《统计上大中小微型企业划分办法》，工业企业大中小微型划分标准是：

大型：从业人员1000人及以上、营业收入40000万元及以上。

中型：从业人员300-1000人、营业收入2000-40000万元。

小型：从业人员20-300人、营业收入300-2000万元。

微型：从业人员20人以下、营业收入300万元以下。

Brief Introduction

I. This chapter reflects the basic conditions of the industrial sector, mainly including economic indicators of industrial enterprises above designated size; as well as their economic indicators, efficiency indicators, output and production capacity of key industrial products classified by type of registration, by light and heavy industries, by size of enterprise, by branch of industry.

II. The Scopes of Industrial Statistics

The scopes of industrial statistics are all State-owned industrial enterprises and non-State-owned industrial enterprises with revenue from principal business over 5 million yuan from 1998 to 2006.

The scopes of industrial statistics are all industrial enterprises with revenue from principal business over 5 million yuan form 2007 to 2010.

The scopes of industrial statistics are raised to all industrial enterprises with revenue from principal business over 20 million yuan from 2011.

III. According to "*the Division Standard of Large/Medium/Small/Mini Sized Enterprises*" in 2011, the division standard of large/medium/small/mini sized enterprises is:

Large sized enterprises:

Number of employed persons:1000 person and above.

Amount of operating revenue:400 million yuan and above.

Medium sized enterprises:

Number of employed persons: 300-1000 person.

Amount of operating revenue: 20-400 million yuan.

Small sized enterprises:

Number of employed persons: 20-300 person.

Amount of operating revenue: 3-20 million yuan.

Mini sized enterprises:

Number of employed persons: 20 person and below.

Amount of operating revenue: 3 million yuan and below.

13.工　业

2022年全省		
规模以上工业企业单位数	7676	个
# 大中型工业企业	779	个
规模以上工业利润总额	4585.22	亿元

规模以上工业企业利润总额（亿元）

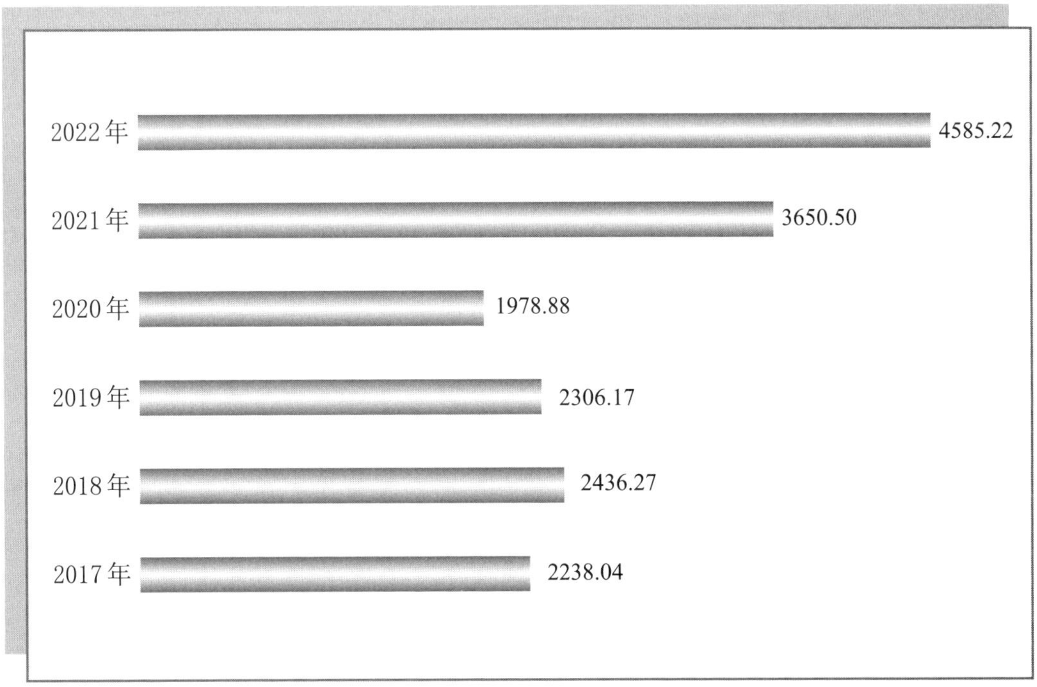

13–1 规模以上工业企业主要经济指标(1998–2022年)
Main Indicators of Industrial Enterprises above Designated Size (1998-2022)

单位：亿元 (100 million yuan)

年 份 Year	企业单位数(个) Number of Enterprises (unit)	资产总计 Total Assets	营业收入 Business Revenue	利润总额 Total Profits
1998	2685	2158.36	867.48	-11.40
1999	2589	2514.49	950.36	6.92
2000	2553	2683.07	1133.82	63.80
2001	2440	3071.06	1292.71	62.96
2002	2461	3227.24	1503.30	93.18
2003	2493	3672.72	1843.33	158.62
2004	3012	4432.45	2632.18	253.90
2005	2997	5085.90	3302.50	400.70
2006	3375	6130.02	4380.18	523.95
2007	3372	7494.03	5512.63	691.83
2008	3526	9163.02	6944.88	872.63
2009	4480	12119.26	8188.52	854.11
2010	4564	14688.70	10888.80	1469.57
2011	3684	17234.61	13790.12	1933.92
2012	4284	20591.16	16328.25	2057.22
2013	4489	22443.11	17763.00	1973.32
2014	5017	24371.44	18622.14	1846.98
2015	5350	26393.17	18823.01	1412.41
2016	5799	28939.56	20110.64	1550.02
2017	6208	30642.94	22090.99	2238.04
2018	6426	32432.48	23060.35	2436.27
2019	6974	35958.91	24961.57	2306.17
2020	7145	36879.34	23319.56	1978.88
2021	7509	41680.72	30063.97	3650.50
2022	7676	44398.00	35177.15	4585.22

注：2019年以前营业收入为主营业务收入数据。
a) The Business Revenue before 2019 is the Revenue from Principal Business.

13-2 规模以上工业企业主要经济效益指标(1998-2022年)
Main Indicators on Economic Benefit of Industrial Enterprises above Designated Size(1998-2022)

年 份 Year	总资产贡献率 (%) Ratio of Profits, Taxes and Interests to Average Assets (%)	资产负债率 (%) Ratio of Debts to Assets (%)	流动资产周转次数 (次/年) Turnover of Current Assets (times/year)	成本费用利润率 (%) Ratio of Profits to Total Industrial Costs (%)
1998	4.96	71.53	0.99	-1.31
1999	6.06	68.86	1.03	0.74
2000	7.83	68.17	1.12	6.06
2001	7.58	66.01	1.15	5.19
2002	8.40	65.75	1.29	6.74
2003	10.40	63.94	1.34	9.71
2004	14.10	65.40	1.60	10.90
2005	15.38	62.15	1.72	14.46
2006	16.60	59.80	1.90	14.00
2007	17.27	57.35	1.97	14.54
2008	17.30	55.80	1.90	14.80
2009	13.60	56.00	1.60	12.30
2010	17.11	56.84	1.67	16.14
2011	18.84	56.61	1.82	16.97
2012	18.03	56.91	1.87	14.95
2013	16.00	56.06	2.02	12.86
2014	15.67	56.79	2.19	11.50
2015	12.20	56.04	2.08	8.44
2016	11.11	56.08	1.98	8.62
2017	13.48	54.13	1.99	11.48
2018	14.13	53.92	1.92	12.17
2019	11.85	53.96	1.85	10.53
2020	9.97	55.13	1.58	9.52
2021	14.71	54.85	1.66	14.41
2022	16.99	54.11	1.73	15.72

13-3 规模以上工业企业主要经济指标(2022年)

单位：万元

分组	Item	企业单位数(个) Number of Enterprises (unit)	#亏损企业 Unprofitable Enterprises
总计	**Total**	**7676**	**1316**
按登记注册类型分	**By Status of Registration**		
内资企业	Domestic Funded	7426	1259
国有企业	State-owned Enterprises	145	36
中央企业	Central	34	3
地方企业	Local	111	33
集体企业	Collective-owned Enterprises	29	4
股份合作企业	Cooperative Enterprises	16	3
联营企业	Joint Ownership Enterprises	6	2
国有联营企业	State Joint Ownership Enterprises	1	1
集体联营企业	Collective Associates	1	
国有与集体联营企业	Joint State-collective Enterprises	2	1
其他联营企业	Other Joint Ownership Enterprises	2	
有限责任公司	Limited Liability Corporations	2010	438
国有独资公司	State Sole Funded Corporations	202	51
其他有限责任公司	Other Limited Liability Corporations	1808	387
股份有限公司	Share-holding Corporations Limited	215	43
私营企业	Private Enterprises	4997	733
私营独资企业	Private-funded Enterprises	136	17
私营合伙企业	Private Partnership Enterprises	33	9
私营有限责任公司	Private Limited Liability Corporations	4668	668
私营股份有限公司	Private Share-holding Corporations Ltd.	160	39
其他企业	Other Enterprises	8	
港、澳、台商投资企业	Enterprises with Funds from Hong Kong, Macao and Taiwan	56	13
合资经营企业(港或澳、台资)	Joint-venture Enterprises	20	9
合作经营企业(港或澳、台资)	Cooperative Enterprises	2	
港澳台商独资经营企业	Enterprises with Sole Investment	30	4
港澳台商投资股份有限公司	Share-holding Corporations Ltd.	2	
其他港澳台商投资企业	Other Enterprises with Funds from Hong Kong,Macao and Taiwan	2	
外商投资企业	Foreign Funded Enterprises	194	44
中外合资经营企业	Joint-venture Enterprises	84	27
中外合作经营企业	Cooperation Enterprises	1	
外资企业	Enterprises with Sole Funds	95	12
外商投资股份有限公司	Share-holding Corporations Ltd.	7	2
其他外商投资企业	Other Foreign Funded Enterprises	7	3

Main Indicators of Industrial Enterprises above Designated Size(2022)

(10 000 yuan)

资产总计 Total Assets	流动资产合计 Total Current Assets	#应收账款 Accounts Receivable	#存货 Inventories	#产成品 Finished products	负债合计 Total Liabilities
443980032	**203304427**	**45551294**	**30405675**	**12362765**	**240241409**
407060409	183897526	39863955	26881057	11438520	221200184
28375882	7126414	2286469	1254402	341895	17528024
14423442	2224599	1157345	145090	43828	8335911
13952440	4901814	1129125	1109312	298067	9192113
734505	494392	69891	16022	8634	279316
357244	220865	29412	35961	12863	206300
202409	114539	97313	7019	5576	162212
16582	1279	221	664		23967
7007	3914	10	78	78	2115
63132	32655	26242	4264	4264	50765
115688	76690	70840	2014	1234	85365
232672850	106600786	18982751	14841314	5991790	128857808
84640921	36693996	5325069	4371318	1483178	45616264
148031928	69906790	13657683	10469996	4508612	83241544
66020263	21891941	3247044	2308995	1114551	32358313
78688794	47444150	15150086	8415094	3961455	41806399
1780477	1231865	565844	95581	62038	956847
1803279	1205677	57200	16633	7993	871490
68672717	41121042	13659897	7512994	3547763	37547170
6432321	3885565	867145	789886	343661	2430892
8463	4441	988	2251	1756	1811
3336608	1790550	406253	223113	87459	2184407
1586000	851407	164024	97093	26118	1433000
12441	9636	1851	2735	539	6106
1233123	704548	214677	100215	47795	629547
252700	157946	9841	17277	10239	19624
252345	67012	15861	5794	2769	96129
33583015	17616351	5281086	3301505	836786	16856818
17752197	12537468	4094289	1336594	577690	12376560
22590	17637	4335	4078	477	12804
14464087	4328772	1100557	1839680	234824	3870181
1062066	587724	52167	87741	22293	464817
282077	144751	29737	33411	1502	132457

13-3 续表 1

单位：万元

分　组	Item	企业单位数（个） Number of Enterprises (unit)	#亏损企业 Unprofitable Enterprises
按经济组织类型分	**By Economic Type of Orgnization**		
独资企业	Appropratorship		
国有企业	State-owned Enterprises	145	36
集体企业	Collective-owned Enterprises	29	4
私营独资企业	Private-funded Enterprises	136	17
港澳台商独资经营企业	Enterprises with Sole Investment	30	4
外资企业	Enterprises with Sole Funds	95	12
合作、合伙企业	Partnership		
股份合作企业	Cooperative Enterprises	16	3
国有联营企业	State Joint Ownership Enterprises	1	1
国有与集体联营企业	Joint State-collective Enterprises	2	1
其他联营企业	Other Joint Ownership Enterprises	2	
私营合伙企业	Private Partnership Enterprises	33	9
合作经营企业(港或澳、台资)	Cooperative Enterprises	2	
中外合作经营企业	Cooperation Enterprises	1	
其他企业(内资)	Other Enterprises	8	
其他港澳台商投资企业	Other Enterprises with Funds from Hong Kong,Macao and Taiwan	2	
其他外商投资企业	Other Foreign Funded Enterprises	7	3
股份有限公司	Share-holding Corporations Limited		
股份有限公司(内资)	Share-holding Corporations Ltd.	215	43
私营股份有限公司	Private Share-holding Corporations Ltd.	160	39
港澳台商投资股份有限公司	Share-holding Corporations Ltd.with Funds from Hong Kong, Macao and Taiwan	2	
外商投资股份有限公司	Share-holding Corporations Ltd.with Foreign Investment	7	2
有限责任公司	Limited Liability Corporations		
国有独资公司	State Sole Funded Corporations	202	51
私营有限责任公司	Private Limited Liability Corporations	4668	668
合资经营企业(港或澳、台资)	Joint-venture Enterprises	20	9
中外合资经营企业	Joint-venture Enterprises	84	27
其他有限责任公司	Other Corporations	1808	387
按轻重工业分	**Grouped by Light & Heavy Industries**		
轻工业	Light Industry	2260	275
重工业	Heavy Industry	5416	1041
按企业规模分	**Grouped by Size of Enterprises**		
大型企业	Large Enterprises	172	35
中型企业	Medium-sized Enterprises	607	107
小型企业	Small Enterprises	6897	1174

continued

(10 000 yuan)

资产总计 Total Assets	流动资产合计 Total Current Assets	#应收账款 Accounts Receivable	#存货 Inventories	#产成品 Finished products	负债合计 Total Liabilities
28375882	7126414	2286469	1254402	341895	17528024
734505	494392	69891	16022	8634	279316
1780477	1231865	565844	95581	62038	956847
1233123	704548	214677	100215	47795	629547
14464087	4328772	1100557	1839680	234824	3870181
357244	220865	29412	35961	12863	206300
16582	1279	221	664		23967
63132	32655	26242	4264	4264	50765
115688	76690	70840	2014	1234	85365
1803279	1205677	57200	16633	7993	871490
12441	9636	1851	2735	539	6106
22590	17637	4335	4078	477	12804
8463	4441	988	2251	1756	1811
252345	67012	15861	5794	2769	96129
282077	144751	29737	33411	1502	132457
66020263	21891941	3247044	2308995	1114551	32358313
6432321	3885565	867145	789886	343661	2430892
252700	157946	9841	17277	10239	19624
1062066	587724	52167	87741	22293	464817
84640921	36693996	5325069	4371318	1483178	45616264
68672717	41121042	13659897	7512994	3547763	37547170
1586000	851407	164024	97093	26118	1433000
17752197	12537468	4094289	1336594	577690	12376560
148031928	69906790	13657683	10469996	4508612	83241544
38689590	21453975	4972732	6736420	2847361	18305796
405290441	181850452	40578562	23669255	9515404	221935613
247564903	99642480	18889172	13987843	4813788	134227573
80837261	43926986	8702913	6278746	2755938	40019004
115577867	59734961	17959208	10139086	4793038	65994832

13-3 续表 2

单位：万元

分 组	Item	所有者权益合计 Owners' Equity	营业收入 Business Revenue
总　计	**Total**	**203737385**	**351771519**
按登记注册类型分	By Status of Registration		
内资企业	Domestic Funded	185858988	320749850
国有企业	State-owned Enterprises	10847857	20415326
中央企业	Central	6087531	13055210
地方企业	Local	4760326	7360116
集体企业	Collective-owned Enterprises	455189	933949
股份合作企业	Cooperative Enterprises	150943	268152
联营企业	Joint Ownership Enterprises	40197	99374
国有联营企业	State Joint Ownership Enterprises	-7385	5307
集体联营企业	Collective Associates	4892	58520
国有与集体联营企业	Joint State-collective Enterprises	12367	13463
其他联营企业	Other Joint Ownership Enterprises	30323	22084
有限责任公司	Limited Liability Corporations	103815028	152260099
国有独资公司	State Sole Funded Corporations	39024656	39410486
其他有限责任公司	Other Limited Liability Corporations	64790372	112849612
股份有限公司	Share-holding Corporations Limited	33661949	39371847
私营企业	Private Enterprises	36881174	107384511
私营独资企业	Private-funded Enterprises	823631	2997311
私营合伙企业	Private Partnership Enterprises	931788	1762522
私营有限责任公司	Private Limited Liability Corporations	31124328	99229868
私营股份有限公司	Private Share-holding Corporations Ltd.	4001427	3394810
其他企业	Other Enterprises	6651	16592
港、澳、台商投资企业	Enterprises with Funds from Hong Kong, Macao and Taiwan	1152201	2184592
合资经营企业(港或澳、台资)	Joint-venture Enterprises	152999	1019337
合作经营企业(港或澳、台资)	Cooperative Enterprises	6335	7022
港澳台商独资经营企业	Enterprises with Sole Investment	603575	937963
港澳台商投资股份有限公司	Share-holding Corporations Ltd.	233076	182780
其他港澳台商投资企业	Other Enterprises with Funds from Hong Kong,Macao and Taiwan	156216	37491
外商投资企业	Foreign Funded Enterprises	16726197	28837078
中外合资经营企业	Joint-venture Enterprises	5375636	18717630
中外合作经营企业	Cooperation Enterprises	9786	39977
外资企业	Enterprises with Sole Funds	10593906	9612999
外商投资股份有限公司	Share-holding Corporations Ltd.	597249	266627
其他外商投资企业	Other Foreign Funded Enterprises	149620	199845

continued

(10 000 yuan)

营业成本 Business Cost	销售费用 Operating Expenses	管理费用 Management Expenses	财务费用 Financial Expenses	利润总额 Total Profits	亏损企业亏损额 Losses of Unprofitable Enterprises	平均用工人数(人) Annual Average Employees (person)
268274931	**5897632**	**10615004**	**3060234**	**45852197**	**3699379**	**1507365**
242542353	5035045	9834633	2940936	43141699	3364602	1381598
18264246	82170	620262	267443	955730	109402	115281
12444313	2697	256504	115577	227084	25419	56676
5819933	79473	363758	151867	728646	83982	58605
266421	6204	31051	-1798	540969	227	2676
147306	4740	8204	4238	89008	359	1493
75972	757	6157	1356	11879	3018	655
6776	72	789	409	-2852	2852	185
50011	230	1246	-0.3	6276		280
9983	101	209	901	1922	166	53
9203	354	3912	46	6533		137
107301285	2041338	4833681	2056591	25378050	2213974	608314
26285343	493538	1301968	791437	5334835	351956	153138
81015942	1547800	3531713	1265154	20043216	1862019	455176
28011042	366902	1249693	207644	5820641	556873	154068
88462842	2531975	3084772	405445	10343984	480749	498863
2241679	31726	79964	22936	491604	3413	11582
507084	5206	155695	9344	873962	16194	7429
83151386	2286721	2691083	358432	8610522	432446	454247
2562694	208323	158031	14732	367896	28696	25605
13239	959	814	16	1437		248
1893020	162634	122862	20401	-3511	277860	13716
1049858	69279	49354	17085	-152602	273920	5768
5187	430	437	52	120		133
729182	59194	61707	3440	83519	3940	6467
93613	22512	9320	-1406	58141		778
15179	11219	2044	1230	7311		570
23839558	699953	657509	98898	2714010	56917	112051
15539129	530007	379137	45313	1785851	32214	77586
34557	2267	1745	174	1157		220
7885776	160659	255902	50921	843420	18764	31618
209055	4963	13291	2638	65681	4750	1148
171041	2057	7435	-148	17901	1189	1479

13-3 续表 3

单位：万元

分 组	Item	所有者权益 合 计 Owners' Equity	营业收入 Business Revenue
按经济组织类型分	**By Economic Type of Orgnization**		
独资企业	Appropratorship		
国有企业	State-owned Enterprises	10847857	20415326
集体企业	Collective-owned Enterprises	455189	933949
私营独资企业	Private-funded Enterprises	823631	2997311
港澳台商独资经营企业	Enterprises with Sole Investment	603575	937963
外资企业	Enterprises with Sole Funds	10593906	9612999
合作、合伙企业	Partnership		
股份合作企业	Cooperative Enterprises	150943	268152
国有联营企业	State Joint Ownership Enterprises	-7385	5307
国有与集体联营企业	Joint State-collective Enterprises	12367	13463
其他联营企业	Other Joint Ownership Enterprises	30323	22084
私营合伙企业	Private Partnership Enterprises	931788	1762522
合作经营企业(港或澳、台资)	Cooperative Enterprises	6335	7022
中外合作经营企业	Cooperation Enterprises	9786	39977
其他企业(内资)	Other Enterprises	6651	16592
其他港澳台商投资企业	Other Enterprises with Funds from Hong Kong,Macao and Taiwan	156216	37491
其他外商投资企业	Other Foreign Funded Enterprises	149620	199845
股份有限公司	Share-holding Corporations Limited		
股份有限公司(内资)	Share-holding Corporations Ltd.	33661949	39371847
私营股份有限公司	Private Share-holding Corporations Ltd.	4001427	3394810
港澳台商投资股份有限公司	Share-holding Corporations Ltd.with Funds from Hong Kong, Macao and Taiwan	233076	182780
外商投资股份有限公司	Share-holding Corporations Ltd.with Foreign Investment	597249	266627
有限责任公司	Limited Liability Corporations		
国有独资公司	State Sole Funded Corporations	39024656	39410486
私营有限责任公司	Private Limited Liability Corporations	31124328	99229868
合资经营企业(港或澳、台资)	Joint-venture Enterprises	152999	1019337
中外合资经营企业	Joint-venture Enterprises	5375636	18717630
其他有限责任公司	Other Corporations	64790372	112849612
按轻重工业分	**Grouped by Light & Heavy Industries**		
轻工业	Light Industry	20383783	50300914
重工业	Heavy Industry	183353602	301470605
按企业规模分	**Grouped by Size of Enterprises**		
大型企业	Large Enterprises	113337329	174586954
中型企业	Medium-sized Enterprises	40818254	67168920
小型企业	Small Enterprises	49581802	110015645

continued

营业成本 Business Cost	销售费用 Operating Expenses	管理费用 Management Expenses	财务费用 Financial Expenses	利润总额 Total Profits	亏损企业亏损额 Losses of Unprofitable Enterprises	平均用工人数(人) Annual Average Employees (person)
18264246	82170	620262	267443	955730	109402	115281
266421	6204	31051	-1798	540969	227	2676
2241679	31726	79964	22936	491604	3413	11582
729182	59194	61707	3440	83519	3940	6467
7885776	160659	255902	50921	843420	18764	31618
147306	4740	8204	4238	89008	359	1493
6776	72	789	409	-2852	2852	185
9983	101	209	901	1922	166	53
9203	354	3912	46	6533		137
507084	5206	155695	9344	873962	16194	7429
5187	430	437	52	120		133
34557	2267	1745	174	1157		220
13239	959	814	16	1437		248
15179	11219	2044	1230	7311		570
171041	2057	7435	-148	17901	1189	1479
28011042	366902	1249693	207644	5820641	556873	154068
2562694	208323	158031	14732	367896	28696	25605
93613	22512	9320	-1406	58141		778
209055	4963	13291	2638	65681	4750	1148
26285343	493538	1301968	791437	5334835	351956	153138
83151386	2286721	2691083	358432	8610522	432446	454247
1049858	69279	49354	17085	-152602	273920	5768
15539129	530007	379137	45313	1785851	32214	77586
81015942	1547800	3531713	1265154	20043216	1862019	455176
39625385	2669867	1837017	242553	3840820	226012	316256
228649546	3227765	8777987	2817681	42011376	3473367	1191109
135067293	1852308	4320353	1403165	19710801	1979959	631115
45381713	1549036	2345963	469307	14235091	746792	316192
87825925	2496289	3948687	1187762	11906306	972628	560058

13-4 规模以上工业企业分行业主要经济指标(2022年)

单位：万元

分组	Item	企业单位数(个) Number of Enterprises (unit)	#亏损企业 Unprofitable Enterprises
总计	**Total**	**7676**	**1316**
煤炭开采和洗选业	Mining and Washing of Coal	558	112
石油和天然气开采业	Extraction of Petroleum and Natural Gas	8	1
黑色金属矿采选业	Mining and Processing of Ferrous Metal Ores	35	9
有色金属矿采选业	Mining and Processing of Non-Ferrous Metal Ores	57	9
非金属矿采选业	Mining and Processing of Non-metal Ores	114	8
开采专业及辅助性活动	Professional and Support Activities for Mining	140	12
农副食品加工业	Processing of Food from Agricultural Products	542	58
食品制造业	Manufacture of Foods	265	45
酒、饮料和精制茶制造业	Manufacture of Liquor, Beverages and Refined Tea	369	21
烟草制品业	Manufacture of Tobacco	3	
纺织业	Manufacture of Textile	104	23
纺织服装、服饰业	Manufacture of Textile, Wearing Apparel and Accessories	91	11
皮革、毛皮、羽毛及其制品和制鞋业	Manufacture of Leather, Fur, Feather and Related Products and Footwear	21	1
木材加工和木、竹、藤、棕、草制品业	Processing of Timber, Manufacture of Wood, Bamboo, Rattan, Palm and Straw Products	50	5
家具制造业	Manufacture of Furniture	50	4
造纸及纸制品业	Manufacture of Paper and Paper Products	66	8
印刷和记录媒介复制业	Printing and Reproduction of Recording Media	104	17
文教、工美、体育和娱乐用品制造业	Manufacture of Articles for Culture, Education, Arts and Crafts, Sport and Entertainment Activities	78	2
石油、煤炭及其他燃料加工业	Processing of Petroleum, Coal and Other Fuel	122	56
化学原料及化学制品制造业	Manufacture of Raw Chemical Materials and Chemical Products	366	67
医药制造业	Manufacture of Medicines	241	51
化学纤维制造业	Manufacture of Chemical Fibres	5	
橡胶和塑料制品业	Manufacture of Rubber and Plastics Products	197	23
非金属矿物制品业	Manufacture of Non-metallic Mineral Products	1023	179
黑色金属冶炼和压延加工业	Smelting and Pressing of Ferrous Metals	79	37
有色金属冶炼和压延加工业	Smelting and Pressing of Non-ferrous Metals	298	32
金属制品业	Manufacture of Metal Products	331	56
通用设备制造业	Manufacture of General Purpose Machinery	293	46
专用设备制造业	Manufacture of Special Purpose Machinery	324	47
汽车制造业	Manufacture of Automobiles	230	78
铁路、船舶、航空航天和其他运输设备制造业	Manufacture of Railway, Ship, Aerospace and Other Transport Equipments	132	20
电气机械和器材制造业	Manufacture of Electrical Machinery and Apparatus	317	55
计算机、通信和其他电子设备制造业	Manufacture of Computers, Communication and Other Electronic Equipment	265	40
仪器仪表制造业	Manufacture of Measuring Instruments and Machinery	106	20
其他制造业	Other Manufacture	16	1
废弃资源综合利用业	Utilization of Waste Resources	76	18
金属制品、机械和设备修理业	Repair Service of Metal Products, Machinery and Equipment	25	6
电力、热力生产和供应业	Production and Supply of Electric Power and Heat Power	361	92
燃气生产和供应业	Production and Supply of Gas	132	23
水的生产和供应业	Production and Supply of Water	82	23

Main Indicators of Industrial Enterprises above Designated Size by Industrial Sector (2022)

(10 000 yuan)

资产总计 Total Assets	流动资产合计 Total Current Assets	#应收账款 Accounts Receivable	#存货 Inventories	#产成品 Finished products	负债合计 Total Liabilities
443980032	**203304427**	**45551294**	**30405675**	**12362765**	**240241409**
84204179	43071753	3734743	1167517	460312	34243636
29592694	2287034	179993	113595	78096	15420120
1189596	511783	95803	69154	50431	698230
1446151	552118	34302	136122	95076	882050
1419051	499594	123920	107223	70677	685390
3323305	2210627	716243	71509	13470	1907155
6122974	3409054	546169	1090071	487410	2692396
3486725	1765113	347085	555975	256157	1731642
5370573	2631785	390378	874154	432361	2425461
1885149	1256582	31284	1107999	38912	319918
1841140	748353	90816	287150	182720	858776
496361	326868	79778	75346	46677	244995
211976	112270	16862	40638	31561	71126
544229	210448	51817	44227	21786	233294
263148	146584	41080	56992	28102	108752
660304	284479	72042	99783	59583	342417
1335691	737358	144412	171952	63678	470963
235569	132199	39479	41795	20924	80425
47186930	18308005	2152518	2004083	1091572	28083173
30006072	9015670	1385774	1614541	728165	14875592
8647350	5084403	1265280	1255860	713305	3902302
134021	80365	3647	23800	13204	42450
2665788	1327604	369953	397171	269271	1301607
17512061	10311338	5265200	1369776	639171	10384014
6143106	2519213	395474	888134	453043	4999990
16266060	8888223	1217100	3163348	714871	9106454
4719135	3392550	1035514	750662	385728	2660063
6976821	5085591	1270345	1123803	546168	4121358
11309026	8235941	2540333	2252768	878196	7323845
26756482	20166367	5763904	2431361	1601360	19027375
6313781	4555610	1765633	888699	195784	2652403
17182307	12038051	5914271	1774106	839342	11963460
32968533	14594968	3218409	3111656	565401	13130672
1508186	1216642	435697	262844	95330	712934
252454	158151	75227	34478	11400	100506
1586456	1014268	222526	149481	76916	962490
1041497	582958	185854	36421	7174	566083
49193027	11919771	3884702	416865	47613	33033743
7203937	2848736	298399	308728	49051	4688822
4778187	1066004	149330	35892	2768	3185327

13-4 续表

单位：万元

分组	Item	所有者权益合计 Owners' Equity	营业收入 Business Revenue
总计	**Total**	**203737385**	**351771519**
煤炭开采和洗选业	Mining and Washing of Coal	49960538	65024274
石油和天然气开采业	Extraction of Petroleum and Natural Gas	14172574	13809848
黑色金属矿采选业	Mining and Processing of Ferrous Metal Ores	491366	1113393
有色金属矿采选业	Mining and Processing of Non-Ferrous Metal Ores	564101	1853416
非金属矿采选业	Mining and Processing of Non-metal Ores	733661	1968487
开采专业及辅助性活动	Professional and Support Activities for Mining	1416148	2763877
农副食品加工业	Processing of Food from Agricultural Products	3430577	12265078
食品制造业	Manufacture of Foods	1755082	4810943
酒、饮料和精制茶制造业	Manufacture of Liquor, Beverages and Refined Tea	2945111	6025301
烟草制品业	Manufacture of Tobacco	1565231	2792754
纺织业	Manufacture of Textile	982363	2434385
纺织服装、服饰业	Manufacture of Textile, Wearing Apparel and Accessories	251367	981014
皮革、毛皮、羽毛及其制品和制鞋业	Manufacture of Leather, Fur, Feather and Related Products and Footwear	140849	246428
木材加工和木、竹、藤、棕、草制品业	Processing of Timber, Manufacture of Wood, Bamboo, Rattan, Palm and Straw Products	310935	434711
家具制造业	Manufacture of Furniture	154396	443146
造纸及纸制品业	Manufacture of Paper and Paper Products	317887	860375
印刷和记录媒介复制业	Printing and Reproduction of Recording Media	864727	1565008
文教、工美、体育和娱乐用品制造业	Manufacture of Articles for Culture, Education, Arts and Crafts, Sport and Entertainment Activities	155144	635830
石油、煤炭及其他燃料加工业	Processing of Petroleum, Coal and Other Fuel	19103756	29657285
化学原料及化学制品制造业	Manufacture of Raw Chemical Materials and Chemical Products	15130478	17841166
医药制造业	Manufacture of Medicines	4745046	7130483
化学纤维制造业	Manufacture of Chemical Fibres	91570	213650
橡胶和塑料制品业	Manufacture of Rubber and Plastics Products	1364180	2427376
非金属矿物制品业	Manufacture of Non-metallic Mineral Products	7126853	17139677
黑色金属冶炼和压延加工业	Smelting and Pressing of Ferrous Metals	1143115	10365648
有色金属冶炼和压延加工业	Smelting and Pressing of Non-ferrous Metals	7159603	17349927
金属制品业	Manufacture of Metal Products	2059069	5267354
通用设备制造业	Manufacture of General Purpose Machinery	2855460	4600727
专用设备制造业	Manufacture of Special Purpose Machinery	3985178	7155168
汽车制造业	Manufacture of Automobiles	7729106	26908110
铁路、船舶、航空航天和其他运输设备制造业	Manufacture of Railway, Ship, Aerospace and Other Transport Equipments	3661377	3609522
电气机械和器材制造业	Manufacture of Electrical Machinery and Apparatus	5218844	23263849
计算机、通信和其他电子设备制造业	Manufacture of Computers, Communication and Other Electronic Equipment	19837862	23472731
仪器仪表制造业	Manufacture of Measuring Instruments and Machinery	795252	966082
其他制造业	Other Manufacture	151947	215276
废弃资源综合利用业	Utilization of Waste Resources	623964	2565692
金属制品、机械和设备修理业	Repair Service of Metal Products, Machinery and Equipment	475415	501594
电力、热力生产和供应业	Production and Supply of Electric Power and Heat Power	16159283	23520967
燃气生产和供应业	Production and Supply of Gas	2515114	6848286
水的生产和供应业	Production and Supply of Water	1592860	722686

continued

(10 000 yuan)

营业成本 Business Cost	销售费用 Operating Expenses	管理费用 Management Expenses	财务费用 Financial Expenses	利润总额 Total Profits	亏损企业亏损额 Losses of Unprofitable Enterprises	平均用工人数（人） Annual Average Employees (person)
268274931	**5897632**	**10615004**	**3060234**	**45852197**	**3699379**	**1507365**
26971145	419447	2633020	368349	28225848	177013	184469
7062380	4095	520509	145997	2588066	453246	74876
908391	11286	57147	23001	82636	4850	8041
1491225	18119	101618	14705	172159	18047	10355
1589281	92476	84286	18279	140674	1636	10897
2507018	7816	136530	-1173	38559	37897	32390
11031658	241838	280158	61924	585569	35234	52011
3995872	209852	198730	26474	333384	24513	39531
4519591	446646	255634	17702	628081	21201	48644
790511	46023	180385	-6929	168804		7044
2185913	20595	35635	19545	210212	25414	23400
830913	31142	42188	2691	67250	4225	10622
197144	14485	13387	1142	13834	46	2783
372655	17851	18998	3184	18840	5833	3735
351973	19187	26461	1996	39190	1025	4503
726749	16923	31371	8015	58226	1584	6574
1322210	40158	75744	10563	92677	4996	12193
537334	17775	27054	3077	46687	242	9797
24609575	223127	505963	594306	389459	393482	57597
15055123	230718	598288	343914	1118170	395642	69332
4584448	1230114	435483	33434	756336	46702	42303
173241	2046	5582	-148	31552		583
2046100	63101	102284	21142	150215	19395	18547
14443487	513476	619047	152792	1102518	75606	98338
10248480	41628	138503	69073	-242039	367481	32158
15668386	102696	367926	186723	1109978	72995	64880
4575596	82735	157445	27397	349181	22229	34747
3727991	111048	269824	1552	346251	25745	47683
5526667	322351	325126	47967	724011	60831	50483
23916321	355172	444816	-54893	1507242	179077	117210
2723206	90966	176713	3562	437462	10592	29837
21895517	434828	353069	-94887	389320	128678	63854
20797601	175936	496954	97712	2038701	320348	82222
657096	72272	81851	2665	103691	17232	11438
170029	4629	7310	1925	24529	226	1429
2308697	23481	50158	12532	103775	7897	7081
394326	2834	43113	6547	43997	9529	4733
20625716	23127	479283	760097	1488589	393782	98610
6202390	90026	161074	53453	360297	271406	19348
532977	25609	76338	74829	8265	63505	13087

13−5 国有控股工业企业主要经济指标(2022年)

单位：万元

分组	Item	企业单位数(个) Number of Enterprises (unit)	#亏损企业 Unprofitable Enterprises
总计	**Total**	**1054**	**252**
煤炭开采和洗选业	Mining and Washing of Coal	74	7
石油和天然气开采业	Extraction of Petroleum and Natural Gas	6	1
黑色金属矿采选业	Mining and Processing of Ferrous Metal Ores	5	1
有色金属矿采选业	Mining and Processing of Non-Ferrous Metal Ores	19	2
非金属矿采选业	Mining and Processing of Non-metal Ores	16	
开采专业及辅助性活动	Professional and Support Activities for Mining	8	1
农副食品加工业	Processing of Food from Agricultural Products	17	3
食品制造业	Manufacture of Foods	13	4
酒、饮料和精制茶制造业	Manufacture of Liquor, Beverages and Refined Tea	11	
烟草制品业	Manufacture of Tobacco	2	
纺织业	Manufacture of Textile	10	6
纺织服装、服饰业	Manufacture of Textile, Wearing Apparel and Accessories	3	3
皮革、毛皮、羽毛及其制品和制鞋业	Manufacture of Leather, Fur, Feather and Related Products and Footwear	1	
木材加工和木、竹、藤、棕、草制品业	Processing of Timber, Manufacture of Wood, Bamboo, Rattan, Palm and Straw Products	1	1
家具制造业	Manufacture of Furniture		
造纸及纸制品业	Manufacture of Paper and Paper Products		
印刷和记录媒介复制业	Printing and Reproduction of Recording Media	10	3
文教、工美、体育和娱乐用品制造业	Manufacture of Articles for Culture, Education, Arts and Crafts, Sport and Entertainment Activities	1	
石油、煤炭及其他燃料加工业	Processing of Petroleum, Coal and Other Fuel	13	7
化学原料及化学制品制造业	Manufacture of Raw Chemical Materials and Chemical Products	62	18
医药制造业	Manufacture of Medicines	20	7
化学纤维制造业	Manufacture of Chemical Fibres	1	
橡胶和塑料制品业	Manufacture of Rubber and Plastics Products	15	4
非金属矿物制品业	Manufacture of Non-metallic Mineral Products	65	15
黑色金属冶炼和压延加工业	Smelting and Pressing of Ferrous Metals	11	7
有色金属冶炼和压延加工业	Smelting and Pressing of Non-ferrous Metals	37	5
金属制品业	Manufacture of Metal Products	32	8
通用设备制造业	Manufacture of General Purpose Machinery	39	7
专用设备制造业	Manufacture of Special Purpose Machinery	51	9
汽车制造业	Manufacture of Automobiles	39	19
铁路、船舶、航空航天和其他运输设备制造业	Manufacture of Railway, Ship, Aerospace and Other Transport Equipments	28	3
电气机械和器材制造业	Manufacture of Electrical Machinery and Apparatus	38	3
计算机、通信和其他电子设备制造业	Manufacture of Computers, Communication and Other Electronic Equipment	35	10
仪器仪表制造业	Manufacture of Measuring Instruments and Machinery	12	1
其他制造业	Other Manufacture	1	
废弃资源综合利用业	Utilization of Waste Resources	14	2
金属制品、机械和设备修理业	Repair Service of Metal Products, Machinery and Equipment	10	1
电力、热力生产和供应业	Production and Supply of Electric Power and Heat Power	238	66
燃气生产和供应业	Production and Supply of Gas	29	6
水的生产和供应业	Production and Supply of Water	67	22

Main Indicators of State-owned and State-holding Industrial Enterprises (2022)

(10 000 yuan)

资产总计 Total Assets	流动资产合计 Total Current Assets	#应收账款 Accounts Receivable	#存货 Inventories	#产成品 Finished products	负债合计 Total Liabilities
266920220	**100348465**	**17208200**	**13650394**	**5325383**	**147439462**
55573034	25229256	2475377	524451	93313	21352950
29552961	2271282	174529	107995	76848	15397288
397896	86803	30186	22995	13645	240893
707348	209390	8908	58188	42100	555973
417433	120693	33250	10031	5650	233374
2259147	1433234	351341	30999	4412	1234553
459592	211405	26018	70263	34146	268300
264981	135474	32686	18458	7679	171398
1663927	972863	30546	296662	70340	848654
1858909	1244084	31014	1104076	36052	312052
879950	365992	19643	121433	89852	436001
83383	68795	2818	5179	4756	62413
61612	34372	5637	13764	8770	18447
47420	13832		2627	649	49400
640698	402216	30920	73813	17298	107846
4569	4223	296	2283	889	1071
40490959	14911437	1600023	1147102	638207	24032704
22402950	4844566	618539	792405	326171	11444371
613040	280533	103002	66758	45659	366140
42777	33377		7772	3579	5886
1317203	528617	130425	188218	141699	616135
4117922	2082849	1082990	223487	125365	2472873
4148541	1645778	232769	610951	294363	3560376
11351043	5977922	663884	2279726	363995	6568926
1680032	1296383	399661	245833	123659	1205500
4410553	3438452	658903	701280	407394	2834778
5917321	4367333	1354859	1263020	484279	4472889
9948097	7879990	985827	1605996	1336987	6581590
3204004	2328753	945334	470093	79582	1472854
3693849	2812125	1075096	545933	228424	2115042
4895351	1614301	306412	293980	92982	2543384
265265	203754	68761	49809	32408	161115
19518	19456	6033	696		13386
771253	510390	100396	20872	8430	534303
849440	477996	151758	19405	2545	491882
43051450	9726178	3181711	353906	30159	28677308
4485212	1620469	195674	264808	50488	3052197
4371580	943894	92976	35129	2613	2925214

13-5 续表

单位：万元

分　组	Item	所有者权益 合 计 Owners' Equity	营业收入 Business Revenue
总　计	**Total**	**119480751**	**155031981**
煤炭开采和洗选业	Mining and Washing of Coal	34220084	35502971
石油和天然气开采业	Extraction of Petroleum and Natural Gas	14155673	13794823
黑色金属矿采选业	Mining and Processing of Ferrous Metal Ores	157002	613509
有色金属矿采选业	Mining and Processing of Non-Ferrous Metal Ores	151375	663551
非金属矿采选业	Mining and Processing of Non-metal Ores	184059	226638
开采专业及辅助性活动	Professional and Support Activities for Mining	1024594	2032634
农副食品加工业	Processing of Food from Agricultural Products	191293	906847
食品制造业	Manufacture of Foods	93584	209922
酒、饮料和精制茶制造业	Manufacture of Liquor, Beverages and Refined Tea	815273	1186997
烟草制品业	Manufacture of Tobacco	1546857	2769438
纺织业	Manufacture of Textile	443949	289235
纺织服装、服饰业	Manufacture of Textile, Wearing Apparel and Accessories	20970	14478
皮革、毛皮、羽毛及其制品和制鞋业	Manufacture of Leather, Fur, Feather and Related Products and Footwear	43165	35509
木材加工和木、竹、藤、棕、草制品业	Processing of Timber, Manufacture of Wood, Bamboo, Rattan, Palm and Straw Products	-1980	7643
家具制造业	Manufacture of Furniture		
造纸及纸制品业	Manufacture of Paper and Paper Products		
印刷和记录媒介复制业	Printing and Reproduction of Recording Media	532851	353558
文教、工美、体育和娱乐用品制造业	Manufacture of Articles for Culture, Education, Arts and Crafts, Sport and Entertainment Activities	3498	3344
石油、煤炭及其他燃料加工业	Processing of Petroleum, Coal and Other Fuel	16458255	20048936
化学原料及化学制品制造业	Manufacture of Raw Chemical Materials and Chemical Products	10958578	11416503
医药制造业	Manufacture of Medicines	246900	414377
化学纤维制造业	Manufacture of Chemical Fibres	36891	58663
橡胶和塑料制品业	Manufacture of Rubber and Plastics Products	701069	432962
非金属矿物制品业	Manufacture of Non-metallic Mineral Products	1645048	2437261
黑色金属冶炼和压延加工业	Smelting and Pressing of Ferrous Metals	588165	6842852
有色金属冶炼和压延加工业	Smelting and Pressing of Non-ferrous Metals	4782117	8662755
金属制品业	Manufacture of Metal Products	474532	860936
通用设备制造业	Manufacture of General Purpose Machinery	1575775	2048733
专用设备制造业	Manufacture of Special Purpose Machinery	1444432	2734471
汽车制造业	Manufacture of Automobiles	3366507	6395869
铁路、船舶、航空航天和其他运输设备制造业	Manufacture of Railway, Ship, Aerospace and Other Transport Equipments	1731150	1882758
电气机械和器材制造业	Manufacture of Electrical Machinery and Apparatus	1578807	2625217
计算机、通信和其他电子设备制造业	Manufacture of Computers, Communication and Other Electronic Equipment	2351967	1917003
仪器仪表制造业	Manufacture of Measuring Instruments and Machinery	104151	123334
其他制造业	Other Manufacture	6132	13401
废弃资源综合利用业	Utilization of Waste Resources	236950	938845
金属制品、机械和设备修理业	Repair Service of Metal Products, Machinery and Equipment	357558	407378
电力、热力生产和供应业	Production and Supply of Electric Power and Heat Power	14374141	22070378
燃气生产和供应业	Production and Supply of Gas	1433015	3451466
水的生产和供应业	Production and Supply of Water	1446365	636788

continued

(10 000 yuan)

营业成本 Business Cost	销售费用 Operating Expenses	管理费用 Manage-ment Expenses	财务费用 Financial Expenses	利润总额 Total Profits	亏损企业亏损额 Losses of Unprofitable Enterprises	平均用工人数(人) Annual Average Employees (person)
108368261	**1243764**	**5061882**	**2249795**	**24064409**	**2762661**	**638718**
11954316	171274	1535460	228202	17340030	64107	117080
7048545	4059	519956	145839	2587694	453246	74679
482576	1793	27063	14918	65134	84	2806
483793	2983	62331	9487	77316	15777	5662
149206	15701	17594	4229	28135		1942
1879779	1152	88815	-9145	5852	35698	19944
827793	25397	23696	4052	28055	3464	2393
175201	13664	15132	4527	-4955	8540	3078
642721	158990	44437	-5718	271148		9972
772219	45980	176129	-6932	168302		6916
296835	3462	13558	7993	16185	17917	8665
9401	1154	7088	38	-3126	3126	604
30493	868	1526	49	10		533
9881	151	968	-15	-3405	3405	146
278782	5267	35855	-961	28103	2228	3732
1795	179	524	-4	721		118
15462588	129573	351683	529862	302563	271139	30643
9819989	60871	354714	285673	560780	314980	37546
313126	15780	16459	8737	57893	15165	3388
43889	282	1958	-354	11807		189
373032	10958	26892	7374	4459	13830	5493
2034467	29993	119923	43883	161616	19296	13239
6886605	23307	83661	41521	-290724	304211	20097
7732559	39121	206126	142004	727046	53009	33032
766207	16708	35051	12083	8206	10130	6455
1692558	43592	118107	-24850	152202	6398	21030
2302515	73346	151373	37108	72448	40502	22554
5916533	139979	152446	-66354	5487	125103	29832
1513802	35028	89101	-1199	146929	3030	13936
2321228	62883	103327	12921	64502	13403	12478
1748148	25913	67878	73155	-73962	264138	11201
97481	3352	11197	-166	9085	835	1442
11433		81	-92	1981		8
825447	3805	11299	2234	32287	296	1857
330132	1152	32339	5496	31859	5260	3637
19492347	15331	422725	643810	1308684	371340	89477
3163717	37997	66651	31750	168864	260098	10401
477124	22720	68760	68643	-4799	62908	12513

13-6 外商及港澳台商投资工业企业主要经济指标(2022年)

单位：万元

分　组	Item	企业单位数(个) Number of Enterprises (unit)	#亏损企业 Unprofitable Enterprises
总　计	**Total**	**250**	**57**
煤炭开采和洗选业	Mining and Washing of Coal	1	
石油和天然气开采业	Extraction of Petroleum and Natural Gas		
黑色金属矿采选业	Mining and Processing of Ferrous Metal Ores	1	1
有色金属矿采选业	Mining and Processing of Non-Ferrous Metal Ores		
非金属矿采选业	Mining and Processing of Non-metal Ores	1	
开采专业及辅助性活动	Professional and Support Activities for Mining		
农副食品加工业	Processing of Food from Agricultural Products	15	6
食品制造业	Manufacture of Foods	13	3
酒、饮料和精制茶制造业	Manufacture of Liquor, Beverages and Refined Tea	18	4
烟草制品业	Manufacture of Tobacco		
纺织业	Manufacture of Textile		
纺织服装、服饰业	Manufacture of Textile, Wearing Apparel and Accessories	2	
皮革、毛皮、羽毛及其制品和制鞋业	Manufacture of Leather, Fur, Feather and Related Products and Footwear	2	
木材加工和木、竹、藤、棕、草制品业	Processing of Timber, Manufacture of Wood, Bamboo, Rattan, Palm and Straw Products		
家具制造业	Manufacture of Furniture		
造纸及纸制品业	Manufacture of Paper and Paper Products	3	1
印刷和记录媒介复制业	Printing and Reproduction of Recording Media	2	
文教、工美、体育和娱乐用品制造业	Manufacture of Articles for Culture, Education, Arts and Crafts, Sport and Entertainment Activities	3	1
石油、煤炭及其他燃料加工业	Processing of Petroleum, Coal and Other Fuel		
化学原料及化学制品制造业	Manufacture of Raw Chemical Materials and Chemical Products	23	7
医药制造业	Manufacture of Medicines	8	2
化学纤维制造业	Manufacture of Chemical Fibres	2	
橡胶和塑料制品业	Manufacture of Rubber and Plastics Products	2	
非金属矿物制品业	Manufacture of Non-metallic Mineral Products	22	4
黑色金属冶炼和压延加工业	Smelting and Pressing of Ferrous Metals		
有色金属冶炼和压延加工业	Smelting and Pressing of Non-ferrous Metals	3	2
金属制品业	Manufacture of Metal Products	5	
通用设备制造业	Manufacture of General Purpose Machinery	8	2
专用设备制造业	Manufacture of Special Purpose Machinery	17	4
汽车制造业	Manufacture of Automobiles	17	7
铁路、船舶、航空航天和其他运输设备制造业	Manufacture of Railway, Ship, Aerospace and Other Transport Equipments	5	
电气机械和器材制造业	Manufacture of Electrical Machinery and Apparatus	17	1
计算机、通信和其他电子设备制造业	Manufacture of Computers, Communication and Other Electronic Equipment	26	5
仪器仪表制造业	Manufacture of Measuring Instruments and Machinery	4	1
其他制造业	Other Manufacture	3	
废弃资源综合利用业	Utilization of Waste Resources	1	
金属制品、机械和设备修理业	Repair Service of Metal Products, Machinery and Equipment	7	3
电力、热力生产和供应业	Production and Supply of Electric Power and Heat Power	9	
燃气生产和供应业	Production and Supply of Gas	6	2
水的生产和供应业	Production and Supply of Water	4	1

Main Indicators of Industrial Enterprises with Hong Kong, Macao, Taiwan and Foreign Funds (2022)

(10 000 yuan)

资产总计 Total Assets	流动资产合计 Total Current Assets	#应收账款 Accounts Receivable	#存货 Inventories	#产成品 Finished products	负债合计 Total Liabilities
36919623	**19406901**	**5687339**	**3524617**	**924245**	**19041225**
165912	123950	5678	285		53472
5785	2223	768	366	224	5076
35116	4404	1938	103		32345
523354	377664	98347	112990	31393	335729
565315	290041	51780	76008	42102	340706
832185	406229	95668	64728	47356	381986
8869	3304	648	339	25	5477
3319	2118	527	373	156	1371
73039	25594	14828	5949	1492	40160
5171	4660	2469	1550	963	1835
8453	7591	836	1022	171	380
1473590	665209	80874	89646	51400	408960
1129355	663322	119846	326120	235356	501622
115872	72079		21389	12033	33977
21331	10585	4245	2186	1667	7788
1620078	682206	119996	122613	45989	718380
196507	53595	5508	45885	26447	45977
93651	59769	14470	18038	9984	58394
220459	150010	41524	50939	16979	116619
1342797	1097651	204347	273502	82070	692016
12502751	9902297	3453400	466084	122501	9854111
289588	267330	137197	34981	11045	82286
1168632	695798	211967	209530	90714	625505
11950758	2772453	739485	1521785	68107	2606377
139946	121611	18496	11544	5055	28446
87275	60655	50115	1826	459	18047
10385	1323	936	5		8000
150729	94406	40643	12817	3176	76611
868579	216271	92208	1111		605595
1131650	528991	59943	50722	17356	1230243
179172	43563	18654	183	27	123735

13-6 续表

单位：万元

分　组	Item	所有者权益合计 Owners' Equity	营业收入 Business Revenue
总　计	**Total**	**17878398**	**31021669**
煤炭开采和洗选业	Mining and Washing of Coal	112440	144077
石油和天然气开采业	Extraction of Petroleum and Natural Gas		
黑色金属矿采选业	Mining and Processing of Ferrous Metal Ores	709	6540
有色金属矿采选业	Mining and Processing of Non-Ferrous Metal Ores		
非金属矿采选业	Mining and Processing of Non-metal Ores	2772	14391
开采专业及辅助性活动	Professional and Support Activities for Mining		
农副食品加工业	Processing of Food from Agricultural Products	187626	1007349
食品制造业	Manufacture of Foods	224609	907013
酒、饮料和精制茶制造业	Manufacture of Liquor, Beverages and Refined Tea	450199	580052
烟草制品业	Manufacture of Tobacco		
纺织业	Manufacture of Textile		
纺织服装、服饰业	Manufacture of Textile, Wearing Apparel and Accessories	3392	15416
皮革、毛皮、羽毛及其制品和制鞋业	Manufacture of Leather, Fur, Feather and Related Products and Footwear	1948	22763
木材加工和木、竹、藤、棕、草制品业	Processing of Timber, Manufacture of Wood, Bamboo, Rattan, Palm and Straw Products		
家具制造业	Manufacture of Furniture		
造纸及纸制品业	Manufacture of Paper and Paper Products	32879	144107
印刷和记录媒介复制业	Printing and Reproduction of Recording Media	3336	7001
文教、工美、体育和娱乐用品制造业	Manufacture of Articles for Culture, Education, Arts and Crafts, Sport and Entertainment Activities	8073	6634
石油、煤炭及其他燃料加工业	Processing of Petroleum, Coal and Other Fuel		
化学原料及化学制品制造业	Manufacture of Raw Chemical Materials and Chemical Products	1064630	981584
医药制造业	Manufacture of Medicines	627733	1347819
化学纤维制造业	Manufacture of Chemical Fibres	81895	149955
橡胶和塑料制品业	Manufacture of Rubber and Plastics Products	13543	14276
非金属矿物制品业	Manufacture of Non-metallic Mineral Products	901698	1172284
黑色金属冶炼和压延加工业	Smelting and Pressing of Ferrous Metals		
有色金属冶炼和压延加工业	Smelting and Pressing of Non-ferrous Metals	150530	60999
金属制品业	Manufacture of Metal Products	35258	169077
通用设备制造业	Manufacture of General Purpose Machinery	103840	198428
专用设备制造业	Manufacture of Special Purpose Machinery	650781	642308
汽车制造业	Manufacture of Automobiles	2648641	13503384
铁路、船舶、航空航天和其他运输设备制造业	Manufacture of Railway, Ship, Aerospace and Other Transport Equipments	207303	170303
电气机械和器材制造业	Manufacture of Electrical Machinery and Apparatus	543127	1366231
计算机、通信和其他电子设备制造业	Manufacture of Computers, Communication and Other Electronic Equipment	9344381	6809546
仪器仪表制造业	Manufacture of Measuring Instruments and Machinery	111501	122440
其他制造业	Other Manufacture	69228	51741
废弃资源综合利用业	Utilization of Waste Resources	2385	2656
金属制品、机械和设备修理业	Repair Service of Metal Products, Machinery and Equipment	74117	83377
电力、热力生产和供应业	Production and Supply of Electric Power and Heat Power	262984	105466
燃气生产和供应业	Production and Supply of Gas	-98594	1195527
水的生产和供应业	Production and Supply of Water	55437	18924

continued

(10 000 yuan)

营业成本 Business Cost	销售费用 Operating Expenses	管理费用 Management Expenses	财务费用 Financial Expenses	利润总额 Total Profits	亏损企业亏损额 Losses of Unprofitable Enterprises	平均用工人数(人) Annual Average Employees (person)
25732578	**862587**	**780371**	**119299**	**2710498**	**334777**	**125767**
19266	703	4210	-963	103402		299
6478		39	27	-60	60	89
11835		29	27	295		40
945629	19391	16365	4339	18450	1563	2105
714294	70911	62481	1593	66877	8357	7057
432259	97911	19851	1266	30346	6387	4462
13168	807	493	76	630		350
18358	1705	1833	137	658		210
131303	2802	3349	749	10704	555	709
5823	210	254	19	688		74
6426	57	393	20	-78	216	424
696177	35053	35508	-7408	211560	2958	2047
885288	246231	129061	5904	105971	1845	5442
118673	930	3941	-390	25389		396
12625	602	649	114	172		160
889218	17058	47840	11647	177325	11791	5430
57977	369	2231	566	-1424	1442	517
153534	2225	5670	1208	4639		636
175082	5469	9551	1258	3704	1989	1978
403488	63629	30661	6278	136283	8577	3675
11537209	183022	168934	-9063	1216441	11748	60587
123081	5529	6275	-425	25996		1216
1119114	57125	47342	14383	130275	1035	4364
5600029	25682	135935	63552	590692	8542	16804
85719	6283	1395	-2111	29996	1	846
36140	130	1019	803	11502		95
1376	137	534	-2	584		54
70887	253	8458	1495	-212	8523	671
50837	542	4775	13938	33896		533
1399720	17820	29984	7641	-227517	258593	4352
11566		1310	2622	3317	598	145

13-7 大中型工业企业主要经济指标(2022年)

单位：万元

分组	Item	企业单位数（个） Number of Enterprises (unit)	#亏损企业 Unprofitable Enterprises
总计	**Total**	**779**	**142**
煤炭开采和洗选业	Mining and Washing of Coal	132	15
石油和天然气开采业	Extraction of Petroleum and Natural Gas	3	1
黑色金属矿采选业	Mining and Processing of Ferrous Metal Ores	9	2
有色金属矿采选业	Mining and Processing of Non-Ferrous Metal Ores	10	2
非金属矿采选业	Mining and Processing of Non-metal Ores	3	
开采专业及辅助性活动	Professional and Support Activities for Mining	11	1
农副食品加工业	Processing of Food from Agricultural Products	19	
食品制造业	Manufacture of Foods	31	7
酒、饮料和精制茶制造业	Manufacture of Liquor, Beverages and Refined Tea	14	1
烟草制品业	Manufacture of Tobacco	2	
纺织业	Manufacture of Textile	13	5
纺织服装、服饰业	Manufacture of Textile, Wearing Apparel and Accessories	3	1
皮革、毛皮、羽毛及其制品和制鞋业	Manufacture of Leather, Fur, Feather and Related Products and Footwear	2	
木材加工和木、竹、藤、棕、草制品业	Processing of Timber, Manufacture of Wood, Bamboo, Rattan, Palm and Straw Products	2	
家具制造业	Manufacture of Furniture	2	
造纸及纸制品业	Manufacture of Paper and Paper Products	4	
印刷和记录媒介复制业	Printing and Reproduction of Recording Media	6	2
文教、工美、体育和娱乐用品制造业	Manufacture of Articles for Culture, Education, Arts and Crafts, Sport and Entertainment Activities	5	
石油、煤炭及其他燃料加工业	Processing of Petroleum, Coal and Other Fuel	33	15
化学原料及化学制品制造业	Manufacture of Raw Chemical Materials and Chemical Products	45	11
医药制造业	Manufacture of Medicines	33	1
化学纤维制造业	Manufacture of Chemical Fibres		
橡胶和塑料制品业	Manufacture of Rubber and Plastics Products	8	1
非金属矿物制品业	Manufacture of Non-metallic Mineral Products	53	3
黑色金属冶炼和压延加工业	Smelting and Pressing of Ferrous Metals	13	8
有色金属冶炼和压延加工业	Smelting and Pressing of Non-ferrous Metals	42	4
金属制品业	Manufacture of Metal Products	17	3
通用设备制造业	Manufacture of General Purpose Machinery	23	4
专用设备制造业	Manufacture of Special Purpose Machinery	32	5
汽车制造业	Manufacture of Automobiles	35	14
铁路、船舶、航空航天和其他运输设备制造业	Manufacture of Railway, Ship, Aerospace and Other Transport Equipments	20	2
电气机械和器材制造业	Manufacture of Electrical Machinery and Apparatus	34	7
计算机、通信和其他电子设备制造业	Manufacture of Computers, Communication and Other Electronic Equipment	47	7
仪器仪表制造业	Manufacture of Measuring Instruments and Machinery	5	1
其他制造业	Other Manufacture		
废弃资源综合利用业	Utilization of Waste Resources	2	
金属制品、机械和设备修理业	Repair Service of Metal Products, Machinery and Equipment	4	
电力、热力生产和供应业	Production and Supply of Electric Power and Heat Power	44	17
燃气生产和供应业	Production and Supply of Gas	11	1
水的生产和供应业	Production and Supply of Water	7	1

Main Indicators of Large and Medium-sized Industrial Enterprises(2022)

(10 000 yuan)

资产总计 Total Assets	流动资产合计 Total Current Assets	#应收账款 Accounts Receivable	#存货 Inventories	#产成品 Finished products	负债合计 Total Liabilities
328402164	**143569466**	**27592085**	**20266589**	**7569727**	**174246576**
66971458	33474976	2433841	707285	181909	25921398
28987222	2107760	17713	106688	75540	15279576
833324	350121	56845	44569	30128	466846
548994	210672	17054	34120	16741	305523
218801	47061	6423	4854	2301	93003
2286946	1423705	286807	43130	7002	1196149
1353030	909288	97711	213710	73872	619128
1549437	728739	130374	239506	115362	890770
2395716	1341265	130231	434333	152653	1249613
1858909	1244084	31014	1104076	36052	312052
979138	381475	24626	136413	99322	455916
78282	68866	11500	6041	4557	54970
73205	43287	8289	14787	9371	27403
65658	18738	5138	5111	2900	3530
77898	55463	6749	28532	9281	33631
145965	45565	9082	23425	11238	62785
624304	383554	28201	74332	15722	130484
19527	11207	1610	1168	644	9918
44684079	16864781	1880981	1612924	888816	26193275
24520835	6031750	727009	947759	408376	12148381
5585554	3518340	934930	893318	532963	2292019
1308558	553343	89080	193779	154092	586901
5665551	2657046	1020687	412756	228755	2879383
5272663	1965833	294826	690889	340909	4397122
13099469	6915195	788808	2530484	464065	7364979
2303051	1717869	400334	315733	136951	1287797
4712512	3591816	738035	761376	427231	2923320
6728118	5115035	1615600	1472459	620765	4850057
24096304	18672141	5176744	2098236	1414409	17517339
4405443	3293845	1187955	657784	112154	1926520
13329508	9171793	4777424	1222857	577359	9897882
30056346	12707035	2621922	2575021	325647	11928648
215828	182074	30875	27071	7921	55008
246040	179220	37175	44371	21069	132695
688289	396940	106625	10866	1572	362190
27205756	5275598	1693767	306902	34480	17030069
4233142	1651436	146870	248023	27402	2691890
977306	262553	19228	21902	198	668406

13-7 续表

单位：万元

分　组	Item	所有者权益合　计 Owners' Equity	营业收入 Business Revenue
总　　计	**Total**	**154155583**	**241755874**
煤炭开采和洗选业	Mining and Washing of Coal	41050060	45291912
石油和天然气开采业	Extraction of Petroleum and Natural Gas	13707646	13344577
黑色金属矿采选业	Mining and Processing of Ferrous Metal Ores	366478	754284
有色金属矿采选业	Mining and Processing of Non-Ferrous Metal Ores	243471	702903
非金属矿采选业	Mining and Processing of Non-metal Ores	125798	128287
开采专业及辅助性活动	Professional and Support Activities for Mining	1090797	2051100
农副食品加工业	Processing of Food from Agricultural Products	733902	2372181
食品制造业	Manufacture of Foods	658667	2356112
酒、饮料和精制茶制造业	Manufacture of Liquor, Beverages and Refined Tea	1146102	1908374
烟草制品业	Manufacture of Tobacco	1546857	2769438
纺织业	Manufacture of Textile	523222	835083
纺织服装、服饰业	Manufacture of Textile, Wearing Apparel and Accessories	23312	25610
皮革、毛皮、羽毛及其制品和制鞋业	Manufacture of Leather, Fur, Feather and Related Products and Footwear	45802	51266
木材加工和木、竹、藤、棕、草制品业	Processing of Timber, Manufacture of Wood, Bamboo, Rattan, Palm and Straw Products	62128	77387
家具制造业	Manufacture of Furniture	44267	112917
造纸及纸制品业	Manufacture of Paper and Paper Products	83180	215726
印刷和记录媒介复制业	Printing and Reproduction of Recording Media	493820	382396
文教、工美、体育和娱乐用品制造业	Manufacture of Articles for Culture, Education, Arts and Crafts, Sport and Entertainment Activities	9609	127532
石油、煤炭及其他燃料加工业	Processing of Petroleum, Coal and Other Fuel	18490804	24903832
化学原料及化学制品制造业	Manufacture of Raw Chemical Materials and Chemical Products	12372454	12547810
医药制造业	Manufacture of Medicines	3293534	4489154
化学纤维制造业	Manufacture of Chemical Fibres		
橡胶和塑料制品业	Manufacture of Rubber and Plastics Products	721657	620059
非金属矿物制品业	Manufacture of Non-metallic Mineral Products	2786168	5119680
黑色金属冶炼和压延加工业	Smelting and Pressing of Ferrous Metals	875541	8465964
有色金属冶炼和压延加工业	Smelting and Pressing of Non-ferrous Metals	5734490	12705160
金属制品业	Manufacture of Metal Products	1015254	2104089
通用设备制造业	Manufacture of General Purpose Machinery	1789192	2258692
专用设备制造业	Manufacture of Special Purpose Machinery	1878060	3496782
汽车制造业	Manufacture of Automobiles	6578965	23763142
铁路、船舶、航空航天和其他运输设备制造业	Manufacture of Railway, Ship, Aerospace and Other Transport Equipments	2478923	2506151
电气机械和器材制造业	Manufacture of Electrical Machinery and Apparatus	3431626	19498936
计算机、通信和其他电子设备制造业	Manufacture of Computers, Communication and Other Electronic Equipment	18127698	21198146
仪器仪表制造业	Manufacture of Measuring Instruments and Machinery	160821	132005
其他制造业	Other Manufacture		
废弃资源综合利用业	Utilization of Waste Resources	113345	940960
金属制品、机械和设备修理业	Repair Service of Metal Products, Machinery and Equipment	326099	329783
电力、热力生产和供应业	Production and Supply of Electric Power and Heat Power	10175687	19770985
燃气生产和供应业	Production and Supply of Gas	1541252	3189056
水的生产和供应业	Production and Supply of Water	308900	208404

continued

(10 000 yuan)

营业成本 Business Cost	销售费用 Operating Expenses	管理费用 Management Expenses	财务费用 Financial Expenses	利润总额 Total Profits	亏损企业亏损额 Losses of Unprofitable Enterprises	平均用工人数（人） Annual Average Employees (person)
180449006	**3401344**	**6666317**	**1872472**	**33945891**	**2726751**	**947307**
16010093	199398	1946569	285294	21732697	92340	150830
6792175	4059	502152	145796	2414387	453246	74462
582670	2739	45313	18738	78220	743	5564
534135	8842	44749	4318	93857	6905	5623
87710	13282	12354	1846	6390		1296
1888701	3831	90372	-9103	11037	35698	21904
2118996	44743	42399	10261	151035		10590
1967529	122247	99272	9992	165671	11753	19010
1149191	267327	71553	-5635	339855	3363	16256
772219	45980	176129	-6932	168302		6916
777006	5203	14169	10189	77028	15237	12672
22159	1331	2596	346	-868	1206	1204
44044	1227	2176	186	248		927
62004	9498	282	253	4664		725
84346	6806	9137	322	9965		1465
176877	3279	8273	638	5338		1818
303561	8292	34308	1343	25160	1996	4038
113164	3051	4555	615	5436		2604
20128380	159939	419467	560892	345671	318649	48022
10646363	94577	397845	297620	728220	308720	44271
2587688	965868	289191	4706	611440	1945	23340
516145	16029	23946	6301	47372	8078	5725
4145500	124114	195361	47153	460457	5894	29702
8431435	28297	109064	59492	-261573	343138	26025
11550243	64058	259522	157718	855197	56671	48230
1790382	28357	43396	10774	197918	3228	12283
1817776	55407	149384	-21563	168247	10888	24818
2583962	206463	166290	21179	405617	39258	26005
21118494	303928	336289	-75489	1383650	138256	98411
1928949	58994	98349	-2372	299162	1958	17101
18627673	336645	213339	-112805	226003	93871	41113
19036339	117140	364053	91114	1816931	283826	60681
78594	14077	6906	-1962	29072	1682	2084
871254	5786	7020	2876	53593		1270
260596	440	27847	4287	31159		3050
17729987	12619	363030	331337	1106922	229822	81628
2949870	45052	67729	16773	145269	258295	10530
162798	12420	21933	5975	7146	86	5114

13-8 规模以上工业企业主要经济效益指标(2022年)
Main Indicators on Economic Benefit of Industrial Enterprises above Designated Size (2022)

分组	Item	总资产贡献率(%) Ratio of Profits, Taxes and Interests to Average Assets (%)	资产负债率(%) Ratio of Debts to Assets (%)	流动资产周转率(次/年) Turnover of Current Assets (times/year)	成本费用利润率(%) Ratio of Profits to Total Industrial Cost (%)
总计	**Total**	**16.99**	**54.11**	**1.73**	**15.72**
按登记注册类型分	**By Status of Registration**				
内资企业	Domestic Funded	17.60	54.34	1.74	16.37
国有企业	State-owned Enterprises	6.87	61.77	2.86	4.94
中央企业	Central	4.97	57.79	5.87	1.77
地方企业	Local	8.83	65.88	1.50	11.22
集体企业	Collective-owned Enterprises	97.80	38.03	1.89	177.77
股份合作企业	Cooperative Enterprises	34.40	57.75	1.21	53.76
联营企业	Joint Ownership Enterprises	10.07	80.14	0.87	14.10
国有联营企业	State Joint Ownership Enterprises	-13.58	144.53	4.15	-35.45
集体联营企业	Collective Associates	106.62	30.18	14.95	12.19
国有与集体联营企业	Joint State-collective Enterprises	5.24	80.41	0.41	17.17
其他联营企业	Other Joint Ownership Enterprises	10.26	73.79	0.29	48.34
有限责任公司	Limited Liability Corporations	18.62	55.38	1.43	21.55
国有独资公司	State Sole Funded Corporations	15.38	53.89	1.07	18.23
其他有限责任公司	Other Limited Liability Corporations	20.47	56.23	1.61	22.64
股份有限公司	Share-holding Corporations Limited	16.57	49.01	1.80	19.24
私营企业	Private Enterprises	18.53	53.13	2.26	10.82
私营独资企业	Private-funded Enterprises	40.20	53.74	2.43	20.31
私营合伙企业	Private Partnership Enterprises	70.56	48.33	1.46	129.03
私营有限责任公司	Private Limited Liability Corporations	17.65	54.68	2.41	9.63
私营股份有限公司	Private Share-holding Corporations Ltd.	7.34	37.79	0.87	12.00
其他企业	Other Enterprises	20.38	21.40	3.74	9.49
港、澳、台商投资企业	Enterprises with Funds from Hong Kong, Macao and Taiwan	1.71	65.47	1.22	-0.16
合资经营企业(港或澳、台资)	Joint-venture Enterprises	-7.60	90.35	1.20	-12.74
合作经营企业(港或澳、台资)	Cooperative Enterprises	1.73	49.08	0.73	1.69
港澳台商独资经营企业	Enterprises with Sole Investment	8.46	51.05	1.33	9.69
港澳台商投资股份有限公司	Share-holding Corporations Ltd.	25.79	7.77	1.16	45.54
其他港澳台商投资企业	Other Enterprises with Funds from Hong Kong, Macao and Taiwan	3.20	38.09	0.56	23.88
外商投资企业	Foreign Funded Enterprises	11.13	50.19	1.64	10.50
中外合资经营企业	Joint-venture Enterprises	14.42	69.72	1.49	10.72
中外合作经营企业	Cooperation Enterprises	7.38	56.68	2.27	2.99
外资企业	Enterprises with Sole Funds	7.48	26.76	2.22	9.66
外商投资股份有限公司	Share-holding Corporations Ltd.	7.04	43.77	0.45	27.51
其他外商投资企业	Other Foreign Funded Enterprises	7.13	46.96	1.38	9.83

13-8　续表　continued

分　组	Item	总资产贡献率(%) Ratio of Profits, Taxes and Interests to Average Assets (%)	资　产负债率(%) Ratio of Debts to Assets (%)	流动资产周转率(次/年) Turnover of Current Assets (times/year)	成本费用利润率(%) Ratio of Profits to Total Industrial Cost (%)
按经济组织类型分	**By Economic Type of Orgnization**				
独资企业	Appropratorship				
国有企业	State-owned Enterprises	6.87	61.77	2.86	4.94
集体企业	Collective-owned Enterprises	97.80	38.03	1.89	177.77
私营独资企业	Private-funded Enterprises	40.20	53.74	2.43	20.31
港澳台商独资经营企业	Enterprises with Sole Investment	8.46	51.05	1.33	9.69
外资企业	Enterprises with Sole Funds	7.48	26.76	2.22	9.66
合作、合伙企业	Partnership				
股份合作企业	Cooperative Enterprises	34.40	57.75	1.21	53.76
国有联营企业	State Joint Ownership Enterprises	-13.58	144.53	4.15	-35.45
私营合伙企业	Private Partnership Enterprises	70.56	48.33	1.46	129.03
合作经营企业(港或澳、台资)	Cooperative Enterprises	1.73	49.08	0.73	1.69
中外合作经营企业	Cooperation Enterprises	7.38	56.68	2.27	2.99
其他企业(内资)	Other Enterprises	20.38	21.40	3.74	9.49
其他港澳台商投资企业	Other Enterprises with Funds from Hong Kong, Macao and Taiwan	3.20	38.09	0.56	23.88
其他外商投资企业	Other Foreign Funded Enterprises	7.13	46.96	1.38	9.83
股份有限公司	Share-holding Corporations Limited				
股份有限公司(内资)	Share-holding Corporations Ltd.	16.57	49.01	1.80	19.24
私营股份有限公司	Private Share-holding Corporations Ltd.	7.34	37.79	0.87	12.00
港澳台商投资股份有限公司	Share-holding Corporations Ltd.with Funds from Hong Kong, Macao and Taiwan	25.79	7.77	1.16	45.54
外商投资股份有限公司	Share-holding Corporations Ltd.with Foreign Investment	7.04	43.77	0.45	27.51
有限责任公司	Limited Liability Corporations				
国有独资公司	State Sole Funded Corporations	15.38	53.89	1.07	18.23
私营有限责任公司	Private Limited Liability Corporations	17.65	54.68	2.41	9.63
合资经营企业(港或澳、台资)	Joint-venture Enterprises	-7.60	90.35	1.20	-12.74
中外合资经营企业	Joint-venture Enterprises	14.42	69.72	1.49	10.72
其他有限责任公司	Other Corporations	20.47	56.23	1.61	22.64
按轻重工业分	**Grouped by Light & Heavy Industries**				
轻工业	Light Industry	18.17	47.31	2.34	8.58
重工业	Heavy Industry	16.88	54.76	1.66	17.02
按企业规模分	**Grouped by Size of Enterprises**				
大型企业	Large Enterprises	15.41	54.22	1.75	13.63
中型企业	Medium-sized Enterprises	24.75	49.51	1.53	28.20
小型企业	Small Enterprises	14.96	57.10	1.84	12.33

13-9 规模以上工业企业分行业主要经济效益指标(2022年)
Main Indicators on Economic Benefit of Industrial Enterprises above Designated Size by Industrial Sector (2022)

分组	Item	总资产贡献率(%) Ratio of Profits, Taxes and Interests to Average Assets(%)	资产负债率(%) Ratio of Debts to Assets (%)	流动资产周转率(次/年) Turnover of Current Assets (times/year)	成本费用利润率(%) Ratio of Profits to Total Industrial Cost (%)
总计	**Total**	**16.99**	**54.11**	**1.73**	**15.72**
煤炭开采和洗选业	Mining and Washing of Coal	47.40	40.67	1.51	92.06
石油和天然气开采业	Extraction of Petroleum and Natural Gas	20.55	52.11	6.04	33.03
黑色金属矿采选业	Mining and Processing of Ferrous Metal Ores	12.88	58.69	2.18	8.26
有色金属矿采选业	Mining and Processing of Non-Ferrous Metal Ores	17.32	60.99	3.36	10.54
非金属矿采选业	Mining and Processing of Non-metal Ores	15.62	48.30	3.94	7.86
开采专业及辅助性活动	Professional and Support Activities for Mining	2.79	57.39	1.25	1.42
农副食品加工业	Processing of Food from Agricultural Products	12.15	43.97	3.60	5.02
食品制造业	Manufacture of Foods	13.18	49.66	2.73	7.46
酒、饮料和精制茶制造业	Manufacture of Liquor, Beverages and Refined Tea	17.11	45.16	2.29	11.92
烟草制品业	Manufacture of Tobacco	103.99	16.97	2.22	16.57
纺织业	Manufacture of Textile	13.70	46.64	3.25	9.25
纺织服装、服饰业	Manufacture of Textile, Wearing Apparel and Accessories	16.30	49.36	3.00	7.37
皮革、毛皮、羽毛及其制品和制鞋业	Manufacture of Leather, Fur, Feather and Related Products and Footwear	10.01	33.55	2.19	6.06
木材加工和木、竹、藤、棕、草制品业	Processing of Timber, Manufacture of Wood, Bamboo, Rattan, Palm and Straw Products	4.61	42.87	2.07	4.56
家具制造业	Manufacture of Furniture	18.98	41.33	3.02	9.75
造纸及纸制品业	Manufacture of Paper and Paper Products	12.36	51.86	3.02	7.39
印刷和记录媒介复制业	Printing and Reproduction of Recording Media	10.90	35.26	2.12	6.32
文教、工美、体育和娱乐用品制造业	Manufacture of Articles for Culture, Education, Arts and Crafts, Sport and Entertainment Activities	25.69	34.14	4.81	7.93
石油、煤炭及其他燃料加工业	Processing of Petroleum, Coal and Other Fuel	9.97	59.51	1.62	1.49
化学原料及化学制品制造业	Manufacture of Raw Chemical Materials and Chemical Products	7.66	49.58	1.98	6.79
医药制造业	Manufacture of Medicines	13.44	45.13	1.40	11.83
化学纤维制造业	Manufacture of Chemical Fibres	29.38	31.67	2.66	17.46
橡胶和塑料制品业	Manufacture of Rubber and Plastics Products	8.40	48.83	1.83	6.63
非金属矿物制品业	Manufacture of Non-metallic Mineral Products	9.65	59.30	1.66	6.95
黑色金属冶炼和压延加工业	Smelting and Pressing of Ferrous Metals	-0.96	81.39	4.11	-2.30
有色金属冶炼和压延加工业	Smelting and Pressing of Non-ferrous Metals	10.19	55.98	1.95	6.71
金属制品业	Manufacture of Metal Products	10.19	56.37	1.55	7.13
通用设备制造业	Manufacture of General Purpose Machinery	6.67	59.07	0.90	8.10
专用设备制造业	Manufacture of Special Purpose Machinery	8.74	64.76	0.87	11.26
汽车制造业	Manufacture of Automobiles	8.38	71.11	1.33	6.01
铁路、船舶、航空航天和其他运输设备制造业	Manufacture of Railway, Ship, Aerospace and Other Transport Equipments	9.35	42.01	0.79	13.98
电气机械和器材制造业	Manufacture of Electrical Machinery and Apparatus	3.69	69.63	1.93	1.70
计算机、通信和其他电子设备制造业	Manufacture of Computers, Communication and Other Electronic Equipment	7.46	39.83	1.61	9.12
仪器仪表制造业	Manufacture of Measuring Instruments and Machinery	9.60	47.27	0.79	11.95
其他制造业	Other Manufacture	12.69	39.81	1.36	12.92
废弃资源综合利用业	Utilization of Waste Resources	10.05	60.67	2.53	4.31
金属制品、机械和设备修理业	Repair Service of Metal Products, Machinery and Equipment	7.66	54.35	0.86	9.71
电力、热力生产和供应业	Production and Supply of Electric Power and Heat Power	6.76	67.15	1.97	6.78
燃气生产和供应业	Production and Supply of Gas	7.07	65.09	2.40	5.53
水的生产和供应业	Production and Supply of Water	2.46	66.66	0.68	1.16

13-10 国有及国有控股工业企业主要经济效益指标(2022年)

Main Indicators on Economic Benefit of State-owned and State-holding Industrial Enterprises(2022)

分 组	Item	总资产贡献率(%) Ratio of Profits, Taxes and Interests to Average Assets(%)	资产负债率(%) Ratio of Debts to Assets (%)	流动资产周转率(次/年) Turnover of Current Assets (times/year)	成本费用利润率(%) Ratio of Profits to Total Industrial Cost (%)
总　计	**Total**	**16.97**	**55.24**	**1.54**	**20.30**
煤炭开采和洗选业	Mining and Washing of Coal	44.50	38.42	1.41	122.58
石油和天然气开采业	Extraction of Petroleum and Natural Gas	20.57	52.10	6.07	33.09
黑色金属矿采选业	Mining and Processing of Ferrous Metal Ores	25.55	60.54	7.07	12.36
有色金属矿采选业	Mining and Processing of Non-Ferrous Metal Ores	16.66	78.60	3.17	13.71
非金属矿采选业	Mining and Processing of Non-metal Ores	10.83	55.91	1.88	14.86
开采专业及辅助性活动	Professional and Support Activities for Mining	1.37	54.65	1.42	0.29
农副食品加工业	Processing of Food from Agricultural Products	7.80	58.38	4.29	3.18
食品制造业	Manufacture of Foods	4.79	64.68	1.55	-2.37
酒、饮料和精制茶制造业	Manufacture of Liquor, Beverages and Refined Tea	26.24	51.00	1.22	32.19
烟草制品业	Manufacture of Tobacco	105.36	16.79	2.23	16.90
纺织业	Manufacture of Textile	3.26	49.55	0.79	4.95
纺织服装、服饰业	Manufacture of Textile, Wearing Apparel and Accessories	-2.57	74.85	0.21	-17.68
皮革、毛皮、羽毛及其制品和制鞋业	Manufacture of Leather, Fur, Feather and Related Products and Footwear	2.35	29.94	1.03	0.03
木材加工和木、竹、藤、棕、草制品业	Processing of Timber, Manufacture of Wood, Bamboo, Rattan,Palm and Straw Products	-12.53	104.18	0.55	-31.00
家具制造业	Manufacture of Furniture				
造纸及纸制品业	Manufacture of Paper and Paper Products				
印刷和记录媒介复制业	Printing and Reproduction of Recording Media	8.06	16.83	0.88	8.65
文教、工美、体育和娱乐用品制造业	Manufacture of Articles for Culture, Education, Arts and Craf Sport and Entertainment Activities	20.90	23.43	0.79	27.79
石油、煤炭及其他燃料加工业	Processing of Petroleum, Coal and Other Fuel	10.96	59.35	1.34	1.82
化学原料及化学制品制造业	Manufacture of Raw Chemical Materials and Chemical Produ	6.82	51.08	2.36	5.27
医药制造业	Manufacture of Medicines	12.13	59.73	1.48	16.21
化学纤维制造业	Manufacture of Chemical Fibres	33.78	13.76	1.76	25.79
橡胶和塑料制品业	Manufacture of Rubber and Plastics Products	1.96	46.78	0.82	1.05
非金属矿物制品业	Manufacture of Non-metallic Mineral Products	6.99	60.05	1.17	7.12
黑色金属冶炼和压延加工业	Smelting and Pressing of Ferrous Metals	-4.28	85.82	4.16	-4.12
有色金属冶炼和压延加工业	Smelting and Pressing of Non-ferrous Metals	10.07	57.87	1.45	8.83
金属制品业	Manufacture of Metal Products	2.65	71.75	0.66	0.97
通用设备制造业	Manufacture of General Purpose Machinery	4.38	64.27	0.60	7.97
专用设备制造业	Manufacture of Special Purpose Machinery	3.25	75.59	0.63	2.73
汽车制造业	Manufacture of Automobiles	0.45	66.16	0.81	0.09
铁路、船舶、航空航天和其他运输设备制造业	Manufacture of Railway, Ship, Aerospace and Other Transpor Equipments	6.79	45.97	0.81	8.59
电气机械和器材制造业	Manufacture of Electrical Machinery and Apparatus	4.12	57.26	0.93	2.50
计算机、通信和其他电子设备制造业	Manufacture of Computers, Communication and Other Electr Equipment	0.58	51.96	1.19	-3.69
仪器仪表制造业	Manufacture of Measuring Instruments and Machinery	5.40	60.74	0.61	7.72
其他制造业	Other Manufacture	11.50	68.58	0.69	17.34
废弃资源综合利用业	Utilization of Waste Resources	5.89	69.28	1.84	3.82
金属制品、机械和设备修理业	Repair Service of Metal Products, Machinery and Equipment	7.50	57.91	0.85	8.54
电力、热力生产和供应业	Production and Supply of Electric Power and Heat Power	6.96	66.61	2.27	6.34
燃气生产和供应业	Production and Supply of Gas	5.88	68.05	2.13	5.11
水的生产和供应业	Production and Supply of Water	2.24	66.91	0.67	-0.75

13－11 外商及港澳台商投资工业企业主要经济效益指标(2022年)
Main Indicators on Economic Benefit of Industrial Enterprises with Hong Kong, Macao, Taiwan and Foreign Funds (2022)

分 组	Item	总资产贡献率(%) Ratio of Profits, Taxes and Interests to Average Assets(%)	资 产负债率(%) Ratio of Debts to Assets (%)	流动资产周转率(次/年) Turnover of Current Assets (times/year)	成本费用利润率(%) Ratio of Profits to Total Industrial Cost (%)
总 计	**Total**	**10.28**	**51.57**	**1.60**	**9.65**
煤炭开采和洗选业	Mining and Washing of Coal	82.44	32.23	1.16	445.38
石油和天然气开采业	Extraction of Petroleum and Natural Gas				
黑色金属矿采选业	Mining and Processing of Ferrous Metal Ores	0.15	87.74	2.94	-0.92
有色金属矿采选业	Mining and Processing of Non-Ferrous Metal Ores				
非金属矿采选业	Mining and Processing of Non-metal Ores	8.46	92.11	3.27	2.48
开采专业及辅助性活动	Professional and Support Activities for Mining				
农副食品加工业	Processing of Food from Agricultural Products	4.70	64.15	2.67	1.86
食品制造业	Manufacture of Foods	17.69	60.27	3.13	7.85
酒、饮料和精制茶制造业	Manufacture of Liquor, Beverages and Refined Tea	6.29	45.90	1.43	5.50
烟草制品业	Manufacture of Tobacco				
纺织业	Manufacture of Textile				
纺织服装、服饰业	Manufacture of Textile, Wearing Apparel and Accessories	12.61	61.76	4.67	4.27
皮革、毛皮、羽毛及其制品和制鞋业	Manufacture of Leather, Fur, Feather and Related Products and Footwear	21.99	41.32	10.75	2.98
木材加工和木、竹、藤、棕、草制品业	Processing of Timber, Manufacture of Wood, Bamboo, Rattan, Palm and Straw Products				
家具制造业	Manufacture of Furniture				
造纸及纸制品业	Manufacture of Paper and Paper Products	21.32	54.98	5.63	7.74
印刷和记录媒介复制业	Printing and Reproduction of Recording Media	17.41	35.49	1.50	10.90
文教、工美、体育和娱乐用品制造业	Manufacture of Articles for Culture, Education, Arts and Crafts Sport and Entertainment Activities	5.27	4.49	0.87	-1.13
石油、煤炭及其他燃料加工业	Processing of Petroleum, Coal and Other Fuel				
化学原料及化学制品制造业	Manufacture of Raw Chemical Materials and Chemical Product	17.14	27.75	1.48	27.53
医药制造业	Manufacture of Medicines	15.41	44.42	2.03	8.31
化学纤维制造业	Manufacture of Chemical Fibres	28.61	29.32	2.08	20.62
橡胶和塑料制品业	Manufacture of Rubber and Plastics Products	3.45	36.51	1.35	1.23
非金属矿物制品业	Manufacture of Non-metallic Mineral Products	14.81	44.34	1.72	17.83
黑色金属冶炼和压延加工业	Smelting and Pressing of Ferrous Metals				
有色金属冶炼和压延加工业	Smelting and Pressing of Non-ferrous Metals	-0.33	23.40	1.14	-2.29
金属制品业	Manufacture of Metal Products	10.82	62.35	2.83	2.84
通用设备制造业	Manufacture of General Purpose Machinery	3.23	52.90	1.32	1.91
专用设备制造业	Manufacture of Special Purpose Machinery	11.28	51.54	0.59	25.88
汽车制造业	Manufacture of Automobiles	14.17	78.82	1.36	10.14
铁路、船舶、航空航天和其他运输设备制造业	Manufacture of Railway, Ship, Aerospace and Other Transport Equipments	11.95	28.41	0.64	18.13
电气机械和器材制造业	Manufacture of Electrical Machinery and Apparatus	13.45	53.52	1.96	10.41
计算机、通信和其他电子设备制造业	Manufacture of Computers, Communication and Other Electron Equipment	6.15	21.81	2.46	9.56
仪器仪表制造业	Manufacture of Measuring Instruments and Machinery	22.49	20.33	1.01	32.05
其他制造业	Other Manufacture	16.94	20.68	0.85	28.73
废弃资源综合利用业	Utilization of Waste Resources	1.64	77.03	2.01	28.54
金属制品、机械和设备修理业	Repair Service of Metal Products, Machinery and Equipment	1.36	50.83	0.88	-0.26
电力、热力生产和供应业	Production and Supply of Electric Power and Heat Power	5.89	69.72	0.49	47.41
燃气生产和供应业	Production and Supply of Gas	-18.77	108.71	2.26	-15.64
水的生产和供应业	Production and Supply of Water	2.18	69.06	0.43	21.40

13-12　大中型工业企业主要经济效益指标(2022年)

Main Indicators on Economic Benefit of Large and Medium-sized Industrial Enterprises(2022)

分　组	Item	总资产贡献率(%) Ratio of Profits, Taxes and Interests to Average Assets(%)	资　产负债率(%) Ratio of Debts to Assets (%)	流动资产周转率(次/年) Turnover of Current Assets (times/year)	成本费用利润率(%) Ratio of Profits to Total Industrial Cost (%)
总　计	**Total**	**17.71**	**53.06**	**1.68**	**17.40**
煤炭开采和洗选业	Mining and Washing of Coal	46.07	38.71	1.35	116.25
石油和天然气开采业	Extraction of Petroleum and Natural Gas	20.28	52.71	6.33	31.99
黑色金属矿采选业	Mining and Processing of Ferrous Metal Ores	15.93	56.02	2.15	12.03
有色金属矿采选业	Mining and Processing of Non-Ferrous Metal Ores	23.21	55.65	3.34	15.71
非金属矿采选业	Mining and Processing of Non-metal Ores	6.19	42.51	2.73	5.46
开采专业及辅助性活动	Professional and Support Activities for Mining	1.66	52.30	1.44	0.54
农副食品加工业	Processing of Food from Agricultural Products	13.61	45.76	2.61	6.78
食品制造业	Manufacture of Foods	15.18	57.49	3.23	7.51
酒、饮料和精制茶制造业	Manufacture of Liquor, Beverages and Refined Tea	22.23	52.16	1.42	22.80
烟草制品业	Manufacture of Tobacco	105.36	16.79	2.23	16.90
纺织业	Manufacture of Textile	9.74	46.56	2.19	9.49
纺织服装、服饰业	Manufacture of Textile, Wearing Apparel and Accessories	0.48	70.22	0.37	-3.28
皮革、毛皮、羽毛及其制品和制鞋业	Manufacture of Leather, Fur, Feather and Related Products and Footwear	3.48	37.43	1.18	0.51
木材加工和木、竹、藤、棕、草制品业	Processing of Timber, Manufacture of Wood, Bamboo, Rattan, Palm and Straw Products	9.73	5.38	4.13	6.47
家具制造业	Manufacture of Furniture	16.28	43.17	2.04	9.76
造纸及纸制品业	Manufacture of Paper and Paper Products	6.63	43.01	4.73	2.81
印刷和记录媒介复制业	Printing and Reproduction of Recording Media	8.18	20.90	1.00	7.10
文教、工美、体育和娱乐用品制造业	Manufacture of Articles for Culture, Education, Arts and Crafts, Sport and Entertainment Activities	35.03	50.79	11.38	4.47
石油、煤炭及其他燃料加工业	Processing of Petroleum, Coal and Other Fuel	10.25	58.62	1.48	1.61
化学原料及化学制品制造业	Manufacture of Raw Chemical Materials and Chemical Products	7.09	49.54	2.08	6.28
医药制造业	Manufacture of Medicines	16.00	41.03	1.28	15.64
化学纤维制造业	Manufacture of Chemical Fibres				
橡胶和塑料制品业	Manufacture of Rubber and Plastics Products	5.37	44.85	1.12	8.29
非金属矿物制品业	Manufacture of Non-metallic Mineral Products	11.27	50.82	1.93	10.06
黑色金属冶炼和压延加工业	Smelting and Pressing of Ferrous Metals	-1.99	83.39	4.31	-3.02
有色金属冶炼和压延加工业	Smelting and Pressing of Non-ferrous Metals	10.11	56.22	1.84	7.04
金属制品业	Manufacture of Metal Products	11.22	55.92	1.22	10.43
通用设备制造业	Manufacture of General Purpose Machinery	4.66	62.03	0.63	8.01
专用设备制造业	Manufacture of Special Purpose Machinery	8.43	72.09	0.68	13.15
汽车制造业	Manufacture of Automobiles	8.52	72.70	1.27	6.28
铁路、船舶、航空航天和其他运输设备制造业	Manufacture of Railway, Ship, Aerospace and Other Transport Equipments	9.06	43.73	0.76	13.80
电气机械和器材制造业	Manufacture of Electrical Machinery and Apparatus	2.84	74.26	2.13	1.18
计算机、通信和其他电子设备制造业	Manufacture of Computers, Communication and Other Electronic Equipment	7.23	39.69	1.67	8.96
仪器仪表制造业	Manufacture of Measuring Instruments and Machinery	15.56	25.49	0.73	27.96
其他制造业	Other Manufacture				
废弃资源综合利用业	Utilization of Waste Resources	31.13	53.93	5.25	6.02
金属制品、机械和设备修理业	Repair Service of Metal Products, Machinery and Equipment	8.61	52.62	0.83	10.51
电力、热力生产和供应业	Production and Supply of Electric Power and Heat Power	8.86	62.60	3.75	5.99
燃气生产和供应业	Production and Supply of Gas	5.33	63.59	1.93	4.71
水的生产和供应业	Production and Supply of Water	2.45	68.39	0.79	3.52

13-13 主要工业产品产量
Output of Major Industrial Products

产 品 名 称		Item		2021	2022
原 煤	(万吨)	Coal	(10 000 tons)	69993.75	74604.55
天然原油	(万吨)	Crude Petroleum Oil	(10 000 tons)	2552.76	2536.62
天然气	(亿立方米)	Natural Gas	(100 million cu.m)	294.13	307.11
铁矿石原矿	(万吨)	Crude Quantity of Iron Ore	(10 000 tons)	1233.56	1251.49
锌金属含量	(万吨)	Zinc Metal Content	(10 000 tons)	27.03	25.65
钼精矿折合量	(万吨)	Reduced Quantity of Molybdenum Concentrate	(10 000 tons)	5.02	3.92
发电量	(亿千瓦小时)	Electricity	(100 million kwh)	2615.83	2728.04
小麦粉	(万吨)	Wheat Meal	(10 000 tons)	449.70	480.94
精制食用植物油	(万吨)	Refined Edible Vegetable Oil	(10 000 tons)	185.27	178.14
饲 料	(万吨)	Feed	(10 000 tons)	475.41	473.56
乳制品	(万吨)	Dairy Products	(10 000 tons)	116.37	99.57
白 酒	(万千升)	Spirits	(10 000 kiloliter)	16.76	17.31
啤 酒	(万千升)	Beer	(10 000 kiloliter)	65.92	71.15
饮 料	(万吨)	Drinks	(10 000 tons)	923.43	885.45
卷 烟	(亿支)	Cigarettes	(100 million pieces)	823.00	823.00
化学纤维	(万吨)	Chemical Fiber	(10 000 ton)	3.83	4.86
纱	(万吨)	Yarn	(10 000 tons)	36.42	35.67
布	(万米)	Cloth	(10 000 m)	82041.45	66295.33
印染布	(万米)	Dyed Fabric	(10 000 m)	8439.50	7125.90
服 装	(万件)	Garments	(10 000 cases)	8104.70	6358.00
机制纸及纸板	(万吨)	Machine-made Paper and Paperboard	(10 000 tons)	70.26	68.12
纸制品	(万吨)	Paper Products	(10 000 tons)	145.35	127.42
原油加工量	(万吨)	Crude Runs	(10 000 tons)	1812.53	1883.09
#汽 油		Gasoline		684.04	701.61
柴 油		Diesel Oil		683.19	740.52
焦 炭	(万吨)	Coke	(10 000 tons)	4320.78	4735.94
硫酸(折100%)	(万吨)	Sulfuric Acid	(10 000 tons)	124.52	134.07
氢氧化钠(烧碱)	(万吨)	Caustic Soda	(10 000 tons)	112.08	112.58
碳化钙(电石)	(万吨)	Soda Ash	(10 000 tons)	284.44	293.74
合成氨	(万吨)	Synthetic Ammonia	(10 000 tons)	189.35	202.22

13-13 续表 continued

产 品 名 称		Item		2021	2022
化肥总计	(万吨)	Chemical Fertilizers	(10 000 tons)	186.39	157.58
氮 肥		Nitrogen Fertilizers		145.43	128.18
磷 肥		Phosphate Fertilizers		39.38	27.51
合成洗涤剂	(万吨)	Synthetic Detergents	(10 000 ton)	6.84	8.26
化学药品原药	(万吨)	Chemical Medicines	(10 000 ton)	3.80	4.43
精甲醇	(万吨)	Extract Methanol	(10 000 tons)	510.69	549.53
中成药	(万吨)	Traditional Chinese Medicine	(10 000 ton)	9.56	8.28
塑料制品	(万吨)	Plastic Articles	(10 000 tons)	94.36	91.77
水 泥	(万吨)	Cement	(10 000 tons)	6698.52	6553.27
平板玻璃	(万重量箱)	Plain Glass	(10 000 weight cases)	2007.29	2160.75
生 铁	(万吨)	Pig Iron	(10 000 tons)	1136.33	1188.26
粗 钢	(万吨)	Crude Steel	(10 000 tons)	1520.81	1475.87
钢 材	(万吨)	Rolled Steel	(10 000 tons)	2097.41	2010.54
铝 材	(万吨)	Rolled Aluminum	(10 000 tons)	37.04	43.75
铁合金	(万吨)	Ferroalloy	(10 000 tons)	142.64	150.52
十种有色金属	(万吨)	Ten Kinds of Nonferrous Metals	(10 000 tons)	211.78	210.16
原铝(电解铝)	(万吨)	Electrolyzed Aluminum	(10 000 tons)	81.67	90.91
锌	(万吨)	Zinc Metal	(10 000 tons)	74.23	58.84
金属切削机床	(台)	Metal-cutting Machine Tools	(unit)	26185	20262
# 数控机床		Computer Numerical Control Machine Tools		14638	11358
金属成型机床(锻压设备)	(台)	Metal Forming Machines(Forging Eq	(unit)	1542	1374
汽 车	(万辆)	Motor Vehicles	(10 000 units)	80.10	133.79
#基本型乘用车(轿车)		Basic Type Passenger Vehicle(Car)		20.88	33.50
载货汽车		Trucks		21.00	10.99
交流电动机	(万千瓦)	Alternating Current Motors	(10 000 kw)	277.19	252.87
变压器	(万千伏安)	Transformers	(10 000 KVA)	7476.72	8537.55
光 缆	(万芯千米)	Fiber Optic Cable	(10 000 Core.km)	986.69	1102.66
电子元件	(亿只)	Electronic Components	(100 million units)	472.20	64.58

13–14 各市(区)规模以上工业企业主要经济指标(2022年)
Main Indicators of Industrial Enterprises above Designated Size by City(District)(2022)

单位：万元 (10 000 yuan)

地　　区	Sector	企业单位数(个) Number of Enterprises (unit)	#亏损企业 Unprofitable Enterprises	资产总计 Total Assets	负债合计 Total Liabilities	所有者权益合计 Owners' Equity	营业收入 Revenue from Principal Business
全　省	**Shaanxi**	**7676**	**1316**	**443980032**	**240241409**	**203737385**	**351771519**
西 安 市	Xi'an	1734	413	118208939	68419590	49788149	94956032
铜 川 市	Tongchuan	223	37	8812858	5822252	2990606	4939354
宝 鸡 市	Baoji	971	141	32441775	19051897	13389869	31736019
咸 阳 市	Xianyang	859	109	32605116	16458346	16146765	32781521
渭 南 市	Weinan	621	126	29911917	18973307	10938606	25363906
#韩城市	Hancheng	88	25	10284151	6483175	3800976	10039501
延 安 市	Yan'an	339	82	60803320	34850946	25952369	27823889
汉 中 市	Hanzhong	750	81	10084521	6112687	3971831	13229361
榆 林 市	Yulin	997	236	129926116	60259709	69666400	91038673
安 康 市	Ankang	746	26	7658814	3029471	4629341	13886831
商 洛 市	Shangluo	338	35	8343667	4376869	3966797	11657296
杨凌示范区	Yangling	93	30	3074239	1662277	1411961	2248072

13-14 续表 continued

单位：万元 (10 000 yuan)

地　区	Sector	营业成本 Business Cost	销售费用 Eelling Expenses	管理费用 Management Expenses	财务费用 Financial Expenses	利润总额 Total Profits	亏损企业亏损额 Losses of Unprofitable Enterprises
全　省	**Shaanxi**	**268274931**	**5897632**	**10615004**	**3060234**	**45852197**	**3699379**
西 安 市	Xi'an	83011583	2397660	2556129	85891	5724520	874000
铜 川 市	Tongchuan	3955232	79899	247941	127038	413459	66010
宝 鸡 市	Baoji	26153302	626958	1067798	273125	2013353	209109
咸 阳 市	Xianyang	26853484	779331	996469	274943	2436165	448587
渭 南 市	Weinan	22826663	283724	668488	293961	809411	498035
#韩城市	Hancheng	9750558	33841	150557	60571	-40715	229023
延 安 市	Yan'an	17924202	185797	999643	634940	3560338	460139
汉 中 市	Hanzhong	11382114	258811	424386	130644	504585	177178
榆 林 市	Yulin	50545714	527289	2783275	1004542	28478356	861954
安 康 市	Ankang	11619068	414211	484923	86683	1001524	9348
商 洛 市	Shangluo	10133085	246510	281642	114011	677295	69027
杨凌示范区	Yangling	1815809	97434	63458	19503	232099	25992

主要统计指标解释

工业 指从事自然资源的开采，对采掘品和农产品进行加工和再加工的物质生产部门。具体包括：(1)对自然资源的开采，如采矿、晒盐等(但不包括禽兽捕猎和水产捕捞)；(2)对农副产品的加工、再加工，如粮油加工、食品加工、缫丝、纺织、制革等；(3)对采掘品的加工、再加工，如炼铁、炼钢、化工生产、石油加工、机器制造、木材加工等，以及电力、自来水、煤气的生产和供应等；(4)对工业品的修理、翻新，如机器设备的修理、交通运输工具(如汽车)的修理等。

国有及国有控股企业 根据企业实收资本中国有经济成分的出资人的实际投资情况，或国有经济成分的出资人对企业资产的实际控制、支配程度进行分类。以下情况为国有控股：（1）在企业的全部实收资本中，国有经济成分的出资人拥有的实收资本（股本）所占企业全部实收资本（股本）的比例大于50%的国有绝对控股。（2）在企业的全部实收资本中，国有经济成分的出资人拥有的实收资本（股本）所占比例虽未大于50%，但相对大于其他任何一方经济成分的出资人所占比例的国有相对控股；或者虽不大于其他经济成分，但根据协议规定拥有企业实际控制权的国有协议控股。（3）投资双方各占 50%，且未明确由谁绝对控股的企业，若其中一方为国有经济成分的，一律按国有控股处理。

资产总计 指企业过去的交易或者事项形成的、由企业拥有或者控制的、预期会给企业带来经济利益的资源。资产一般按流动性分为流动资产和非流动资产。其中流动资产可分为货币资金、交易性金融资产、应收票据、应收账款、预付款项、其他应收款、存货等；非流动资产可分为长期股权投资、固定资产、无形资产及其他非流动资产等。来源于会计“资产负债表”中“资产总计”项目的期末余额数。

流动资产合计 资产满足以下条件之一应归为流动资产：（1）预计在一个正常营业周期中变现、出售或耗用，主要包括存货、应收账款等；（2）主要为交易目的而持有；（3）预计在资产负债表日起一年内（含一年）变现；（4）自资产负债日起一年内，交换其他资产或清偿负债的能力不受限制的现金或现金等价物。包括货币资金、应收票据、应收账款、存货等项目。来源于会计“资产负债表”中“流动资产合计”项目的期末余额数。

负债合计 指企业过去的交易或者事项形成的，预期会导致经济利益流出企业的现时义务。负债一般按偿还期长短分为流动负债和非流动负债。来源于会计“资产负债表”中“负债合计”项目的期末余额数。

应收账款 指企业因销售商品、提供劳务等经营活动所形成的债权，包括应向客户收取的货款、增值税款和为客户代垫的运杂费等。来源于会计“资产负债表”中“应收账款”项目的期末余额数。

存货 指企业在日常活动中持有以备出售的产成品或商品、处在生产过程中的在产品、在生产过程或提供劳务过程中耗用的材料或物料等，通常包括原材料、在产品、半成品、产成品、商品以及周转材料等。来源于会计“资产负债表”中“存货”项目的期末余额数。

产成品 指企业已经完成全部生产过程并验收入库，可以按照合同规定的条件送交订货单位，或者可以作为商品对外销售的产品。来源于会计“产成品”科目的借方余额。

营业收入 指企业经营主要业务和其他业务所确认的收入总额。营业收入包括“主营业务收入”和“其他业务收入”。来源于会计“利润表”中“营业收入”项目的本年累计数。

营业成本 指企业经营主要业务和其他业务所发生的成本总额。包括企业（单位）在报告期内从事销售商品、提供劳务等日常活动发生的各种耗费。包括“主营业务成本”和“其他业务成本”。来源于会计“利润表”中“营业成本”项目的本年累计数。

销售费用 指企业在销售商品和材料、提供劳务的过程中发生的各种费用，包括保险费、包装费、展览费和广告费、商品维修费、预计产品质量保证损失、运输费、装卸费等以及为销售本企业商品而专设的销售机构（含销售网点、售后服务网点等）的职工薪酬、业务费、折旧费等经营费用。

管理费用 指企业为组织和管理企业生产经营所发生的费用，包括企业在筹建期间内发生的开办费、董事会和行政管理部门在企业经营管理中发生的，或者应当由企业统一负担的公司经费等。来源于会计“利润表”中“管理费用”项目的本年累计数。

财务费用 指企业为筹集生产经营所需资金等而发生的筹资费用，包括企业生产经营期间发生的利息支出（减利息收入）、汇兑损失（减汇兑收益）以及相关的手续费等。来源于会计“利润表”中“财务费用”项目的本年累计数。

利润总额 指企业在一定会计期间的经营成果，是生产经营过程中各种收入扣除各种耗费后的盈余，反映企业在报告期内实现的盈亏总额。来源于会计“利润表”中“利润总额”项目的本年累计数。

平均用工人数 指报告期企业平均实际拥有的、参与本企业生产经营活动的人员数。

总资产贡献率 反映企业全部资产的获利能力，是企业经营业绩和管理水平的集中体现，是评价和考核企业盈利能力的核心指标。计算公式为：

$$\text{总资产贡献率(\%)}=\frac{\text{利润总额}+\text{税金总额}+\text{利息支出}}{\text{平均资金总额}}\times 100\%$$

公式中：税金总额为产品销售税金及附加与应交增值税之和；平均资产总额为期初期末资产之和的算术平均值。

资产负债率 该指标既反映企业经营风险的大小，也反映企业利用债权人提供的资金从事经营活动的能力。计算公式为：

$$资产负债率(\%)=\frac{负债总额}{资产总额}\times 100\%$$

资产与负债均为报告期期末数。

流动资产周转次数 指一定时期内流动资产完成的周转次数，反映投入工业企业流动资金的周转速度。计算公式为：

$$流动资产周转次数=\frac{产品销售收入}{全部流动资产平均余额}$$

公式中：全部流动资产平均余额为期初和期末的流动资产之和的算术平均值。

成本费用利润率 反映企业投入的生产成本及费用的经济效益，同时也反映企业降低成本所取得的经济效益。计算公式为：

$$成本费用利润率(\%)=\frac{利润总额}{成本费用总额}\times 100\%$$

公式中：成本费用总额为产品销售成本、销售费用、管理费用、财务费用之和。

Explanatory Notes on Main Statistical Indicators

Industry refers to the material production sector which is engaged in the extraction of natural resources and processing and reprocessing of minerals and agricultural products, including (1) extraction of natural resources, such as mining, salt production (but not including hunting and fishing); (2) processing and reprocessing of farm and sideline produces, such as rice husking, flour milling, wine making, oil pressing, silk reeling, spinning and weaving, and leather making; (3) manufacture of industrial products, such as steel making, iron smelting, chemicals manufacturing, petroleum processing, machine building, timber processing; water and gas production and electricity generation and supply; (4) repairing and renovating of industrial products such as the machinery.

State-owned and State-holding Enterprises They are classified according to the actual investment made by the contribor of state-owned part in the paid-in capital of the enterprises, or the degree of control or dominance of the contributor on the assets of the enterprises. The following cases are regarded as state-holding: (1) Absolute state-holding in which the contribors of state-owned parts possess more than 50% of all the paid-in capital (stocks) of the enterprises; (2) Relative state-holding in which the contribors of state-owned parts possess no more than 50% of the paid-in capital (stocks) of the enterprises, but more than that of any other contributors; or Agreed state-holding in which the contribors of state-owned parts possess no more than other contributors but have actual control over the enterprises according to agreements; (3) In the case both contributors possess 50% and it is not clear which one is in absolute holding position, the enterprise is regarded as state-holding enterprise if one of the contributor has state-owned elements.

Total Assets refer to all resources that are owned or controlled by enterprises through previous trades or transactions with expectation of making economic profits. Classified by the degree of liquidity, total assets include current assets and non-current assets. Current assets can be classified into monetary capital, trading financial assets, notes receivable, accounts receivable, advanced payments, other receivables and inventories. Non-current assets can be divided into long-term equity investment, fixed assets, intangible assets and other non-current assets. Data on this indicator can be obtained from the year-end figures of total assets in the Balance Sheet of accounting records.

Total Current Assets refer to the assets that meet one of the following requirements: (1) expected to be cashed, sold or used in a normal operation cycle, mainly including inventory and accounts receivable; (2) be owned for trading purpose mainly; (3) expected to be cashed in one year (including one year) from the day of the Balance Sheet; (4) unlimited cash or cash equivalents that can be exchanged with other assets or being capable of settling debts during one year since the day of the Balance Sheet. Included are monetary capital, notes receivable, accounts receivable and inventories. Data on this indicator can be obtained from the year-end figures of total current assets in the Balance Sheet of accounting records.

Total Liabilities refer to payable liabilities of enterprises that accumulated from previous trades or transactions with expectation of economic profits leaking out. In terms of payment, it can be divided into liquid liabilities and long-term liabilities. Data on this indicator can be obtained from the year-end figures of total liabilities in the Balance Sheet of accounting records.

Accounts Receivable refers to creditor's rights formed by business activities such as selling goods, providing labor, which include payment for goods that should be charged to the customer, value-added tax and advance freight for the clients. It comes from the ending balance of accounts receivable in balance sheet.

Inventories refers to finished goods or commodities held in preparation for sale in enterprises' daily activities, goods in the production process, material or the physical materials consumed in the production process or in the process of providing labor, usually include raw materials, goods in the production process, semi-finished products, finished products, goods and materials in flow. It comes from the ending balance of inventory in balance sheet.

Finished Goods refers to the products that the enterprises have completed all of the production process and accepted and put in storage, and can be sent to the ordering units in accordance with the contract stipulations, or can be on sale. It come from the debit balance of Finished Products of accounting.

Business Revenue refers to the total revenue recognized by an enterprise in its principal business and other business operations. Business revenue includes " revenue from principal Business" and " revenue from other business". It comes from this year's cumulative report of "business revenue" items from the "income statement".

Business Cost refers to the total cost incurred by an enterprise in its principal business and other business operations. It includes various expenditures incurred by enterprises (units) in their daily activities of selling goods and providing labour services during the reporting period. It includes "Cost of principal business" and "Cost of other business". It comes from this year's cumulative report of "operating cost" items from the "income statement".

Selling Expense refers to the cost during the sale of goods and materials, providing labour services, including insurance, packing, exhibition fees and advertising fees, merchandise maintenance costs, expected product quality guarantee loss, transportation fees, handling fees, and operating expenses for the sales of the company's products such as employee compensation, business expenses, depreciation costs for dedicated sales offices (including sales outlets, after-sales service outlets, etc.).

Administrative Expense refers to the expenses for the organization and management of enterprise operating, including the start-up costs during the construction of enterprises, funds occurred during enterprises operating by board of directors and executive management in the enterprise management, or burden by enterprises. It comes from this year's cumulative current amount of management cost in income statement.

Financial Expenses refers to cost of raising fund for enterprises to raise funds for production and operation, including interest payments (a reduction in interest income), exchange loss (less exchange gains) and related fees during the period of production. It comes from this year's cumulative current amount of financial expenses in income statement.

Total Profits refers to the operation results in a certain accounting period, and it is the balance of various incomes minus various spendings in the course of operation, reflecting the total profits and losses of enterprises in reference period. Data are obtained from the this year's cumulative amount of total profits in the profit statement of the accounting record of enterprise.

Annual Average Employees refers to the number of persons engaged in the enterprise production and operation activities in the reporting period, which are actually owned by the enterprise.

Ratio of Profits, Taxes and Interests to Average Assets reflects the profit-making capability of all assets of the enterprise and is a key indicator manifesting the performance and management and evaluating the profit-making potential of the enterprise. It is calculated as follows:

$$\text{Ratio of Profits, Taxes and Interests to Average Assets (\%)} = \frac{\text{total profits} + \text{total taxes} + \text{interest payment}}{\text{average assets}} \times 100\%$$

In the above formula, total taxes is the sum of tax and extra charges on the sales of products and value-added tax payable; and average assets is the arithmetic mean of the sum of beginning assets and ending assets.

Ratio of Debts to Assets reflects both the operation risk and the capability of the enterprise in making use of the capital from the creditors. It is calculated as follows:

$$\text{Ratio of Debts to Assets (\%)} = \frac{\text{total debts}}{\text{total assets}} \times 100\%$$

Both assets and debts are figures at the end of the reference period.

Turnover of Working Capital refers to the number of times of turnover of working capital in a given period of time, which reflects the speed of the turnover of working capital of industrial enterprises, and is calculated as follows:

$$\text{Turnover of Working Capital} = \frac{\text{sales revenue of products}}{\text{average balance of total working capital}}$$

In the above formula, average balance of total working capital refers to the arithmetic mean of the sum of working capital at the beginning and at the end of the reference period.

Ratio of Profits to Total Industrial Costs refers to the ratio of profits realized in a given period to the total costs in the same period, which reflects the economic efficiency of input cost and is calculated as follows:

$$\text{Ratio of Profits to Total Industrial Cost (\%)} = \frac{\text{total profits}}{\text{total costs}} \times 100\%$$

Total costs in the above formula are the sum of cost of products sold, marketing cost, management cost and financial cost.

十四、建筑业

Construction

资料整理：郭　涛

简 要 说 明

一、本篇资料反映陕西建筑业概况和发展情况。内容包括：建筑业企业基本情况和生产经营情况。主要指标有企业个数、从业人员数、建筑业总产值、房屋建筑面积、利润税金、劳动生产率等。

二、本篇资料的统计范围：根据建筑业发展的实际情况，建筑业统计范围从 2002 年年报起由原具有建筑业资质等级四级及四级以上的独立核算的建筑业企业调整为具有建筑业资质的独立核算建筑业企业。2019 年起改为具有建筑业资质等级的总承包和专业承包施工企业，劳务分包企业不再纳入常规统计。

Brief Introduction

I. This chapter reflects the general situation and the development of the construction industry of Shaanxi Province. They cover the situation of production and management of the construction enterprises, including the number of enterprises, number of employed persons, gross output value, floor space of buildings under construction, profits and taxes and labour productivity etc.

II. Scope of Statistics

In view of the development of the construction industry, starting from 2002 the scope of construction statistics has been adjusted to include all the construction enterprises of various types of ownership with qualification certificates and independent accounting systems, replacing the previous criteria that required construction enterprises of various types of ownership to have qualification certificates at or above Class 4 with independent accounting systems. since 2019 which have to the general contracting and professional contracting construction enterprises which possess qualification grades,labor subcontracting enterprises will not included in regular statistics.

14.建筑业

2022年全省具有建筑业资质等级的总承包和专业承包施工企业		
企业个数	4282	个
# 国有及国有控股企业	388	个
总产值	10067.87	亿 元
# 国有及国有控股企业	6715.31	亿 元
房屋建筑竣工面积	6824.19	万平方米
房屋建筑面积竣工率	17.0	%

建筑业总产值（亿元）

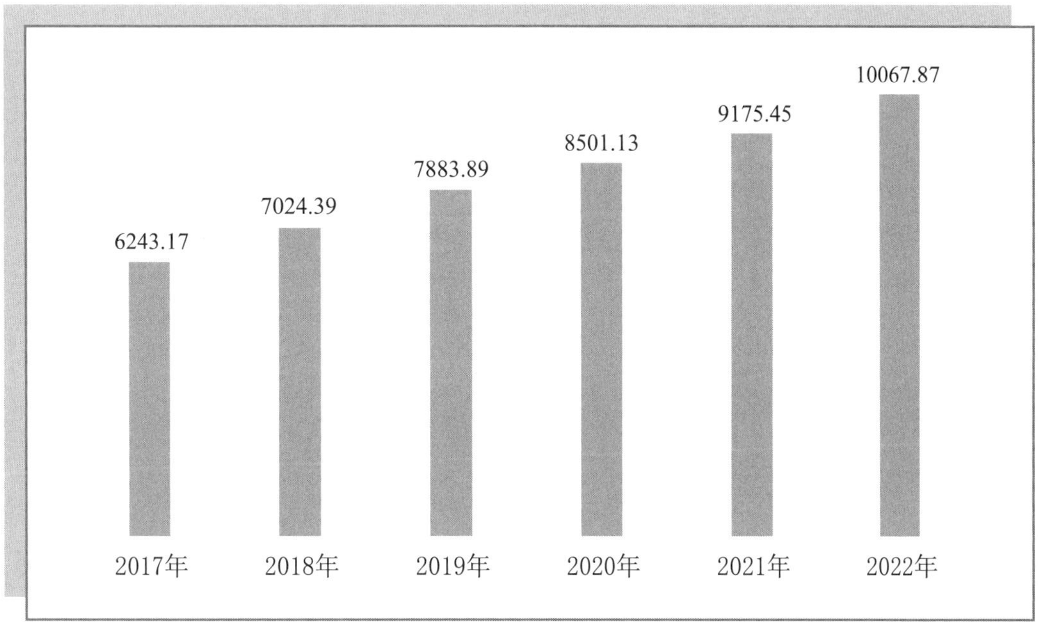

14-1 建筑业总产值
Gross Output Value of Construction

单位：万元 (10 000 yuan)

年 份 Year	建筑业总产值 Gross Output Value of Construction	# 地方属企业 Local-owned	国有企业 State-owned	集体企业 Collective-owned
1978	86642	60131	75082	11560
1979	91932	66057	77854	14078
1980	97607	71142	80505	17102
1981	82528	65171	65789	16739
1982	98176	70799	79749	18427
1983	110401	75874	85828	24573
1984	139234	92633	111271	27963
1985	164405	100322	132119	32286
1986	183081	112965	150795	38357
1987	208180	125264	165971	42209
1988	242409	134927	197920	44489
1989	273554	144417	230069	43485
1990	325034	155840	278358	46676
1991	360774	173400	306098	54676
1992	479806	228929	410445	69361
1993	751613	331449	650865	100649
1994	980260	414949	856685	121941
1995	1065612	501076	914782	143870
1996	1294502	735145	940012	335948
1997	1642493	928341	1158205	461272
1998	1879804	983440	1399161	394712
1999	2183009	1188225	1640515	432628
2000	2423046	1205275	1843456	439089
2001	2797388	1424557	1970842	479810
2002	3473536	1735125	2474524	490351
2003	4409564	2076800	3138878	456851
2004	5231639	2688405	3878423	439996
2005	6586411	3011102	5068215	443869
2006	8306966	3918215	6108524	686188
2007	11734648	5906626	7794313	931517
2008	16556239	8501607	11138979	1036447
2009	23092674	11391659	16741395	1201810
2010	28637317	15426858	20021853	2220240
2011	34984999	20712510	24518351	3152250
2012	35407509	24154390	22000114	3849886
2013	40060698	15161904	24898794	2184911
2014	45663737	17620611	28043125	2177236
2015	48118597	18562290	29556307	1986698
2016	53458015	20002390	33455625	4714710
2017	62431659	24418939	38012720	5657725
2018	70243923	19928252	43101413	5393772
2019	78838885	20963805	48919595	5928536
2020	85011279	22698547	54840868	5166786
2021	91754544	23878152	59235292	6082257
2022	100678682	28651480	67153142	6771279

注：1.1996年以后建筑业年报统计范围由往年的县及县以上(含县级建制镇)各种经济类型的建筑企业，改为具有建筑业资质等级四级及以上的各种经济类型的建筑施工企业；2002年改为具有建筑业资质等级的各种经济类型的建筑施工企业。
2.1998年以后国有经济为国有及国有控股企业。
3.本表资料含劳务分包企业。

a) Since 1996, the statistical range of construction annual report have changed from construction enterprises of all economic types in counties and above counties level (contain county towns) to the construction enterprises of all economic types at fourth or higher quality grades, since 2002 which have changed to the all economic types construction enterprises which possess qualification grades.
b) Since 1998, the state-owned enterprises are the state-owned and the state holding enterprises.
c) Data in the table include the subcontractor of labour services.

14-2 具有资质等级的建筑业企业主要指标(2022年)

指　标	Item	企业数(个) Number of Enterprises (unit)	总产值(万元) Total Output Value (10 000yuan)
总　计	**Total**	**4282**	**100678682**
# 国有及国有控股企业	State-owned and State-holding Enterprises	388	67153142
按登记注册类型分	**By Status of Registration**		
内资企业	Domestic Invested Enterprises	4273	100515481
国有企业	State-owned Enterprises	74	2877753
集体企业	Collective-owned Enterprises	90	1282835
股份合作企业	Cooperative Enterprises	6	83156
联营企业	Joint Ownership Enterprises	2	41597
有限责任公司	Limited Liability Corporations	807	68855565
股份有限公司	Share-holding Corporations Ltd.	31	5903354
私营企业	Private Enterprises	3261	21466761
其他企业	Other Enterprises	2	4461
港、澳、台商投资企业	Enterprises with Investment from Hong Kong,Macao and Taiwan	2	85578
合资经营企业(港或澳、台资)	Joint-venture Enterprises	1	47656
港、澳、台商独资经营企业	Sole-proprietorship Enterprises	1	37921
外商投资企业	Foreign Invested Enterprises	7	77624
中外合资经营企业	Joint-venture Enterprises	1	3436
外资企业	Sole-proprietorship Enterprises	6	74187
按国民经济行业分	**By Sector**		
房屋建筑业	Building	2147	46828555
住宅房屋建筑	House Building	2010	45317494
体育场馆建筑	Stadium Building	1	3080
其他房屋建筑业	Other Building	136	1507981
土木工程建筑业	Building and Civil Engineering	1387	44653365
铁路、道路、隧道和桥梁工程建筑	Railway Road Tunnel and Bridge Engineering Construction	931	34248406
水利和水运工程建筑	Water Conservancy and Inland Port	97	3572404
工矿工程建筑	Industrial and Mining Engineering	76	1352364
架线和管道工程建筑	Wiring and Piping Engineering	107	1990580
节能环保工程施工	Energy Saving and Environmental Protection Engineering	14	465975
电力工程施工	Electrical Engineering	50	1368992
其他土木工程建筑	Other Civil Engineering Construction	112	1654644
建筑安装业	Construction Installation	302	4127220
电气安装	Electrical Installation	146	1194824
管道和设备安装	Piping and Equipment Installation	66	2164121
其他建筑安装业	Other Construction and Installation Industry	90	768275
建筑装饰、装修和其他建筑业	Building Decoration and Other Construction	382	2118609
建筑装饰业和装修业	Construction Decoration	269	1566144
建筑物拆除和场地准备活动	Engineering Preparation	42	163138
提供施工设备服务	Construction Equipment Services	7	22311
其他未列明建筑	Other Construction Activities Unlisted	64	367017

Main Production Indicators of Construction Enterprises Which Possess Qualification Grades(2022)

建筑工程 Construction	安装工程 Installation	其 他 Others	竣工产值 (万元) Output Value of Completed Construction (10 000 yuan)	从事主营业务活动从业人员平均人数(人) The Average Number of Employed Persons (person)	从事主营业务活动从业人员年末人数(人) Number of Employed Persons at Year-end (person)	# 工程技术人员 Engineers	按总产值计算劳动生产率 (元/人) Overall Labor Productivity by Gross Output Value (yuan/person)
88633703	**8485639**	**3559340**	**30791447**	**1690148**	**1225958**	**210883**	**595680**
60728478	4066361	2358303	21164768	926921	640187	118598	724475
88498698	8464942	3551840	30750630	1686718	1223577	210576	595923
2569492	176380	131880	837573	71959	45248	10499	399916
1175622	82520	24693	619479	27983	27396	3836	458434
73931	9224		58383	2372	2055	254	350573
41597				1124	907	222	370080
60615651	5808614	2431300	20963036	1012150	706012	121787	680290
5663356	239848	150	1863711	43547	17240	4049	1355628
18354587	2148357	963817	6408448	527481	424647	69924	406967
4461	4461				102	72	5
78078	7500			1697	1205	178	504290
40156	7500			1000	500	70	476560
37921				697	705	108	544060
56928	13196	7500	40817	1733	1176	129	447917
3436				110	106	33	312364
53491	13196	7500	40817	1623	1070	96	457098
42321729	3049144	1457682	16446279	853328	631187	92417	548776
41051763	2952619	1313111	15831799	814694	603492	89304	556252
1874	1205			95	92	34	324211
1268091	95320	144571	614481	38539	27603	3079	391287
39909554	3329576	1414234	11423694	659688	496796	95314	676886
32130425	1115762	1002219	9438716	480683	374753	70582	712495
3426342	62832	83230	322495	46981	40991	9487	760393
1064912	129080	158372	338045	36406	23242	3064	371467
668143	1230159	92278	668499	36420	27338	5862	546562
424021	32855	9099	20997	7391	6523	1246	630463
605232	714870	48890	337979	18309	12955	2669	747715
1590480	44019	20146	296962	33498	10994	2404	493953
1819516	1816663	491041	687849	70195	45644	13233	587965
729757	429854	35213	347883	22351	18887	7987	534573
725250	1049203	389669	144437	33831	15970	3127	639686
364510	337606	66159	195529	14013	10787	2119	548259
1672010	258920	187679	591183	50085	36306	6424	423003
1307212	152000	106932	477933	37440	27078	4606	418308
140282	6382	16474	62394	3811	2384	577	428071
6418	4138	11754	2641	529	466	233	421758
218097	96400	52519	48214	8305	6378	1008	441923

14-2 续表 1

指　　标	Item	企业数 (个) Number of Enterprises (unit)	总产值 (万元) Total Output Value (10 000yuan)
按隶属关系分	**By Jurisdiction of Management**		
中　央	Central	84	36656711
地　方	Local	421	28651480
其　他	Others	3776	35368391
按企业资质等级分	**By Qualification Grade**		
施工总承包	The General Contractor	3501	94901871
特　级	Special Grade	36	33767098
一　级	First Grade	305	34384116
二　级	Second Grade	1683	21947680
三级及以下	Third Grade and Below	1477	4802977
专业承包	The Specialized Contractor	781	5776811
一　级	First Grade	232	3204630
二　级	Second Grade	313	1128480
三级及以下	Third Grade and Below	236	1443701
按运营状态分	**By Business State**		
正常运营	Operating	4213	100608582
停业(歇业)	Suspension	62	54903
当年关闭	Closure in This Year	1	98
当年注销	Cancel in This Year		
其　他	Others	6	15099
按控股情况分	**By Holding Situation**		
国有控股	State-holding	388	67153142
集体控股	Group Holdings	142	6771279
私人控股	Private Holdings	3744	26594496
港澳台商控股	Hong Kong,Macao and Taiwan Holdings	2	85578
外商控股	Foreign Holdings	6	74187
其　他	Others		

continued

建筑工程 Construction	安装工程 Installation	其　他 Others	竣工产值 (万元) Output Value of Completed Construction (10 000 yuan)	从事主营业务活动从业人员平均人数(人) The Average Number of Employed Persons (person)	从事主营业务活动从业人员年末人数(人) Number of Employed Persons at Year-end (person)	# 工程技术人员 Engineers	按总产值计算劳动生产率 (元/人) Overall Labor Productivity by Gross Output Value (yuan/person)
33901100	2187633	567978	8991730	465552	349869	67400	787382
24871049	2395819	1384612	11599464	431205	261054	46699	664451
29860454	3902187	1605750	10200253	793243	614910	96746	445871
84042310	7596924	3262637	29180513	1551070	1125069	193463	611848
31352007	1674599	740493	11504211	459751	286676	54622	734465
30034932	3069186	1279998	10067523	512680	370275	63764	670674
18604477	2364318	978885	5946576	444590	361890	55639	493661
4050894	488821	263262	1662203	134049	106228	19438	358300
4591394	888714	296703	1610934	139078	100889	17420	415365
2526081	563855	114694	861531	66707	45553	8882	480404
844676	177592	106212	478963	28211	19081	4732	400014
1220637	147267	75797	270440	44160	36255	3806	326925
88568784	8483732	3556067	30755592	1687760	1224184	210393	596107
51178	701	3024	35257	2086	1476	321	263198
98			98	3	8	3	326667
13644	1206	250	500	299	290	166	504983
60728478	4066361	2358303	21164768	926921	640187	118598	724475
5045611	1641113	84555	1335995	98467	55595	9329	687670
22728046	2757469	1108981	8249867	661440	527901	82682	402070
78078	7500			1697	1205	178	504290
53491	13196	7500	40817	1623	1070	96	457098

14–2 续表 2

指　　标	Item	房屋建筑施工面积（万平方米） Floor Space of Buildings under Construction (10 000 sq.m)	# 本年新开工面积 New Buildings
总　　计	**Total**	**40252.75**	**9582.50**
# 国有及国有控股企业	State-owned and State-holding Enterprises	30170.53	6511.96
按登记注册类型分	**By Status of Registration**		
内资企业	Domestic Invested Enterprises	40115.50	9573.41
国有企业	State-owned Enterprises	818.14	182.71
集体企业	Collective-owned Enterprises	517.36	315.95
股份合作企业	Cooperative Enterprises	39.77	35.89
联营企业	Joint Ownership Enterprises		
有限责任公司	Limited Liability Corporations	29576.25	6348.40
股份有限公司	Share-holding Corporations Ltd.	3513.92	772.46
私营企业	Private Enterprises	5648.95	1916.91
其他企业	Other Enterprises	1.10	1.10
港、澳、台商投资企业	Enterprises with Investment from Hong Kong,Macao and Taiwan	93.49	8.53
合资经营企业(港或澳、台资)	Joint-venture Enterprises	49.99	
港、澳、台商独资经营企业	Sole-proprietorship Enterprises	43.49	8.53
外商投资企业	Foreign Invested Enterprises	43.76	0.56
中外合资经营企业	Joint-venture Enterprises	0.56	0.56
外资企业	Sole-proprietorship Enterprises	43.20	
按国民经济行业分	**By Sector**		
房屋建筑业	Building	31499.10	7693.18
住宅房屋建筑	House Building	30999.29	7485.75
体育场馆建筑	Stadium Building	0.49	
其他房屋建筑业	Other Building	499.32	207.44
土木工程建筑业	Building and Civil Engineering	4543.96	844.00
铁路、道路、隧道和桥梁工程建筑	Railway Road Tunnel and Bridge Engineering Construction	2833.97	629.14
水利和水运工程建筑	Water Conservancy and Inland Port	659.19	70.86
工矿工程建筑	Industrial and Mining Engineering	164.97	31.00
架线和管道工程建筑	Wiring and Piping Engineering	5.57	2.18
节能环保工程施工	Energy Saving and Environmental Protection Engineering	106.21	0.42
电力工程施工	Electrical Engineering	29.34	0.44
其他土木工程建筑	Other Civil Engineering Construction	744.71	109.95
建筑安装业	Construction Installation	612.40	157.47
电气安装	Electrical Installation	97.70	1.94
管道和设备安装	Piping and Equipment Installation	410.23	98.43
其他建筑安装业	Other Construction and Installation Industry	104.47	57.10
建筑装饰、装修和其他建筑业	Building Decoration and Other Construction	304.62	121.50
建筑装饰业和装修业	Construction Decoration	225.64	110.21
建筑物拆除和场地准备活动	Engineering Preparation	23.82	1.75
提供施工设备服务	Construction Equipment Services	5.50	1.30
其他未列明建筑	Other Construction Activities Unlisted	49.65	8.23

continued

房屋建筑竣工面积(万平方米) Floor Space of Buildings Completed (10 000 sq.m)	# 住宅 Residential Housing	房屋建筑面积竣工率(%) Rate of Floor Space of Buildings Completed(%)	资产总计(万元) Total Assets (10 000 yuan)	# 流动资产 Circulating Funds	固定资产原价(万元) Original Value of Fixed Assets (10 000 yuan)	负债合计(万元) Total Liabilities (10 000 yuan)	所有者权益合计(万元) Owners' Equity (10 000 yuan)	# 实收资本 Paid-in Capitals
6824.19	**4444.84**	**17.0**	**131145496**	**109693263**	**7878135**	**102213944**	**28931552**	**16572352**
4043.04	2536.71	13.4	96650896	80153103	4531804	79509476	17141420	8568639
6824.19	4444.84	17.0	130887388	109435931	7875134	102094711	28792677	16561386
160.56	128.69	19.6	3565155	3196737	179003	2804890	760266	398958
249.04	137.21	48.1	1123877	633414	166884	511976	611901	195270
1.61	1.40	4.0	78306	59784	6458	20897	57410	60596
		…	67459	63132	5911	39137	28322	14200
4210.33	2755.02	14.2	90129813	74920493	4799653	73323346	16806468	8787329
536.07	379.72	15.3	11216669	9089768	211704	9559446	1657224	519749
1666.59	1042.80	29.5	24704820	21472103	2504618	15834074	8870747	6585083
			1287	502	903	947	340	199
			71736	71683	131	58437	13300	5500
			7149	7148	8	1631	5518	500
			64588	64535	123	56806	7782	5000
			186371	185649	2870	60796	125576	5466
			3168	3134	73	1802	1366	1366
			183203	182515	2797	58994	124210	4100
5892.80	3952.56	18.7	52844785	47810946	2459846	41801658	11043128	6462145
5664.59	3842.04	18.3	50465844	45636278	2349488	39999289	10466555	6079022
			29092	26858		17963	11129	10070
228.21	110.51	45.7	2349849	2147811	110358	1784405	565444	373053
262.73	100.47	5.8	57943660	44601948	4652514	44271263	13672397	7869393
149.21	63.85	5.3	44985976	34435063	3555942	35060115	9925861	5862966
38.51	27.81	5.8	3645083	2553347	359360	2382180	1262903	566831
27.59	5.61	16.7	1873927	1561073	303385	1112940	760987	444137
2.69	0.26	48.3	2554301	2197479	201290	1921744	632558	363686
4.12	1.62	3.9	985560	539186	14321	598998	386562	160675
26.88		91.6	1754580	1487218	116665	1474585	279995	209863
13.73	1.32	1.8	2144234	1828582	101551	1720702	423532	261235
128.04	86.55	20.9	6090815	5511961	397110	4387159	1703657	909937
66.99	66.81	68.6	1809884	1573205	169684	1238685	571199	358888
10.00	7.91	2.4	3135947	2880028	183066	2359377	776570	367900
51.05	11.84	48.9	1144984	1058727	44360	789096	355888	183149
130.24	36.67	42.8	2242759	2007058	208153	1597204	645555	497588
99.95	32.76	44.3	1663399	1520224	96312	1225449	437950	373280
21.07	0.50	88.5	257392	233525	33645	193762	63630	48173
1.70		30.9	35885	23084	18138	19931	15954	5159
7.52	3.42	15.1	286082	230225	60058	158062	128021	70976

14-2 续表 3

指　　标	Item	房屋建筑施工面积(万平方米) Floor Space of Buildings under Construction (10 000 sq.m)	# 本年新开工面积 New Buildings
按隶属关系分	**By Jurisdiction of Management**		
中　央	Central	9317.68	1429.31
地　方	Local	18721.03	4785.60
其　他	Others	12214.04	3367.59
按企业资质等级分	**By Qualification Grade**		
施工总承包	The General Contractor	39577.17	9371.93
特　级	Special Grade	21835.27	4322.48
一　级	First Grade	11818.06	2566.04
二　级	Second Grade	5294.46	2199.74
三级及以下	Third Grade and Below	629.38	283.67
专业承包	The Specialized Contractor	675.58	210.58
一　级	First Grade	328.60	83.66
二　级	Second Grade	217.91	80.44
三级及以下	Third Grade and Below	129.07	46.48
按运营状态分	**By Business State**		
正常运营	Operating	40234.60	9569.75
停业(歇业)	Suspension	16.15	11.26
当年关闭	Closure in This Year		
当年注销	Cancel in This Year		
其　他	Others	2.00	1.50
按控股情况分	**By Holding Situation**		
国有控股	State-holding	30170.53	6511.96
集体控股	Group Holdings	1823.16	684.02
私人控股	Private Holdings	8122.37	2377.99
港澳台商控股	Hong Kong,Macao and Taiwan Holdings	93.49	8.53
外商控股	Foreign Holdings	43.20	
其　他	Others		

continued

房屋建筑竣工面积（万平方米） Floor Space of Buildings Completed (10 000 sq.m)	# 住宅 Residential Housing	房屋建筑面积竣工率(%) Rate of Floor Space of Buildings Completed(%)	资产总计（万元） Total Assets (10 000 yuan)	# 流动资产 Circula-ting Funds	固定资产原价（万元） Original Value of Fixed Assets (10 000 yuan)	负债合计（万元） Total Liabilities (10 000 yuan)	所有者权益合计（万元） Owners' Equity (10 000 yuan)	# 实收资本 Paid-in Capitals
809.86	515.55	8.7	39592964	29373811	3435334	31598935	7994029	4321788
3067.10	1895.75	16.4	48289896	42732262	1033500	40215848	8074047	3513680
2947.23	2033.55	24.1	43258923	37584316	3408252	30398710	12860213	8736844
6552.03	4278.03	16.6	123798836	103172658	7346226	96828245	26970591	15255548
2821.44	1835.07	12.9	57329256	45707175	2188750	47169895	10159361	4085121
1803.00	1210.54	15.3	36710007	32911965	2434762	29511647	7198360	4911982
1628.12	1092.63	30.8	23763202	19910751	2074078	16363457	7399745	5087365
299.47	139.79	47.6	5996371	4642766	648636	3783246	2213124	1171080
272.16	166.81	40.3	7346660	6520605	531909	5385699	1960961	1316805
29.43	8.65	9.0	4014235	3658801	228311	3068668	945567	611132
143.38	72.31	65.8	1741766	1544785	141737	1152116	589650	433566
99.36	85.86	77.0	1590659	1317019	161862	1164915	425744	272106
6814.01	4434.91	16.9	130938727	109529190	7861897	102076875	28861852	16497710
10.19	9.93	63.1	161385	122576	13499	107383	54001	59514
		…	2156	267	385	118	2037	2000
			43228	41231	2354	29567	13661	13129
4043.04	2536.71	13.4	96650896	80153103	4531804	79509476	17141420	8568639
509.73	362.03	28.0	4137373	3148127	429185	3062190	1075183	426481
2271.42	1546.11	28.0	30102288	26137835	2914218	19524848	10577440	7567632
			71736	71683	131	58437	13300	5500
			183203	182515	2797	58994	124210	4100

14-2 续表 4

指 标	Item	营业收入（万元）Business Revenue (10 000 yuan)	营业成本（万元）Cost of Business (10 000 yuan)	营业利润（万元）Profits from Business (10 000 yuan)
总 计	**Total**	**90348550**	**83397385**	**2743108**
# 国有及国有控股企业	State-owned and State-holding Enterprises	64257950	59652208	1935123
按登记注册类型分	**By Status of Registration**			
内资企业	Domestic Invested Enterprises	90114514	83207884	2699562
国有企业	State-owned Enterprises	2509497	2294110	124069
集体企业	Collective-owned Enterprises	1070106	971907	44852
股份合作企业	Cooperative Enterprises	84240	78288	953
联营企业	Joint Ownership Enterprises	9549	8110	204
有限责任公司	Limited Liability Corporations	62419334	57780346	1865331
股份有限公司	Share-holding Corporations Ltd.	5502307	5151011	195625
私营企业	Private Enterprises	18514989	16920176	468426
其他企业	Other Enterprises	4493	3935	102
港、澳、台商投资企业	Enterprises with Investment from Hong Kong,Macao and Taiwan	80408	74244	5060
合资经营企业(港或澳、台资)	Joint-venture Enterprises	43721	38608	4016
港、澳、台商独资经营企业	Sole-proprietorship Enterprises	36687	35636	1044
外商投资企业	Foreign Invested Enterprises	153629	115257	38486
中外合资经营企业	Joint-venture Enterprises	3795	3473	19
外资企业	Sole-proprietorship Enterprises	149833	111785	38467
按国民经济行业分	**By Sector**			
房屋建筑业	Building	35579019	32535836	1128861
住宅房屋建筑	House Building	33972303	31081133	1064574
体育场馆建筑	Stadium Building	5290	3833	-45
其他房屋建筑业	Other Building	1601426	1450870	64331
土木工程建筑业	Building and Civil Engineering	42489493	39611200	1159794
铁路、道路、隧道和桥梁工程建筑	Railway Road Tunnel and Bridge Engineering Construction	32163164	30291664	868787
水利和水运工程建筑	Water Conservancy and Inland Port	3397262	3090816	98615
工矿工程建筑	Industrial and Mining Engineering	1405358	1242873	36933
架线和管道工程建筑	Wiring and Piping Engineering	1981332	1727616	73097
节能环保工程施工	Energy Saving and Environmental Protection Engineering	445487	399755	38141
电力工程施工	Electrical Engineering	1410013	1305991	22366
其他土木工程建筑	Other Civil Engineering Construction	1686877	1552485	21856
建筑安装业	Construction Installation	4654427	4256544	157853
电气安装	Electrical Installation	1427290	1314241	36939
管道和设备安装	Piping and Equipment Installation	2387593	2204738	81794
其他建筑安装业	Other Construction and Installation Industry	839543	737565	39119
建筑装饰、装修和其他建筑业	Building Decoration and Other Construction	1958126	1759908	46497
建筑装饰业和装修业	Construction Decoration	1451348	1325919	26376
建筑物拆除和场地准备活动	Engineering Preparation	153502	139483	3627
提供施工设备服务	Construction Equipment Services	21181	18653	225
其他未列明建筑	Other Construction Activities Unlisted	332095	275852	16270

continued

利润总额 (万元) Total Profits (10 000 yuan)	税金总额 (万元) Total Tax (10 000 yuan)	税金及附加 Taxes and Other Charges	应交增值税 Value-added Tax Payable	管理费用 (万元) Management Expenses (10 000 yuan)	应付职工薪酬 (万元) Wages Payable (10 000 yuan)	产值利润率 (%) Ratio of Profit to Gross Output Value (%)	产值利税率 (%) Ratio of Pre-tax Profit to Gross Output Value (%)	资产负债率 (%) Assets-Liability Ratio (%)
2767170	**1999933**	**408441**	**1591492**	**2392427**	**6230362**	**2.7**	**2.0**	**77.9**
1946366	972887	152315	820572	1174023	3587029	2.9	1.4	82.3
2723547	1996853	407932	1588921	2387638	6212680	2.7	2.0	78.0
126452	82179	23168	59011	69474	202183	4.4	2.9	78.7
51784	67522	27221	40301	33451	127119	4.0	5.3	45.6
994	4656	3815	841	1205	12508	1.2	5.6	26.7
269	173	33	140	1087	1843	0.6	0.4	58.0
1874151	1015706	180678	835028	1279658	3791733	2.7	1.5	81.4
195962	117721	18991	98730	87739	355375	3.3	2.0	85.2
473924	708885	154018	554867	914727	1721560	2.2	3.3	64.1
11	11	8	3	297	361	0.2	0.2	73.6
5065	2325	349	1976	1614	1278	5.9	2.7	81.5
4017	703	137	566	1005	333	8.4	1.5	22.8
1048	1622	212	1410	608	945	2.8	4.3	88.0
38558	756	161	595	3176	16404	49.7	1.0	32.6
19	77	20	57	215	77	0.6	2.2	56.9
38539	679	141	538	2960	16328	51.9	0.9	32.2
1147562	1068999	251460	817539	869328	2746959	2.5	2.3	79.1
1082814	1018356	237049	781307	813058	2639452	2.4	2.2	79.3
87	48	35	13	1144	552	2.8	1.6	61.7
64662	50595	14376	36219	55127	106955	4.3	3.4	75.9
1167352	718840	123175	595665	1068050	2801235	2.6	1.6	76.4
871598	472364	80903	391461	634480	1816028	2.5	1.4	77.9
99971	75411	14664	60747	73612	297327	2.8	2.1	65.4
35468	45928	7225	38703	68849	262390	2.6	3.4	59.4
74183	49297	8792	40505	179767	210494	3.7	2.5	75.2
40362	7072	1287	5785	11990	22897	8.7	1.5	60.8
22535	25915	4709	21206	57705	91481	1.6	1.9	84.0
23236	42854	5596	37258	41646	100618	1.4	2.6	80.2
159354	100938	14176	86762	184419	372771	3.9	2.4	72.0
36927	28395	4056	24339	73894	147706	3.1	2.4	68.4
83507	47859	7534	40325	60341	173685	3.9	2.2	75.2
38920	24684	2586	22098	50184	51381	5.1	3.2	68.9
45162	58412	9772	48640	172978	141588	2.1	2.8	71.2
25437	40659	7090	33569	81096	91129	1.6	2.6	73.7
3265	5762	659	5103	11257	12919	2.0	3.5	75.3
83	1803	856	947	1517	3655	0.4	8.1	55.5
16377	10189	1168	9021	79108	33884	4.5	2.8	55.3

14−2 续表 5

指 标	Item	营业收入 (万元) Business Revenue (10 000 yuan)	营业成本 (万元) Cost of Business (10 000 yuan)	营业利润 (万元) Profits from Business (10 000 yuan)
按隶属关系分	**By Jurisdiction of Management**			
中 央	Central	33634663	31661418	826320
地 方	Local	27187587	24800781	1006227
其 他	Others	29524681	26934201	910170
按企业资质等级分	**By Qualification Grade**			
施工总承包	The General Contractor	84580350	78160783	2590503
特 级	Special Grade	38957350	36244593	1144014
一 级	First Grade	24308055	22474716	747846
二 级	Second Grade	17210260	15788983	504598
三级及以下	Third Grade and Below	4104684	3652491	194044
专业承包	The Specialized Contractor	5768200	5236602	152606
一 级	First Grade	3217906	2949148	73454
二 级	Second Grade	1171754	1060207	20741
三级及以下	Third Grade and Below	1378540	1227247	58411
按运营状态分	**By Business State**			
正常运营	Operating	90283594	83337875	2743625
停业(歇业)	Suspension	48832	43670	-63
当年关闭	Closure in This Year	91	83	-23
当年注销	Cancel in This Year			
其 他	Others	16033	15757	-431
按控股情况分	**By Holding Situation**			
国有控股	State-holding	64257950	59652208	1935123
集体控股	Group Holdings	3273827	2914767	141021
私人控股	Private Holdings	22586532	20644383	623437
港澳台商控股	Hong Kong,Macao and Taiwan Holdings	80408	74244	5060
外商控股	Foreign Holdings	149833	111785	38467
其 他	Others			

continued

利润总额 (万元) Total Profits (10 000 yuan)	税金总额 (万元) Total Tax (10 000 yuan)	税金及附加 Taxes and Other Charges	应交增值税 Value-added Tax Payable	管理费用 (万元) Management Expenses (10 000 yuan)	应付职工薪酬 (万元) Wages Payable (10 000 yuan)	产值利润率 (%) Ratio of Profit to Gross Output Value (%)	产值利税率 (%) Ratio of Pre-tax Profit to Gross Output Value (%)	资产负债率 (%) Assets-Liability Ratio (%)
831676	415094	63453	351641	551849	1978438	2.3	1.1	79.8
1018950	513191	89443	423748	539351	1559735	3.6	1.8	83.3
916153	1071588	255487	816101	1301069	2691865	2.6	3.0	70.3
2615776	1840725	385129	1455596	2057999	5793413	2.8	1.9	78.2
1141942	412743	73643	339100	559539	1711076	3.4	1.2	82.3
759387	590635	101673	488962	528875	2017258	2.2	1.7	80.4
519129	674590	168175	506415	748193	1584152	2.4	3.1	68.9
195317	162758	41639	121119	221393	480927	4.1	3.4	63.1
151394	159207	23312	135895	334428	436949	2.6	2.8	73.3
72266	80646	10986	69660	135982	176257	2.3	2.5	76.4
21339	41291	6174	35117	121347	106750	1.9	3.7	66.1
57788	37272	6153	31119	77099	153942	4.0	2.6	73.2
2767660	1995964	407245	1588719	2387535	6217600	2.8	2.0	78.0
-41	3752	1077	2675	4380	12482	-0.1	6.8	66.5
-23	3		3	31	19	-23.5	3.1	5.5
-427	215	120	95	482	262	-2.8	1.4	68.4
1946366	972887	152315	820572	1174023	3587029	2.9	1.4	82.3
147746	144896	52319	92577	171411	364445	2.2	2.1	74.0
629455	879148	203318	675830	1042420	2261283	2.4	3.3	64.9
5065	2325	349	1976	1614	1278	5.9	2.7	81.5
38539	679	141	538	2960	16328	51.9	0.9	32.2

14-3 各市(区)建筑业企业个数(2022年)
Number of Construction Enterprises by City(District) (2022)

单位：个 (unit)

地区	Region	企业个数 Number of Enterprises	中央企业 Central	地方企业 Local	施工总承包 General Contracting	专业承包 Professional Contracting	国有及国有控股企业 State-owned and State-holding	集体企业 Collective Owned
全省	**Shaanxi**	**4282**	**84**	**4198**	**3501**	**781**	**388**	**142**
西安市	Xi'an	1393	66	1327	930	463	232	31
铜川市	Tongchuan	77	1	76	72	5	15	6
宝鸡市	Baoji	276	3	273	208	68	15	13
咸阳市	Xianyang	191	6	185	162	29	20	15
渭南市	Weinan	385	3	382	305	80	26	15
延安市	Yan'an	284		284	276	8	17	12
汉中市	Hanzhong	276	1	275	259	17	18	14
榆林市	Yulin	878	2	876	806	72	15	12
安康市	Ankang	312	1	311	288	24	13	10
商洛市	Shangluo	171	1	170	160	11	12	14
杨凌示范区	Yangling	39		39	35	4	5	

14-4 各市(区)建筑业企业总产值(2022年)
Gross Output Value of Construction Enterprises by City(District)(2022)

单位：万元 (10 000 yuan)

地区	Region	总产值 Gross Output Value	中央企业 Central	地方企业 Local	施工总承包 General Contracting	专业承包 Professional Contracting	国有及国有控股企业 State-owned and State-holding	集体企业 Collective Owned
全省	**Shaanxi**	**100678682**	**36656711**	**64021971**	**94901871**	**5776811**	**67153142**	**6771279**
西安市	Xi'an	60012326	29602832	30409494	55640391	4371935	49075041	1155106
铜川市	Tongchuan	631842	14277	617565	618982	12860	447033	50288
宝鸡市	Baoji	12544044	2378132	10165912	11908639	635406	4384207	4019903
咸阳市	Xianyang	9106908	3775048	5331860	8929257	177652	6564529	699782
渭南市	Weinan	3337239	825083	2512156	3116070	221168	1710114	179446
延安市	Yan'an	1598820		1598820	1570727	28093	936406	72359
汉中市	Hanzhong	4002196	5840	3996356	3959001	43195	1539760	191649
榆林市	Yulin	4773905	6063	4767842	4611050	162855	1121216	166503
安康市	Ankang	2277140	8488	2268652	2194936	82203	536351	116799
商洛市	Shangluo	1497781	40948	1456833	1459969	37812	100431	119444
杨凌示范区	Yangling	896481		896481	892849	3632	738054	

14–5 各市(区)建筑业企业直接从事主营业务活动平均人数(2022年)

The Average Number of Employed Persons Directly Engaged in the Main Business Activities at Year-end of Construction Enterprises by City(District)(2022)

单位：人　　(person)

地　区	Region	直接从事建筑业活动平均人数 The Average Number of Employed Persons	中央企业 Central	地方企业 Local	施工总承包 General Contracting	专业承包 Professional Contracting	国有及国有控股企业 State-owned and State-holding	集体企业 Collective Owned
全　省	**Shaanxi**	**1690148**	**465552**	**1224596**	**1551070**	**139078**	**926921**	**98467**
西安市	Xi'an	1056716	436329	620387	946646	110070	790738	14801
铜川市	Tongchuan	10727	161	10566	10423	304	6008	1184
宝鸡市	Baoji	172283	4342	167941	161969	10314	31338	45698
咸阳市	Xianyang	88691	20951	67740	84993	3698	30733	14617
渭南市	Weinan	61150	2435	58715	55836	5314	16610	3947
延安市	Yan'an	26234		26234	25789	445	10019	1138
汉中市	Hanzhong	73599	160	73439	71981	1618	16495	4747
榆林市	Yulin	88191	219	87972	84113	4078	5831	4587
安康市	Ankang	67644	220	67424	65095	2549	12183	4456
商洛市	Shangluo	35663	735	34928	35075	588	2436	3292
杨凌示范区	Yangling	9250		9250	9150	100	4530	

14–6 各市(区)建筑业企业年末从业人数(2022年)

Annual Average Persons of Construction Enterprises by City(District)(2022)

单位：人　　(person)

地　区	Region	从事主营业务活动从业人员年末人数 Number of Employed Persons at Year-end	中央企业 Central	地方企业 Local	施工总承包 General Contracting	专业承包 Professional Contracting	国有及国有控股企业 State-owned and State-holding	集体企业 Collective Owned
全　省	**Shaanxi**	**1225958**	**349869**	**876089**	**1125069**	**100889**	**640187**	**55595**
西安市	Xi'an	702413	319355	383058	625154	77259	519445	10902
铜川市	Tongchuan	9335	159	9176	9118	217	5550	1153
宝鸡市	Baoji	96913	4387	92526	89480	7433	13961	9249
咸阳市	Xianyang	90960	21941	69019	87794	3166	31860	16326
渭南市	Weinan	53311	2444	50867	48685	4626	15118	3164
延安市	Yan'an	26762		26762	26385	377	14786	978
汉中市	Hanzhong	73606	175	73431	72093	1513	17744	4587
榆林市	Yulin	70563	271	70292	67075	3488	3293	1851
安康市	Ankang	62244	310	61934	59986	2258	11841	4311
商洛市	Shangluo	30964	827	30137	30515	449	2027	3074
杨凌示范区	Yangling	8887		8887	8784	103	4562	

14—7 各市(区)建筑业企业房屋建筑施工面积(2022年)
Floor Space of Building under Construction in Construction Enterprises by City(District)(2022)

单位：万平方米 (10 000 sq.m)

地 区	Region	房屋建筑施工面积 Floor Space of Building under Construction	中央企业 Central	地方企业 Local	施工总承包 General Contracting	专业承包 Professional Contracting	国有及国有控股企业 State-owned and State-holding	集体企业 Collective Owned
全 省	**Shaanxi**	**40252.75**	**9317.68**	**30935.07**	**39577.17**	**675.58**	**30170.53**	**1823.16**
西 安 市	Xi'an	25297.56	8858.81	16438.74	24877.52	420.03	21681.02	75.14
铜 川 市	Tongchuan	408.38		408.38	408.38		334.49	37.55
宝 鸡 市	Baoji	4217.31		4217.31	4120.22	97.08	2078.47	1124.62
咸 阳 市	Xianyang	3694.89	423.52	3271.37	3589.36	105.53	2808.64	307.10
渭 南 市	Weinan	1248.94	28.41	1220.53	1228.57	20.37	830.05	12.50
延 安 市	Yan'an	290.84		290.84	290.84		221.77	1.32
汉 中 市	Hanzhong	1572.41	4.02	1568.40	1551.56	20.85	802.05	55.11
榆 林 市	Yulin	1510.30		1510.30	1509.07	1.23	798.38	54.04
安 康 市	Ankang	1430.79	2.92	1427.88	1420.47	10.32	517.51	82.41
商 洛 市	Shangluo	403.51		403.51	403.36	0.15	34.84	73.37
杨凌示范区	Yangling	177.82		177.82	177.81	0.02	63.31	

14—8 各市(区)建筑业企业房屋建筑竣工面积(2022年)
Floor Space of Building Completed in Construction Enterprises by City(District)(2022)

单位：万平方米 (10 000 sq.m)

地 区	Region	房屋建筑竣工面积 Floor Space of Building Completed	中央企业 Central	地方企业 Local	施工总承包 General Contracting	专业承包 Professional Contracting	国有及国有控股企业 State-owned and State-holding	集体企业 Collective Owned
全 省	**Shaanxi**	**6824.19**	**809.86**	**6014.34**	**6552.03**	**272.16**	**4043.04**	**509.73**
西 安 市	Xi'an	3264.84	727.57	2537.27	3087.03	177.81	2649.37	26.33
铜 川 市	Tongchuan	61.91		61.91	61.91		45.01	11.07
宝 鸡 市	Baoji	930.89		930.89	872.29	58.60	269.66	186.16
咸 阳 市	Xianyang	787.99	50.39	737.60	786.16	1.83	499.23	110.11
渭 南 市	Weinan	226.99	26.67	200.32	213.81	13.18	128.81	11.66
延 安 市	Yan'an	52.80		52.80	52.80		37.02	1.32
汉 中 市	Hanzhong	502.00	2.31	499.69	486.77	15.23	168.87	24.61
榆 林 市	Yulin	375.34		375.34	371.94	3.40	145.21	52.53
安 康 市	Ankang	365.48	2.92	362.57	364.32	1.16	77.38	54.71
商 洛 市	Shangluo	157.18		157.18	156.24	0.94	8.43	31.24
杨凌示范区	Yangling	98.78		98.78	98.78		14.04	

14-9 各市(区)建筑业企业竣工房屋价值(2022年)
Valuation of Building Completed in Construction Enterprises by City(District)(2022)

单位：万元 (10 000 yuan)

地区	Region	竣工房屋价值 Valuation of Building Completed	中央企业 Central	地方企业 Local	施工总承包 General Contracting	专业承包 Professional Contracting	国有及国有控股企业 State-owned and State-holding	集体企业 Collective Owned
全省	**Shaanxi**	**15360424**	**1730243**	**13630181**	**15144827**	**215597**	**10833174**	**938655**
西安市	Xi'an	7963133	1421184	6541949	7791982	171152	6937462	136490
铜川市	Tongchuan	113443		113443	113443		88026	14745
宝鸡市	Baoji	1788814		1788814	1768470	20344	769094	333866
咸阳市	Xianyang	2049180	109331	1939848	2046806	2374	1502182	183554
渭南市	Weinan	670556	183923	486633	659278	11278	494868	13419
延安市	Yan'an	170695		170695	170695		118586	6254
汉中市	Hanzhong	1088761	7316	1081445	1084791	3970	544990	43018
榆林市	Yulin	488516		488516	485075	3441	157927	69906
安康市	Ankang	601615	8489	593127	599967	1648	106566	87632
商洛市	Shangluo	276237		276237	274847	1390	15472	49770
杨凌示范区	Yangling	149475		149475	149475		98001	

14-10 各市(区)建筑业企业资产总计(2022年)
Total Assets of Construction Enterprises by City(District)(2022)

单位：万元 (10 000 yuan)

地区	Region	资产合计 Total Assets	中央企业 Central	地方企业 Local	施工总承包 General Contracting	专业承包 Professional Contracting	国有及国有控股企业 State-owned and State-holding	集体企业 Collective Owned
全省	**Shaanxi**	**131145496**	**39592964**	**91552532**	**123798836**	**7346660**	**96650896**	**4137373**
西安市	Xi'an	94529535	34713452	59816083	88457426	6072108	77796057	1871858
铜川市	Tongchuan	749394	11292	738102	734983	14411	447857	59638
宝鸡市	Baoji	6796101	912768	5883333	6293041	503060	3642573	812032
咸阳市	Xianyang	7800277	3227472	4572805	7664053	136224	6500330	308011
渭南市	Weinan	3401017	651854	2749163	3207688	193329	1936759	131496
延安市	Yan'an	3351126		3351126	3310150	40976	1521853	317142
汉中市	Hanzhong	2996093	5987	2990106	2964892	31201	1299132	114706
榆林市	Yulin	6355893	23278	6332615	6176260	179633	1493161	208610
安康市	Ankang	2454375	12548	2441827	2317684	136691	827562	168473
商洛市	Shangluo	1248053	34313	1213740	1228470	19583	158217	145406
杨凌示范区	Yangling	1463632		1463632	1444187	19445	1027396	

14-11 各市(区)建筑业企业固定资产原价(2022年)
Fixed Assets of Construction Enterprises by City(District)(2022)

单位：万元 (10 000 yuan)

地区	Region	固定资产 合计 Total Fixed Assets	中央企业 Central	地方企业 Local	施工总承包 General Contracting	专业承包 Professional Contracting	国有及国有控股企业 State-owned and State-holding	集体企业 Collective Owned
全省	**Shaanxi**	**7878135**	**3435334**	**4442801**	**7346226**	**531909**	**4531804**	**429185**
西安市	Xi'an	4530226	2700639	1829587	4147162	383064	3352411	86315
铜川市	Tongchuan	46132	4325	41807	44082	2050	12249	13194
宝鸡市	Baoji	483901	91620	392281	417454	66447	139472	77471
咸阳市	Xianyang	854372	590885	263487	835954	18418	641956	79515
渭南市	Weinan	246592	32637	213955	230436	16156	52905	32235
延安市	Yan'an	337171		337171	331825	5345	128241	10741
汉中市	Hanzhong	195738	198	195540	193202	2535	15151	27532
榆林市	Yulin	627633	1435	626198	600922	26711	27425	29867
安康市	Ankang	222199	7167	215032	212049	10150	27504	21254
商洛市	Shangluo	189729	6428	183301	189007	722	19307	51060
杨凌示范区	Yangling	144442		144442	144132	310	115182	

14-12 各市(区)建筑业企业流动资产合计(2022年)
Circulating Assets of Construction Enterprises by City(District)(2022)

单位：万元 (10 000 yuan)

地区	Region	流动资产 合计 Circulating Assets	中央企业 Central	地方企业 Local	施工总承包 General Contracting	专业承包 Professional Contracting	国有及国有控股企业 State-owned and State-holding	集体企业 Collective Owned
全省	**Shaanxi**	**109693263**	**29373811**	**80319452**	**103172658**	**6520605**	**80153103**	**3148127**
西安市	Xi'an	78205622	25025778	53179844	72755273	5450349	63148561	1579819
铜川市	Tongchuan	702233	9166	693067	690475	11757	434031	46579
宝鸡市	Baoji	6024721	837881	5186840	5598607	426114	3476109	669063
咸阳市	Xianyang	6894103	2870019	4024083	6775745	118357	5846122	213552
渭南市	Weinan	3020814	566829	2453985	2861391	159423	1780130	106907
延安市	Yan'an	2374259		2374259	2337689	36571	1078463	33040
汉中市	Hanzhong	2659757	4892	2654865	2634688	25069	1194729	93616
榆林市	Yulin	5366061	21994	5344067	5218040	148021	1357049	174621
安康市	Ankang	2127685	5755	2121931	2020170	107517	778211	150953
商洛市	Shangluo	1033141	31497	1001644	1015049	18092	146016	79979
杨凌示范区	Yangling	1284867		1284867	1265531	19336	913683	

14-13 各市(区)建筑业企业负债合计(2022年)
Total Liability of Construction Enterprises by City(District)(2022)

单位：万元 (10 000 yuan)

地 区	Reion	负债合计 Total Liability	中央企业 Central	地方企业 Local	施工总承包 General Contracting	专业承包 Professional Contracting	国有及国有控股企业 State-owned and State-holding	集体企业 Collective Owned
全 省	**Shaanxi**	**102213944**	**31598935**	**70615009**	**96828245**	**5385699**	**79509476**	**3062190**
西安市	Xi'an	75346989	27384016	47962973	70815739	4531250	63453318	1599853
铜川市	Tongchuan	585240	10733	574507	576129	9111	385107	45558
宝鸡市	Baoji	5635300	809218	4826082	5271905	363395	3275002	708826
咸阳市	Xianyang	6367440	2743913	3623528	6263356	104085	5620455	164664
渭南市	Weinan	2679748	595244	2084503	2554552	125196	1733348	99929
延安市	Yan'an	2056157		2056157	2034252	21905	1098907	31266
汉中市	Hanzhong	2223157	3608	2219549	2207389	15768	1133737	82099
榆林市	Yulin	3931184	13542	3917642	3827976	103208	1232364	147371
安康市	Ankang	1724982	9252	1715730	1631700	93282	730681	114801
商洛市	Shangluo	641933	29409	612524	629642	12291	131727	67825
杨凌示范区	Yangling	1021814		1021814	1015606	6208	714831	

14-14 各市(区)建筑业企业实收资本(2022年)
Contributed Capital of Construction Enterprises by City(District)(2022)

单位：万元 (10 000 yuan)

地 区	Region	实收资本 Contributed Capital	中央企业 Central	地方企业 Local	施工总承包 General Contracting	专业承包 Professional Contracting	国有及国有控股企业 State-owned and State-holding	集体企业 Collective Owned
全 省	**Shaanxi**	**16572352**	**4321788**	**12250564**	**15255548**	**1316805**	**8568639**	**426481**
西安市	Xi'an	10966845	3999391	6967454	9921831	1045015	7424415	95937
铜川市	Tongchuan	115195	503	114692	112505	2690	28324	13193
宝鸡市	Baoji	699326	55775	643551	611545	87782	207564	57336
咸阳市	Xianyang	720466	208372	512094	705106	15360	352544	96575
渭南市	Weinan	487090	41352	445738	438764	48327	125330	19641
延安市	Yan'an	504058		504058	487815	16243	53202	14260
汉中市	Hanzhong	468475	2126	466350	459268	9207	51894	22840
榆林市	Yulin	1714809	10120	1704689	1665876	48933	124831	41960
安康市	Ankang	440777	69	440707	414901	25876	57993	22013
商洛市	Shangluo	246467	4080	242387	241799	4668	17514	42726
杨凌示范区	Yangling	208844		208844	196138	12706	125028	

14-15 各市(区)建筑业营业收入(2022年)

Business Revenue of Construction Enterprises by City(District)(2022)

单位：万元 (10 000 yuan)

地区	Region	营业收入 Business Revenuel	中央企业 Central	地方企业 Local	施工总承包 General Contracting	专业承包 Professional Contracting	国有及国有控股企业 State-owned and State-holding	集体企业 Collective Owned
全　省	**Shaanxi**	**90348550**	**33634663**	**56713887**	**84580350**	**5768200**	**64257950**	**3273827**
西安市	Xi'an	62152367	29125571	33026796	57570699	4581668	51123880	1205799
铜川市	Tongchuan	560018	14277	545741	547010	13008	385620	44926
宝鸡市	Baoji	5438161	971503	4466658	4900424	537737	2558549	593429
咸阳市	Xianyang	7073369	2731638	4341731	6927374	145996	4859154	648201
渭南市	Weinan	2773135	727899	2045236	2599906	173229	1476298	148784
延安市	Yan'an	1396370		1396370	1368347	28023	603844	60793
汉中市	Hanzhong	2303426	6823	2296603	2282831	20595	868195	175953
榆林市	Yulin	4493893	13553	4480340	4316279	177615	1020152	177870
安康市	Ankang	1931591	6747	1924844	1868600	62990	474966	91119
商洛市	Shangluo	1242559	36652	1205907	1221741	20819	92089	126953
杨凌示范区	Yangling	983661		983661	977141	6520	795202	

14-16 各市(区)建筑业企业利润总额(2022年)

Total Profits of Construction Enterprises by City(District)(2022)

单位：万元 (10 000 yuan)

地区	Region	利润总额 Total Profits	中央企业 Central	地方企业 Local	施工总承包 General Contracting	专业承包 Professional Contracting	国有及国有控股企业 State-owned and State-holding	集体企业 Collective Owned
全　省	**Shaanxi**	**2767170**	**831676**	**1935494**	**2615776**	**151394**	**1946366**	**147746**
西安市	Xi'an	1871677	739861	1131816	1768035	103642	1583426	73439
铜川市	Tongchuan	13472	302	13170	12302	1171	13555	451
宝鸡市	Baoji	218704	30888	187816	196168	22536	77695	28188
咸阳市	Xianyang	194123	49370	144753	191825	2298	127603	24952
渭南市	Weinan	63400	8496	54904	54476	8924	27076	4417
延安市	Yan'an	11574		11574	11305	269	5989	2187
汉中市	Hanzhong	56673	8	56665	55680	993	26698	2932
榆林市	Yulin	154860	192	154668	148229	6631	28687	6212
安康市	Ankang	68691	2359	66332	66441	2252	21486	1072
商洛市	Shangluo	75428	200	75228	72857	2570	1213	3897
杨凌示范区	Yangling	38568		38568	38459	109	32937	

14–17 各市(区)建筑业企业税金总额(2022年)
Total Tax of Construction Enterprises by City(District)(2022)

单位：万元 (10 000 yuan)

地　区	Region	税金总额 Total Tax	中央企业 Central	地方企业 Local	施工总承包 General Contracting	专业承包 Professional Contracting	国有及国有控股企业 State-owned and State-holding	集体企业 Collective Owned
全　省	**Shaanxi**	**1999933**	**415094**	**1584839**	**1840726**	**159208**	**972886**	**144895**
西安市	Xi'an	911162	265800	645362	790681	120480	590542	20287
铜川市	Tongchuan	22612	665	21947	22022	590	13680	2897
宝鸡市	Baoji	272723	62526	210197	262417	10306	136604	26625
咸阳市	Xianyang	231307	55450	175857	227182	4125	101414	51271
渭南市	Weinan	109284	26502	82782	102382	6903	59085	10826
延安市	Yan'an	48303		48303	46664	1640	9799	3430
汉中市	Hanzhong	92481	464	92017	91184	1296	23753	10890
榆林市	Yulin	154714	561	154153	145758	8956	8737	5261
安康市	Ankang	80184	1051	79133	75714	4471	10949	4089
商洛市	Shangluo	55615	2075	53540	55296	319	4996	9319
杨凌示范区	Yangling	21548		21548	21426	122	13328	

14–18 各市(区)建筑业企业年末应收工程款(2022年)
Account Receivable of Projects at Year-end of Construction Enterprises by City(District)(2021)

单位：万元 (10 000 yuan)

地　区	Region	年末应收工程款 Account Receivable of Projects at Year-end	中央企业 Central	地方企业 Local	施工总承包 General Contracting	专业承包 Professional Contracting	国有及国有控股企业 State-owned and State-holding	集体企业 Collective Owned
全　省	**Shaanxi**	**36429563**	**6898641**	**29530922**	**33836525**	**2593038**	**27614456**	**724958**
西安市	Xi'an	24360926	5237261	19123665	22089759	2271166	19500032	289989
铜川市	Tongchuan	199326	6132	193194	194035	5291	115484	15151
宝鸡市	Baoji	2544523	377768	2166755	2426751	117772	1974616	154493
咸阳市	Xianyang	3100196	1119191	1981005	3068731	31465	2806496	60774
渭南市	Weinan	1029302	130362	898940	970141	59161	678336	40588
延安市	Yan'an	686304		686304	675066	11238	332568	9555
汉中市	Hanzhong	1058186		1058186	1049247	8939	638586	28072
榆林市	Yulin	1790672	10106	1780566	1742597	48075	641295	49507
安康市	Ankang	782272	2975	779297	748795	33477	442410	43001
商洛市	Shangluo	330019	14846	315173	326972	3047	37306	33829
杨凌示范区	Yangling	547837		547837	544430	3407	447325	

14-19 各市(区)建筑业企业主要经济效益指标(2022年)
Main Indicators on Economic Efficiency of Construction Enterprises by City(District)(2022)

地 区	Region	人均利润(元/人) Per Capita Profits (yuan/person)	人均利税(元/人) Per Capita Pre-tax Profit (yuan/person)	劳动生产率(元/人) Overall Labor Productivity (yuan/person)	人均施工面积(平方米/人) Per Capita Floor Space of Buildings under Construction (sq.m/person)	人均竣工面积(平方米/人) Per Capita Floor Space of Buildings Completed (sq.m/person)
全 省	**Shaanxi**	**22571**	**16313**	**595680**	**328.3**	**55.7**
西安市	Xi'an	26646	12972	567913	360.2	46.5
铜川市	Tongchuan	14432	24223	589020	437.5	66.3
宝鸡市	Baoji	22567	28141	728107	435.2	96.1
咸阳市	Xianyang	21342	25430	1026813	406.2	86.6
渭南市	Weinan	11892	20499	545746	234.3	42.6
延安市	Yan'an	4325	18049	609446	108.7	19.7
汉中市	Hanzhong	7699	12564	543784	213.6	68.2
榆林市	Yulin	21946	21926	541314	214.0	53.2
安康市	Ankang	11036	12882	336636	229.9	58.7
商洛市	Shangluo	24360	17961	419982	130.3	50.8
杨凌示范区	Yangling	43398	24246	969169	200.1	111.1

14-19 续表 continued

地 区	Region	产值利润率(%) Ratio of Profits to Output Value (%)	产值利税率(%) Ratio of Pre-tax Profit to Gross Output Value (%)	资本利润率(%) Ratio of Profits to Captitals (%)	资产负债率(%) Assets-Liability Ratio (%)
全 省	**Shaanxi**	**2.7**	**2.0**	**16.7**	**77.9**
西安市	Xi'an	3.1	1.5	17.1	79.7
铜川市	Tongchuan	2.1	3.6	11.7	78.1
宝鸡市	Baoji	1.7	2.2	31.3	82.9
咸阳市	Xianyang	2.1	2.5	26.9	81.6
渭南市	Weinan	1.9	3.3	13.0	78.8
延安市	Yan'an	0.7	3.0	2.3	61.4
汉中市	Hanzhong	1.4	2.3	12.1	74.2
榆林市	Yulin	3.2	3.2	9.0	61.9
安康市	Ankang	3.0	3.5	15.6	70.3
商洛市	Shangluo	5.0	3.7	30.6	51.4
杨凌示范区	Yangling	4.3	2.4	18.5	69.8

主要统计指标解释

建筑业统计单位 指从事房屋、构筑物建造和设备安装活动的法人企业。建筑业法人企业应具有建筑业资质并能够独立核算，同时其应具备以下条件：①依法成立，有自己的名称、组织机构和场所，能够承担民事责任；②独立拥有和使用资产，承担负债，有权与其他单位签订合同；③独立核算盈亏，能够编制资产负债表。

建筑业总产值 是以货币形式表现的建筑业企业在一定时期内生产的建筑业产品和提供的服务的总和。建筑业总产值包括：

⑴建筑工程产值：指列入建筑工程预算内的各种工程价值。

⑵安装工程产值：指设备安装工程价值，不包括被安装设备本身的价值。

⑶其他产值：建筑业总产值中除建筑工程、安装工程以外的产值。包括房屋构筑物修理产值、非标准设备制造产值、总包企业向分包企业收取的管理费以及不能明确划分的施工活动所完成的产值。

a.房屋构筑物修理产值：指房屋和构筑物修理所完成的产值，但不包括被修理房屋、构筑物本身价值和生产设备的修理价值。

b.非标准设备制造产值：指加工制造没有定型的非标准生产设备的加工费和原材料价值(如化工厂、炼油厂用的各种罐、槽，矿井生产统一使用的各种漏斗、三角槽、阀门等)以及附属加工厂为本企业承建工程制作的非标准设备的价值。

房屋建筑施工面积 指在报告期内施过工的全部房屋建筑面积，包括本期新开工的房屋面积、上期施工跨入本期继续施工的房屋面积、上期停缓建在本期恢复施工的房屋面积、本期竣工的房屋面积及本期施工后又停缓建的房屋面积。

房屋建筑竣工面积 指在报告期内房屋建筑按照设计要求全部完工，达到了使用条件，经验收鉴定合格，正式移交使用单位的房屋建筑面积。

Explanatory Notes on Main Statistical Indicators

Statistical Unit in the Construction Industry refers to a corporate enterprise engaged in the construction of buildings and structures and in the installation of equipment. A corporate construction enterprise should have qualification certificates with independent accounting system, and should meet the following 3 requirements: a) being set up in line with relevant legal basis, having its full name, organization and location, and capable of taking civil liabilities; b) independently possessing and using its assets and assuming its liabilities, and entitled to sign contracts with other institutions; and c) making independent accounts of its profits and losses, and capable of compiling its own balance sheet.

Gross Output Value of Construction refers to total of construction products and services, expressed in money terms, produced or rendered by construction and installation enterprises during a given period of time. It includes:

(1) Output value of construction projects: the value of projects covered by the project budgets;

(2) Output value of installation projects: the value of the installation of equipment, (excluding the value of the equipment to be installed);

(3) Other output values: the output value of construction industry apart from that of construction projects and installation projects. It includes: output value of repair of buildings and structures; output value of non-standard equipment manufacturing; overhead expenses received by contracted enterprises from the sub-contracted enterprises and the completed output value of construction activities for which there is no clear definition.

a. Output value of repair of buildings and structures: the value created through the repairs of buildings or structures. It does not include the value of buildings or structures being repaired and the value of the repair of production equipment;

b. Output value of manufactured non-standard equipment: the value of non-standard production equipment, including raw materials and manufacturing cost, made for the construction project (i.e., chemical plant; kettles or tanks used by refineries; various fillers, triangle tanks, valves used by mines). It also includes the output value of equipment manufactured by subsidiary workshops.

Floor Space of Buildings Under Construction refers to floor space of buildings under construction during the reference period, including the floor space of buildings for which construction has newly started; buildings for which construction has started earlier and is continuing during the reference period; and buildings for which construction has been suspended earlier but has restarted during the reference period; buildings completed during the reference period; and buildings under construction but construction has subsequently been during the reference period.

Floor Space of Buildings Completed refers to the floor space of buildings that are completed in the reference period in accordance with the requirements of the design, up to the standard for being put into use, and having been checked and accepted by departments concerned as qualified ones.

十五、运输、邮电和服务业

Transport, Post and Telecommunication Services, and Service Industry

资料整理：巨振强　李护堂　王国成

简 要 说 明

一、本篇资料反映陕西交通运输业和邮政、电信发展的基本状况，服务业及企业信息化和电子商务情况。

二、规模以上服务业统计范围：

年营业收入2000万元及以上服务业法人单位。包括：交通运输、仓储和邮政业，信息传输、软件和信息技术服务业，水利、环境和公共设施管理业三个门类和卫生行业大类。

年营业收入1000万元及以上服务业法人单位。包括：租赁和商务服务业，科学研究和技术服务业，教育三个门类，以及物业管理、房地产中介服务、房地产租赁经营和其他房地产业四个行业小类。

年营业收入500万元及以上服务业法人单位。包括：居民服务、修理和其他服务业，文化、体育和娱乐业两个门类，以及社会工作行业大类。

三、信息化及电子商务情况统计范围是2022年末营业的规模以上企业。

四、本篇的资料来源：

本篇交通运输资料来源于省交通运输厅、省公安厅车管所、省农机局、中国铁路西安局集团有限公司、东方航空公司西北分公司、长安航空有限责任公司、西安咸阳国际机场等。邮政电信资料来源于省通信管理局、省电信公司、省移动通信公司、省联通公司、省邮政管理局、省邮政公司等。

Brief Introduction

I. This chapter reflects the basic conditions of transportation industry, post and communication industry, service industry, enterprises informationization and electronic commerce of Shaanxi Province.

II. The Scopes of Service Industry above Designated Size:

Service industry activity unit with business revenue over 20 million yuan per year . include: transport, storage and post, information transmission, software and information technology, water conservancy, environment and public facilities management, and health services.

Service industry activity unit with business revenue over 10 million yuan per year. include: leasing and business services, scientific research and technical services, education, and property management, real estate intermediary services, real estate leasing and other real estate industry four sub-categories.

Service industry activity unit with business revenue over 5 million yuan per year. include: Residential service, repair and other services, culture, sports and entertainment, and social work.

III. The Scopes of enterprises informationization and electronic commerce is enterprises above designated size which have business at the end of 2022.

IV. Sources of Data:

Data on transportation industry are obtained from Department of Transport of Shaanxi Province, the DMV (department of motor vehicles) of Public Security Department of Shaanxi Province, Provincial agricultural machinery Bureau, Xi’an Railway Bureau,the Northwest Branch of China Eastern Airlines, Chang’an Airlines and Xi'an Xianyang International Airport , etc.

Data on post and telecommunication are obtained from Shaanxi Communications Administration, Shaanxi Telecommunication Company, Shaanxi Mobile Communication Company, Shaanxi Unicom Company, Shanxi Provincial Postal Administration and Shaanxi Post, etc.

15.运输、邮电和服务业

2022年全省		
客运量	13835	万人
货运量	164730	万吨
邮政业务量	183.89	亿元
电信业务量	456.53	亿元
每百人拥有移动电话	122.2	部

货运量（亿吨）

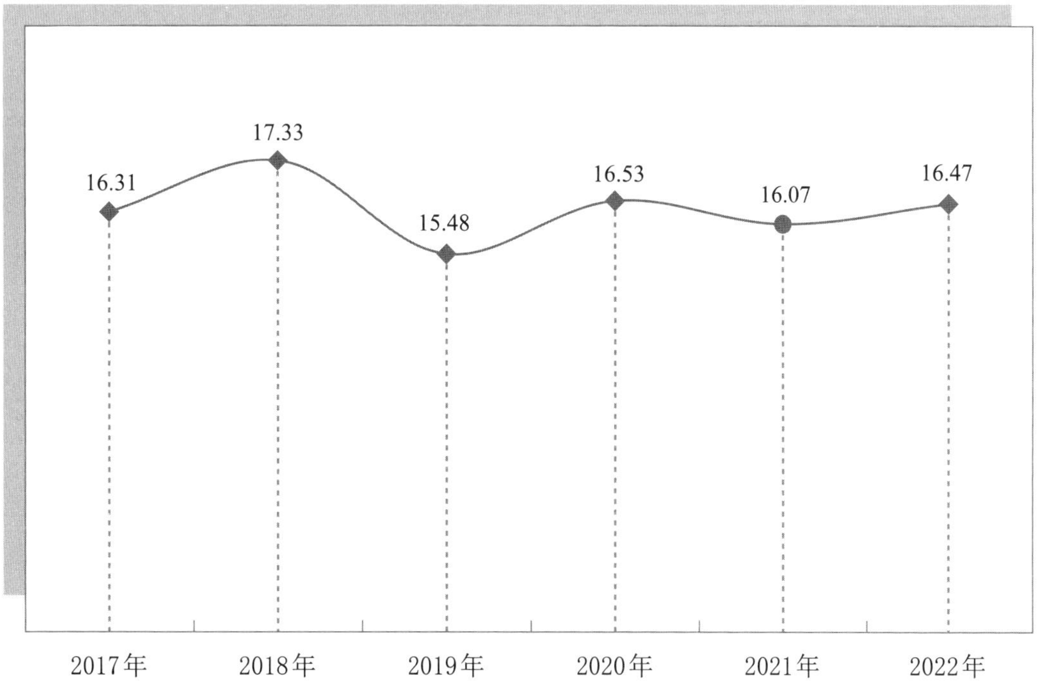

15-1 运输线路里程、质量和运输网密度
Length, Quality and Density of Transportation Routes

指　标	Item	2017	2018	2019	2020	2021	2022
一、运输线路里程　（公里）	**Length of Transport Routes　(km)**						
铁路正线延展里程	Extension Length of the Trunk Lines	8655	8714	10911	11339	11359	11365
营业里程	Railways in Operation	5108	5140	6224	6423	6424	6426
公路通车里程	Total Length of Highways	174395	177128	180070	180660	183414	185607
内河航道里程	Navigable Inland Waterways	1066	1066	1066	1066	1066	1066
# 机动船航道	Motor Vessels	558	558	558	558	558	558
二、运输线路质量	**Quality of Transport Routes**						
铁路营业里程　(公里)	Length of Railways in Operation　(km)	5108	5140	6224	6423	6424	6426
# 复线里程	Double-Tracking Length	3445	3474	4792	4990	4991	4992
复线里程比重　(%)	Proportion　(%)	67.4	67.6	77.0	77.7	77.7	77.7
公路线路里程　(公里)	Length of Highways　(km)	174395	177128	180070	180660	183414	185607
# 等级公路	Expressway and Class I to IV Highways	159026	161028	166132	167476	173045	176666
等级公路比重　(%)	Proportion　(%)	91.2	90.9	92.3	92.7	94.3	95.2
内河航道里程　(公里)	Length of Navigable Inland Waterways　(km)	1066	1066	1066	1066	1066	1066
# 水深一米以上	Depth of Water Above 1 m	558	558	558	558	558	558
水深一米以上比重 (%)	Proportion　(%)	50.7	50.7	50.7	50.7	50.7	50.7
三、运输网密度	**Transport Density**						
1.铁　路	Railways						
营业里程　(公里)	Length of Railways in Operation　(km)	5108	5140	6224	6423	6424	6426
密　度　(公里/平方公里)	Density　(km/sq.km)	0.025	0.025	0.030	0.031	0.031	0.031
2.公　路	Highways						
线路长度　(公里)	Length of Routes　(km)	174395	177128	180070	180071	183414	185607
密　度　(公里/平方公里)	Density　(km/sq.km)	0.848	0.862	0.876	0.876	0.892	0.903
3.水　路	Waterways						
通航里程　(公里)	Length of Waterways in Operation　(km)	1066	1066	1066	1066	1066	1066
密　度　(公里/平方公里)	Density　(km/sq.km)	0.005	0.005	0.005	0.005	0.005	0.005

注：铁路线路为西安铁路局管线路。
a) The transport routes are managed by Xi'an Railway Bureau.

15-2 铁路、公路线路长度及民航航线
Length of Railways, Highways and Civil Aviation

指 标	Item	2017	2018	2019	2020	2021	2022
一、铁路线路长度	**Railways**						
正线延展里程 (公里)	Extension Length (km)	8655	8714	10911	11339	11359	11365
省境内正线延展里程	In Shaanxi	8315	8739	9454	9758	9758	9777
营业里程 (公里)	Length of Railways in operation (km)	5108	5140	6224	6423	6424	6426
省境内营业里程	In Shaanxi	4972	5002	5419	5589	5630	5590
二、公路线路长度	**Highways**						
公路线路里程 (公里)	Length of Highways (km)	174395	177128	180070	180660	183414	185607
# 高级路面	High Class and Sub-senior Class Pavement	120312	124608	133193	146748	156863	165062
等级公路 (公里)	Expressway and Class Ⅰ to Ⅳ Highways (km)	159026	161028	166132	167476	173045	176666
# 高速公路	Expressway	5279	5475	5593	6171	6484	6700
一级公路	Class Ⅰ Highway	1575	1641	1919	2114	2180	2314
二级公路	Class Ⅱ Highway	9393	9734	10121	10037	10359	10325
三级公路	Class Ⅲ Highway	15776	15891	15117	15416	15371	15540
四级公路	Class Ⅳ Highway	127003	128288	133382	133738	138652	141786
三、民用航空	**Civil Aviation**						
航线条数 (条)	Numbers of Routes (line)	337	345	370	383	321	317
# 国际航线	International Routes	57	64	88	92	28	25
通航城市 (个)	Number of Cities (unit)	198	211	235	228	198	194
# 国 际	International Routes	46	53	71	56	28	12

注:1.铁路线路省境内长度为国家反馈陕西省境内数据。民用航空数据取自西安咸阳国际机场。
2.2020年及以前为历史累积数,自2021年起机场航线数为在营数。

a) Data of the length of railways in Shaanxi province refer to those responsed to Shaanxi.
Data of Civil Aviation is provided by Xi'an Xianyang International Airport.

b) The year 2020 and before is the historical cumulative number, and the number of airport routes since 2021 is the operating number.

15-3 运输工具
Transportation

指标	Item	2017	2018	2019	2020	2021	2022
一、铁路运输工具	**Means of Railway Transportations**						
机车（台）	Locomotives (unit)	1271	1285	1305	1359	1394	1553
# 蒸汽	Steam Locomotives						
内燃	Diesel Locomotives	225	224	224	224	227	200
电力	Electric Locomotives	1046	1061	1081	1135	1167	1353
客车（辆）	Passenger Coaches (coach)	3083	3113	3015	3110	3130	3153
二、公路运输工具	**Means of Highway Transportations**						
民用汽车（辆）	Civil Vehicles (coach)	5573292	6234239	6818868	7395446	8003691	8491981
# 新注册	New Registrations	850467	776512	781129	712007	750682	619087
载客汽车（辆）	Passenger Vehicles (coach)	4896337	5499397	6085915	6603351	7137612	7596112
载货汽车（辆）	Trucks (coach)	560368	626066	686768	741455	810581	837850
汽车挂车（辆）	Trailer Trucks (coach)	63402	72218	80177	93480	105369	108257
拖拉机（辆）	Tractors (coach)	337354	319632	320520	320951	318577	310114
三、水运运输工具	**Means of Waterway Transportations**						
机动船（艘）	Motor Vessels (unit)	1159	1135	1072	1134	1039	455
客船载客量（客位）	Passenger Capacity of Passenger Ships (seat)	18915	18520	16693	16753	16237	10131
货船净载重量（吨）	Dead Weight Tonnage of Cargo Ships (ton)	22430	22430	26553	34046	31347	24898
拖轮功率（千瓦）	Drawing Power (kw)	395	395	395	495	495	385
驳船（艘）	Barges (unit)	196	198	198	183	183	1

15-4 各市(区)公路里程(2022年末)
Length of Highways by City(District)(2021)

单位：公里 (km)

地区	Region	公路里程 Length of Highways	# 等级公路 Expressway and Class Ⅰ to Ⅳ Highways	# 高速公路 Expressway	# 一级公路 Class Ⅰ Highway	# 二级公路 Class Ⅱ Highway	# 三级公路 Class Ⅲ Highway
全省	**Shaanxi**	**185604**	**176663**	**6697**	**2314**	**10325**	**15540**
西安市	Xi'an	13474	13178	604	444	1315	1034
铜川市	Tongchuan	4012	3829	271	30	322	306
宝鸡市	Baoji	18411	17707	541	191	1169	1537
咸阳市	Xianyang	16719	15500	590	263	929	1871
渭南市	Weinan	20311	19560	585	516	958	1813
#韩城市	Hancheng	1870	1751	38	62	68	51
延安市	Yan'an	18478	17217	1111	57	1668	2079
汉中市	Hanzhong	21859	21510	647	128	811	1473
榆林市	Yulin	30214	29460	1156	552	1740	2760
安康市	Ankang	25778	22748	688	23	831	1412
商洛市	Shangluo	15963	15576	493	84	506	1190
杨凌示范区	Yangling	384	378	12	27	75	65

15−5 客运量、旅客周转量及构成
Passenger Traffic, Passenger-Kilometers and Composition

指　标	Item	2017	2018	2019	2020	2021	2022
一、客运量　（万人）	**Passenger Traffic (10 000 persons)**	**71138**	**72773**	**72318**	**37793**	**21559**	**13835**
铁　路	Railways	8908	10953	11461	7044	7728	4825
公　路	Highways	60724	60269	59015	29581	12794	8496
水　运	Waterways	393	361	285	173	66	50
民用航空	Civil Aviation	1113	1190	1558	996	971	464
二、旅客周转量（百万人公里）	**Passenger-Kilometers (million passenger-km)**	**90765**	**95771**	**102166**	**58944**	**57288**	**34798**
铁　路	Railways	47103	51036	52362	30346	33342	21603
公　路	Highways	28915	28698	27971	14884	10197	6269
水　运	Waterways	68	62	50	28	14	9
民用航空	Civil Aviation	14679	15975	21783	13686	13734	6917
三、客运量构成　(%)	**Composition of Passenger Traffic (%)**	**100.00**	**100.00**	**100.00**	**100.00**	**100.00**	**100.00**
铁　路	Railways	12.52	15.05	15.85	18.64	35.84	34.87
公　路	Highways	85.36	82.82	81.60	78.27	59.34	61.41
水　运	Waterways	0.55	0.50	0.39	0.46	0.31	0.36
民用航空	Civil Aviation	1.56	1.63	2.15	2.64	4.51	3.35
四、旅客周转量构成　(%)	**Composition of passenger-Kilometers (%)**	**100.00**	**100.00**	**100.00**	**100.00**	**100.00**	**100.00**
铁　路	Railways	51.90	53.29	51.25	51.48	58.20	62.08
公　路	Highways	31.86	29.97	27.38	25.25	17.80	18.01
水　运	Waterways	0.07	0.06	0.05	0.05	0.02	0.03
民用航空	Civil Aviation	16.17	16.68	21.32	23.22	23.97	19.88

注：本表资料为国家返馈陕西省境数。
a) Data in this table refer to those responsed to Shaanxi.

15-6　货运量、货物周转量及构成
Freight Traffic, Freight Ton-Kilometers and Composition

指　标	Item	2017	2018	2019	2020	2021	2022
一、货运量　（万吨）	**Freight Traffic　(10 000 tons)**	**163086**	**173253**	**154758**	**165268**	**160702**	**164730**
铁　路	Railways	39162	42245	44751	49056	37894	43505
公　路	Highways	123721	130823	109801	116057	122716	121188
水　运	Waterways	196	177	197	147	85	30
民用航空	Civil Aviation	6	7	9	8	7	7
二、货物周转量（百万吨公里）	**Freight Ton-Kilometers　(million ton-km)**	**376163**	**402599**	**348345**	**369845**	**394614**	**436964**
铁　路	Railways	164177	172300	175015	186562	212607	249787
公　路	Highways	211821	230137	173142	183111	181867	187102
水　运	Waterways	66	52	59	62	31	5
民用航空	Civil Aviation	99	110	130	109	110	69
三、货运量构成　(%)	**Composition of Freight Traffic　(%)**	**100.00**	**100.00**	**100.00**	**100.00**	**100.00**	**100.00**
铁　路	Railways	24.01	24.38	28.92	29.68	23.58	26.41
公　路	Highways	75.86	75.51	70.95	70.22	76.36	73.57
水　运	Waterways	0.12	0.10	0.13	0.09	0.05	0.02
民用航空	Civil Aviation	…	…	…	…	…	…
四、货物周转量构成　(%)	**Composition of Freight Ton-Kilometers (%)**	**100.00**	**100.00**	**100.00**	**100.00**	**100.00**	**100.00**
铁　路	Railways	43.65	42.80	50.24	50.44	53.88	57.16
公　路	Highways	56.31	57.16	49.70	49.51	46.09	42.82
水　运	Waterways	0.02	0.01	0.02	0.02	0.01	…
民用航空	Civil Aviation	0.03	0.03	0.04	0.03	0.03	0.02

注：本表资料为国家返馈陕西省境数。
a) Data in this table refer to those responsed to Shaanxi.

15-7 民用车辆拥有量(2022年末)
Possession of Civil Vehicles(2022)

单位：辆 (unit)

地区	Region	民用汽车 总计 Total	# 新注册 New Registrations	载客汽车 Passenger Vehicles	载货汽车 Trucks	专项作业车 Special Motor Vehicle	摩托车 Motorcycles	# 普通 Normal Motorcycles
全　省	**Shaanxi**	**8491981**	**619087**	**7596112**	**837850**	**58019**	**2160602**	**1783247**
西安市	Xi'an	4345574	355417	3994655	327935	22984	497205	425506
铜川市	Tongchuan	117512	5964	98440	18051	1021	44820	30833
宝鸡市	Baoji	500924	33179	457419	40585	2920	128280	98862
咸阳市	Xianyang	503285	22337	456784	42700	3801	87992	80034
渭南市	Weinan	695784	38050	594755	97238	3791	133063	102904
延安市	Yan'an	473134	29719	397009	66726	9399	45295	37570
汉中市	Hanzhong	434778	33871	395296	38008	1474	467301	380572
榆林市	Yulin	941749	65552	778416	154642	8691	131759	86221
安康市	Ankang	261205	22495	226117	33260	1828	495461	438840
商洛市	Shangluo	135030	8450	118195	15768	1067	107833	90658
杨凌示范区	Yangling	67145	2742	63943	2436	766	16741	6461

15-8 私人车辆拥有量(2022年末)
Possession of Private Vehicles(2022)

单位：辆 (unit)

地区	Region	汽车总计 Total	# 载客汽车 Passenger Vehicles	# 载货汽车 Trucks	摩托车 Motorcycles	# 普通 Normal Motorcycles
全　省	**Shaanxi**	**7685457**	**7074630**	**590112**	**2139390**	**1763332**
西安市	Xi'an	3925200	3688106	228522	491155	419658
铜川市	Tongchuan	102322	91157	10747	44515	30578
宝鸡市	Baoji	448830	423799	24025	127387	98102
咸阳市	Xianyang	455597	427294	26683	87376	79502
渭南市	Weinan	637923	570152	65970	131360	101258
延安市	Yan'an	424070	374496	47267	44069	36380
汉中市	Hanzhong	407852	377684	29614	466066	379486
榆林市	Yulin	856275	737478	115374	130554	85147
安康市	Ankang	242683	213729	28369	493206	436803
商洛市	Shangluo	122623	109616	12638	107068	90024
杨凌示范区	Yangling	62080	61117	903	16633	6393

15－9　公路部门营运载客车拥有量(2022年末)

Possession of Vehicles in Operation for Highway Transportation(2022)

地　区	Region	载客汽车合 计 (辆) Total (unit)	客运班车车辆(含定线旅游) Passenger shuttle vehicle (including scheduled tour)		# 高 级 Senior		# 中 级 Medium	
			辆 数 (unit)	客 位 (seat)	辆 数 (unit)	客 位 (seat)	辆 数 (unit)	客 位 (seat)
全　省	**Shaanxi**	**15981**	**10504**	**267164**	**3541**	**123003**	**4981**	**107627**
西 安 市	Xi'an	5181	1476	51888	637	25251	455	9294
铜 川 市	Tongchuan	309	298	7115	84	3400	134	2583
宝 鸡 市	Baoji	1382	823	21432	178	5219	465	13021
咸 阳 市	Xianyang	1249	946	28014	392	14426	461	12225
渭 南 市	Weinan	1427	1258	29930	258	9914	840	17169
#韩城市	Hancheng	130	120	2738	14	570	104	2120
延 安 市	Yan'an	1295	993	22702	232	7629	592	12895
汉 中 市	Hanzhong	986	884	22444	333	11323	512	10623
榆 林 市	Yulin	1596	1372	29959	630	18659	587	9428
安 康 市	Ankang	1378	1354	22262	408	12067	313	5033
商 洛 市	Shangluo	1122	1057	30212	380	14769	588	14496
杨凌示范区	Yangling	56	43	1206	9	346	34	860

15－9　续表　continued

地　区	Region	# 普 通 Ordinary		客运包车(含非定线旅游) Passenger charter (Including non-scheduled tour)	
		辆 数 (unit)	客 位 (seat)	辆 数 (unit)	客 位 (seat)
全　省	**Shaanxi**	**1982**	**36534**	**5480**	**210928**
西 安 市	Xi'an	384	17343	3705	140406
铜 川 市	Tongchuan	80	1132	11	445
宝 鸡 市	Baoji	180	3192	562	20660
咸 阳 市	Xianyang	93	1363	303	12689
渭 南 市	Weinan	160	2847	169	6757
#韩城市	Hancheng	2	48	10	340
延 安 市	Yan'an	169	2178	302	13596
汉 中 市	Hanzhong	39	498	102	3551
榆 林 市	Yulin	155	1872	224	9043
安 康 市	Ankang	633	5162	24	811
商 洛 市	Shangluo	89	947	65	2399
杨凌示范区	Yangling			13	571

注：本表数字为在运管部门注册登记的全社会载客汽车数。
a) Data in this table refers to the whole society's for-hire vehicles registered in operation administration departments.

15－10　公路部门营运载货车拥有量(2022年末)

Possession of Vehicles in Operation for Highway Transportation(2022)

地　区　Region	载货汽车合计 Total		普通载货车辆 Ordinary Trucks		#大型 Heavy		#重型 Heavy		#中型 Medium	
	辆数 (unit)	吨位 (ton)	辆数 (unit)	吨位 (ton)	辆数 (unit)	吨位 (ton)	辆数 (unit)	吨位 (ton)	辆数 (unit)	吨位 (ton)
全　省 Shaanxi	**275719**	**3965352**	**96157**	**1150030**	**93201**	**1144099**	**83932**	**1087120**	**1001**	**3473**
西安市 Xi'an	72575	908074	47843	578376	47405	577314	43277	551399	191	665
铜川市 Tongchuan	15413	256435	2393	37235	2376	37170	2266	36490	17	65
宝鸡市 Baoji	18274	297120	6222	67543	6081	67197	5457	63277	68	241
咸阳市 Xianyang	22405	333581	6476	89213	6466	89180	6224	87478	8	29
渭南市 Weinan	39521	621961	11894	150883	11762	150627	10984	145863	36	128
#韩城市 Hancheng	4757	75022	282	3940	282	3940	279	3925		
延安市 Yan'an	14313	202611	3233	45594	3230	45586	3101	44783	2	6
汉中市 Hanzhong	9398	136170	4251	48799	3820	47425	3345	44149	360	1250
榆林市 Yulin	77328	1132984	9727	96413	9399	95375	6966	81351	275	947
安康市 Ankang	4259	40691	2995	21905	1551	20201	1278	18819	32	95
商洛市 Shangluo	1181	16923	692	9003	690	8996	650	8686	2	7
杨凌示范区 Yangling	1052	18803	431	5068	421	5029	384	4825	10	39

15－10　续表　continued

地　区　Region	专用载货车辆 Dedicated Trucks		#集装箱 Container		牵引车 Tractors	挂车 Trailers	
	辆数 (unit)	吨位 (ton)	辆数 (unit)	TEU	辆数 (unit)	辆数 (unit)	吨位 (ton)
全　省 Shaanxi	**16505**	**180620**	**24**	**44**	**78272**	**68544**	**2173064**
西安市 Xi'an	5594	51237	20	40	10134	6633	208612
铜川市 Tongchuan	529	3695			5948	5682	188662
宝鸡市 Baoji	838	9176	2	1	4508	4326	159960
咸阳市 Xianyang	434	3255			8097	6502	213044
渭南市 Weinan	794	4798	1	2	12573	12655	418360
#韩城市 Hancheng	13	30			2335	2051	69047
延安市 Yan'an	3487	38384			3978	655	21775
汉中市 Hanzhong	215	1856			2315	2464	80972
榆林市 Yulin	4262	66005			30015	28984	861547
安康市 Ankang	192	946	1	1	529	535	17576
商洛市 Shangluo	134	931			94	46	580
杨凌示范区 Yangling	26	338			81	62	1975

注：本表数字为在运管部门注册登记的全社会营运载货车数。

a) Data in this table refers to the whole society's for-hire vehicles registered in operation administration departments.

15-11 城市公共汽车情况(2022年)
Basic Statistics on Bus in Cities (2022)

地 区	Region	运营车数(辆) Number of Operations (unit)	#汽油车 Gasoline	#柴油车 Diesel Cars	#天然气车 Natural Gas Vehicles	#双燃料车 Dual-fuel Vehicles	#纯电动车 Pure Electric Vehicle
全 省	**Shaanxi**	**18681**	**15**	**717**	**3426**	**21**	**12508**
西 安 市	Xi'an	10365			1687		7308
铜 川 市	Tongchuan	426			26		370
宝 鸡 市	Baoji	1840	12	195	619		860
咸 阳 市	Xianyang	1333		4	95		1070
渭 南 市	Weinan	1015		65	47	1	902
#韩城市	Hancheng	224		20	4	1	199
延 安 市	Yan'an	810		5	239		377
汉 中 市	Hanzhong	784		210	213		361
榆 林 市	Yulin	1083	3	50	352	20	571
安 康 市	Ankang	616		154	76		386
商 洛 市	Shangluo	334		34	35		265
杨凌示范区	Yangling	75			37		38

15-11 续表 continued

地 区	Region	# 混合动力车 Hybrid Car	标准运营车数(标台) Number of Standard Operations (unit)	运营线路总长度(公里) Network Length (km)	客运量(万人次) Passengers Transported (10 000 person-times)	运营里程(万公里) Operating Distance (10 000 km)
全 省	**Shaanxi**	**1994**	**21894**	**28762**	**116341**	**81444**
西 安 市	Xi'an	1370	12635	9110	60636	42583
铜 川 市	Tongchuan	30	533	323	2296	1726
宝 鸡 市	Baoji	154	2035	5927	13967	8610
咸 阳 市	Xianyang	164	1520	2328	5471	6084
渭 南 市	Weinan		1100	1819	3647	4404
#韩城市	Hancheng		252	479	1656	935
延 安 市	Yan'an	189	931	1404	9315	3600
汉 中 市	Hanzhong		866	2326	2949	3315
榆 林 市	Yulin	87	1232	2174	12137	5267
安 康 市	Ankang		643	2369	4525	4160
商 洛 市	Shangluo		324	836	1254	1444
杨凌示范区	Yangling		75	149	144	251

15—12 城市出租汽车情况(2022年)
Basic Statistics on Taxi in Cities (2022)

地 区	Region	运营车数 (辆) Number of Operations (unit)	客 运 量 (万人次) Passengers Transported (10 000 person-times)	运营里程 (万公里) Operating Distance (10 000 km)	载客里程 (万公里) Passenger Milesdistance (10 000 km)
全 省	**Shaanxi**	**38580**	**73777**	**322040**	**207663**
西 安 市	Xi'an	17236	24800	131362	80295
铜 川 市	Tongchuan	1082	2370	10976	6366
宝 鸡 市	Baoji	3049	5605	27165	17358
咸 阳 市	Xianyang	3413	6733	26586	16452
渭 南 市	Weinan	3106	6118	25462	17237
#韩城市	Hancheng	300	663	2874	1782
延 安 市	Yan'an	2590	7444	31413	20519
汉 中 市	Hanzhong	1379	2341	8722	6226
榆 林 市	Yulin	3962	10182	39151	28242
安 康 市	Ankang	1605	5535	13469	9134
商 洛 市	Shangluo	958	2135	6069	4643
杨凌示范区	Yangling	200	513	1665	1193

15—13 城市轨道交通情况
Urban Rail Transit

指 标	Item	2017	2018	2019	2020	2021	2022
一、运营车辆	Operating Vechicles						
运营车数 (辆)	Number of Operating Vechicles (vechicles)	750	1050	1122	1650	2094	2226
地 铁	Metro	750	1050	1122	1650	2094	2226
编组列数 (列)	Number of Train Formation (trains)	125	175	187	275	349	371
二、运营线路	Operating Routes						
运营线路条数 (条)	Number of Operating Routes (line)	3	4	4	6	8	8
地 铁	Metro	3	4	4	6	8	8
运营线路总长度 (公里)	Length of Operating Routes (km)	89	123	130	186	253	272
地 铁	Metro	89	123	130	186	253	272
三、运营服务	Operating Services						
客运量 (万人次)	Passenger Traffic (10 000 persons)	60534	73930	94368	72561	102303	76889
旅客周转量 (万人公里)	Total Passenger Turnover (10 000 passengers-km)	467032	575324	707275	561135	782809	582785
运营里程 (万车公里)	Operating Mileage (1 0000 trains-km)	9107	10146	14137	14371	22774	22058

15-14 各市(区)公路客货运输量(2022年)
Passenger and Freight Traffic of Highway Departments by City(District)(2022)

地 区	Region	客运量(万人) Passenger Traffic (10 000 persons)	客运周转量(万人公里) passenger-Kilometers (10 000 passenger-km)	货运量(万吨) Freight Traffic (10 000 tons)	货运周转量(万吨公里) Freight Ton-Kilometers (10 000 ton-km)
全 省	**Shaanxi**	**8496**	**626855**	**121188**	**18710228**
西安市	Xi'an	2327	173703	26166	3805911
铜川市	Tongchuan	274	18876	8489	1051553
宝鸡市	Baoji	645	55574	11504	1389143
咸阳市	Xianyang	687	46791	12044	2063089
渭南市	Weinan	889	42281	18674	2676791
#韩城市	Hancheng	132	2440	1877	272017
延安市	Yan'an	478	45117	4165	564270
汉中市	Hanzhong	880	49584	4300	591121
榆林市	Yulin	719	72245	28291	5643884
安康市	Ankang	1104	84964	4262	507188
商洛市	Shangluo	487	36825	2999	370926
杨凌示范区	Yangling	8	896	294	46354

15-15 铁路客货运输量
Passenger and Freight Traffic of Railways

指 标	Item	2017	2018	2019	2020	2021	2022
一、路局范围	Railways Bureau						
客运量 (万人)	Passenger Traffic (10 000 persons)	9000	11046	11562	7118	7800	4872
旅客周转量(百万人公里)	passenger-Kilometers(million passenger-km)	52382	54503	55611	32007	35035	22641
货运量 (万吨)	Freight Traffic (10 000 tons)	14195	16715	18484	22225	26901	34107
货物周转量(百万吨公里)	Freight Ton-Kilometers (million ton-km)	163947	171009	174487	197661	236640	287016
二、省境内	In Shaanxi Province						
客运量 (万人)	Passenger Traffic (10 000 persons)	8908	10953	11461	7044	7728	4825
旅客周转量(百万人公里)	Passenger-Kilometers(million passenger-km)	47103	51036	52362	30346	33342	21603
货运量 (万吨)	Freight Traffic (10 000 tons)	39162	42245	44751	49056	37894	43505
货物周转量(百万吨公里)	Freight Ton-Kilometers (million ton-km)	164177	172300	175015	186562	212607	249787

注：本表路局范围为中国铁路西安局集团有限公司数字，其中客运量、货运量采用发送数；省境内为国家反馈数。

a) The data of Railways Bureau is provided by China Railway Xi'an Group Co., Ltd. The data in Shaanxi province refer to the number responsed from nation.

15-16 铁路分品类货物发送量
Volume of Freight Dispatched of Railways by Category of Cargo

单位：万吨 (10 000 tons)

品 种	Item	2017	2018	2019	2020	2021	2022
合 计	**Total**	**14195**	**16715**	**18484**	**22225**	**26901**	**34107**
煤	Coal	10191	12648	13872	16278	19719	24944
焦 炭	Coke	688	615	648	714	716	614
石 油	Petroleum	800	819	890	948	1014	1068
钢铁及有色金属	Steel and Iron, and Non-Ferrous Metal	611	610	765	823	822	838
金属矿石	Metal Ores	68	57	91	126	62	98
非金属矿石	Non-metal Ores	105	111	110	92	95	139
矿建材料	Mineral Building Materials	176	189	276	222	245	245
水 泥	Cement	1	0	0	0	0	2
木 材	Timber	14	5	3	1	1	0
化肥及农药	Chemical Fertilizers and Pesticides	234	186	192	181	211	199
粮 食	Grain	78	110	91	105	95	199
其 他	Others	1228	1365	1548	2735	3920	5762

15-17 铁路运输主要经济技术指标
Principal Economic and Technical Indicators of Railway Transport

指 标	Item	2017	2018	2019	2020	2021	2022
货车平均静载重 (吨)	Average Static Load of Freight Cars (ton)	63.3	63.5	63.6	63.3	64.0	63.5
货车周转时间 (天)	Turning Around Time of Freight Cars (day)	2.2	2.2	2.2	2.0	1.8	1.7
货运机车日产量 (万吨公里)	Average Daily Ton-kilometers of Freight Locomotives (10 000 ton-km)	103.4	103.0	103.4	109.5	120.8	139.0
内燃机车耗油 (公斤/万吨公里)	Oil Consumption of Diesel Locomotives (kg/10 000 ton-km)	66.8	60.0	48.4	64.6	43.2	43.5
电力机车耗电 (千瓦小时/万吨公里)	Electricity Consumption of Electric Locomotives (kwh/10 000 ton-km)	138.2	140.7	136.8	150.7	152.2	141.7
货物列车出发正点率 (%)	Punctuality Rate of Freight Trains at Departure (%)	99.1	98.4	98.0	98.2	98.3	98.3
货物列车运行正点率 (%)	Punctuality Rate of Freight Trains in Running (%)	99.3	98.6	98.1	98.3	98.6	98.6
旅客列车出发正点率 (%)	Punctuality Rate of Passenger Trains at Departure(%)	100.0	100.0	100.0	100.0	100.0	100.0
旅客列车运行正点率 (%)	Punctuality Rate of Passenger Trains in Running (%)	99.9	100.0	100.0	100.0	100.0	100.0
客运密度 (万人公里/公里)	Density of Passenger Traffic (10 000 person-km/km)	1025.5	1060.3	893.5	498.3	545.4	352.3
每万名旅客拥有座卧车数 (辆)	Number of Seat Trains and Sleeping Trains Per 10 000 Passengers (unit)	5.8	6.5	7.0	2.3	2.5	2.8
每百万旅客人公里拥有座卧车数 (辆)	Number of Seat Trains and Sleeping Trains Per million Passenger-km (unit)	17.0	17.5	18.4	10.3	11.2	7.2
货物列车旅行速度 (公里/小时)	Running Speed of Freight Trains (km/hr)	35.6	37.1	38.7	42.4	45.7	49.1
货运密度 (万吨公里/公里)	Density of Freight Traffic (10 000 ton-km/km)	3209.7	3326.8	2803.6	3077.5	3683.8	4466.5
一次货物作业时间 (小时)	Handling Time of Freigh (hour)	16.0	16.7	17.2	20.8	21.3	18.9

15-18 邮电业务总量

Total Business Volume of Post and Telecommunication Services

年份 Year	邮电业务总量 (万元) Business Volume of Postal and Telecommunication Services (10 000 yuan)	函件 (万件) Number of Letters (10 000 pcs)	报刊期发数 (万份) Issue of Newspapers and Magazines (10 000 copies)	快递 (万件) Pieces of Express Mail Services (10 000 pcs)	移动电话用户 (户) Number of Mobile Telephone Subscribers (subscriber)	固定电话用户 (户) Number of Fixed Telephone Subscribers (subscriber)	互联网宽带用户 (户) Broadband Subscribers of Internet (subscriber)
1978	5025	9188	319			46456	
1980	5595	10386	494			51189	
1985	7871	13275	869			69806	
1990	16936	15955	506			117757	
1995	145408	24277	1017			679380	
2000	850392	17444	454	227	1516687	3452449	198744
2005	3311322	15119	286	397	9381001	8593167	2369000
2010	9028500	9734	517	2600	25182317	7818853	3688265
2011	3482544	5877	335	3942	29071848	7754819	3890780
2012	3855369	6061	337	5085	32647663	7720686	4395866
2013	4174992	4914	346	9552	35124609	7692876	5062419
2014	5666602	3310	375	13762	36072076	7507857	5524403
2015	7570868	2499	379	20351	36496502	7232758	6054228
2016	12038145	2176	316	36902	38132907	6798596	8029617
2017	9523115	1908	302	45751	42206130	6227910	9032156
2018	23547914	2194	302	56877	46886203	6507170	10573968
2019	35606185	1290	272	72892	46404960	6417378	11976613
2020	43855149	1127	275	91750	45897184	6370200	13689647
2021	51610141	995	284	111807	47777555	6610337	15673637
2022	6404197	810	280	112826	48343577	6762123	17604424

15-19 邮电通信水平(2022年)
Level of Post and Telecommunication Services(2022)

指 标	Item	2022
邮政通信水平	**Postal Services Available**	
平均每一营业网点服务面积(平方公里)	Average Area Served by Every Postal Office (sq.km)	109.65
平均每一营业网点服务人口 (万人)	Average People Served by Every Postal Office (10 000 persons)	2.11
平均每人每年发函件数 (件)	Annual Number of Letters Mailed per Capita (piece)	0.20
平均每百人订有报刊数 (份)	Number of Newspaper and Magazine Subscribed per 100 Persons(copy)	7.00
电信通信水平	**Telecommunication Services Available**	
电话普及率(包括移动电话)(部/百人)	Popularization Rate of Telephone (sets/100 persons)	139.33
固定电话普及率 (部/百人)	Popularization Rate of Fixed Telephone (sets/100 persons)	17.09
移动电话数普及率 (部/百人)	Popularization Rate of Mobile Telephone (sets/100 persons)	122.23

15-20 各市(区)邮政业务量(2022年)
Total Business Volume of Post Services by City(District)(2021)

地 区	Region	邮政业务总量 (万元) Business Volume of Postal cation Services (10 000 yuan)	函 件 (万件) Number of Letters (10 000 pcs)	包 裹 (万件) Package (10 000 pcs)	快 递 (万件) Pieces of Express Mail Services (10 000 pcs)	报刊累计数 (万份) Number of Total Newspapers and Magazines (10 000 copies)
全 省	**Shaanxi**	**1838874**	**811**	**25**	**112826**	**46502**
西安市	Xi'an	1005933	643	16	77670	18460
铜川市	Tongchuan	19490	6	0	646	1702
宝鸡市	Baoji	107503	32	1	4354	3793
咸阳市	Xianyang	209640	35	2	14459	2935
渭南市	Weinan	132563	19	2	6354	3990
延安市	Yan'an	58859	8	1	2223	2726
汉中市	Hanzhong	116828	27	1	2433	3585
榆林市	Yulin	75681	13	2	2214	4018
安康市	Ankang	67177	12	0	1505	2264
商洛市	Shangluo	45201	14	0	968	3029

15-21 各市(区)电信业务量(2022年)
Total Business Volume of Telecommunication Services by City(District)(2022)

地 区	Region	电信业务总量(万元) Business Volume of Telecommunication Services (10 000 yuan)	移动电话用户(户) Number of Mobile Telephone Subscribers (subscriber)	固定电话用户(户) Number of Fixed Telephone Subscribers (subscriber)	互联网宽带用户(户) Broadband Subscribers of Internet (subscriber)
全 省	**Shaanxi**	**4565323**	**48343577**	**6762123**	**17604424**
西安市	Xi'an	1767763	17859668	2754006	6306494
铜川市	Tongchuan	70407	822753	79360	318830
宝鸡市	Baoji	291618	3795416	570771	1500229
咸阳市	Xianyang	405429	5124302	418500	1917261
渭南市	Weinan	390280	5355854	663751	1951678
延安市	Yan'an	247078	2818913	460921	985804
汉中市	Hanzhong	266595	3523906	571835	1330578
榆林市	Yulin	406728	4366527	644330	1559894
安康市	Ankang	226426	2760927	430541	1099380
商洛市	Shangluo	153107	1915311	168108	634276

15–22　规模以上服务业主要经济指标(2022年)

单位：万元

分　组	Item	资产总计 Total Assets	负债合计 Total Liabilities	所有者权益合计 Owners' Equity	营业收入 Business Revenue
总　计	**Total**	**248106299**	**146281690**	**101824610**	**54866301**
按登记注册类型分	**By Status of Registration**				
内资企业	Domestic Invested Enterprises	243669987	143741797	99928190	53084739
国有企业	State-owned Enterprises	39385248	16040829	23344419	9151534
集体企业	Collective-owned Enterprises	135266	94967	40299	118653
股份合作企业	Cooperative Enterprises	7063	8294	-1230	3893
联营企业	Joint Ownership Enterprises	93700	45036	48664	40897
国有联营企业	State Joint Ownership Enterprises	93700	45036	48664	40897
国有与集体联营企业	Joint State-collective Enterprises				
有限责任公司	Limited Liability Corporations	177892086	113423551	64468535	26747747
国有独资公司	State Sole-proprietorship Corporations	105495451	66646765	38848687	7234052
其他有限责任公司	Other Limited Liability Corporations	72396635	46776787	25619848	19513695
股份有限公司	Share-holding Corporations Ltd.	9551684	2744163	6807521	4544287
私营企业	Private Enterprises	15942956	10912450	5030506	12046900
私营独资企业	Private Sole-proprietorship Enterprises	144550	88790	55760	127867
私营合作企业	Private Partnership Enterprises	170605	117976	52628	168282
私营有限责任公司	Private Limited Liability Corporations	14655970	10208203	4447767	11236089
私营股份有限公司	Private Share-holding Corporations Ltd.	971832	497480	474352	514662
其他企业	Other Enterprises	661983	472507	189476	430828
港、澳、台商投资企业	Enterprises with Investment from Hong Kong, Macao and Taiwan	2518302	1371696	1146606	876388
合资经营企业(港或澳、台资)	Joint-venture Enterprises	325732	152510	173221	126810
合作经营企业(港或澳、台资)	Cooperative Enterprises				
港澳台商独资经营企业	Sole-proprietorship Enterprises	1905923	1059734	846189	468258
港澳台商投资股份有限公司	Share-holding Corporations Ltd.	249302	128783	120519	216592
其他港、澳、台商投资企业	Other Enterprises with Investment from Hong Kong, Macao and Taiwan	37345	30669	6676	64728
外商投资企业	Foreign Invested Enterprises	1918011	1168196	749814	905174
中外合资经营企业	Joint-venture Enterprises	548737	262141	286596	136362
中外合作经营企业	Cooperation Enterprises	6802	4139	2663	2771
外资企业	Sole-proprietorship Enterprises	1145496	753142	392354	573337
外商投资股份有限公司	Share-holding Corporations Ltd.	181527	127218	54309	159346
其他外商投资企业	Other Foreign Invested Enterprises	35449	21556	13893	33358
按国民经济行业分	**By Sector**				
铁路运输业	Railway Transport	31613876	11826472	19787404	6961219
道路运输业	Road Transport	82972748	56242111	26730637	7187337

Main Indicators of Service Industry Enterprises above Designated Size(2022)

(10 000 yuan)

营业成本 Cost of Business	销售费用 Operating Expenses	管理费用 Management Expenses	财务费用 Financial Expenses	投资收益 Investment Income	营业利润 Operating Profit	利润总额 Total Profits	应付职工薪酬 Accrued Employee Payroll	期末用工人数（人） Number of employee at the End of Period (person)
44408361	**1437158**	**3759293**	**3076702**	**2221152**	**3656958**	**3711971**	**12315142**	**886297**
43145384	1345925	3633968	3027207	2093661	3354607	3405444	11864172	863753
8727959	86026	465840	172580	1251192	1152320	1154207	2853962	157901
91457	6107	23262	-160	84	-1911	-2915	48467	6045
2081		1334	61		405	272	1269	300
35626	3866	6656	2222	-28	-8043	-7408	11284	1119
35626	3866	6656	2222	-28	-8043	-7408	11284	1119
21113482	484563	1584321	2670931	802139	1177844	1235992	5588733	346514
5119048	75547	380171	2056839	602878	472780	511743	1165525	84915
15994435	409016	1204151	614092	199261	705064	724249	4423208	261599
3474819	288726	271922	39783	17539	419811	383466	841982	45467
9359330	464058	1212178	113020	22562	633676	658463	2374055	290389
95218	6345	20376	1469	2	2792	3909	27731	5223
111444	1721	44410	3911	106	6507	5637	55068	4680
8791004	433263	1107267	101532	21938	562754	587834	2188635	271474
361664	22730	40125	6108	515	61623	61084	102622	9012
340631	12580	68455	28770	173	-19495	-16632	144420	16018
611326	67666	62442	28339	125533	214505	217092	123096	8245
94587	5984	7143	6443		7753	8176	27128	2607
291324	43769	43364	17722	125287	186753	188246	63200	3542
164796	17585	10514	3975	247	17545	18204	27427	1478
60619	328	1421	200		2453	2466	5340	618
651651	23567	62883	21156	1957	87846	89435	327875	14299
78557	3378	12958	9643	426	11876	11898	32250	2126
1849	107	924	12		-145	-149	1543	158
426099	13125	42582	11358	1519	43505	44799	251481	9963
117634	6421	4130	551	13	29547	29765	22262	1665
27512	535	2290	-408		3063	3122	20339	387
6595816	4609	155599	192328	93923	83931	29104	2073190	89367
5696671	43595	345550	1922183	14487	-227628	-165700	1081840	105835

15-22 续表

单位：万元

分　组	Item	资产总计 Total Assets	负债合计 Total Liabilities	所有者权益合　计 Owners' Equity	营业收入 Business Revenue
航空运输业	Air Transport	5543454	2417789	3125665	318220
管道运输业	Transport Via Pipelines	125258	45741	79518	56159
装卸搬运和运输代理业	Loading,Unloading and Forwarding Agency	615837	434937	180899	1090907
仓储业	Storage	2864926	2019217	845710	1359627
邮政业	Post	797524	651577	145947	1640576
电信、广播电视和卫星传输服务	Telecommunication, Radio and Television and Satellite Transmission Service	7141577	2287535	4854042	5012902
互联网和相关服务	Internet and Related Service	2167041	1100595	1066445	1954830
软件和信息技术服务业	Software and Information Technology	6005950	3376622	2629328	5831546
物业管理	Property Management	2899837	1887535	1012303	1716310
房地产中介服务	Real Estate Intermediary Service	173822	119554	54267	144064
房地产租赁经营	Real Estate Leasing Operation	7514810	5148787	2366024	490772
其他房地产业	Other Real Estate	6313012	1228717	5084295	36329
租赁业	Leasing	525276	409137	116139	194564
商务服务业	Business Services	35757917	21413599	14344319	6232326
研究和试验发展	Research and Experimental Development	2181030	1033744	1147286	644824
专业技术服务业	Professional Technical Services	19253474	11387961	7865512	8553052
科技推广和应用服务业	Science and Technology Popularization and Application Services	478542	288414	190128	174072
水利管理业	Management of Water Conservancy	141679	30853	110826	12000
生态保护和环境治理业	Ecological Protection and Environmental	337407	163440	173967	133602
公共设施管理业	Management of Public Facilities	5422921	3818560	1604361	719792
土地管理业	Management of Land	15096378	10429022	4667356	422740
居民服务业	Services to Households	175377	129597	45780	111463
机动车、电子产品和日用产品修理业	Repair of Motor Vehicle,Electronics and Household Products	121662	67275	54387	96128
其他服务业	Other Services	83790	47653	36137	94326
教　育	Education	660432	501117	159314	351562
卫　生	Health	3241536	2318132	923404	2036398
社会工作	Social Service	39382	13115	26267	17401
新闻和出版业	Journalism and Publishing Activities	639742	277961	361781	399576
广播、电视、电影和影视录音制作业	Radio, Television, Motion Picture and Videotape Programme Production Services	1415419	1017732	397688	234064
文化艺术业	Cultural and Art Activities	3759077	2658319	1100758	215086
体　育	Sports Activities	58094	62227	-4134	16388
娱乐业	Entertainment	1967496	1426644	540852	406140

continued

(10 000 yuan)

营业成本 Cost of Business	销售费用 Operating Expenses	管理费用 Management Expenses	财务费用 Financial Expenses	投资收益 Investment Income	营业利润 Operating Profit	利润总额 Total Profits	应付职工薪酬 Accrued Employee Payroll	期末用工人数(人) Number of employee at the End of Period (person)
506453	8044	58541	43130	1920	-286816	-285987	229853	11510
45087	83	4976	-186	58	5453	5373	13223	819
1044199	5219	26891	1454	-97	13728	16422	45239	4698
1219116	28243	90120	35968	2869	39353	42409	85427	9385
1430128	15366	112897	5263	606	72277	71611	477523	39206
3480153	389655	253157	55157	2566	804882	781029	647275	37827
1526475	80441	185753	-10327	1108	136144	137922	277633	17806
4112221	190715	400146	6777	14507	312417	322525	2853890	107651
1405483	28087	191016	10586	5769	78681	81100	489374	79842
103998	11522	24944	45	1293	-422	515	44852	3620
244855	28163	110329	90087	24265	56454	61422	65957	5603
25489	108	3738	6408	-140	-286	-157	1652	104
156509	5253	18672	6266	2832	5984	7410	25287	3045
5254118	127934	440304	367528	1575512	1585827	1603741	878233	128478
483294	7255	68533	8626	14015	-9232	-6890	206447	6849
6959752	156357	558830	12135	349158	894540	904381	1540528	83505
130504	5550	19319	5841	112	7227	7415	24519	2044
10125	93	2365	375		443	706	4051	510
104227	3750	12130	2731	308	11393	12809	16919	1701
553114	32309	106927	72372	5867	-38286	-33608	186761	33308
322743	24	20942	102544	93087	51573	51499	11574	353
77620	15303	18102	-307	3	486	691	23077	5107
71532	8190	12116	750	-799	2147	2045	15966	2837
70341	2518	16777	1042	18	2748	2895	45363	10035
216130	29441	71641	8572	1243	25274	11617	170807	18689
1526807	104467	225123	58039	5371	97968	119902	540044	49534
9497	911	4642	466		1647	1975	4697	975
295838	28813	48313	-1783	1259	28058	18290	69231	4571
184575	23453	48202	19680	3859	-13063	-11138	43234	4366
195953	23475	61363	27747	5609	-62362	-57797	73883	9814
8191	5340	2980	431		-817	-814	4872	675
341348	22870	38354	24776	563	-22765	-20743	42723	6628

15-23 各市(区)规模以上服务业主要经济指标(2022年)

单位：万元

地 区	Region	单位数 (个) Number of Enterprises (unit)	资产总计 Total Assets	负债合计 Total Liabilities	所有者权益合 计 Owners' Equity	营业收入 Business Revenue
全 省	**Shaanxi**	**4179**	**248106299**	**146281690**	**101824610**	**54866301**
西 安 市	Xi'an	2466	186422579	116913535	69509043	38783728
铜 川 市	Tongchuan	76	625363	493156	132207	330466
宝 鸡 市	Baoji	204	2385107	1665356	719752	1495518
咸 阳 市	Xianyang	121	1459700	802611	657089	1159915
渭 南 市	Weinan	138	2931322	1815536	1115786	1193861
延 安 市	Yan'an	262	6815366	4101052	2714314	1290409
汉 中 市	Hanzhong	214	2392217	1578308	813910	858238
榆 林 市	Yulin	264	16806055	8478762	8327293	3809678
安 康 市	Ankang	249	1461012	851671	609341	658699
商 洛 市	Shangluo	161	2539623	1746054	793568	520241
杨凌示范区	Yangling	1	24114432	7746798	16367634	4644149

Main Indicators of Service Industry Enterprises above Designated Size by City(District)(2022)

(10 000 yuan)

营业成本 Cost of Business	销售费用 Operating Expenses	管理费用 Manage-ment Expenses	财务费用 Financial Expenses	投资收益 Investment Income	营业利润 Operating Profit	利润总额 Total Profits	应付职工薪酬 Accrued Employee Payroll	期末用工人数(人) Number of employee at the End of Period (person)
44408361	**1437158**	**3759293**	**3076702**	**2221152**	**3656958**	**3711971**	**12315142**	**886297**
30285167	1045440	2703026	2597234	927601	2380142	2409486	8646140	586253
298012	12060	31315	2602	-25	-12751	-6755	67156	8557
1280928	51437	98227	32615	2738	30276	40195	183579	23069
937194	49019	95930	14087	149	54317	69909	170115	22710
996801	48042	94584	33016	-1261	34966	48711	196489	24590
1034081	59995	169056	47420	204096	193655	198896	226934	29872
679633	37819	85305	15006	166	37164	40032	190692	25160
3036120	66359	219211	256755	981630	1138500	1141166	583214	47641
477842	40808	90967	10446	925	39120	42001	139896	19832
434356	21347	55445	23499	4051	-14346	-12809	117096	16834
4840733	2746	108835	42443	101106	-227979	-264456	1782141	79979

15—24 按行业分企业信息化及电子商务情况(2022年)

行 业	Industry	企业数(个) Number of Enterprises (unit)	期末使用计算机数(台) Computers Used at the End of Period (unit)
总 计	**Total**	**29246**	**1391376**
采矿业	Mining	872	90571
制造业	Manufacturing	5989	338626
电力、热力、燃气及水生产和供应业	Production and Supply of Electricity, Heat, Gas and Water	570	84161
建筑业	Construction	4186	142828
批发和零售业	Wholesale and Retail Trades	7987	150346
交通运输、仓储和邮政业	Transport, Storage and Post	652	85732
住宿和餐饮业	Hotels and Catering Services	2799	36997
信息传输、软件和信息技术服务业	Information Transmission, Software and Information Technology	468	213464
房地产业	Real Estate	3196	63151
租赁和商务服务业	Leasing and Business Services	720	30594
科学研究和技术服务业	Scientific Research and Technical Services	591	85195
水利、环境和公共设施管理业	Management of Water Conservancy, Environment and Public Facilities	170	7106
居民服务、修理和其他服务业	Service to Households, Repair and Other Services	203	2743
教 育	Education	105	16477
卫生和社会工作	Health and Social Service	177	29115
文化、体育和娱乐业	Culture, Sports and Entertainment	561	14270

Informatization and E-Commerce of Enterprises by Industrial Sector(2022)

每百人使用计算机数(台) Computers Used Per 100 Persons (unit)	企业拥有网站数(个) Websites of Enterprises (unit)	每百家企业拥有网站数(个) Websites Per 100 Enterprises (unit)	有电子商务交易活动 With Ecommerce Transactions		电子商务销售额(万元) Sales of Ecommerce (10 000 yuan)	# 大陆以外区域销售 Sourcing Outside Mainland Area	电子商务采购额(万元) Perchases of Ecommerce (10 000 yuan)	# 大陆以外区域采购 Sourcing Outside Mainland Area
			企业数(个) Enterprises (unit)	比重(%) Proportion (%)				
40	**12714**	**43.5**	**2901**	**9.9**	**30359051**	**101181**	**12595366**	**52550**
28	245	28.1	22	2.5	792015		95328	
33	3791	63.3	511	8.5	5980786	37102	1004611	44176
65	255	44.7	34	6.0	487046		181945	
23	1430	34.2	52	1.2	20970		5313285	
48	2620	32.8	1105	13.8	19511211	39313	5664777	8243
33	265	40.6	48	7.4	1843726		215282	
25	959	34.3	849	30.3	459175	554	5740	111
133	459	98.1	64	13.7	1075224	24124	91348	
41	1141	35.7	27	0.8	13623	20	237	20
24	403	56.0	44	6.1	56624		12946	
92	430	72.8	15	2.5	22672		211	
20	108	63.5	25	14.7	26316	68	8674	
15	80	39.4	10	4.9	1346		33	
93	66	62.9	3	2.9	24874		5	
61	182	102.8	16	9.0	15356		25	
54	280	49.9	76	13.5	28086		920	

15-25 各市(区)企业信息化及电子商务情况(2022年)

地区	Region	企业数 (个) Number of Enterprises (unit)	期末使用计算机数 (台) Computers Used at the End of Period (unit)	每百人使用计算机数 (台) Computers Used Per 100 Persons (unit)	企业拥有网站数 (个) Websites of Enterprises (unit)
全　省	**Shaanxi**	**29246**	**1391376**	**40**	**12714**
西安市	Xi'an	10018	837837	56	5680
铜川市	Tongchuan	687	17167	27	256
宝鸡市	Baoji	2889	78305	28	1312
咸阳市	Xianyang	2337	67074	25	938
渭南市	Weinan	2144	54843	26	850
延安市	Yan'an	1766	43763	23	504
汉中市	Hanzhong	2567	40792	22	858
榆林市	Yulin	3082	89773	29	1001
安康市	Ankang	2352	31685	20	676
商洛市	Shangluo	1131	21404	21	473
杨凌示范区	Yangling	268	8229	33	160
陕西省直管		5	100504	56	6

注：有电子商务交易活动的企业是指通过互联网开展电子商务销售或电子商务采购的企业。

Informatization and E-Commerce of Enterprises by City(District)(2022)

每百家企业拥有网站数(个) Websites Per 100 Enterprises (unit)	有电子商务交易活动 With E-commerce Transactions		电子商务销售额(万元) Sales of Ecommerce (10 000 yuan)	# 大陆以外区域销售 Sourcing Outside Mainland Area	电子商务采购额(万元) Perchases of Ecommerce (10 000 yuan)	# 大陆以外区域采购 Sourcing Outside Mainland Area
	企业数(个) Enterprises (unit)	比重(%) Proportion (%)				
43.5	**2901**	**9.9**	**30359051**	**101181**	**12595366**	**52550**
56.7	1216	12.1	16456210	67589	7261454	47200
37.3	56	8.2	361050		103165	
45.4	343	11.9	1067814	29455	369123	656
40.1	197	8.4	2344916	525	2501401	4674
39.6	162	7.6	1077786	2160	600899	
28.5	127	7.2	434593		306947	
33.4	283	11.0	788739	836	340218	
32.5	156	5.1	2926241	450	669616	
28.7	210	8.9	461826		199688	
41.8	117	10.3	317557	166	148944	
59.7	31	11.6	150393		23913	20
120.0	3	60.0	3971924		70000	

a) Enterprises with E-Commerce Transactions refers to those enterprises which performed sales or purchases through Internet.

主要统计指标解释

铁路营业里程　又称营业长度，指投入客货运输营业或临时营业的线路长度。

公路里程　指报告期末公路的实际长度。统计范围：包括城间、城乡间、乡（村）间能行驶汽车的公共道路，公路通过城镇街道的里程，公路桥梁长度、隧道长度、渡口宽度。不包括城市街道里程，断头路里程，农（林）业生产用道路里程，工（矿）企业等内部道路里程。统计原则：按已竣工验收或交付使用的实际里程计算；两条或多条公路共同经由同一路段的重复里程，只计算一次。

内河航道里程　指在一定时期内，能通航运输船舶及排筏的天然河流、湖泊水库、运河及通航渠道的长度。包括全年季节性通航累计三个月以上的航道，不包括仅供零散流放竹、木排的河道。两省以河为界的航道里程，双方均按一半计算，以免重复。

货(客)运量　指在一定时期内，各种运输工具实际运送的货物重量(旅客数量)。货运按吨计算，客运按人计算。货物不论运输距离长短、货物类别，均按实际重量统计。旅客不论行程远近或票价多少，均按一人一次客运量统计；半价票、儿童票也按一人统计。

货物(旅客)周转量　指在一定时期内，由各种运输工具运送的货物(旅客)数量与其相应运输距离的乘积之总和。该指标可以反映运输业生产的总成果，也是编制和检查运输生产计划，计算运输效率、劳动生产率以及核算运输单位成本的主要基础资料。计算货物周转量通常按发出站与到达站之间的最短距离，也就是计费距离计算。计算公式为：

$$货物（旅客）周转量=\Sigma（货物（旅客）运输量\times运输距离）$$

铁路货车平均静载重　指铁路货车在始发站静止状态下平均每车装载的货物重量，用以分析货车完成装车时车辆载重力的利用情况。计算公式为：

$$货车平均静载量=\frac{货物发送吨数}{装车数}$$

静载重的多少取决于运送货物的性质、种类、车辆的类型和装载技术的高低。根据货车的平均标记载重与静载重进行对比，可以反映货车载重能力的利用程度。计算公式为：

$$货车载重力利用率(\%)=\frac{货车平均静载重}{货车平均标记载重}\times100\%$$

铁路货运机车日产量　指在一定时期内，平均每台货运机车在一昼夜内所完成的总重吨公里数，包括载运货物的重量和车辆本身的自重。该指标从时间和牵引能力两方面反映了机车运用效率。计算公式为：

$$货运机车平均日产量=\frac{货运总重吨公里数}{货运机车台日数}$$

民用汽车拥有量　指报告期末，在公安交通管理部门按照《机动车注册登记工作规范》，已注册登记领有民用车辆牌照的全部汽车数量。汽车拥有量统计的主要分类：根据汽车结构分为载客汽车、载货汽车及其他汽车；根据汽车所有者不同分为个人(私人)汽车、单位汽车；根据汽车的使用性质分为营运汽车、非营运汽车；根据汽车大小规格不同载客汽车分为大型、中型、小型和微型，载货汽车分为重型、中型、轻型和微型。

邮电业务总量　指以货币形式表示的邮电企业为社会提供各类邮电服务的总数量，是用于观察邮电业务发展变化总趋势的综合性总量指标。分别按邮政业务总量和电信业务总量统计。邮电业务总量是以各类业务的实物量分别乘以相应的不变单价，得出各类业务的货币量再加总求得。

移动电话用户　指在电信运营企业营业网点办理开户登记手续，通过移动电话交换机进入移动电话网，占用移动电话号码的各类电话用户。包括各类签约用户、智能网预付费用户、无线上网卡用户。

固定电话用户　指在电信企业营业网点办理开户登记手续并已接入固定电话网上的全部电话用户。包括普通电话用户、无线市话用户、公用电话用户、窄带综合业务数字网（N—ISDN）用户、智能网专用接入终端用户等。

Explanatory Notes on Main Statistical Indicators

Length of Railways in Operation refers to the total length of the trunk line for passenger and freight transportation in full operation or temporary operation.

Length of Highways refers to the actual length of highways at the end of reference period. It covers public roads running vehicles among cities, city and rural areas, township (villages), highways passing through streets at small cities and towns, length of bridges and tunnels, width of ferry piers. It does not include the length of streets in cities, dead end highways, the length of streets built for agricultural (forest) production and inside factories (mines). It can only be calculated with the actual mileage having been completed, checked and accepted or put into operation. If two or more highways go the same section of the way, the length of the section is only calculated for once.

Length of Navigable Inland Waterways refers to the length of natural rivers, lakes, reservoirs and canals that are open to navigation for ships and rafts during a given period. It includes the channels with annual seasonal navigation for more than three months other than the waterways only for scattered bamboo and wooden rafts. If two provinces share one river as the border, the length of waterways will be half divided for each province to avoid duplication.

Freight (Passenger) Traffic refers to the volume of freight (passenger) transported with various means within a specific period of time. This indicator reflects the service of the transport industry towards the national economy and people's living conditions, as well as an important indicator used in formulating and monitoring transport production plans and research into the scale and pace of transport development. Freight transport is calculated in tons and passenger traffic is calculated in terms of number of persons. Freight transport is calculated in terms of the actual weight of the goods and takes no account of the type of freight and distance of travel. Passenger traffic is calculated by the principle that one person can be counted only once in one trip and takes no account of the travelling distance and ticket price. The passengers who travel with a half price ticket or a child's ticket is also calculated as one person.

Freight Ton-kilometres (Passenger-kilometres) refers to the sum of the product of the volume of transported cargo (passengers) multiplied by the transport distance. It is an important indicator to reflect the achievement of the transportation industry. This is an important indicator to show the total results of the transport industry; to prepare and examine the transport plan; and to serve as the main basic data for calculating the efficiency, labour productivity and unit cost of transport. Normally, the shortest distance between the departure station and the destination station (i.e., the payable distance) is the basis in calculating the freight ton-kilometres. The formula is as follows:

$$\text{Freight ton-kilometres (passenger-kilometres)} = \Sigma\, \text{freight (passenger) traffic} \times \text{distance of transportation}$$

Average Static Load of Freight Cars refers to the average cargo weight as loaded by each freight car under the static condition at the departure station. It is used to show the utilization extent of the loading capacity of the freight cars. The formula is:

$$\text{Static load (ton) of freight car} = \frac{\text{tonnage of goods dispatched}}{\text{number of freight cars loaded}}$$

The static load of freight cars is determined by the nature and type of goods loaded the type of vehicles, and the technique of loading. Comparison of the average marked load with the static load of freight cars provides indication on the degree of utilization of loading capacity of freight cars. For its calculation the following formula is applied:

$$\text{Utilization rate of capacity of freight cars (\%)} = \frac{\text{Average static load}}{\text{Average marked load}} \times 100\%$$

Average Daily Haul of Freight Locomotives refers to the average total ton-kilometres accomplished by each freight transport locomotive over one day and night during a given period of time. It includes both the weight of the goods carried and the dead weight of the train itself. It is a comprehensive indicator reflecting the locomotive efficiency in terms of both time and the pulling force.

$$\text{Average daily haul of freight transport locomotive (ton-kilometre)} = \frac{\text{Total ton-kilometres of freight}}{\text{Daily number of freight transport locomotive}}$$

Possession of Civil Motor Vehicles refer to the total numbers of vehicles that are registered and received vehicles license tags according to the *Work Standard for Motor Vehicles Registration* formulated by the Transport Management Office under the department of public security at the end of the reference period. They are divided into categories. According to the structure of motor vehicles, they are divided into passenger vehicles, trucks and others; according to ownership into private vehicles and vehicles for the unit's use; according to kind of usage into working vehicles and non-working vehicles; and according to size of vehicles into large passenger vehicles, medium-sized passenger vehicles, small passenger vehicles and mini passenger vehicles, heavy trucks, light-heavy trucks, light trucks and mini-trucks.

Business Volume of Post and Telecommunications refers to the total amount of postal and telecommunication services, expressed in value terms, provided by the post and telecommunications departments for society. This indicator reflects the overall results of development of postal and telecommunication services. It can be classificated as postal services and telecommunication services. Business volume of post and telecommunications is the sum of all services in kind multiplying with the unit price (constant price) to get the total business value.

Mobile Telephone Subscribers refer to persons who have gone through registration procedures in the operation points of enterprises engaged in telecommunications and are hence connected with the mobile telephone communication network through the mobile telephone switchboards and occupy mobile phone numbers. Included are various types of subscriber, prepaid users for intelligent network and wireless network card users.

Local Telephone Subscribers refer to all subscribers who have gone through registration procedures in the operation points of enterprises engaged in telecommunications and are hence connected to the local telecommunications service provider through fixed line network. Included are general subscribers, wireless local telephone subscribers, public telephones subscribers, N-ISDN subscribers and intelligent network terminal subscribers.

十六、批发和零售业、住宿和餐饮业

Wholesale and Retail Trades, Hotels and Catering Services

资料整理：贾佩佩

简 要 说 明

一、本篇资料反映陕西批发和零售业、住宿和餐饮业的发展与经营状况，主要内容包括：社会消费品零售总额，限额以上批发和零售业、住宿和餐饮业基本情况、连锁经营情况，重点交易市场情况等。

二、限额以上企业指年主营业务收入2000万元及以上的批发企业（单位）；500万元及以上的零售业企业（单位）；200万元及以上的住宿和餐饮业企业（单位）。

三、批发业、零售业、住宿业、餐饮业大中小微型划分标准按照2011年《统计上大中小微型企业划分办法》标准执行。

Brief Introduction

I. This chapter reflects the management and development of wholesale and retail trades, hotels and catering services, mainly including: total retail sales of consumer goods, the basic conditions of enterprises above designated size in wholesale and retail trades, hotels and catering services, the conditions of chain stores, focus on transaction markets, etc.

II. Enterprises above designated size cover wholesale enterprises with revenue from principal business over 20 million yuan, retail enterprises with revenue from principal business over 5 million yuan, wholesale and retail enterprises with revenue from principal business over 2 million yuan.

III. The division standard of large/medium/small/mini sized enterprises of wholesale, retail trades,hotels and catering services is based on *the Division Standard of Large/Medium/Small/Mini Sized Enterprises* in 2011.

16.批发和零售业、住宿和餐饮业

2022年全省				
限额以上法人企业数	11552	个		
批发业	3302	个		
零售业	5266	个		
住宿业	1325	个		
餐饮业	1659	个		
社会消费品零售总额	10401.61	亿元	比上年增长	1.5%
商品零售	9273.52	亿元	比上年增长	1.9%
餐饮收入	1128.09	亿元	比上年下降	1.8%

社会消费品零售总额构成
（2022年）

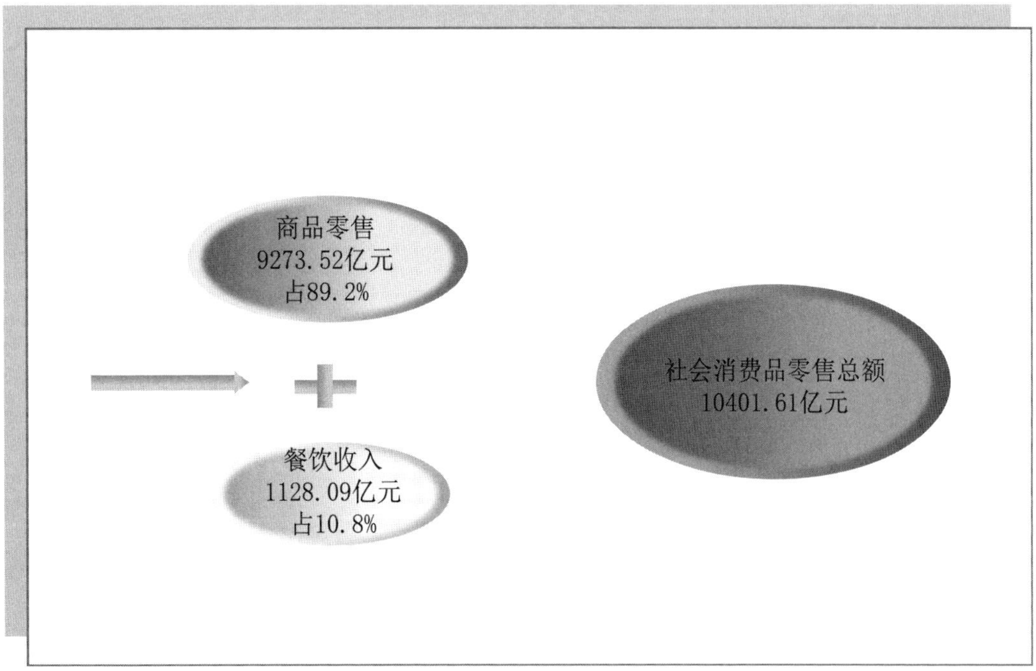

16-1 限额以上批发和零售业、住宿和餐饮业法人企业数和从业人员数(2022年)

Number of Corporation Enterprises above Designated Size in Wholesale and Retail Trades, Hotels and Catering Services (2022)

地区	Region	法人企业数(个) Number of Corporation Enterprises (unit)	批发业 Wholesale Trade	零售业 Retail Trade	住宿业 Hotels	餐饮业 Catering Service
全省	**Shaanxi**	**11552**	**3302**	**5266**	**1325**	**1659**
西安市	Xi'an	3653	1747	1002	482	422
铜川市	Tongchuan	300	111	118	31	40
宝鸡市	Baoji	1349	274	755	140	180
咸阳市	Xianyang	1098	138	655	62	243
渭南市	Weinan	782	123	486	70	103
#韩城市	Hancheng	85	8	55	12	10
延安市	Yan'an	799	243	333	127	96
汉中市	Hanzhong	1146	170	611	133	232
榆林市	Yulin	808	254	424	88	42
安康市	Ankang	1059	124	601	119	215
商洛市	Shangluo	458	84	239	60	75
杨凌示范区	Yangling	100	34	42	13	11

16-1 续表 continued

地区	Region	从业人员数(人) Number of Employed Persons (person)	批发业 Wholesale Trade	零售业 Retail Trade	住宿业 Hotels	餐饮业 Catering Service
全省	**Shaanxi**	**459084**	**110986**	**202636**	**65544**	**79918**
西安市	Xi'an	231495	66376	91945	29575	43599
铜川市	Tongchuan	6959	1668	3120	1233	938
宝鸡市	Baoji	37378	7249	18227	5809	6093
咸阳市	Xianyang	32025	4440	17141	2642	7802
渭南市	Weinan	26461	4584	14460	3801	3616
#韩城市	Hancheng	3225	205	1945	789	286
延安市	Yan'an	20311	5541	7773	4106	2891
汉中市	Hanzhong	31503	5414	16488	5204	4397
榆林市	Yulin	30348	8928	12246	6628	2546
安康市	Ankang	27735	3538	15124	3863	5210
商洛市	Shangluo	12587	2721	5264	2131	2471
杨凌示范区	Yangling	2282	527	848	552	355

16–2 社会消费品零售总额
Total Retail Sales of Consumer Goods in the Whole Province

单位：亿元 (100 million yuan)

年 份 Year	社会消费品零售总额 Total Retail Sales of Consumer Goods	按地区分 By Region			按行业分 By Sector	
		市的零售额 City	县的零售额 County	县以下的零售额 Under County Level	# 批发和零售业 Wholesale and Retail TradesTrades	# 住宿和餐饮业 Hotels and Catering Services
1978	33.37	11.93	9.79	11.65	28.29	1.32
1980	43.38	17.47	12.18	13.73	35.86	1.78
1985	80.01	39.83	19.45	20.73	61.23	3.84
1990	159.67	91.21	34.29	34.17	118.55	7.99
1991	176.60	102.21	36.98	37.41	126.83	9.29
1992	227.53	132.25	47.31	47.97	156.17	16.22
1993	260.34	154.59	52.44	53.31	172.84	19.76
1994	319.85	193.04	62.76	64.05	204.55	24.90
1995	401.03	244.02	80.43	76.57	254.96	31.84
1996	478.30	291.68	94.12	92.49	310.72	40.55
1997	557.35	347.00	104.39	105.97	361.52	51.82
1998	608.40	374.99	114.67	118.74	390.20	64.88
1999	666.12	412.52	125.24	128.36	432.39	73.17
2000	736.13	460.67	136.40	139.07	482.29	85.66
2001	822.50	521.68	148.53	152.29	544.13	100.88
2002	924.09	594.49	163.21	166.39	625.47	112.24
2003	1031.11	660.89	184.72	185.51	879.66	122.41
2004	1193.08	776.36	207.91	208.82	1032.47	136.98
2005	1368.82	899.15	233.80	235.87	1187.57	154.60
2006	1588.86	1036.57	278.01	274.29	1374.76	183.93
2007	1896.19	1260.20	314.46	321.53	1635.92	225.49
2008	2396.18	1594.96	404.72	396.50	2063.55	292.11

年 份 Year	社会消费品零售总额 Total Retail Sales of Consumer Goods	按销售单位所在地分 By Location of Establishments			按消费形态分 By Consumption Patterns	
		城 镇 Urban Areas	# 城 区 Urban District	乡 村 Rural Areas	商品零售 Retail Sales	餐饮收入 Catering Income
2009	2822.53	2426.68	1628.03	395.84	2497.84	324.69
2010	3376.14	2906.62	1984.61	469.52	2991.61	384.53
2011	4044.28	3545.95	2556.79	498.32	3599.51	444.77
2012	4756.54	4180.15	3190.92	576.39	4233.91	522.63
2013	5452.65	4809.43	3697.94	643.22	4892.99	559.66
2014	6159.27	5473.42	4101.07	685.85	5553.78	605.50
2015	6859.09	6095.91	4519.09	763.18	6156.99	702.10
2016	7680.75	6839.96	5151.59	840.79	6898.24	782.51
2017	8611.22	7665.95	5585.38	945.27	7719.63	891.58
2018	9510.29	8482.17	6062.84	1028.13	8504.18	1006.12
2019	10213.02	9089.59	6434.20	1123.43	9101.78	1111.24
2020	9605.92	8543.65	5972.07	1062.27	8627.06	978.86
2021	10250.50	8997.77	6349.24	1252.72	9101.73	1148.76
2022	10401.61	9071.27	6316.31	1330.34	9273.52	1128.09

注：根据第四次全国经济普查结果对1993–2018年数据进行了修订。
a) Data from 1993 to 2018 were adjusted according to the 4rd national economic census.

16-3 各市(区)社会消费品零售总额
Total Retail Sales of Consumer Goods by City(District)

单位：亿元 (100 million yuan)

年 份 Year	全 省 Shaanxi	西安市 Xi'an	铜川市 Tongchuan	宝鸡市 Baoji	咸阳市 Xianyang	渭南市 Weinan
2000	736.13	368.96	13.49	70.75	68.70	56.95
2001	822.50	416.95	14.28	79.15	77.06	60.46
2002	924.09	473.12	15.52	89.32	86.19	64.39
2003	1031.11	518.67	17.19	102.68	98.22	70.44
2004	1193.08	601.12	19.35	120.36	115.27	78.53
2005	1368.82	698.37	21.05	134.29	128.34	89.19
2006	1588.86	819.32	23.25	151.22	143.10	103.75
2007	1896.19	979.18	26.49	174.65	165.75	125.46
2008	2396.18	1233.44	32.11	214.01	202.90	165.74
2009	2822.53	1469.37	38.70	251.33	238.23	191.26
2010	3376.14	1765.42	46.69	296.06	280.44	225.91
2011	4044.28	2146.43	55.90	343.34	324.80	264.98
2012	4756.54	2530.95	66.93	394.36	375.87	310.99
2013	5452.65	2898.62	79.45	451.05	432.08	358.49
2014	6159.27	3277.33	90.36	512.89	492.14	407.05
2015	6859.09	3620.90	102.70	581.76	558.65	462.28
2016	7680.75	4012.44	117.46	664.39	636.73	524.83
2017	8611.22	4422.72	130.27	752.10	732.75	603.83
2018	9510.29	4854.70	144.30	828.46	818.90	664.63
2019	10213.02	5140.93	156.50	904.31	900.39	718.81
2020	9605.92	4989.33	133.10	801.94	836.18	633.58
2021	10250.50	4963.42	149.09	922.55	1073.57	684.57
2022	10401.61	4642.11	162.61	982.98	1253.35	739.03

16-3 续表 continued

单位：亿元 (100 million yuan)

年 份 Year	延安市 Yan'an	汉中市 Hanzhong	榆林市 Yulin	安康市 Ankang	商洛市 Shangluo	杨凌示范区 Yangling
2000	23.92	43.84	38.23	29.68	19.41	2.22
2001	27.90	46.30	43.53	32.31	21.96	2.59
2002	32.97	49.59	49.97	35.29	24.61	3.12
2003	37.74	54.22	60.82	39.65	27.66	3.81
2004	44.81	59.28	72.12	45.88	31.60	4.77
2005	52.15	67.78	85.25	52.50	34.63	5.26
2006	60.40	79.15	103.51	60.93	38.37	5.85
2007	73.15	95.65	131.54	73.15	44.15	7.02
2008	94.79	121.80	176.07	92.84	53.96	8.52
2009	108.96	139.17	203.47	108.48	63.33	10.23
2010	132.39	164.95	247.62	129.36	74.73	12.58
2011	159.58	193.20	302.14	152.42	86.50	14.99
2012	192.26	226.61	361.23	179.32	100.23	17.78
2013	221.07	260.84	412.04	204.94	113.39	20.69
2014	252.52	296.68	446.80	232.44	126.98	24.08
2015	281.14	337.21	476.98	266.29	143.11	28.08
2016	310.52	390.81	511.44	317.99	161.16	32.98
2017	341.67	454.35	580.31	372.96	180.89	39.38
2018	380.84	507.82	644.04	421.27	200.10	45.22
2019	411.13	554.33	695.62	466.66	214.62	49.72
2020	384.60	519.84	654.30	437.09	172.80	43.16
2021	414.72	598.67	703.25	502.64	191.57	46.44
2022	445.63	643.88	734.55	541.11	206.04	50.32

注：1.根据第四次全国经济普查结果对2000—2018年数据进行了修订。
2.2017年起西安市数据含西咸新区，2016年西安市、咸阳市为同口径修订数。
a) Data from 2000 to 2018 were adjusted according to the 4rd national economic census.
b) Data of Xi'an city included xixian new area since 2017, while in 2016, Xi'an city and xianyang city were revised for the same caliber.

16-4 各市(区)按销售单位所在地和消费形态分的社会消费品零售总额(2022年)

Total Retail Sales of Consumer Goods by Location of Establishments and Consumption Patterns by City(District)(2022)

单位：万元 (10 000 yuan)

地区	Region	社会消费品零售总额 Total Retail Sales of Consumer Goods	# 限额以上消费品零售额 Retail Sales of Enterprises above Designated Size	按销售单位所在地分 By Location of Establishments 城镇 Urban Areas	# 城区 Urban District	乡村 Rural Areas	按消费形态分 By Consumption Patterns 商品零售 Retail Sales	餐饮收入 Catering Income
全省	**Shaanxi**	**104016133**	**53776663**	**90712738**	**63163088**	**13303395**	**92735206**	**11280927**
西安市	Xi'an	46421132	24384693	45009570	38673751	1411562	42901641	3519491
铜川市	Tongchuan	1626125	751478	1245808	896982	380317	1286951	339174
宝鸡市	Baoji	9829810	6500581	8395266	6133297	1434544	8625158	1204652
咸阳市	Xianyang	12533476	6730168	9454584	4482814	3078892	10198261	2335215
渭南市	Weinan	7390315	3916884	5895070	3303575	1495245	6661217	729098
# 韩城市	Hancheng	652935	259942	490354	457707	162581	63988	588947
延安市	Yan'an	4456299	1923502	3564262	1607321	892037	4051668	404631
汉中市	Hanzhong	6438814	2533126	5202101	1972834	1236713	5568690	870125
榆林市	Yulin	7345517	2674043	5294708	3587238	2050809	6630117	715400
安康市	Ankang	5411083	3300821	4692612	1710687	718471	4554204	856879
商洛市	Shangluo	2060350	822945	1525929	379545	534421	1839013	221337
杨凌示范区	Yangling	503211	238421	432828	415045	70383	418286	84925

16-5 各市、县(市、区)社会消费品零售总额
Total Retail Sales of Consumer Goods by City and County(City and District)

单位：万元 (10 000 yuan)

地 区	Region	2021	2022	地 区	Region	2021	2022
全 省	**Shaanxi**	**102504961**	**104016133**	千阳县	Qianyang	173920	211754
西安市	**Xi'an**	**49634236**	**46421133**	麟游县	Linyou	114178	127053
新城区	Xincheng	2533647	2408995	凤 县	Fengxian	309389	345306
碑林区	Beilin	5920463	4786932	太白县	Taibai	172194	206509
莲湖区	Lianhu	5185478	4988429	**咸阳市**	**Xianyang**	**10735708**	**12533476**
灞桥区	Baqiao	5303192	5568617	秦都区	Qindu	2780370	3585968
未央区	Weiyang	8270393	7883339	渭城区	Weicheng	234234	250503
雁塔区	Yanta	11391994	10663453	三原县	Sanyuan	1085587	1238345
阎良区	Yanliang	315927	398681	泾阳县	Jingyang	544046	488318
临潼区	Lintong	630861	577724	乾 县	Qianxian	862027	927600
长安区	Chang'an	2293767	2244781	礼泉县	Liquan	969986	1108768
高陵区	Gaoling	1806820	1836452	永寿县	Yongshou	378407	448334
鄠邑区	Huyi	461072	493070	长武县	Changwu	316202	373499
蓝田县	Lantian	418224	358000	旬邑县	Xunyi	312325	348632
周至县	Zhouzhi	380327	324799	淳化县	Chunhua	321032	363304
西咸新区	Xixian	4722070	3887859	武功县	Wugong	896096	1025740
铜川市	**Tongchuan**	**1490947**	**1626125**	兴平市	Xingping	1342516	1588092
王益区	Wangyi	664577	476036	彬州市	Binzhou	692880	786371
印台区	Yintai	155442	168966	**渭南市**	**Weinan**	**6845742**	**7390315**
耀州区	Yaozhou	585628	882959	临渭区	Linwei	1865164	2691348
宜君县	Yijun	85300	98164	华州区	Huazhou	256883	252249
宝鸡市	**Baoji**	**9225472**	**9829810**	潼关县	Tongguan	191605	253180
渭滨区	Weibin	2932340	2770760	大荔县	Dali	834530	775201
金台区	Jintai	1871064	2058000	合阳县	Heyang	469645	489674
陈仓区	Chencang	883338	972702	澄城县	Chengcheng	423078	339419
凤翔区	Fengxiang	600551	661792	蒲城县	Pucheng	793229	673047
岐山县	Qishan	680717	751669	白水县	Baishui	299290	293137
扶风县	Fufeng	593442	709427	富平县	Fuping	778458	722471
眉 县	Meixian	598918	661002	韩城市	Hancheng	630911	652935
陇 县	Longxian	295421	353836	华阴市	Hancheng	302950	247654

16–5 续表 continued

单位：万元 (10 000 persons)

地 区	Region	2021	2022	地 区	Region	2021	2022
延安市	**Yan'an**	**4147158**	**4456299**	靖边县	Jingbian	849342	890506
宝塔区	Baota	2327912	2487956	定边县	Dingbian	460178	487836
安塞区	Ansai	171262	170502	绥德县	Suide	247411	258036
延长县	Yanchang	90785	99994	米脂县	Mizhi	133501	141898
延川县	Yanchuan	151442	167641	佳 县	Jiaxian	104292	109213
志丹县	Zhidan	146745	162182	吴堡县	Wubu	139704	145881
吴起县	Wuqi	208622	227741	清涧县	Qingjian	175705	184757
甘泉县	Ganquan	63925	64569	子洲县	Zizhou	96203	99004
富 县	Fuxian	147042	158491	神木市	Shenmu	1015129	1082537
洛川县	Luochuan	276842	305334	**安康市**	**Ankang**	**5026431**	**5411083**
宜川县	Yichuan	94162	101483	汉滨区	Hanbin	1899860	2047265
黄龙县	Huanglong	43834	44665	汉阴县	Hanyin	506988	547882
黄陵县	Huangling	195842	213754	石泉县	Shiquan	342835	374921
子长市	Zichang	228742	251985	宁陕县	Ningshan	98895	107256
汉中市	**Hanzhong**	**5986741**	**6438814**	紫阳县	Ziyang	440618	460680
汉台区	Hantai	2280339	2354663	岚皋县	Langao	172470	190667
南郑区	Nanzheng	563535	609037	平利县	Pingli	318666	343697
城固县	Chenggu	599959	668968	镇坪县	Zhenping	89348	96185
洋 县	Yangxian	412078	455371	白河县	Baihe	240439	262462
西乡县	Xixiang	521871	578986	旬阳市	Xunyang	916314	980069
勉 县	Mianxian	540286	608845	**商洛市**	**Shangluo**	**1915658**	**2060350**
宁强县	Ningqiang	329772	363023	商州区	Shangzhou	584335	625239
略阳县	Lueyang	288776	296703	洛南县	Luonan	319947	346188
镇巴县	Zhenba	338851	379769	丹凤县	Danfeng	263325	283601
留坝县	Liuba	71795	80207	商南县	Shangnan	163524	175952
佛坪县	Foping	39479	43244	山阳县	Shanyang	288399	309741
榆林市	**Yulin**	**7032513**	**7345517**	镇安县	Zhen'an	188519	203412
榆阳区	Yuyang	2750421	2828821	柞水县	Zhashui	107610	116219
横山区	Hengshan	486844	511844	**杨凌示范区**	**Yangling**	**464357**	**503211**
府谷县	Fugu	573782	605183				

16-6 限额以上批发和零售企业(单位)商品零售类值(2022年)
Total Sales of Enterprises above Designated Size in Retail Trades by Category of Commodities (2022)

单位：万元 (10 000 yuan)

类　别	Item	2022
合　计	**Total**	**50603667**
1.粮油、食品类	Food	7300846
# 粮油类	Grain and Oil	1486204
肉禽蛋类	Meat, Poultry and Eggs	822481
水产品类	Aquatic Products	190087
蔬菜类	Vegetables	762486
干鲜果品类	Dried and Fresh Melons and Fruits	2465627
2.饮料类	Beverages	1072506
3.烟酒类	Tobacco and Liquor	1610805
4.服装、鞋帽、针纺织品类	Garments, Shoes and Hats, Knitwear and Textiles	3799708
(1)服装类	Garments	2786551
(2)鞋帽类	Shoes and Hats	675629
(3)针纺织品类	Knitwear and Textiles	337528
5.化妆品类	Cosmetics	1086844
6.金银珠宝类	Gold, Silver and Jewellery	966393
7.日用品类	Daily Consumer Articles	1645521
# 可穿戴智能设备	Wearable Intelligent Devices	62090
8.五金、电料类	Hardware	440313
9.体育、娱乐用品类	Sports and Recreation Articles	473808
# 照相机类	Cameras	159162
10.书报杂志类	Newspapers and Magazines	630623
11.电子出版物及音像制品类	E-journals and Video Products	23555
12.家用电器和音像器材类	Household Appliances and Audio/Video Equipments	2679935
# 能效等级为1级和2级的商品	Products with Energy Efficiency Index in 1 and 2	709751
智能家用电器和音像器材	Intelligent Household Appliances and Audio/Video Equipments	580126
13.中西药品类	Traditional Chinese and Western Medicines	2532117
# 西药类	Western Medicine	1601007
中草药及中成药类	Traditional Chinese Medicines	592069
14.文化办公用品类	Cultural and Office Appliances	1278009
# 计算机及其配套产品	Computers and Accessories	1019077
15.家具类	Furniture	754345
16.通讯器材类	Communication Appliances	1115914
# 智能手机	Smartphones	487986
17.煤炭及制品类	Coal and Related Products	170542
18.木材及制品类	Wood and Wooden Products	
19.石油及制品类	Petroleum and Related Products	8584535
20.化工材料及制品类	Chemical Materials and Related Products	
21.金属材料类	Metal Materials	
22.建筑及装潢材料类	Building and Decoration Materials	788786
23.机电产品及设备类	Mechanical and Electrical Products	233918
24.汽车类	Automobiles	12329231
# 新能源汽车	New Energy Vehicles	2124904
25.种子饲料类	Seeds and Feedstuff	
26.棉麻类	Cotton and Hemp	1867
27.其他类	Others	1083548

16-7 限额以上批发业商品购进、销售、库存总额(2022年)

单位：万元

指　　标	Item	商品购进总额 Total Purchases Value	# 进口 Imports
总　计	**Total**	**198634177**	**4870456**
按登记注册类型分	**By Status of Registration**		
内资企业	Domestic Invested Enterprises	190718903	1396742
国有企业	State-owned Enterprises	41330068	864119
集体企业	Collective-owned Enterprises	64930	
股份合作企业	Cooperative Enterprises	335839	
有限责任公司	Limited Liability Corporations	93070416	371616
国有独资公司	State Sole-proprietorship Corporations	38566907	207979
其他有限责任公司	Other Limited Liability Corporations	54503508	163638
股份有限公司	Share-holding Corporations Ltd.	12759506	1346
私营企业	Private Enterprises	42980498	159661
私营独资企业	Private Sole-proprietorship Enterprises	557966	3539
私营合伙企业	Private Partnership Enterprises	64368	
私营有限责任公司	Private Limited Liability Corporations	42181712	156122
私营股份有限公司	Private Share-holding Corporations Ltd.	176452	
其他企业	Other Enterprises	177646	
港、澳、台商投资企业	Enterprises with Investment from Hong Kong, Macao and Taiwan	673610	
与港澳台商合资经营企业	Joint-venture Enterprises	232041	
港澳台商独资企业	Sole-proprietorship Enterprises	441569	
其他港澳台投资企业	Other Enterprises with Investment from Hong Kong, Macao and Taiwan		
外商投资企业	Foreign Invested Enterprises	7241664	3473714
中外合资经营企业	Joint-venture Enterprises	4115260	1192238
外资企业	Sole-proprietorship Enterprises	2838942	2281476
外商投资股份有限公司	Share-holding Corporations Ltd.	287461	
其他外商投资企业	Other Foreign Invested Enterprises		
按批发行业分	**By Wholesale Trade Sector**		
农、林、牧产品批发	Wholesale of Farming, Forestry, Animal Husbandry Products	673520	6971
谷物、豆及薯类批发	Wholesale of Cereals, Beans and Tubers	266335	
种子批发	Wholesale of Seeds and Forages	71863	
畜牧渔业饲料批发	Wholesale of Animal Husbandry and Fishery Feeds	151440	
棉、麻批发	Wholesale of Cotton and Hemp	3647	
林业产品批发	Wholesale of Forestry Products	57313	1843
牲畜批发	Wholesale of Livestock	14315	
其他农牧产品批发	Others	108608	5128
食品、饮料及烟草制品批发	Wholesale of Food, Beverages and Tobaccos	8995104	9371

Total Purchases, Sales and Inventory of Enterprises above Designated Size in Wholesale Trades(2022)

(10 000 yuan)

商品销售总额 Total Sales	# 公共网络商品销售额 Sales of Public Network	# 通过非自营平台实现的商品销售额 Sales of Non-self-supporting Platform	# 批发 Wholesale Trades	# 出口 Exports	年末库存 Stock at Year-end
206740868	**6371321**	**2883761**	**198281350**	**4009526**	**5927648**
198539960	6311613	2881521	190271253	2172938	5688065
43389135	2743651	2618693	42744405	46865	1253249
69140			67758	27	2176
350756			335569		5974
94810964	1107005	159316	92326937	525749	2646074
38494866	28066	27674	37189919	165077	712286
56316099	1078939	131642	55137018	360672	1933788
13841375	1943846		11368784	900402	94381
45872577	517111	103512	43344076	699896	1678904
586517	3757		373388		14861
65685			64815		879
45015085	513354	103512	42708788	699896	1644433
205290			197085		18731
206013			83724		7307
846016	57467		751942	36655	98652
334577			240503		96103
511439	57467		511439	36655	2549
7354892	2241	2241	7258156	1799933	140932
4173971			4133957	14	46596
2948667	2241	2241	2944248	1799919	64437
232254			179951		29899
778652	6127		649238	14395	132542
274826			232705	4798	120571
75839	1533		74768		1969
156247	4159		156247		984
6119			6119		85
114745			31523	9055	4895
19802			17940		2550
131075	436		129937	542	1488
11258193	1978801	1781925	10239303	30292	638649

16-7 续表 1

单位：万元

指　　标	Item	商品购进总额 Total Purchases Value	# 进口 Imports
米、面制品及食用油批发	Wholesale of Rice, Flour and Edible Oil	1101335	
糕点、糖果及糖批发	Wholesale of Cake and Sugar	205154	
果品、蔬菜批发	Wholesale of Vegetables and Fruits	1393897	4997
肉禽蛋奶及水产品批发	Wholesale of Poultry, Egg and Milk & Marine Products	414661	3428
盐及调味品批发	Wholesale of Salt and Condiments	69756	
营养和保健品批发	Wholesale of Nutrition and Health Products	22341	282
酒、饮料及茶叶批发	Wholesale of Wines, Beverages and Tea	1919579	664
烟草制品批发	Wholesale of Tobaccos	3561146	
其他食品批发	Others	307235	
纺织服装及家庭用品批发	Wholesale of Textiles, Garments and Daily Consumer Articles	1807390	40177
纺织品、针织品及原料批发	Wholesale of Textiles, Knitwear and Textile Materials	66519	
服装批发	Wholesale of Garments	569725	33705
鞋帽批发	Wholesale of Shoes and Hats	26864	6473
化妆品及卫生用品批发	Wholesale of Cosmetics and Health Consumer Articles	185386	
厨具卫具及日用杂货批发	Wholesale of Kitchen and Washroom Appliance and Various Household Supplies	34422	
灯具、装饰物品批发	Wholesale of Lamps and Lanterns, Decorative Articles	13273	
家用视听设备批发	Wholesale of Domestic Audio-visual equipments	27253	
日用家电批发	Wholesale of Domestic Appliances	659376	
其他家庭用品批发	Others	224572	
文化、体育用品及器材批发	Wholesale of Culture, Sports Appliances and Equipment	1400345	21022
文具用品批发	Wholesale of Stationary	426380	181
体育用品及器材批发	Wholesale of Sports Goods and Equipments	9989	
图书批发	Wholesale of Books	278623	12242
报刊批发	Wholesale of Newspapers	3366	
首饰、工艺品及收藏品批发	Wholesale of Jewelry, Artwork and Collections	603787	
其他文化用品批发	Others	78202	8599
医药及医疗器材批发	Wholesale of Medicines and Medical Appliances	7773044	76776
西药批发	Wholesale of Western Medicine	6114100	59067
中药批发	Wholesale of Traditional Chinese Medicinal	552048	
动物用药品批发	Wholesale of Animal Drugs	2282	
医疗用品及器材批发	Wholesale of Medical Treatment and Equipment	1104615	17709
矿产品、建材及化工产品批发	Wholesale of Mineral Products, Building Materials and Chemical Products	166216091	2338618
煤炭及制品批发	Wholesale of Coal and Related Products	64806745	846007
石油及制品批发	Wholesale of Petroleum and Related Products	28325927	1209
非金属矿及制品批发	Wholesale of Metal Materials	283799	
金属及金属矿批发	Wholesale of Metal Mine and Its Manufacture	48688640	1429868

continued

(10 000 yuan)

商品销售总额 Total Sales	# 公共网络商品销售额 Sales of Public Network	# 通过非自营平台实现的商品销售额 Sales of Non-self-supporting Platform	# 批发 Wholesale Trades	# 出口 Exports	年末库存 Stock at Year-end
1165592	23737	4098	1103233		44004
200004	4498	4498	148551		3054
1528584	25072	7475	903148	12093	62462
484079	38684	27453	455865		17606
78318	9313		75379		11952
24952			24952	14824	1770
2162916	11455	784	2000134	3375	296999
5290774	1847921	1733260	5286722		176672
322973	18123	4358	241317		24132
2054629	158636	747	1736477	238002	277878
71126	980		71126	19773	3022
670234	194	94	567193	203810	136304
41819			38914		9141
201171	8019	405	191278		38282
42561	12252	5	37634		18777
13677			13677		572
29950			27724		2479
754816	123073	244	739388	301	65752
229277	14119		49545	14119	3550
1542584	5154	2547	1494867	42633	82347
428868			421841	1361	20639
9990			9701		1
395751	2547	2547	356564	1251	24283
5551	203		5476		58
618729	2405		617590	12943	31776
83695			83695	27078	5589
8242725	343519	100447	8011117	27291	827600
6301238	334972	99350	6148326	21418	650692
651080	8475	1092	586174	289	47007
2538			2538		102
1287869	72	5	1274079	5584	129800
170700997	3706907	957319	164460039	521015	3182334
66221677	73288	27332	65885586	95610	1102892
30023382	691471	39551	25277526	38824	340762
293116			254099	29893	19810
49124150	2005766	151	48786299	187974	1016931

16-7 续表 2

单位：万元

指　　标	Item	商品购进总额 Total Purchases Value	# 进口 Imports
建材批发	Wholesale of Building Materials	11786396	
化肥批发	Wholesale of Garments	575687	
农药批发	Wholesale of Pesticides	277598	6455
农用薄膜批发	Wholesale of Agricultural Film	8822	
其他化工产品批发	Others	11462477	55078
机械设备、五金交电及电子产品批发	Wholesale of Machinery, Hardware and Electronic Equipment	10542632	2330718
农业机械批发	Wholesale of Agricultural Machinery	109919	1599
汽车及零配件批发	Wholesale of Motor Vehicles and Parts	3915516	3
摩托车及零配件批发	Wholesale of Motorcycles and Motorcycle Parts	108536	
五金产品批发	Wholesale of Hardware Products	325666	1766
电气设备批发	Wholesale of Electrical Equipments	733734	13979
计算机、软件及辅助设备批发	Wholesale of Computer, Software and Peripherals	291226	1262
通讯设备批发	Wholesale of Communication Equipments	569626	
广播影视设备批发	Wholesale of Radio and Television Equipments	9091	
其他机械设备及电子产品批发	Others	4479319	2312109
贸易经纪与代理	Trade Broker and Agency	124419	2372
贸易代理	Trade Agency	124419	2372
其他批发	Others	1101632	44431
再生物资回收与批发	Recovery and Wholesale of Regeneration Material	106825	
互联网批发	E-commerce Wholesale	122816	
其他未列明的批发	Any Other Wholesale	871992	44431
按经营形式分	**By Form of Management**		
独立门店	Independent Stores	90277468	3713012
连锁总店(总部)	General Chain Stores	711685	
连锁直营店	Chain Direct Store	106475	
连锁加盟店	Chain Franchise	5706	
其　他	Others	107532842	1157444
按单位规模分	**By Scale**		
大　型	Large	45452048	859801
中　型	Medium	108109932	1628239
小　型	Small	31951494	180097
微　型	Mini	13120703	2202320
按经营地分	**By Location of Establishments**		
城　镇	Urban Areas	191899858	4861038
乡　村	Rural Areas	6734319	9419

continued

(10 000 yuan)

商品销售总额 Total Sales	# 公共网络商品销售额 Sales of Public Network	# 通过非自营平台实现的商品销售额 Sales of Non-self-supporting Platform	# 批发 Wholesale Trades	# 出口 Exports	年末库存 Stock at Year-end
11853978	897922	885132	11775408	28889	540370
602614	3043	524	595959	1438	22057
318091	11254		317897		10056
9695	7889	1806	9695	9695	
12254295	16274	2824	11557570	128693	129457
10907887	57349	5862	10500200	3050034	460138
121211			96206		6699
3900943	3999	254	3708780	927509	94417
113448			109120		7908
344355	146	146	337173	31172	43300
802720	11137		795853	209592	26406
336217	3906	1034	314247	3180	32850
609023	20589	4264	570479		20241
10886			8844		637
4669086	17572	164	4559499	1878581	227680
137573			135057	81065	8210
137573			135057	81065	8210
1117628	114827	34915	1055053	4799	317951
116096			98087		5976
122752	80137	34915	106324		7175
878780	34691		850642	4799	304801
94214771	426832	157452	87633758	2661208	2195391
733439	7089		273442		5395
106525			45102		847
7353	555	15	6799		7582
111678780	5936846	2726294	110322250	1348318	3718433
48374922	2772437	2651648	43909275	1022709	1864177
111632080	3293675	179893	109142837	844059	2787704
33287893	223284	48928	32396030	357679	945071
13445973	81926	3293	12833208	1785078	330696
199709811	6354413	2880997	191592246	3955710	5789035
7031057	16908	2765	6689104	53815	138613

16–8 限额以上零售业商品购进、销售、库存总额(2022年)

单位：万元

指标	Item	商品购进总额 Total Purchases Value	#进口 Imports
总计	**Total**	**39894278**	**492613**
按登记注册类型分	**By Status of Registration**		
内资企业	Domestic Invested Enterprises	29009816	256726
国有企业	State-owned Enterprises	676636	513
集体企业	Collective-owned Enterprises	466169	
股份合作企业	Cooperative Enterprises	27898	
联营企业	Joint Ownership Enterprises	740	
其他联营企业	Other Joint Ownership Enterprises	740	
有限责任公司	Limited Liability Corporations	8626526	131450
国有独资公司	State Sole-proprietorship Corporations	766319	
其他有限责任公司	Other Limited Liability Corporations	7860207	131450
股份有限公司	Share-holding Corporations Ltd.	342989	382
私营企业	Private Enterprises	18805052	124382
私营独资企业	Private Sole-proprietorship Enterprises	763386	
私营合伙企业	Private Partnership Enterprises	179330	
私营有限责任公司	Private Limited Liability Corporations	17765834	124382
私营股份有限公司	Private Share-holding Corporations Ltd.	96503	
其他企业	Other Enterprises	63806	
港、澳、台商投资企业	Enterprises with Investment from Hong Kong,Macao and Taiwan	6106066	35823
与港澳台商合资经营企业	Joint-venture Enterprises	444920	
港澳台商独资企业	Sole-proprietorship Enterprises	5542144	34660
港澳台商投资股份有限公司	Share-holding Corporations Ltd.	38069	
其他港澳台投资企业	Other Enterprises with Investment from Hong Kong, Macao and Taiwan	80932	1163
外商投资企业	Foreign Invested Enterprises	4778397	200064
中外合资经营企业	Joint-venture Enterprises	2023973	
外资企业	Sole-proprietorship Enterprises	2604094	182819
外商投资股份有限公司	Share-holding Corporations Ltd.	35928	
其他外商投资企业	Other Foreign Invested Enterprises	114403	17245
按零售行业分	**By Retail Trades Sector**		
综合零售	Integrated Retail	7725055	661
百货零售	Retail of General Merchandise	3512591	120
超级市场零售	Retail of Supermarkets	3693986	335
便利店零售	Retail of Convenience Stores	105048	
其他综合零售	Others	413430	206
食品、饮料及烟草制品专门零售	Special Retail of Food, Beverages and Tobaccos	1901382	7094
粮油零售	Retail of Grain and Oil	187794	2598
糕点、面包零售	Retail of Cake and Bread	34437	
果品、蔬菜零售	Retail of Melons and Fruits,Vegetables	694305	1150
肉、禽、蛋及水产品零售	Retail of Meat, Poultry, Eggs and Aquatic Products	252318	
营养和保健品零售	Retail of Nourishment and Health Products	8990	
酒、饮料及茶叶零售	Retail of Beverages and Tea	465917	72
烟草制品零售	Retail of Tobaccos	35324	
其他食品零售	Others	222297	3274
纺织、服装及日用品专门零售	Special Retail of Textiles, Garments and Daily Consumer Articles	1007295	157

Total Purchases, Sales and Inventory of Enterprises above Designated Size in Retail Trades (2022)

(10 000 yuan)

商品销售总额 Total Sales	# 公共网络商品销售额 Sales of Public Network	# 通过非自营平台实现的商品销售额 Sales of Non-self-supporting Platform	# 批发 Wholesale Trades	# 出口 Exports	年末库存 Stock at Year-end
43284903	**8966665**	**764419**	**1377117**	**2596**	**6324126**
31981517	3331238	421876	1252067	2596	2460363
818705	63312	58591	88867		62332
493249	631	171	10547		4454
29163	860	860			468
750	750				55
750	750				55
9660495	655759	38017	359849	210	873404
792413	26532	48	43398		102538
8868082	629226	37969	316451	210	770866
419173	9074		20423		18120
20488996	2600846	324237	771725	2386	1500532
814170	44115	13745	48221		42841
188582	1574		1593		4232
19370517	2545619	310492	719926	2386	1440762
115726	9538		1985		12697
70987	8		655		998
6189791	4435478	268883	19200		197193
441068	674				48792
5635947	4414112	268883	19200		142760
31090					2378
81686	20692				3264
5113595	1199949	73660	105850		3666570
1920536			89253		3428734
2970180	1198760	72808	10542		201486
38810	852	852			3653
184070	338		6055		32697
8965784	478373	254183	96866		572129
4800715	120284	75804	55575		306673
3605630	341404	176688	17995		239052
122410	6474	400	10265		8848
437029	10211	1290	13031		17556
2150894	233913	22953	187260	210	141885
199827	7641	231	6243		12577
51151	3869	1091	1060		1724
766851	146956	12091	60317		36930
283911	3250	823	6123		11304
10157	520	6	50		523
537347	32681	6038	104068	210	64324
47178			19		1619
254472	38996	2674	9379		12885
1308439	39604	149	16025		130848

16-8 续表 1

单位：万元

指　　标	Item	商品购进总额 Total Purchases Value	# 进口 Imports
纺织品及针织品零售	Retail of Textiles and Knitwear	33152	
服装零售	Retail of Garments	754505	157
鞋帽零售	Retail of Shoes and Hats	56576	
化妆品及卫生用品零售	Retail of Cosmetics and Health Consumer Articles	79419	
厨具卫具及日用杂品零售	Retail of Livestock Kitchen, Bathroom Appliances and Groceries	12228	
钟表、眼镜零售	Retail of Clocks and Watches,Spectacles	25321	
箱包零售	Retail of Luggage and Bags		
自行车等代步设备零售	Retail of Working Equipments such as Bicycle	6178	
其他日用品零售	Others	39916	1
文化、体育用品及器材专门零售	Special Retail of Culture, Sports Appliances and Equipments	783597	593
文具用品零售	Retail of Stationery	56715	
体育用品及器材零售	Retail of Sports Goods	14739	
图书、报刊零售	Retail of Books	553009	593
珠宝首饰零售	Retail of Jewelry	42566	
工艺美术品及收藏品零售	Retail of Artwork and Collections	62497	
乐器零售	Retail of Musical Instrument	10619	
照相器材零售	Retail of Photographic Equipment	3247	
其他文化用品零售	Others	40206	
医药及医疗器材专门零售	Special Retail of Medicines and Medical Appliances	2104712	2022
西药零售	Retail of Western Medicine	1913865	1771
中药零售	Retail of Traditional Chinese Medicinal	90784	
医疗用品及器材零售	Retail of Medical Supplies and Appliances	100063	251
汽车、摩托车、零配件和燃料及其他动	Special Retail of Motor Vehicles, Motorcycles, Fuel and Parts	16445093	467798
汽车新车零售	Retail of New Motor Vehicles	12278651	446003
汽车旧车零售	Retail of Old Motor Vehicles	68782	
汽车零配件零售	Retail of Motor Vehicles and Parts	191581	5484
摩托车及零配件零售	Retail of Motorcycles and Parts	162985	16311
机动车燃油零售	Retail of Fuel of Motor Vehicles	3298008	
机动车燃气零售	Retail of Gas of Motor Vehicles	443610	
机动车充电销售	Retail of Motor Vehicle Charging	1477	
家用电器及电子产品专门零售	Special Retail of Household Appliances and Electronic Products	1843806	450
家用视听设备零售	Retail of Home Audio-visual Equipment	80407	
日用家电零售	Retail of Household Appliances	1095194	
计算机、软件及辅助设备零售	Retail of Computer, Software and Peripherals	207165	
通信设备零售	Retail of Communication Equipment	404034	
其他电子产品零售	Others	57006	450
五金、家具及室内装修材料专门零售	Special Retail of Hardware, Furniture and Decoration Materials	1307440	
五金零售	Retail of Hardware	169216	
灯具零售	Retail of Light Fittings	12974	
家具零售	Retail of Furniture	506208	
涂料零售	Retail of Dope	3028	
卫生洁具零售	Retail of Sanitary	12733	
木质装饰材料零售	Retail of Wooden Decorating Materials	16291	

continued

(10 000 yuan)

商品销售总额 Total Sales	# 公共网络商品销售额 Sales of Public Network	# 通过非自营平台实现的商品销售额 Sales of Non-self-supporting Platform	# 批发 Wholesale Trades	# 出口 Exports	年末库存 Stock at Year-end
38193	5433		523		1442
980141	22095		47		58928
95838	1897		5090		26105
88738	1499		2101		10835
15974			3990		1723
34529	8679	149	3003		20467
175					3295
7475			760		241
47376			512		7812
862401	17580	4881	24572		137312
60385			13064		3761
30257	3277	2935	3312		4780
580985	6008	1611	4271		101211
48921			1931		13954
70009	8295	334	1206		3364
13351			476		3922
3315					351
55178			312		5969
2461563	55704	3578	98982	13	234541
2199999	55168	3407	48100		205911
117285	364		19246		22490
144279	171	171	31636	13	6140
16686584	866326	13677	660782		4811318
12483538	846484	4852	357937		1309265
70467	1046				6029
204171	576		475		23723
170310	2577	681	17336		13969
3279281	11661	8144	187955		3454226
476208	3982		97080		4106
2610					
2040353	212162	7878	123328		151142
89524	258	69	68		6667
1213722	172079	644	37935		76520
225438	3705	99	8080		22303
439766	35464	7066	70451		40123
71902	656		6794		5530
1438034	23759	3415	52103	2262	45210
186899	6422	2613	19208	2015	8081
15981			46		394
558537	17229	802	4183		22892
3241					97
15789			4314		3525
17680					569

16-8 续表 2

单位：万元

指　　标	Item	商品购进总额 Total Purchases Value	# 进口 Imports
陶瓷、石材装饰材料零售	Retail of Porcelainou Sand Stone Finishing Decorating Materials	36896	
其他室内装修材料零售	Other Domestic Decorating Materials	550094	
货摊、无店铺及其他零售业	Non-shop and Other non-mentiones-above Retails	6775899	13838
互联网零售	E-commerce Retails	6623010	13456
自动售货机零售	Vending Machine Retails	1676	
生活用燃料零售	Retail of Life Fuels	124406	382
其他未列明的零售	Other Retail Not Classified Elsewhere	26806	
按经营形式分	**By Form of Management**		
独立门店	Independent Stores	29476628	483768
连锁总店(总部)	General Chain Stores	1582321	
连锁直营店	Chain Direct Store	877125	
连锁加盟店	Chain Franchise	17705	
其　　他	Others	7940500	8845
按单位规模分	**By Scale**		
大　型	Large	6233922	
中　型	Medium	19609803	380980
小　型	Small	10568330	95086
微　型	Mini	3482223	16547
按零售业态分	**By Business Categories**		
有店铺零售	Shop Retails	32731529	478834
便利店	Convenience Store	464664	
超市	Supermarket	5382992	4310
折扣店	Discount Store	5040	
仓储会员店	Warehouse Shop	95881	
百货店	Department Store	2815307	120
购物中心	Shopping Center	502271	1532
专业店	Professional Shop	11318146	62546
品牌专卖店	Brand Store	11733983	404267
集合店	Collection Store	413203	6059
无人值守商店	Unattended Store	3	
无店铺零售	Nonstore Retail	7162749	13779
网络零售	Network Retail	6506007	13456
电视/广播零售	TV/radio Retail	4394	
邮寄零售	Retail by Post	21607	
无人售货设备零售	Retail of Vending Equipment	889	
电话零售	Telephone Retailing	56611	
直销	Direct Selling	47048	
其他	Other	526194	324
按经营地分	**By Location of Establishments**		
城　镇	Urban Areas	37923956	473291
乡　村	Rural Areas	1970323	19322

continued

(10 000 yuan)

商品销售总额 Total Sales	# 公共网络商品销售额 Sales of Public Network	# 通过非自营平台实现的商品销售额 Sales of Non-self-supporting Platform	# 批发 Wholesale Trades	# 出口 Exports	年末库存 Stock at Year-end
76303	52		942		2301
563605	57		23411	247	7350
7370850	7039246	453707	117199	111	99742
7201945	7034506	452847	84276	111	96006
2351	916		1		61
137706	3824	860	19676		1496
28848			13247		2179
31866160	2018764	191793	1065550	111	5826799
1952150	241983	176367	40889		173103
936210	244911	2816	27287		60754
20307	3049		1124		6760
8510076	6457959	393443	242267	2485	256710
7267304	739484	231782	162889		504854
20675932	5817114	183733	489350		1498927
11482532	1408998	139383	532907	2275	763850
3859135	1001069	209522	191971	321	3556495
35514142	1892185	311630	1206394		6158158
538167	58903	2827	58305		24025
4975671	402778	179263	62005		414215
5591					998
141667	447		775		6286
4421910	88735	76197	44425		178089
792356	16418	746	5133		25524
12009063	374750	37751	494040		4188379
12201139	940477	14196	515733		1268959
428461	9677	651	25978		51683
60					
7770761	7074480	452790	170723	2596	165968
7060185	6937550	451359	70980	111	93277
4195	3483		132		419
25085	16492	2	9984		1734
916	916				39
60256	1793				232
47227	4853		112		5415
572898	109392	1428	89516	2485	64852
41184584	8810527	738281	1270438	2485	6206253
2100319	156138	26138	106678	111	117873

16-9 各市(区)限额以上批发业商品购进总额(2022年)
Total Purchases of Enterprises above Designated Size in Wholesale Trades by City(District)(2022)

单位：亿元 (100 million yuan)

地区	Region	合计 Total	# 国有控股 State-holding	内资企业 Domestic Funded Enterprises	国有企业 State-owned Enterprises	集体企业 Collective-owned Enterprises	股份合作企业 Cooperative Enterprises
全省	**Shaanxi**	**19863.42**	**12028.83**	**19071.89**	**4133.01**	**6.49**	**33.58**
西安市	Xi'an	12183.40	7121.47	11402.86	2791.13	0.72	27.81
铜川市	Tongchuan	212.75	113.04	212.75	8.11		
宝鸡市	Baoji	1056.58	343.47	1056.58	53.59	0.28	
咸阳市	Xianyang	383.64	258.05	383.53	169.16		
渭南市	Weinan	1067.87	686.65	1064.69	379.39	0.17	4.02
# 韩城市	Hancheng	611.88	331.88	611.88	331.88		
延安市	Yan'an	378.16	162.98	378.16	106.09		
汉中市	Hanzhong	254.24	153.14	254.24	27.01		
榆林市	Yulin	4057.19	3065.59	4049.72	534.42	3.72	1.76
安康市	Ankang	148.94	65.73	148.94	20.80	1.60	
商洛市	Shangluo	96.71	52.27	96.71	39.63		
杨凌示范区	Yangling	23.93	6.45	23.70	3.67		

16-9 续表 continued

单位：亿元 (100 million yuan)

地区	Region	联营企业 State Joint Ownership Enterprises	有限责任公司 Limited Liability Corporations	股份有限公司 Share-holding Corporations Ltd.	私营企业 Private Enterprises	港、澳、台商投资企业 Enterprises with Funds from Hong Kong, Macao & Taiwan	外商投资企业 Enterprises with Foreign Investment
全省	**Shaanxi**		**9307.04**	**1275.95**	**4298.05**	**67.36**	**724.17**
西安市	Xi'an		4203.44	1067.78	3311.99	67.36	713.18
铜川市	Tongchuan		102.24	23.79	77.96		
宝鸡市	Baoji		771.71	70.36	147.47		
咸阳市	Xianyang		70.94	24.20	119.23		0.11
渭南市	Weinan		630.34	0.13	49.81		3.18
# 韩城市	Hancheng		277.20		2.80		
延安市	Yan'an		118.91	17.23	133.95		
汉中市	Hanzhong		135.82		91.41		
榆林市	Yulin		3234.47	36.04	238.17		7.47
安康市	Ankang		23.84	23.96	78.74		
商洛市	Shangluo		13.95	10.68	32.45		
杨凌示范区	Yangling		1.38	1.77	16.88		0.23

16–10 各市(区)限额以上零售业商品购进总额(2022年)

Total Purchases of Enterprises above Designated Size in Retail Trades by City(District)(2022)

单位：亿元 (100 million yuan)

地 区	Region	合 计 Total	# 国有控股 State-holding	内资企业 Domestic Funded Enterprises	国有企业 State-owned Enterprises	集体企业 Collective-owned Enterprises	股份合作企业 Cooperative Enterprises
全 省	**Shaanxi**	**3989.43**	**411.23**	**2900.98**	**67.66**	**46.62**	**2.79**
西安市	Xi'an	2119.31	302.16	1083.25	46.53	2.16	
铜川市	Tongchuan	40.77	3.93	40.77	0.44	0.21	
宝鸡市	Baoji	377.39	34.97	361.68	9.93	25.92	0.41
咸阳市	Xianyang	470.96	25.59	446.29	5.62	16.09	1.40
渭南市	Weinan	206.16	7.40	203.75	2.06	0.26	
# 韩城市	Hancheng	18.64	1.23	18.64	1.23		
延安市	Yan'an	94.57	7.60	89.80	1.55	0.19	
汉中市	Hanzhong	185.12	14.62	183.01	0.23		0.10
榆林市	Yulin	189.96	6.09	187.41	0.57	0.24	0.82
安康市	Ankang	251.23	3.40	251.06	0.27	1.55	
商洛市	Shangluo	36.49	4.86	36.49	0.46		0.05
杨凌示范区	Yangling	17.48	0.61	17.48			

16–10 续表 continued

单位：亿元 (100 million yuan)

地 区	Region	联营企业 State Joint Ownership Enterprises	有限责任公司 Limited Liability Corporations	股份有限公司 Share-holding Corporations Ltd.	私营企业 Private Enterprises	港、澳、台商投资企业 Enterprises with Funds from Hong Kong, Macao & Taiwan	外商投资企业 Enterprises with Foreign Investment
全 省	**Shaanxi**	**0.07**	**862.65**	**34.30**	**1880.51**	**610.61**	**477.84**
西安市	Xi'an		404.13	1.72	628.13	577.52	458.53
铜川市	Tongchuan		23.40	0.17	16.27		
宝鸡市	Baoji	0.07	115.19	16.41	188.41	1.13	14.58
咸阳市	Xianyang		104.84	1.31	317.03	22.07	2.60
渭南市	Weinan		74.02	5.65	121.75	2.42	
# 韩城市	Hancheng		3.66		13.75		
延安市	Yan'an		33.14	0.28	54.51	2.81	1.96
汉中市	Hanzhong		25.74		156.93	2.12	
榆林市	Yulin		47.29	7.18	131.25	2.55	
安康市	Ankang		23.25	1.11	224.89		0.17
商洛市	Shangluo		10.57	0.06	25.35		
杨凌示范区	Yangling		1.09	0.41	15.98		

16−11 各市(区)限额以上批发业商品销售总额(2022年)

Total Sales of Enterprises above Designated Size in Wholesale Trades by City(District)(2022)

单位：亿元 (100 million yuan)

地 区	Region	合 计 Total	# 国有控股 State-holding	内资企业 Domestic Funded Enterprises	国有企业 State-owned Enterprises	集体企业 Collective-owned Enterprises	股份合作企业 Cooperative Enterprises
全 省	**Shaanxi**	**20674.09**	**12428.63**	**19854.00**	**4338.91**	**6.91**	**35.08**
西 安 市	Xi'an	12578.26	7222.13	11768.97	2832.20	0.79	29.08
铜 川 市	Tongchuan	227.48	121.81	227.48	12.41		
宝 鸡 市	Baoji	1104.88	368.40	1104.88	67.98	0.34	
咸 阳 市	Xianyang	427.51	295.98	427.29	192.01		
渭 南 市	Weinan	1098.93	703.86	1095.34	396.04	0.18	3.85
# 韩城市	Hancheng	620.52	331.98	620.52	331.98		
延 安 市	Yan'an	444.27	211.64	444.27	118.75		
汉 中 市	Hanzhong	282.76	173.41	282.76	43.78		
榆 林 市	Yulin	4204.38	3180.27	4197.66	588.50	3.99	2.15
安 康 市	Ankang	170.91	82.14	170.91	34.57	1.61	
商 洛 市	Shangluo	108.58	61.38	108.58	47.95		
杨凌示范区	Yangling	26.13	7.60	25.86	4.72		

16−11 续表 continued

单位：亿元 (100 million yuan)

地 区	Region	联营企业 State Joint Ownership Enterprises	有限责任公司 Limited Liability Corporations	股份有限公司 Share-holding Corporations Ltd.	私营企业 Private Enterprises	港、澳、台商投资企业 Enterprises with Funds from Hong Kong, Macao & Taiwan	外商投资企业 Enterprises with Foreign Investment
全 省	**Shaanxi**		**9481.10**	**1384.14**	**4587.26**	**84.60**	**735.49**
西 安 市	Xi'an		4298.53	1086.93	3521.45	84.60	724.68
铜 川 市	Tongchuan		106.89	25.84	81.74		
宝 鸡 市	Baoji		783.33	71.46	165.44		
咸 阳 市	Xianyang		74.82	36.25	124.21		0.22
渭 南 市	Weinan		640.29	0.16	54.00		3.59
# 韩城市	Hancheng		285.56		2.98		
延 安 市	Yan'an		141.34	41.03	141.14		
汉 中 市	Hanzhong		140.86		98.12		
榆 林 市	Yulin		3251.09	83.99	267.07		6.72
安 康 市	Ankang		28.15	25.01	81.58		
商 洛 市	Shangluo		14.36	11.61	34.65		
杨凌示范区	Yangling		1.42	1.85	17.87		0.26

16-12 各市(区)限额以上零售业商品销售总额（2022年）

Total Sales of Enterprises above Designated Size in Retail Trades by City(District)(2022)

单位：亿元 (100 million yuan)

地 区	Region	合 计 Total	# 国有控股 State-holding	内资企业 Domestic Funded Enterprises	国有企业 State-owned Enterprises	集体企业 Collective-owned Enterprises	股份合作企业 Cooperative Enterprises
全 省	**Shaanxi**	**4328.49**	**454.08**	**3198.15**	**81.87**	**49.32**	**2.92**
西安市	Xi'an	2282.38	332.80	1205.31	58.25	2.69	
铜川市	Tongchuan	45.80	4.98	45.80	0.44	0.21	
宝鸡市	Baoji	419.37	40.36	402.88	10.74	26.94	0.41
咸阳市	Xianyang	512.44	27.64	487.63	6.91	16.83	1.47
渭南市	Weinan	227.04	8.56	224.36	2.07	0.59	
# 韩城市	Hancheng	20.89	1.66	20.89	1.24		
延安市	Yan'an	98.90	8.16	94.74	1.79	0.21	
汉中市	Hanzhong	207.74	16.12	205.67	0.23		0.10
榆林市	Yulin	206.40	6.57	203.51	0.69	0.30	0.85
安康市	Ankang	270.79	3.59	270.61	0.32	1.56	
商洛市	Shangluo	38.97	4.77	38.97	0.43		0.09
杨凌示范区	Yangling	18.67	0.54	18.67			

16-12 续表 continued

单位：亿元 (100 million yuan)

地 区	Region	联营企业 State Joint Ownership Enterprises	有限责任公司 Limited Liability Corporations	股份有限公司 Share-holding Corporations Ltd.	私营企业 Private Enterprises	港、澳、台商投资企业 Enterprises with Funds from Hong Kong, Macao & Taiwan	外商投资企业 Enterprises with Foreign Investment
全 省	**Shaanxi**	**0.07**	**966.05**	**41.92**	**2048.90**	**618.98**	**511.36**
西安市	Xi'an		459.98	7.15	676.64	585.57	491.50
铜川市	Tongchuan		26.01	0.17	18.42		
宝鸡市	Baoji	0.07	133.72	17.36	207.87	1.25	15.24
咸阳市	Xianyang		112.91	1.59	347.92	22.10	2.71
渭南市	Weinan		80.56	5.94	135.20	2.67	
# 韩城市	Hancheng		4.41		15.24		
延安市	Yan'an		33.01	0.32	59.26	2.44	1.72
汉中市	Hanzhong		29.65		175.69	2.07	
榆林市	Yulin		52.23	7.86	141.52	2.88	
安康市	Ankang		25.88	1.16	241.69		0.18
商洛市	Shangluo		10.86	0.06	27.55		
杨凌示范区	Yangling		1.25	0.30	17.13		

16-13 各市(区)限额以上批发业商品库存总额(2022年)

Total Inventory of Enterprises above Designated Size in Wholesale Trades by City(District)(2022)

单位：亿元 (100 million yuan)

地区	Region	合计 Total	# 国有控股 State-holding	内资企业 Domestic Funded Enterprises	国有企业 State-owned Enterprises	集体企业 Collective-owned Enterprises	股份合作企业 Cooperative Enterprises
全省	**Shaanxi**	**592.76**	**301.27**	**568.81**	**125.32**	**0.22**	**0.60**
西安市	Xi'an	403.77	204.81	382.62	93.10	…	0.26
铜川市	Tongchuan	3.32	1.03	3.32	0.62		
宝鸡市	Baoji	49.76	3.66	49.76	2.17	0.02	
咸阳市	Xianyang	7.57	3.21	7.57	2.57		
渭南市	Weinan	12.76	9.51	12.71	9.02	0.02	0.33
# 韩城市	Hancheng	8.03	7.30	8.03	7.30		
延安市	Yan'an	9.77	5.08	9.77	3.24		
汉中市	Hanzhong	8.57	3.72	8.57	1.05		
榆林市	Yulin	78.91	60.50	76.17	5.12	0.17	0.01
安康市	Ankang	8.67	2.33	8.67	1.48	…	
商洛市	Shangluo	2.89	1.41	2.89	1.06		
杨凌示范区	Yangling	6.77	6.02	6.75	5.90		

16-13 续表 continued

单位：亿元 (100 million yuan)

地区	Region	联营企业 State Joint Ownership Enterprises	有限责任公司 Limited Liability Corporations	股份有限公司 Share-holding Corporations Ltd.	私营企业 Private Enterprises	港、澳、台商投资企业 Enterprises with Funds from Hong Kong, Macao & Taiwan	外商投资企业 Enterprises with Foreign Investment
全省	**Shaanxi**		**264.61**	**9.44**	**167.89**	**9.87**	**14.09**
西安市	Xi'an		153.39	6.02	129.84	9.87	11.29
铜川市	Tongchuan		0.32	0.28	2.04		
宝鸡市	Baoji		39.33	0.42	7.30		
咸阳市	Xianyang		0.31	0.57	4.12		
渭南市	Weinan		2.42	0.01	0.92		0.05
# 韩城市	Hancheng		0.71		0.02		
延安市	Yan'an		3.32	0.63	2.45		
汉中市	Hanzhong		2.99		4.53		
榆林市	Yulin		61.16	1.01	8.68		2.74
安康市	Ankang		0.71	0.23	6.25		
商洛市	Shangluo		0.46	0.24	1.13		
杨凌示范区	Yangling		0.20	0.02	0.63		0.02

16-14 各市(区)限额以上零售业商品库存总额(2022年)
Total Inventory of Enterprises above Designated Size in Retail Trades by City(District)(2022)

单位：亿元 (100 million yuan)

地区	Region	合计 Total	# 国有控股 State-holding	内资企业 Domestic Funded Enterprises	国有企业 State-owned Enterprises	集体企业 Collective-owned Enterprises	股份合作企业 Cooperative Enterprises
全 省	**Shaanxi**	**632.41**	**30.61**	**246.04**	**6.23**	**0.45**	**0.05**
西安市	Xi'an	521.74	20.56	137.61	5.28	0.08	
铜川市	Tongchuan	1.75	0.15	1.75	…	…	
宝鸡市	Baoji	20.94	1.35	20.17	0.17	0.14	0.01
咸阳市	Xianyang	18.05	2.24	17.57	0.09	0.13	0.02
渭南市	Weinan	11.27	0.62	10.96	0.06	0.02	
# 韩城市	Hancheng	0.69		0.69	0.05		
延安市	Yan'an	9.06	1.27	8.58	0.44	0.06	
汉中市	Hanzhong	14.55	2.57	14.54	0.04		0.01
榆林市	Yulin	20.87	0.91	20.69	0.07	0.01	0.00
安康市	Ankang	10.33	0.60	10.33	0.03		
商洛市	Shangluo	3.45	0.32	3.45	0.04		0.00
杨凌示范区	Yangling	0.40	0.02	0.40			

16-14 续表 continued

单位：亿元 (100 million yuan)

地区	Region	联营企业 State Joint Ownership Enterprises	有限责任公司 Limited Liability Corporations	股份有限公司 Share-holding Corporations Ltd.	私营企业 Private Enterprises	港、澳、台商投资企业 Enterprises with Funds from Hong Kong, Macao & Taiwan	外商投资企业 Enterprises with Foreign Investment
全 省	**Shaanxi**	**0.01**	**87.34**	**1.81**	**150.05**	**19.72**	**366.66**
西安市	Xi'an		53.05	0.33	78.87	18.74	365.38
铜川市	Tongchuan		0.52	…	1.22		
宝鸡市	Baoji	0.01	5.03	0.31	14.41	…	0.77
咸阳市	Xianyang		8.55	0.12	8.65	0.19	0.30
渭南市	Weinan		4.59	0.04	6.26	0.32	
# 韩城市	Hancheng		0.21		0.43		
延安市	Yan'an		2.95	0.01	5.10	0.27	0.21
汉中市	Hanzhong		3.81		10.68	0.01	
榆林市	Yulin		6.34	0.98	13.28	0.18	
安康市	Ankang		1.37	0.01	8.92		
商洛市	Shangluo		1.08	…	2.31		
杨凌示范区	Yangling		0.05	…	0.35		

16-15 限额以上住宿业经营情况(2022年)

指　标	Item	企业数(个) Number of Enterprises (unit)	营业额(万元) Business Value (10 000 yuan)	#客房收入 From Hotel Rooms
总　计	**Total**	**1325**	**1441951**	**758449**
按登记注册类型分	**By Status of Registration**			
内资企业	Domestic Invested Enterprises	1310	1385670	732757
国有企业	State-owned Enterprises	39	71366	21201
集体企业	Collective-owned Enterprises	2	1362	467
股份合作企业	Cooperative Enterprises	2	19495	1474
有限责任公司	Limited Liability Corporations	258	380473	194740
国有独资公司	State Sole-proprietorship Corporations	30	56045	22907
其他有限责任公司	Other Limited Liability Corporations	228	324429	171832
股份有限公司	Share-holding Corporations Ltd.	8	6890	1712
私营企业	Private Enterprises	1001	906084	513164
私营独资企业	Private Sole-proprietorship Enterprises	73	57837	21571
私营合伙企业	Private Partnership Enterprises	8	7956	3036
私营有限责任公司	Private Limited Liability Corporations	911	828205	484027
私营股份有限公司	Private Share-holding Corporations Ltd.	9	12086	4530
港、澳、台商投资企业	Enterprises with Investment from Hong Kong,Macao and Taiwan	5	22976	10208
与港澳台商合资经营企业	Joint-venture Enterprises	3	12188	5295
与港澳台商合作经营企业	Cooperative Enterprises			
港澳台商独资企业	Sole-proprietorship Enterprises	2	10789	4912
其他港澳台投资企业	Other Enterprises with Investment from Hong Kong, Macao and Taiwan			
外商投资企业	Foreign Invested Enterprises	10	33305	15484
中外合资经营企业	Joint-venture Enterprises	2	7210	973
外资企业	Sole-proprietorship Enterprises	7	25395	13893
其他外商投资企业	Other Foreign Invested Enterprises	1	700	619
按行业分	**By Sector**			
旅游饭店	Tour Restaurant	598	867963	400679
一般旅馆	General Restaurant	663	502092	324077
经济型连锁酒店	Chain Economical Hotel	202	162040	126691
其他一般旅馆	Others	461	340052	197387
民宿服务	Bed and Breakfast Services	11	4687	3334
露营地服务	Camp Services	3	1390	807
其他住宿业	Other Hotel Services	50	65819	29552
按经营形式分	**By Form of Management**			
独立门店	Independent Stores	1074	1251530	612155
连锁总店(总部)	General Chain Stores	2	885	885
连锁直营店	Chain Direct Store	27	20807	15918
连锁加盟店	Chain Franchise	162	108140	99128
其　他	Others	60	60590	30363
按单位规模分	**By Scale**			
大　型	Large	4	42845	18928
中　型	Medium	106	458112	174453
小　型	Small	1032	879954	519814
微　型	Mini	183	61041	45254
按星级分	**By Star Rating**			
五　星	Five-star Level	26	92368	43361
四　星	Four-star Level	94	141717	77348
三　星	Three-star Level	137	185493	65731
二　星	Two-star Level	26	32020	9736
一　星	One-star Level	11	2547	2490
其　他	Others	1031	987806	559783
按经营地分	**By Location of Establishments**			
城　镇	Urban Areas	1275	1409498	738775
乡　村	Rural Areas	50	32454	19674

Management of Enterprises above Designated Size of Hotels(2022)

#公共网络客房收入 Public Network Income	#通过非自营平台实现的客房收入 Sales of Non-self-supporting Platform	#餐费收入 From Meals	#公共网络餐费收入 Public Network Income	#通过非自营平台实现的餐费收入 Sales of Non-self-supporting Platform	#商品销售收入 From Commodities	客房间数(间) Number of Hotel Rooms (unit)	床位数(个) Number of Beds (unit)	餐位数(位) Number of Dining-seats (seat)	餐饮营业面积(平方米) Operating Area (sq.m)
94254	**30546**	**582184**	**11613**	**2761**	**26020**	**180329**	**293961**	**380282**	**3815691**
90588	29558	559936	9259	2699	24870	175613	287058	370235	3732872
709		39975			1084	4596	8076	20184	130268
		595				211	422	360	2800
99		17266	876		213	89	135	98	4120
22398	7404	146751	2707	1678	4243	53002	88159	87608	962211
1184	462	23539	247	135	1223	5289	8535	15080	169016
21214	6942	123212	2460	1544	3021	47713	79624	72528	793195
445		5087			52	848	1570	3161	41792
66937	22154	350263	5676	1020	19277	116867	188696	258824	2591681
1124	112	35152	993	1	755	6030	10323	20449	161747
9		4250			148	658	1080	2880	15708
65475	22042	304519	3932	1020	18224	109353	175971	232025	2369726
329		6342	751		150	826	1322	3470	44500
519	408	8089	63	7	245	1647	2561	4882	16716
226	115	3014	56		216	930	1554	2982	12195
293	293	5076	7	7	29	717	1007	1900	4521
3147	580	14159	2291	56	905	3069	4342	5165	66103
428		4334	5		549	497	687	950	38240
2488	350	9825	2287	56	356	2456	3497	4215	27863
231	231					116	158		
35239	9390	390003	6665	1795	15558	91846	153812	257702	2454236
55360	20188	156234	4345	904	9626	76610	122229	108579	1124010
30473	9104	29130	1804	326	1975	24880	37018	16694	325285
24887	11084	127104	2540	578	7652	51730	85211	91885	798725
312	99	1213	36		82	534	867	1089	25263
655	620	565	272	1	16	122	241	315	1264
2688	250	34169	296	62	738	11217	16812	12597	210918
63194	19034	549810	11380	2692	24242	147843	245732	358476	3265040
						398	790		5580
2027	391	2238	28		339	4177	5954	1798	58565
25573	10080	6365	150	67	453	19593	28265	5809	215125
3460	1042	23770	55	2	986	8318	13220	14199	271381
2759	553	16270	2226		766	2902	4523	7250	54664
12942	3720	232008	3053	1239	8967	29574	47143	84595	737446
72593	24736	320361	5792	1521	15096	138610	226398	282720	2846065
5960	1537	13545	542	1	1191	9243	15897	5717	177516
3973	1778	38432	1519	1078	1218	8187	13374	22364	145238
6189	895	52764	1180	55	3099	16545	27159	49233	562698
3196	1145	109917	1250	327	3038	15620	27407	49409	500051
722	179	21574	206		523	1940	3510	13424	66952
630		26			24	609	1008	173	9648
79544	26550	359472	7458	1302	18117	137428	221503	245679	2531104
92731	29750	570192	11305	2761	25663	174739	283170	370104	3594043
1523	796	11992	307	1	357	5590	10791	10178	221648

16–16 限额以上餐饮业经营情况(2022年)

指　　标	Item	企业数 (个) Number of Enterprises (unit)	营业额 (万元) Business Value (10 000 yuan)	#客房收入 From Hotel Rooms
总　　计	**Total**	**1659**	**2575416**	**116556**
按登记注册类型分	**By Status of Registration**			
内资企业	Domestic Invested Enterprises	1642	2333585	116106
国有企业	State-owned Enterprises	7	14188	2953
集体企业	Collective-owned Enterprises	3	3720	120
股份合作企业	Cooperative Enterprises	1	156	112
联营企业	Joint Ownership Enterprises	1	3968	
有限责任公司	Limited Liability Corporations	246	701846	25218
国有独资公司	State Sole-proprietorship Corporations	8	16309	2377
其他有限责任公司	Other Limited Liability Corporations	238	685537	22841
股份有限公司	Share-holding Corporations Ltd.	9	69035	3268
私营企业	Private Enterprises	1374	1540244	84425
私营独资企业	Private Sole-proprietorship Enterprises	105	79969	5398
私营合伙企业	Private Partnership Enterprises	8	4397	
私营有限责任公司	Private Limited Liability Corporations	1253	1451904	78759
私营股份有限公司	Private Share-holding Corporations Ltd.	8	3975	268
其他企业	Other Enterprises	1	429	10
港、澳、台商投资企业	Enterprises with Investment from Hong Kong,Macao and Taiwan	6	74602	
与港澳台商合资经营企业	Joint-venture Enterprises	3	3452	
港澳台商独资企业	Sole-proprietorship Enterprises	3	71150	
外商投资企业	Foreign Invested Enterprises	11	167228	450
中外合资经营企业	Joint-venture Enterprises	1	2724	
外资企业	Sole-proprietorship Enterprises	8	139706	
外商投资股份有限公司	Share-holding Corporations Ltd.	1	23058	
其他外商投资企业	Other Foreign Invested Enterprises	1	1740	450
按行业分	**By Sector**			
正餐服务	Restaurant	1553	2187216	116120
快餐服务	Fast Food	41	224926	45
饮料及冷饮服务	Beverages and Cold Drinks	18	102432	
#茶馆服务	Tea	2	891	
咖啡馆服务	Café	5	61564	
酒吧服务	Bar	4	2644	
其他饮料及冷饮服务		7	37333	
餐饮配送及外卖送餐服务	Catering Distribution And Delivery Services	24	32584	
餐饮配送服务	Catering Distribution	23	30807	
外卖送餐服务	Delivery Services	1	1777	
其他餐饮服务	Others	23	28259	392
#小吃服务	Snack	17	26677	392
其他未列明餐饮业		6	1582	
按经营形式分	**By Form of Management**			
独立门店	Independent Stores	1510	1892771	113123
连锁总店	General Chain Stores	24	340311	
连锁直营店	Chain Direct Store	30	77157	
连锁加盟店	Chain Franchise	14	10892	
其　　他	Others	81	254286	3433
按单位规模分	**By Scale**			
大　型	Large	14	451132	143
中　型	Medium	61	721385	17991
小　型	Small	1279	1277119	92118
微　型	Mini	305	125780	6304
按经营地分	**By Location of Establishments**			
城　镇	Urban Areas	1562	2498672	113109
乡　村	Rural Areas	97	76743	3448

Management of Enterprises above Designated Size of Catering Services(2022)

#公共网络客房收入 Public Network Income	#通过非自营平台实现的客房收入 Sales of Non-self-supporting Platform	#餐费收入 From Meals	#公共网络餐费收入 Public Network Income	#通过非自营平台实现的餐费收入 Sales of Non-self-supporting Platform	#商品销售收入 From Commodities	客房间数(间) Number of Hotel Rooms (unit)	床位数(个) Number of Beds (unit)	餐位数(位) Number of Dining-seats (seat)	餐饮营业面积(平方米) Operating Area (sq.m)
3175	**1391**	**2309894**	**192907**	**31971**	**114086**	**24658**	**42529**	**908438**	**3000219**
3174	1391	2084641	151228	19644	106584	24600	42413	865367	2862209
60		9816	488		1200	545	1090	3350	20036
		3599			1	76	140	581	1853
		43				152	322	350	1800
		3968						120	1200
119	15	632717	49359	4411	35547	6814	10845	158551	654565
15	15	10179	162	162	3171	761	1170	2999	70360
104		622538	49196	4249	32376	6053	9675	155552	584205
2	2	52197	7992	7992	4971	512	951	25126	156325
2993	1374	1382192	93389	7241	64557	16485	29039	676639	2025630
153	8	69843	443	40	4452	1134	2201	32553	111115
		4366	2		22			2694	5858
2840	1366	1304465	92865	7201	59894	15279	26730	639402	1902603
		3519	79		189	72	108	1990	6054
		110			309	16	26	650	800
		67468	39252	11083	5498			14599	41430
		3452	2302	199	1			312	2166
		64016	36950	10884	5497			14287	39264
2		157786	2427	1243	2004	58	116	28472	96580
		2128	1					1850	3411
		132464	2427	1243	968			26226	90556
		22861			81			66	603
2		333			956	58	116	330	2010
3078	1294	1946005	100395	17330	98978	24445	42182	831280	2784150
		212916	35989	1261	4352	59	88	55135	153734
		96868	41504	10884	5073			12775	38048
		882			9			304	1900
		56355	10884	10884	4725			8290	14646
		2455	286		188			732	2723
		37176	30334		151			3449	18779
		27157	13302	1258	5242			1990	4527
		25381	11526		5242			1990	3850
		1776	1776	1258					677
97	97	26948	1717	1237	442	154	259	7258	19760
97	97	25366	1717	1237	442	154	259	3920	15302
		1582						3338	4458
3173	1389	1664869	61753	11978	91857	23794	41074	683553	2371052
		334922	103003	6250	2788			85354	246499
		70262	18581	12786	5706			16464	42541
		10694	1676	325	172			4301	9175
2	2	229148	7894	632	13563	864	1455	118766	330952
2		433699	112995	18772	11375	131	257	157504	476063
1121	828	643961	31503	2092	45392	5083	7840	120642	423096
2047	558	1118358	41099	9716	52352	18440	32650	584415	1982997
6	6	113877	7310	1391	4968	1004	1782	45877	118063
3154	1391	2240757	191258	31402	110559	23426	40245	881451	2887170
21		69137	1649	569	3528	1232	2284	26987	113049

16-17 各市(区)限额以上住宿业和餐饮业经营情况(2022年)

地区	Region	企业数(个) Number of Enterprises (unit)	营业额(万元) Business Value (10 000 yuan)	#客房收入 From Hotel Rooms	#公共网络客房收入 Public Network Income	#通过非自营平台实现的客房收入 Sales of Non-self-supporting Platform
一、住宿业	**Hotels**					
全省	**Shaanxi**	**1325**	**1441951**	**758449**	**94254**	**30546**
西安市	Xi'an	482	626761	399129	67789	25859
铜川市	Tongchuan	31	44959	15012	781	74
宝鸡市	Baoji	140	171229	69461	5510	1432
咸阳市	Xianyang	62	93956	35637	1310	129
渭南市	Weinan	70	67889	25695	2024	
#韩城市	Hancheng	22	15164	3916	430	
延安市	Yan'an	127	58993	35890	2365	266
汉中市	Hanzhong	133	97363	45942	4569	794
榆林市	Yulin	88	119756	49974	3228	528
安康市	Ankang	119	121704	62387	4477	649
商洛市	Shangluo	60	33772	16033	1209	494
杨凌示范区	Yangling	13	5569	3291	992	322
二、餐饮业	**Catering Services**					
全省	**Shaanxi**	**1659**	**2575416**	**116556**	**3175**	**1391**
西安市	Xi'an	422	923567	9112	725	328
铜川市	Tongchuan	40	14456	1002		
宝鸡市	Baoji	180	266702	16885	199	31
咸阳市	Xianyang	243	768013	33877	1059	833
渭南市	Weinan	103	113920	8299	105	
#韩城市	Hancheng	14	7911			
延安市	Yan'an	96	41276	2618	20	7
汉中市	Hanzhong	232	100024	5883	294	175
榆林市	Yulin	42	49653	6923	346	
安康市	Ankang	215	240708	27696	428	17
商洛市	Shangluo	75	35874	3902		
杨凌示范区	Yangling	11	21223	360		

Management of Enterprises above Designated Size in Hotels and Catering Services by City(District)(2022)

#餐费收入 From Meals	#公共网络餐费收入 Public Network Income	#通过非自营平台实现的餐费收入 Sales of Non-self-supporting Platform	#商品销售收入 From Commodities	客房间数(间) Number of Hotel Rooms (unit)	床位数(个) Number of Beds (unit)	餐位数(位) Number of Dining-seats (seat)	餐饮营业面积(平方米) Operating Area (sq.m)
582184	**11613**	**2761**	**26020**	**180329**	**293961**	**380282**	**3815691**
170563	6088	2011	5649	76047	118299	97842	1067376
27743	876		1000	2840	5009	6910	110415
97919	2994	523	1974	22021	36909	60699	511654
53402	235	77	2629	5844	9736	23423	186186
39713	135		517	8539	14174	39462	294707
11208	12		30	1717	2946	10171	65905
20015	28	8	707	18305	33317	27901	361920
47612	468	43	2399	11554	18524	38234	288971
59099	262	18	1610	10483	17011	43859	442396
51215	199	80	4873	9930	16660	27953	324073
12780	328	1	4625	13282	21660	10525	196303
2123			39	1484	2662	3474	31690
2309894	**192907**	**31971**	**114086**	**24658**	**42529**	**908438**	**3000219**
860315	157559	28062	28044	3786	5644	404651	1267371
13010	1700	209	378	220	413	13679	44433
235480	10813	131	13320	3514	6578	80585	290093
679615	2360	296	50811	4229	7350	103132	313495
100811	8		4665	2632	4838	38931	138814
7911						1343	3402
38009	1830	1565	408	1070	2049	58282	122085
87842	1768	1453	5758	1554	2716	69607	223609
41288	11949	120	463	1947	3547	26999	120225
202390	2825	100	8807	3913	6572	54318	287619
30712	542	36	992	1602	2496	42369	133808
20422	1554		440	191	326	15885	58667

16−18 限额以上批发业主要财务指标(2022年)

单位：万元

指标	Item	企业数(个) Number of Enterprises (unit)	资产合计 Total Assets
总计	**Total**	**3194**	**69967692**
按登记注册类型分	**By Status of Registration**		
内资企业	Domestic Invested Enterprises	3151	64734729
国有企业	State-owned Enterprises	106	11769141
集体企业	Collective-owned Enterprises	8	21979
股份合作企业	Cooperative Enterprises	4	155410
有限责任公司	Limited Liability Corporations	673	33562475
国有独资公司	State Sole-proprietorship Corporations	77	9311402
其他有限责任公司	Other Limited Liability Corporations	596	24251073
股份有限公司	Share-holding Corporations Ltd.	41	3204516
私营企业	Private Enterprises	2290	15951582
私营独资企业	Private Sole-proprietorship Enterprises	42	156759
私营合伙企业	Private Partnership Enterprises	5	16791
私营有限责任公司	Private Limited Liability Corporations	2223	15601862
私营股份有限公司	Private Share-holding Corporations Ltd.	20	176171
其他企业	Other Enterprises	28	65044
港、澳、台商投资企业	Enterprises with Investment from Hong Kong, Macao and Taiwan	9	562823
合资经营企业(港或澳、台资)	Joint-venture Enterprises	2	211948
港澳台商独资经营企业	Sole-proprietorship Enterprises	7	350875
其他港澳台投资企业	Other Enterprises with Investment from Hong Kong, Macao and Taiwan		
外商投资企业	Foreign Invested Enterprises	34	4670140
中外合资经营企业	Joint-venture Enterprises	8	3516855
外资企业	Sole-proprietorship Enterprises	24	1042753
外商投资股份有限公司	Share-holding Corporations Ltd.	2	110533
其他外商投资企业	Other Foreign Invested Enterprises		
按行业分	**By Sector**		
农、林、牧、渔产品批发	Wholesale of Farm Produce and Livestock Products	80	659200
谷物、豆及薯类批发	Wholesale of Cereals,Beans and Tubers	25	282110
种子批发	Wholesale of Seeds and Forages	14	60324
畜牧渔业饲料批发	Wholesale of Animal Husbandry and Fishery Feeds	12	33422
棉、麻批发	Wholesale of Cotton and Hemp	1	4407
林业产品批发	Wholesale of Forestry Products	9	124670
牲畜批发	Wholesale of livestock	3	29256
其他农牧产品批发	Others	16	125011
食品、饮料及烟草制品批发	Wholesale of Food, Beverages and Tobaccos	503	5342542

Main Financial Indicators of Enterprises above Designated Size in Wholesale Trades(2022)

(10 000 yuan)

# 流动资产 Working Capital	负债合计 Total Liabilities	营业收入 Business Revenue	营业成本 Cost of Business	销售费用 Business Expenditure	营业利润 Profits from Business	利润总额 Total Profits
56884455	**51249859**	**183591599**	**176441741**	**2639818**	**3121432**	**3157159**
52554921	46424420	175606580	168754688	2514664	2807021	2837141
9893551	8567152	38506666	36451740	427218	594625	597997
17576	15409	63562	59051	1908	790	1002
131328	107038	314846	307491	1298	1563	1592
25622051	22219686	84427989	82241327	896145	1670060	1675777
7215828	6331190	34323691	33673680	179893	398073	396937
18406223	15888496	50104298	48567647	716252	1271987	1278840
2400680	2694473	10386824	10050047	234316	-66579	-59268
14449059	12794888	41705675	39460973	948938	601742	615148
112406	111760	550202	447597	24835	133960	133922
13721	14654	58482	56961	795	-16	-63
14169814	12556978	40908747	38786524	913352	465574	478846
153118	111496	188244	169892	9956	2223	2443
36119	22512	199672	182788	4782	4811	4883
533778	248304	772674	657648	59014	255517	260283
203369	69213	304970	253230	47503	-9389	-8666
330409	179091	467705	404418	11511	264907	268949
3795756	4577135	7212344	7029405	66140	58893	59735
2794553	3760023	4123507	4062389	23911	-7306	-6762
973542	716620	2882751	2770355	31643	67623	67966
27661	100491	206086	196661	10586	-1424	-1470
515469	369430	717033	671380	17757	89096	93816
240083	152154	261006	244052	8236	84920	88056
28543	19438	72431	64810	1750	2475	3308
32999	29586	150157	146935	2659	-591	-574
4338	5	5415	4321	330	482	482
76736	56231	82340	75967	2519	474	810
25711	15714	19653	18972	415	-606	-545
107060	96304	126032	116323	1849	1942	2279
4262187	2708804	10274180	8118310	539822	645742	649985

16-18 续表 1

单位：万元

指　　标	Item	企业数（个） Number of Enterprises (unit)	资产合计 Total Assets
米、面制品及食用油批发	Wholesale of Rice, Flour and Edible Oil	63	342303
糕点、糖果及糖批发	Wholesale of Cake and Sugar	11	27524
果品、蔬菜批发	Wholesale of Vegetables and Fruits	194	996800
肉、禽、蛋、奶及水产品批发	Wholesale of Meat, Poultry, Eggs and AquaticProducts	59	193825
盐及调味品批发	Wholesale of Salt and Condiments	16	95598
营养和保健品批发	Wholesale of Nutrition and Health Products	6	15568
酒、饮料及茶叶批发	Wholesale of Beverages and Tea	101	1921460
烟草制品批发	Wholesale of Tobaccos	11	1643621
其他食品批发	Others	42	105844
纺织、服装及家庭用品批发	Wholesale of Textiles, Garments and Daily Consumer Articles	106	1261226
纺织品、针织品及原料批发	Wholesale of Textiles, Knitwear and Textile Materials	12	19338
服装批发	Wholesale of Garments	22	370821
鞋帽批发	Wholesale of Shoes and hats	4	60334
化妆品及卫生用品批发	Wholesale of Cosmetics and Health Consumer Articles	15	111646
厨具卫具及日用杂品批发	Wholesale of Livestock Kitchen, Bathroom Appliances and Groceries	9	25565
灯具、装饰物品批发	Wholesale of Lamps and Lanterns, Decorative Articles	2	7791
家用视听设备批发	Wholesale of Domestic Audio-visual equipments	5	24130
日用家电批发	Wholesale of Household Appliances	30	581613
其他家庭用品批发	Others	7	59988
文化、体育用品及器材批发	Wholesale of Culture, Sports Appliances and Equipment	55	754397
文具用品批发	Wholesale of Stationary	15	223178
体育用品及器材批发	Wholesale of Sports Goods	1	3758
图书批发	Wholesale of Books	21	422804
报刊批发	Wholesale of Newspapers	1	2532
首饰、工艺品及收藏品批发	Wholesale of Jewelry, Artwork and Collections	10	68849
其他文化用品批发	Others	7	33276
医药及医疗器材批发	Wholesale of Medicines and Medical Appliances	315	5768513
西药批发	Wholesale of Western Medicine	137	4228326
中药批发	Wholesale of Traditional Chinese Medicinal Materials and Medicines	51	424649
动物用药品批发	Wholesale of Animal Drugs	1	1459
医疗用品及器材批发	Wholesale of Medical Materials and Medical Instruments	126	1114080
矿产品、建材及化工产品批发	Wholesale of Mineral Products, Building Materials and Chemical Products	1576	50087371
煤炭及制品批发	Wholesale of Coal and Related Products	348	17203994
石油及制品批发	Wholesale of Petroleum and Related Products	212	4108023
非金属矿及制品批发	Wholesale of Metal Materials	16	143181
金属及金属矿批发	Wholesale of Metal Materials	455	20895442
建材批发	Wholesale of Building Materials	303	4186608

continued

(10 000 yuan)

# 流动资产 Working Capital	负债合计 Total Liabilities	营业收入 Business Revenue	营业成本 Cost of Business	销售费用 Business Expenditure	营业利润 Profits from Business	利润总额 Total Profits
268606	261169	1097328	1051176	27653	-99	924
24621	23004	182145	169071	5390	515	525
532503	605181	1421979	1281589	37989	29363	30179
146854	188364	456886	413440	26658	-1632	-517
76500	38663	71341	62836	3188	2628	2698
15389	12099	23257	20715	1597	842	939
1647244	1066690	1971525	1528754	240052	176279	178853
1451953	430473	4741681	3318232	184942	434598	432931
98517	83162	308038	272498	12355	3248	3454
1160582	902145	1886887	1646673	148863	106598	113161
15768	14937	65714	62213	1229	640	694
339175	223458	615294	538367	63504	-10506	-9664
56171	14684	38335	27491	10148	-1333	2854
96593	62458	188012	162680	21006	114	2
24820	21015	39723	30681	5445	-167	-144
7755	4752	13045	12557	99	77	83
24090	21917	26520	24048	2052	420	421
567110	497130	674719	651380	26602	-14427	-13028
29100	41794	225524	137257	18778	131779	131942
576976	490632	1394731	1247049	47550	41575	43126
172281	163178	352667	344137	3224	1187	1288
3748	2666	8841	8329	307	46	46
306309	245762	398437	277826	34906	39964	40815
2454	1972	5096	3160	1425	249	257
63788	54460	551821	542309	4539	228	387
28397	22593	77870	71287	3150	-99	333
5446531	4782184	7442311	6748090	298296	137219	134741
4000646	3671603	5658966	5284983	157201	47253	45135
393636	338919	594180	492020	63453	6414	6521
1459	1436	2246	2205	2	6	6
1050789	770226	1186919	968882	77640	83546	83080
39558411	37202976	150525533	147225161	1341080	1952309	1965407
12779339	10763110	58826695	57237034	607655	1689966	1686332
2615117	3451060	26648388	25958996	416747	36774	33400
76791	128859	269247	250656	13184	1215	1256
17057701	16935612	42032114	41603159	134629	43715	56732
4011588	3610798	10974825	10747600	60517	18008	19310

16−18 续表 2

单位：万元

指 标	Item	企业数(个) Number of Enterprises (unit)	资产合计 Total Assets
化肥批发	Wholesale of Garments	47	195608
农药批发	Wholesale of Pesticides	14	195729
农用薄膜批发	Wholesale of Agricultural Film	1	2230
其他化工产品批发	Others	180	3156558
机械设备、五金交电及电子产品批发	Wholesale of Machinery, Hardware and Electronic Equipment	473	5494126
农业机械批发	Wholesale of Agricultural Machinery	23	53917
汽车及零配件批发	Wholesale of Motor Vehicles and Parts	122	1423718
摩托车及零配件批发	Hardware	9	21384
五金产品批发	Wholesale of Household Appliances	36	192553
电气设备批发	Wholesale of Electrical Appliance	38	896340
计算机、软件及辅助设备批发	Wholesale of Computer, Software and Peripherals	36	134398
通讯设备批发	Wholesale of Communication Equipments	29	440329
广播影视设备批发	Wholesale of Radio and Television Equipments	3	6555
其他机械设备及电子产品批发	Others	177	2324931
贸易经纪与代理	Trade Broker and Agency	7	61568
贸易代理	Trade Agency	7	61568
其他批发	Others	79	538749
再生物资回收与批发	Recovery and Wholesale of Regeneration Material	13	47178
互联网批发	E-commerce Wholesale	12	80635
其他未列明的批发	Any other Wholesale	54	410936
按经营形式分	**By Form of Management**		
独立门店	Independent Stores	1909	32165840
连锁总店(总部)	General Chain Stores	8	185817
连锁直营店	Chain Direct Store	2	28850
连锁加盟店	Chain Franchise	2	9074
其 他	Others	1273	37578111
按单位规模分	**By Scale**		
大 型	Large	74	19492468
中 型	Medium	752	34077727
小 型	Small	1723	11411828
微 型	Mini	645	4985669
按经营地分	**By Location of Establishments**		
城 镇	Urban Areas	2934	68241372
乡 村	Rural Areas	260	1726320

continued

(10 000 yuan)

# 流动资产 Working Capital	负债合计 Total Liabilities	营业收入 Business Revenue	营业成本 Cost of Business	销售费用 Business Expenditure	营业利润 Profits from Business	利润总额 Total Profits
174650	143831	562406	539565	11483	3523	5262
143829	75230	306408	266295	19031	14729	16117
1436	1914	9695	8822	818	9	89
2697961	2092562	10895756	10613033	77017	144370	146909
4946885	4318255	10189107	9685212	218760	153192	160338
46799	20687	119775	104521	5226	4172	4191
1375584	1367322	3572206	3485028	66194	2767	3811
17420	16016	100714	96049	2107	613	638
179715	110522	312488	283061	9532	12335	13305
853008	675733	731601	681904	24988	3711	3704
128200	83111	318762	294445	6797	3634	4026
157667	108576	545579	513122	16933	36008	36519
5797	2056	10140	9236	524	35	79
2182696	1934233	4477844	4217848	86459	89917	94065
60069	48985	131509	119550	5487	3381	3855
60069	48985	131509	119550	5487	3381	3855
357345	426448	1030308	980316	22202	-7679	-7270
42417	35090	105542	100401	2007	64	97
71325	82115	112598	102499	6445	-1561	-1637
243604	309243	812168	777416	13750	-6183	-5730
26006937	24732781	85456612	81902101	1434561	1656883	1670694
85777	102180	622547	592321	16512	-1058	3006
3846	40716	88806	81012	9260	-2062	-2068
7710	8596	7038	6251	108	-69	-66
30780184	26365586	97416596	93860055	1179376	1467738	1485593
14572707	12753328	42657424	39699454	1065930	1042613	1027848
27398761	25499311	98425309	95789265	945405	1511007	1548462
10119161	8577127	29957664	28627616	565816	523510	535598
4793825	4420094	12551203	12325406	62666	44302	45251
55681108	50291312	177124867	170283738	2544964	3019830	3049433
1203347	958547	6466732	6158003	94853	101601	107726

16-19 限额以上零售业主要财务指标(2022年)

单位：万元

指标	Item	企业数(个) Number of Enterprises (unit)	资产合计 Total Assets
总计	**Total**	**5158**	**19757755**
按登记注册类型分	**By Status of Registration**		
内资企业	Domestic Invested Enterprises	5072	15204176
国有企业	State-owned Enterprises	62	565575
集体企业	Collective-owned Enterprises	56	43216
股份合作企业	Cooperative Enterprises	7	6811
联营企业	Joint Ownership Enterprises	1	417
其他联营企业	Collective Joint Ownership Enterprises	1	417
有限责任公司	Limited Liability Corporations	854	5611960
国有独资公司	State Sole-proprietorship Corporations	78	612582
其他有限责任公司	Other Limited Liability Corporations	776	4999378
股份有限公司	Share-holding Corporations Ltd.	31	497124
私营企业	Private Enterprises	4043	8461448
私营独资企业	Private Sole-proprietorship Enterprises	349	207884
私营合伙企业	Private Partnership Enterprises	31	37915
私营有限责任公司	Private Limited Liability Corporations	3639	8153320
私营股份有限公司	Private Share-holding Corporations Ltd.	24	62329
其他企业	Other Enterprises	18	17626
港、澳、台商投资企业	Enterprises with Investment from Hong Kong, Macao and Taiwan	35	1917254
合资经营企业(港或澳、台资)	Joint-venture Enterprises	7	467148
港澳台商独资经营企业	Sole-proprietorship Enterprises	24	1420690
港澳台商投资股份有限公司	Share-holding Corporations Ltd.	1	13989
其他港澳台投资企业	Other Enterprises with Investment from Hong Kong, Macao and Taiwan	3	15426
外商投资企业	Foreign Invested Enterprises	51	2636325
中外合资经营企业	Joint-venture Enterprises	5	1158815
外资企业	Sole-proprietorship Enterprises	38	1273352
外资投资股份有限公司	Share-holding Corporations Ltd.	2	15945
其他外商投资企业	Other Foreign Invested Enterprises	6	188213
按行业分	**By Sector**		
综合零售	Integrated Retail	974	5386191
百货零售	Retail of General Merchandise	417	3421146
超级市场零售	Retail of Supermarkets	415	1694203
便利店零售	Retail of Convenience Stores	30	51371
其他综合零售	Others	112	219470
食品、饮料及烟草制品专门零售	Special Retail of Food, Beverages and Tobaccos	652	963473
粮油零售	Retail of Grain and Oil	76	121522
糕点、面包零售	Retail of Cake and Bread	20	21497
果品、蔬菜零售	Retail of Melons and Fruits, Vegetables	173	354165
肉、禽、蛋及水产品零售	Retail of Meat, Poultry, Eggs and Aquatic Products	53	99036
营养和保健品零售	Retail of Nourishment and Health Products	15	6869
酒、饮料及茶叶零售	Retail of Beverages and Tea	169	220537
烟草制品零售	Retail of Tobaccos	15	9175
其他食品零售	Others	131	130673
纺织、服装及日用品专门零售	Special Retail of Textiles, Garments and Daily Consumer Articles	183	752604

Main Financial Indicators of Enterprises above Designated Size in Retail Trades(2022)

(10 000 yuan)

# 流动资产 Working Capital	负债合计 Total Liabilities	营业收入 Business Revenue	营业成本 Cost of Business	销售费用 Business Expenditure	营业利润 Profits from Business	利润总额 Total Profits
13298721	**14196785**	**39176578**	**34651971**	**2394295**	**478898**	**517053**
10869957	10834418	29063826	25584211	1657348	402671	425061
452477	290916	737384	648683	43413	35303	36681
30198	27725	448115	374201	26026	5874	5830
5312	4570	28133	26863	466	139	136
409	362	745	632	32	41	41
409	362	745	632	32	41	41
3742501	4311491	8685194	7620000	558170	47269	57174
432346	369229	850457	747915	57085	17863	18512
3310155	3942261	7834738	6872085	501085	29406	38663
345080	182124	345133	301161	12500	6069	6525
6284484	6008797	18749717	16556031	1012967	307169	317837
140908	105990	747759	660343	29442	16279	16921
20850	14228	171854	147316	7644	2702	2825
6068741	5850981	17717041	15663876	960893	282251	292023
53985	37597	113063	84496	14989	5938	6069
9496	8434	69406	56639	3776	807	837
1148056	1474707	5488910	5023682	377165	311	13633
368946	306021	424943	383064	19748	4432	4646
757678	1153612	4954460	4539913	353390	-5602	7480
12865	4614	33729	30704	1008	835	844
8568	10460	75779	70002	3020	646	663
1280708	1887661	4623842	4044078	359782	75916	78359
310345	617891	1710769	1496432	97891	72394	73001
793525	1102242	2709254	2386232	232532	8517	10186
14468	10581	36317	34277	1624	-1335	-1313
162370	156947	167502	127137	27734	-3660	-3515
3009377	4043284	7864313	6597739	698011	90459	105053
1967801	2562188	4160490	3512210	325206	55204	56834
865491	1303533	3191792	2667240	335553	26137	38352
39689	24071	111060	88222	9928	1551	2068
136397	153492	400971	330067	27324	7566	7800
618163	494311	2053970	1763581	106816	62673	65716
86764	71906	194867	176148	6343	3198	3720
12820	15631	53610	37876	8881	526	705
172923	139595	734300	632464	38532	13195	13310
69630	78188	278509	252051	8258	1847	3367
5352	2421	9616	7786	231	698	707
177827	117581	493642	417785	26509	27918	28139
7966	6377	42899	32632	630	8778	8760
84882	62613	246527	206840	17432	6514	7008
450434	483888	1012293	789756	120322	17383	17856

16−19　续表 1

单位：万元

指　　标	Item	企业数（个） Number of Enterprises (unit)	资产合计 Total Assets
纺织品及针织品零售	Retail of Textiles and Knitwear	19	12790
服装零售	Retail of Garments	91	591623
鞋帽零售	Retail of Shoes and Hats	8	41531
化妆品及卫生用品零售	Retail of Cosmetics and Health Consumer Articles	21	33379
厨具卫具及日用杂品零售	Retail of Livestock Kitchen, Bathroom Appliances and Groceries	9	3046
钟表、眼镜零售	Retail of Clocks and Watches,Spectacles	11	33024
箱包零售	Retail of Luggage and Bags	1	4216
自行车等代步设备零售	Retail of Working Equipments such as bicycle	6	3189
其他日用品零售	Others	17	29805
文化、体育用品及器材专门零售	Special Retail of Culture, Sports Appliances and Equipments	267	802173
文具用品零售	Retail of Stationery	41	22324
体育用品及器材零售	Retail of Sports Goods	12	27580
图书、报刊零售	Retail of Books	132	638804
珠宝首饰零售	Retail of Jewelry	30	42940
工艺美术品及收藏品零售	Retail of Artwork and Collections	37	38622
乐器零售	Retail of Musical Instrument	5	5012
照相器材零售	Retail of Photographic Equipment	2	1662
其他文化用品零售	Others	8	25230
医药及医疗器材专门零售	Special Retail of Medicines and Medical Appliances	296	1307460
西药零售	Retail of Western Medicine	257	1134470
中药零售	Retail of Traditional Chinese Medicinal	19	88624
医疗用品及器材零售	Retail of Medical Supplies and Appliances	20	84367
汽车、摩托车、零配件和燃料及其他动力销售	Special Retail of Motor Vehicles, Motorcycles, Fuel and Parts	1548	7414915
汽车新车零售	Retail of New Motor Vehicles	914	5433985
汽车旧车零售	Retail of Old Motor Vehicles	16	34147
汽车零配件零售	Retail of Motor Vehicles and Parts	31	99524
摩托车及零配件零售	Retail of Motorcycles and Parts	53	91880
机动车燃油零售	Retail of Fuel Oil of Motor Vehicles	455	1534451
机动车燃气零售	Retail of Gas of Motor Vehicles	78	213436
机动车充电销售	Retail of Motor Vehicle Charging	1	7492
家用电器及电子产品专门零售	Special Retail of Household Appliances and Electronic Products	516	979790
家用视听设备零售	Retail of Domestic Audio-visual Equipment	27	48004
日用家电零售	Retail of Household Appliances	270	603630
计算机、软件及辅助设备零售	Retail of Computer, Software and Peripherals	96	138244
通信设备零售	Retail of Communication Equipment	90	134666
其他电子产品零售	Others	33	55247
五金、家具及室内装修材料专门零售	Special Retail of Hardware, Furniture and Decoration Materials	293	776085
五金零售	Retail of Hardware	80	85792
灯具零售	Retail of Light Fittings	11	6157
家具零售	Retail of Furniture	113	378769
涂料零售	Retail of Dope	4	1639
卫生洁具零售	Retail of Sanitary	8	11217
木质装饰材料零售	Retail of Dooden Decorating Materials	13	5584

continued

(10 000 yuan)

# 流动资产 Working Capital	负债合计 Total Liabilities	营业收入 Business Revenue	营业成本 Cost of Business	销售费用 Business Expenditure	营业利润 Profits from Business	利润总额 Total Profits
8782	5467	33383	27002	3307	757	820
322998	365060	706518	571188	62072	12554	12698
34718	32033	85531	57448	18191	977	1068
23613	17796	82415	59972	18344	297	383
2483	2180	15121	11245	1315	513	538
28065	25844	33159	21316	9299	-623	-599
4205	4429	260	208	11	-70	-70
3019	2469	7072	5463	290	476	473
22550	28610	48835	35914	7491	2503	2544
579632	424384	852012	685887	72937	31472	33156
19983	10404	56692	44483	1367	2663	2982
17080	15285	27234	19861	4121	667	675
450729	337016	582882	469043	51550	23466	24028
35591	23491	45675	40370	2363	453	537
27594	23083	70670	57238	4663	3160	3774
4693	2681	12467	9053	1722	-262	-243
1662	951	2949	2698	1	86	98
22300	11475	53443	43141	7151	1240	1307
1078599	1060661	2257078	1841801	251527	42535	43991
944064	930503	2048780	1687261	217516	34167	35213
67372	75896	106168	81086	16882	3915	4119
67164	54262	102131	73454	17129	4454	4660
5058791	5289094	15377178	14184566	577752	126465	137569
4230918	4189406	11562610	10806239	391012	12080	21783
27000	25856	68993	64235	3173	-998	-972
69678	63948	198101	178975	7314	634	816
51404	37595	159743	134675	6322	8238	8299
571482	807140	2936321	2580769	153086	109506	109965
104016	153097	448691	416387	16084	-1317	-653
4293	12053	2718	3286	762	-1679	-1668
760945	697352	1882289	1684531	113632	-1776	-3254
44094	33450	87625	76625	4503	1362	1439
438188	478052	1107482	995723	74789	-11016	-13126
114885	57899	212648	185317	8280	6079	6605
118264	95101	407767	370953	23240	759	989
45514	32850	66769	55914	2820	1040	839
526665	578778	1215041	1029306	54670	46686	47129
78716	45346	163279	141211	5169	4818	5260
5236	1983	15331	12008	577	1327	1328
180069	325956	438549	346220	31148	14853	14803
1586	1396	2902	2585	69	41	79
10003	4659	14008	11634	1476	69	97
4112	830	16286	11906	1245	1844	1850

16−19 续表 2

单位：万元

指　　标	Item	企业数（个） Number of Enterprises (unit)	资产合计 Total Assets
陶瓷、石材装饰材料零售	Retail of Porcelainous, Stone Finishing Decorating Materials	22	20536
其他室内装修材料零售	Others	42	266391
货摊、无店铺及其他零售业	Non-shop and Other Retails	429	1375065
互联网零售	E-commerce Retails	388	1242182
自动售货机零售	Vending Machine Retails	2	4077
生活用燃料零售	Retail of Life Fuels	26	111672
其他未列明的零售业	Other Retail not Classified Elsewhere	13	17134
按经营形式分	**By Form of Management**		
独立门店	Independent Stores	4548	15120162
连锁总店(总部)	General Chain Stores	93	1524367
连锁直营店	Chain Direct Store	49	445789
连锁加盟店	Chain Franchise	11	16906
其　他	Others	457	2650531
按单位规模分	**By Scale**		
大　型	Large	45	4575980
中　型	Medium	805	7989996
小　型	Small	2641	5334694
微　型	Mini	1667	1857084
按零售业态分	**By Business Categories**		
有店铺零售	Shop Retails	4647	17990484
便利店	Convenience Store	126	270232
超市	Supermarket	722	2289582
折扣店	Discount Store	4	8818
仓储会员店	Warehouse Shop	27	53561
百货店	Department Store	316	2957646
购物中心	Shopping Center	78	755883
专业店	Professional Shop	1816	6269515
品牌专卖店	Brand Store	1455	5172095
集合店	Collection Store	101	212841
无人值守商店	Unattended Store	1	104
无店铺零售	Nonstore Retail	511	1767271
网络零售	Network Retail	341	1208011
电视/广播零售	TV/radio Retail	4	4144
邮寄零售	Retail by Post	14	10807
无人售货设备零售	Retail of Vending Equipment	1	100
电话零售	Telephone Retailing	4	9959
直销	Direct Selling	12	39665
其他	Other	135	494585
按经营地分	**By Location of Establishments**		
城　镇	Urban Areas	4705	18690046
乡　村	Rural Areas	453	1067709

continued

(10 000 yuan)

# 流动资产 Working Capital	负债合计 Total Liabilities	营业收入 Business Revenue	营业成本 Cost of Business	销售费用 Business Expenditure	营业利润 Profits from Business	利润总额 Total Profits
14288	13210	37535	33453	1649	1994	1992
232655	185399	527150	470289	13336	21739	21720
1216114	1125034	6662404	6074804	398628	63001	69836
1176869	1046331	6498461	5930558	390676	62239	68744
729	5087	2199	1749	547	-431	-430
26395	62213	135177	119103	5306	2193	2518
12121	11403	26567	23393	2099	-1000	-996
9679916	10403280	29012396	25551547	1621759	470510	496066
1071566	1039366	1763454	1449549	205220	1207	3668
300246	403939	853472	762293	106814	-24183	-23545
10752	18190	19183	15069	2771	-2067	-1971
2236242	2332011	7528073	6873513	457732	33431	42835
2452434	3499051	6516738	5437354	761308	71912	84217
5602845	6157296	18579298	16809882	1050171	76837	94299
3926912	3242216	10576299	9306616	452141	226754	232545
1316530	1298223	3504243	3098118	130676	103395	105992
11685320	12791575	32154801	28253411	1981540	413064	442958
174362	181058	485062	413391	33488	7283	7790
1205496	1755563	4662993	3920652	444021	54371	66213
4604	4019	5439	4731	917	-648	-653
39314	36237	103415	66867	11241	19929	20227
1774255	2211279	3538224	3014219	264346	29137	30750
380012	456609	599609	499709	18706	10678	11788
3998055	4183649	10973716	9565457	711419	200356	209149
3918316	3805134	11395070	10410630	480208	91734	97008
190607	158007	391175	357678	17177	231	691
103		58	55	8	-5	-5
1613401	1405210	7021778	6398561	412755	65834	74095
1153110	1032043	6364146	5810435	383899	56671	63225
3519	1534	3899	2886	553	163	163
10569	8916	22616	26979	2399	-40	-63
88	82	916	889	0	-11	-11
8186	4891	52763	45996	1900	20	45
26917	20624	45991	40899	2474	1	516
411013	337121	531449	470476	21531	9029	10220
12653846	13430035	37332762	33006760	2325838	464760	502160
644875	766751	1843816	1645211	68457	14139	14893

16-20 限额以上住宿业主要财务指标(2022年)

单位：万元

指　　标	Item	企业数(个) Number of Enterprises (unit)	资产合计 Total Assets
总　计	**Total**	**1320**	**5502404**
按登记注册类型分	**By Status of Registration**		
内资企业	Domestic Invested Enterprises	1305	4820889
国有企业	State-owned Enterprises	39	253359
集体企业	Collective-owned Enterprises	2	10278
股份合作企业	Cooperative Enterprises	2	402
有限责任公司	Limited Liability Corporations	256	2618447
国有独资公司	State Sole-proprietorship Corporations	30	289349
其他有限责任公司	Other Limited Liability Corporations	226	2329097
股份有限公司	Share-holding Corporations Ltd.	8	13593
私营企业	Private Enterprises	998	1924810
私营独资企业	Private Sole-proprietorship Enterprises	73	51279
私营合伙企业	Private Partnership Enterprises	8	11744
私营有限责任公司	Private Limited Liability Corporations	908	1828630
私营股份有限公司	Private Share-holding Corporations Ltd.	9	33157
港、澳、台商投资企业	Enterprises with Investment from Hong Kong, Macao and Taiwan	5	172682
与港澳台商合资经营企业	Joint-venture Enterprises	3	105742
与港澳台商合作经营企业	Cooperative Enterprises		
港澳台商独资企业	Sole-proprietorship Enterprises	2	66940
其他港澳台投资企业	Other Enterprises with Investment from Hong Kong, Macao and Taiwan		
外商投资企业	Foreign Invested Enterprises	10	508833
中外合资经营企业	Joint-venture Enterprises	2	33214
外资企业	Sole-proprietorship Enterprises	7	474891
其他外商投资企业	Other Foreign Invested Enterprises	1	729
按行业分	**By Sector**		
旅游饭店	Tour Restaurant	596	4378202
一般旅馆	General Restaurant	661	968657
# 经济型连锁酒店	Chain Economical Hotel	200	400054
民宿服务	Bed and Breakfast Services	11	12765
露营地服务	Camp Services	3	30811
其他住宿服务	Other Hotel Services	49	111969
按经营形式分	**By Form of Management**		
独立门店	Independent Stores	1071	4670525
连锁总店(总部)	General Chain Store	2	378
连锁直营店	Chain Direct Store	27	117564
连锁加盟店	Chain Franchise	161	247292
其　他	Others	59	466645
按单位规模分	**By Scale**		
大　型	Large	4	771243
中　型	Medium	106	2051831
小　型	Small	1032	2521354
微　型	Mini	178	157976
按星级分	**By Star Rating**		
五　星	Five-star Level	26	544141
四　星	Four-star Level	94	812524
三　星	Three-star Level	135	290695
二　星	Two-star Level	26	30869
一　星	One-star Level	11	3583
其　他	Others	1028	3820593
按经营地分	**By Location of Establishments**		
城　镇	Urban Areas	1271	5366997
乡　村	Rural Areas	49	135408

Main Financial Indicators in Hotels above Designated Size(2022)

(10 000 yuan)

# 流动资产 Working Capital	负债合计 Total Liabilities	营业收入 Business Revenue	营业成本 Cost of Business	销售费用 Business Expenditure	营业利润 Profits from Business	利润总额 Total Profits
1734500	**4629255**	**1450556**	**861926**	**309244**	**-197729**	**-183818**
1642438	4124303	1327300	782329	294532	-167503	-155574
37109	182246	69317	37366	13862	-11264	-10901
7923	21384	1335	771	241	-664	-543
187	246	19495	18898	1806	97	98
791069	2352415	373009	239351	88941	-110231	-106536
69277	159970	57122	39234	11021	-15361	-14124
721792	2192445	315888	200117	77920	-94871	-92412
3320	13773	6588	3397	2370	-332	-327
802829	1554239	857556	482547	187312	-45110	-37365
23813	25292	56463	38339	6530	413	337
6364	3956	8175	5388	1387	93	93
762967	1521779	780909	432550	176121	-45430	-37672
9685	3213	12010	6270	3275	-186	-123
48730	154262	21827	12019	6516	-10184	-10474
18744	136021	11667	7498	3605	-7055	-7319
29986	18241	10160	4521	2911	-3129	-3155
43332	350690	101428	67578	8196	-20042	-17770
9641	28396	66004	51770	1941	5707	5724
33581	321220	34763	15281	6246	-25753	-23497
111	1075	661	527	9	4	4
1249378	3711389	893828	522996	192478	-164466	-154475
428561	766012	487570	298379	100983	-29616	-25801
166973	381079	152587	77694	38621	-18812	-16875
6266	11770	4571	2500	544	209	244
20591	28190	1347	908	270	-717	-692
29705	111894	63239	37143	14970	-3139	-3095
1268169	3946881	1208594	721179	265381	-176286	-165027
88	4	852	275	19	49	48
42385	74374	20172	8765	7050	-4150	-4078
117872	213944	102567	44565	25592	-9623	-8125
305987	394053	118372	87143	11202	-7720	-6635
43793	665461	110256	100730	2796	-38476	-36286
741152	1865963	451503	250773	106015	-88234	-83626
892792	1946105	837871	475210	193943	-70312	-63591
56764	151726	50927	35212	6491	-707	-314
142345	634808	89511	54116	19482	-35896	-34869
216430	578606	134880	61612	39715	-17957	-16646
97265	243925	178889	112947	29667	-2757	-1607
11441	19349	33288	22246	4369	558	612
1554	1395	2495	1163	609	33	44
1265465	3151172	1011492	609842	215402	-141710	-131351
1692012	4550844	1422751	840027	304960	-194554	-180704
42489	78411	27805	21899	4284	-3175	-3114

16-21 限额以上餐饮业主要财务指标(2022年)

单位：万元

指　　标	Item	企业数(个) Number of Enterprises (unit)	资产合计 Total Assets
总　计	**Total**	**1655**	**1868885**
按登记注册类型分	**By Status of Registration**		
内资企业	Domestic Invested Enterprises	1638	1677910
国有企业	State-owned Enterprises	7	20760
集体企业	Collective-owned Enterprises	3	489
股份合作企业	Cooperative Enterprises	1	450
联营企业	Joint Ownership Enterprises	1	536
有限责任公司	Limited Liability Corporations	246	517693
国有独资公司	State Sole-proprietorship Corporations	8	124182
其他有限责任公司	Other Limited Liability Corporations	238	393512
股份有限公司	Share-holding Corporations Ltd.	9	235541
私营企业	Private Enterprises	1370	901651
私营独资企业	Private Sole-proprietorship Enterprises	105	43421
私营合伙企业	Private Partnership Enterprises	8	1432
私营有限责任公司	Private Limited Liability Corporations	1249	853957
私营股份有限公司	Private Share-holding Corporations Ltd.	8	2841
其他企业	Other Enterprises	1	789
港、澳、台商投资企业	Enterprises with Investment from Hong Kong, Macao and Taiwan	6	86601
与港澳台商合资经营企业	Joint-venture Enterprises	3	2170
港澳台商独资企业	Sole-proprietorship Enterprises	3	84431
外商投资企业	Foreign Invested Enterprises	11	104374
中外合资经营企业	Joint-venture Enterprises	1	932
外资企业	Sole-proprietorship Enterprises	8	94108
外商投资股份有限公司	Share-holding Corporations Ltd.	1	8760
其他外商投资企业	Other Foreign Invested Enterprises	1	575
按行业分	**By Sector**		
正餐服务	Restaurant	1549	1614989
快餐服务	Fast Food	41	137542
饮料及冷饮服务	Beverages and Cold Drinks	18	86605
#茶馆服务	Tea	2	799
咖啡馆服务	Café	5	67146
酒吧服务	Bar	4	1546
餐饮配送及外卖送餐服务	Catering Distribution And Delivery Services	24	16570
餐饮配送服务	Catering Distribution	23	15559
外卖送餐服务	Delivery Services	1	1011
其他餐饮服务	Others	23	13180
#小吃服务	Snack	17	12106
按经营形式分	**By Form of Management**		
独立门店	Independent Stores	1506	1456620
连锁总店(总部)	General Chain Stores	24	184641
连锁直营店	Chain Direct Store	30	81784
连锁加盟店	Chain Franchise	14	7321
其　他	Others	81	138519
按单位规模分	**By Scale**		
大　型	Large	14	424713
中　型	Medium	61	382849
小　型	Small	1279	974920
微　型	Mini	301	86403
按经营地分	**By Location of Establishments**		
城　镇	Urban Areas	1558	1801447
乡　村	Rural Areas	97	67439

Main Financial Indicators of Enterprises above Designated Size in Catering Services(2022)

(10 000 yuan)

# 流动资产 Working Capital	负债合计 Total Liabilities	营业收入 Business Revenue	营业成本 Cost of Business	销售费用 Business Expenditure	营业利润 Profits from Business	利润总额 Total Profits
862063	**1235089**	**2448133**	**1710387**	**426290**	**18153**	**18786**
781187	1129583	2220682	1595221	350750	3846	5060
7019	14760	13888	9872	6070	-3343	-3302
110	333	3569	3025	199	230	230
450	63	156	151	1	3	3
412	185	3744	2568	100	823	823
205342	421400	663272	470480	112315	-12450	-11741
7010	82155	15695	13894	4468	-7610	-7582
198332	339244	647577	456586	107847	-4840	-4159
82789	128058	65112	47052	27702	-19140	-19096
484782	564671	1470518	1061793	204342	37711	38131
18032	15748	76459	57498	7717	3711	3522
957	876	4448	3347	722	230	205
463810	546081	1386028	998221	195300	33660	34372
1983	1967	3584	2727	603	110	32
283	115	423	279	21	11	11
46151	33090	70144	21426	44294	1712	1903
1010	1411	3257	1017	2406	162	173
45141	31679	66887	20409	41888	1550	1729
34724	72415	157308	93740	31246	12595	11823
481	545	2544	1230	1146	14	3
30252	56869	131453	73392	29952	10470	9719
3484	14037	21726	17718	111	2144	2135
507	964	1585	1400	37	-33	-33
742459	1083838	2074370	1503508	321851	1672	3229
44714	90693	213563	121096	55673	10748	10103
57704	36994	100714	42635	43307	3909	3461
411	332	836	732	277	-355	-344
47161	18405	57853	27587	22216	5280	5459
748	156	2635	1684	560	97	97
11980	10150	31693	27204	2081	216	270
10983	9896	30017	26624	1059	205	252
998	254	1677	580	1022	12	18
5205	13414	27793	15943	3377	1608	1724
5022	13226	26216	14581	3352	1596	1711
633282	961595	1789736	1345788	233883	7653	8323
64784	156016	323109	173296	106886	6194	5884
58708	32300	72841	27641	33799	1492	1348
5311	2304	10491	5065	4608	328	366
99977	82875	251956	158598	47114	2487	2865
164154	247314	434397	237836	151706	766	803
142778	317420	676861	514596	95569	-21770	-21670
496506	611570	1218237	874374	168251	28708	29293
58625	58785	118639	83581	10764	10449	10361
837592	1203835	2374890	1652573	421021	14288	15012
24470	31254	73243	57814	5269	3865	3774

16−22 批发和零售业、住宿和餐饮业连锁经营情况(2022年)

Chain Management of Enterprises of Wholesale, Retail Trades, Hotels and and Catering Services(2022)

类　别	Item	合　计 Total	直营店 Regular Chain	加盟店 Franchise Chain
批发和零售业	**Wholesale and Retail Trades**			
门店总数 (个)	Number of Stores (unit)	6455	5616	839
年末零售营业面积 (平方米)	Retail Operating Area at year-end (sq.m)	4591267	4491515	99752
年末从业人员数 (人)	Number of Employed Persons at year-end (person)	56368	53873	2495
连锁门店商品购进总额 (万元)	Total Purchases Value of General Chain Stores(10 000 yuan)	9762165	9693647	68518
# 统一配送商品购进额	Centralized Purchase and Delivery	7267591	7208614	58977
# 自有配送商品购进额	Self Centralized Purchase and Delivery	3559070	3551428	7642
非自有配送商品购进额	Non-self Centralized Purchase and Delivery	647196	639526	7670
连锁门店商品销售额 (万元)	Total Sale of General Chain Stores (10 000 yuan)	11417113	11247700	169413
# 零售额	Retail Value	7417784	7257005	160778
住宿和餐饮业	**Hotels and Catering Services**			
门店总数 (个)	Number of Stores (unit)	876	876	
年末餐饮营业面积 (平方米)	Retail Operating Area at year-end (sq.m)	230557	230557	
年末从业人员数 (人)	Number of Employed Persons at year-end (person)	14733	14733	
餐位数 (位)	Number of Dining-seats (seat)	82001	82001	
连锁门店商品购进总额 (万元)	Total Purchases Value of General Chain Stores (10 000 yuan)	138372	138372	
# 统一配送商品购进额	Centralized Purchase and Delivery	120698	120698	
# 自有配送商品购进额	Self Centralized Purchase and Delivery	85355	85355	
非自有配送商品购进额	Non-self Centralized Purchase and Delivery	18631	18631	
连锁门店营业额 (万元)	Business Revenue of General Chain Stores (10 000 yuan)	348398	348398	
# 餐费收入	Revenue From Meals	330492	330492	
商品销售额	Total Sales of Commodities	7906	7906	

16–23 重点交易市场情况(2022年)
Focus on Transaction Markets(2022)

分类	Item	市场数(个) Number of Markets (unit)	摊位数(个) Number of Booths (unit)	年末出租摊位数(个) Number of Rented Stall(unit)	营业面积(平方米) Operating Area (sq.m)	成交额(万元) Turnover (10 000 yuan)
总　计	**Total**	**47**	**46723**	**40597**	**5610992**	**11647470**
按市场类别分	**By Type of Markets**					
1.综合市场	Integrated Markets	10	9365	8449	793671	930380
综合贸易市场	Comprehensive Trade Markets	10	9365	8449	793671	930380
工业消费品综合市场	Industrial Consumable Comprehensive Markets	1	1800	970	64000	15339
农产品综合市场	Farm Produce Comprehensive Markets	6	5633	5547	560671	645411
其他综合市场	Other Comprehensive Markets	3	1932	1932	169000	269630
2.专业市场	Special Markets	37	37358	32148	4817321	10717090
生产资料市场	Production Markets	9	7971	7418	1620958	5332979
建材市场	Building Material Markets	7	6988	6546	1561386	2586192
金属材料市场	Metallic Material Markets	1	132	132	7395	2605994
机械设备市场	Mechanical Equipment Markets	1	851	740	52177	140793
农产品市场	Farm Produce Markets	9	9740	8670	887785	3806903
粮油市场	Grain and Oil Markets	1	251	240	31283	250000
水产品市场	Aquatic Product Markets	1	1102	1102	77922	476758
蔬菜市场	Vegetables Markets	3	2106	1981	288000	729025
干鲜果品市场	Dried and Fresh Melons and Fruits Markets	3	5101	4473	450580	2215339
其他农产品市场	Others	1	1180	874	40000	135781
纺织、服装、鞋帽市场	Textiles, Clothing, Shoes and Hats Markets	5	7842	4726	345005	264478
服装市场	Clothing Markets	4	5977	3140	203482	99247
鞋帽市场	Shoes and Hats Markets	1	1865	1586	141523	165231
电器、通讯器材、电子设备市场	Electrical Appliances, Communication Appliances and Electronical Appliances Markets	4	2306	2168	109021	210621
通讯器材市场	Communication Appliances Markets	1	330	275	25800	10540
计算机及辅助设备市场	Computer and Auxillary Equipments Markets	3	1976	1893	83221	200081
家具、五金及装饰材料市场	Furniture,Hardware and Decoration Materials Markets	8	8029	7805	1806319	963536
家具市场	Furniture Markets	3	1068	1059	238778	273147
装饰材料市场	Decoration Materials Markets	3	1280	1127	320744	176337
五金材料市场	Light Fittings Markets	1	5163	5125	1112687	432961
其他装修市场	Others	1	518	494	134110	81091
汽车、摩托车及零配件市场	Cars, Motorcycles and Spare Parts Markets	2	1470	1361	48233	138573
汽车市场	Cars Markets	1	970	861	34233	93573
机动车零配件市场	Motor Vehicle Spare Parts Markets	1	500	500	14000	45000
按营业状态分	**By Operating Status**					
常年营业	Perennial Operating	47	46723	40597	5610992	11647470
按经营方式分	**By Mode of Management**					
以批发为主	Wholesale Trade	30	35639	32584	4298971	10664485
以零售为主	Retail Trade	17	11084	8013	1312021	982985
按经营环境分	**By Environment of Management**					
露天式	Open air	10	8740	8668	1225066	5798584
封闭式	Closed	34	31932	25939	4010346	3614144
其　他	Others	3	6051	5990	375580	2234742

16-24 重点交易市场商品销售类值(2022年)
Total Sales at Main Trade Markets by Category of Commodities(2022)

类别	Item	年末出租摊位数(个) Number of Rented Stall(unit)	成交额(万元) Turnover (10 000 yuan)
总计	**Total**	**40597**	**11647470**
粮油、食品类	Food	14193	4580769
# 粮油类	Grain and Oil	1263	396357
肉禽蛋类	Meat, Poultry and Eggs	1638	596306
水产品类	Aquatic Products	1304	418894
蔬菜类	Vegetables	5479	1179062
干鲜果品类	Dried and Fresh Melons and Fruits	4478	1988398
饮料类	Beverages	104	48278
烟酒类	Tobacco and Liquor	282	42283
服装、鞋帽、针纺织品类	Garments, Shoes and Hats, Knitwear and Textiles	4668	235003
服装类	Garments	2900	89618
鞋帽类	Shoes and Hats	828	87320
针纺织品类	Knitwear and Textiles	940	58065
化妆品类	Cosmetics	145	7488
金银珠宝类	Gold, Silver and Jewellery	10	1500
日用品类	Daily Consumer Articles	536	25176
# 可穿戴智能设备	Wearable Intelligent Devices	17	80
五金、电料类	Hardware	4519	383153
体育、娱乐用品类	Sports and Recreation Articles	327	17471
# 照相器材类	Photographic Equipments	107	13242
书报杂志类	Newspapers and Magazines	8	74
电子出版物及音像制品类	E-journals and Video Products	1	4
家用电器和音像器材类	Household Appliances and Audio/Video Equipments	268	33034
# 智能家用电器和音像器材	Intelligent Household Appliances and Audio/Video Equipments	12	188
中西药品类	Western and Traditional Chinese Medicine	5	309603
# 西药类	Western Medicine	1	103
文化办公用品类	Cultural and Office Appliances	1631	155013
# 计算机及其配套产品	Computer and Auxillary Equipments	1405	129692
家具类	Furniture	1810	379106
通讯器材类	Communication Appliances	339	38207
# 智能手机	Smartphones	245	20518
化工材料及制品类	Chemical Materials and Products	145	1766005
金属材料类	Metal Materials	103	350710
建筑及装潢材料类	Building and Decoration Materials	7198	2700378
机电产品及设备类	Mechanical and Electrical Products and Equipments	1609	214214
汽车类	Automobiles	1362	141078
其他类	Others	1334	218923

16—25 重点交易市场成交情况(2022年)
Turnover of Main Commodity Transaction Markets(2022)

市　场 Market	年末出租摊位数(个) Number of Rented Stall(unit)	成交额(万元) Turnover (10 000 yuan)	市　场 Market	年末出租摊位数(个) Number of Rented Stall(unit)	成交额(万元) Turnover (10 000 yuan)
陕西银邦经营管理有限公司	321	7520	大明宫建材家居含光路店	494	81091
丹尼尔商城(陕西丹尼尔市场股份有限公司)	713	11400	三森家居建材城	632	234552
康复路交易广场	1210	25000	欣桥市场	1568	401025
(陕西丹尼尔康复路大卖场有限公司)			西安朱雀农副产品物流中心	874	135781
锦绣国际商贸城有限公司	1586	165231	西安市鄠邑区城北蔬菜瓜果市场有限公司	308	46300
西安粮油批发交易市场	240	250000	西安雨润农产品全球采购有限公司	4215	2171588
西安东新科技贸易中心	1091	102120	西安海荣赛格电子市场有限公司	275	10540
西安赛格电脑城(西安赛格商贸有限公司)	394	47639	西安华南城五金机电交易中心	5125	432961
百脑汇电脑城	408	50322	(华南城商业管理(西安)有限公司)		
西安市方欣冷冻市场	1102	476758	咸阳市秦都区嘉惠商业区	896	55327
西安蔚蓝机电市场有限公司	740	140793	咸阳天元建材市场	550	78755
西安市玉林汽配批发市场有限责任公司	500	45000	陕西惠源现代农业发展有限公司	1650	30503
西安海纳汽车服务有限公司西安汽配市场	861	93573	(MA6Y25TQ0)		
陕西三盟庆安建材市场	360	11560	向阳沟蔬菜批发市场	153	98000
西安国亨市场	886	71230	(延安兴延贸易有限公司向阳沟蔬菜批发市场)		
陕西省生产资料第一交易市场	132	2605994	欧凯罗商城	133	11100
西安大明宫灞桥建材家具股份有限公司	476	38149	(延安市宝塔区慧丰通企业管理有限公司)		
西安摩尔农产品有限责任公司	1327	190000	居然之家(延安居然之家建材家居有限公司)	111	12053
大明宫建材家居北二环店	576	111282	中国供销延安农产品批发市场	384	279500
(西安大明宫现代家居有限责任公司)			(延安新农商大市场有限公司)		
红星美凯龙辛家庙商场	316	26542	大明宫建材家居延安新区店	237	11000
(陕西鸿瑞家居生活广场有限公司)			(延安恒通佳业商业运营管理有限公司)		
大明宫钻石店	299	44700	汉中市多联水果批发市场	125	32651
(西安大明宫家居实业有限公司)			陕西省汉中市汽车运输总公司运达批发市场	970	15339
和生国际商品交易中心	850	11688	汉中皇冠过街楼蔬菜批发市场	260	230000
西安新北城农副产品交易市场	1028	87420	汉中华夏建材城	451	28750
新生活农贸仓储物流交易中心	781	185000	汉中汉森建材城	210	11145
北三环大明宫建材家居市场	4100	2300000	绥德县五一商城综合批发市场	265	13400
(西安大明宫建材家居有限公司)			安康市满意建材市场有限公司	414	127188

主要统计指标解释

批发业 指向其他批发或零售单位（含个体经营者）及其他企事业单位、机关团体等批量销售生活用品、生产资料的活动，以及从事进出口贸易和贸易经纪与代理的活动，包括拥有货物所有权，并以本单位(公司)的名义进行交易活动，也包括不拥有货物的所有权，收取佣金的商品代理、商品代售活动；还包括各类商品批发市场中固定摊位的批发活动，以及以销售为目的的收购活动。

零售业 指百货商店、超级市场、专门零售商店、品牌专卖店、售货摊等主要面向最终消费者（如居民等）的销售活动，以互联网、邮政、电话、售货机等方式的销售活动，还包括在同一地点，后面加工生产，前面销售的店铺（如面包房）；谷物、种子、饲料、牲畜、矿产品、生产用原料、化工原料、农用化工产品、机械设备（乘用车、计算机及通信设备除外）等生产资料的销售不作为零售活动；多数零售商对其销售的货物拥有所有权，但有些则是充当委托人的代理人，进行委托销售或以收取佣金的方式进行销售。

住宿业 指为旅行者提供短期留宿场所的活动，有些单位只提供住宿，也有些单位提供住宿、饮食、商务、娱乐一体的服务，不包括主要按月或按年长期出租房屋住所的活动。

餐饮业 指通过即时制作加工、商业销售和服务性劳动等，向消费者提供食品和消费场所及设施的服务。

社会消费品零售总额 企业（单位、个体户）通过交易直接售给个人、社会集团非生产、非经营用的实物商品金额，以及提供餐饮服务所取得的收入金额。个人包括城乡居民和入境人员，社会集团包括机关、社会团体、部队、学校、企事业单位、居委会或村委会等。

批发和零售业商品购进、销售、库存总额 指各种登记注册类型的批发和零售业企业(单位)以本企业(单位)为总体的，从国内、国外市场购进的商品总量，销售和出口的商品总量、库存的商品总量等情况。该指标可以反映商品流转过程中商品的购进、销售、库存之间的比例关系和存在的问题。

商品购进总额 从本企业以外的单位和个人购进（包括从国外直接进口）作为转卖或加工后转卖的商品金额（含增值税）。商品购进包括：（1）从工农业生产者、批发和零售业、住宿和餐饮业、出版社或报社的出版发行部门和其他服务业等企事业单位和个体经营户购进的商品；（2）从机关、社会团体购进的商品；（3）从海关、市场管理部门购进的缉私和没收的商品；（4）从居民收购的废旧商品等。不包括：（1）企业为本单位自身经营用，不是作为转卖而购进的商品，如材料物资、包装物、低值易耗品、办公用品等；（2）未通过买卖行为而收入的商品，如接受其他部门移交的商品、借入的商品、收入代其他单位保管的商品、其他单位赠送的样品、加工回收的成品等；（3）经本单位介绍，由买卖双方直接结算，本单位只收取手续费的业务；（4）销售退回和买方拒付货款的商品；（5）商品溢余；（6）期货交易商品。

进口 直接从国外进口或委托外贸企业代理进口的商品金额，不包括从国内有关单位购进的进口商品。对外贸易企业只统计自主经营进口的商品，不统计受托代理进口的商品。

商品销售总额 指对本单位以外的单位和个人出售的商品金额（包括售给本单位消费用的商品，含增值税）。商品销售包括：（1）售给个人和社会集团消费用的商品；（2）售给农业、工业、建筑业、服务业等国民经济各行业用于生产、经营用的商品，包括售予批发和零售业作为转卖或加工后转卖的商品；（3）对国（境）外直接出口的商品。不包括：（1）未通过买卖行为付出的商品，如因机构变动移交给其他企业单位的商品、借出的商品、归还受其他单位委托代保管的商品、付出的加工原料和赠送给其他单位的样品等；（2）促销返券所销售的、不计入营业收入的商品；（3）经本单位介绍，由买卖双方直接结算，本单位只收取手续费的业务；（4）未发生所有权转移的商品预付卡销售，如加油卡；（5）汽车维修、电话卡销售等服务性经济活动；（6）购货退回的商品；（7）商品损耗和损失；（8）出售本单位自用的废旧物资；（9）期货交易商品；（10）自来水供应企业、电力企业、天然气供应企业提供的水、电、气。

出口 直接向国（境）外出口商品和委托外贸企业代理出口的商品金额，商品出口不包括售给外贸企业出口或加工后出口的商品，以及在国内市场以外币销售的商品。外贸企业只统计自主经营出口的商品，不包括受托代理出口的商品。

库存总额 指报告期末各种登记注册类型的批发和零售业企业(单位)已取得所有权的商品。它反映批发和零售业企业(单位)的商品库存情况和对市场商品供应的保证程度。商品库存包括：(1)存放在批发和零售业经营单位(如门市部、批发站、经营处)仓库、货场、货柜和货架中的商品；(2)挑选、整理、包装中的商品；(3)已记入购进而尚未运到本单位的商品，即发货单或银行承兑凭证已到而货未到的商品；(4)寄放他处的商品，如因购货方拒绝承付而暂时存放在购货方的商品和已办完加工成品收回手续而未提回的商品；(5)委托其他单位代销(未作销售或调出)尚未售出的商品；(6)代其他单位购进尚未交付的商品。不包括所有权不属于本单位的商品、委托外单位加工生产尚未收回成品的商品、外贸企业代理其他单位从国外进口尚未付给订货单位的商品、代国家物资储备部门保管的商品等。

住宿和餐饮业营业额 指住宿和餐饮业单位在经营活动中，因提供服务或销售商品等取得的全部收入（含增值税），收入主要来源于提供客房、餐费服务、商品销售和其他服务，如商务服务。不包括多产业法人企业附营的其他行业产业活动单位的餐费收入、商品销售收入等各项收入。其中，客房收入指住宿和餐饮业单位在经营活动中因提供住宿服务取得的收入（含增值税）。不包括多产业法人企业附营的其他行业产业活动单位的客房收入。餐费收入指本单位为顾客提供就餐服务取得的收入（含增值税）。包括：经烹饪、调制加工后出售的各种食品，如主食、炒菜、凉拌菜等的收入。不包括多产业法人企业附营的其他行业产业活动单位的餐费收入。

连锁总店（总部） 指负责连锁企业资源（商号、商誉、经营模式、服务标准、管理模式等）的开发、配置、控制或使用等功能的企业核心管理机构。连锁经营是指经营同类商品或服务，使用统一商号的若干店铺，在同一总店（总部）的管理下，采取统一采购或特许经营等方式，实现规模效益的组织形式，包括直营连锁、特许连锁和自愿连锁三种形式。其中，直营连锁是指连锁店铺由连锁公司全资或控股开设，在总部的直接控制下，开展统一经营的连锁经营形式；特许连锁是指拥有注册商标、企业标志、专利、专有技术等经营资源的企业（特许人），以合同形式将其拥有的经营资源许可其他经营者（被特许人）使用，被特许人按合同约定在统一的经营模式下开展经营，并向特许人支付特许经营费用的连锁经营形式；自愿连锁是指若干个店铺或企业自愿组合起来，在不改变各自资产所有权关系的情况下，以同一个品牌形象面对消费者，以共同进货为纽带开展的连锁经营形式。

Explanatory Notes on Main Statistical Indicators

Wholesale Trade refers to the activities of selling wholesale commodities for daily use and capital goods to enterprises of wholesale and retail trades (including self-employed individuals) and other enterprises, institutions and government organs and organizations, and the activities of engaging in import and export and acting as a trade agent. The wholesaler may have the ownership of the commodities for wholesale and trade in the name of its own (a company), and the wholesaler can act as commission agent or commodity broker without the ownership of commodities. Also included are the wholesale activities at the fixed stalls in wholesale market and the acquisition for sales purpose.

Retail Trade refers to the activities of department store, supermarket, franchised store, brand store, retail stall and on-the-spot-making-selling store selling commodities to the final consumers (residents) by any means including internet, post, telephone, sales machine. It also includes shops with sales and production located in the same places (such as bakeries). Retail trade excludes the activities of sales of capital goods such as grain, seed, feed, livestock, mineral products, raw material for production, industrial chemicals, chemical products for agricultural use, machine and equipment (excluding vehicles, computers and communication equipment). Most retailers have the ownership of commodities to sell, but some are acting as agents or brokers to make transactions for a commission.

Hotel Services refer to the accommodation services provided to visitors. Some units may provide only accommodation while others provide a combination of accommodation, meals, business services and/or recreational facilities. It excludes activities related to the provision of long-term primary residences in facilities such as apartments typically leased on a monthly or annual basis.

Catering Services refer to the activities of providing foods, serving locations and facilities to customers through instant processing, commercial sales and service-type labor.

Total Retail Sales of Consumer Goods refer to the amount obtained by enterprises (units, self-employed individuals) through direct sales of non-production and non-business physical commodity to individuals, social institutions, and revenue from providing catering services. Individuals include rural and urban households, population from abroad, social institutions include government agencies, social organizations, military units, schools, institutions, neighbourhood (village) committees.

Purchase, Sales and Stock of Commodities by Wholesale and Retail Trades refer to the total volume of commodities purchased, total volume of sales and exports, and the stock of commodities by wholesale and retail enterprises (establishments) of different status of registration from domestic and overseas markets. This indicator reflects the relationship among purchase, sales and stock of commodities in the circulation of goods and reveals the existing problems.

Total Purchases of Commodities refer to the total value of purchases of commodities by enterprises (establishments) from other establishments or individuals (including direct import from abroad) for the purpose of re-selling, either with or without further processing of the commodities purchased. The commodities include: (1) commodities purchased from agricultural and industrial producer, wholesaler, retailer, publishing house and other enterprises, institutions and individual operators of service business; (2) commodities purchased from institutions and government departments; (3) confiscated goods purchased from the customs authorities or market management agencies; (4) second-hand goods and wastes purchased from residents; The commodities exclude (1) commodities purchased by enterprises (establishments) for use in their own business operation, commodities obtained without buying or selling procedures such as materials, consumable goods of low value, office appliance, etc. (2) received goods without trading, such as goods handed over from others, borrowed goods, preserved goods for others, donated goods from others, processed and retrieved goods, etc. (3) goods of direct settlement between buyer and seller with handling fees introduced by others, (4) goods returned or refused to pay by the buyer, (5) excessive goods, (6) futures trading commodities.

Import refers to the amount of goods imported directly from abroad or imported entrusted to foreign trade enterprises as agents, excluding imports purchased from relevant domestic units. Foreign trade enterprises only count imported goods independently, not imported goods entrusted by agents.

Total Sales of Commodities refer to value of commodities sold by the establishments to other establishments and individuals (including goods sold for self consumption, including the value-added tax). The commodities include: (1) commodities sold to individuals and social groups for their consumption; (2) commodities sold to establishments in all industries for their production and operation, including agriculture, industry, construction, and catering services including commodities sold to wholesale and retail establishments for re-selling, with or without further processing; and (3) commodities for direct export to abroad. Excluded are (1) extended commodities without trading, such as goods handed over to other enterprises and institutions because of the change of organizations, lent goods, returned goods preserved for others, extended processing materials and samples donated to others, (2) goods sold by coupon rebates that are not included in business income, (3) goods of direct settlement between buyer and seller with handling fees introduced by others, (4) prepaid cards for goods without transfer of ownership, such as gas cards, (5) Service-oriented economic activities such as automobile maintenance and telephone card sales, (6) goods returned after purchase, (7) damaged and spoiled goods, (8) waste and used goods of self use, (9) futures trading commodities, (10) water, electricity and gas supplied by water supply enterprises, electric power enterprises and natural gas supply enterprises.

Export refers to the amount of goods exported directly to foreign countries (borders) or exported entrusted to foreign trade enterprises as agents. Commodity export does not include goods sold to foreign trade enterprises for export or exported after processing, as well as goods sold in foreign currencies in the domestic market. Foreign trade enterprises only count the goods they export independently, excluding those exported by trusted agents.

Total Stock of Commodities refers to total commodities possessed by wholesaler and retailer of various types of registration status at the end of the reference period, reflecting the commodity stock level of various wholesaler and retailer and the potential for market supply. It includes: (1) Commodities located in storage, garages, counters, and shelves of operating places (such as sale stores, wholesale centres, and operating offices); (2) Commodities in the process of being selected, sorted, and packed; (3) Commodities not arrived but recorded as purchase in the account, i.e. commodities not arrived but payment receipts for the commodities from the sellers or the banks arrived; (4)Commodities deposited in other places rather than places mentioned above, for instance: commodities in the hold of purchasers temporarily due to the refusal of payment and commodities not taken back after going through the formalities; (5) Commodities entrusted to other units to sell but not sold yet; (6) Commodities purchased for other units but not delivered yet. Commodities not included as stock are those not owned by the enterprises (units), commodities on commission for processing but not yet delivered, imported commodities of agency of foreign trade enterprise but not yet delivered to ordering units and finally those put in stock on behalf of the state material reserves units.

Business Revenue of Hotels and Catering Services refers to total revenue (including VAT) of hotels and catering services received from providing services or selling commodities through business activities, income comes mainly from providing hotels, catering services, selling of commodities and other services, such as commodity services. It does not include revenue such as meal fees, selling of commodities of other industrial units affiliated with multi industrial legal entities. Income from hotels refers to income (including VAT) of hotels and catering services by providing lodging services through business activities. Income from catering services refers to income (including VAT) from providing catering services, including selling of cooked or prepared foods, such as staple food, cooked dishes, or cold dishes. It does not include meal fees of other industrial units affiliated with multi industrial legal entities.

Chain Head Stores (headquarter) refer to the core leading stores responsible for development, allocation, administration and utilization of resources (name of stores, brand of stores, operation model, service standard, management way, etc.) of chain stores. Chain stores refers to the stores engaged in providing homogeneous commodities or services, with the central leadership of head store (headquarters) and guided by common policies, conduct centralized purchase and distributed selling of commodities, in order to gain better efficiency through standardized operation. The chain stores include regular chain stores, franchise chain stores and voluntary chain stores.

Regular Chain store refers to chain stores that are invested or controlled by the headquarters. They operate under direct and unified management from the headquarters.

Franchise chain store refers to the chain stores (franchisees) which are franchised with operation resources such as trade marks, names, patent and operation know-how by the franchisors in form of contract and pay the operation fees to the franchisors.

Voluntary chain store refers to the stores operate jointly on the voluntary bases while maintaining their status of independent legal entities with full ownership of their assets. They sell goods of same brand from same channel of resource to the consumers.

十七、对外经济贸易和旅游

Foreign Trade and Tourism

资料整理：杜康凯

简 要 说 明

一、本篇资料反映陕西对外贸易和旅游业发展状况，内容包括进出口总值，进出口货物的品种、数(重)量、金额，利用外资、旅游人数和旅游收入，星级饭店基本情况等。

二、进出口商品总值按收发货人所在地统计。收发货人所在地是指境内进出口企业报关注册的登记地。

三、本篇资料由西安海关、省商务厅、省文化和旅游厅提供。

Brief Introduction

I. This chapter reflects development of international trades and tourism of Shaanxi, including kind, quantity(weight) and value of imported and exported products, utilization of foreign funds, tourist number and tourism revenue, basic conditions of star hotels, etc.

II. Total value of imported and exported commodities are calculated according to the location of consignors and consignees. The location of consignors and consignees is the place of registration where the resident imported and exported enterprises declare and register at customs.

III. The data sources are provided by Xi’an Customs District, Shaanxi Provincial Department of Commerce and Shaanxi Provincial Department of Culture and Tourism.

17.对外经济贸易和旅游

2022年全省				
进出口总值	4835.34	亿　元	比上年增长	1.6%
#出　口	3011.35	亿　元	比上年增长	17.4%
实际使用外商投资	14.64	亿美元	比上年增长	37.6%
国内旅游人数	34654	万人次		
国内旅游收入	2625	亿　元		

国内旅游人数（万人次）

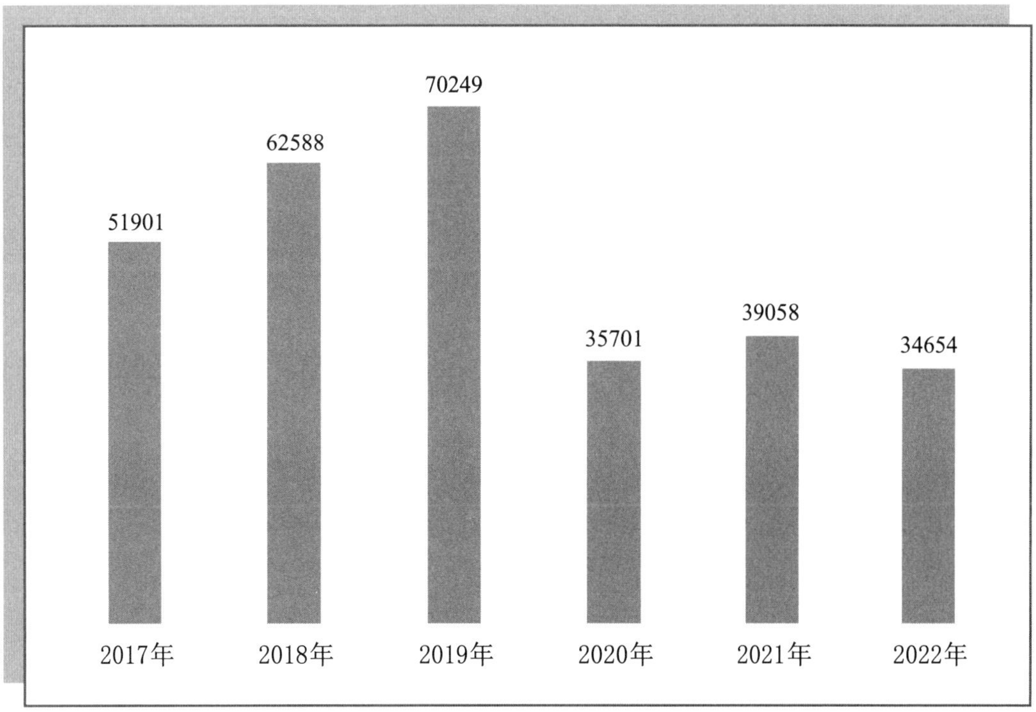

17-1 外贸进出口总值
Total Value of Imports and Exports in Foreign Trade

年 份 Year	进出口总值(万美元) Total Value of Imports and Exports (USD 10 000)	出 口 Exports	进 口 Imports
1978		1190	
1980		973	
1985	15712	10359	5353
1990	57728	46059	11669
1991	81359	60502	20857
1992	111885	76531	35354
1993	149599	99347	50252
1994	160061	121615	38446
1995	173323	128261	45062
1996	178406	126922	51484
1997	173413	123120	50293
1998	205148	117668	87480
1999	200834	115225	85609
2000	214009	131003	83006
2001	206444	111044	95400
2002	222517	137717	84800
2003	278371	173523	104848
2004	364238	239658	124580
2005	457684	307581	150103
2006	536025	362960	173065
2007	688804	467244	221560
2008	832867	538066	294801
2009	840539	398815	441724
2010	1208283	620773	587510
2011	1462344	701085	761258
2012	1479854	865178	614677
2013	2012881	1022617	990265
年 份 Year	进出口总值(万元人民币) Total Value of Imports and Exports (10 000 yuan)	出 口 Exports	进 口 Imports
2014	16807150	8554836	8252314
2015	18952493	9184651	9767842
2016	19763020	10450661	9312360
2017	27196506	16597326	10599180
2018	35128162	20783306	14344855
2019	35155176	18733467	16421709
2020	37754352	19295460	18458892
2021	47577543	25660745	21916798
2022	48353432	30113495	18239937

17-2 按贸易方式分外贸进口总值
Total Value of Imports in Foreign Trade by Type of Trade

单位：万元 (10 000 yuan)

贸易方式类别	Type of Trade	2021	2022	2022年比2021年增长(%) Growth Rate in 2022 over 2021(%)
进 口 总 值	**Total Imports**	**21916798**	**18239937**	**-16.4**
一般贸易	General Trade	6061101	7133522	18.2
国家间、国际组织间无偿援助和赠送的物资	Between Countries, International Organizations Aid and Donated Materials			--
其他捐赠物资	Other Donations	13		-100.0
加工贸易	Processing Trade	11021134	8572651	-22.2
来料加工贸易	Trade of Processing with Customer's Materials	7200050	5225956	-27.4
进料加工贸易	Processing With Imported Trade	3821084	3346695	-12.4
加工贸易进口设备	Processing Trade Import Equipment			-100.0
对外承包工程出口货物	Exports Contracted Projects			--
租赁贸易	Lease Trade			-100.0
外商投资企业作为投资进口的设备、物品	Equipment and Articles Imported as Investment by Foreign-invested Enterprises	7523		-100.0
出料加工贸易	Material Processing	488	3324	580.4
保税物流	Bonded Logistics	2162854	1446640	-31.1
海关保税监管场所进出境货物	Inward and Outward Goods of Free	251006	53216	-78.8
海关特殊监管区域物流货物	Re-export Goods of Free Trade Zone	1911849	1393423	-24.6
海关特殊监管区域进口设备	Export Processing Zones Imported Equipment	2527573	973994	-61.5
其他贸易	Others	77979	109806	40.8

17–3 按贸易方式分外贸出口总值
Total Value of Exports in Foreign Trade by Type of Trade

单位：万元 (10 000 yuan)

贸易方式类别	Type of Trade	2021	2022	2022年比2021年增长(%) Growth Rate in 2022 over 2021(%)
出口总值	**Total Emports**	**25660745**	**30113495**	**17.8**
一般贸易	General Trade	7014074	9980513	42.8
国家间、国际组织间无偿援助和赠送的物资	Between Countries, International Organizations Aid and Donated Materials	724	1938	167.7
其他捐赠物资	Other Donations	487	63	-87.1
加工贸易	Processing Trade	14548252	16223060	11.5
来料加工贸易	Trade of Processing with Customer's Materials	9127630	10810359	18.4
进料加工贸易	Processing With Imported Trade	5420622	5412701	-0.1
加工贸易进口设备	Processing Trade Import Equipment			--
对外承包工程出口货物	Exports Contracted Projects	39817	51194	28.6
租赁贸易	Lease Trade	678	9	-98.7
外商投资企业作为投资进口的设备、物品	Equipment and Articles Imported as Investment by Foreign-invested Enterprises			--
出料加工贸易	Material Processing	421	1030	144.7
保税物流	Bonded Logistics	4040459	3847527	-3.0
海关保税监管场所进出境货物	Inward and Outward Goods of Free	25666	31951	24.5
海关特殊监管区域物流货物	Re-export Goods of Free Trade Zone	4014793	3815576	-3.1
海关特殊监管区域进口设备	Export Processing Zones Imported Equipment	15833	8160	-48.5
其他贸易	Others			

17-4 按国别(地区)分外贸进出口总值(2022年)
Total Value of Imports and Exports in Foreign Trade by Country (Region)(2022)

单位：万元 (10 000 yuan)

国别(地区)	Country(Region)	进出口 Total	出口 Exports	进口 Imports
总 值	**Total**	**48353432**	**30113495**	**18239937**
亚洲	**Asia**	**31506079**	**18878920**	**12627160**
阿富汗	Afghanistan	2483	2483	
巴林	bahrain	6039	6039	
孟加拉国	Bangladesh	113540	113237	303
不丹	Bhutan	101	101	
文莱	Brunei	2580	2580	
缅甸	Myanmar	41622	27960	13662
柬埔寨	Cambodia	107165	106105	1060
塞浦路斯	Cyprus	5515	5514	1
朝鲜	Korea DPR	528	288	240
中国香港	Hong Kong,China	3422100	3363349	58751
印度	India	595720	550876	44844
印度尼西亚	Indonesia	732470	244592	487878
伊朗	Iran	42058	42055	3
伊拉克	Iraq	24636	24635	
以色列	Israel	123223	100301	22922
日本	Japan	2380781	617012	1763769
约旦	Jordan	35618	32006	3613
科威特	Kuwait	32407	32406	
老挝	Laos	41003	23049	17954
黎巴嫩	Lebanon	16978	16978	
中国澳门	Macau,China	12172	12171	
马来西亚	Malaysia	3065009	2227841	837167
马尔代夫	Maldives	341	341	
蒙古	Mongolia	35319	35056	263
尼泊尔联邦民主共和国	Nepal	1996	1978	18
阿曼	Oman	48845	48845	
巴基斯坦	Pakistan	153219	135545	17675
巴勒斯坦	Palestine	292	292	
菲律宾	Philippines	290437	161931	128506
卡塔尔	Qatar	26056	11626	14430
沙特阿拉伯	Saudi Arabia	180821	175359	5462
新加坡	Singapore	1251333	956658	294675
韩国	Korea Rep.	9150847	5644396	3506451
斯里兰卡	Sri Lanka	4817	4407	410
叙利亚	Syria	620	620	
泰国	Thailand	338607	319612	18995
土耳其	Turkey	150872	148789	2083
阿联酋	United Arab Emirates	147234	139579	7655
也门	Yemen	1926	1926	
越南	Vietnam	730951	564956	165996
中国	People's Republic of China	664999		664999
中国台湾	Taiwan,China	7314086	2811347	4502738
东帝汶	Timor Leste	252	252	
哈萨克斯坦	Kazakhstan	78972	50262	28709
吉尔吉斯斯坦	Kirghizia	16733	16729	4
塔吉克斯坦	Tadzhikistan	19785	18270	1515
土库曼斯坦	Turkmenistan	1766	1766	
乌兹别克斯坦	Uzbekistan	91205	76798	14408

17-4 续表 1 continued

单位：万元 (10 000 yuan)

国别(地区)	Country(Region)	进出口 Total	出 口 Exports	进 口 Imports
非洲	**Africa**	**944152**	**683261**	**260891**
阿尔及利亚	Algeria	5670	5669	1
安哥拉	Angola	33851	33851	
贝宁	benin	5584	5584	
博茨瓦纳	Botswana	1023	1023	
布隆迪	Burundi	133	133	
喀麦隆	Cameroon	25327	25282	45
加那利群岛	Canary Islands	1	1	
佛得角	Cabo Verde	679	679	
中非	Central African	5	5	
乍得	Chad	205	205	
刚果(布)	Congo	5270	5086	184
吉布提	Djibouti	10637	10637	
埃及	Egypt	67127	66670	457
赤道几内亚	Eq. Guinea	92	92	
埃塞俄比亚	Ethiopia	9140	9140	
加蓬	Gabon	6260	6260	
冈比亚	Gambia	663	663	
加纳	Ghana	18455	17823	632
几内亚	Guinea	37861	37861	
科特迪瓦	Cote d'lvoire	19083	18882	201
肯尼亚	Kenya	12880	12004	876
利比里亚	Liberia	819	819	
利比亚	Libya	1981	1972	9
马达加斯加	Madagascar	6419	6411	7
马拉维	Malawi	654	654	
马里	Mali	2462	2462	
毛里塔尼亚	Mauritania	462	462	
毛里求斯	Mauritius	1910	1906	4
摩洛哥	Morocco	22293	11070	11223
莫桑比克	Mozambique	52642	47502	5140
纳米比亚	Namibia	17537	7362	10175
尼日尔	Niger	1917	1917	
尼日利亚	Nigeria	114474	110257	4217
留尼汪	Reunion	350	350	
卢旺达	Rwanda	7989	7684	305
塞内加尔	Senegal	14079	14077	2
塞舌尔	Seychelles	122	122	
塞拉利昂	Sierra leone	4192	4072	120
索马里	Somalia	575	575	
南非	South Africa	135397	61267	74130
苏丹	Sudan	12383	5892	6491
坦桑尼亚	Tanzania	19676	19661	15
多哥	Togo	8969	8969	
突尼斯	Tunisia	7766	7241	526
乌干达	Uganda	15189	15188	
布基纳法索	Burkina Faso	10299	10299	
刚果(金)	Congo DR	193152	49831	143321
赞比亚	Zambia	19321	16626	2695
津巴布韦	Zimbabwe	9916	9803	113
莱索托	Lesotho	63	63	
斯威士兰	Swaziland	111	111	1
厄立特里亚	Eritrea	281	281	
马约特	Mayotte	1	1	
南苏丹共和国	Republic of South Sudan	141	141	

17-4 续表 2 continued

单位：万元 (10 000 yuan)

国别(地区)	Country(Region)	进出口 Total	出口 Exports	进口 Imports
欧洲	**Europe**	**8474548**	**6493003**	**1981545**
比利时	Belgium	206489	99193	107297
丹麦	Denmark	64524	56182	8342
英国	United Kingdom	266389	204211	62178
德国	Germany	1254423	775102	479321
法国	France	662728	577482	85246
爱尔兰	Ireland	163221	95353	67868
意大利	Italy	297291	191587	105704
卢森堡	Luxembourg	9952	432	9520
荷兰	Netherlands	1880384	1842714	37669
希腊	Greece	89097	89017	81
葡萄牙	Portugal	30550	27827	2723
西班牙	Spain	578963	567155	11807
阿尔巴尼亚	Albania	1009	553	456
安道尔	Andorra	23	17	5
奥地利	Austria	82141	54025	28116
保加利亚	Bulgaria	25374	16950	8425
芬兰	Finland	48897	23493	25403
匈牙利	Hungary	97374	79617	17757
冰岛	Iceland	687	686	1
列支敦士登	Liechtenstein	241	37	204
马耳他	Malta	2123	1921	203
摩纳哥	Monaco	14		14
挪威	Norway	15177	11589	3588
波兰	Poland	453102	379156	73947
罗马尼亚	Romania	18053	14126	3927
圣马力诺	San Marino	4	3	1
瑞典	Sweden	76774	38177	38597
瑞士	Switzerland	77365	23500	53865
爱沙尼亚	Estonia	5300	5082	218
拉脱维亚	Latvia	1320	1139	181
立陶宛	Lithuania	5725	5461	264
格鲁吉亚	Georgia	2327	2069	258
亚美尼亚	Armenia	4143	4132	10
阿塞拜疆	Azerbaijan	1865	1865	
白俄罗斯	Byelorussia	56021	44883	11138
摩尔多瓦	Moldavia	1259	510	749
俄罗斯联邦	Russia	1623851	955630	668221
乌克兰	Ukraine	31157	12015	19142
斯洛文尼亚	Slovenia	74344	71894	2450
克罗地亚	Croatia	3522	3211	310
捷克	Czech	226096	189309	36788
斯洛伐克	Slovak	30473	20954	9518
北马其顿共和国	Macedonia	677	677	1
波黑	Bosnia & Herzegovina	305	282	23
法罗群岛	Faroe Islands	3		3
塞尔维亚	Serbia	3597	3591	6
黑山	Montenegro	192	192	
拉丁美洲	**Latin America**	**2611876**	**1311699**	**1300177**
安提瓜和巴布达	Antigua and Barbuda	3	3	
阿根廷	Argentina	71220	29959	41261
阿鲁巴	Aruba	198	198	
巴哈马	Bahamas	120	120	

17-4 续表 3 continued

单位：万元 (10 000 yuan)

国别(地区)	Country(Region)	进出口 Total	出口 Exports	进口 Imports
巴巴多斯	Barbados	392	392	
伯利兹	Belize	8	8	
多民族玻利维亚国	Bolivia	10217	988	9229
巴西	Brazil	1092312	474871	617442
开曼群岛	Cayman Is.	86	86	
智利	Chile	626438	109993	516444
哥伦比亚	Colombia	88056	88007	49
多米尼克	Dominica	379	379	
哥斯达黎加	Costa Rica	3729	3602	128
古巴	Cuba	13496	264	13232
库腊索岛	Curacao	20	20	
多米尼加共和国	Dominica Rep.	29613	29562	52
厄瓜多尔	Ecuador	15212	14773	439
法属圭亚那	French Guiana	12	12	
格林纳达	Grenada	12	12	
瓜德罗普	Guadeloupe	148	148	
危地马拉	Guatemala	6546	6514	32
圭亚那	Guyana	2248	2248	
海地	Haiti	662	662	
洪都拉斯	Honduras	2729	2701	28
牙买加	Jamaica	12719	12719	
墨西哥	Mexico	491664	468356	23308
尼加拉瓜	Nicaragua	890	890	
巴拿马	Panama	10398	10398	
巴拉圭	Paraguay	7549	7503	45
秘鲁	Peru	98378	31351	67027
波多黎各	Puerto Rico	12127	681	11446
圣卢西亚	Saint Lucia	54	54	
圣文森特和格林纳丁斯	Saint Vincent & Grenadines	38	38	
萨尔瓦多	El Salvador	2419	2404	15
苏里南	Surinam	727	727	
特立尼达和多巴哥	Trinidad and Tobago	882	882	
特克斯和凯科斯群岛	Turks & Caicos Is.	7	7	
乌拉圭	Uruguay	6542	6541	1
委内瑞拉	Venezuela	3627	3627	
英属维尔京群岛	Virgin Is.(E)			
圣其茨和尼维斯	St.Kitts-Nevis			
拉丁美洲其他国家(地区)	Other Countries (Regions) in Latin America			
北美洲	**North America**	**3910306**	**2545101**	**1365205**
加拿大	Canada	181527	91926	89601
美国	United States	3728770	2453167	1275603
百慕大	Bermuda	9	9	
大洋洲	**Oceania**	**903141**	**201512**	**701629**
澳大利亚	Australia	868860	174923	693938
斐济	Fiji	497	476	21
新喀里多尼亚	New Caledonia (Fr)	505	505	
瓦努阿图	Vanuatu	2788	20	2769
新西兰	New Zealand	25993	21091	4902
巴布亚新几内亚	Papua New Guinea	1539	1539	
所罗门群岛	Solomon Is.	690	690	
萨摩亚	Samoa	1297	1297	
基里巴斯	Kiribati	2	2	
图瓦卢	Tuvalu an island state in the southwest Pacific	1	1	
密克罗尼西亚联邦	Micronesia Commonwealth	32	31	1
马绍尔群岛	Marshall Is.	177	177	
法属波利尼西亚	Polynesia (F)	133	133	
大洋洲其他国家(地区)	Other Countries (Regions) in Oceania	627	627	

17-5 进出口商品分类金额(2022年)

Value of Imports and Exports by HS Section and Division(2022)

单位：万元 (10 000 yuan)

商品分类	HS Section and Division	出口 Exports	进口 Imports
总　值	**Total**	**30113495**	**18239937**
第1章 活动物	Live Animals	934	
第2章 肉及食用杂碎	Meat and Edible Meat Offal	8	5280
第3章 鱼、甲壳动物、软体动物及其他水生无脊椎动物	Fish and Crustaceans Molluscs and Other Aquatic Invertebrates	250	1187
第4章 乳品；蛋品；天然蜂蜜；其他食用动物产品	Dairy Produce; Birds' Eggs; Natural Honey; Edible Products of Animal Origin, not ElsewhereSpecified or Included	2386	1023
第5章 其他动物产品	Products of Animal Origin, not Elsewhere Specified or Included	36	98
第6章 活树及其他活植物；鳞茎、根及类似品；插花及装饰用簇叶	Live Tree and Other Plants; Bulbs, Roots and the Like; Cut Flowers and Ornamental Foliage	2552	1
第7章 食用蔬菜、根及块茎	Edible Vegetables and Certain Roots and Tubers	20051	22634
第8章 食用水果及坚果；甜瓜或柑桔属水果的果皮	Edible Fruit and Nuts; Peel of Citrus Fruit or Melons	60622	6504
第9章 咖啡、茶、马黛茶及调味香料	Coffee, Tea, Mate and Spices	9619	4960
第10章 谷物	Cereals	720	
第11章 制粉工业产品；麦芽；淀粉；菊粉；面筋	Products of The Milling Industry; Malt; Starches;Inulin; Wheat Gluten	16146	
第12章 含油子仁及果实；杂项子仁及果实；工业用或药用植物；稻草、秸秆及饲料	Oil Seeds and Oleaginous Fruits; Miscellaneous Grains, Seeds and Fruit; Industrial or Medicinal Plants; Straw and Fodder	5276	570518
第13章 虫胶；树胶、树脂及其他植物液、汁	Lac; Gums, Resins And Other Vegetable Saps and Extracts	174079	3840
第14章 编结用植物材料；其他植物产品	Vegetable Plaiting Materials; Vegetable Products Not Elsewhere Specified or Included	185	6
第15章 动、植物油、脂及其分解产品；精制的食用油脂；动、植物蜡	Animal or Vegetable Fats and Oils and Their Products; Prepared Edible Fats; Animal or Vegetable Waxes	1149	68284
第16章 肉、鱼、甲壳动物、软体动物及其他水生无脊椎动物、昆虫的制品	Preparations of Meat, of Fish or of Crustaceans, Molluscs or other Aquatic Invertebrates	318	5
第17章 糖及糖食	Sugars and Sugar Confectionery	2587	294
第18章 可可及可可制品	Cocoa and Cocoa Preparations	129	258
第19章 谷物、粮食粉、淀粉或乳的制品；糕饼点心	Preparations of Cereals, Flour, Starch or Milk; Pastry-Cooks' Products	2769	2459
第20章 蔬菜、水果、坚果或植物其他部分的制品	Preparations of Vegetables, Fruit, Nuts or Other Parts of Plants	73552	1206
第21章 杂项食品	Miscellaneous Edible Preparations	15679	2585
第22章 饮料、酒及醋	Beverages, Spirits and Vinegar	677	2209
第23章 食品工业的残渣及废料；配制的动物饲料	Residues and Waste from The Food Industries; Prepared Animal Fodder	1665	5079
第24章 烟草、烟草及烟草代用品的制品；非经燃烧吸用的产品，不论是否含有尼古丁；其他供人体摄入尼古丁的含尼古丁的产品	Tobacco and Manufactured Tobacco Substitutes; Products that are not consumed by burning, whether or not they contain nicotine; Other nicotine-containing products for the ingestion of nicotine	13374	

17-5 续表 1 continued

单位：万元 (10 000 yuan)

商品分类	HS Section and Division	出口 Exports	进口 Imports
第25章 盐；硫磺；泥土及石料；石膏料、石灰及水泥	Salt; Sulphur; Earths and Stone; Plastering Materials, Lime and Cement	26105	23180
第26章 矿砂、矿渣及矿灰	Ores, Slag and Ash	3576	986765
第27章 矿物燃料、矿物油及其蒸馏产品；沥青物质；矿物蜡	Mineral Fuels, Mineral Oils and Products of Their Distillation; Bituminous Substances; Mineral Waxes	108832	927445
第28章 无机化学品；贵金属、稀土金属、放射性元素及其同位素的有机及无机化合物	Inorganic Chemicals; Organic or Inorganic Compounds of Precious Metals, of Rare-Earth Metals, of Radioactive Elements or of Isotopes	133351	966362
第29章 有机化学品	Organic Chemicals	336943	204363
第30章 药品	Pharmaceutical Products	7575	295404
第31章 肥料	Fertilizers	20001	7930
第32章 鞣料浸膏及染料浸膏；鞣酸及其衍生物；染料、颜料及其他着色料；油漆及清漆；油灰及其他类似胶粘剂；墨水、油墨	Tanning or Dyeing Extracts; Tannins and Their Derivatives; Dyes, Pigments and Other Colouring Matter;Paints and Varnishes; Putty and Other Mastics; Inks	14612	24481
第33章 精油及香膏；芳香料制品及化妆盥洗品	Essential Oils and Retinoid; Perfumery, Cosmetic or Toilet Preparations	3984	17009
第34章 肥皂、有机表面活性剂、洗涤剂、润滑剂、人造蜡、调制蜡、光洁剂、蜡烛及类似品、塑型用膏、“牙科用蜡”及牙科用熟石膏制剂	Soap,Organic Surface-Active Agents,Washing Preparations,Lubricating Preparations, Waxes, Polishing or Scouring Preparations, Candles and Similar Articles, Modelling Pastes, "Dental Waxes" And Dental Preparations With a Basis of Plast	6328	64380
第35章 蛋白类物质；改性淀粉；胶；酶	Albuminoidal Substances; Modified Starches; Glues; Enzymes	16928	16404
第36章 炸药；烟火制品；引火合金；易燃材料制品	Explosives; Pyrotechnic Products;Pyrophoric Alloys; Certain Combustible Preparations	2490	11088
第37章 照相及电影用品	Photographic or Cinematographic Goods	1369	91373
第38章 杂项化学产品	Miscellaneous Chemical Products	413950	366042
第39章 塑料及其制品	Plastics and Articles Thereof	287079	217225
第40章 橡胶及其制品	Rubber and Articles Thereof	91800	37845
第41章 生皮(毛皮除外)及皮革	Raw Hides and Skins(Other Than Fur Skins) and Leather	32	3615
第42章 皮革制品；鞍具及挽具；旅行用品、手提包及类似容器；动物肠线(蚕胶丝除外)制品	Articles of Leather; Saddlery and Harness; Travel Goods, Handbags and Similar Containers; Articles of Animal Gut(Other Than Silk-Worm Gut)	49268	31467
第43章 毛皮、人造毛皮及其制品	Fur Skins and Artificial Fur; Manufactures Thereof	632	
第44章 木及木制品；木炭	Wood and Articles of Wood; Wood Charcoal	21224	9548
第45章 软木及软木制品	Cork and Articles of Cork	1061	158
第46章 稻草、秸秆、针茅或其他编结材料制品；篮筐及柳条编结品	Manufactures of Straw, of Esparto or of Other Plaiting Materials; Basket Ware and Wickerwork	835	1
第47章 木浆及其他纤维状纤维素浆；回收(废碎)纸或纸板	Pulp of Wood or of Other Fibrous Cellulosic Material; Waste and Scrap of Paper or Paperboard	3177	

17-5 续表 2 continued

单位：万元 (10 000 yuan)

商 品 分 类	HS Section and Division	出 口 Exports	进 口 Imports
第48章 纸及纸板；纸浆、纸或纸板制品	Paper and Paperboard; Articles of Paper Pulp, of Paper or Paperboard	48014	9465
第49章 书籍、报纸、印刷图画及其他印刷品；手稿、打字稿及设计图纸	Printed Books, Newspapers, Pictures and Other Products of The Printing Industry; Manuscripts, Typescripts and Plans	3067	9607
第50章 蚕丝	Silk	132	253
第51章 羊毛、动物细毛或粗毛；马毛纱线及其机织物	Wool, Fine or Coarse Animal Hair; Horsehair Yarn and Woven Fabric	10451	244
第52章 棉花	Cotton	19697	691
第53章 其他植物纺织纤维；纸纱线及其机织物	Other Vegetable Textile Fibres; Paper Yarn and Woven Fabrics of Paper Yarn	306	21
第54章 化学纤维长丝；化学纤维纺织材料制扁条及类似品	Chemical fiber filament; Flat strips and similar articles made of chemical fibre textile materials	16480	5536
第55章 化学纤维短纤	Man-Made Short Fibres	61748	1057
第56章 絮胎、毡呢及无纺织物；特种纱线；线、绳、索、缆及其制品	Wadding, Felt and Nonwoven; Special Yarns; Twine, Cordage, Ropes and Cables and Articles Thereof	11231	1681
第57章 地毯及纺织材料的其他铺地制品	Carpets and Other Textile Floor Coverings	4222	1908
第58章 特种机织物；簇绒织物；花边；装饰毯；装饰带；刺绣品	Special Woven Fabrics; Tufted Textile Fabrics; Lace; Tapestries; Trimmings; Embroidery	5002	106
第59章 浸渍、涂布、包覆或层压的纺织物；工业用纺织制品	Impregnated, Coated, Covered or Laminated Textile Fabrics; Textile Articles of a Kind Suitable for Industrial Use	12954	1397
第60章 针织物及钩编织物	Knitted or Crocheted Fabrics	35557	651
第61章 针织或钩编的服装及衣着附件	Articles of Apparel and Clothing Accessories, Knitted or Crocheted	97576	2627
第62章 非针织或非钩编的服装及衣着附件	Articles of Apparel and Clothing Accessories, not Knitted or Crocheted	104900	3071
第63章 其他纺织制成品；成套物品；旧衣着及旧纺织品；碎织物	Other Made Up Textile Articles; Sets; Worn Clothing And Worn Textile Articles; Rags Articles; Rags	71286	2407
第64章 鞋靴、护腿和类似品及其零件	Footwear, Gaiters and The Like; Parts of Such Articles	112940	2461
第65章 帽类及其零件	Headgear and Parts Thereof	5825	283
第66章 雨伞、阳伞、手杖、鞭子、马鞭及其零件	Umbrellas, Sun Umbrellas, Walking-Sticks, Seat-Sticks, Whips, Riding-Crops And Parts Thereof	1801	32
第67章 已加工羽毛、羽绒及其制品；人造花；人发制品	Prepared Feathers and Down and Articles Made of Feathers or of Down; Artificial Flowers; Articles of Human Hair	13913	9
第68章 石料、石膏、水泥、石棉、云母及类似材料的制品	Articles of Stone, Plaster, Cement, Asbestos, Mica or Similar Materials; Ceramic Products; Glass and Glassware	41951	18961
第69章 陶瓷产品	Ceramic Products	130414	75295
第70章 玻璃及其制品	Glass and Glassware	108868	58424
第71章 天然或养殖珍珠、宝石或半宝石、 贵金属、包贵金属及其制品；仿首饰；硬币	Natural or Cultured Pearls, Precious or Semi-Precious Stones, Precious Metals, Metals Clad With Precious Metal and Articles Thereof; Imitation Jewellery; Coin	20828	115298

17-5 续表 3 continued

单位：万元 (10 000 yuan)

商品分类	HS Section and Division	出口 Exports	进口 Imports
第72章 钢铁	Iron and Steel	138178	45969
第73章 钢铁制品	Articles of Iron or Steel	362626	99897
第74章 铜及其制品	Copper and Articles Thereof	36852	1266472
第75章 镍及其制品	Nickel and Articles Thereof	6350	26934
第76章 铝及其制品	Aluminium and Articles Thereof	92599	47558
第78章 铅及其制品	Lead and Articles Thereof	27	12294
第79章 锌及其制品	Zinc and Articles Thereof	251	1812
第80章 锡及其制品	Tin and Articles Thereof	1675	126
第81章 其他贱金属、金属陶瓷及其制品	Other Base Metals; Cermets; Articles Thereof	371776	45373
第82章 贱金属工具、器具、利口器、餐匙、餐叉及其零件	Tools, Implements, Cutlery, Spoons and Forks, of Base Metal; Parts Thereof of Base Metal	72056	7996
第83章 贱金属杂项制品	Miscellaneous Articles of Base Metal	61201	11324
第84章 核反应堆、锅炉、机器、机械器具及其零件	Nuclear Reactors, Boilers, Machinery and Mechanical Appliances; Parts Thereof	5985023	2776836
第85章 电机、电气设备及其零件；录音机及放声机、电视图像、声音的录制和重放设备及其零件、附件	Electrical Machinery and Equipment and Parts Thereof; Sound Recorders and Reproducers, Television Image and Sound Recorders and Reproducers, and Parts and Accessories of Such Articles	17854557	7772634
第86章 铁道及电车道机车、车辆及其零件；铁道及电车轨道固定装置及其零件、附件；各种机械(包括电动机械)交通信号设备	Railway or Tramway Locomotives, Rolling-Stock and Parts Thereof; Railway or Tramway Track Fixtures And Fittings and Parts Thereof; Mechanical(Including Electro-Mechanical) Traffic Signalling Equipment of All Kinds	6045	32959
第87章 车辆及其零件、附件，但铁道及电车道车辆除外	Vehicles Other Than Railway or Tramway Rolling-Associated Stock, and Parts and Accessories Thereof	1055593	32198
第88章 航空器、航天器及其零件	Aircraft, Spacecraft, and Parts Thereof	30692	15991
第89章 船舶及浮动结构体	Ships, Boats and Floating Structures	5908	1
第90章 光学、照相、电影、计量、检验、医疗或外科用仪器及设备、精密仪器及设备；上述物品的零件、附件	Optical, Photographic, Cinematographic, Measuring, Checking, Precision Medical or Surgical Instruments and Apparatus; Parts and Accessories Thereof	451563	613276
第91章 钟表及其零件	Clocks and Watches and Parts Thereof	5011	248
第92章 乐器及其零件、附件	Musical Instruments; Parts and Accessories of Such Articles	4264	159
第93章 武器、弹药及其零件、附件	Arms and Ammunition; Parts and Accessories Thereof	624	0
第94章 家具；寝具、褥垫、弹簧床垫、软坐垫及类似的填充制品；未列名灯具及照明装置；发光标志、发光名牌及类似品；活动房屋	Furniture; Bedding, Mattresses, Mattress Supports, Cushions and Similar Stuffed Furnishings; Lamps and Lighting Fittings, not Elsewhere Specified or Included; Illuminated Signs, Illuminated	145758	7410
第95章 玩具、游戏品、运动用品及其零件、附件	Toys, Games and Sports Requisites; Parts and Accessories Thereof	253609	18282
第96章 杂项制品	Miscellaneous Manufactured Articles	38255	3008
第97章 艺术品、收藏品及古物	Works of Art, Collectors' Pieces and Antiques	329	67
第98章 特殊交易品及未分类商品	Commodities and Transactions not Classified According to Kind	179702	89112
跨境电商B2B简化申报商品	Cross-border E-commerce B2B Simplified Declaration of Goods	57895	

17−6 主要出口商品数量、金额(2022年)
Main Export Commodities in Volume and Value(2022)

商品名称		Item		数 量 Volume	金额(万元) Value (10000 yuan)
农产品		Agricultural Products			414495
肉类(包括杂碎)	(千克)	Meat(including entrails)	(kg)	135	8
水产品	(千克)	Aquatic Products	(kg)	267188	1921
食用水产品		Edible Aquatic Products / Aquatic Food Products		267188	1921
蔬菜及食用菌	(千克)	Vegetables and Edible Fungi	(kg)	7359349	11356
#鲜或冷藏蔬菜		Fresh or Frozen Vegetables		3581464	2003
干鲜瓜果及坚果	(千克)	Dry fresh Melon Fruit and Nuts	(kg)	76642349	60622
#苹果		Apples		37807685	27796
茶叶	(千克)	Tea	(kg)	529545	4885
粮食	(千克)	Grain	(kg)	14240864	15298
罐头	(千克)	Can	(kg)	3246513	10219
#蔬菜罐头		Canned Vegetables		3237393	10178
酒类及饮料		Liquor and Beverages	(kg)		58264
#果蔬汁	(千克)	Vegetable and Fruit Juice		73580376	57591
啤酒	(升)	Beer	(litre)	14712	8
烟草及其制品	(千克)	Tobacco and any Tobacco Products	(kg)	10212250	11220
#烤烟		Flue-cured Tobacco		4587579	6167
制盐	(千克)	Salt Production	(kg)	600229	25
水泥及水泥熟料	(千克)	Cement and Cement Clinkers	(kg)	44130	5
钨品	(千克)	Tungsten Products	(kg)	238880	12826
煤及褐煤	(千克)	Coal and Liignite	(kg)	289975	112
焦炭及半焦炭	(千克)	Coke and Semi-coke	(kg)	395962845	88791
成品油	(千克)	Petroleum Products Refined	(kg)	262734	703
氧化铝	(千克)	Aluminium Oxide	(kg)	183669	243
稀土及其制品	(千克)	Rare Earth and its Products	(kg)	344174	1995
#稀土		Rare Earth		309350	742
基本有机化学品	(千克)	Basic Organic Chemicals	(kg)	28264099	207362
#柠檬酸		Citric Acid		31250	21
医药材及药品	(千克)	Medicinal materials and drugs	(kg)	3038057	91750
#中药材		Medical Materials		557604	2819
中式成药		Medicaments of Chinese Type		46948	2617
抗菌素(制剂除外)		Antibiotics(Except Preparations)		752392	19139
医用敷料		Pharmaceutical Goods		108655	1143
肥料	(千克)	Fertilizers	(kg)	62961976	20001
矿物肥料及化肥		Mineral Fertilizers and Fertilizers		59650976	19519
#尿素		Urea		59039340	19363
硫酸铵		Ammonium Sulfate		533300	69
磷酸氢二铵		Diammonium Hydrogen Phosphate			
合成有机染料	(千克)	Synthetic Organic Dye	(kg)	101381	614
美容化妆品及洗护用品	(千克)	Beauty Cosmetics and Toiletries	(kg)	320514	1245
塑料制品	(千克)	Plastic Products	(kg)	45673897	188644
橡胶轮胎	(千克)	Rubber Tires	(kg)	42273822	68223
#新的充气橡胶轮胎		New Pneumatic Rubber Tires		41688457	67006
皮革、毛皮及其制品		Leather, Fur and their Products			4568
#裘皮服装	(千克)	Fur Garment	(kg)	48	47
箱包及类似容器	(千克)	Luggage and Similar Containers	(kg)	4581370	46220
#皮革箱包及类似容器	(千克)	Leather Bags and Similar Containers	(kg)	92261	1964

17-6 续表 1 continued

商品名称		Item		数量 Volume	金额（万元） Value (10000 yuan)
木及其制品	（千克）	Wood and its Products	(kg)	12782329	21204
#家用或装饰用木制品	（千克）	Wooden Products for Household or Decoration		5267001	8625
胶合板及类似多层板	（千克）	Plywood and Similar Laminated Boards		1949952	1821
植物材料编结品	（千克）	Knitted Products of Plant Materials	(kg)	111870	835
纸浆、纸及其制品	（千克）	Pulp, Paper and its Products	(kg)	23090615	51190
纺织原料	（千克）	Textile raw Materials	(kg)	1675394	12440
#化学纤维纺织原料	（千克）	Chemical Fiber Textile Raw Materials		1560567	2296
纺织纱线、织物及其制品		Textile Yarns, Fabrics and Articles			236620
纺织纱线	（千克）	Textile Yarn	(kg)	4303433	9554
纺织织物		Textile Fabric			126831
纺织制品		Textile Products			100234
服装及衣着附件		Clothing and Accessories			216764
#服装		Clothing			186244
鞋靴	（千克）	Footwear	(kg)	11532915	108024
帽类	（个）	Hats	(unit)	9313815	5801
伞	（千克）	Umbrella	(kg)	276683	1302
花岗岩石材及其制品	（千克）	Granite Stone and its Products	(kg)	4639441	2187
陶瓷产品	（千克）	Ceramic Products	(kg)	36074190	130414
#日用陶瓷		Ceramics for Daily Use		5623806	35240
建筑用陶瓷		Building Ceramics		29063200	81104
玻璃及其制品		Glass and its Products			110760
珍珠、宝石及半宝石		Pearls,Gems and Semi-gems			9283
贵金属或包贵金属的首饰	（克）	Precious Metals or Jewelry Containing Precious Metals	(g)	2698021	676
铁合金	（千克）	Ferroalloy	(kg)	10652540	26842
钢材	（千克）	Rolled Steel	(kg)	256097419	270939
#钢铁棒材		Steel Bar		11173192	8739
角钢及型钢		Angle Steel and Section Steel		4026379	2909
钢铁板材		Steel Plate		73569969	87910
钢铁线材		Steel Wire		9237355	11301
未锻轧铜及铜材	（千克）	Unwrought Copper and its Alloys	(kg)	5039314	32851
未锻轧铝及铝材	（千克）	Unwrought Aluminum and its Alloys	(kg)	17968209	66360
家具及其零件		Furniture and Parts			59646
玩具		Toys			95140
体育用品及设备		Sporting Goods and Equipments			13511
笔及其零件		Pen and its Parts			10128
机电产品		Mechanical and Electronic Products			26137455
机械基础件		Mechanical Basic Parts			114217
#紧固件	（千克）	Fastener	(kg)	30090072	36022
轴承	（套）	Bearing	(unit)	53443554	34092
手用或机用工具	（千克）	Hand or Machine Tools	(kg)	15925128	63064
农业机械		Agricultural Machinery			11788
#拖拉机	（辆）	The Tractor	(unit)	185	1584
食品加工机械	（台）	Food Processing Machinery	(unit)	12715	6352
包装机械	（台）	Packaging Machinery	(unit)	34343	7773
印刷、装订机械及其零件		Printing and Binding Machinery and its Parts			18389
#打印机、复印机及一体机	（台）	Printers, Copiers and all-in-one Machine	(unit)	30873	13532

17-6 续表 2 continued

商 品 名 称		Item		数 量 Volume	金额（万元） Value (10000 yuan)
通用机械设备		General Mechanical Equipment			145342
#泵	（台）	Pump	(unit)	7939221	15309
压缩机	（台）	Compressor	(unit)	600707	31947
分离设备		Separation Equipment			22269
阀门及类似装置	（套）	Valves and Similar Devices	(unit)	6697770	32373
纺织机械及其零件		Textile Machinery and Parts			5755
缝制机械及其零件		Sewing Machinery and Parts			66545
机床	（台）	Machine Tool	(unit)	57000	42609
自动数据处理设备及其零部件		Automatic Data Processing Equipment and its Parts			4833088
#自动数据处理设备	（台）	Automatic Data Processing Equipment	(unit)	18461	9143
#平板电脑		Tablet Computer		11782	686
笔记本电脑		Laptop		148	16
中央处理部件	（台）	Central Processing Unit	(unit)	22717	16472
存储部件	（台）	Storage Parts	(unit)	24790671	912770
自动数据处理设备的零件、附件	（千克）	Parts and Accessories of Automatic Data Processing Equipment	(kg)	1172153	3876688
液晶监视器	（台）	LCD Monitor	(unit)	130593	9303
3D打印机	台	3D Printer		5744	1178
电工器材		Electrical Equipment			1337911
#变压器	（个）	Transformers	(unit)	4658313	43109
原电池	（个）	Primary Battery	(unit)	2043996	297
蓄电池	（个）	Accumulator	(unit)	26076120	703900
#锂离子蓄电池	（个）	Lithium-ion Battery		25753773	699494
电气控制装置		Electronic Control Device			243934
高压开关及控制装置		High Voltage Switch and Control Device			39150
低压开关及控制装置		Low Voltage Switch and Control Device			204784
电线及电缆	（千克）	Wire and Cable	(kg)	4353351	40809
手机	（台）	Cell Phone	(unit)	40375	773
家用电器		Household Appliances			87344
电扇	（台）	Fans	(unit)	1400465	10820
空调	（台）	Air Conditioner	(unit)	24293	2172
冰箱	（台）	Refrigerator	(unit)	205501	6129
洗衣机	（台）	Washing Machine	(unit)	34546	3046
吸尘器	（台）	vacuum Cleaner	(unit)	227709	3289
微波炉	（个）	Microwave Oven	(unit)	48570	1068
电视机	（台）	TV Sets	(unit)	76233	5355
#液晶电视机		LCD TV Sets		75527	5239
音视频设备及其零件		Audio and Video Equipment and its Parts			65173
电视摄像机，数字照相机及视频摄录一体机	（台）	TV Cameras, Digital Cameras and Video Camcorders	(unit)	280869	4726
#数字照相机	（台）	Digital Camera		13108	495
无线电广播接收设备	（台）	Radio Broadcast Receiving Equipment	(unit)	324505	3428
音视频设备的零件		Parts of Audio and Video Equipment			14060
平板显示模组		Flat Panel Display Module			212978
液晶平板显示模组	个	LCD Flat Panel Display Module		4074683	212972

17-6 续表 3 continued

商品名称		Item		数量 Volume	金额（万元）Value (10000 yuan)
电子元件		Electronic Component			15635508
印刷电路	(块)	Printed Circuit	(unit)	74857300	68220
二极管及类似半导体器件	(个)	Diodes and Similar Semiconductor Devices	(unit)	1081579129	3298990
#太阳能电池	(个)	Solar Battery		109589375	3205213
集成电路	(个)	Integrated Circuit	(unit)	6429741806	12085639
集装箱	(个)	Container	(unit)	102	426
摩托车	(辆)	Motorcycle	(unit)	9024	2051
内燃机摩托车	(辆)	Internal Combustion Engine Motorcycle	(unit)	22	18
电动摩托车及脚踏车	(辆)	Electric Motorcycles and Bicycles	(unit)	8928	2004
自行车	(辆)	Bicycle	(unit)	15263	1357
摩托车及自行车的零配件		Spare Parts for Motorcycles and Bicycles			16765
汽车(包括底盘)		Motor Vehicles			806060
乘用车	(辆)	Passenger Car	(unit)	6848	59509
商用车		Commercial Vehicle			746551
# 货车	(辆)	Truck	(unit)	14366	438527
专用汽车	(辆)	Special Purpose Vehicle	(unit)	997	35175
汽车零配件		Automobile Parts			312529
#车用发动机	(台)	Vehicle Engine	(unit)	16374	20703
汽车轮胎	(千克)	Auto Tyre	(kg)	41090870	65028
婴孩车及其零件	(千克)	Baby Car and Its Parts	(kg)	277135	1393
飞机及其他航空器	架	Aircraft and Other Aircraft		52	2939
无人驾驶航空器	架	Unmanned aircraft		50	90
船舶	(艘)	Ship		85	4522
眼镜及其零件		Glasses and their Parts			6291
计量检测分析自控仪器及器具		Automatic Control Instrument for Measurement, Detection and Analysis and its Appliance			240863
#分析仪器	(台)	Analytical Instruments	(unit)	31094	15963
医疗仪器及器械		Medical Instruments and Apparatus			39944
钟表及其零件		Clocks and Watches and their Parts			5011
#手表	(只)	watch	(unit)	1081838	1657
灯具、照明装置及其零件		Lamps、Lighting Device and its Parts			70600
游戏机及其零附件		Game Machine and Its Accessories			118749
高新技术产品		High-tech Products			21969161
生物技术		Biotechnology			23371
生命科学技术		Life Science Technology			178664
光电技术		Optical Technology			259889
计算机与通信技术		Computer and Communication Technology			5015778
电子技术		Electronic Technology			15670214
计算机集成制造技术		Computer Integrated Manufacturing Technology			198285
材料技术	(千克)	Material Technology	(kg)	6801031	348833
航空航天技术		Aerospace Technology			160261
其他技术		Other Technologies			113866
电动载人汽车	(辆)	Electric Passenger car	(unit)	2410	42434
非插电式混合动力乘用车		Non Plug-in Hybrid Passenger Venicle		1	40
插电式混合动力乘用车		Plug in Hybrid Passenger Car		2006	35265
纯电动乘用车		Pure Electric Passenger Car		403	7129
文化产品		Cultural Products			329804
食品		Food			209060

17-7 主要进口商品数量、金额(2022年)

Main Import Commodities in Volume and Value(2022)

商品名称		Item		数量 Volume	金额(万元) Value (10000 yuan)
农产品		Agricultural Products			699314
肉类(包括杂碎)	(千克)	Meat	(kg)	1185946	5378
牛肉及牛杂碎		Beef and Sweetbreads		1114000	5195
牛肉		Beef		1114000	5195
猪肉及猪杂碎		Pork and Sweetbreads		53439	85
#猪肉		Pork		53439	85
禽肉及禽杂碎		Poultry Meat and Minced Poultry			
水产品	(千克)	Aquatic Products	(kg)	99483	648
食用水产品		Edible Aquatic Products		99483	648
乳品	(千克)	The Dairy	(kg)	175398	1243
#奶粉		Milk Powder		97908	1044
干鲜瓜果及坚果	(千克)	Dried Fresh Fruits and Nuts	(kg)	2064218	3416
粮食	(千克)	Grain	(kg)	1213648021	573723
谷物及谷物粉		Cereals and Cereals Flour			
#小麦		Wheat			
大麦		Barley			
豆类		Beans		1213648021	573723
#大豆		Soybean		1174210680	551089
食用油	(千克)	Cooking Oil	(kg)	69246283	68143
#食用植物油		Edible Vegetable Oil		69174479	67803
#豆油		Soybean Oil		958240	899
棕榈油		RBD Palm Oil		8999817	6052
菜子油及芥子油		Rapeseed oil and Mustard Oil		51321004	52211
酒类及饮料		Liquor and Beverages			2751
#啤酒	(升)	Beer	(liter)	813306	534
葡萄酒	(升)	Wine	(liter)	107203	656
制盐	(千克)	Salt Production	(kg)		
金属矿及矿砂	(千克)	Metal Ore and Ore Sand	(kg)	8384072896	986766
#铁矿砂及其精矿		Iron Ore		7944828684	585886
铜矿砂及其精矿		Copper Ores		87223408	150555
煤及褐煤	(千克)	Coal and Lignite	(kg)	9558778880	736798
原油	(千克)	Crude Oil	(kg)	328173544	163483
成品油	(千克)	Petroleum Products Refined	(kg)	31110	134
多晶硅	(千克)	Polysilicon	(kg)	17948142	405584
稀土	(千克)	Rare Earth	(kg)	12535	2508
基本有机化学品	(千克)	Essential Organic Chemicals	(kg)	14547770	183519
#乙二醇		Ethylene Glycol		854	1
医药材及药品	(千克)	Medical Materials and Drugs	(kg)	3980473	304225
#中药材		Medical Materials		3135691	6563
肥料	(千克)	Fertilizers	(kg)	22464000	7930
#矿物肥料及化肥		Mineral Fertilizers and Fertilizers		22464000	7930
#氯化钾		Potassium Chloride		22464000	7930
美容化妆品及洗护用品	(千克)	Beauty Cosmetics and Toiletries	(kg)	680925	18172
初级形状的塑料	(千克)	Plastic in primary Forms	(kg)	29366922	44521
塑料制品	(千克)	Plastic Products	(kg)	8977326	173989
天然及合成橡胶(包括胶乳)	(千克)	Natural and Synthetic Rubber (Including Latex	(kg)	8087727	11232

17-7 续表 1 continued

商品名称		Item		数量 Volume	金额(万元) Value (10000 yuan)
皮革、毛皮及其制品		Leather, Fur and Products			6364
#牛皮革及马皮革	(千克)	Cow Leather and Horse Leather	(kg)	1489634	3576
木及其制品	(千克)	Wood and its Products	(kg)	27974355	9329
#原木		Log		2370	19
锯材		Wood Sawn		16438517	4713
纸浆、纸及其制品	(千克)	Pulp, Paper and Products	(kg)	6477321	9465
#纸浆		Pulp			
纺织原料	(千克)	Textile Materials	(kg)	666089	1529
#棉花		Cotton		314725	603
纺织纱线、织物及其制品		Textile Yarns, Fabrics and Products			14347
#纺织纱线	(千克)	Textile Yarn	(kg)	350651	4785
#棉纱线		Cotton Yarns		26	1
合成纤维纱线		Synthetic Fiber Yarns		338822	4687
服装及衣着附件		Clothing and Accessories			7533
玻璃及其制品	(千克)	Glass and its Products	(kg)		58428
#玻璃纤维及其制品		Glass Fiber and its Products		78946	2508
珍珠、宝石及半宝石		Pearls,Gems and Semi-gems			9334
钢材	(千克)	Rolled Steel	(kg)	6377871	48123
未锻轧铜及铜材	(千克)	Unwrought Copper and its Alloys	(kg)	202129048	1264858
未锻轧铝及铝材	(千克)	Unwrought Aluminum and its Alloys	(kg)	6167209	34698
机电产品		Mechanical and Electronic Products			11414733
#机械基础件		Mechanical Basic Parts			76253
农业机械		Agricultural Machinery		65	9697
#收获机械	(台)	Harvesting Machinery	(unit)	8	2158
食品加工机械	(台)	Food Processing Machinery	(unit)	306	13802
包装机械	(台)	Packaging Machinery	(unit)	57	7608
印刷、装订机械及其零件		Printing and Binding Machinery and its Parts			1725
#打印机、复印机及一体机	(台)	Printers, Copiers and All-in-one Machine	(unit)	734	515
通用机械设备		General Mechanical Equipment			119702
#泵	(台)	Pump	(unit)	18105	25937
压缩机	(台)	Compressor	(unit)	145	324
分离设备		Separation Equipment			29237
阀门及类似装置	(套)	Valves and Similar Devices	(unit)	946422	55432
机床	(台)	Machine Tool	(unit)	1683	86932
自动数据处理设备及其零部件		Automatic Data Processing Equipment and its Parts			1065722
#自动数据处理设备	(台)	Automatic Data Processing Equipment	(unit)	336	1658
中央处理部件	(台)	Central Processing Unit	(unit)	4545	11267
存储部件	(台)	Storage Parts	(unit)	186982	16872
自动数据处理设备的零件、附件	(千克)	Parts and Accessories of Automatic Data ProcessingEquipment	(kg)	452334	1032251
半导体制造设备	(台)	Semiconductor Manufacturing Equipment	(unit)	1717	613480
#制造单晶柱或晶圆用的机器及装置		Machines and Devices for Making Single Crystal Columns or Wafers		229	164299
制造半导体器件或集成电路用的机器及装置		Machines and Devices for Manufacturing Semiconductor Devices or Integrated Circuits		273	378754
制造平板显示器用的机器及装置		Machines and Devices for Manufacturing Flat Panel Displays		2	1569

17-7 续表 2 continued

商品名称		Item		数量 Volume	金额（万元） Value (10000 yuan)
电工器材		Electrical Equipment			238489
#变压器	(个)	Transformers	(unit)	60924	1449
蓄电池	(个)	Accumulator	(unit)	8433	748
#锂离子蓄电池		Lithium-ion Battery		7900	485
电气控制装置		Electronic Control Device			173213
电线及电缆	(千克)	Wire and Cable	(kg)	310618	14776
家用电器		Household Appliances			2205
音视频设备及其零件		Audio and Video Equipment and its Parts			5778
#电视摄像机，数字照相机及视频摄录一体机	(台)	TV cameras, Digital Cameras and Video Camcorders	(unit)	14333	3189
音视频设备的零件		Parts of Audio and Video Equipment			340
平板显示模组	个	Flat Panel Display Module	(unit)	194630	7086
液晶平板显示模组	个	LCD Flat Panel Display Module	(unit)	113529	4832
有机发光二极管(OLED)平板显示模组	个	Organic Light Emitting Diode (OLED) Flat Pa Display Module	(unit)	81001	2251
电子元件		Electronic Component			7268136
#电容器	(千克)	Capacitor	(kg)	122742	32878
印刷电路	(块)	Printed Circuit	(unit)	343912155	103825
二极管及类似半导体器件	(个)	Diodes and Similar Semiconductor Devices	(unit)	1369176164	449078
集成电路	(个)	Integrated Circuit	(unit)	9361636461	6467642
汽车(包括底盘)	(辆)	Motor Vehicles	(unit)	13	1060
乘用车		Passenger Car		6	419
商用车		Commercial Vehicle		7	641
货车		Trucks		7	641
汽车零配件		Automobile Parts			42562
#车用发动机	(台)	Vehicle Engine	(unit)	36	1304
汽车轮胎	(千克)	Auto Tyre	(kg)	2403987	10896
飞机及其他航空器	(架)	Aircraft and Other Aircraft	(unit)		
#空载重量超过2吨的飞机		An Aircraft with An Unloaded Weight of More than 2 Tons			
航空器零部件		Aircraft Parts			78116
#涡轮喷气发动机	(台)	Turbojet Engine	(unit)		
涡轮螺桨发动机	(台)	Turboprop Engine	(unit)	1	557
计量检测分析自控仪器及器具		Automatic Control Instrument for Measurement, Detection and Analysis and its Appliance		1981636	533677
医疗仪器及器械		Medical Instruments and Apparatus			10584
钟表及其零件		Clocks and Watches and their Parts		10973	248
#手表	(只)	Wrist Watches	(unit)	10114	188
电动手表		Electric Watches		9803	153
机械手表		Mechanical Watches		311	36
高新技术产品		High-tech Products			10592018
生物技术		Biotechnology			
生命科学技术		Life Science Technology			367592
光电技术		Optical Technology			245750
计算机与通信技术		Computer and Communication Technology			1132767
电子技术		Electronic Technology			7251796
计算机集成制造技术		Computer Integrated Manufacturing Technology			1263012
材料技术	(千克)	Material Technology	(kg)	540861	230681
航空航天技术		Aerospace Technology			98189
其他技术		Other technologies			2230
电动载人汽车	(辆)	Electric Manned Vehicle	(unit)		
非插电式混合动力乘用车		Non-plug-in Hybrid Passenger Car			
文化产品		Cultural Products			33661
食品		Food			677245

17−8 利用外资情况
Utilization of Foreign Capital

单位：万美元 (USD 10 000)

年 份 Year	签订合同项目 (个) Number of Signed Projects (unit)	签订外商投资合同 Contracts of Direct Foreign Investments		实际使用外商投资 Total Amount of Foreign Investment Actually Utilized	
		金 额 Value	比上年增长% Growth Rate as Preceding Year(%)	金 额 Value	比上年增长% Growth Rate as Preceding Year(%)
1983	2	823		25	
1984	7	154	-81.3	129	416.0
1985	50	42848	27723.4	818	534.1
1986	34	34786	-18.8	942	15.2
1987	18	17381	-50.0	2890	206.8
1988	14	2096	-87.9	18007	523.1
1989	22	2650	26.4	9679	-46.2
1990	24	1134	-57.2	4191	-56.7
1991	54	2068	82.4	3159	-24.6
1992	424	52290	2428.5	4583	45.1
1993	790	92204	76.3	23432	411.3
1994	444	41142	-55.4	23809	1.6
1995	272	41518	0.9	32407	36.1
1996	280	60054	44.6	33008	1.9
1997	182	64954	8.2	61016	84.9
1998	196	37582	-42.1	30010	-50.8
1999	157	42693	13.6	24197	-19.4
2000	215	49931	17.0	28842	19.2
2001	223	73009	46.2	36455	26.4
2002	203	84060	15.1	41064	12.6
2003	229	83428	-0.8	46602	13.5
2004	271	104877	25.7	52664	13.0
2005	256	158237	50.9	62839	19.3
2006	255	203530	28.6	92489	47.2
2007	184	197311	-3.1	119516	29.2
2008	156	181781	-7.9	136954	14.6
2009	101	140117	-22.9	151053	10.3
2010	139	221030	57.8	182006	20.5
2011	138	254910	15.3	235483	29.4
2012	144	515036	102	293609	24.7
2013	204	372078	-28	367800	25.3
2014	141	585453	57.4	417557	13.5
2015	112	578208	-1.2	462118	10.7
2016	116	463330	-19.9	501178	8.5
2017	203	1002910	116.5	589437	17.6
2018	283	537672	-46.4	684794	16.2
2019	323	298131	-44.6	772947	12.9
2020	278	801964	169	844315	9.2
2021	312	223444	-72.1	1024615	21.4
2022	314	621316	329.6	146440	37.6

17–9 外商投资情况
Foreign Investment

单位：万美元 (USD 10 000)

分　组	Groups	项目数(个) Number of Projects (unit)		合同外资 Contracted Foreign Investments		实际外资 Total Amount of Foreign Investment Actually Utilized	
		2021	2022	2021	2022	2021	2022
总　计	**Total**	**312**	**314**	**144630**	**621316**	**106462**	**146440**
农、林、牧、渔业	Agriculture, Forestry, Animal Husbandry and Fishery	8	7	-18516	1089	115	81
采矿业	Mining	2		5329		45816	44815
制造业	Manufacturing	40	30	58193	54279	9266	31196
电力、热力、燃气及水生产和供应业	Production and Supply of Electricity, Heat, Gas and Water	13	8	30241	11203	9822	4634
建筑业	Construction	8	4	941	3551		
批发和零售业	Wholesale and Retail Trades	67	107	19819	81226	8322	22680
交通运输、仓储和邮政业	Transport, Storage and Post	2	6	823	3740	4200	1177
住宿和餐饮业	Hotels and Catering Services	19	11	1668	30	11	
信息传输、软件和信息技术服务业	Information Transmission, Software and Information Technology	31	25	7664	10916	3885	1608
金融业	Financial Intermediation		3	116			
房地产业	Real Estate	8	5	-18705	228697	13695	31129
租赁和商务服务业	Leasing and Business Services	45	41	26929	44300	4090	5498
科学研究和技术服务业	Scientific Research and Technical Services	47	49	18518	37467	4510	3468
水利、环境和公共设施管理业	Management of Water Conservancy, Environment and Public Facilities	1	4	938	-22609		154
居民服务、修理和其他服务业	Service to Households, Repair and Other Services	8	5	890	1977		
教育	Education	2		93			
卫生和社会工作	Health and Social Services		1		58		
文化、体育和娱乐业	Culture, Sports and Entertainment	11	8	9689	165392	2730	

17-9 续表 1 continued

单位：万美元 (USD 10 000)

分组	Groups	项目数(个) Number of Projects (unit) 2021	2022	合同外资 Contracted Foreign Investments 2021	2022	实际外资 Total Amount of Foreign Investment Actually Utilized 2021	2022
按国别(地区)分	**By Country(Region)**						
总　计	Total	312	314	144630	621316	106462	146440
亚洲	Asia	189	195	96328	593161	50598	95677
阿富汗	Afghanistan		1		11		
孟加拉国	Bangladesh		2		5		
朝鲜	Korea DPR				58		
香港地区	Hong Kong, China	82	107	78566	536545	44122	83987
印度	India	3	2	57	336		
印度尼西亚	Indonesia	1	1	2	1000		
伊朗	Iran	2		105			
日本	Japan	3	2	6523	4398	800	3930
澳门地区	Macao, China	2	7	1218	16194	100	
马来西亚	Malaysia	2	1	23	75		92
巴基斯坦	Pakistan	5	17	106	3559		
新加坡	Singapore	12	3	-3561	12406	1689	1240
韩国	Korea Rep.	19	14	1137	13024	3714	6428
土耳其	Turkey		1		75		
阿联酋	United Arab Emirates	1		314			
也门	Yemen	3	2	30	215		
越南	Vietnam		1		31		
台湾地区	Taiwan, China	50	26	8971	2849	173	
哈萨克斯坦	Kazakhstan	2	3	78	38		
吉尔吉斯斯坦	Kyrgyzstan	1					
塔吉克斯坦	Tadzhikistan		2		1314		
土库曼斯坦	Turkmenistan		1		14		
乌兹别克斯坦	Uzbekistan	1	2	2759	1014		
非洲	Africa	17	24	448	8753		
安哥拉	Angola		1		1200		
贝宁	benin	1		5			
喀麦隆	Cameroon	3	2	38	8		
中非	Central African		1		28		
刚果(布)	Congo	1		2			
埃及	Egypt	2		202			
埃塞俄比亚	Ethiopia	1		2			
加纳	Ghana	1	2	167	16		
肯尼亚	Kenya	1		8			
利比亚	Libya		3		143		
摩洛哥	Morocco	1	3	2	82		
尼日利亚	Nigeria	2		4			
塞内加尔	Senegal		4		1043		
南非	South Africa	1	1		14		

17-9 续表 2 continued

单位：万美元 (USD 10 000)

分 组	Groups	项目数(个) Number of Projects (unit)		合同外资 Contracted Foreign Investments		实际外资 Total Amount of Foreign Investment Actually Utilized	
		2021	2022	2021	2022	2021	2022
苏丹	Sudan		1		14		
多哥	Togo		2		2400		
突尼斯	Tunisia	2		16			
乌干达	Uganda	1	1	2	2		
刚果(金)	Congo DR		1		3000		
赞比亚	Zambia		1		800		
津巴布韦	Denmark		1		3		
欧洲	Europe	32	24	5369	3478	53518	46622
比利时	Belgium	1		15			6
丹麦	Denmark	1		379			
英国	United Kingdom	3	2	808	2190	18955	23722
德国	Germany	4	2	828	674	1332	279
法国	France	4	1	-18	1	26785	21454
爱尔兰	Ireland		1		2		
意大利	Italy		1		8		
荷兰	Netherlands	1		638		5946	502
希腊	Greece	1		989			
波兰	Poland	1		8			
瑞典	Sweden	2		525			459
瑞士	Switzerland			355	200	500	200
格鲁吉亚	Georgia	1		8			
亚美尼亚	Armenia	3	3	3	69		
白俄罗斯	Byelorussia	1	1	42	73		
俄罗斯联邦	Russian Federation	5	8	468	100		
乌克兰	Ukraine	4	3	321	129		
斯洛伐克	Slovak		1		30		
塞尔维亚	Serbia		1		2		
南美洲	South America	6	3	23204	1834	1493	1826
阿根廷	Argentina	1		8			
巴西	Brazil	1	1	21	307		
开曼群岛	Cayman Is.	1		2	2	163	
英属维尔京群岛	Virgin.Is (E)	3	2	23173	1525	1330	1826
北美洲	North America	14	16	19243	1738	842	2315
加拿大	Canada	2	5	1882	-17	831	2315
美国	United States	12	11	17361	1755	11	
大洋洲	Oceania	3	5	38	12352	11	
澳大利亚	Australia	1	3	16	141		
库克群岛	Cook Islands				-132		
新西兰	New Zealand	2	1	22	14		
萨摩亚	Samoa		1		12329	11	

17-10　旅游业发展情况
Development of Tourism

指　　标	Item	2018	2019	2020	2021	2022
入境旅游人数　（万人次）	Number of Overseas Visitor Arrivals (10 000 person-times)	437.14	465.72	8.59		
1.港澳同胞	Chinese Compatriots From Hong Kong and Macao	76.16	79.28	0.83		
2.台湾同胞	Chinese Compatriots From Taiwan Province	53.68	56.82	0.71		
3.外 国 人	Foreigners	307.30	329.62	7.05		
国际旅游收入(万美元)	Foreign Exchange Earnings from International Tourism (USD 10 000)	312642	336765	4548		
1.长途交通	Long Distance Transportation	72533	60281			
飞　机	Civil Aviation	55963	53546			
火　车	Railway	12193	5725			
汽　车	Highway	4377	1010			
2.景区游览	Sightseeing	28763	25594			
3.住　宿	Accommodation	44395	34013			
4.餐　饮	Food and Beverage	30639	20206			
5.购　物	Shopping	70657	96652			
6.娱　乐	Entertainment	19071	11113			
7.邮电通讯	Postal and Communication Services	18759	1684			
8.市内交通	Local Transportation	8129	3704			
9.其他服务	Other Service	19696	83518			
入境游客在陕人均天花费（美元/人天）	Per Capita Days Spent of Visitors in Shaanxi (USD/per-day)	225	251	176		
国内旅游人数　（万人次）	Number of Domestic Visitors (10 000 person-times)	62588	70249	35701	39058	34654
国内旅游收入　（亿元）	Earnings from Domestic Tourism (100 million yuan)	5789	6979	2762	3434	2625

17−11 旅游总收入和总人数
Total Income and Number of Visitors

年份 Year	总收入（亿元） Total Income (100 million yuan)	国内旅游收入（亿元） Domestic Tourism (100 million yuan)	国际旅游收入（万美元） International Tourism (USD 10 000)	总人数（万人次） Total Number (10 000 persons)	国内游客 Domestic Vistiors	国际游客 International Vistiors
1991	27	23	5482	1532	1500	32
1992	31	25	7505	1594	1550	44
1993	35	28	8900	1746	1700	46
1994	39	30	11279	1794	1750	44
1995	54	42	14090	2144	2100	44
1996	77	61	19820	2350	2300	50
1997	86	67	22464	2554	2500	54
1998	95	74	24717	2604	2550	54
1999	111	88	27189	2663	2600	63
2000	150	127	28000	3131	3060	71
2001	168	142	30871	3436	3360	76
2002	187	158	35097	3818	3733	85
2003	160	144	19800	3347	3300	47
2004	301	271	36136	5312	5232	80
2005	353	316	44625	6081	5988	93
2006	418	378	51000	7056	6950	106
2007	504	458	61200	8138	8015	123
2008	607	561	66011	9182	9056	126
2009	767	715	77107	11555	11410	145
2010	984	916	101596	14566	14354	212
2011	1324	1240	129505	18406	18135	270
2012	1713	1610	159747	23276	22941	335
2013	2135	2031	167620	28514	28161	352
2014	2521	2435	141630	33219	32953	266
2015	3006	2904	200022	38567	38274	293
2016	3813	3659	233855	44913	44575	338
2017	4814	4630	270400	52284	51901	384
2018	5995	5789	312642	63025	62588	437
2019	7212	6979	336765	70714	70249	466
2020	2766	2762	4548	35710	35701	9
2021	3434	3434		39058	39058	
2022	2625	2625		34654	34654	

17–12 入境旅游人数
Number of Oversea Visitor Arrivals

单位：人次 (person-time)

国别和地区	Country and Region	2016	2017	2018	2019	2020
总　计	**Total**	**3382047**	**3837439**	**4371420**	**4657160**	**85901**
港澳同胞	Chinese Compatriots From Hong Kong and Macao	638628	698802	761647	792782	8335
台湾同胞	Chinese Compatriots From Taiwan Province	458230	518078	536781	568229	7057
日　本	Japan	115270	152810	162095	184008	4353
韩　国	Korea Rep.	401291	310739	559690	626979	15290
蒙　古	Mongolia	1758	2492	2724	3041	135
菲 律 宾	Philippines	5691	8439	9233	9368	221
印　度	India	32560	38765	44540	66410	511
越　南	Vietnam	4047	5851	7634	8709	301
缅　甸	Myanmar	2377	2868	3875	4455	58
朝　鲜	Korea DPR	500	1121	1018	1384	9
巴基斯坦	Pakistan	10909	22287	22061	36012	505
英　国	United Kingdom	143895	153952	148475	161860	1139
法　国	France	101837	117944	128587	121897	927
德　国	Germany	104782	130488	124033	129373	943
意 大 利	Italy	55928	68196	76206	81863	612
瑞　士	Switzerland	18146	20672	21339	21664	168
瑞　典	Sweden	12079	14798	12689	12729	167
俄 罗 斯	Russia	25319	36082	36611	40638	942
西 班 牙	Spain	54082	65922	75435	77214	383
美　国	United States	352475	401495	391525	388048	3219
加 拿 大	Canada	94364	129360	93385	63089	978
澳大利亚	Australia	115144	152027	142884	164778	1534
新 西 兰	New Zealand	17995	21879	30037	31286	467
泰　国	Thailand	37824	47353	59798	66521	706
新 加 坡	Singapore	51783	73644	71573	86182	1008
印度尼西亚	Indonesia	18289	25016	25180	26301	470
马来西亚	Malaysia	103793	124345	162589	177273	1148
其　他	Others	403051	492014	659776	705067	34315

17-13　各市(区)对外经济情况(2022年)
Foreign Economy Trade by City(District)(2022)

地　区	Region	进出口总值(万元) Total Value of Imports and Exports (10 000 yuan)	#出　口 Exports	外商投资 Foreign Capital 项目数(个) Number of Projects (unit)	合同外资(万美元) Contracts of Foreign Investments (USD 10 000)	实际外资(万美元) Total Amount of Foreign Investment Actually Utilized (USD 10 000)	星级饭店数(个) Number of Star-rated Hotel (unit)
全　省	**Shaanxi**	**48353432**	**30113495**	**314**	**621316**	**146440**	**296**
西安市	Xi'an	43795205	27475120	202	517209	65079	85
#西咸新区	Xixian New Area			45	34177	19917	
铜川市	Tongchuan	131767	49728	5	2046	174	8
宝鸡市	Baoji	1143714	614840	8	2964	776	15
咸阳市	Xianyang	1748810	892497	9	15015	1551	14
渭南市	Weinan	226801	182345	1	9815	2199	43
延安市	Yan'an	173782	9345	4	607	832	40
汉中市	Hanzhong	358309	306675	16	26486	1754	25
榆林市	Yulin	332386	264785	7	3761	5690	28
安康市	Ankang	159423	156349	14	8878	1151	24
商洛市	Shangluo	198702	101479	3	158		10
杨凌示范区	Yangling	84532	60332		200	2515	4

17-14 主要星级饭店基本情况(2022年)
Basic Conditions of Main Star-Degree-Hotels(2022)

饭店名称 Name of Hotel	地址 Address	饭店名称 Name of Hotel	地址 Address
五星级		陕西省止园饭店	青年路111号
西安喜来登大酒店	西安市丰镐东路262号	西安富海明都大酒店	西安市碑林区文艺北路228号
西安君乐城堡酒店	西安市环城南路西段12号	名都国际酒店	未央路140号
西安索菲特人民大厦	西安市东新街319号	西安长征米拉梭酒店	纺西街222号
西安香格里拉大酒店	西安市科技路38号乙	道温泉酒店	西安市周至县楼观镇楼观台西经路南段
西安天域凯莱大饭店	西安市雁塔路1号	西安荣华天悦凯莱酒店	鄠邑区涝滨北路与西街交叉口东南100米
西安建国饭店	西安市互助路2号	西安天鼎酒店	未央区徐家湾渭滨路363号
西安高新希尔顿酒店	西安市高新区沣惠南路22号	宝鸡怡和酒店	宝鸡市火炬路10号
西安阳光国际大酒店	西安市新城区解放路177号	宝鸡高新君悦酒店	宝鸡高新大道69号
西安赛瑞喜来登大酒店	西安市莲湖区未央路32号	咸阳红螺湾假日酒店	咸阳市渭阳西路中段
西安皇冠假日酒店	西安市碑林区朱雀路中段1号	咸阳国贸大酒店	咸阳市渭阳西路体育场什字东南角
西安威斯汀大酒店	西安市慈恩路66号	铜川正阳国际酒店	铜川市新区正阳路16号
陕西悦豪酒店	西安市二环南路西段180号	宜君迎宾馆	铜川市宜君县宜阳中街88号
西安西藏大厦开元名都大酒店	西安市碑林区友谊东路333号	陕西希顿国际假日酒店	铜川市印台区同官路81号
西安豪享来温德姆至尊酒店	西安市慈恩东路208号	延安旅游大厦	延安市宝塔区中心街
西安凯悦酒店	西安市曲江池东路988号	延安丽森酒店	延安市双拥大道丽森路
榆林永昌国际大酒店	榆林市朝阳路与明珠环路交叉口	延安高第华苑大酒店	延安市宝塔区大桥街6号
	高新技术产业园区阳光广场东侧	延安维也纳圣隆酒店	延安市宝塔区火车站旁
四星级		延安龙飞盛世国际酒店	延安宝塔区迎宾大道3333号
古都文化大酒店	莲湖路172号	延安隆华花园酒店	延安宝塔区西沟隆华路1号
西安宾馆	长安北路58号	延安圣通大酒店	延安市宝塔区东滨路
西安骊苑大酒店	劳动南路8号	黄陵桥山滨湖酒店	黄陵县城东
西安唐城宾馆	含光路229号	延安延飞丽柏酒店	延安市宝塔区南桥
西安皇城豪门酒店	东大街334号	锦绣黄龙生态假日酒店	黄龙县石堡镇龙尾湾锦绣黄龙
西安东方大酒店	朱雀大街393号		生态旅游度假区
西安润天酒店	阎良区润天大道15号	五洲国际大饭店	神木市东兴街北段
陕西高速神州酒店	环城东路9号	神木亚华茵海瑞特酒店	神木市东兴街南段
陕西奥罗国际大酒店	南新街30号	天峰国际酒店	神木市东兴街南段
西安锦江西京国际饭店	西安市西大街135号	汉中邮政大酒店	汉台区天汉大道中段
西安天翼新商务酒店	西安市西二环南段281号	汉中红叶大酒店	汉台区劳动东路中段33号
西安志诚丽柏酒店	西安市高新路46号	汉中金江大酒店	汉台区人民路北段123号
西安新时代大酒店	西安市未央区文景路18号	安康明江国际酒店	汉滨区滨江大道4号
西安皇后大酒店	兴庆路45号	安康京康国际酒店	汉滨区金堂路3号
西安美丽豪酒店	西大街79号	正阳大酒店	白河县城关镇狮子山新区
西安绿地假日酒店	西安高新区锦业路5号	天鹿酒店	商南县城关镇二道河村文化广场西南侧
陕西华山国际酒店	西安市北大街199号	杨凌国际会展中心酒店	杨凌示范区新桥北路1号
西安长庆宾馆	西安市未央区未央路151号		
西安长征华美达酒店	西安市高新区西部大道1号		

主要统计指标解释

进出口总额 指实际进出我国国境的货物总金额。包括对外贸易实际进出口货物，来料加工装配进出口货物，国家间、联合国及国际组织无偿援助物资和赠送品，华侨、港澳台同胞和外籍华人捐赠品，租赁期满归承租人所有的租赁货物，进料加工进出口货物，边境地方贸易及边境地区小额贸易进出口货物(边民互市贸易除外)，中外合资企业、中外合作经营企业、外商独资经营企业进出口货物和公用物品，到、离岸价格在规定限额以上的进出口货样和广告品(无商业价值、无使用价值和免费提供出口的除外)，从保税仓库提取在中国境内销售的进口货物，以及其他进出口货物。该指标可以观察一个国家在对外贸易方面的总规模。我国规定出口货物按离岸价格统计，进口货物按到岸价格统计。

商品收发货人所在地进、出口额 指在所在地海关注册登记的有进出口经营权的企业实际进、出口额。

商品目的地进口额和商品货源地出口额 目的地进口额指进口货物的消费、使用或最终抵运地的实际进口额；货源地出口额指出口货物的产地或原始发货地的实际出口额。

外商投资 是指国外及港澳台地区的法人和自然人在中国大陆地区以现金、实物、无形资产、股权等方式进行投资。其中，外商直接投资是指国外及港澳台地区投资者在非上市公司中的全部投资及在单个外国投资者所占股权比例不低于 10%的上市公司中的投资。

外商直接投资 是指外国投资者在我国境内通过设立外商投资企业、合伙企业、与中方投资者共同进行石油资源的合作勘探开发以及设立外国公司分支机构等方式进行投资。外国投资者可以用现金、实物、无形资产、股权等投资，还可以用从外商投资企业获得的利润进行再投资。

入境游客 指报告期内来中国（大陆）观光、度假、探亲访友、就医疗养、购物、参加会议或从事经济、文化、体育、宗教活动的外国人、港澳台同胞等游客（即入境旅游人数）。统计时，入境游客按每入境一次统计 1 人次。入境旅游人数包括入境过夜游客和入境一日游游客。

国内游客 指报告期内在中国（大陆）观光游览、度假、探亲访友、就医疗养、购物、参加会议或从事经济、文化、体育、宗教活动的中国（大陆）居民人数，其出游的目的不是通过所从事的活动谋取报酬。统计时，国内游客按每出游一次统计 1 人次。

国际旅游收入 指入境游客在中国（大陆）境内旅行、游览过程中用于交通、参观游览、住宿、餐饮、购物、娱乐等全部花费。

国内旅游收入(旅游总花费) 指国内游客在国内旅行、游览过程中用于交通、参观游览、住宿、餐饮、购物、娱乐等全部花费。

星级饭店 指设备、设施、服务符合《旅游饭店星级的划分与评定》（GB/T14308-2010）标准，经过有关旅游管理权威部门评定（验收）后授予“星级”称号的饭店。

Explanatory Notes on Main Statistical Indicators

Total Imports and Exports at Customs refer to the real value of commodities imported and exported across the border of China. They include the actual imports and exports through foreign trade, imported and exported goods under the processing and assembling trades and materials, supplies and gifts as aid given gratis between governments and by the United Nations and other international organizations, and contributions donated by overseas Chinese, compatriots in Hong Kong and Macao and Chinese with foreign citizenship, leasing commodities owned by tenant at the expiration of leasing period, the imported and exported commodities processed with imported materials, commodities trading in border areas (excluding mutual exchange goods), the imported and exported commodities and articles for public use of the Sino-foreign joint ventures, cooperative enterprises and ventures with sole foreign investment. Also included is import or export of samples and advertising goods for which CIF or FOB value are beyond the permitted ceiling (excluding goods of no trading or use value and free commodities for export), imported goods sold in China from bonded warehouses and other imported or exported goods. The indicator of the total imports and exports at customs can be used to observe the total size of external trade in a country. In accordance with the stipulation of the Chinese government, imports are calculated at CIF, while exports are calculated at FOB.

Import or Export Value by Location of China's Foreign Trade Managing Units refers to actual value of imports and exports carried out by corporations which have been registered by the local Customs house and are vested with right to run import export business.

Import Value of Commodities by Place of Destination and Export Value of Commodities by Place of Origin in China The former indicator refers to the value of import commodities of the places of their consumption, utilization or the places of their final destination. The latter indicator refers to the value of export commodities of the places of their origin or the places of the commodities dispatched.

Foreign Investment refers to investment in China by legal or natural persons of foreign countries and of Hong Kong, Macau and Taiwan, in the form of cash、physical assets、intangible assets and equity and others. Foreign direct investment refers to investment by investors from foreign countries and from Hong Kong, Macau and Taiwan in a non-listed company, or the investment of over 10 percent or more in a listed company.

Foreign Direct Investment refers to foreign investment in China through the establishment of foreign invested enterprises, cooperative exploration and development of petroleum resources with domestic investors and the establishment of branch organizations of foreign enterprises. Foreign investment can be made in forms of cash, physical investment, intangible assets and equity, in addition with reinvestment of the foreign enterprises with the profits gained from the investment.

Overseas Visitor Arrivals refer to the number of tourists of foreigners, Chinese compatriots from Hong Kong, Macao and Taiwan who come to China (mainland) within the reference period for sight-seeing, vacation, visiting relatives, medical treatment, shopping, attending conference, or to engage in economic, cultural, sports and religious activities (namely the number of overseas visitor arrivals). In compiling statistics, each arrival is counted as one person-time. The number of overseas visitor arrivals includes inbound overnight tourists and one-day tourists.

Number of Domestic Tourists refers to the number of Chinese (mainland) residents who travel within China (mainland) for sight-seeing, vacation, visiting relatives, medical treatment, shopping, attending conference, or to engage in economic, cultural, sports and religious activities. In compiling statistics, each time of travelling is counted as one person-time.

Foreign Exchange Earnings from International Tourism refer to the total expenditure of foreigners, overseas Chinese, Chinese compatriots from Hong Kong, Macao and Taiwan during their stay in the mainland of China on transportation, sighting, accommodation, food, shopping and entertainment.

Income from Domestic Tourism refer to expenditure of domestic tourists on transportation, sighting, accommodation, food, shopping and entertainment while they travel.

Star-rated Hotels refer to hotels rated with stars as evaluated (accepted) by the relevant tourism authorities according to GB/T14308-2010 standard with reference to their infrastructure, facilities and service levels.

十八、教育、科技和文化

Education, Science, Technology and Culture

资料整理：董清刚　杨小佚　郭永涛

简要说明

一、本篇资料反映陕西教育、科学技术活动和文化事业的基本情况。

二、本篇资料主要包括：

1．各级各类教育基本情况，指标主要包括各级各类的学校数、在校生数、招生数、毕业生数、教职工数和专任教师数等。

2．科技活动情况，科技成果及科技人员情况，专利申请和授权，规模以上工业企业研究与试验发展（R&D）活动发展情况等。

3．文化艺术、文物、图书馆、新闻出版、广播、电影、电视等文化事业的机构、人员及业务活动开展情况等。

三、本篇资料来源：

教育统计资料由省教育厅提供。

科技统计资料由省科技厅、省人力资源和社会保障厅、省知识产权局提供（其中规模以上工业企业科技活动由统计局根据统计年报整理）。

文化统计资料由省文化和旅游厅、省新闻出版局、省广播电视局、省文物局等有关部门提供。

Brief Introduction

I. This chapter reflects the basic conditions on the development Shaanxi's education, science and technology.

II. The data in this chapter mainly include:

1. The data on tertiary, secondary, primary, and kindergarten education and various types of adult education at all levels, including the number of schools, the number of students enrolled, the number of new enrollments, the number of graduates, the number of staff and workers, and the number of full-time teachers of various levels and categories.

2. The data on scientific and technological, including personnel, achievements and prizes of scientific and technical, numbers of patent applications accepted and granted, R&D activities development of industrial enterprises above designated size, etc.

3. The data on institutions, personnel and business activities of culture and arts, cultural relics, libraries, news and publication, radio, film and television, etc.

III. Data sources:

Data on education are provided by Shaanxi Provincial Department of Education.

Data on science and technology are provided by Shaanxi Provincial Department of Science and Technology, Shaanxi Provincial Department of Human Resources and Social Security and Shaanxi Provincial Office of Intellectual Property. (Science and technology activities of industrial enterprises above designated size are processed and prepared in accordance with the annual statistical reports provided by Shaanxi Provincial Bureau of Statistics.

Data on culture are provided by Shaanxi Provincial Department of Culture and Tourism, Shaanxi Provincial Bureau of Press and Publication、Shaanxi Provincial Bureau of Radio and Television, Shaanxi Provincial Bureau of Cultural Relics and the related departments.

18.教育、科技和文化

2022年全省		
普通高等学校在校学生	130.44	万人
普通高等学校毕业生	35.34	万人
专利授权量	79375	件
各类技术合同成交金额	3053.50	亿元
制作电视节目	91058	时

专利授权量（件）

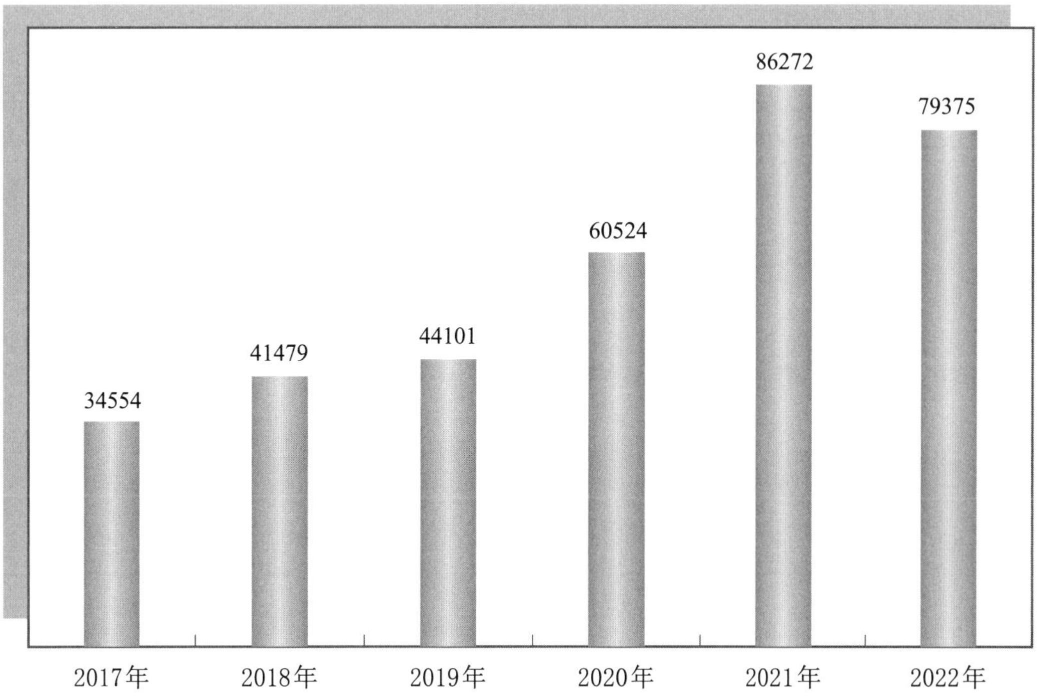

18-1 各级各类教育基本情况(2022年)
Basic Statistics on Schools by Level and Type of School(2022)

指　标	Item	学校数(所) Number of Schools (unit)	毕业生数(人) Graduates (person)	招生数(人) New Enrollment (person)	在校学生数(人) Total Enrollment (person)	教职工数(人) Teachers and Staff (person)	# 专任教师 Full-time Teachers
一、高等教育	Higher Education	111	595309	677861	2037878	116984	81183
1.研究生(含科研机构)	Institutions Providing Postgraduate Programs (Include Research Institutions)	50	44888	66556	201571		24823
# 普通高校	Regular Institutions of Higher Education	28	44628	66239	200726		24139
2.普通高等教育	Regular Higher Education	97	353446	380485	1304356	115106	79428
(1)本　科	Enrolled in Full Undergraduate Courses	57	184493	217702	778202	91610	62019
(2)专　科	Enrolled in Specialized Courses	40	168953	162783	526154	23496	17409
3.成人高等教育	Higher Education for Adult		95023	116863	237203		
# 成人高等学校	Institutions of Higher Education for Adult	14	20076	7175	26199	1878	1071
4.网络本专科	Students Enrolled in Internet-based Courses		101952	113957	294748		
# 本　科	Enrolled in Full Undergraduate Courses		58601	86936	217119		
二、中等职业教育学校	Vocational Secondary Education	361	144916	158282	478466	34271	25169
普通中等专业学校	Regular Specialized Secondary Schools	27	21259	21740	74487	2862	1913
成人中等专业学校	Adult Specialized Secondary Schools	2	62	80	210	99	73
职业高中学校	Vocational Senior Secondary Schools	196	68911	85986	226685	19401	15232
技工学校	Technical Schools	136	54684	50476	177084	11909	7951
三、普通中学	Regular Secondary Schools	2110	599633	695863	1948494	209267	163494
高　中	Senior Secondary Schools	444	210877	238624	677049	86422	57339
初　中	Junior Secondary Schools	1666	388756	457239	1271445	122845	106155
四、小　学	Primary Schools	4407	457702	482716	2988032	182692	187963
五、幼儿园(含学前班)	Kindergartens(include Pre-schools)	8028	460569	384003	1325550	183944	101595
六、特殊教育学校	Special Education	79	1051	1038	7391	2182	1791
七、工读学校	Schools for Juvenile Delinquents	1	9	6	9	42	32
八、成人中、小学	Adult High and Primary Schools						
九、职业技术培训机构	Vocational and Technical Training Institution	3773	698084		701061	22504	12752

注：1.研究生培养机构中所含普通高等学校的教职工数已计入高等学校教职工总数中。
　　2.普通高等学校数含独立学院。

a) Teachers and staff of regular institutions of higher education include the regular institutions of higher education in institutions providing postgraduate programs.

b) Number of regular institutions of higher education include independent colleges.

18-2 普通高等学校基本情况

Basic Statistics on Regular Institutions of Higher Education

年 份 Year	学校数(所) Number of Schools (unit)	招生数(万人) New Enrollment (10 000 persons)	在校学生数(万人) Total Enrollment (10 000 persons)	毕业生数(万人) Graduates (10 000 persons)	教职工数(人) Teachers and Staff (person)	# 专任教师 Full-time Teachers
1978	30	1.37	3.44	0.82	27210	10699
1980	34	1.44	5.39	0.38	31694	12066
1985	45	2.86	8.21	1.47	43210	16516
1990	47	2.62	9.54	2.81	51130	19558
1995	46	4.07	12.83	3.75	52440	20200
2000	39	9.52	24.17	3.51	52220	20723
2005	72	20.89	66.69	14.06	82317	42864
2010	78	27.44	92.78	23.55	98536	58288
2011	78	29.69	96.48	25.89	99010	59171
2012	79	32.45	102.63	26.53	100881	61500
2013	80	31.13	107.76	25.38	102017	64171
2014	80	30.64	109.96	27.74	103332	64970
2015	80	30.61	109.97	29.97	103911	66506
2016	81	30.45	107.63	32.13	103453	66133
2017	81	30.48	106.94	30.51	103994	66930
2018	95	30.35	105.48	31.10	106096	68459
2019	95	37.19	112.20	29.35	107917	70318
2020	96	38.79	121.00	29.16	110130	73436
2021	97	37.33	128.33	29.19	111948	76277
2022	97	38.05	130.44	35.34	115106	79428

注：2018年起普通高等学校数中含独立学院。

a) Number of regular institutions of higher education include since 2018 independent colleges.

18-3 中等职业学校基本情况
Basic Statistics on Vocational Secondary Schools

年 份 Year	学校数 (所) Number of Schools (unit)	招生数 (万人) New Enrollment (10 000 persons)	在校学生数 (万人) Total Enrollment (10 000 persons)	毕业生数 (万人) Graduates (10 000 persons)	教职工数 (人) Teachers and Staff (person)	# 专任教师 Full-time Teachers
1978	89	1.77	2.93	0.45	10401	3297
1980	162	2.54	6.55	0.92	15246	5699
1985	382	5.54	11.92	3.14	29279	11893
1990	499	7.48	17.99	5.89	39880	17960
1995	569	11.64	27.01	8.39	41736	20926
2000	648	13.66	36.37	11.38	40692	21693
2005	563	25.43	55.84	15.92	40698	28525
2010	663	35.20	89.93	27.35	51534	34619
2011	616	31.45	84.67	30.59	48923	33274
2012	564	24.98	73.31	29.09	44041	30063
2013	520	21.43	60.56	25.76	43440	33025
2014	491	17.71	50.26	22.43	37306	27483
2015	435	14.93	43.69	15.91	30890	21704
2016	398	15.69	41.17	15.19	31655	22643
2017	380	16.46	41.56	13.39	29990	21194
2018	369	13.80	39.97	11.50	29476	20928
2019	375	17.28	44.34	11.89	30445	21232
2020	366	16.96	45.95	12.40	31988	22777
2021	366	16.83	48.33	12.71	33543	26273
2022	361	15.83	47.85	14.49	34271	25169

18-4 普通中学基本情况
Basic Statistics on Regular Secondary Schools

年份 Year	学校数 (所) Number of Schools (unit)	招生数 (万人) New Enrollment (10 000 persons)	在校学生数 (万人) Total Enrollment (10 000 persons)	毕业生数 (万人) Graduates (10 000 persons)	教职工数 (人) Teachers and Staff (person)	# 专任教师 Full-time Teachers
1978	7558	90.52	193.47	73.47	116097	91701
1980	5838	52.56	180.85	31.21	127056	97643
1985	3103	56.24	170.33	41.32	122187	93102
1990	3041	47.18	132.64	45.95	127861	98272
1995	2788	55.71	145.07	37.48	129046	100084
2000	2599	88.94	230.52	56.25	149267	122279
2005	2727	102.44	304.56	97.20	191041	159138
2010	2436	83.18	259.91	93.76	198543	170482
2011	2363	79.47	246.80	89.61	210135	170878
2012	2295	73.02	225.70	83.86	207578	168822
2013	2252	68.31	210.13	77.35	206168	167457
2014	2220	63.94	196.83	71.17	203128	164374
2015	2215	61.07	187.57	66.95	200853	161752
2016	2176	61.42	183.42	64.32	198548	159395
2017	2094	59.99	180.63	61.50	197886	157291
2018	2072	60.78	180.81	59.98	197466	155892
2019	2083	60.50	180.74	60.36	200738	157396
2020	2105	61.23	182.28	59.52	204272	158334
2021	2099	63.92	185.51	60.42	207483	161216
2022	2110	69.59	194.85	59.96	209267	163494

18–5 普通小学基本情况
Basic Statistics on Regular Primary Schools

年 份 Year	学校数 (所) Number of Schools (unit)	招生数 (万人) New Enrollment (10 000 persons)	在校学生数 (万人) Total Enrollment (10 000 persons)	毕业生数 (万人) Graduates (10 000 persons)	教职工数 (人) Teachers and Staff (person)	# 专任教师 Full-time Teachers
1978	39747	117.01	450.51	67.91	180682	173003
1980	40800	87.10	452.14	58.76	198082	187394
1985	38815	59.93	367.87	61.41	186208	169225
1990	37155	58.42	353.75	42.74	193292	176756
1995	36471	86.30	451.58	50.12	200359	183152
2000	33336	68.22	480.93	77.00	199395	182297
2005	20711	43.59	340.09	72.46	203262	186644
2010	9710	40.86	261.04	50.59	190545	175184
2011	8867	40.77	253.60	46.46	173769	171011
2012	7994	37.89	234.62	44.86	169723	166822
2013	7356	38.81	227.33	40.05	163908	162841
2014	6574	40.50	226.41	37.46	160287	147511
2015	5851	42.58	233.11	34.76	155843	143064
2016	5507	46.24	241.78	35.98	156019	142761
2017	4752	48.05	252.31	35.99	157442	144065
2018	4714	51.36	265.61	37.60	161425	164159
2019	4640	51.09	277.59	39.02	167072	170709
2020	4610	51.41	289.20	39.81	173278	177084
2021	4559	48.86	296.40	41.38	179824	185039
2022	4407	48.27	298.80	45.77	182692	187963

18-6 技工学校基本情况(2022年)
Basic Statistics on Technical Schools(2022)

指　　标	Item	学校数(所) Number of Schools (unit)	毕业生数(人) Graduates (person)	招生数(人) New Enrollment (person)	在校学生数(人) Total Enrollment (person)	教职工数(人) Teachers and Staff (person)	#专任教师 Full-time Teachers
总　　计	**Total**	**136**	**54684**	**50476**	**177084**	**11909**	**7951**
一、地方人社部门办校	Run by Labour Department	9	2159	2809	6796	658	502
二、国有经济单位办校	Run by State-owned Unit	43	17250	17784	51579	3749	2666
行业办校	Run by Sector	17	8546	8596	24605	1385	976
企业办校	Run by Enterprise	26	8704	9188	26974	2364	1690
三、民　办	Run by Private	84	35275	29883	118709	7502	4783

18-7 全省科技活动情况
Scientific and Technological Activities in the Whole Province

指　　标	Item	2020	2021
一、机构数　(个)	Number of Institutions　(unit)		
1.科研院所	Research Institutions	95	92
2.高等院校	Regular Institutions of Higher Education	770	1055
3.规模以上工业企业	Large and Medium-sized Industrial Enterprises	638	654
4.其　他	Others	13	13
二、R&D经费内部支出　(万元)	Internal Expenditure on R&D　(10 000 yuan)	6323310	7006207
1.按来源构成分	By Composition of Source		
政府资金	Government Funds	2717175	2987509
企业资金	Self-raised Funds by Enterprises	3369532	3703951
境外资金	Foreign capital	1936	4580
其他资金	Others	234688	310168
2.按隶属关系分	By Jurisdiction of Management		
中　央	Central	3767275	4177305
地　方	Local	2556035	2828903
三、科技成果与著作情况	Achievements and Books in S&T		
1.科技论文　(篇)	Technical and Scientific Papers　(piece)	95411	95696
2.出版科技著作　(种)	Kinds of Published Scientific Books　(unit)	2193	2145

18-8 规模以上工业企业研究与试验发展(R&D)人员和经费支出情况(2021年)

分组	Item	R&D人员(人) R&D Personnel (person)
总计	**Total**	**78236**
按企业规模分	**Grouped by Size of Enterprises**	
大型	Large Enterprises	39530
中型	Medium-sized Enterprises	19022
小型	Small Enterprises	19399
微型	Micro Enterprises	285
按登记注册类型分	**By Status of Registration**	
内资企业	Domestic Invested Enterprises	72601
国有企业	State-owned Enterprises	6025
集体企业	Collective-owned Enterprises	171
股份合作企业	Cooperativ-Enterprises	22
有限责任公司	Limited Liability Corporations	38761
国有独资公司	State Sole-proprietorship Corporations	7406
其他有限责任公司	Other Limited Liability Corporations	31355
股份有限公司	Share-holding Corporations Limited	12091
私营企业	Private Enterprises	15531
私营独资企业	Private Sole-proprietorship Enterprises	144
私营有限责任公司	Private Limited Liability Corporations	13638
私营股份有限公司	Private Share-holding Corporations Ltd.	1749
其他企业	Other Enterprises	
港、澳、台商投资企业	Enterprises with Investment from Hong Kong, Macao and Taiwan	987
合资经营企业(港或澳、台资)	Joint-venture Enterprises	458
合作经营企业(港或澳、台资)	Joint venture (Hong Kong or Macao, Taiwan)	
港、澳、台商独资经营企业	Sole-proprietorship Enterprises	423
港、澳、台商投资股份有限公司	Share-holding Corporations Ltd.	106
其他港澳台投资企业	Other Enterprises with Investment from Hong Kong, Macao and Taiwan	
外商投资企业	Foreign Invested Enterprises	4648
中外合资经营企业	Joint-venture Enterprises	1039
外资企业	Sole-proprietorship Enterprises	3189
外商投资股份有限公司	Share-holding Corporations Ltd.	326
其他外商投资企业	Other Foreign Invested Enterprises	94
按国民经济行业分	**By Sector**	
采矿业	Mining	5692
煤炭开采和洗选业	Mining and Washing of Coal	2435
石油和天然气开采业	Extraction of Petroleum and Natural Gas	2098
黑色金属矿采选业	Mining and Processing of Ferrous Metal Ores	
有色金属矿采选业	Mining and Processing of Non-Ferrous Metal Ores	180
非金属矿采选业	Mining and Processing of Nonmetal Ores	46
开采专业及辅助性活动	Support Activities for Mining	933
制造业	Manufacturing	71627
农副食品加工业	Processing of Food from Agricultural Products	885

R&D Personnel and Expenditure of Industrial Enterprises above Designated (2021)

#研究人员 Research Personnel	R&D经费内部支出(万元) R&D Internal Expenditure (10 000 yuan)	#政府资金 Government Funds	#企业资金 Enterprises Funds	#境外资金 Foreign Funds
31053	**3196867**	**438089**	**2756580**	**746**
17424	1938706	417458	1520192	223
7042	697858	12156	684801	432
6502	553061	8313	544508	91
85	7242	162	7079	
29154	2885522	437442	2446270	358
2920	274211	41004	233207	
19	22519		22519	
7	351		351	
15455	1494650	273132	1219906	267
3578	395749	20774	374975	
11877	1098901	252358	844930	267
5624	476707	116150	360467	91
5129	617084	7156	609821	
54	42524	178	42346	
4392	520709	6134	514468	
683	53851	844	53007	
236	27366	436	26930	
133	12194	362	11832	
64	12554	73	12480	
39	2618		2618	
1663	283979	212	283379	388
389	30739	212	30527	
1161	242468		242080	388
108	9168		9168	
5	1604		1604	
2529	195394	1281	194114	
793	115108	690	114418	
1138	47569	570	46999	
55	1545	5	1540	
11	1422		1422	
532	29749	15	29734	
28184	2977681	436699	2538785	746
241	35282	1128	34155	

18-8 续表

分　　组	Item	R&D人员(人) R&D Personnel (person)
食品制造业	Manufacture of Foods	905
酒、饮料和精制茶制造业	Manufacture of Wine,Beverages and Refined Tea	510
烟草制品业	Manufacture of Tobacco	13
纺织业	Manufacture of Textile	326
纺织服装、服饰业	Manufacture of Textile and Clothing	184
皮革、毛皮、羽毛及其制品和制鞋业	Manufacture of Leather, Fur, Feather and Related Products and Footwear	66
木材加工和木、竹、藤、棕、草制品业	Wood Processing and Wood, Bamboo, Rattan, Brown, Grass Products Industry	3
家具制造业	Manufacture of Furniture	1
造纸和纸制品业	Manufacture of Paper and Paper Products	70
印刷和记录媒介复制业	Printing, Reproduction of Recording Media	247
文教、工美、体育和娱乐用品制造业	Manufacture of Articles for Culture,Education, Arts and Crafts, Sport and Entertaiment Activities	66
石油加工、炼焦和核燃料加工业	Processing of Petroleum, Coking, Processing Nuclear Fuel	2038
化学原料和化学制品制造业	Manufacture of Chemical Raw Material and Chemical Products	4369
医药制造业	Manufacture of Medicines	3009
化学纤维制造业	Manufacture of Chemical Fibers	65
橡胶和塑料制品业	Manufacture of Rubber and Plastics	713
非金属矿物制品业	Manufacture of Non-metallic Mineral Products	3935
黑色金属冶炼和压延加工业	Smelting and Pressing of Ferrous Metals	1066
有色金属冶炼和压延加工业	Smelting and Pressing of Non-ferrous Metals	2766
金属制品业	Manufacture of Metal Products	2062
通用设备制造业	Manufacture of General Purpose Machinery	4217
专用设备制造业	Manufacture of Special Purpose Machinery	5036
汽车制造业	Automotive Industry	3989
铁路、船舶、航空航天和其他运输设备制造业	Manufacture of Railway,Shipping,Aerospace and Other Transport Equipments	17734
电气机械和器材制造业	Manufacture of Electrical Machinery and Equipment	3727
计算机、通信和其他电子设备制造业	Manufacture of Computers,Communication and Other Electronic Equipment	10338
仪器仪表制造业	Manufacture of Measuring Instrument and Machinery	2977
其他制造业	Other Manufacturing	127
废弃资源综合利用业	Utilization of Waste Resources	135
金属制品、机械和设备修理业	Industry of Metalwork,Machinery, and Equipment Repair	48
电力、热力、燃气及水生产和供应业	Production and Distribution of Electricity, Gas and Water	917
电力、热力生产和供应业	Production and Supply of Electric Power and Heat Power	820
燃气生产和供应业	Production and Supply of Gas	64
水的生产和供应业	Production and Supply of Water	33

continued

#研究人员 Research Personnel	R&D经费内部支出（万元） R&D Internal Expenditure (10 000 yuan)	#政府资金 Government Funds	#企业资金 Enterprises Funds	#境外资金 Foreign Funds
223	21586	460	21126	
102	8843	529	8303	
7	969		969	
48	7466	159	7307	
35	3151	333	2818	
20	1274		1274	
1	50		50	
	8		8	
14	2294		2294	
75	4174		4173	
20	843		843	
792	172713	234	172478	
1815	140218	10965	129239	
1104	74291	1647	72620	
28	1051		1051	
247	23769	1363	22406	
694	97698	273	97156	
267	85799	237	85562	
1029	159397	12737	146660	
737	66723	17382	49342	
1733	121989	8649	113208	
2143	142688	12608	129971	91
1905	208753	3116	205637	
7305	707349	355384	350768	223
1618	195046	1497	193504	45
4517	623697	3106	620193	388
1373	62773	4753	58020	
41	4444	119	4325	
30	2083	20	2063	
20	1262		1262	
340	23791	110	23681	
296	21325	100	21225	
34	1735	10	1725	
10	732		732	

18—9 规模以上工业企业新产品开发、生产及销售情况(2021年)
Developing, Producing and Sales of Industrial Enterprises above Designated (2021)

分组	Item	新产品开发项目数(项) Number of New products Development Project (item)	新产品开发经费支出(万元) New products Development Expenditure (10 000 yuan)	新产品销售收入(万元) New products Sales Income (10 000 yuan)
总计	**Total**	**11553**	**3524257**	**38113676**
按企业规模分	**Grouped by Size of Enterprises**			
大型	Large Enterprises	2195	1920581	25082930
中型	Medium-sized Enterprises	2933	806719	6761768
小型	Small Enterprises	6268	784811	6174749
微型	Micro Enterprises	157	12146	94229
按登记注册类型分	**By Status of Registration**			
内资企业	Domestic Invested Enterprises	11017	3192185	35199016
国有企业	State-owned Enterprises	641	294425	2175534
集体企业	Collective-owned Enterprises	26	23340	97679
股份合作企业	Cooperative Enterprises	12	438	6468
有限责任公司	Limited Liability Corporations	4628	1501470	13182018
国有独资公司	State Sole-proprietorship Corporations	915	318976	2325070
其他有限责任公司	Other Limited Liability Corporations	3713	1182494	10856948
股份有限公司	Share-holding Corporations Ltd.	1456	570847	7466944
私营企业	Private Enterprises	4254	801667	12270372
私营独资企业	Private Sole-proprietorship Enterprises	14	16115	650807
私营合伙企业	Private Partnership Enterprises			
私营有限责任公司	Private Limited Liability Corporations	3656	712579	11282222
私营股份有限公司	Private Share-holding Corporations Ltd.	584	72973	337344
其他企业	Other Enterprises	0	0	0
港、澳、台商投资企业	Enterprises with Investment from Hong Kong, Macao and Taiwan	111	21736	110830
合资经营企业(港或澳、台资)	Joint-venture Enterprises	23	9576	23009
合作经营企业(港或澳、台资)	Joint venture (Hong Kong or Macao, Taiwan)	21	837	4809
港澳台商独资经营企业	Sole-proprietorship Enterprises	55	8203	57139
港、澳、台商投资股份有限公司	Share-holding Corporations Ltd.	12	3120	25874
其他港澳台商投资企业	Other Enterprises with Investment from Hong Kong, Macao and Taiwan	0	0	0
外商投资企业	Foreign Invested Enterprises	425	310335	2803830
中外合资经营企业	Joint-venture Enterprises	222	46044	2596088
外资企业	Sole-proprietorship Enterprises	176	253291	159613
外商投资股份有限公司	Share-holding Corporations Ltd.	19	9243	48129
其他外商投资企业	Other Foreign Invested Enterprises	8	1758	0
按国民经济行业分	**By Sector**			
采矿业	Mining	339	132451	225703
煤炭开采和洗选业	Mining and Washing of Coal	107	82706	152684
石油和天然气开采业	Extraction of Petroleum and Natural Gas	23	3461	0
黑色金属矿采选业	Ferrous Metal Mining and Beneficiation	1	219	44
有色金属矿采选业	Mining and Processing of Non-Ferrous Metal Ores	6	1094	0
非金属矿采选业	Mining and Processing of Nonmetal Ores	14	1706	63715
开采专业及辅助性活动	Support Activities for Mining	188	43264	9260
制造业	Manufacturing	11132	3382665	37871594
农副食品加工业	Processing of Food from Agricultural Products	241	46274	576498
食品制造业	Manufacture of Foods	253	32849	425484

18-9 续表 continued

分 组	Item	新产品开发项目数（项）Number of New products Development Project (item)	新产品开发经费支出（万元）New products Development Expenditure (10 000 yuan)	新产品销售收入（万元）New products Sales Income (10 000 yuan)
酒、饮料和精制茶制造业	Manufacture of Wine,Beverages and Refined Tea	162	26950	367318
烟草制品业	Manufacture of Tobacco	7	436	2900
纺织业	Manufacture of Textile	74	11048	91900
纺织服装、服饰业	Manufacture of Textile and Clothing	43	5190	59861
皮革、毛皮、羽毛及其制品和制鞋业	Manufacture of Leather, Fur, Feather and Related Products and Footwear	9	1531	18568
木材加工和木、竹、藤、棕、草制品业	Processing of Timber, Manufacture of Wood, Bamboo, Rattan, Palm and Straw Products	0	0	25468
家具制造业	Manufacture of Furniture	6	1200	14702
造纸和纸制品业	Manufacture of Paper and Paper Products	7	757	61920
印刷和记录媒介复制业	Printing, Reproduction of Recording Media	92	10454	148044
文教、工美、体育和娱乐用品制造业	Manufacture of Articles for Culture,Education, Arts and Crafts, Sport and Entertaiment Activities	6	1156	18239
石油、煤炭及其他燃料加工业	Processing of Petroleum, Coking, Processing Nuclear Fuel	67	14230	1452667
化学原料和化学制品制造业	Manufacture of Chemical Raw Material and Chemical Products	695	156198	1792022
医药制造业	Manufacture of Medicines	672	85860	913667
化学纤维制造业	Manufacture of Chemical Fibers	12	1272	0
橡胶和塑料制品业	Manufacture of Rubber and Plastics	245	38033	306240
非金属矿物制品业	Manufacture of Non-metallic Mineral Products	671	111105	650766
黑色金属冶炼和压延加工业	Smelting and Pressing of Ferrous Metals	87	39409	528863
有色金属冶炼和压延加工业	Smelting and Pressing of Non-ferrous Metals	564	172839	2057248
金属制品业	Manufacture of Metal Products	415	88427	604909
通用设备制造业	Manufacture of General Purpose Machinery	672	136831	805822
专用设备制造业	Manufacture of Special Purpose Machinery	1073	205651	1784613
汽车制造业	Automotive Industry	493	258663	8365665
铁路、船舶、航空航天和其他运输设备制造业	Manufacture of Railway,Shipping,Aerospace and Other Transport Equipments	1261	822569	3914007
电气机械和器材制造业	Manufacture of Electrical Machinery and Equipment	1139	266001	7188641
计算机、通信和其他电子设备制造业	Manufacture of Computers,Communication and Other Electronic Equipment	1572	755857	5034412
仪器仪表制造业	Manufacture of Measuring Instrument and Machinery	523	85266	583942
其他制造业	Other Manufacturing	19	2873	21752
废弃资源综合利用业	Utilization of Waste Resources	27	2557	42056
金属制品、机械和设备修理业	Industry of Metalwork,Machinery, and Equipment Repair	25	1179	13401
电力、热力、燃气及水生产和供应业	Production and Distribution of Electricity, Gas and Water	82	9141	16379
电力、热力生产和供应业	Production and Supply of Electric Power and Heat Power	59	6503	16017
燃气生产和供应业	Production and Supply of Gas	17	1708	363
水的生产和供应业		6	930	0

18-10　规模以上工业企业自主知识产权保护情况(2021年)

分　　组	Item	专利申请数 (件) Number of Patent Application (piece)
总　　计	**Total**	**16285**
按企业规模分	**Grouped by Size of Enterprises**	
大　型	Large Enterprises	6017
中　型	Medium-sized Enterprises	3688
小　型	Small Enterprises	6387
微　型	Micro Enterprises	193
按登记注册类型分	**By Status of Registration**	
内资企业	Domestic Invested Enterprises	15659
国有企业	State-owned Enterprises	1022
集体企业	Collective-owned Enterprises	10
股份合作企业	Cooperative Enterprises	15
有限责任公司	Limited Liability Corporations	8165
国有独资公司	State Sole-proprietorship Corporations	2111
其他有限责任公司	Other Limited Liability Corporations	6054
股份有限公司	Share-holding Corporations Ltd.	1787
私营企业	Private Enterprises	4660
私营独资企业	Private Sole-proprietorship Enterprises	16
私营有限责任公司	Private Limited Liability Corporations	4035
私营股份有限公司	Private Share-holding Corporations Ltd.	609
其他企业	Other Enterprises	
港、澳、台商投资企业	Enterprises with Investment from Hong Kong, Macao and Taiwan	195
合资经营企业(港或澳、台资)	Joint-venture Enterprises	138
合作经营企业(港或澳、台资)	Joint venture (Hong Kong or Macao, Taiwan)	9
港、澳、台商独资经营企业	Sole-proprietorship Enterprises	44
港、澳、台商投资股份有限公司	Hong Kong, Macao and Taiwan Investment Co., LTD	4
其他港澳台商投资企业	Other Enterprises with Investment from Hong Kong, Macao and Taiwan	
外商投资企业	Foreign Invested Enterprises	431
中外合资经营企业	Joint-venture Enterprises	289
外资企业	Sole-proprietorship Enterprises	100
外商投资股份有限公司	Share-holding Corporations Ltd.	36
其他外商投资企业	Other Foreign Invested Enterprises	6
按国民经济行业分	**By Sector**	
采矿业	Mining	1185
煤炭开采和洗选业	Mining and Washing of Coal	853
石油和天然气开采业	Extraction of Petroleum and Natural Gas	132
黑色金属矿采选业	Mining and Proncessing of Ferrous Metal Ores	5
有色金属矿采选业	Mining and Processing of Non-Ferrous Metal Ores	15
非金属矿采选业	Mining and Processing of Nonmetal Ores	18
开采专业及辅助性活动	Professional and Support Activities for Mining	162
制造业	Manufacturing	14646
农副食品加工业	Processing of Food from Agricultural Products	256

Proprietary Intellectual Property Rights of Industrial Enterprises above Designated (2021)

#发明专利 Patent of Invention	有效发明专利数(件) Number of Effective Patent Invention (piece)	发表科技论文(篇) Pulish Technical Thesis (piece)	拥有注册商标数(件) Number of Registered Trademark (piece)	形成国家或行业标准数(项) Number of National and Trade Standards (item)
6708	**24226**	**7231**	**15950**	**976**
2862	9356	5294	3277	394
1606	5373	1389	4693	262
2187	9306	541	7697	316
53	191	7	283	4
6507	23447	7135	14162	952
547	1570	615	157	204
2	3		5	
	13		1	
3626	12480	4759	5970	430
1026	3094	1736	773	146
2600	9386	3023	5197	284
802	2784	1618	2796	170
1530	6597	143	5233	148
5	23		2	
1255	5357	94	4036	120
270	1217	49	1195	28
90	175	24	1111	
75	51	20	298	
3	2			
11	100	4	597	
1	22		216	
111	604	72	677	24
77	340	60	100	20
12	219	12	513	4
22	45		64	
300	1272	1865	167	24
151	605	1121	137	14
31	80	505	2	
1	6	9	5	
1	11			
	22		8	3
116	548	230	15	7
6240	22480	4866	15779	898
95	172	32	490	33

18-10 续表

分　组	Item	专利申请数（件）Number of Patent Application (piece)
食品制造业	Manufacture of Foods	193
酒、饮料和精制茶制造业	Manufacture of Wine,Beverages and Refined Tea	130
烟草制品业	Manufacture of Tobacco	118
纺织业	Manufacture of Textile	42
纺织服装、服饰业	Manufacture of Textile and Clothing	50
皮革、毛皮、羽毛及其制品和制鞋业	Manufacture of Leather, Fur, Feather and Related Products and Footwear	22
家具制造业	Manufacture of Furniture	22
造纸和纸制品业	Manufacture of Paper and Paper Products	33
印刷和记录媒介复制业	Printing, Reproduction of Recording Media	163
文教、工美、体育和娱乐用品制造业	Manufactuer of Articles for Culture,Education,Arts and Crsfts,Sport and Entertainment Activities	7
石油加工、炼焦和核燃料加工业	Processing of Petroleum, Coking, Processing Nuclear Fuel	314
化学原料和化学制品制造业	Manufacture of Chemical Raw Material and Chemical Products	859
医药制造业	Manufacture of Medicines	300
化学纤维制造业	Manufacture of Chemical Fibers	6
橡胶和塑料制品业	Manufacture of Rubber and Plastics	257
非金属矿物制品业	Manufacture of Non-metallic Mineral Products	561
黑色金属冶炼和压延加工业	Smelting and Pressing of Ferrous Metals	180
有色金属冶炼和压延加工业	Smelting and Pressing of Non-ferrous Metals	552
金属制品业	Manufacture of Metal Products	454
通用设备制造业	Manufacture of General Purpose Machinery	956
专用设备制造业	Manufacture of Special Purpose Machinery	1662
汽车制造业	Automotive Industry	1095
铁路、船舶、航空航天和其他运输设备制造业	Manufacture of Railway,Shipping,Aerospace and Other Transport Equipments	2320
电气机械和器材制造业	Manufacture of Electrical Machinery and Equipment	1164
计算机、通信和其他电子设备制造业	Manufacture of Computers,Communication and Other Electronic Equipment	2091
仪器仪表制造业	Manufacture of Measuring Instrument and Machinery	678
其他制造业	Other Manufacturing	16
废弃资源综合利用业	Utilization of Waste Resources	80
金属制品、机械和设备修理业	Industry of Metalwork,Machinery, and Equipment Repair	65
电力、热力、燃气及水生产和供应业	Production and Distribution of Electricity, Gas and Water	454
电力、热力生产和供应业	Production and Supply of Electric Power and Heat Power	425
燃气生产和供应业	Production and Supply of Gas	27
水的生产和供应业	Production and Supply of Water	2

continued

#发明专利 Patent of Invention	有效发明专利数（件） Number of Effective Patent Invention (piece)	发表科技论　文（篇） Pulish Technical Thesis (piece)	拥有注册商标数（件） Number of Registered Trademark (piece)	形成国家或行业标准数（项） Number of National and Trade Standards (item)
41	156	6	1459	5
26	65	68	897	16
19	25	28	204	
8	63	21	43	2
3	39		18	1
5	7	7	10	1
			3	
13	54	1	14	
30	232	30	35	3
	26		6	
108	447	329	47	6
401	1593	535	2948	89
117	1099	74	2500	31
6	67			
74	232	27	261	45
142	446	65	142	20
75	171	107	12	5
332	1337	234	561	68
200	582	164	118	14
361	1581	136	607	73
681	2399	452	1137	85
310	1634	433	1424	55
1373	3730	1272	361	158
404	1898	120	578	120
1090	3194	365	1484	37
268	1004	126	372	29
8	83		47	2
44	79		1	
6	65	234		
168	474	500	4	54
162	447	483	4	53
6	18	17		1
	9			

18-11 专 利 项 目
Patent Items

单位：件 (piece)

指 标	Item	2020	2021	2022
一、授权量总计	**Patents Application Granted**	**60524**	**86272**	**79375**
发明专利	Inventions	12122	15516	18963
实用新型专利	Utility Models	42227	65011	54496
外观设计专利	Designs	6175	5745	5916
二、发明专利拥有量	**Ownership of Invention Patents**	**54646**	**67379**	**82069**
每万人发明专利拥有量	Ownership of Invention Patents Per 10,000 Persons	14.098	17.045	20.762
三、高价值发明专利拥有量	**High-Value Invention Patent Ownership**	**18072**	**25859**	**30253**
每万人高价值发明专利拥有量	Ownership of High-value Invention Patents Per 10,000 Persons	4.662	6.542	7.653

18-12 各类技术合同签定情况
Statistics on Technical Contracts Signed by Type

指 标	Item	合同数(项) Number of Contracts (unit)		成交金额(亿元) Turnover Fulfilled (100 million yuan)	
		2021	2022	2021	2022
合 计	**Total**	**68951**	**68546**	**2343.44**	**3053.50**
技术开发合同	Technical Development Contracts	23225	18688	548.47	681.02
技术转让合同	Technology Transfer Contracts	1456	1197	26.72	14.96
技术咨询合同	Technical Consultation Contracts	2370	2295	13.86	40.85
技术服务合同	Technical Service Contracts	41900	46211	1754.40	2309.23
技术许可合同	Technology Licensing Contracts		155		7.45

18-13 文化事业
Development of Culture Industry

指　　标	Item	2021	2022
艺术表演团体演出场次(万场次)	Number of Performance of Art Troupes (10 000 shows)	7.3	3.9
观众人次 (万人次)	Number of Spectators (10 000 person-times)	4298	2534
图书馆藏书数 (万册)	Total Collections in Public Libraries (10 000 volumes)	2295	2502
书刊文献外借人次 (万人次)	Number of Books Borrowed by the Readers (10 000 person-times)	380	391
书刊文献外借册数 (万册次)	Number of Books and Magazines Lent to Readers (10 000 volume-times)	751	806

18-14 文化事业机构和人员
Number of Institution and Personnel in Cultural Industry

指　　标	Item	2021		2022	
		机构数 (个) Number of Institutions (unit)	人　数 (人) Number of Persons (person)	机构数 (个) Number of Institutions (unit)	人　数 (人) Number of Persons (person)
总　　计	**Total**	**2018**	**20900**	**1994**	**20814**
# 一、艺术事业	Arts				
# 表演团体	Arts Performance Troupes	85	5326	80	5289
表演场所	Arts Performance Places	64	769	57	661
二、图书馆事业	Public Libraries	117	2101	117	2128
三、群众文化事业	Mass Culture	1477	6838	1467	6846
四、艺术教育事业	Culture and Education	3	127	2	106

18–15 群众艺术馆、文化馆(站)活动情况
Activities Statistics on Mass Art Centers and Cultural Centers(Stations)

指　　标	Item	2021	2022
机构数 (个)	Number of Institutions (unit)	1477	1467
举办展览次数 (次)	Number of Exhibitions (unit)	5118	4654
组织文艺活动次数 (次)	Art Performances and Story-telling Sessions (time)	26693	29159
举办训练班班次 (次)	Number of Training Courses (time)	15716	16526
举办训练班结业人数 (万人次)	Number of Training Course Completers (10 000 person-times)	104	101
总收入 (万元)	Total Income (10 000 yuan)	82331	100734
总支出 (万元)	Total Expenditure (10 000 yuan)	83449	100681

注：本表含乡镇文化站的活动情况。
a) Data in this table include those of township cultural stations.

18–16 文　物　事　业
Development of Cultural Relics

指　　标	Item	2021	2022
文物机构	**Cultural Relics Institutions**		
机构数 (个)	Number of Institutions (unit)	644	655
人员数 (人)	Number of Persons (person)	15113	16805
藏品件数 (件)	Number of Collections (piece)	4599006	3511364
# 一级品	Grade One	7351	7652
二级品	Grade Two	15534	15768
三级品	Grade Three	84709	84948
参观人次 (万人次)	Number of Spectators (10 000 person-times)	3929	2398
# **博物馆**	**Museums**		
机构数 (个)	Number of Institutions (unit)	312	321
人员数 (人)	Number of Persons (person)	8511	10537
藏品件数 (件)	Number of Collections (piece)	4387060	3291895
# 一级品	Grade One	6834	6917
二级品	Grade Two	13880	13695
三级品	Grade Three	72672	72384
参观人次 (万人次)	Number of Spectators (10 000 person-times)	2782	1710
基本陈列 (个)	Permanent Exhibition (unit)	852	741
举办展览 (个)	Exhibition Hold (unit)	424	390

18－17　广播电视基本情况
Basic Statistics on Radio and Television

指　　标	Item	2021	2022
一、无线广播宣传基本情况	Radio		
广播电台　(座)	Number of Broadcasting Stations　(set)	10	10
调频广播发射台　(座)	Relaying Stations of Frequency Modulation Broadcasting　(unit)	165	158
调频广播发射机部数和功率　(部／千瓦)	Stations and Power of Frequency Modulation Broadcasting　(unit/kw)	375/432.35	379/437.95
节目套数　(套)	Number of Radio Programs　(set)	107	109
全年播出时间　(时)	Length of Public Radio Programs Broadcasted(hour:minute)	469867.12	486683.67
广播人口覆盖率　(%)	Radio Coverage of Population　(%)	99.36	99.43
全年制作广播节目　(时)	Length of Radio Programs Produced　(hour)	235050.87	230296.82
新闻节目	News Programs	38422.12	43302.60
专题节目	Special Subject Programs	72091.33	69302.80
文艺节目	General Entertainment Programs	45667.07	38320.12
其他类	Others	78870.35	79371.30
二、电视宣传基本情况	Television		
电视台　(座)	Number of TV Stations　(set)	10	10
发射台及转播台　(座)	TV Transmission and Relaying Stations　(unit)	165	165
发射机功率　(部／千瓦)	Power of Transmision　(unit/kw)	261/357.42	249/264.02
节目套数　(套)	Number of TV Programs　(set)	125	126
全年播出时间　(时)	Length of Public TV Programs Broadcasted　(hour:minute)	638937.65	645932.82
电视人口覆盖率　(%)	TV Coverage of Population　(%)	99.66	99.69
制作电视节目　(时)	Length of TV Programs Produced　(hour)	98147.15	91058.47
新闻节目	News Programs	39414.45	38649.33
专题节目	Special Subject Programs	23779.13	20795.47
文艺节目	General Entertainment Programs	6868.07	7610.25
影视剧节目	TV Play Programs	561	247
其他节目	Others	27524.5	23756.2
三、县广播电视台　(个)	Number of Broadcasting Stations　(unit)	88	88

注：调频广播发射台含调频广播发射台和电视发射台。
a) Number of relaying stations of frequency modulation include relaying stations of frequency modulation and TV.

18–18　各市(区)文化事业情况(2022年)
Basic Statistics on Cultural Industry by City(District)(2022)

地　区	Region	公共图书馆 (个) Public Libraries (unit)	公共图书馆藏书量 (千册) Total Collections (1000 volumes)	群众艺术馆、文化馆 (个) Art Centers Cultural Centers (unit)	文化站 (个) Cultural Stations (unit)
全　省	**Shaanxi**	**117**	**25020**	**122**	**1345**
西 安 市	Xi'an	14	3356	15	185
铜 川 市	Tongchuan	5	794	5	38
宝 鸡 市	Baoji	13	2291	14	114
咸 阳 市	Xianyang	13	1892	14	114
渭 南 市	Weinan	12	2430	12	136
# 韩城市	Hancheng	1	262	1	8
延 安 市	Yan'an	14	1474	15	132
汉 中 市	Hanzhong	12	1520	13	177
榆 林 市	Yulin	13	2284	13	207
安 康 市	Ankang	11	2183	11	139
商 洛 市	Shangluo	8	741	8	98
杨凌示范区	Yangling	1	63	1	5
省直单位	Others	1	5995	1	

注：公共图书馆藏书量不含电子图书。
a)The public library hldings don't include electronic book.

主要统计指标解释

普通高等学校 指通过国家普通高等教育招生考试，招收高中毕业生为主要培养对象，实施高等学历教育的全日制大学、独立设置的学院、独立学院和高等专科学校、高等职业学校及其他普通高教机构。

大学、独立设置的学院主要实施本科及本科层次以上的教育。独立学院主要实施本科层次的教育。高等专科学校、高等职业学校实施专科层次的教育。其他普通高教机构是指承担国家普通招生计划任务不计校数的机构，包括普通高等学校分校、大专班等。

成人高等学校 指通过国家成人高等教育招生考试，招收具有高中毕业或同等学力的人员为主要培养对象，利用函授、业余、脱产等多种形式，对其实施高等学历教育的学校。包括：职工高等学校、农民高等学校、管理干部学院、教育学院、独立函授学院、广播电视大学、其他成人高教机构等。其他成人高教机构是指承担国家成人招生计划任务不计校数的机构。

研究与试验发展(R&D) 指在科学技术领域，为增加知识总量，以及运用这些知识去创造新的应用进行的系统的创造性的活动，包括基础研究、应用研究、试验发展三类活动。国际上通常采用 R&D 活动的规模和强度指标反映一国的科技实力和核心竞争力。

R&D 人员 指参与研究与试验发展项目研究、管理和辅助工作的人员，包括项目(课题)组人员，企业科技行政管理人员和直接为项目(课题)活动提供服务的辅助人员。反映投入从事拥有自主知识产权的研究开发活动的人力规模。

R&D 人员全时当量 指全时人员数加非全时人员按工作量折算为全时人员数的总和。例如：有两个全时人员和三个非全时人员(工作时间分别为 20%、30%和 70%)，则全时当量为 2+0.2+0.3+0.7=3.2 人年。为国际上比较科技人力投入而制定的可比指标。

R&D 经费支出合计 指调查单位用于内部开展 R&D 活动（基础研究、应用研究和试验发展）的实际支出。包括用于 R&D 项目（课题）活动的直接支出，以及间接用于 R&D 活动的管理费、服务费、与 R&D 有关的基本建设支出以及外协加工费等。不包括生产性活动支出、归还贷款支出以及与外单位合作或委托外单位进行 R&D 活动而转拨给对方的经费支出。

专业技术人员 指从事专业技术工作和专业技术管理工作的人员，即企事业单位中已经聘任专业技术职务从事专业技术工作和专业技术管理工作的人员，以及未聘任专业技术职务，现在专业技术岗位上工作的人员。包括工程技术人员，农业技术人员，科学研究人员，卫生技术人员，教学人员，经济人员，会计人员，统计人员，翻译人员，图书资料、档案、文博人员，新闻出版人员，律师、公证人员，广播电视播音人员，工艺美术人员，体育人员，艺术人员及企业政治思想工作人员，共十七个专业技术职务类别。用来反映科技人力资源情况。

专利 是专利权的简称，是对发明人的发明创造经审查合格后，由专利局依据专利法授予发明人和设计人对该项发明创造享有的专有权。包括发明、实用新型和外观设计。反映拥有自主知识产权的科技和设计成果情况。

发明（专利） 指对产品、方法或者其改进所提出的新的技术方案。是国际通行的反映拥有自主知识产权技术的核心指标。

实用新型（专利） 指对产品的形状、构造或者其结合所提出的适于实用的新的技术方案。反映具有一定技术含量的技术成果情况。

外观设计（专利） 指对产品的形状、图案、色彩或者其结合所作出的富有美感并适于工业上应用的新设计。反映拥有自主知识产权的外观设计成果情况。

艺术表演团体 指由文化部门主办或实行行业管理（经文化行政部门审批或已申报登记并领取相关许可证），专门从事表演艺术等活动的各类专业艺术表演团体，含民间职业剧团。不包括群众业余文艺表演团体。

艺术表演场馆 指由文化部门主办或实行行业管理（经文化市场行政部门审批或已申报登记并领取相关许可证），有观众席、舞台、灯光设备，公开售票、专供文艺团体演出的文化活动场所。

广播/电视节目综合人口覆盖率 指根据原国家广电总局制定的《广播电视人口覆盖率统计技术标准和方法》进行统计调查的，在对象区内能接收到由中央、省、地市或县通过无线、有线或卫星等各种技术方式转播的各级广播/电视节目的人口数占总人口数的百分比。

Explanatory Notes on Main Statistical Indicators

Regular Institutions of Higher Education refer to educational establishments recruiting graduates from senior secondary schools as the main target through National Matriculation TEST. They include full-time universities, independently established colleges, colleges, and institutions of higher professional education, institutions of higher vocational education and other institutions of higher education.

Universities and independently established colleges primarily provide undergraduate and above courses; colleges mainly impart undergraduate courses, institutions of higher professional education and institutions of higher vocational education primarily provide professional trainings; and other institutions of higher education refer to educational establishments, which are responsible for enrolling higher education students under the State Plan but not enumerated in the total number of schools, including: branch schools of universities and colleges and junior colleges.

Institutions of Higher Education for Adults refer to educational establishments, enrolling personnel with senior secondary school or equivalent education through National Matriculation TEST for Adult, and providing higher education courses in forms of correspondence, spare time, or full time for adults. Institutions of higher learning for adults include schools of higher education for staff and workers, schools of higher education for peasants, colleges for management cadres, pedagogical colleges, independent correspondence colleges, radio and television universities and other educational establishments of higher education for adult. Other educational establishments of higher education for adult refer undertakings to enrol adult students but not enumerated in the number of schools under the State Plan.

Research and Development (R&D) refers to systematic and creative activities in the field of science and technology aiming at increasing the knowledge and using the knowledge for new application. R&D includes 3 categories of activities: basic research, applied research and experimentation for development. The scale and intensity of R&D are widely used internationally to reflect the strength of S&T and the core competitiveness of a country in the world.

R & D Personnel refer to persons engaged in research, management and supporting activities of R & D, including persons in the project teams, persons engaged in the management of S&T activities of enterprises and supporting staff providing direct service to the research projects. This indicator reflects the size of personnel engaged in R&D activities with independent intellectual property.

Full-time Equivalent of R&D Personnel refers to the sum of the full-time persons and the full-time equivalent of part-time persons converted by workload. For instance, if there are 2 full-time persons and 3 part-time workers (20%, 30% and 70% of working hours respectively on R&D activities), the full-time equivalent are 2+0.2+0.3+0.7=3.2 person-years. This is an internationally comparable indicator of S&T manpower input.

Total Expenditure of Funds on R&D refers to the real expenditure of surveyed units on their own R&D activities (basic research, application study, test and development) including direct expenditure on R&D activities, indirect expenditure of management and services on R&D activities, expenditure on capital construction and material processing by others. Excluding the expenditure on production activities, return of loan, and fees transferred to cooperated and entrusted agencies on R&D activities.

Professional and Technical Personnel refer to persons engaged in professional and technical work or in the management of professional and technical activities, i.e., people with professional or technical positions who are engaged in professional and technical work or in the management of professional and technical activities, and people without professional or technical positions but are working on professional or technical posts. They include professionals and technicians working in 17 categories of technical occupations including engineering, agriculture, scientific researches, medical service, teaching, economic research and application, accounting, statistics, translation, libraries, archives, cultural and museum service, journalism and publication, lawyers, notarization service, radio and television broadcasting, handicraft and fine arts, sports, performing art, and political workers in enterprises. This indicator reflects the condition of human resources in S&T.

Patent is an abbreviation for the patent right and refers to the exclusive right of ownership by the inventors or designers for the creation or inventions, given from the patent offices after due process of assessment and approval in accordance with the Patent Law. Patents are granted for inventions, utility models and designs. This indicator reflects the achievements of S&T and design with independent intellectual property.

Patented Inventions refer to new technical proposals to the products or methods or their modifications. This is universal core indicator reflecting the technologies with independent intellectual property.

Patented Utility Models refer to the practical and new technical proposals on the shape and structure of the product or the combination of both. This indicator reflects the condition of technological results with certain technical content.

Designs refer to the aesthetics and industrially applicable new designs for the shape, pattern and colour of the product, or their combinations. This indicator reflects the appearance design achievements with independent intellectual property.

Arts Performance Troupes refer to the various professional performing arts groups, which sponsored by the cultural sectors or guided by the cultural society (approved by the cultural administration authority, or registered and permitted with the relative certificate), including non-governmental troupes. The mass amateur arts performance troupes are not included.

Arts Performance Places refer to the various sites for cultural activities, which sponsored by the cultural sectors or guided by the cultural society (approved by the cultural market administration, or registered and permitted with the relative certificate), with the facility of auditorium, stage and lighting, and selling tickets in public.

The Population Coverage Rate of Radio/Television refers to the percentage of the whole country's population who can receive radio/television programmes transmitted by national, provincial, municipal or county stations through wireless, cable or satellite techniques, according to *Statistical Standard and Method on Television and Radio Coverage of Population* established by the former State Administration of Broadcasting, Film and Television.

十九、体育、卫生和其他

Sports, Public Health and Others

资料整理：杨小侠

简 要 说 明

一、本篇资料反映陕西体育、卫生、社会福利、安全生产等情况。

二、本篇资料主要内容及资料来源：

体育部分主要包括体育系统职工人数、群众体育活动开展情况及运动竞技成绩等，资料由省体育局提供。

卫生部分主要包括卫生机构、床位及人员数，农村合作医疗情况等，资料由省卫生健康委提供。

社会福利部分主要包括各种社会福利事业的机构数、收养救济人数、婚姻登记状况等，资料由省民政厅提供。

交通、火灾、伤亡事故情况由省公安厅、省安全生产监督管理局提供。

律师、公证及人民调解工作等资料由省司法厅提供。

Brief Introduction

I. This chapter reflects the development of Shaanxi's sports, public health, social welfare, safe production and other undertakings.

II. Primary coverage and data sources:

The data on sports mainly include the number of staff and workers in sports departments, mass sports and athletics sports, etc. The data are provided by Shaanxi Provincial Bureau of Sports.

The data on public health mainly include the number of health institutions, hospital beds and personnel, situation of rural cooperative medical service and etc. The data are provided by the Provincial Health Commission.

The data on social welfare mainly include the number of institutions, the number of persons receiving social welfare relief funds and marriage registration status, etc. The data are provided by Shaanxi Provincial Department of Civil Affairs.

The data on traffic, fire and casualties accident are provided by Shaanxi Provincial Department of Public Security and Shaanxi Provincial Bureau of Work Safety.

The data on lawyer, notarization and the people's mediation work are provided by Shaanxi Province Federation of Trade Unions, Shaanxi Women's Federation and Shaanxi Provincial Department of Justice.

19.体育、卫生和其他

2022年全省		
等级运动员发展人数	1823	人
等级裁判员发展人数	3285	人
卫生机构数	34779	个
卫生技术人员	37.82	万人
# 执业(助理)医师	12.56	万人
注册护士	16.31	万人

卫生机构床位数（万张）

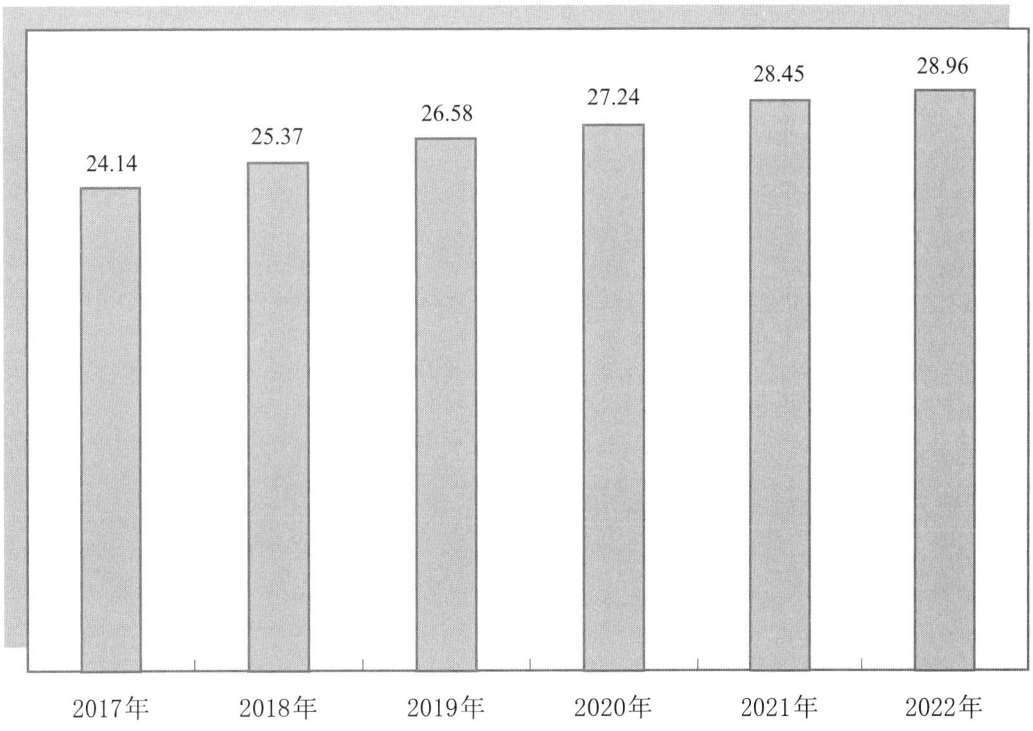

19-1 体 育 事 业
Statistics on Sports Industry

指　　标	Item	2018	2019	2020	2021	2022
一、体育系统职工人数 （人）	Employees Sports System (person)	5380	6262	6088	5850	5913
二、等级运动员发展人数（人）	Number of Class Athlete Development (person)	1338	1800	1655	2034	1823
#女运动员	Female Athletes	593	667	699	910	736
#国际健将	International Masters Sports	1	13			2
运动健将	Masters of Sports	38	124	59	133	52
三、等级裁判员发展人数（人）	Number of Graded Referees (person)	2605	2849	2383	2472	3285
#女裁判员	Female Referees	728	794	712	878	1010
#国家级	National Referees	52	37	41	53	31
四、少年儿童业余体校 （所）	Spare-time Sports School (unit)	82	82	69	67	67
#重点体校	Key Sports School	31	31	31	10	10
在校学生 （人）	Number of Students in School (person)	16300	16390	14575	13218	10872
五、取得冠军次数 （次）	Number of Champions (time)	65	70	28	37	24
世界冠军	International Champion	10	25			5
亚洲冠军	Asian Champions	6	5	1		4
全国冠军	National Champion	49	40	27	37	15

19-2 等级运动员发展人数(2022年)
Number of Athletes in Grades by Type of Sports (2022)

单位：人　　(person)

地　区	Region	等级运动员 Number of Athletesin Grades	# 女 Women	# 国际级健将 International Masters Sports	# 运动健将 Masters of Sports	# 一 级 First Grade	# 二 级 Second Grade
全　省	**Shaanxi**	**1823**	**736**	**2**	**52**	**666**	**1103**
省级直属	Directly under the Provincial	945	345	2	52	666	225
西 安 市	Xi'an	260	106				260
铜 川 市	Tongchuan	24	11				24
宝 鸡 市	Baoji	146	81				146
咸 阳 市	Xianyang	24	10				24
渭 南 市	Weinan	88	41				88
延 安 市	Yan'an	55	17				55
汉 中 市	Hanzhong	77	51				77
榆 林 市	Yulin	106	63				106
安 康 市	Ankang	84	4				84
商 洛 市	Shangluo	14	7				14

19-3 卫生机构、床位及人员数

Number of Health Units, Beds and Staff

年份 Year	卫生机构(个) Health Institutions (unit)	#医院 Hospitals	卫生机构床位(万张) Number of Hospital Beds (10 000 beds)	#医院 Hospitals	卫生技术人员(万人) Medical Technical Personnel (10 000 persons)	#执业(助理)医师 Lecensed (Assistant) Doctors	#注册护士 Registered Nurses
1978	5598	3064	5.39	4.99	7.12	3.43	1.11
1979	5780	3078	5.78	5.32	7.58	3.60	1.17
1980	5845	3095	6.08	5.52	8.05	3.72	1.19
1981	6158	3109	6.37	5.72	8.84	4.07	1.40
1982	6369	3113	6.51	5.92	9.23	4.20	1.57
1983	6280	3106	6.66	6.06	9.57	4.38	1.73
1984	6251	3119	6.87	6.23	10.01	4.63	1.81
1985	6346	2218	7.20	6.46	10.61	4.97	1.88
1986	6309	2439	7.45	6.70	10.89	5.12	1.93
1987	6293	2559	7.68	6.95	11.22	5.29	2.04
1988	6248	2502	8.03	7.22	11.48	5.70	2.41
1989	6312	2515	8.29	7.47	11.63	5.84	2.64
1990	6416	2521	8.55	7.80	11.82	5.91	2.72
1991	6433	2577	9.02	8.22	11.99	5.87	2.81
1992	6404	2604	9.29	8.51	12.33	5.97	2.87
1993	6215	2389	9.56	8.81	12.28	5.89	2.91
1994	6227	3040	9.84	9.07	12.60	6.20	3.03
1995	6215	3313	9.88	9.05	12.80	6.28	3.10
1996	6033	3315	9.59	9.05	12.82	6.30	3.10
1997	5947	3217	9.48	9.04	12.99	6.23	3.25
1998	5639	2779	9.48	9.09	13.03	6.17	3.37
1999	5493	2753	9.68	9.22	13.28	6.37	3.48
2000	5572	2779	9.69	9.26	13.34	6.43	3.56
2001	5563	2780	9.91	9.43	13.53	6.60	3.62
2002	5240	2748	10.00	9.53	13.53	5.95	3.65
2003	5039	2740	10.27	9.89	13.47	6.03	3.72
2004	5138	2710	10.31	9.97	13.46	5.97	3.75
2005	5366	2674	10.67	10.34	13.66	6.03	3.85
2006	5385	2672	11.12	10.90	13.91	6.06	4.07
2007	4753	2645	11.78	11.42	14.17	5.93	4.25
2008	4429	2629	12.52	12.31	14.82	5.81	4.69
2009	4421	2660	13.45	13.05	16.29	6.13	5.44
2010	4638	2639	14.24	13.72	17.77	6.28	6.13
2011	36403	2611	15.38	14.69	19.73	6.57	7.02
2012	36270	2603	16.92	16.31	21.63	6.95	7.94
2013	37136	2634	18.51	17.93	23.91	7.44	8.96
2014	37247	2587	19.94	19.37	25.26	7.65	9.72
2015	37030	2612	21.19	20.63	26.54	7.95	10.43
2016	36598	2655	22.54	22.10	28.88	8.57	11.69
2017	35863	2710	24.14	23.71	31.03	9.32	12.70
2018	35300	2729	25.37	24.94	32.78	9.88	13.80
2019	35404	2841	26.58	26.12	35.38	10.87	15.04
2020	34975	2853	27.24	26.75	36.35	11.39	15.55
2021	34971	2924	28.45	27.90	36.86	12.06	15.94
2022	34779	2954	28.96	28.52	37.82	12.56	16.31

注：1.本表卫生机构2011年起含诊所和村卫生室，2013年起新增计划生育技术服务机构。
2.医院、医院床位数含卫生院、妇幼保健院和专科疾病防治院。
3.执业(助理)医师、注册护士不含乡镇卫生院在村卫生室工作的人员。2002年以前执业(助理)医师为医生数，注册护士为护士(师)数。

a) The health institutions in the table include private clinics, village clinic.New family planning technical service institutions were added since 2011.
b) Hospitals and hospital beds include health center, women and children care agencies and specialized disease prevention &treatment institutes.
c) Practicing (assistant) doctors and registered nurses do not include the personnel of township health centers working in village clinics.
Before 2002,The number of practicing (assistant) physicians is the number of doctors,The number of registered nurses refers to the number of nurses (division).

19–4 各类卫生机构、床位及人员数(2022年)
Number of Various Health Units, Beds and Staff (2022)

指　标	Item	机构数(个) Health Institutions (unit)	床位数(张) Beds (bed)	人员合计(人) Persons Engaged (person)	卫生技术人员 Medical Technical Personnel	其他技术人员 Other Technical Personnel	管理人员 Management	工勤人员 Support Staff
总　计	**Total**	**34779**	**289556**	**455868**	**378222**	**5420**	**38068**	**29424**
一、医院	Hospitals	1280	238281	294436	250557	3411	28418	21728
综合医院	Comprehensive Hospitals	748	162810	214471	183384	2417	20477	15497
中医医院	Hospitals of Traditional Chinese Medicine	173	37025	44326	38013	542	3910	3124
中西医结合医院	Hospitals Combined by Medium Doctors	17	3235	4074	3481	20	503	209
专科医院	Specialized Hospitals	335	34607	31374	25557	428	3507	2844
护理院	Nursing homes	7	604	191	122	4	21	54
二、基层医疗卫生机构	Basic Medical and Health Institutions	32978	41222	126537	100558	869	5329	4234
社区卫生服务中心(站)	Community Health Service Center (station)	719	3692	13238	11510	185	1194	751
社区卫生服务中心	Community Health Service Center	249	3624	9425	8056	157	751	692
社区卫生服务站	Community Health Service station	470	68	3813	3454	28	443	59
卫生院	Commune Hospitals	1552	37377	49390	44719	627	2910	2405
街道卫生院	Hospitals in the Streets	36	761	1373	1141	13	83	163
乡镇卫生院	Township Hospitals	1516	36616	48017	43578	614	2827	2242
中心卫生院	Center Hospital	637	22078	26310	23828	327	1423	1356
乡卫生院	Rural Hospitals	879	14538	21707	19750	287	1404	886
村卫生室	Village Clinic	21951		29415	11695			
门诊部	Outpatient Departments	798	25	9809	8698	29	850	608
综合门诊部	Comprehensive Outpatient Departments	177		2920	2682	10	183	119
中医门诊部	Chinese Medical Outpatient Department	67		675	602	2	85	25
中西医结合门诊部	Combination of Traditional Chinese and Western Medicine Outpatient Department	5		32	31		4	
专科门诊部	Specialist OutPatient Department	549	25	6182	5383	17	578	464
诊所、卫生所、医务室	Clinics, Health Institute, Medical Office	7958	128	24685	23936	28	375	470
诊　所	Clinics	7315	100	22213	21610	7	294	404
卫生所、医务室	Health Institute, Medical Office	642	28	2458	2323	10	81	66
护理站	Nursing station	1		14	3	11		
三、专业公共卫生机构	Specialty Public Health Agency	407	9541	31188	24604	783	3719	3095
疾病预防控制中心	Disease Prevention and Controlling Center	119		6845	5233	239	999	596
专科疾病防治院(所、站)	Specialized Disease Prevention and Treatment Centers (stations)	5	1083	957	730	24	138	101
健康教育所(站、中心)	Health Education Offices (stations or centers)	11		310	176	52	86	16
妇幼保健院(所、站)	Maternity and Child Care Centers (stations)	117	8458	18282	15080	315	1642	1643
急救中心(站)	First-aid Center (station)	5		344	172	7	87	106
采供血机构	Blood Collecting and Supply Organizations	11		1149	767	81	168	180
卫生监督所(中心)	Health Supervision Centers	115		2988	2258	49	488	424
计划生育技术服务机构	Family Planning Technical Service Institutions	24		313	188	16	111	29
四、其他卫生机构	Other Health Institutions	114	512	3707	2503	357	602	367

注：本表人员合计中含乡村医生和卫生员。
a) Summation-personnel in this table includes country doctors and medical orderlies.

19−5 法定传染病发病率和死亡率(2022年)
The Incidence and Death of Infectious Diseases(2022)

病　名	Diseases	发病率 (1/10万) Incidence (1/100 000)	死亡率 (1/10万) Death Rate (1/100 000)	病死率 (%) Mortality Rate (%)
合　计	**Total**	**1.0000**	**2.0000**	**3.0000**
鼠　疫	The Plague	354.7574	0.6272	0.1768
霍　乱	Cholera			-
传染性非典	SARS	0.0025		
艾 滋 病	AIDS			-
肝　炎	Hepatitis	2.2939	0.4578	19.9573
脊　灰	Poliomyelitis	48.7507	0.0025	0.0051
人感染高致病性禽流感	Highly Pathogenic Avian Influenza			-
麻　疹	Measles			-
出 血 热	Hemorrhagic Fever	0.0405		
狂 犬 病	Hydrophobia	2.9944	0.0101	0.3373
乙　脑	JE	0.0126	0.0126	100.0000
登 革 热	Dengue Fever	0.0658	0.0025	3.7994
炭　疽	Anthrax			-
痢　疾	Dysentery	0.0202		
肺 结 核	Pulmonary Tuberculosis	4.0668		
伤寒+副伤寒	Typhoid and Paratyphoid Fever	34.0466	0.1416	0.4159
流　脑	Epidemic Encephalitis	0.0733		
百 日 咳	Pertussis	0.0025		
白　喉	Diphtheria	7.1371		
新生儿破伤风	Newborn Tetanus			-
猩 红 热	Scarlet Fever			-
布　病	Brucellosis	2.1320		
淋　病	Gonorrhea	4.1148		
梅　毒	Syphilis	3.5534		
钩 体 病	Leptospirosis	24.0238		
血吸虫病	Schistosomiasis			-
疟　疾	Malaria	0.0025		
人感染H7N9禽流感	HpAI H7N9	0.0582		
流行性感冒	Influenza			
流行性腮腺炎	Mumps	121.0926		
风　疹	Rubella	11.4593		
急性出血性结膜炎	Acute Hemorrhagic Conjunctivitis	0.0683		
麻 风 病	Leprosy	1.2038		
斑疹伤寒	Typhus	0.0101		
黑 热 病	Black Fever	0.0455		
包 虫 病	Echinococcosis	0.0759		
丝 虫 病	Filariasis	0.0278		-
其它感染性腹泻病	Other Infectious Diarrhoea			
手足口病	Hand, Foot and Mouth Disease	43.5230		

19–6 出院病人前十位疾病构成(2022年)
Discharged Patients Diseases of the Top Ten (2022)

序号 NO.	市 City		
	疾 病	Diseases	构 成 (%) Constitute
1	循环系统疾病	Circulatory System Diseases	16.38
2	呼吸系统疾病	Respiratory System Diseases	12.09
3	妊娠、分娩和产褥期	Pregnancy, Childbirth and the Puerperium	9.40
4	消化系统疾病	Digestive Diseases	9.19
5	其它接收医疗服务	Other Medical Services	11.44
6	损伤、中毒	Injury, Poisoning	6.07
7	泌尿生殖系统疾病	Genitourinary System Diseases	5.14
8	肿 瘤	Tumor Diseases	4.89
9	眼和附器疾病	Eye and appendage diseases	4.47
10	内分泌、营养和代谢地饼、疾病小计	Musculoskeletal and Connective Tissue Diseases	3.60
	构成合计	Total	82.67

19–6 续表 continued

序号 NO.	县 County		
	疾 病	Disease	构 成 (%) Constitute
1	循环系统疾病	Circulatory System Diseases	24.03
2	呼吸系统疾病	Respiratory System Diseases	19.52
3	妊娠、分娩和产褥期	Pregnancy, Childbirth and the Puerperium	8.30
4	消化系统疾病	Digestive Diseases	9.62
5	其它接收医疗服务	Other Medical Services	4.35
6	损伤、中毒	Injury, Poisoning	8.02
7	泌尿生殖系统疾病	Genitourinary System Diseases	4.42
8	肿 瘤	Tumor Diseases	2.20
9	眼和附器疾病	Eye and appendage diseases	1.73
10	内分泌、营养和代谢疾病小计	Musculoskeletal and Connective Tissue Diseases	3.15
	构成合计	Total	85.34

19-7 各市(区)卫生机构、床位及人员数(2022年)
Number of Health Institutions, Beds and Persons Engaged by City(District) (2022)

地区	Region	机构数(个) Health Institutions (unit)	床位数(张) Beds Total (bed)	人员数(人) Total Staff (person)	卫生技术人员(人) Medical Technical Personnel (person)	#执业(助理)医师 Lecensed (Assistant) Doctors	#注册护士 Registered Nurses
全　省	**Shaanxi**	**34779**	**289556**	**455868**	**378222**	**125594**	**163112**
西安市	Xi'an	7412	81126	156837	130391	46744	59358
铜川市	Tongchuan	808	7072	10051	8330	2621	3935
宝鸡市	Baoji	2824	29995	40670	34044	11470	14507
咸阳市	Xianyang	4452	32546	52951	45899	14020	18879
渭南市	Weinan	3928	34961	49657	40948	12414	16561
延安市	Yan'an	2356	15616	25031	19744	6178	8786
汉中市	Hanzhong	3577	28185	33592	27470	8915	11544
榆林市	Yulin	3713	22729	37897	30802	10008	13153
安康市	Ankang	2788	19389	24855	21059	6898	8625
商洛市	Shangluo	2718	16151	21636	17090	5497	6710
杨凌示范区	Yangling	203	1786	2691	2445	829	1054

注：1.本表人员合计中含乡村医生和卫生员。
2.执业(助理)医师、注册护士不含乡镇卫生院在村卫生室工作的人员。
a) Summation-personnel in this table includes country doctors and medical orderlies.
b) Practicing (assistant) doctors and registered nurses do not include the personnel of township health centers working in village clinics.

19–8 农村村级卫生组织情况(2022年)
Situations of Health Institutions in Rural Village (2022)

地 区	Region	村卫生室 (个) Village Health Room (unit)	乡村医生和卫生员 (人) Rural Doctors and Health Workers (person)	乡村医生 Rural Doctors	卫生员 Health Workers
全 省	**Shaanxi**	**21951**	**17720**	**17335**	**385**
西安市	Xi'an	2736	1317	1269	48
铜川市	Tongchuan	477	278	278	
宝鸡市	Baoji	1673	1939	1911	28
咸阳市	Xianyang	3148	2030	2030	
渭南市	Weinan	2770	3386	3093	293
延安市	Yan'an	1742	1443	1443	
汉中市	Hanzhong	2525	1976	1971	5
榆林市	Yulin	2612	1735	1726	9
安康市	Ankang	2081	1498	1498	
商洛市	Shangluo	2084	2090	2089	1
杨凌示范区	Yangling	103	28	27	1

19–9 社区卫生服务中心(站)情况(2022年)
Statistics on Community Health Service Centers (Stations) (2022)

地 区	Region	社区卫生服务中心(站) (个) Community Health Service Center(station) (unit)	床位数 (张) Beds (bed)	人员数 (人) Persons Engaged (person)	卫生技术人员 (人) Medical Technical Personnel (person)	# 执业(助理)医师 Lecensed (Assistant) Doctors	# 注册护士 Registered Nurses
全 省	**Shaanxi**	**719**	**3692**	**13238**	**11510**	**3839**	**5005**
西安市	Xi'an	250	1098	6539	5571	1804	2415
铜川市	Tongchuan	42	499	482	409	100	230
宝鸡市	Baoji	67	685	1181	1058	367	473
咸阳市	Xianyang	123	230	1442	1309	539	590
渭南市	Weinan	75	330	874	753	288	282
延安市	Yan'an	35	300	623	564	191	230
汉中市	Hanzhong	19	63	273	238	71	101
榆林市	Yulin	89	412	1433	1252	361	542
安康市	Ankang	11		168	157	49	71
商洛市	Shangluo	5	75	139	123	55	40
杨凌示范区	Yangling	3		84	76	14	31

19-10　医疗保险情况

Basic Statistics of Insurance

指　　标		Item		2021	2022
基金收入	(亿元)	Revenue	(100 million yuan)	695.62	798.43
职工基本医疗保险(含生育保险)		Basic Medical Insurance for Workers (Birth Insurance Included)		414.98	508.41
城乡居民基本医疗保险		Basic Medical Insurance for Urban and Rural Residents		280.64	290.02
基金支出	(亿元)	Expenses	(100 million yuan)	629.75	538.51
职工基本医疗保险(含生育保险)		Basic Medical Insurance for Workers (Birth Insurance Included)		351.04	305.25
城乡居民基本医疗保险		Basic Medical Insurance for Urban and Rural Residents		278.72	233.26
累计结余	(亿元)	Balance at Year-end	(100 million yuan)	770.68	1030.59
职工基本医疗保险(含生育保险)		Basic Medical Insurance for Workers (Birth Insurance Included)		605.54	808.70
城乡居民基本医疗保险		Basic Medical Insurance for Urban and Rural Residents		165.13	221.89
城镇职工基本医疗保险参保人数	(万人)	Participants of Basic Medical Insurance for Urban Workers	(10 000 persons)	783.79	720.21
城乡居民基本医疗保险参保人数	(万人)	Participants of Basic Medical Insurance for Urban and Rural Residents	(10 000 persons)	3107.84	2956.33
生育保险参保人数	(万人)	Participants in Birth Insurance	(10 000 persons)	560.24	496.11
享受生育保险待遇人次	(万人次)	Beneficiaries	(10 000 person-times)	18.11	21.19

19-11　养老机构基本情况

Basic Statistics on Elderly Care Institutions

单位：个　　(unit)

指　　标	Item	2021	2022
总　　计	**Total**	**765**	**789**
社会福利院	Social Welfare Home	31	29
特困人员救助供养机构	Aid and Support Institutions for People in Extreme Need	331	325
养老公寓等各类养老机构	Pension Apartment and Other Pension Institutions	403	435

19–12 城镇社区服务设施
Urban Welfare Facilities

地 区	Region	城镇社区服务设施数(个) Urban Welfare Facilities(unit)		从业人员(人) Employed Persons(person)	
		2021	2022	2021	2022
全 省	**Shaanxi**	**13893**	**14760**	**48613**	**50680**
西 安 市	Xi'an	2336	2381	11673	11429
铜 川 市	Tongchuan	470	475	1900	2260
宝 鸡 市	Baoji	1275	1207	3957	3768
咸 阳 市	Xianyang	1886	2176	5165	6265
渭 南 市	Weinan	1234	1244	4197	4228
延 安 市	Yan'an	1059	1077	3310	3355
汉 中 市	Hanzhong	1967	2136	5619	5643
榆 林 市	Yulin	1019	1057	3688	3754
安 康 市	Ankang	1918	1960	6065	6147
商 洛 市	Shangluo	518	835	2131	2918
西咸新区	Xixian New Area	211	212	908	913

19–13 工 会 工 作(2022年)
Basic Statistics on Trade Unions (2022)

项 目		Item		实有数 Number
基层工会	(个)	Basic Trade Unions	(unit)	108365
工会女职工组织	(个)	Women Workers Organization	(unit)	102742
工会经费审查委员会	(个)	Review Organization of Trade Union Funds	(unit)	58847
工会会员	(万人)	Union Members	(10 000 persons)	901.90
#女 性		Women		324.86
#农民工		Migrant Workers		364.67
专职工会工作人员	(人)	Full-time Union Staff	(person)	28036
兼职职工会工作人员	(人)	Part-time Union Staff		267938
建立职代会制度的工会	(个)	Union System Workers'Congress	(unit)	14955
职代会制度覆盖职工	(万人)	The Number of Staff and Workers covered by Workers Congress System	(10 000 persons)	352.99
#职代会中职工代表		Workers representatives of workers' congress		32.61
建立劳动争议调解委员会	(个)	Establish Labor Dispute Mediation Mommittees	(unit)	28768

19−14　律师、公证及人民调解工作(2022年)
Lawyers, Notarization and Mediation of Civil Disputes (2022)

项　　目		Item		实有数 Number
一、律师工作		**Lawyers**		
律师人员	(人)	Number of Lawyers	(person)	14328
#专　职		Full-time Lawyers		13794
兼　职		Part-time Lawyers		534
刑事诉讼辩护及代理	(件)	Agent of Criminal Defense	(case)	10480
民事诉讼代理	(件)	Agent of Civil Case	(case)	57300
行政诉讼代理	(件)	Agent of Administrative Action	(case)	2625
担任法律顾问	(家)	As Legal Advisers	(unit)	9408
律师事务所	(个)	Number of Law Offices	(unit)	831
二、公证工作		**Notarial Personnel**		
公证处	(个)	Number of Notary Offices	(unit)	118
#涉外公证处		Foreign-related Notary Offices		25
公证人员	(人)	Notarial Personnel	(person)	1246
办理公证文书	(件)	Notarized Documents	(case)	183339
三、人民调解工作		**Number of People's Mediation**		
人民调解委员会	(个)	Number of People's Mediation Committees	(unit)	24856
调解委员	(人)	Member of a Mediation Committee	(person)	85159
调解民间纠纷	(件)	Number of Civil Disputes Mediated	(case)	96574

19−15　国内公证文书分类(2022年)
Domestic Notarized Documents by Type (2022)

分　　类	Type	办证件数(件) Number of Notarial Documents Issued (case)	分　　类	Type	办证件数(件) Number of Notarial Documents Issued (case)
合　　计	**Total**	**183339**	有无违法犯罪记录	have or no Illegal and Criminal Record	9401
合同(协议)	Contracts	7206	公司章程	Corporation Constitutions	35
继　承	Inheritances	17049	保全证据	Evidence Preservation	5823
#小额继承	A Small Inheritance	3700	证书(执照)	Certificate(License)	24344
委　托	Proxy	24658	签名(印鉴)	Signatures and Seals	2933
声　明	Announcement	11449	文本相符	Text Conformity	17192
赠　与	Presentation Documents	436	赋予执行效力	Given Executory Effect	39996
遗　嘱	Testaments	387	执行证书	Execution Certificate	2048
现场监督	Field Supervision	555	抵押登记	Mortgage Registration	45
婚姻状况、亲属关系、收养关系	Marital Status, Kinship, Adoptive Relationship	4774	提　存	Drawing	51
			保　管	Reserve	5
生　存	Survival	5203	其　他	Others	6266
身份、经历、学历、学位、职务、职称	Identity, Experience, Educational Background,Degree,Position,Title	3483			

19–16 婚姻登记情况
Statistics on Marriage Registration

指 标		Item		2019	2020	2021	2022
一、登记结婚数	**（对）**	**Number of Registered Marriages**	**(couples)**	**271861**	**236217**	**221046**	**200425**
内地居民登记结婚数	（对）	Registered Marriages in the Mainland	(couples)	271292	236008	220852	200237
涉外婚姻数	（对）	Number of Marriages with Foreigner	(couples)	569	209	194	188
初婚数	（人）	Number of First Marriages	(person)	409810	353397	330097	305068
再婚数	（人）	Number of Re-marriages	(person)	133912	119037	111995	95782
# 恢复结婚数	（对）	Restoration of Marriages	(couples)	14189	11966	9556	7511
二、登记离婚数	**（对）**	**Number of Registered Divorces**	**(couples)**	**107016**	**96799**	**58906**	**51818**
内地居民登记离婚数	（对）	Registered Divorces in the Mainland	(couples)	106933	96757	58883	51787
涉外婚姻数	（对）	Number of Divorces with Foreigner	(couples)	83	42	23	31

19–17 各市(区)婚姻登记情况(2022年)
Registered Marriages by City(District) (2022)

地 区	Region	登记结婚数（对） Number of Registered Marriages (couples)	初婚数（人） Number of First Marriages (person)	再婚数（人） Number of Re-marriages (person)	# 恢复结婚数(对) Restoration of Marriages (couples)	登记离婚数（对） Number of Registered Divorces (couples)
全 省	**Shaanxi**	**200425**	**305068**	**95782**	**7511**	**51818**
西 安 市	Xi'an	70090	109028	31152	2284	18994
铜 川 市	Tongchuan	3197	4613	1781	178	989
宝 鸡 市	Baoji	15104	23192	7016	484	3337
咸 阳 市	Xianyang	22951	35176	10726	929	5353
渭 南 市	Weinan	22159	31757	12561	691	5776
延 安 市	Yan'an	9420	13797	5043	698	3058
汉 中 市	Hanzhong	15289	22547	8031	479	3516
榆 林 市	Yulin	15858	25036	6680	1010	4015
安 康 市	Ankang	13031	19863	6199	330	3542
商 洛 市	Shangluo	8548	13103	3993	183	1602
西咸新区	Xixian New Area	4590	6654	2526	244	1605
厅级小计	Others	188	302	74	1	31

19-18 交通事故情况(2022年)
Basic Statistics on Traffic Accidents(2022)

地区	Region	事故次数(起) Number of Accidents (case)	死亡人数(人) Number of Deaths (person)	受伤人数(人) Number of Injuries (person)	损失折款(万元) Converted into Cash Losses (10 000 yuan)
全省	**Shaanxi**	**4399**	**902**	**4622**	**2415.91**
西安市	Xi'an	2176	374	2211	1359.13
铜川市	Tongchuan	190	13	273	35.10
宝鸡市	Baoji	439	77	468	192.71
咸阳市	Xianyang	173	36	203	76.86
渭南市	Weinan	315	53	363	150.73
延安市	Yan'an	100	93	90	53.74
汉中市	Hanzhong	187	21	201	29.09
榆林市	Yulin	413	132	375	451.19
安康市	Ankang	65	43	53	16.22
商洛市	Shangluo	325	58	370	44.53
杨凌示范区	Yangling	12	2	11	3.42
民航	Civil Aviation	4		4	3.20

19-19 火灾事故情况(2022年)
Basic Statistics on Fires(2022)

地区	Region	事故次数(起) Number of Accidents (case)	死亡人数(人) Number of Deaths (person)	受伤人数(人) Number of Injuries (person)	损失折款(万元) Losses Converted into Cash (10 000 yuan)
全省	**Shaanxi**	**22079**	**51**	**36**	**23537.40**
西安市	Xi'an	5302	34	13	5878.38
铜川市	Tongchuan	368		3	562.90
宝鸡市	Baoji	2644		3	1794.85
咸阳市	Xianyang	2979	3	3	1644.33
渭南市	Weinan	2901	4		843.21
延安市	Yan'an	955	2	6	1751.54
汉中市	Hanzhong	1571	1	4	1761.38
榆林市	Yulin	2199	5		3991.14
安康市	Ankang	989		1	2047.04
商洛市	Shangluo	710		1	574.73
杨凌示范区	Yangling	1254	1	2	1704.16
西咸新区	Xixian New Area	207	1		983.75

19–20 各类伤亡事故情况(2022年)
Statistics on Various Fatal Accidents (2022)

类别	Type	总计 Total 起数(起) Times (time)	总计 Total 死亡(人) Deaths (person)	较大事故 Larger Accidents 起数(起) Times (time)	较大事故 Larger Accidents 死亡(人) Deaths (person)
全省	**Shaanxi**	**355**	**345**	**14**	**54**
农林牧渔业	Agriculture, Forestry, Animal Husbandry and Fishery	3			
#农业机械	Agricultural Machinery	3			
采矿业	Mining	20	26	2	6
煤矿	Coal Mine	15	20	2	6
金属非金属矿山	Metallic and Nonmetallic Mine	2	2		
石油天然气	Oil and Gas	3	4		
商贸制造业	Manufacturing	25	29	3	9
#化工	Chemical Industry	5	9	2	6
工贸	Industry and Trade	18	18	1	3
建筑业	Construction	53	59	1	3
#房屋建筑	Housing Construction	17	18		
土木工程	Civil Engineering	10	11		
交通运输和仓储业	Traffic, Transport, Storage and Post	241	215	7	33
#铁路运输业	Railway Transport	8	8		
道路运输业	Road Transport	230	203	7	33
水上运输业	Water transport industry	1	2		
其他行业	Others	13	16	1	3

19–21 收养登记情况(2022年)
Statistics on Social Donation and Adopting Registration (2022)

地区	Region	收养登记合计(人) Number of Registered Adoption (person)	中国公民 Adoption by Chinese	外国人 Adoption by Foreigners
全省	**Shaanxi**	**187**	**187**	
西安市	Xi'an	40	40	
铜川市	Tongchuan	2	2	
宝鸡市	Baoji	21	21	
咸阳市	Xianyang	14	14	
渭南市	Weinan	30	30	
延安市	Yan'an	1	1	
汉中市	Hanzhong	34	34	
榆林市	Yulin	9	9	
安康市	Ankang	28	28	
商洛市	Shangluo	3	3	
西咸新区	Xixian New Area	5	5	

主要统计指标解释

卫生机构 指从卫生(卫生计生)行政部门取得《医疗机构执业许可证》、《中医诊所备案证》、《计划生育技术服务许可证》，或从民政、工商行政、机构编制管理部门取得法人单位登记证书，为社会提供医疗服务、公共卫生服务或从事医学科研和医学在职培训等工作的单位。医疗卫生机构包括医院、基层医疗卫生机构、专业公共卫生机构、其他医疗卫生机构。

卫生技术人员 包括执业医师、执业助理医师、注册护士、药师（士）、检验技师（士）、影像技师、卫生监督员和见习医（药、护、技）师（士）等卫生专业人员。不包括从事管理工作的卫生技术人员(如院长、副院长、党委书记等)。

执业医师 指《医师执业证》“级别”为“执业医师”且实际从事医疗、预防保健工作的人员，不包括实际从事管理工作的执业医师。执业医师类别分为临床、中医、口腔和公共卫生四类。

执业助理医师 指《医师执业证》“级别”为“执业助理医师”且实际从事医疗、预防保健工作的人员，不包括实际从事管理工作的执业助理医师。执业助理医师类别分为临床、中医、口腔和公共卫生四类。

社区卫生服务中心(站) 指为本社区居民提供预防、医疗、保健、康复、健康教育、计划生育技术服务等的基层卫生机构。包括社区卫生服务中心和社区卫生服务站。

社会福利企业 指以集中安置有一定劳动能力的残疾人员就业为目（残疾职工占生产人员 10%以上）、带有社会福利性质的企业总称。主要包括福利工厂、假肢厂和其他福利企业。

城镇社区服务设施数 指报告期末城镇（街道办事处、居委会）设立的以非盈利为目的，为本社区居民服务，特别是为老年人、残疾人、儿童服务的社区服务中心、活动站、服务站、养老院、老年公寓（托老所），残疾人工疗站、残疾儿童日托所、家务服务站、婚姻介绍所等福利性设施以及职工社会保险管理服务的机构数。几种不同类型的社区服务单位，共用一个场所的，只能统计为一个社区服务设施。成为社区服务设施的条件：（1）是独立核算单位；（2）有固定的从业人员；（3）有一定的服务项目；（4）有一定的场所。

公证人员 指在公证处工作的人员总称，包括公证处主任、副主任、公证员、公证员助理(助理公证员)和其他从事辅助性工作的人员。

公证文书 指公证处根据当事人申请，依照事实和法律，按照法定程序制作的，具有法律效力的司法证明文书。

Explanatory Notes on Main Statistical Indicators

Health Care Institutions refer to the units which have been qualified the Certification of Health Care Institution, filing certificate of traditional Chinese medicine clinic, certification of family planning technical service by the administration of public health, or qualified the Certification of Corporate Unit by the civil affairs, administration for industry and commerce, commission office for public sector reform, and engaging in medical health care services, public health services, or medicine research and on-job training, etc., including: hospitals, health care institutions at grass-root level, specialized public health institutions, and other medical and health care institutions.

Medical Technical Personnel refer to the professional staff engaged in health care, including licensed doctors, licensed assistant doctors, registered nurses, pharmacists, laboratory technicians, imaging staff, health care supervisors and intern doctors, pharmacists, nurses, and technical personnel, excluding the medical technical personnel engaged in managerial job (e.g. president, vice president and secretary of the party committee etc).

Licensed Doctors refer to the medical workers who have obtained the licenses of qualified doctors and are employed in medical treatment, disease prevention or healthcare institutions, excluding the licensed doctors engaged in management job. The licensed doctors are divided into 4 categories: clinician, Chinese medicine physicians, dentist and public health physicians.

Licensed Assistant Doctors refer to the medical workers who have obtained the licenses of qualified assistant doctors and are employed in medical treatment, disease prevention or healthcare institutions, excluding the licensed assistant doctors engaged in management job. The classification of licensed assistant doctors is clinician, Chinese medicine, dentist and public health.

Community Health Service Centers (stations) refer to the primary units that provide the health care for community residents, such as disease prevention and control, medical treatment, health care, rehabilitation, health education, family planning technical services, including community health service centers and community health service stations.

Social Welfare Enterprises refers to those welfare-oriented enterprises employing a significant number of handicapped people with certain labour ability (handicapped employees shall exceed 10% of the production staff), including welfare factories, artificial limb plants as well as other welfare enterprises.

Number of Service Facilities in Urban Communities refers to the number non-profit welfare facilities set up by urban communities (community offices and residents' committees) to serve the community residents, including, among others, community-based centers that serve senior citizens, the handicapped or children, recreational centers, service centers, nursing homes, apartments for the elderly (nursery for the aged), work and treatment stations for the handicapped, day-care centers for handicapped children, domestic help agencies and dating services, as well as social insurance management agencies for the employees. Different types of community service providers that share the same premise are regarded as one community service facility. The requirements for a social service facility of communities include: (1) independent accounting; (2) fixed employees; (3) provision of services; and (4) premises.

Notary Personnel refers to people working for notary offices including: directors, deputy directors, notaries, assistant notaries and other people providing assistance.

Notary Documents refer to the judicial notary documents drawn up at the request of the interested party and are in accordance with facts and the law and following certain legal proceedings.

二十、水利

Irrigation

资料整理：赵　辉　郭力涛　文　燕　刘晓燕

简 要 说 明

一、本篇资料反映陕西水利建设基本情况。主要内容包括水利建设投资，水利工程供水，水库，灌区，灌溉面积，水土保持，农村水电装机等情况。

二、本篇资料由省水利厅提供。

Brief Introduction

I. This chapter reflects the basic conditions of Shaanxi's water conservancy, mainly including investment in water conservancy projects, water supply of water conservancy projects, reservoir, irrigated area, water and soil conservation, basic statisticson rural hydropower installed capacity and etc.

II. The data are provided by Shaanxi Province Department of Water Resources.

20.水 利

2022年全省		
水利建设投资	412.46	亿 元
灌溉面积	1446.21	千公顷
水利工程供水量	94.88	亿立方米
水库数量	1079	座

水利建设投资（亿元）

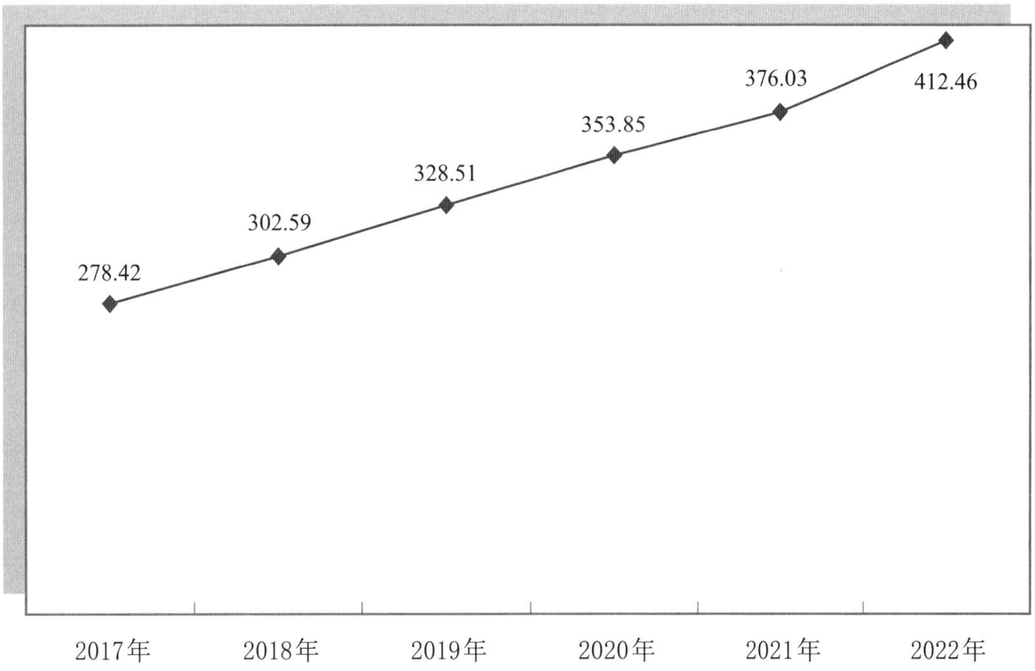

20-1 水利建设投资情况(2022年)
Construction Investment Situation of Hydroproject(2022)

单位：万元 (10 000 yuan)

地 区	Region	水利建设投资总计 Total	中央 Central Level	省级 Provincial Level	市级 City Level	县及县以下 at and below County Level	民间投资 Nongovernment Investment
全 省	**Shaanxi**	**4124629**	**1145878**	**511420**	**1112979**	**583135**	**771217**
省 属	Provincial	693883	131775	223853			338255
西 安 市	Xi'an	1007190	14528	11649	793913	187100	
铜 川 市	Tongchuan	65684	32787	5964	2040	20394	4499
宝 鸡 市	Baoji	228680	37253	41629	6071	24077	119650
咸 阳 市	Xianyang	185183	30837	23515	81609	49223	
渭 南 市	Weinan	314435	153487	60566	24283	62885	13214
# 韩城市	Hancheng	27277	7960	5549		554	13214
延 安 市	Yan'an	246655	108576	29578	37824	36277	34400
汉 中 市	Hanzhong	316016	166988	45546	2606	62715	38161
榆 林 市	Yulin	502233	156301	20861	160304	55317	109451
安 康 市	Ankang	316625	184241	28302	2330	53773	47979
商 洛 市	Shangluo	227447	128605	18397	2000	28074	50372
杨凌示范区	Yangling	20597	500	1560		3300	15237

注：水利建设投资主要包括：重大水利工程、水资源配置，节约与保护、防洪减灾能力建设、农村水利建设、水土保持、水生态修复治理、水利设施维修养护、库区移民后期扶持、专项工程等。

a)Investment in water conservancy construction mainly includes: major water conservancy projects, allocation of water resources, conservation and protection, flood control and disaster reduction capacity construction, rural water conservancy construction, soil and water conservation, water ecological restoration and management, maintenance and maintenance of water conservancy facilities, support for reservoir resettlement in the later stage, special projects, etc.

20-2 用水总量(2022年)
Water Use (2022)

单位：亿立方米 (100 million cu.m)

地 区	Region	用水总量 Water Use	农业用水量 Agricultural Water Consumption	工业用水量 Industrial Water Consumption	生活用水量 Domestic Water Consumption	人工生态环境补水量 Water Supply for Artificial Ecological Environment
全 省	**Shaanxi**	**94.88**	**57.48**	**10.72**	**20.22**	**6.46**
西 安 市	Xi'an	21.34	6.77	2.01	8.46	4.11
铜 川 市	Tongchuan	0.90	0.32	0.21	0.30	0.06
宝 鸡 市	Baoji	7.52	5.21	0.60	1.55	0.16
咸 阳 市	Xianyang	9.07	6.05	0.81	1.73	0.48
渭 南 市	Weinan	14.99	10.99	1.44	1.80	0.75
# 韩城市	Hancheng	0.84	0.20	0.39	0.20	0.04
延 安 市	Yan'an	3.19	1.01	1.08	0.98	0.11
汉 中 市	Hanzhong	16.25	14.36	0.33	1.40	0.15
榆 林 市	Yulin	11.71	7.02	3.08	1.45	0.16
安 康 市	Ankang	6.60	4.30	0.73	1.44	0.14
商 洛 市	Shangluo	2.92	1.27	0.36	0.97	0.32
杨凌示范区	Yangling	0.40	0.19	0.05	0.14	0.02

20–3 水利工程供水总量(2022年)
Water Supply by Water Projects(2022)

单位：亿立方米 (100 million cu.m)

地 区	Region	供水总量 Water Supply	地表水源供水量 Surface Water Supply	地下水源供水量 Groundwater Supply	其他水源供水量 Other Walter Supply
全 省	**Shaanxi**	**94.88**	**60.69**	**28.92**	**5.27**
西 安 市	Xi'an	21.34	10.10	7.60	3.63
铜 川 市	Tongchuan	0.90	0.65	0.17	0.08
宝 鸡 市	Baoji	7.52	3.81	3.60	0.11
咸 阳 市	Xianyang	9.07	5.43	3.31	0.34
渭 南 市	Weinan	14.99	10.31	4.28	0.38
# 韩城市	Hancheng	0.84	0.39	0.41	0.03
延 安 市	Yan'an	3.19	2.04	1.06	0.09
汉 中 市	Hanzhong	16.25	14.87	1.34	0.04
榆 林 市	Yulin	11.71	4.65	6.50	0.55
安 康 市	Ankang	6.60	6.42	0.17	0.01
商 洛 市	Shangluo	2.92	2.21	0.70	0.02
杨凌示范区	Yangling	0.40	0.18	0.20	0.02

20–4 灌溉面积(2022年)
Irrigated Areas(2022)

单位：千公顷 (1 000 hectares)

地 区	Region	总灌溉面积 Irrigated Areas This Year	耕地灌溉 Effective Irrigated Areas	林地灌溉 Irrigated Wooded-land Areas	园地灌溉 Garden Plot Irrigated Areas	牧草地灌溉 Irrigated Pasture
全 省	**Shaanxi**	**1446.21**	**1161.63**	**47.14**	**210.16**	**27.28**
西 安 市	Xi'an	167.79	146.22	11.76	9.79	0.02
铜 川 市	Tongchuan	20.19	9.16		11.02	
宝 鸡 市	Baoji	180.70	148.11	0.78	31.81	
咸 阳 市	Xianyang	220.16	155.57	6.46	57.93	0.20
渭 南 市	Weinan	383.29	330.49	7.50	45.30	
# 韩城市	Hancheng	13.44	13.32		0.12	
延 安 市	Yan'an	53.65	37.59	0.19	15.87	
汉 中 市	Hanzhong	134.05	96.97	8.84	28.03	0.21
榆 林 市	Yulin	222.03	183.79	9.07	2.47	26.70
安 康 市	Ankang	45.85	38.06	1.79	5.85	0.15
商 洛 市	Shangluo	13.32	12.82		0.50	
杨凌示范区	Yangling	5.20	2.85	0.75	1.60	

20–5 堤防情况(2022年)
Dikes Situation(2022)

地 区	Region	堤防总长度(公里) Dikes Total Length (km)	1级堤防 Level 1 Dikes	2级堤防 Level 2 Dikes	3级堤防 Level 3 Dikes	4级堤防 Level 4 Dikes	5级堤防 Level 5 Dikes	5级以下堤防 Other Grades Dikes	达标堤防长度(公里) Length of Standard Dikes (km)	1级堤防 Level 1 Dikes	2级堤防 Level 2 Dikes
全 省	**Shaanxi**	**8581**	**586**	**506**	**976**	**1998**	**2486**	**2030**	**5936**	**582**	**469**
西 安 市	Xi'an	1274	354	145	111	344	257	64	1210	354	145
铜 川 市	Tongchuan	215		1	48	80	77	8	94		
宝 鸡 市	Baoji	698	106	79	67	152	262	32	648	103	79
咸 阳 市	Xianyang	176	27	32	12	55	50		170	27	32
渭 南 市	Weinan	578	50	87	22	138	214	67	482	50	76
# 韩城市	Hancheng	49			10	31	8		49		
延 安 市	Yan'an	599		42	326	118	101	14	540		17
汉 中 市	Hanzhong	1301	32	59	97	370	243	500	698	32	59
榆 林 市	Yulin	692		23	196	105	193	176	514		23
安 康 市	Ankang	1159	4	2	40	328	330	454	540	4	2
商 洛 市	Shangluo	1866		36	55	300	759	716	1024		36
杨凌示范区	Yangling	22	12	1	2	7			15	12	1

20–5 续表 continued

地 区	Region	3级堤防 Level 3 Dikes	4级堤防 Level 4 Dikes	5级堤防 Level 5 Dikes	本年新增达标堤防长度(公里) Newly Increased Standard Dikes Length This Year(km)	全部堤防保护人口(万人) All the Dikes Protected the Population (10 000 persons)	全部堤防保护耕地(千公顷) All the Dikes Protected the Farmland (1 000 hectares)
全 省	**Shaanxi**	**922**	**1761**	**2202**	**261**	**1233**	**648**
西 安 市	Xi'an	111	344	257	49	270	103
铜 川 市	Tongchuan	9	13	73		29	5
宝 鸡 市	Baoji	60	144	262	36	157	74
咸 阳 市	Xianyang	12	55	44		73	25
渭 南 市	Weinan	22	138	195		97	98
# 韩城市	Hancheng	10	31	8		9	3
延 安 市	Yan'an	320	116	88	29	143	155
汉 中 市	Hanzhong	96	310	201	28	153	98
榆 林 市	Yulin	195	105	191	14	110	19
安 康 市	Ankang	40	274	221	43	76	17
商 洛 市	Shangluo	55	263	671	61	118	52
杨凌示范区	Yangling	2				6	2

20-6　万亩以上灌区基本情况(2022年)
Basic Irrigated Area above 10 000 Acres (2022)

地　区	Region	灌区数(处) Number of Irrigated Areas (unit)	50万亩以上 Over 500000 Mu	30～50万亩 300000-500000 Mu	10～30万亩 100000-300000 Mu	5～10万亩 50000-100000 Mu	1～5万亩 10000-50000 Mu
全　省	**Shaanxi**	**185**	**6**	**5**	**13**	**27**	**134**
西安市	Xi'an	25			2	2	21
铜川市	Tongchuan	6		1			5
宝鸡市	Baoji	21	1	1	1	2	16
咸阳市	Xianyang	23	2	1	3	1	16
渭南市	Weinan	51	3	1	3	10	34
# 韩城市	hancheng	3			1		2
延安市	Yan'an	14			1	4	9
汉中市	Hanzhong	18		1	3	6	8
榆林市	Yulin	15					15
安康市	Ankang	7				2	5
商洛市	Shangluo	5					5

20-6　续表　continued

地　区	Region	灌区耕地面积(千公顷) Area of Irrigated Land (1000 hectares)	50万亩以上 Over 500000 Mu	30～50万亩 300000-500000 Mu	10～30万亩 100000-300000 Mu	5～10万亩 50000-100000 Mu	1～5万亩 10000-50000 Mu
全　省	**Shaanxi**	**833.18**	**411.72**	**58.25**	**144.39**	**76.54**	**142.27**
西安市	Xi'an	84.25			46.31	13.88	24.06
铜川市	Tongchuan	3.82		0.93			2.89
宝鸡市	Baoji	134.48	86.85	17.48	6.45	9.47	14.23
咸阳市	Xianyang	136.68	88.91	15.51	12.92	3.40	15.94
渭南市	Weinan	339.05	231.82	24.33	27.83	23.13	31.94
# 韩城市	hancheng	11.35			7.88		3.47
延安市	Yan'an	22.95			6.30	7.72	8.93
汉中市	Hanzhong	76.94	4.14		44.58	14.93	13.29
榆林市	Yulin	22.99					22.99
安康市	Ankang	6.28				4.01	2.27
商洛市	Shangluo	5.73					5.73

20−7 水库情况(2022年)
Situation of Reservoir (2022)

地 区	Region	水库数量(座) Reservoir Volume (block)	大型水库 large	中型水库 Medium	小型水库 Small	水库库容(万立方米) Reservoir Storage Capacity (10 000 cu.m)	大型水库 large	中型水库 Medium	小型水库 Small
全 省	**Shaanxi**	**1079**	**16**	**87**	**976**	**1145914**	**685290**	**341926**	**118698**
西 安 市	Xi'an	67	1	3	63	42243	20000	12060	10183
铜 川 市	Tongchuan	29		3	26	11483		8185	3298
宝 鸡 市	Baoji	106	2	6	98	91870	57400	22972	11497
咸 阳 市	Xianyang	70	1	9	60	59339	12000	34354	12986
渭 南 市	Weinan	112		6	106	33954		19388	14566
# 韩城市	hancheng	11		1	10	6369		4360	2009
延 安 市	Yan'an	42	2	8	32	76754	40360	29032	7362
汉 中 市	Hanzhong	357	2	10	345	141789	81980	33993	25816
榆 林 市	Yulin	91	1	27	63	178084	38900	122783	16401
安 康 市	Ankang	151	7	11	133	475607	434650	30529	10428
商 洛 市	Shangluo	54		4	50	34791		28630	6161
杨凌示范区	Yangling								

20−8 水土保持情况(2022年)
Basic Statistics on Soil and Water Conservation(2022)

单位：千公顷 (1 000 hectares)

地 区	Region	累计水土流失治理面积 Total Area of Soil Erosion under Control	# 小流域治理面积 Area of Small Watershed under Control	本年新增治理面积(含生态修复) Area of Newly Increased Soil Erosion under Control This Year	# 小流域治理面积 Area of Small Watershed under Control	本年减少水土流失面积 Area of Decreased Soil Erosion This Year	# 自然因素 Natural Factors	# 人为因素 Human Factors
全 省	**Shaanxi**	**8624.42**	**3015.55**	**403.83**	**95.84**	**129.89**	**95.47**	**34.42**
西 安 市	Xi'an	230.61	29.73	13.59	8.98	7.91	4.52	3.40
铜 川 市	Tongchuan	240.19	80.60	14.03	1.05	4.52	3.97	0.55
宝 鸡 市	Baoji	673.95	201.97	23.50	7.11	2.08	1.31	0.77
咸 阳 市	Xianyang	583.63	261.17	30.14	12.80	12.80	7.06	5.74
渭 南 市	Weinan	539.37	204.43	37.14	12.58	17.85	7.32	10.53
# 韩城市	Hancheng	86.58	23.85	5.01	0.93	1.50	0.91	0.59
延 安 市	Yan'an	1703.68	520.74	80.17	17.59	37.64	27.96	9.69
汉 中 市	Hanzhong	1012.17	247.35	38.00	11.33	9.37	8.37	1.00
榆 林 市	Yulin	1895.89	691.50	93.00	0.83	32.80	30.90	1.91
安 康 市	Ankang	876.11	320.51	41.10	8.81	1.11	1.04	0.07
商 洛 市	Shangluo	861.58	451.42	33.03	14.75	3.81	3.05	0.76
杨凌示范区	Yangling	7.25	6.14	0.12				

20-9　农村水电装机情况(2022年)
Basic Statistics on Rural Hydropower Installed Capacity(2022)

地　区	Region	处数(处) Number (unit)	容量(千瓦) Capacity (kw)	1(含)~5万千瓦(含) 10000 kw(inclusive)-50000 kw(inclusive)		0.1(含)~1万千瓦 1000 kw(inclusive)-10000 kw	
				处数(处) Number (unit)	容量(千瓦) Capacity (kw)	处数(处) Number (unit)	容量(千瓦) Capacity (kw)
全　省	**Shaanxi**	**387**	**1428425**	**32**	**718910**	**162**	**638660**
省　属	Directly under the Provincial Government	10	69450	2	37400	7	31550
西安市	Xi'an	2	24800	1	20000	1	4800
铜川市	Tongchuan	1	4200			1	4200
宝鸡市	Baoji	44	74155	1	26000	9	36660
咸阳市	Xianyang	9	87100	1	48000	7	38300
渭南市	Weinan	10	37010			8	36400
延安市	Yan'an	10	6375			2	2760
汉中市	Hanzhong	135	482505	13	270250	41	185800
榆林市	Yulin	5	18350			4	17450
安康市	Ankang	147	529470	12	246260	74	259450
商洛市	Shangluo	13	94290	2	71000	8	21290
杨凌示范区	Yangling	1	720				

20-9　续表　continued

地　区	Region	0.1万千瓦以下 Under 1000 kw		本年新增装机 Newly Increased Hydropower Installed Capacity This Year		全年发电量(万千瓦时) Annual Electricity Generation (10000 kwh)
		处数(处) Number (unit)	容量(千瓦) Capacity (kw)	处数(处) Number (unit)	容量(千瓦) Capacity (kw)	
全　省	**Shaanxi**	**193**	**70855**			**400408**
省　属	Directly under the Provincial Government	1	500			34475
西安市	Xi'an					8320
铜川市	Tongchuan					1242
宝鸡市	Baoji	34	11495			24331
咸阳市	Xianyang	1	800			30077
渭南市	Weinan	2	610			11432
延安市	Yan'an	8	3615			615
汉中市	Hanzhong	81	26455			130692
榆林市	Yulin	1	900			6625
安康市	Ankang	61	23760			136258
商洛市	Shangluo	3	2000			16140
杨凌示范区	Yangling	1	720			200

主要统计指标解释

灌溉面积 指一个地区当年农、林、牧等灌溉面积的总和。总灌溉面积=有效灌溉面积（耕地）+林地灌溉面积+园地灌溉面积+牧草灌溉面积+其他灌溉面积。

有效灌溉面积（农田或耕地灌溉面积） 指灌溉工程或设备已基本配套，有一定水源，土地比较平整，在一般年景可以进行正常灌溉的农田或耕地灌溉面积。

节水灌溉面积 是指在给农作物进行灌溉时采用先进的设备和手段，在满足农作物需要用水的同时减少了用水。一般要有水源保证，利用渠道防渗、管灌、喷滴灌等工程节水措施，当年已进行正常灌溉的农田、果园、林地、牧草等面积，不包括农作物种植方式、种植品种改变等非工程节水措施的灌溉面积。节水灌溉面积包括渠道防渗面积、低压管道输水灌溉面积、喷灌面积、微灌面积和其他工程节水灌溉面积。在同一灌溉面积上，采用多种节水灌溉工程措施时，只能依主要工程或措施统计一种，不得重复计算。

有效实灌面积 指利用灌溉工程和设施，在有效灌溉面积中当年实际已进行正常（灌水一次以上）灌溉的耕地面积。在同一亩耕地上，报告期内无论灌水几次，都应按一亩计算，而不应按灌溉亩次计算。凡是肩挑、人抬、马拉抗旱点种的面积，一律不算实灌面积。

旱涝保收面积 指有效灌溉面积中，遇旱能灌，遇涝能排的面积。灌溉设施的抗旱能力，按各地不同情况，应达到三十天到五十天，适宜发展双季稻的地方，应达到五十到七十天，除涝达到五年一遇以上标准，防洪一般达到二十年一遇标准的有效灌溉面积。

水土流失 是由于水力、重力、风力等外力引起的水土资源和土地生产力遭到破坏和损失的现象。造成水土流失的原因可分为自然原因和人类活动原因两类。遭到水土流失侵害和损失的土地面积称水土流失面积。

水土流失治理面积（又称水土保持面积） 是指在水土流失面积上，按照综合治理的原则，采取各种治理措施如：坡改梯、淤地坝、谷坊、造林、种草、封山育林育草（指有种林、种草补植任务的）等，以及按小流域综合治理措施所治理的水土流失面积总和。

灌区 是指在蓄水灌溉工程、引水灌溉工程、提水灌溉工程等灌溉工程中，灌溉设备齐全、渠系配套完整，自成灌溉体系，有统一管理，设计灌溉面积为万亩及以上和有效灌溉面积达到万亩及以上的灌溉区域。灌区由各省水利厅审定、备案。

堤防 是指修筑在江、河、湖、海岸适用于防止洪水的工程。堤防工程按防洪标准分为五个级别：防洪标准[重现期(年)] >=100 为 1 级，100–50 为 2 级，50–30 为 3 级，30–20 为 4 级，20–10 为 5 级。

供水量 指各种水利供水工程为农业灌溉、工业生产、城镇生活、乡村生活、生态环境等方面的实际供水量，它包括输水损失的毛水量，按供水对象所在区域进行统计。供水量来源包括地表水供水量（蓄水、引水、提水、调水）、地下水供水量和其他水源供水量。

水库 在江河上筑坝（闸）所形成的拦洪蓄水和调节水流的水利工程建筑物，可以用来灌溉、发电、防洪和养鱼。总库容在 1 亿立方米及以上为大型水库，1000（含 1000）万立方米至 1 亿立方米为中型水库，10 万立方米至 1000 万立方米为小型水库。

水库库容 校核洪水位以下的水库容积，包括死库容、兴利库容、调洪库容（减掉和兴利库容重复部分）之总和，称为总库容。它是一项表示水库工程规模的代表性指标，是划分水库等级、确定工程安全标准的重要依据。

Explanatory Notes on Main Statistical Indicators

Irrigated Area The sum of irrigated areas for agricultural, forest, pasture and grazing areas in a particular region. The total irrigation area is equal to the sum of effective irrigated areas (arable land), forest irrigated areas, orchard irrigated areas, grazing irrigated areas and other irrigated areas.

Effective Irrigated Areas (irrigated areas of farmland or cultivated land) The effective irrigated area refers to farmland or cultivated land with irrigation in normal years, equipped with installed irrigation facilities, water source and relatively leveled land.

Water-saving Irrigated Areas It refers to reducing water consumption by advanced equipment and measures when irrigating, which also meeting the need of plants. Generally, there are actual water resources, and taking measures of leakage free channel, pipe irrigation, jetting and dropping irrigation to save water. The normal irrigation area of arable land, forest areas, orchard areas, grazing areas etc., which do not take water saving measures, such as non engineering measures of planting manner and planting variety in the current year are not included in this indicator. It includes leakage free channel, jetting and dropping irrigation, tiny irrigation, and others. In the same area, with more than two water saving measures taken, only one main project can be counted.

Actual Effective Irrigated Area The area of effective irrigated land has been applied irrigation (once or more than once) in the current year, taking the advantage of irrigation works or facilities. No matter how many times irrigation is made in the same area of land within report period, it is all counted as one mu, but not be counted according to the irrigation times. All non-mechanized irrigated areas such as irrigated area with drought-relief measures of people or animal carrying water for irrigation are not included.

Farmlands with Stable Yields Despite of Drought or Waterlogging Farmlands, within effective irrigation areas, can irrigate in drought season and drain in flood season. According to drought-resistant capacity of irrigation facilities under varied conditions of different regions, irrigation may last for 30 days to 50 days, and may last for 50 days to 70 days in the regions suitable for double cropping rice. Waterlogging control in the effective irrigated areas should reach the standard of once in five years return period and flood control should reach the standard of once in twenty years return period.

Soil Erosion Damage or losses of water resources and land productivity caused by external forces, such as water power, gravity and wind etc. Soil erosion is usually caused by two reasons of nature or human activities. The damaged or lost farmland areas caused by soil erosion are termed as soil erosion areas.

Improved Eroded Area (also named soil and water conservation area) The sum of improved eroded areas in Mountinous or hilly areas, has implemented comprehensive control measures, including terraced fields, silt retention dam, check dam, reforestation, grass plantation, enclosed reforestation and grass planting (refers to the area with tasks of planting forest and grass) and small watershed comprehensive management, in line with the principle of integrated management.

Irrigation District Irrigation area has above 10,000 mu of designed and effective irrigated area, with complete irrigation facilities, sub-canal system, self-established irrigation system and unified management system, under water storage irrigation project, water diversion irrigation project or pumping irrigation projects. Irrigation districts are approved and recorded by provincial departments of water resources.

Embankment Embankment project is constructed along the banks of river, lake or coast to prevent flood disasters. Embankment project can divided into five classes according to the standard of preventing flood disasters. Class 1: with reappear year over 100 years, class 2: 100-50, class 3: 50-30; class 4: 30-20, class 5: 20-10.

Quantity of Water Supply Actual quantity of water supply provided by all kinds of water supply projects for irrigation, industrial, domestic water use in urban and rural areas and ecological environment etc, including gross water loss in water transportation and data are sorted according to water consumption region for statistics. The quantity of water supply consists of quantity of surface water (water storage, water diversion, pumping and water transfer), groundwater and quantity of water supply of other water sources.

Reservoir Storage area that is formed by constructing dams (gates) to detain and store water resources and regulate water flow. Large reservoir: the total storage capacity is over 100 million m^3.Medium reservoir: the total storage capacity is between 10 million m^3 (including 10 million m^3) to 100 million m^3.Small reservoir: the total storage capacity is between 0.1 million m^3 to 10 million m^3.

Storage Capacity of Reservoir It is also called total storage capacity. It refers to storage capacity above the check water level, including dead storage capacity, usable storage capacity, and flood control storage capacity (deducting the repeating part of usable storage). It is a key index for the total scale of a reservoir, and is a key index for dividing the class of reservoir and deciding standard of project safety.

二十一、全国各省、自治区、直辖市主要指标

Main Indicators of National Economy by Countrywide, Province, Autonomous Region and Municipality

资料整理：金文娟

简 要 说 明

一、本篇资料反映全国各省、市、自治区经济发展情况，包括人口、生产总值、居民消费价格指数、居民收入、财政、固定资产投资、农林牧渔业总产值、主要产品产量、社会消费品零售总额、进出口总额等指标。

二、本篇资料来源于《中国统计摘要-2023》。

Brief Introduction

I. This chapter reflects economic development of China's provinces, cities and autonomous region, including population,gross domestic product, consumer price indices, resident income,finance,investment in fixed assets, gross output value of agriculture, forestry, animal husbandry and fisheries,output of major products, total retail sales of consumer goods, total export import volume, etc.

II. The data sources are obtained from "Chinese statistical abstract-2023".

21-1 年末常住人口
Resident Population At Year-end

地 区	Region	年末常住人口(万人) Resident Population at year-end (10 000 persons)		城镇人口比重(%) Proportion of Urban Population(%)	
		2021	2022	2021	2022
全 国	**National Total**	**141260**	**141175**	**64.72**	**65.22**
北 京	Beijing	2189	2184	87.50	87.57
天 津	Tianjin	1373	1363	84.88	85.11
河 北	Hebei	7448	7420	61.14	61.65
山 西	Shanxi	3480	3481	63.42	63.96
内蒙古	Inner Mongolia	2400	2401	68.21	68.60
辽 宁	Liaoning	4229	4197	72.81	73.00
吉 林	Jilin	2375	2348	63.36	63.72
黑龙江	Heilongjiang	3125	3099	65.69	66.21
上 海	Shanghai	2489	2475	89.30	89.33
江 苏	Jiangsu	8505	8515	73.94	74.42
浙 江	Zhejiang	6540	6577	72.66	73.38
安 徽	Anhui	6113	6127	59.39	60.15
福 建	Fujian	4187	4188	69.70	70.11
江 西	Jiangxi	4517	4528	61.46	62.07
山 东	Shandong	10170	10163	63.94	64.54
河 南	Henan	9883	9872	56.45	57.07
湖 北	Hubei	5830	5844	64.09	64.67
湖 南	Hunan	6622	6604	59.71	60.31
广 东	Guangdong	12684	12657	74.63	74.79
广 西	Guangxi	5037	5047	55.08	55.65
海 南	Hainan	1020	1027	60.97	61.49
重 庆	Chongqing	3212	3213	70.32	70.96
四 川	Sichuan	8372	8374	57.82	58.35
贵 州	Guizhou	3852	3856	54.33	54.81
云 南	Yunnan	4690	4693	51.05	51.72
西 藏	Tibet	366	364	36.61	37.39
陕 西	**Shaanxi**	**3954**	**3956**	**63.63**	**64.02**
甘 肃	Gansu	2490	2492	53.33	54.19
青 海	Qinghai	594	595	61.02	61.43
宁 夏	Ningxia	725	728	66.04	66.34
新 疆	Xinjiang	2589	2587	57.26	57.89

21-2 生 产 总 值(2022年)
Gross Domestic Product(2022)

地 区	Region	生产总值(亿元) Gross Domestic Product (100 million yuan)	第一产业 Primary Industry	第二产业 Secondary Industry	第三产业 Tertiary Industry	生产总值指数(上年=100) Index of Gross Domestic Product (preceding year=100)	人均生产总值(元) Per Capita GDP (yuan)
全 国	**National Total**	**1210207.2**	**88345.1**	**483164.5**	**638697.6**	**103.0**	**85698**
北 京	Beijing	41610.9	111.5	6605.1	34894.3	100.7	190313
天 津	Tianjin	16311.3	273.1	6038.9	9999.3	101.0	119235
河 北	Hebei	42370.4	4410.3	17050.1	20910.0	103.8	56995
山 西	Shanxi	25642.6	1340.4	13840.8	10461.3	104.4	73675
内蒙古	Inner Mongolia	23158.6	2653.7	11241.8	9263.1	104.2	96474
辽 宁	Liaoning	28975.1	2597.6	11755.8	14621.7	102.1	68775
吉 林	Jilin	13070.2	1689.1	4628.3	6752.8	98.1	55347
黑龙江	Heilongjiang	15901.0	3609.8	4648.9	7642.2	102.7	51096
上 海	Shanghai	44652.8	97.0	11458.4	33097.4	99.8	179907
江 苏	Jiangsu	122875.6	4959.4	55888.7	62027.5	102.8	144390
浙 江	Zhejiang	77715.4	2324.8	33205.2	42185.4	103.1	118496
安 徽	Anhui	45045.0	3513.7	18588.0	22943.3	103.5	73603
福 建	Fujian	53109.9	3076.2	25078.2	24955.5	104.7	126829
江 西	Jiangxi	32074.7	2451.5	14359.6	15263.7	104.7	70923
山 东	Shandong	87435.1	6298.6	35014.2	46122.3	103.9	86003
河 南	Henan	61345.1	5817.8	25465.0	30062.2	103.1	62106
湖 北	Hubei	53734.9	4986.7	21240.6	27507.6	104.3	92059
湖 南	Hunan	48670.4	4602.7	19182.6	24885.1	104.5	73598
广 东	Guangdong	129118.6	5340.4	52843.5	70934.7	101.9	101905
广 西	Guangxi	26300.9	4269.8	8938.6	13092.5	102.9	52164
海 南	Hainan	6818.2	1417.8	1310.9	4089.5	100.2	66602
重 庆	Chongqing	29129.0	2012.1	11693.9	15423.1	102.6	90663
四 川	Sichuan	56749.8	5964.3	21157.1	29628.4	102.9	67777
贵 州	Guizhou	20164.6	2861.2	7113.0	10190.4	101.2	52321
云 南	Yunnan	28954.2	4012.2	10471.2	14470.8	104.3	61716
西 藏	Tibet	2132.6	180.2	804.7	1147.8	101.1	58438
陕 西	**Shaanxi**	**32772.7**	**2575.3**	**15933.1**	**14264.2**	**104.3**	**82864**
甘 肃	Gansu	11201.6	1515.3	3945.0	5741.2	104.5	44968
青 海	Qinghai	3610.1	380.2	1585.7	1644.2	102.3	60724
宁 夏	Ningxia	5069.6	407.5	2449.1	2213.0	104.0	69781
新 疆	Xinjiang	17741.3	2509.3	7271.1	7961.0	103.2	68552

注：本表绝对数按当年价格计算，指数按不变价格计算。
a) Level data in this table are calculated at current prices, while index at constant prices.

21–3 居民消费价格分类指数(2022年)
Consumer Price Index by Category(2022)

(上年=100) (preceding year=100)

地 区	Region	总指数 General Index	食品烟酒 Food, Tobacco and Liquor	衣 着 Clothing	居 住 Residence	生活用品及服务 Articles for Daily Use and Services	交通通信 Transport and Communi-cation	教育文化娱乐 Education, Culture and Recreation	医疗保健 Health Care	其他用品及服务 Other Articles and Services
全 国	**National Total**	**102.0**	**102.4**	**100.5**	**100.7**	**101.2**	**105.2**	**101.8**	**100.6**	**101.6**
北 京	Beijing	101.8	103.1	100.6	100.6	101.6	105.0	100.6	100.7	101.6
天 津	Tianjin	101.9	102.2	101.4	100.3	101.6	105.9	101.8	100.2	100.3
河 北	Hebei	101.8	102.7	99.7	100.7	100.6	104.5	101.4	100.5	101.8
山 西	Shanxi	102.1	103.7	101.6	100.4	100.8	104.6	101.3	100.3	101.4
内蒙古	Inner Mongolia	101.8	102.0	100.3	100.5	101.1	105.8	101.2	100.3	101.8
辽 宁	Liaoning	102.0	102.9	99.2	100.5	100.9	105.9	101.8	100.1	101.8
吉 林	Jilin	102.1	102.5	99.7	101.9	101.4	104.9	101.2	100.7	101.7
黑龙江	Heilongjiang	101.9	102.2	101.0	101.3	100.6	105.5	100.9	100.5	101.3
上 海	Shanghai	102.5	104.5	99.0	101.0	102.0	104.4	103.5	102.1	100.6
江 苏	Jiangsu	102.2	102.6	101.2	100.9	102.0	104.9	101.6	101.9	101.8
浙 江	Zhejiang	102.2	102.6	100.4	100.7	101.8	105.1	103.1	100.3	101.8
安 徽	Anhui	102.0	102.7	101.3	99.8	101.0	105.3	102.8	100.9	102.0
福 建	Fujian	101.9	102.4	100.0	100.9	101.3	104.9	101.4	100.3	101.5
江 西	Jiangxi	102.0	102.2	100.5	100.9	100.8	105.6	102.1	100.2	101.6
山 东	Shandong	101.7	102.3	100.3	100.5	101.1	104.8	100.4	100.4	101.8
河 南	Henan	101.5	102.1	100.4	100.1	101.1	104.4	101.3	100.7	101.4
湖 北	Hubei	102.1	102.2	101.0	101.4	101.4	104.7	102.3	100.3	102.4
湖 南	Hunan	101.8	101.4	101.3	100.7	101.2	106.3	100.9	101.0	101.6
广 东	Guangdong	102.2	102.9	100.6	100.6	101.2	105.8	102.2	100.4	101.6
广 西	Guangxi	101.9	101.9	100.7	100.4	100.5	104.5	104.0	100.9	101.0
海 南	Hainan	101.6	102.5	100.0	99.3	100.6	105.0	102.1	100.0	100.5
重 庆	Chongqing	102.1	103.9	100.0	99.9	101.4	105.5	101.6	99.7	100.6
四 川	Sichuan	102.0	101.9	101.4	101.0	101.3	105.4	102.0	100.6	101.7
贵 州	Guizhou	101.6	101.0	100.6	100.5	100.8	105.4	101.5	100.3	101.4
云 南	Yunnan	101.6	101.1	100.4	100.2	100.8	105.4	101.6	100.8	102.2
西 藏	Tibet	101.5	100.8	100.8	100.5	100.5	106.1	100.3	99.9	102.0
陕 西	**Shaanxi**	**102.1**	**102.6**	**100.5**	**101.1**	**101.0**	**103.8**	**103.4**	**100.8**	**101.9**
甘 肃	Gansu	101.9	102.8	100.4	100.8	100.9	105.0	100.9	100.5	101.2
青 海	Qinghai	102.4	102.8	101.5	101.1	101.2	104.7	103.6	100.4	100.9
宁 夏	Ningxia	102.3	102.2	99.2	100.9	101.4	106.8	101.5	102.3	101.1
新 疆	Xinjiang	101.8	101.4	99.8	101.4	101.0	106.1	100.7	100.0	102.3

21-4 居民人均可支配收入
Per Capita Disposable Income of Households

单位：元 (yuan)

地区	Region	全体居民人均可支配收入 Per Capita Disposable Income of Households		城镇居民人均可支配收入 Per Capita Disposable Income of Urban Households		农村居民人均可支配收入 Per Capita Disposable Income of Rural Households	
		2021	2022	2021	2022	2021	2022
全　国	**National Total**	**35128**	**36883**	**47412**	**49283**	**18931**	**20133**
北　京	Beijing	75002	77415	81518	84023	33303	34754
天　津	Tianjin	47449	48976	51486	53003	27955	29018
河　北	Hebei	29383	30867	39791	41278	18179	19364
山　西	Shanxi	27426	29178	37433	39532	15308	16323
内蒙古	Inner Mongolia	34108	35921	44377	46295	18337	19641
辽　宁	Liaoning	35112	36089	43051	44003	19217	19908
吉　林	Jilin	27770	27975	35646	35471	17642	18134
黑龙江	Heilongjiang	27159	28346	33646	35042	17889	18577
上　海	Shanghai	78027	79610	82429	84034	38521	39729
江　苏	Jiangsu	47498	49862	57744	60178	26791	28486
浙　江	Zhejiang	57541	60302	68487	71268	35247	37565
安　徽	Anhui	30904	32745	43009	45133	18372	19575
福　建	Fujian	40659	43118	51141	53817	23229	24987
江　西	Jiangxi	30610	32419	41684	43697	18684	19936
山　东	Shandong	35705	37560	47066	49050	20794	22110
河　南	Henan	26811	28222	37095	38484	17533	18697
湖　北	Hubei	30829	32914	40278	42626	18259	19709
湖　南	Hunan	31993	34036	44866	47301	18295	19546
广　东	Guangdong	44993	47065	54854	56905	22306	23598
广　西	Guangxi	26727	27981	38530	39703	16363	17433
海　南	Hainan	30457	30957	40213	40118	18076	19117
重　庆	Chongqing	33803	35666	43503	45509	18100	19313
四　川	Sichuan	29080	30679	41444	43233	17575	18672
贵　州	Guizhou	23996	25508	39211	41086	12856	13707
云　南	Yunnan	25666	26937	40905	42168	14197	15147
西　藏	Tibet	24950	26675	46503	48753	16932	18209
陕　西	**Shaanxi**	**28568**	**30116**	**40713**	**42431**	**14745**	**15704**
甘　肃	Gansu	22066	23273	36187	37572	11433	12165
青　海	Qinghai	25920	27000	37745	38736	13604	14456
宁　夏	Ningxia	27905	29599	38291	40194	15337	16430
新　疆	Xinjiang	26075	27063	37642	38410	15575	16550

21-5 分地区一般公共预算收支
General Public Budget Revenue and Expenditure By Region

单位：亿元 (100 million yuan)

地 区	Region	一般公共预算收入 General Public Budget Revenue 2021	2022	一般公共预算支出 General Public Budget Expenditure 2021	2022
地方合计	**Region Total**	**111084.2**	**108818.5**	**210623.0**	**225039.3**
北 京	Beijing	5932.3	5714.4	7205.1	7469.2
天 津	Tianjin	2141.1	1846.6	3152.5	2740.1
河 北	Hebei	4167.6	4084.0	8848.2	9336.5
山 西	Shanxi	2834.5	3453.9	5046.6	5872.7
内蒙古	Inner Mongolia	2349.9	2824.4	5239.6	5885.1
辽 宁	Liaoning	2765.6	2524.3	5879.2	6253.0
吉 林	Jilin	1144.0	851.0	3696.8	4044.0
黑龙江	Heilongjiang	1300.5	1290.6	5104.8	5452.0
上 海	Shanghai	7771.8	7608.2	8430.9	9393.2
江 苏	Jiangsu	10015.2	9258.9	14585.3	14903.2
浙 江	Zhejiang	8262.6	8039.4	11014.6	12017.7
安 徽	Anhui	3498.2	3589.1	7591.1	8378.9
福 建	Fujian	3383.4	3339.1	5204.7	5702.9
江 西	Jiangxi	2812.2	2948.3	6778.9	7288.3
山 东	Shandong	7284.5	7104.0	11713.2	12131.5
河 南	Henan	4353.9	4261.6	9784.3	10644.6
湖 北	Hubei	3283.3	3280.7	7933.7	8626.0
湖 南	Hunan	3250.7	3101.8	8325.5	9005.3
广 东	Guangdong	14105.0	13279.7	18247.0	18509.9
广 西	Guangxi	1800.2	1687.7	5806.5	5893.9
海 南	Hainan	921.2	832.4	1971.4	2095.5
重 庆	Chongqing	2285.5	2103.4	4835.1	4892.8
四 川	Sichuan	4773.2	4882.2	11215.7	11914.7
贵 州	Guizhou	1969.4	1886.4	5590.0	5849.2
云 南	Yunnan	2278.3	1949.3	6634.4	6699.7
西 藏	Tibet	215.6	179.7	2027.0	2593.8
陕 西	**Shaanxi**	**2775.4**	**3311.6**	**6069.2**	**6761.0**
甘 肃	Gansu	1001.9	907.6	4032.6	4263.5
青 海	Qinghai	328.8	329.1	1854.5	1975.1
宁 夏	Ningxia	460.0	460.1	1427.9	1583.5
新 疆	Xinjiang	1618.6	1889.2	5376.9	6857.3

21-6 固定资产投资
Investment in Fixed Assets

地区	Region	固定资产投资(不含农户)增长速度(%) The growth rate of Investment in Fixed Assets (Excluding Rural Households)(%)		房地产开发投资(亿元) Total Investment in Real Estate Development (100 million yuan)	
		2021	2022	2021	2022
全国	**National Total**	**4.9**	**5.1**	**147602.1**	**132895.4**
北京	Beijing	4.9	3.6	4139.0	4178.5
天津	Tianjin	4.8	-9.9	2770.0	2127.9
河北	Hebei	3.0	7.9	5023.9	4983.0
山西	Shanxi	8.7	5.9	1945.2	1764.2
内蒙古	Inner Mongolia	9.8	17.6	1234.1	978.3
辽宁	Liaoning	2.6	3.6	2900.7	2362.0
吉林	Jilin	11.0	-2.4	1540.9	1014.8
黑龙江	Heilongjiang	6.4	0.6	936.0	628.6
上海	Shanghai	8.0	-1.0	5035.2	4979.5
江苏	Jiangsu	5.8	3.8	13477.4	12406.9
浙江	Zhejiang	10.8	9.1	12389.1	12939.5
安徽	Anhui	9.4	9.0	7263.2	6811.7
福建	Fujian	6.0	7.5	6195.6	5515.4
江西	Jiangxi	10.8	8.6	2528.8	2209.3
山东	Shandong	6.0	6.1	9819.7	9225.9
河南	Henan	4.5	6.7	7874.3	6793.4
湖北	Hubei	20.4	15.0	6121.9	6172.0
湖南	Hunan	8.0	6.6	5427.8	5180.3
广东	Guangdong	6.3	-2.6	17465.8	14963.0
广西	Guangxi	7.6	0.1	3733.9	2307.4
海南	Hainan	10.2	-4.2	1379.6	1158.4
重庆	Chongqing	6.1	0.7	4355.0	3467.6
四川	Sichuan	5.9	6.0	7831.9	7500.0
贵州	Guizhou	-3.1	-5.1	3383.1	2403.7
云南	Yunnan	4.0	7.5	4309.9	3152.0
西藏	Tibet	-14.2	-18.0	142.0	60.7
陕西	**Shaanxi**	**-3.0**	**8.1**	**4441.0**	**4254.8**
甘肃	Gansu	11.1	10.1	1525.9	1481.7
青海	Qinghai	-2.9	-7.6	442.5	296.1
宁夏	Ningxia	2.2	10.2	466.9	419.9
新疆	Xinjiang	15.0	7.6	1501.4	1158.9

注：本表各地区固定资产投资不含跨省项目。
a) This table, investment in fixed assets by region do not include inter-provincial projects.

21-7 商品房销售面积和销售额(2022年)
Floor Space and Total Sale of Commercialized Buildings(2022)

地区	Region	商品房销售面积(万平方米) Floor Space of Commercialized Buildings Sold(10 000 sq.m)	#住宅 Residential Buildings	商品房销售额(亿元) Total Sale of Commercialized Buildings Sold(100 million yuan)	#住宅 Residential Buildings
全国	**National Total**	**135836.9**	**114630.7**	**133307.8**	**116747.0**
北京	Beijing	1040.0	741.9	3976.9	3545.3
天津	Tianjin	973.8	895.5	1516.4	1421.6
河北	Hebei	4615.7	4317.5	3702.1	3488.8
山西	Shanxi	2256.7	2152.2	1515.0	1418.4
内蒙古	Inner Mongolia	1380.5	1289.0	868.0	808.7
辽宁	Liaoning	2182.5	1983.2	1814.7	1659.7
吉林	Jilin	1001.1	905.4	696.3	631.0
黑龙江	Heilongjiang	925.5	839.5	569.4	506.7
上海	Shanghai	1852.9	1561.5	7467.5	6937.8
江苏	Jiangsu	12115.2	10165.1	14811.6	13177.0
浙江	Zhejiang	6815.3	5467.0	12660.1	11061.4
安徽	Anhui	7471.3	6448.1	5487.9	4964.3
福建	Fujian	6054.3	4359.3	6502.4	5284.3
江西	Jiangxi	6702.6	5663.1	4905.2	4138.6
山东	Shandong	11685.6	9821.7	9807.7	8481.3
河南	Henan	11141.0	10310.3	6724.8	6152.3
湖北	Hubei	6385.1	5709.9	5413.3	4821.7
湖南	Hunan	6792.9	6085.4	4312.3	3800.1
广东	Guangdong	10591.1	8568.7	15870.5	13428.5
广西	Guangxi	4370.9	3322.9	2390.1	1908.0
海南	Hainan	644.0	530.5	1098.0	924.9
重庆	Chongqing	4439.0	2969.0	3101.6	2448.8
四川	Sichuan	10339.5	8060.9	8215.9	6966.7
贵州	Guizhou	3847.0	3391.3	2193.6	1909.0
云南	Yunnan	2938.4	2469.6	1999.4	1736.1
西藏	Tibet	59.6	53.5	50.7	43.7
陕西	**Shaanxi**	**3308.7**	**2954.1**	**3270.5**	**2958.8**
甘肃	Gansu	1470.4	1388.2	835.5	780.5
青海	Qinghai	204.4	177.8	145.0	127.7
宁夏	Ningxia	715.6	650.7	502.1	451.0
新疆	Xinjiang	1516.2	1377.9	883.5	764.7

21–8 农林牧渔业总产值(2022年)
Gross Output Value of Farming, Forestry, Animal Husbandry and Fishery (2022)

地区	Region	农林牧渔业总产值(亿元) Total Gross Output Value (100 million yuan)	# 农业 Farming	# 林业 Forestry	# 牧业 Animal Husbandry	# 渔业 Fishery	农林牧渔业总产值比上年增长(%) Total Gross Output Value Over the Previous Year (%)
全国	**National Total**	**156065.9**	**84438.6**	**6820.8**	**40652.4**	**15468.0**	**4.4**
北京	Beijing	268.2	129.8	86.5	42.3	3.9	-2.0
天津	Tianjin	521.4	276.8	8.9	147.2	70.5	2.9
河北	Hebei	7667.4	4035.7	266.6	2391.7	342.3	4.6
山西	Shanxi	2211.6	1288.4	174.5	615.8	9.1	5.0
内蒙古	Inner Mongolia	4316.8	2208.5	107.5	1876.3	31.3	4.9
辽宁	Liaoning	5180.0	2258.3	161.7	1694.6	881.3	3.2
吉林	Jilin	3217.9	1512.7	69.5	1482.6	61.6	4.1
黑龙江	Heilongjiang	6718.2	4320.5	212.3	1842.8	147.9	2.5
上海	Shanghai	273.5	149.3	8.3	46.4	51.2	-1.1
江苏	Jiangsu	8733.8	4685.7	185.6	1294.2	1856.9	3.9
浙江	Zhejiang	3752.3	1769.8	183.0	405.7	1261.2	3.4
安徽	Anhui	6278.0	2937.0	473.3	1812.5	660.3	4.5
福建	Fujian	5502.6	2065.7	429.9	1066.3	1740.7	3.9
江西	Jiangxi	4223.8	1916.7	416.9	1094.4	553.2	4.3
山东	Shandong	12130.7	6206.5	227.3	3003.5	1729.7	4.8
河南	Henan	10952.2	6948.3	149.5	2832.3	147.4	5.1
湖北	Hubei	8939.3	4193.1	311.2	2128.2	1584.3	4.4
湖南	Hunan	8160.1	3973.2	477.4	2466.9	617.8	3.8
广东	Guangdong	8892.3	4308.2	549.2	1680.2	1898.2	4.8
广西	Guangxi	6938.5	3977.7	548.5	1509.5	575.8	5.0
海南	Hainan	2272.0	1236.8	118.7	340.5	466.6	3.5
重庆	Chongqing	3068.4	1881.8	176.4	800.9	137.0	4.5
四川	Sichuan	9859.8	5528.8	438.2	3281.7	343.1	4.5
贵州	Guizhou	4908.7	3313.7	340.0	941.4	79.6	4.2
云南	Yunnan	6635.8	3629.9	492.2	2192.3	119.9	5.5
西藏	Tibet	278.6	121.0	7.0	143.4	0.2	4.8
陕西	**Shaanxi**	**4601.9**	**3310.4**	**86.1**	**925.4**	**36.2**	**4.6**
甘肃	Gansu	2680.7	1806.4	36.4	662.2	1.7	5.9
青海	Qinghai	566.2	238.3	13.1	302.3	4.3	4.6
宁夏	Ningxia	845.9	455.6	11.5	323.5	22.8	4.9
新疆	Xinjiang	5469.0	3754.0	53.5	1305.3	32.1	5.8

注：本表绝对数按当年价格计算，增长速度按可比价格计算。
a) Level data in this table are calculated at current prices, while the growth rate are at constant prices.

21-9 主要农产品产量(2022年)
Output of Major Farm Crops (2022)

单位：万吨 (10 000 tons)

地 区	Region	粮 食 Grain	棉 花 Cotton	油 料 Oil-bearing Crops	蔬 菜 Vegetables	水 果 Fruit	肉 类 Meat	奶 类 Milk
全 国	**National Total**	**68652.8**	**598.0**	**3654.2**	**79997.2**	**31296.2**	**9328.4**	**4026.5**
北 京	Beijing	45.4	0.000	0.9	198.9	38.3	4.3	26.2
天 津	Tianjin	256.2	0.3	0.4	256.4	57.8	29.5	51.1
河 北	Hebei	3865.1	13.9	115.4	5406.8	1533.9	478.8	549.3
山 西	Shanxi	1464.3	…	15.0	1010.3	1002.8	143.2	143.1
内 蒙 古	Inner Mongolia	3900.6		170.0	1012.9	175.5	284.1	740.8
辽 宁	Liaoning	2484.5	…	113.4	2055.4	879.7	446.2	135.1
吉 林	Jilin	4080.8		81.6	514.8	166.0	291.0	29.4
黑 龙 江	Heilongjiang	7763.1		14.3	759.8	189.4	312.5	501.9
上 海	Shanghai	95.6	…	0.3	259.6	31.9	9.5	30.2
江 苏	Jiangsu	3769.1	0.6	96.3	5974.7	1002.1	318.1	68.8
浙 江	Zhejiang	621.0	0.5	33.0	1976.7	704.5	108.5	19.7
安 徽	Anhui	4100.1	2.6	173.4	2537.7	798.3	475.3	50.7
福 建	Fujian	508.7	…	23.6	1752.9	864.9	296.3	22.1
江 西	Jiangxi	2151.9	2.2	137.5	1786.9	749.4	359.9	7.9
山 东	Shandong	5543.8	14.5	274.0	9045.8	3095.5	844.5	304.5
河 南	Henan	6789.4	1.4	684.0	7845.3	2542.0	660.0	217.8
湖 北	Hubei	2741.1	10.3	374.2	4407.9	1143.2	441.2	9.2
湖 南	Hunan	3018.0	8.2	277.0	4356.7	1208.2	580.9	7.2
广 东	Guangdong	1291.5		117.4	3999.1	2028.4	481.0	19.9
广 西	Guangxi	1393.1	0.1	76.5	4236.5	3402.5	454.9	13.1
海 南	Hainan	146.6		7.5	605.4	563.6	69.2	0.3
重 庆	Chongqing	1072.8		70.8	2272.4	593.3	205.3	3.2
四 川	Sichuan	3510.5	…	433.8	5198.7	1380.5	685.7	70.8
贵 州	Guizhou	1114.6	…	105.6	3355.7	698.9	241.0	3.7
云 南	Yunnan	1958.0		63.5	2857.9	1289.1	521.6	70.2
西 藏	Tibet	107.3		4.7	81.6	3.1	28.6	57.8
陕 西	**Shaanxi**	**1297.9**	**…**	**56.3**	**2082.2**	**1993.5**	**132.1**	**170.5**
甘 肃	Gansu	1265.0	4.0	61.3	1736.6	965.5	142.6	92.7
青 海	Qinghai	107.3		30.9	151.8	2.8	41.0	35.3
宁 夏	Ningxia	375.8		4.5	527.9	271.7	36.8	342.5
新 疆	Xinjiang	1813.5	539.4	37.2	1731.9	1672.6	204.7	231.5

注：水果产量含果用瓜。
a) The fruit production includes melons for fruits use.

21-10 主要工业产品产量(2022年)
Output of Major Industrial Products(2022)

地 区	Region	原煤 (万吨) Coal (10 000 tons)	原油 (万吨) Crude oil (10 000 tons)	天然气 (亿立方米) Natural Gas (100 million cu.m)	水泥 (万吨) Cement (10 000 tons)	粗钢 (万吨) Crude Steel (10 000 tons)	钢材 (万吨) Rolled Steel (10 000 tons)	汽车 (万辆) Motor Vehicles (10 000 units)	发电量 (亿千瓦小时) Electricity (100 million kwh)
全 国	**National Total**	**455855.3**	**20472.2**	**2201.1**	**212951.3**	**101795.9**	**134033.5**	**2718.0**	**88487.1**
北 京	Beijing			8.0	203.4		184.3	87.1	467.1
天 津	Tianjin		3575.3	41.2	529.5	1738.3	5543.7	60.3	764.9
河 北	Hebei	4705.6	547.1	5.7	10033.9	21194.5	32169.2	90.6	3792.9
山 西	Shanxi	132009.0		132.1	4844.6	6423.2	6354.6	16.5	4298.8
内蒙古	Inner Mongolia	121354.3	46.3	307.2	3597.0	2956.5	3041.9	5.4	6619.2
辽 宁	Liaoning	3158.1	984.1	8.7	3910.9	7451.6	7727.5	76.6	2256.8
吉 林	Jilin	970.7	425.6	20.5	1731.4	1357.0	1532.0	215.6	1056.9
黑龙江	Heilongjiang	6955.4	2971.0	55.7	1881.1	960.5	999.7	8.3	1217.6
上 海	Shanghai		53.6	19.5	369.6	1500.8	1920.9	302.5	955.0
江 苏	Jiangsu	964.1	152.9	0.8	14235.7	11905.0	14882.2	94.4	6077.3
浙 江	Zhejiang				12953.7	1378.1	2934.8	124.9	4349.9
安 徽	Anhui	11176.9		2.5	14218.7	3709.2	3963.0	174.7	3298.8
福 建	Fujian	445.4			9692.9	3197.3	3505.5	33.9	3088.8
江 西	Jiangxi	215.8			8997.2	2689.9	3457.0	41.4	1725.0
山 东	Shandong	8753.1	2200.3	8.0	13522.5	7600.3	10529.1	101.9	6203.6
河 南	Henan	9804.0	236.2	3.9	11488.4	3187.2	4158.0	55.3	3429.8
湖 北	Hubei	72.8	53.7	1.4	11056.2	3655.5	3911.1	189.6	3108.7
湖 南	Hunan	799.6			9998.4	2612.7	3038.3	26.3	1768.1
广 东	Guangdong		1884.6	124.4	15226.4	3571.8	5627.4	415.4	6365.7
广 西	Guangxi	380.6	65.8	0.2	10426.5	3793.2	4995.6	177.0	2115.9
海 南	Hainan		56.0	31.5	1626.4			2.2	405.7
重 庆	Chongqing			88.4	5321.1	975.1	1690.6	203.8	997.8
四 川	Sichuan	2268.6	11.9	554.1	13070.1	2787.3	3583.0	72.5	4846.2
贵 州	Guizhou	13069.0		7.9	6428.1	461.9	607.3	4.6	2299.0
云 南	Yunnan	6740.9			9693.7	2247.7	2550.7	2.2	4016.6
西 藏	Tibet				792.7				128.2
陕 西	**Shaanxi**	**74604.6**	**2536.6**	**307.1**	**6553.3**	**1475.9**	**2010.5**	**133.8**	**2728.0**
甘 肃	Gansu	5414.4	1092.2	5.4	4047.8	1084.9	1091.6		1954.1
青 海	Qinghai	936.5	235.0	60.0	978.5	121.3	120.6		998.1
宁 夏	Ningxia	9479.3	130.7	0.2	1667.5	596.2	578.5		2235.1
新 疆	Xinjiang	41305.1	3213.3	406.7	3877.5	1162.8	1324.7	1.4	4793.4

21-11 社会消费品零售总额和进出口总额
Total Retail Sales of Consumer Goods and Total Import and Export

地区	Region	社会消费品零售总额(亿元) Total Retail Sales of Consumer Goods(100 million yuan)		进出口总额(亿元人民币) Total Import and Export (RMB 100 million)		出口总额(亿元人民币) Total Exports (RMB 100 million)	
		2021	2022	2021	2022	2021	2022
全国	**National Total**	**440823.2**	**439732.5**	**390921.7**	**420678.2**	**217287.4**	**239654.0**
北京	Beijing	14867.7	13794.2	30436.1	36445.5	6122.6	5890.0
天津	Tianjin	3769.8	3572.0	8567.7	8448.5	3875.8	3803.6
河北	Hebei	13509.9	13720.1	5417.5	5629.0	3029.7	3407.4
山西	Shanxi	7747.3	7562.7	2231.1	1845.6	1366.0	1211.4
内蒙古	Inner Mongolia	5060.3	4971.4	1236.5	1523.6	478.1	630.3
辽宁	Liaoning	9783.9	9526.2	7722.8	7907.3	3312.5	3584.6
吉林	Jilin	4216.6	3807.7	1505.0	1558.5	353.5	502.3
黑龙江	Heilongjiang	5542.9	5210.0	1993.0	2651.5	447.4	545.6
上海	Shanghai	18079.3	16442.1	40604.7	41902.7	15713.4	17134.2
江苏	Jiangsu	42702.6	42752.1	52104.5	54454.9	32526.7	34815.7
浙江	Zhejiang	29210.5	30467.2	41418.7	46836.6	30119.9	34325.4
安徽	Anhui	21471.2	21518.4	6913.9	7530.6	4094.2	4763.7
福建	Fujian	20373.1	21050.1	18432.8	19828.5	10812.0	12140.5
江西	Jiangxi	12206.7	12853.5	4976.5	6713.0	3668.7	5088.4
山东	Shandong	33714.5	33236.2	29319.4	33324.9	17557.7	20355.8
河南	Henan	24381.7	24407.4	8202.1	8524.1	5022.0	5247.0
湖北	Hubei	21561.4	22164.8	5370.0	6170.8	3508.6	4209.3
湖南	Hunan	18596.9	19050.7	5968.4	7058.2	4210.3	5154.5
广东	Guangdong	44187.7	44882.9	82681.6	83102.9	50525.5	53323.4
广西	Guangxi	8538.5	8539.1	5931.7	6603.5	2938.8	3705.4
海南	Hainan	2497.6	2268.4	1468.7	2009.5	327.5	722.6
重庆	Chongqing	13967.7	13926.1	7999.8	8158.4	5167.7	5245.3
四川	Sichuan	24133.2	24104.6	9520.6	10076.7	5708.6	6215.2
贵州	Guizhou	8904.3	8507.1	654.1	801.2	487.1	523.6
云南	Yunnan	10731.8	10838.8	3145.3	3342.3	1766.7	1612.6
西藏	Tibet	810.3	726.5	40.2	46.0	22.5	43.1
陕西	**Shaanxi**	**10250.5**	**10401.6**	**4757.8**	**4835.3**	**2566.1**	**3011.3**
甘肃	Gansu	4037.1	3922.2	491.9	584.2	96.9	127.3
青海	Qinghai	947.8	842.1	31.7	43.0	17.1	26.5
宁夏	Ningxia	1335.1	1338.4	213.9	257.4	174.7	196.8
新疆	Xinjiang	3584.6	3240.5	1569.2	2463.6	1272.1	2091.2

2022 年陕西省统计局大事记

1 月 7 日，省统计局以视频连线方式参加全国社会物流统计工作座谈会并作交流发言。

截止 1 月 12 日，省统计局共派出 20 名下沉干部全力支持抗疫工作。

1 月 26 日，省统计局召开党组会，认真传达学习第十九届中央纪委第六次全体会议精神及陕西省第十三届纪律检查委员会第六次全体会议决议。

2 月，省统计局、省第七次全国人口普查领导小组办公室编印完成《陕西省第七次全国人口普查报告书》和《陕西省第七次全国人口普查主要数据》。

2 月 14 日，省统计局完成国家平台陕西省第七次全国人口普查资料开发阶段性工作。

2 月 17 日，省统计局召开乡村振兴监测方法研究工作推进会，同日举办全省投资领域统计报表制度布置培训会。

2 月 22 日，赵一德省长、王晓副省长对全省统计工作作出批示。

2 月 23 日，省统计局积极组织参加辖区创文迎检志愿服务活动。

2 月 25 日，省统计局召开全省国民经济核算培训会议，同日召开全省高质量发展综合绩效评价民意调查业务视频培训会。

2 月，省统计局完成《陕西省县域经济社会发展监测评价办法（试行）》修订工作。

3 月 1 日，省统计局在全国农村统计调查会议上作交流发言。

3 月，省统计局部署全省清理纠正违反统计法精神文件和做法活动。

3 月，省统计局五经普改革意见建议获国家统计局高度肯定。

3 月 18 日，省统计局参加全国服务业统计工作视频会议并作交流发言。

3 月 22 日，省统计局在全国投资领域统计工作会议上作交流发言。

3 月 25 日，省统计局联合省住建厅召开一季度建筑业稳增长工作视频会。

3 月 28 日，省统计局党组书记、局长徐强的解读文章《笃行不怠稳增长 踔厉奋发谱新篇》及《2021 年陕西省国民经济和社会发展统计公报》在《陕西日报》整版全文刊登。

3 月 29 日，省统计局总统计师胡清升应邀接受陕西广播电视台专题采访，并在当晚《陕西新闻联播》节目对采访情况进行了报道。

3 月 30 日，省统计局完成陕西省现代农业园区制度数据处理环境准备工作。

3 月 30 日，省统计局召开 2022 年全省统计工作会议暨 2022 年全省统计系统党风廉政建设工作会议。

3 月 31 日，省统计局、省人普办召开全省第七次全国人口普查资料开发及分析培训视频会。

4 月，王冬羽同志任陕西省统计局党组书记、局长。

4 月 1 日，省统计局召开全省贸易外经统计工作视频会议。

4 月，省统计局印发《2022 年陕西统计新闻宣传工作要点》。

4 月 14 日，省统计局受邀参加《秦风热线》，解读“陕西农村居民养老调研情况”。

4 月 22 日，省统计局圆满完成文博机构“让文物活起来”快速调研。

4 月 23 日，陕西省人民政府新闻办公室举行新闻发布会，邀请省统计局新闻发言人、总统计师胡清升发布 2022 年一季度全省国民经济运行情况，并回答记者提问。

4 月，省统计局圆满完成 2022 年陕西居民愿望调查工作和农村人居环境整治调研工作。

4 月 26 日，省统计局顺利完成近期企业复工复产重点调研工作。

5 月 10 日，省统计局与省税务局合力推进数据共享机制建设。

5 月 11 日，省统计局开展 2021 年轮国际比较项目（ICP）政府职务报酬调查业务培训。

5 月 13 日，省委、省政府召开全省年度目标责任考核总结表彰会议，省统计局荣获 2021 年度目标责任考核优秀单位。

5 月 13 日，省委书记刘国中对省统计局信息专报第 19 期《陕西 2022 年 1 季度小微工业企业调查报告》作出批示；王晓常务副省长也对此作出批示。

5 月 20 日，省统计局做客“秦风热线”解读《2022 年陕西居民愿望》。

5 月 27 日，省统计局聚焦中国共产党陕西省第十四次代表大会开展系列宣传工作。

5 月 28 日，省统计局办公室荣获 2022 年度《保密工作》杂志通联工作先进单位。

6 月，省统计局顺利完成投入产出调查方案研究设计工作。

6 月，省统计局荣获 2021 年度省级单位定点帮扶和驻村帮扶工作考核“好”等次。

6 月 8 日，国家统计督察组向省委、省政府反馈统计督察意见。

6 月 17 日，省统计局在西安召开全省上半年经济形势分析会，省局党组书记、局长王冬羽出席会议并讲话。

6 月 20 日，省统计局召开《第七次全国人口普查年鉴–2020》编印工作布置视频会议。

6 月 23 日，省统计局在国家局办公室线上调研会上作交流发言。

6 月 24 日，省统计局召开统计造假不收手不收敛问题专项纠治工作动员部署会议。

6 月，省统计局完成 2020 年陕西省投入产出延长表编制工作。

6 月，省统计局开展“光荣在党 50 年”纪念章颁发活动。

7 月 1 日，省统计局召开庆祝中国共产党成立 101 周年暨“两优一先”表彰大会。局党组书记、局长王冬羽为全局党员干部讲授专题党课。

7 月，省统计局印发《关于进一步加强统计基层基础建设实施办法》。

7 月 13 日，王晓常务副省长对省统计局信息专报第 25 期《2022 年 1–6 月全省主要经济指标》作出批示。

7月13日，省统计局召开局长办公会，专题安排部署陕西省第五次全国经济普查专项试点工作。

7月20日上午，陕西省人民政府新闻办公室举行新闻发布会，邀请省统计局新闻发言人、总统计师胡清升发布2022年上半年全省国民经济运行情况，并回答记者提问。

7月21日，省统计局召开全省统计法治工作暨统计督察反馈问题整改工作推进视频会议。

7月26日，第五次全国经济普查国家级专项试点动员暨业务培训会议在渭南市大荔县召开，标志着我省“五经普”国家级专项试点工作由前期准备转入实战阶段。

7月29日，省统计局联合国家统计局陕西调查总队完成“投资领域政府热社会冷”专题调研，获得王晓常务副省长批示。

8月，省统计局圆满完成2020年度自然资源资产负债表编制工作。

8月5日，省统计局顺利完成2023年劳资统计报表修订试填工作。

8月24日，省统计局组织志愿服务队参加西三路社区核酸检测志愿服务活动。

8月31日，赵一德省长对省统计局第33期信息专报《陕西生育意愿与生育行为专项调研报告》作出批示。

9月3日，王晓常务副省长对省统计局统计资讯第29号《7月份全省规上工业同比增长9.5%》作出批示。

9月8日，学习强国平台以《陕西省统计局推进第五次全国经济普查试点工作顺利开展》为题，报道了我省五经普专项试点工作。

9月，省统计局拍摄微视频《系好人生第一粒扣子》获全省廉洁文化微电影微视频征集活动三等奖。

9月16日，省统计局在西安召开前三季度全省经济形势分析会，省局党组书记、局长王冬羽出席会议并讲话。

9月20日，省统计局举办陕西省第十三届“中国统计开放日”系列活动暨《数说新时代 奋进新征程》新书首发仪式。省统计局党组书记、局长王冬羽出席活动并致辞。

9月23日，省统计局胡清升总统计师应邀出席“第六届丝路经济国际论坛”并致辞。

9月23日至26日，国家统计局党组成员、副局长盛来运同志一行，来陕开展经济形势和第五次全国经济普查专项试点调研。陕西省副省长叶牛平会见调研组一行。省局党组书记、局长王冬羽陪同调研。

10月16日，省统计局组织党员干部集中收听收看党的二十大开幕盛况。

10月18日，省统计局党组召开党组中心组学习会议，认真学习党的二十大报告精神，学习交流《习近平谈治国理政》（第四卷），研究部署贯彻落实工作。省局党组书记、局长王冬羽主持会议。

11月2日，王晓常务副省长对我局信息专报第41期《2022年前三季度全国各省（市、区）、全省各市（区）相关数据及<2022年前三季度全省国民经济运行情况>》作出批示。

11 月，省统计局代表队荣获第八届全国统计建模大赛三等奖。

11 月 14 日，省统计局召开党的二十大精神宣讲会，省委宣讲团成员、局党组书记、局长王冬羽向全局职工干部作宣讲报告。

11 月，陕西统计微信公众号在 2022 年陕西省“走好网上群众路线百个成绩突出账号”推选活动中获得优秀账号，并被通报表扬。

11 月 23 日，省统计局成立青年理论学习小组，并开展第一次集中学习研讨交流。局党组书记、局长王冬羽出席会议并讲话。

11 月，省统计局圆满完成高质量发展综合绩效评价专题巡讲工作。

12 月 6 日，省统计局党组召开党的二十大精神专题研讨会议，围绕“以更高质量统计数据更好服务全省经济社会高质量发展”主题，结合正在开展的统计造假屡禁难绝问题专题调研进行专题研讨。省统计局党组书记、局长王冬羽主持会议。

12 月 19 日至 20 日，省统计局举办学习贯彻党的二十大精神专题培训班。

2022 年陕西调查总队大事记

2022 年陕西调查总队大事记

1 月 10 日，陕西调查总队组织开展保供企业复工复业情况快速调查。

1 月 14 日，《陕西国家调查队系统统计法治宣传教育第八个五年规划（2021—2025 年）》印发。

1 月 14 日，《国家统计局陕西调查总队关于统计执法监督检查与统计调查工作协作配合机制的办法》印发。

1 月 19 日，陕西调查总队领导班子召开党史学习教育专题民主生活会。

1 月 20 日，陕西调查总队党组纪检组听取市级调查队纪检组长 2021 年履行全面从严治党专责监督职责情况汇报。

1 月 21 日，2022 年陕西统计调查工作视频会议召开。总队党组书记、总队长王素芹作题为《坚定信心 勇毅前行 奋力推进陕西统计调查事业高质量发展》工作报告。

1 月 21 日，陕西调查队系统党史学习教育总结会通过视频会议形式召开。

1 月 24 日，《陕西调查总队统计执法检查规范（试行）》《陕西调查总队统计执法双随机抽查办法（试行）》《国家统计局陕西调查总队统计违法举报工作制度》《陕西国家调查队系统统计法律事务告知制度》《陕西国家调查队系统统计执法检查程序》《陕西国家调查队系统统计违法案件查处程序》《陕西国家调查队系统统计行政听证程序》《陕西国家调查队系统统计行政复议程序》《陕西国家调查队系统统计行政处罚案卷评查标准》《陕西国家调查队系统统计执法检查随机抽查实施方案》印发。

1 月 25 日，陕西省人民政府办公厅印发通报，国家统计局陕西调查总队荣获 2021 年度全省政务信息工作先进单位，何伟同志荣获先进个人。

1 月 27 日，陕西调查总队印发《关于 2021 年度陕西调查队系统创建模范机关先进单位评选结果的通报》，5 个市县级调查队被评选为 2021 年度“陕西调查队系统创建模范机关先进单位”。

2 月 9 日，陕西调查总队开展中低收入群体就业质量调研。

2 月 13 日，陕西调查总队与省农业农村厅座谈交流农业统计调查工作。

2 月 14 日，陕西调查总队获省直机关工委“党组（党委）书记讲党课”活动优秀奖。

2 月 16 日，《陕西住户调查业务流程规范》《陕西住户调查现场检查操作流程》印发。

2 月 18 日，陕西调查总队开展农村基层卫生服务专题调研。

2 月 22 日，陕西调查总队印发《服务零售结构调查方案》，在全省范围内开展服务零售结构调查。

2 月 23 日，陕西调查总队办公室印发《关于认真学习贯彻十九届中央纪委六次全会精神的通知》。

2 月 24 日，陕西调查队系统全面从严治党工作视频会议召开。

2 月 25 日，《国家统计局陕西调查总队机关基层党组织党建活动经费管理办法（试行）》印发。

3 月 1 日，陕西省 2022 年住户调查大样本轮换工作领导小组成立，陕西调查总队党组书记、总队长王素芹任领导小组组长，党组成员、副总队长孙卫南任副组长，总队机关相关处室负责人为组员。

3 月 1 日，陕西调查总队组织开展冬小麦生产形势专项调研。

3 月 2 日，陕西国家调查队系统统计执法证发放暨统计执法工作推进视频会议召开。

3 月 4 日至 9 日，陕西调查总队组织系统无人机驾驶员合格证持证人员参加无人机驾驶员合格证到期更新实践考试。

3 月 7 日，陕西调查总队印发《中共国家统计局陕西调查总队机关委员会关于表彰陕西国家统计调查系统第一届巾帼建功标兵和先进集体的决定》，授予 35 名同志“陕西国家统计调查系统巾帼建功标兵”荣誉称号，授予 5 个单位“陕西国家统计调查系统巾帼建功先进集体”荣誉称号。

3 月 14 日，《陕西调查总队 2022 年集中“双随机”统计执法检查实施方案》印发。

3 月 14 日，陕西调查总队开展农村“三变”改革情况专题调研。

3 月 21 日，陕西调查总队印发《关于学习贯彻<关于更加有效发挥统计监督职能作用的意见>的通知》。

3 月 21 日，陕西调查总队印发《中共国家统计局陕西调查总队机关委员会关于深化总队机关“五星级党支部”创建提升党支部标准化规范化建设质量的通知》。

3 月 22 日，《陕西调查队系统创建“百年传承•百花工程”党建品牌实施方案》印发。

3 月 25 日，陕西调查总队召开全省住户调查工作视频会议。

3 月 29 日，陕西调查总队开展 2022 年度考试录用公务员面试。

4 月 8 日，陕西调查总队召开全省工业生产者价格调查视频培训会议。

4 月 15 日，陕西调查总队召开全省住户调查大样本轮换工作推进视频会议。

4 月 18 日，陕西调查总队印发《中共国家统计局陕西调查总队机关委员会关于做好“星光工程”有关工作的通知》。

4 月 19 日，陕西调查总队印发《中共国家统计局陕西调查总队机关委员会（党建办）关于开展陕西调查队系统基层党组织与非调查县（市、区）基层党组织结对共建有关工作的通知》。

4 月 20 日，陕西调查总队召开一季度经济形势分析会。

4 月 22 日，陕西调查队系统全国统计建模大赛选拔赛研讨会通过视频会议形式召开。

4 月 26 日，《陕西采购经理调查基础工作规范化制度》《陕西采购经理调查数据质量控制办法》印发。

4 月 27 日，陕西调查总队召开系统统计法治工作视频会议。

4 月 27 日，陕西调查总队举办系统财务工作视频培训班。

4 月 28 日，陕西调查总队召开房价数据联审暨专题调研布置会。

4 月 29 日，陕西调查队系统举办系统青年“五四”联庆活动。

5 月，陕西调查总队获得省委宣传部通报表扬，荣获 2020—2021 年全省舆情信息工作优秀单位。

5 月 11 日，《中共国家统计局陕西调查总队党组关于建立巡察机构与相关职能部门协作配合机制的实施意见（试行）》印发。

5 月 18 日，陕西调查总队开展高校毕业生就业创业情况调研。

5 月 19 日，陕西调查总队开展农产品交易市场专题调研。

5 月 19 日，陕西调查总队荣获 2021 年度省级单位定点帮扶和驻村帮扶工作考核“好”等次。

5 月 23 日，陕西调查总队印发《国家统计局陕西调查总队办公室关于加强监督执纪抓好新冠肺炎疫情防控监督工作的通知》。

5 月 23 日，陕西调查总队开展共同富裕重点民生领域短板问题专题调研。

5 月 24 日，陕西调查总队开展 2022 年第二轮“双随机”统计执法检查工作。

5 月 25 日，陕西省人民政府办公厅印发《关于认真做好农作物对地抽样调查样本轮换和粮食产量统计调查有关工作的通知》。

5 月 25 日，《国家统计局陕西调查总队会计档案管理办法》印发。

5 月 26 日，陕西调查总队召开消费价格调查业务培训视频会议。

5 月 26 日，陕西调查总队开展农民工就业专题调研。

5 月 27 日，陕西调查总队成立 2022 年陕西农作物对地抽样调查样本轮换工作领导小组，陕西调查总队党组书记、总队长王素芹任领导小组组长，党组成员、副总队长艾宁任副组长，总队机关相关处室负责人为组员。

5 月 29 日至 6 月 1 日，陕西调查队系统县处级以上领导干部学习贯彻党的十九届六中全会精神培训班在西安举办。

6 月 7 日，陕西调查总队召开全系统党的建设工作推进会。

6 月 7 日，陕西调查总队印发通知，组织开展“学条规 明法纪 强本领 促提升”纪检业务知识学习竞赛活动。

6 月 8 日，国家统计局党组成员、副局长蔺涛到陕西调查总队调研。

6 月 10 日，陕西调查总队组织召开全省农作物对地抽样调查样本轮换暨粮食产量统计调查工作视频培训班。

6 月 14 日，陕西调查总队办公室荣获陕西省委系统 2020—2021 年度信息工作“先进集体”荣誉称号。

6 月 16 日，陕西调查总队开展冷链物流发展情况调研。

6 月 21 日，《市县级调查队工作人员记录过问打探工作事项管理规定（试行）》印发。

6 月 23 日至 7 月 6 日，陕西调查总队组织系统相关人员参加国家统计局 2022 年地（市）县级调查队领导干部党建工作网络培训班。

6 月 30 日，陕西调查总队召开全省住户调查大样本轮换工作推进视频会。

7 月 1 日，陕西调查总队召开总队机关庆祝建党 101 周年暨“两优一先”表彰会议，对 2 个先进党支部，15 名优秀共产党员、9 名优秀党务工作者予以表彰。

7 月 4 日，陕西调查总队召开专题党课视频会议，总队党组书记、总队长王素芹为系统党员、干部讲专题党课。

7 月 10 日，陕西调查总队印发《大豆玉米复合种植调查工作方案》，在全省开展大豆玉米带状复合种植统计调查工作。

7 月 19 日，陕西调查总队召开上半年经济形势分析会。

7 月 21 日，陕西调查总队印发《陕西住户调查平台管理细则（试行）》。

7 月 21 日，陕西调查总队开展家政服务业发展现状及存在问题专题调研。

7 月 21 日，陕西调查总队开展 2022 年第三轮“双随机”统计执法检查工作。

7 月 27 日，陕西调查总队印发通知，开展“党旗耀青春 一线绽芳华”青年调研实践活动。

7 月 28 日，陕西调查总队举办系统养老保险业务经办工作视频培训班。

8 月 1 日，《陕西调查队系统业务工作考核办法》印发。

8 月 3 日，陕西调查总队党组成员、副总队长孙卫南做客陕西人民广播电台“秦风热线”栏目直播现场，就陕西省住户调查和大样本轮换工作与广大听众在线交流。

8 月 4 日至 8 日，陕西调查总队开展 2022 年陕西国家调查队系统遴选年轻干部工作。

8 月 8 日至 10 月 8 日，陕西调查总队组织系统相关人员参加第三期线上地（市）、县级统计机构主要负责人培训班。

8 月 10 日，陕西调查总队开展新就业形态劳动者就业状况调研。

8 月 12 日，陕西调查总队开展机关事业单位编外人员情况专题调研。

8 月 16 日，《陕西调查队系统统计调查证管理实施办法》印发。

8 月 17 日，国家统计局印发《关于表彰全国统计系统先进个人的决定》，陕西调查总队武德朋、渭南调查队任钊、杨凌调查队黄剑林荣获“全国统计系统先进个人”称号。

8 月 18 日，人力资源社会保障部、国家统计局联合印发《关于表彰全国统计系统先进集体和先进工作者的决定》，国家统计局咸阳调查队荣获“全国统计系统先进集体”，国家统计局子长调查队白星星荣获“全国统计系统先进工作者”。

8 月 18 日，陕西调查总队召开全省住户调查大样本轮换工作视频培训会议。

8 月 19 日，《2022 年陕西农作物对地抽样调查样本轮换工作方案》和《2022 年陕西农作物对地抽样调查样本轮换实施细则》印发。

8 月 29 日，陕西调查总队开展“双减”背景下教师负担情况专题调研。

8 月 31 日，《国家统计局陕西调查总队机关采购实施细则》印发。

9 月 1 日，陕西调查队系统 3 幅作品分别荣获“新中国政府统计机构成立 70 年”书法作品一等奖、优秀奖。

9 月 5 日至 15 日，陕西调查总队、省直机关工委联合开展省直机关党员干部思想状况调研。

9 月 7 日，《国家统计局陕西调查队系统政府采购管理实施办法》印发。

9 月 9 日，陕西调查总队召开系统网络安全视频培训会议。

9 月 13 日，陕西调查总队组织召开秋粮生产形势分析视频会议。

9 月 15 日，陕西调查总队召开房价数据联审暨交流研讨会。

9 月 16 日，陕西调查总队与省农业农村厅、省气象局等多部门联合开展秋粮生产形势会商。

9 月 19 日，陕西调查总队开展一揽子政策措施实施效果调研。

9 月 19 日至 23 日，陕西调查总队举办第十三届“中国统计开放日”活动。

9 月 22 日，陕西调查总队开展企业吸纳高校毕业生就业情况调研。

9 月 23 日，陕西调查总队举办纪检业务视频培训（第一期）。

9 月 23 日，《国家统计局陕西调查总队外来信息技术服务人员管理办法》印发。

9 月 26 日，《国家统计局陕西调查总队办公室关于以党建为引领进一步做好 2022 年秋粮实割实测调查工作的通知》印发。

9 月 27 日，陕西调查总队荣获 2022 年（第八届）全国统计建模大赛优秀组织奖，《新发展格局下我国现代物流业发展水平多视角统计测度》（李东涛、邢学勤、桂洁）获得二等奖，《中国区域碳排放效率测度与评价》（王艳、张卓华、许宁宁）获得三等奖。

9 月 30 日，陕西调查总队开展流通消费价格统计调查基层基础工作调研。

10 月，陕西调查总队圆满完成“党的十八大以来陕西民生经济发展成就”系列报告征集活动，全系统撰写高质量分析报告 49 篇。

10 月 8 日，陕西调查总队居民收支调查处负责人做客陕西新闻广播“秦风热线”栏目，宣传住户调查及大样本轮换工作。

10 月 17 日，陕西调查总队开展易地扶贫搬迁区群众生活状况调研。

10 月 19 日，陕西调查总队召开全省生产价格统计调查暨业务培训视频会议。

10 月 20 日，陕西省政府办公厅印发《关于进一步加强陕西国家调查工作的通知》。

10 月 20 日，陕西调查总队执法监督处负责人以“坚持依法行政，服务陕西高质量发展——以更加有效发挥统计监督为视角”为题，为 2022 年秋季学期省直机关处级领导干部习近平新时代中国特色社会主义思想专题研修班授课。

10 月 22 日，《国家统计局陕西调查总队办公室关于进一步加强陕西调查队系统辅助调查员管理工作的通知》印发。

10月24日，陕西调查总队印发《国家统计局陕西调查总队办公室关于表彰陕西调查队系统“政务之星”“执法之星”“党建之星”的决定》，13名同志获评陕西调查队系统“政务之星”，20名同志获评陕西调查队系统“执法之星”，10名同志获评陕西调查队系统“党建之星”。

10月31日，陕西调查总队开展城乡居民“三育”成本情况专题调研。

11月1日，陕西调查总队举办系统政务管理培训班。

11月1日，陕西调查总队撰写的课题报告《充分发挥条块结合优势 推动党的建设高质量发展路径研究》荣获调查队系统党建课题研究二等奖。

11月2日至4日，陕西调查总队举办纪检业务视频培训（第二期）。

11月4日，根据国家统计局任免文件，王献宝任国家统计局陕西调查总队党组成员、副总队长（副厅长级）；免去其国家统计局甘肃调查总队党组成员、副总队长（副厅长级）。

11月4日，陕西调查总队开展主要畜禽监测调查名录库摸底工作。

11月7日至9日，陕西调查总队组织系统业务骨干参加国家统计局2022年线上基层统计人员技能培训班。

11月8日，陕西调查总队开展个体工商户用工专题调研。

11月9日，《中共国家统计局陕西调查总队党组关于认真学习宣传贯彻党的二十大精神的通知》印发。

11月10日，陕西调查总队召开综合分析（信息）写作暨统计科研培训视频会议。

11月16日，陕西调查队系统学习宣传贯彻党的二十大精神视频辅导报告会召开。

11月18日，陕西调查总队召开全省住户调查工作布置视频会。

11月18日，陕西调查总队赴定点帮扶的耀州区瑶曲镇杏树坪村开展党的二十大精神宣传系列活动。

11月21日，陕西调查总队印发《关于推进“清廉陕调”建设的实施方案》。

11月22日，陕西省人民政府印发《关于表扬2021年度服务陕西经济社会发展优秀中央驻陕单位的通报》，陕西调查总队获得通报表扬。

11月22日，陕西调查总队组织召开“学习贯彻党的二十大精神 农村统计改革怎么干”专题研讨会。

11月 25日，陕西调查总队举办全省劳动力调查业务视频培训班。

11月29日，《陕西国家调查队系统公职律师管理实施办法（试行）》印发。

12月8日，陕西调查总队召开全省农业农村统计调查视频培训会议。

12月8日，《统计法》颁布纪念日当天，陕西调查总队执法监督处、居民收支调查处负责人做客陕西人民广播电台“秦风热线”栏目直播现场，宣传《统计法》，介绍全省住户调查及大样本轮换工作。

12月9日，陕西调查总队开展二手房市场运行情况专题调研。

12月13日，陕西调查总队办公室印发《关于表彰陕西调查队系统“分析（信息）之星”的决定》，12

名同志获评陕西调查队系统“分析（信息）之星”称号。

12 月 16 日，陕西调查总队举办全省居民消费价格统计调查视频培训班。

12 月 19 日，陕西调查总队召开全省生产价格统计调查工作视频会议。

陕西省统计局机构一览表

- 行政单位
  - 办公室
  - 统计执法监督局
  - 统计设计管理处
  - 国民经济综合统计处
  - 国民经济核算处
  - 工业统计处
  - 能源与环境统计处
  - 固定资产投资统计处
  - 贸易外经统计处
  - 人口与就业统计处
  - 社会科技与文化产业统计处
  - 农村社会经济统计处
  - 人事处（离退休人员服务管理处）
  - 财务处
  - 机关党委（机关纪委）
- 参照公务员法管理的事业单位
  - 陕西省地方社会经济调查中心（副厅级）
    - 组织指导处
    - 县域经济监测考核处
    - 服务业调查处
    - 城乡居民收入调查处
    - 新兴产业调查处
    - 非公有制经济调查处
    - 农村社会发展监测处（科研所）
    - 社情民意调查处
    - 宏观数据管理处（计算中心）
  - 陕西省统计普查中心

国家统计局陕西调查总队机构一览表

总队机关

- 办公室
- 执法监督处
- 制度方法处
- 综合处
- 分析研究处
- 农业调查处
- 农村调查处
- 居民收支调查处
- 住户监测处
- 劳动力调查处
- 生产价格调查处
- 消费价格调查处
- 专项调查处
- 信息技术应用处
- 人事教育处
- 财务管理处
- 纪律检察室（巡察办）
- 机关党委

市级调查队

- 西安调查队
- 铜川调查队
- 宝鸡调查队
- 咸阳调查队
- 渭南调查队
- 延安调查队
- 汉中调查队
- 榆林调查队
- 安康调查队
- 商洛调查队

县级调查队

- 杨凌
- 雁塔　临潼　长安　鄠邑　西咸新区　蓝田　周至
- 耀州　宜君
- 陈仓　凤翔　扶风　眉县
- 三原　泾阳　礼泉　彬州　旬邑
- 大荔　合阳　澄城　蒲城　富平
- 子长　志丹　黄陵　宜川
- 城固　勉县　略阳
- 定边　绥德　清涧　子洲　神木
- 汉阴　紫阳　旬阳
- 洛南　商南